BLACKWELL PHILOSOPHY GUIDES

丛书总主编：[美]斯蒂文·M·卡恩
(Steven M.Cahn)
中文翻译总主编：冯俊

伦理学理论

[美]休·拉福莱特 (Hugh LaFollette)/主编
龚群/主译

The Blackwell Guide to Ethical Theory

BLACKWELL ▶▶▶▶
PHILOSOPHY GUIDES

布莱克韦尔哲学指导丛书

中国人民大学出版社
·北京·

《布莱克韦尔哲学指导丛书》
中文翻译编委会

主编：冯　俊

顾问：Alan Montefiore（英国牛津大学）
　　　Nicholas Bunnin（英国牛津大学）

编委：（以姓氏笔画为序）
　　　冯　俊（中国人民大学哲学系）
　　　江　怡（中国社会科学院哲学所）
　　　朱志方（武汉大学哲学系）
　　　张志伟（中国人民大学哲学系）
　　　赵敦华（北京大学哲学系）
　　　高新民（华中师范大学法政学院）
　　　童世骏（上海市社会科学院）
　　　傅有德（山东大学哲学系）

教哲学和学哲学的方法指南

——《布莱克韦尔哲学指导丛书》中译本序

冯 俊

每一个民族和每一种文化都会有自己的哲学思想，而作为成熟的理论形态的哲学在世界的几大文明中都同样散发着智慧的光辉。哲学并非像黑格尔和德里达所言只是西方人的专利——只是起源于古代希腊，并用希腊文、拉丁文和德文等西方语言表达出来的一种独特的概念思维，哲学的形态、风格和语言表达都应该是多元的。19世纪末和20世纪初中国人从西方引进"哲学"一词和西方哲学时，只是把它作为与中国传统哲学不同的另一种新奇的哲学，而从未把它看做是世界上唯一的哲学。一百多年来，中国人在不断地引进、移植和改造着西方哲学并将其本土化，在对西方哲学的理解中渗透了中国文化的独特视角，从中国社会的现实和独特发展中对于西方哲学产生了独特的理解和感悟。应该说，中国人在引进和研究西方哲学的过程中对于西方哲学也是有理论贡献的。

然而，在我们引进和研究西方哲学的过程中更多地是注意哲学的内容和学理，而很少去注意西方人是怎样学习和教授哲学的，实际上，哲学研究的方法和哲学教学的方法是两种不同的但是相辅相成的方法，学习哲学和教授哲学的方法能够帮助我们更好地了解和掌握哲学的精神实质和学理路径。早在17世纪，笛卡儿就注意到，研究者自己发现问题和解决问题的方法与他把这些发现表述出来告诉别人的方法是不同的，而霍布斯还专门研究了发现的方法和教导的方法之间的区别，这表明他们在研究哲学的同时还是十分注重哲学的教学方法，把自己的哲学表述清楚、传扬出去、教授给别人也是哲学家研究哲学的重要目的。因此，对于西方哲学的教学方法的研究应该是一个重要的课题。

哲学的教学方法一般说来包含三个方面，一是如何教，二是如何学，三是学什么,即教学的组织形式、学习形式和教材。在过去的半个世纪中,我们教授哲学和学习哲学的方法日显僵化,主要是老师讲,学生听,老师像是在宣示真理,学生却是在死背教条,丰富鲜活的哲学变成了枯燥无味的说教。没有辩驳、讨论,更谈不上与哲学家对话。哲学教科书,一方面远离社会现实,不能对人类面临的重大问题作出回应,无法反映现时代的精神;另一方面也远离学术前沿,大多是已成定论老生常谈,知识结构陈旧。同时,"教科书文化"大行其道,每一个学校、每一个地区甚至全国都在编写同一门课的教材,编者更多关心的是市场占有份额。教科书千书一面,大同小异,大多是介绍性、转述性的二手资料,学生通过教科书根本就不能了解哲学家本人的原著和思想理路,哲学系的学生学习了几年的哲学,没有读过几本原著,更没有读过原文原著,甚至不知道某位哲学家的名字原文该如何书写、如何发音。这种现状是否也值得哲学教育者们警醒呢?在我们大力引进和研究西方哲学的同时,是否也需要研究西方的哲学教育方法和教材的编写方法呢?

中国古代的哲学也有自己的研究方法和教学方法,就教学方法而言,古时学哲学也不是靠一些导论性的教科书、二手的介绍材料,重视哲学家的原著,背诵、注解原著是一个突出的特点,学生在熟读和牢记哲学家原文原著的基础上,可以自然地体悟和阐释这些哲学的意蕴。而这种传统的方法也被我们丢掉了。今天我们是否需要借鉴西学或是反观传统来重新审视和检讨我们该如何教哲学、如何学哲学呢?

我在此想以在牛津大学的一些体验来简要地考察一下西方大学里成熟的哲学教学方法。

首先,哲学的教学方法和教学的组织形式是多种多样的,大致分为:(1) **个别辅导**(tutorial)。牛津大学的本科生是导师制,在学院里生活,学生每周和导师见面一次,导师布置书目,列出思考题,学生去图书馆借书、看书,一周之后学生和导师再次见面时,学生向导师汇报读书心得,导师答疑解惑,与学生讨论切磋,再布置新的书目和新的思考题。周而复始,几年下来,学生阅读了大量的书籍,思考了大量的问题,与导师也进行了充分的交流,导师在辅导和答疑中也在不断收集新的问题、不断思考和提高,做到了教学相长。(2) **讲座课程**(lecture)。除了在学院里有导师个别辅导外,学生还要听全校公开开设的大课。课堂小则几十人,多则几百人;课程提纲挈领,统观全局,给学生以该学科的概貌、前沿问题和争论热点的梗概,为学生继续学习提供指引。课程不照本宣科、不面面俱到，浓缩凝练，一门课一般只有八讲。当然，也有几个老师开同一门课的现象，但是它们的内容和侧重点必定是有区别的，用不同的号码、代码区别开来以便学生选课。每一个老师，既需要在学院里做导师对学生进行个别辅导，也需要在学校里对全校开设大课。不管资格多老的教师或多有名的教授，都要给本科生上课，直到退休为止。（3）**讨论班**（seminar）。讨论班是高年级学生和研究生的主要教学组织形式，围绕着问题或原著，由学生们轮流主讲或宣读小论文，老师只是一个旁观者、参与者或引导者，在学生们讨论完之后稍做总结和归纳。讨论班中学生们都是主动地学习、研究型学习，经历了发现问题解决问题的全过程，收获非常大，表述自己的研究心得，与他人开展辩驳和争论，在争论中擦出思想的火花。参加一次讨论班，对学生的学习能力和研究能力是一次全面的锻炼。（4）**学术报告会**（colloquium）。学术报告会往往是提前一个学期或数月就安排好、隔周一次或定期性的学术活动，一般是以聘请校外名家为主就学术热点问题和前沿问题作学术报告，一般在报告人报告完后，还有评论人对学术报告进行评论，然后学生们再自由提问，报告人回答问题。往往一些好的学术报告可以使学生开阔眼界，为学生提供了与名人见面和现场请教的机会。（5）**学术研讨会**（symposium）。研究生经常会和导师一起参加学术研讨会，宣读自己的学术论文，回答学者们提出的问题，和大家一起研讨，这是研究生走进学术圈，认识学术界朋友，同时也让学术界认识自己的一个很好的场所。（6）**学术大会**（conference）。各个学会、协会一年一度的学术大会，或全国性、国际性的专业大会，往往是围绕一个主题，多学科的学者多角度地进行研讨，规模宏大。一般说来，只有极少数学生或研究生在学习期间才有幸参加这样的大会。以上六种方式，经过几百年的实践，已经成为一种学术规范，被西方的大学和学术界广泛地采用。近几年来，我国学术界也已经部分地采用了这种规范，进行学术研讨或进行教改实验，但是，对于哲学教学特别是本科生的教学影响很小。

其次，就课程设置和学生的学习方式而言，与国内通行的教学相比，西方大学哲学系里开设的导论性、通史性的课程较少，专题课、原著研读课较多。例如，他们不会花大片的时间学习西方哲学通史，而是读柏拉图、亚里士多德、奥古斯丁、阿奎那、笛卡儿、洛克、休谟、康德、黑格尔、维特根斯坦和海德格尔等人的代表作，或开设专题讲座，他们更注重专深，而不太注重全面。由于名师名家与学生见面的机会多，学生参与学术活动的机会多，以及交流沟通工具和旅行的便利，在西方著名的大学里学生有更多的机会与名师名家面对面地交流、讨教、对话，甚至向名家追问、质疑。学生们学习和研究的界限越来越模糊，从开始学习时起就能走入学术的前沿，参与学术热点问题的讨论和对话。而我们的学生则是经过漫长的打基础的过程，读二手书，听二手课，讨论二手问题，上学几年没有见过本校名牌教授、没见过国内名家，更难设想与世界级学者对话。

再次，西方大学里很少组织编写教材，既没有统一的教材编写大纲，也没有教育部推荐教材，他们更多地是把哲学家的原著作为教材、把那些经过时间检验或被学术界广泛认可的学术专著选作教材，而这些都是由老师来定的，一些导论性的教材也是老师个人多年的讲义，而不是由官方或校方要求或组织写的。他们不做重复建设，如果哪本书好，被大家选作教材广泛使用，就可以不断修订，一版再版，没有人再去编写地方版、地区版、高教版、成教版、职教版等，不再做花样翻新、遍地开花的工作。教科书不要求人手一本，不要求每年新生来都要买教科书，既节约了纸张能源，也节约了经费、减轻了学生的负担，学生主要是在图书馆借书看，或者新生向老生借书看。

当然，不能因此就说在西方没有成系列的大学教科书。但是这些教科书不是由官方或大学来组织编写的，而是由出版社来主导编写的，他们组织作者队伍，有计划、有目的地编写系列教材供大学选用或列为参考书。他们通过教科书体系的完备、品种的齐全、体例的新颖、作者的影响力、内容的丰富和较高的质量来影响大学的教学。

在这里我想以英国著名的 Blackwell 出版公司的哲学教科书系列为例，来考察一下英语世界的哲学教材编写的特点和风格。Blackwell 的哲学教材分为五个系列：（1）**一般导论**（general introduction）系列，主要是给大学本科生教授基本哲学概念和哲学线索的导论性教材，例如《哲学导论》、《哲学家的工具箱》、《以哲学的方式思维——批判反省和理性对话导论》、《从笛卡儿到德里达——欧洲哲学导论》，尽管是导论性的教材，但是在写法上专著的味道还是很浓。（2）**著作选读**（readers）系列，主要是哲学家的著作选集，以人为线，原著选读。（3）**专题文选**（anthology）系列，例如 *Blackwell Philosophy Anthologies*（《布莱克韦尔哲学专题文选》），该系列以不同的理论热点为线来编纂，其中包含有《从现代主义到后现代主义》、《心灵和认知》、《心灵、大脑和计算机——认知科学的基础》、《当代政治哲学》、《后殖民话语》、《形而上学》、《认识论》、《分析哲学》、《逻辑哲学》、《数学哲学》、《技术哲学》、《宗教哲学》、《生命伦理学》、《环境伦理学》、《美国哲学》、《非洲哲学》等。（4）**指南**（guide）系列，例如，*Blackwell Philosophy Guides*（《布莱克韦尔哲学指导丛书》），这是论文选集，但基本上按照哲学的学科体系来分册，将该学科最具前沿性和代表性论文收集整理成一个体系，让它基本上能反映出该学科的前沿问题。（5）**伴读**（companion）系列，例如，*Blackwell Companions to Philosophy*《布莱克韦尔哲学伴读丛书》），该系列有两种体例，一种是类似专题词典，对于该学科内的一些重要知识点，列出词条，按字母顺序排列，进行详尽阐释，每一个条目后还附有参考书目，全书后面附有索引，如同专业词典；一种是专题综述文章，文章涵盖了学科体系的方方面面，每一篇文章后面都附有参考书目，类似于专业辅导书，一书在手，就可以对于这个学科有一个全面的了解。以上五大系列，构成了一个完整的教材体系，蔚为大观，供各大学选用，供学生参考。当然，出版社只能靠教材的质量取胜，而不可能通过某种行政的力量或手段来推广。

我们在这里组织翻译了其中的一个系列，*Blackwell Philosophy Guides*，该系列一共十余本，包括《形而上学》、《认识论》、《科学哲学》、《社会科学哲学》、《哲学逻辑》、《心灵哲学》、《教育哲学》、《伦理学理论》、《社会政治哲学》、《古代哲学》、《近代哲学家》、《大陆哲学》、《工商伦理学》等。该丛书具有如下特点：首先，学术含量高。每一章都是由该领域的著名专家所写的一篇高质量的文章，编者按照文章所涉及的主题将这些文章编成体系章节，看上去是一本完整的书，但是它比一般的教科书有更高的学术含量和更密集的学术信息。其次，学科前沿性。每一本书都涉及了该学科的学术热点、前沿问题和学科发展方向，能够将读者一下子带到学术的前沿，让读者了解该学科的新进展、新动态。再次，专业性和可读性相兼顾。该丛书讨论的问题专业性较强，适合作为研究生包括硕士生和博士生的参考教材，但是，作者也十分注意丛书的可读性，力争让非哲学专业的读者也能读懂，让他们了解哲学领域内争论的问题和兴趣取向，从而扩大了该丛书的读者面和社会影响。最后，指导书和工具书相统一。该丛书由于前述的学术含量高、学科前沿性和专业性，因而它是读者学习哲学的指南、指导书，同时，它也给我们提供了非常全面的参考书目，给读者提供了一种向导，使他们能够进一步地学习和研讨，是难得的工具书。

引进此套丛书并不仅仅是为了介绍一种新的教学方法和教材编写方法，可能更有用处的是，这套丛书能够在很大程度上改变我们学生的知识结构。几十年来我们哲学教科书的知识结构已经陈旧老化，对于当代哲学的前沿问题知之甚少，与西方哲学界流行的话语体系距离越来越远。我们希望该丛书能够给我们学哲学的学生带来一些新的东西，改变一下哲学在他们心中的面目，让他们知道当代哲学正在讨论什么问题、用什么方法研究问题。我们期望，通过这套丛书潜移默化的作用，能够为中国新一代的哲学学人进行哲学的自主创新打下良好的知识基础，提供一些有益的启示。如果能够达到此目的，那么该丛书的"指南"或"指导丛书"的名字也就名副其实了。当然，该丛书也有明显的缺陷，它主要表现的是英语世界的哲学特别是分析哲学思潮的主要内容，而对于大陆哲学特别是现象学思潮、结构主义和后结构主义思潮、西方马克思主义思潮等则很少涉及。因而，还必须指出，该丛书提供的哲学及其知识结构也是不全面的，对于哲学的热点问题和前沿问题的观照也是有偏颇的。可以设想，如果是德国哲学家或法国哲学家编辑出来的哲学指导丛书，必定是给读者不同的指引和不同的向导。如前所述，文化是多元的，哲学是多元的，那么哲学的指南或指导丛书也会是多元的，就不难理解了。

　　2002年春我率代表团访问了剑桥大学出版社、牛津大学出版社和布莱克韦尔出版公司，在访问期间就产生了翻译该套丛书的想法，2002年底正式提出出版计划，2003年初签订了版权合同。我组织我的一些同事、同学、朋友和我自己的博士生参与了该套丛书的翻译工作，对整套丛书的体例和质量要求提出一些基本原则和规范，我所做的工作更多地是一种行政组织管理工作，他们都是不同领域的专家，他们自己会对他们所翻译的东西负责的，我希望他们的翻译不要给读者留下太多的遗憾。

目　录

本书作者 …………………………………………… (1)

导言 ………………………………………………… (1)

第一部分　元伦理学

伦理学的地位

第1章　道德实在论 …………………… 迈克尔·史密斯 (18)

第2章　相对主义 ……………………… 西蒙·布莱克本 (43)

伦理主张的基础是什么?

第3章　神圣命令论 …………………… 菲利浦·L·奎恩 (62)

第4章　自然主义 ……………………… 詹姆斯·雷切尔 (86)

第5章　道德直觉 ……………………… 杰夫·麦克马汉 (106)

反伦理学理论

第6章　伦理学的终点 ………………… 约翰·D·卡普托 (128)

心理学和伦理学

第7章　心理自我主义 ………………… 艾利奥特·索伯 (152)

第8章　道德心理学 …………………… 劳伦斯·托马斯 (174)

1

第二部分　规范伦理学

后果主义

第 9 章　行动功利主义 ·················· R. G. 弗雷 (194)

第 10 章　规则后果主义 ················ 布拉德·胡克 (214)

道义论

第 11 章　非后果主义 ·················· F. M. 卡姆 (242)

第 12 章　康德主义 ···················· 托马斯·E·希尔 (267)

第 13 章　契约主义 ·················· 杰弗里·塞尔-麦科德 (289)

第 14 章　直觉主义 ···················· 大卫·麦克诺顿 (311)

第 15 章　权利 ························ L. W. 萨姆纳 (333)

第 16 章　自由至上主义 ················ 简·纳维森 (354)

可选择性观点

第 17 章　德性伦理学 ·················· 迈克尔·斯洛特 (378)

第 18 章　女性主义伦理学 ·············· A. M. 贾格尔 (405)

第 19 章　大陆伦理学 ·················· 威廉斯·R·施罗德 (435)

第 20 章　实用主义伦理学 ·············· 休·拉福莱特 (465)

第 21 章　伦理学中的调和趋向 ·········· 詹姆斯·P·斯特巴 (488)

索引 ································· (511)

译后记 ······························· (518)

本书作者

西蒙·布莱克本（Simon Blackburn）是北卡罗来纳大学 E.J. 库利讲席教授。他是《推理与论断》（1973）、《词的展开》（1986）、《论准实在论》（1993）和《规范激情》（1998）的作者。布莱克本对于心灵哲学、科学哲学、形而上学和元伦理学都有着广泛的论述，现正在与凯斯·西蒙斯合作，为"牛津哲学导读"系列编辑"论真理"的论文集。

约翰·D·卡普托（John D. Caputo）是维里诺瓦大学大卫·R·库克讲席哲学教授。他最近的出版物是：《J. 德里达的祷告和眼泪：没有宗教的宗教》（印第安纳，1997）、《在坚果壳里的解构：与德里达的对话》（福德汉，1997）。在他的较早出版物中有：《反伦理学》（印第安纳，1993）、《去神秘性的海德格尔》（印第安纳，1993）、《激进的诠释学》（印第安纳，1987）。他是福德汉大学出版社"大陆哲学视野"系列的编辑，他也是现象学和存在主义哲学学会的副会长。

R.G. 弗雷（R.G. Frey）是布林格利州立大学的哲学教授，也是那里的社会哲学和政策中心的高级研究员。他是在弗吉尼亚大学和牛津大学接受的研究生教育。他最近的著作是《安乐死和医生协助自杀》（剑桥大学出版社），此书参与的作者还有 G. 德沃金和 S. 布克。正在写作的著作论及功利主义和巴特勒、莎夫茨伯利、休谟的道德哲学。

托马斯·E·希尔（Thomas E. Hill）是北卡罗来纳大学哲学凯南讲席教授。他的著作包括《自主与自尊》（剑桥大学出版社，1991）和《康德道德哲学中的尊严与实践推理》（康奈尔大学出版社，1992）。

布拉德·胡克（Brad Hooker）现在雷丁大学哲学系。他先前在弗吉尼亚联邦大学教书。他正要出版的《理想的规则、现实的世界》探讨了规则后果主义。他正在为布莱克韦尔出版者写一部 20 世纪的道德哲学史。

A.M. 贾格尔（A.M. Jaggar）是科罗拉多大学的哲学和妇女研究所教

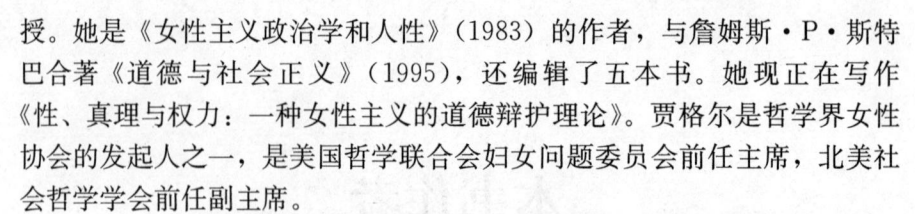

授。她是《女性主义政治学和人性》（1983）的作者，与詹姆斯·P·斯特巴合著《道德与社会正义》（1995），还编辑了五本书。她现正在写作《性、真理与权力：一种女性主义的道德辩护理论》。贾格尔是哲学界女性协会的发起人之一，是美国哲学联合会妇女问题委员会前任主席，北美社会哲学学会前任副主席。

F. M. 卡姆（F. M. Kamm）是纽约大学哲学教授。她是《道德、死亡》第一卷《死亡与谁来拯救》和第二卷《权利、责任和地位》（牛津大学出版社，1993—1996）以及《创造与流产：对道德哲学与法哲学的研究》（牛津大学出版社，1992）的作者。她也是许多伦理学和法哲学论文的作者。

休·拉福莱特（Hugh LaFollette）是东田纳西州立大学教授。他与N. 肖克斯合著《残忍的科学：动物试验的困境》（路利杰，1997），他还是《个人关系：爱、同一性和道德》（布莱克韦尔，1996）的作者，他现在正在写作一本关于伦理学理论与实践伦理学相整合的书（将由布莱克韦尔出版）。

杰夫·麦克马汉（Jeff McMahan）任教于伊利诺伊大学。他写了《英国核武器：赞成与反对》、《里根和世界：新冷战中的帝国主义政策》，他也是关于实践伦理学和伦理学理论的大量论文的作者。他现在正在写作两本书：《在生命的边缘杀戮》和《战争伦理学》。

大卫·麦克诺顿（David McNaughton）是凯利大学哲学系主任和教授，也是英国伦理学理论学会的发起人、会长。他是《道德视域》（布莱克韦尔，1988）的作者，与皮尔斯·罗尔林合作，正在写本关于中立性代理人和相关代理人的著作。他也正在与爱娃·盖里德合作，确定像宽恕、伪善、非恶、负罪、救赎这样的概念在世俗社会是否起了一种道德的作用。

简·纳维森（Jan Narveson）是一个土生土长的加拿大公民，滑铁卢大学哲学教授。他的著作包括《道德和功利》（约翰·霍布金斯出版社，1967）、《自由至上主义的观念》（天普大学出版社，1989）、《道德问题》（布罗德维出版社，1993；第二版，1999）和一个选集《道德问题》（牛津大学出版社，1983）。他与玛丽·弗里德曼合作，著有《政治正确》（1995），以及和杰克·桑德斯合编《赞成与反对国家》（1996）。

菲利浦·L·奎恩（Phillip L. Quinn）是鹿特丹大学约翰·A·奥布林讲席哲学教授。他是《神圣命令和道德要求》的作者，也是无数宗教哲

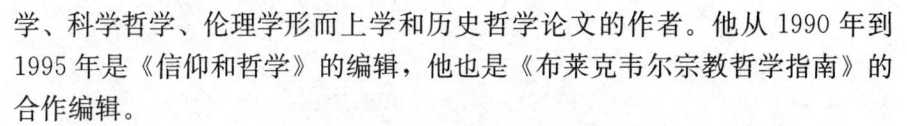

学、科学哲学、伦理学形而上学和历史哲学论文的作者。他从 1990 年到 1995 年是《信仰和哲学》的编辑，他也是《布莱克韦尔宗教哲学指南》的合作编辑。

詹姆斯·雷切尔（James Rachels）是亚拉巴马大学的哲学教授。他的著作包括《伦理学能够提供回答吗?》和《动物的创造：达尔文的道德含义》。

杰弗里·塞尔-麦科德（Geoffrey Sayre-McCord）是北卡罗来纳大学的波曼和戈登·格里讲席哲学教授，工作领域为道德理论、元伦理学、认识论和现代哲学史。他是《道德实在论论文集》的合作编辑（康奈尔大学出版社）。他现在正在写作有关道德实在论、休谟的道德哲学和当代契约主义。

威廉斯·R·施罗德（William R. Schroeder）在伊利诺伊大学任教。他是《萨特和他的前辈们：自我和他者》的作者，他正在完成《大陆哲学：基本观点》。他也是《布莱克韦尔大陆哲学指南》的合作编者。

迈克尔·斯洛特（Michael Slote）是马里兰大学的哲学系主任和哲学教授。他是几本著作和许多伦理学文章的作者，他最近完成了一本著作（《动机伦理学》），发展了一种情感形式的德性伦理学，并且为之辩护。

艾利奥特·索伯（Elliott Sober）是维斯柯斯-马德森大学的汉斯·里查宾讲席哲学教授。他是《选择的性质、重构过去、生物哲学》的作者，最近，他与 D. S. 威尔森合著了《趋向他者——进化与不自私行为的心理学》。

迈克尔·史密斯（Michael Smith）是澳大利亚国立大学社会科学研究院的哲学教授。他是《道德问题》的作者和《元伦理学》的编者。

詹姆斯·P·斯特巴（James P. Sterba）是鹿特丹大学哲学教授。他写了超过 150 篇论文和 18 部著作，最近出版了《此时此地的正义》（剑桥大学出版社）。他在美国、欧洲和远东地区作过很多演讲。

L. W. 萨姆纳（L. W. Sumner）是多伦多大学哲学系教授和法律系的成员。他是《堕胎与道德理论》（1981）、《权利的道德基础》（1987）和《福利、幸福和伦理学》的作者；他也是无数的伦理学和政治哲学论文的作者。他正在写一本关于表达自由的著作。

劳伦斯·托马斯（Laurence Thomas）是悉那古斯大学公民与公共事务马克斯威尔学院的教授。他是《生活道德：道德性格的心理学》（天普大学出版社，1990）和《恶的容器：美国奴隶制和大屠杀》（天普大学出版社，1993）的作者。

导　言

当代伦理学家研究人性理论，探讨价值本性，讨论那些关于生活的最好方式的相匹敌性说法，思考伦理学和人类心理学的联结，以及讨论实践伦理的困境。广义地看，这些问题都是古代哲学家同样讨论过的问题。不过，当代哲学家所提出的确切问题，我们所做的区分，我们运用的方法，我们用来形成和评价伦理理论的人类心理学知识和关于世界的知识，在这些方面常常只是与我们的哲学前辈有些相似而已。

不过，通行的哲学理论为我们的先辈所形成。我们与他们所提出的问题进行角力。由于他们在哲学上的成功或失败，在对这些问题进行拷问的诸多方面，我们提出我们的问题。他们的争论同样为他们的先辈所提出的问题所形成。在我们的、他们的和他们的先辈的问题之间的联结解释了为什么我们有一个伦理学的历史，为什么我们都参与到了同样的争论之中。他们的争论和我们的争论的不同反映了伦理学得到改进的那些方面。这正如它应当所是的那样：争论是相似的，因为我们都在寻找较好的方式相互关联起来，由于时间的不同（和事后明白而得利），我们应该较好地理解我们自己、我们在这个世界上的位置和我们与他者的关系。

我们能够把他们的问题和我们的问题划分为三类宽泛的范畴：元伦理学、规范伦理学和实践伦理学。这里有每一类的范例。

元伦理学：道德主张的地位是什么？道德主张仅是社会标准或个人选择的陈述吗？在某种意义上，它们是客观的吗？如果它们是客观的，什么使得它们如此？伦理学是一种实际智慧的学问吗？在我们心理学的天性与道德判断的性质之间如果有联结的话，那是什么样的联结？

规范伦理学：什么是广义理解的生活的最好方式？有什么一般原则、规则或指导纲领是我们应该遵循的，或我们应该培育的德性，从而帮助我们把正当与错误、善与恶区别开来？

实践伦理学：我们在特殊处境中应该怎样行动？在哪种我们能够或应当开战的环境里，我们应该讲真话？什么是组织化的社会的最好方式？我们应该怎样把环境与动物联系起来？

第一部分包含的论文是元伦理学：它们讨论伦理学的地位和性质，伦理学和人类心理学的关系。第二部分包含的是规范伦理学论文：它们提供我们应该如何生活的竞争性的说法。

伦理学划分为三个部分的观念，像高尔（Gaul）所认为的那样，表明了伦理学作为一个学科的进化。因为这不是古代所作的区分。同样，他们不把伦理学看做是一种发明物，在道德世界中制作并不存在的连接物。同样，我认为我们能够没有不适当地违反他们的观点而把他们的讨论分成这三个方面。柏拉图的形式理论（正如传统所理解的那样）能被看做是对道德实在论进行辩护的第一个企图，并且为道德真理提供了一个客观理由。亚里士多德的德性论可以被看做是规范伦理学方面的第一个实质性的要求。柏拉图所提出的国家的结构可以被看做是实践伦理学方面的早期探讨。只要我们用这些区分作为对他们所提出问题划分的方便方法，那么，他们同样应该不会反对的。

不过，20世纪早期的哲学家没有把这些区分仅仅看做是有用的分类方案的一部分，但把伦理学分成三个有区分的学科，只是在那第一部分（有可能是第二部分）是"真正"的哲学的地方。在20世纪50年代中叶，诺埃尔-斯密宣称：

> 道德哲学家的任务现在被看做，不是那种对实践智慧起指导的理论探讨，但是研究问题、判断、怀疑和信念本身是理论性的。道德哲学家不仅作出关于他的主观问题的理论陈述，他的主观问题构成了理论陈述。（1957：24）

因此，那个时期的大多数哲学家认为，他们能够对规范的或实践伦理学没有丝毫兴趣或丝毫知识信息而能富有成效地从事元伦理学研究。事实上，像诺埃尔-斯密，多数人甚至都不会把规范伦理学看做是伦理学的一部分。实际上，那时没有人会像我们所认识到的这样看待实践伦理学，而且几乎很少有人会把它看成是哲学。

伦理学的这些观点与那时哲学的主流观点有关。而当时的主流观点产生于不列颠和大陆哲学的发展。在20世纪40年代，艾耶尔大胆地宣称，哲学不依赖于任何经验事实，因为"哲学命题不是事实而是语言……"

(1952/1946：57)，这就是为什么在后来的几十年中，大多数哲学家认为，他们能够没有丝毫科学信息而从事科学哲学，他们能够没有丝毫心理学、认知科学或人工智能知识而从事心灵哲学研究。

当代的哲学家不像是古代的哲学家，仍然应用这些范畴大致地区分他们从事探求的类型。但是，不像他们的中世纪的前辈，他们拒绝这个观念：哲学只是涉及"理论陈述……[和]关于理论陈述"。因而他们是厌恶把伦理学作为三个分离的范畴的，如像这样三种完全独立的探讨。斯蒂芬·达沃尔（Stephen Darwall）拒绝对元伦理学与规范伦理学进行任何清楚地区分（1998：12），而谢利·卡根（Shelly Kagan）不仅避开元伦理学与规范伦理学的区分，也放弃了对规范伦理学与实践伦理学的任何坚定区分（1998：7）。而且，正如你将注意到的，当你读到这些论文，规范伦理学的这些类型区分同样是模糊的，并且不应该看做比模糊的家族相似更多些。

一、论　文

（一）元伦理学

第一部分以讨论伦理学的地位的两篇论文开始。道德主张有客观性吗？它们表明了这个世界的"真实"特征吗？如果不是，那又该怎样理解？就个人或文化而言，伦理学是相对的吗？

那些主张伦理学是客观的人，历史性地赞成某种形式的"**道德实在论**"。迈克尔·史密斯叙述了实在论的信念：（1）道德主张能够是真或假的，（2）某些这样的主张事实上是真。实在论最好通过这样两者的对照来理解：虚无主义和表达主义。这两者都认为，道德主张能够是真实的或虚假的。不过，它们在对如何适当回应一种基本的价值中性世界中的生活的问题上有分歧。

史密斯强调，虽然实在论拒绝虚无主义和表达主义，即有些人或者是通过提出，在作出道德主张时我们表明了我们的这种信念：这种主张能够真或假，或者是通过持有一种"最小化"的真理概念而把这两者都作为是太不成熟的东西给打发掉了，但这两种方法都没有能够击败这些观点。我们只有通过持有一种浓厚的实在论才可拒绝虚无主义和表达主义。虽然表达主义（为布莱克本所赞同）是不可接受的，但史密斯认为表达主义在这方面是对的：在我们的道德主张和以一定的方式行动的倾向之间有一种标准的联结。不过，这个见解不是得到了表达主义的最好阐发，而是得到了内在论的自然主义的道德实在论的最好阐发。

西蒙·布莱克本不同意。在《相对主义》一文中，他提出，一个人不必要是一个实在论者去相信伦理判断是客观的。如果我们承认伦理学主要是一种实践问题（这一点得到了拉福莱特的回应），而不是抽象的道德知识问题的话，那么，我们不需要那具体体现在这个世界里的伦理事实就可拒绝道德相对主义。这些事实没有目的。因为虽然道德判断是可错的，但我们能够提供支持我们判断的论证——这种论证别人能够认识到、能够理解和批判，这就是我们所需要的客观性。表达主义对于实在论而言也有一种决定性的优势：它能够造成这样一种较好的事实感，即我们能够有某种道德分歧，但不假定某一方必定是错误的。

虽然这些是有关道德客观性的明确争论的论文，这个主题得到了第二部分（规范伦理学）的几篇论文在不同程度和不同方面的讨论，尤其是《契约主义》、《大陆伦理学》和《实用主义伦理学》这几篇。

其他三篇论文对于客观性的基础提出了不同的解释。在《神圣命令论》中，菲利浦·L·奎恩辩护了这样一种主张：道德依赖于上帝。他的目的不是要达到确信他的观点的无神论的真理——这种真理依赖于他对上帝的性质和存在的确信；他的目的是相当中道的：表明这样一些信仰构成了一种伦理学的可辩护性理论。

他提供并加工了"神圣命令论"的这个版本，并回应了那种其目的在于表明神圣命令伦理是不可辩护的那些批评。他以除非在绝对道德要求中有一种神圣性，否则这种要求不能存在的意见，提出他所认识到的作为"积累案例论证"的东西而结束。

詹姆斯·雷切尔探讨了可替代"**神圣命令论**"的最著名的理论。"**自然主义**"是这样一种信念：广义地说，伦理学接近于科学，并且可以依据科学来理解。直到 19 世纪，自然主义在伦理学中占有最为突出的位置。但在这个世纪的早期，许多哲学家认为，G. E. 摩尔（G. E. Moore）的"未决问题"（open-question）论证证明了，没有一种形式的自然主义是靠得住的。因而有两种不同的反应。某些哲学家得出结论说，伦理学主张仅仅表达了我们对待行为和他人的态度。相反，另外一些伦理学家像摩尔那样，主张伦理非自然主义（这个观点在这本书里为麦克诺顿所宣扬）。有着自然主义倾向的哲学家因此面对着两种任务：第一，他们不得不反驳摩尔的未决问题论证；第二，他们不得不解释他们怎样能够从是什么的主张派生出应当的陈述。这种派生是困难的，在某种程度上，因为"应当"的陈述（例如，道德主张）被认为是动机性的，而"是"的陈述则不是。

雷切尔同意，事实陈述本身不是动机性的，但这并不能击败自然主义。它提供了一种表明自然主义是如何真实的机制。道德陈述即应当的陈述如果配合欲望和态度，可看做是动机性的。不过，那些有着道德面目的欲望和态度是那些为审慎所唤起或维持的欲望和态度。某些人可能担心，这可能导致"**相对主义**"，因为不同的人有不同的欲望。但不是如此。雷切尔主张，既然我们共有着生物性遗传本性，我们中的大多数人就有着同样的基本兴趣、价值观和欲望。这些因素强化了道德。事实上，进化能够很容易地解释为什么产生道德并得到维持。

当然，即使我们认为有道德真理，我们必须确定怎样发现这些真理。许多论文对于我们如何发现道德真理提供了某种解释。大多数观点——严格地说，即使许多不是直觉主义的——在道德推理中给予了"**道德直觉**"一种中心性的作用。杰夫·麦克马汉讨论了这种作用。

虽然麦克马汉认为，在道德审慎中直觉起了中心性的作用，但他希望把与直觉主义历史地缠绕在一起的两种信念和其他信念区分开来：（1）一种信念是我们通过某种专门的认识器官而认出直觉，直觉是一种可觉察到特别的道德性质的方法，与此相关的是（2）一旦把握了这样的直觉，就不能怀疑它。但他指出，无论是这两种信念中的哪一种都不可信。我们能够拒绝这两者而仍然维持这样的信念：（1）直觉对于我们应当怎样行动提供了理智的指导；（2）我们没有任何充分确定的理论将导致我们完全拒绝与它发生冲突的直觉。事实上，他指出，不给予直觉突出地位的理论根本就不能算是道德理论。并且，既然直觉涉及实践情形，那么，认真反思实践伦理问题将有助于一种可能合理的道德理论的发展。他通过提出这样的建议而结束：最可行的理论是那种给予道德直觉突出地位的基础主义理论。

在《伦理学的终点》中，约翰·D·卡普托对本书中的压倒一切的目标进行挑战。他提出，伦理学理论努力在作出伦理学决定中提供指导，而这是这些理论做不到的。我们必须作出伦理决定，即使是我们没有理论的指导。而且，大多数伦理学决定是具体的，对于这样的决定，一般化的理论不能提供任何指导。但我们没有理由感到失望，承认伦理学理论不能解决我们日常生活中的道德问题，使我们摆脱了那些置于我们思考中的理论的限制。它有助于我们看到所有可能性的全部范围，为我们的成长、思考和进步提供机会。最后，标准的伦理学理论认为，每个人应当过的生活，只有一种方式。这隐含着，所有文化中的所有人必须在同一个道德鼓手的召唤下行进。这样一种观点是可驳斥的观点。

卡普托的伦理学方法与在《大陆伦理学》中施罗德所提倡的一样，都与本书中的大多数代表分析的（英美）传统的论文显著不同。不过，我认为，所有这些论文都进行着同样的道德论争。因为虽然卡普托和施罗德对于标准的分析伦理学理论持有怀疑态度，他们的许多论题都为其他作者所回应，即使是以不同的语言进行描述。例如，布莱克本提出，表达主义的好处之一是它能够允许适当的道德行为的某些变化，而麦克诺顿和拉福莱特主张，同样的特征是它们各自理论的长处。几个作者（麦克诺顿和斯洛特）以他们的方式拒绝认为，道德提出了一套解决具体的道德问题的规则。

元伦理学部分以论及心理学和道德的两篇论文结束。当前我们对理论和实践伦理学方面的理解有意义地为对人类心理学方面的理解所形成。为艾利奥特·索伯所写的第一篇论文讨论了对**"伦理自我主义"**的长期担忧。自从苏格拉底以来，哲学家们担心，人们只能以促进他们的自我利益的方式行动。但如果这就是我们所能做的一切，那么，似乎道德是不可能的。

关于心理自我主义争论的特征在过去两千多年来戏剧性地发生了变化。索伯提出，大多数标准的对心理自我主义的拒弃已经失败。不过，进化生物学现在能够揭示为什么自我主义是不可辩护的。人能够成长、学习和兴盛，只有当他们得到了适当的父母的关怀和指导才有可能。作为父母，一个纯粹的利他主义者或一个多重动机（利他主义和自我主义都有）的人比一个纯粹的快乐主义者更为可靠。

如果自我主义不是合理的，那么，道德与心理健康的关系是什么？许多人认为，道德的目标在于限制人们：要求人们以那种与他们的自我利益相冲突的方式行动。毫无疑问，这是一个得到奎恩赞成的观点，并且，卡普托提出，这是大多数分析伦理学理论的一个先决条件。劳伦斯·托马斯不同意这个观点。在《道德心理学》中，他提出，心理学上健康的人们通常在深层次上是道德的。为什么是这样？我们每个人发展了一种适当意义的自我价值观，我们把自己尊为人类的存在者是在这样一种意义上：无条件地得到我们父母的爱。如果父母爱一个孩子，托马斯指出，那么，孩子会懂得他作为一个人是有价值的，他得到那些他们自己有价值的人的尊重。这样，孩子理解应该如何尊重性地理解人。

作为一个得到母爱的小孩，她会懂得，作为一个道德自我能够被他人错待也可以错待他人。这样，在心理学健康个人的意义上将发现伤害性冒犯他人的观念。当然，心理学意义上的健康是一个程度问题，因此，我们不应该希望心理学上健康的人，总是合乎道德的行动。那是不现实的。不过，如果这两者的联结很强的话，心理学意义上健康的人一般倾向于道德地行动。

（二）规范伦理学

规范伦理学的历史在很大程度上为这样两种传统所主导：后果主义和道义论，而这就是我将开始的地方。不过，这两种理论的特征已经进化了。在它们之间以及在它们与它们的替代者之间的界限已经变得越来越模糊了。但我们把这种考虑放一边，分三个亚层次特征：第一部分是两篇论及后果主义的论文；第二部分是六篇论及道义论的论文；第三部分是五篇探讨对这两个主要传统的替代物的论文。

后果主义的最主要形式是功利主义。功利主义在伦理学史上起了轴心性的作用。不仅这个理论得到了哲学家的值得重视的支持，而且对于阻止其他理论起了主要的作用。许多道义论理论通过把它们自己与功利主义区分开来而得到了发展和变得更精致了。历史地看，得到最广泛提倡的功利主义形式是"**行动功利主义**"。R. G. 弗雷解释说，对行动功利主义的最初诉求是相信，该理论提供了（1）一种相对简单的指导和（2）较易于运用的道德理论，因此，能够被大多数人用来作出日常性的道德决定。

部分地由于它曾起过的支配性作用，行动功利主义遭受到它的诽谤者的猛烈攻击，随后得到它的辩护者的仔细考察和修正。变得很清楚的是，该理论既不是简单的，也不是容易运用的。在避免批评和满足信奉者的理论目标的过程中，该理论已经经历了实质性的变化。最有意义的发展之一是 R. M. 黑尔（R. M. Hare）的间接功利主义，该理论区分了批判层次和直觉层次上的判断。功利主义被认为是在批判层次上而不是在直觉（日常生活）层次上的直接判断。这些改变被认为是使得行动功利主义更为简单、更为有用，因此，更可辩护。但弗雷指出，虽然这一步有着好的动机，但最终看来不起作用。不过，它指出了正确的方向：功利主义必须在作为一种正当的理论和作为一种决定程序之间进行区分。适当理解的行动功利主义，只是一种正当理论。它不是决定程序。不过，它告诉我们，我们应该如何思考道德，并因此帮助我们发展那些使我们更有可能促进最大功利的性格品质的需要。

后果主义的第二种突出形式是"**规则后果主义**"，它主张，行为的正当性不是因为它们有最好的后果，而是因为它们产生于一套能够带来最好后果的规则。布拉德·胡克主张，这样一种理论抓住了功利主义的洞察力，而没有它的不利后果。这种理论的规则性质避免了行动功利主义作为一种决定程序来使用面对的许多问题（这些问题促使弗雷提出修订意见），它强调的是后果而非功利，允许它把非功利的考虑放在道德范围内，特别是对功利的最好分配的考虑。

胡克花了一些时间来批判行动功利主义和行动后果主义，因为它们不能与我们最珍惜的道德直觉相一致和拒绝某些知名的论证：任何可辩护的规则后果主义必定最终陷入行动后果主义。然后他处理了规则后果主义所面对的最有意义的问题之一，即在规则得到证明之前，决定规则是如何广泛地得到接受。我们几乎不能希望每个人适应那些原则；毋庸置疑，我们不能决定他们完全听从原则。不过，为了证明这些规则，适应的比率不得不是很高的。最终，规则后果主义是合理的，因为它避免了（1）绝对论者的主张：即使是能获得最大的善，我们也绝不打破道德规则；（2）行动功利主义者主张：即使是为了获得一种边际功利，我们也能打破规则。

对道义论的诉求常常被看做是与后果主义相对照。所以，道义论部分以 F. M. 卡姆的"**非后果主义**"为起点。卡姆指出，所有形式的后果主义都失败了，因为道德被看成不是涉及我们的行动产生的事态而是我们行动的内在特征。特别是，后果主义失败了，因为它不把人当成目的本身而仅仅作为达到最大化功利的手段。

对卡姆的道德观点，最好理解为（1）确立在对非个人的或我们自己的善的追求中我们能做的事情的限制，（2）每个人有着追求他自己的利益而不是最大化善的特许权。然后，她解释了这些特征被结合进了最好的非后果主义的理论。最后，她以对非后果主义理解的给予他人帮助的独特方式而结束。

在随后的论文中，托马斯·E·希尔从更为皮毛的康德主义的成分清理出**康德主义**的中心性**成分**。在道德哲学史上，康德的道德著作被看做是主要著作而得到标准的研究。而在20世纪的第一个五十年中，康德的观念在很大程度上被拒绝，并常常受到嘲笑。不过，在最后二十五年中，"**康德主义**"作为一种突出的道德理论而重新出现，在一种不小的程度上，是由于一连串的注释家们把新生命注入到他思想里。希尔注意到，问题是康德常常被解释为提倡了颇为激进的观念，包括（1）经验证据对于道德审慎是不相干的，（2）有道德价值的唯一行动是那些出于责任和与行为者的爱好相对立的行动。对于许多人来说，这样的观念在心理学上是不可辩护的，在认识论是一致的，但在道德上是使人讨厌的。

可能康德持有这些观念——虽然希尔远不相信他持有这些观念。不过，它们不是康德思想的核心。不应由于对康德的更激进观念的小争议而丢掉了那些核心性东西。这些核心观念仍然没有触动，它们是道德思想的有意义的发展：重要的但有限的作用的先验方法，康德的责任理论的基本轮廓，绝对命令的性质，道德以我们作为自主行为者为先决条件。

康德也是一个"**契约主义**"历史中的关键人物。杰弗里·塞尔-麦科德编年史性地追溯了契约主义从它的开端到当代的发展。虽然这个理论有许多外貌，所有版本都有这个信念：道德规范或政治制度只有它们被那些它们所统治的人接受才具有合法性。理论上的差别是那些关于人们接受规范或制度的方式、条件的分歧。这些差别揭示，尽管契约主义者深深地根植于康德，它所发展出来的不仅是道义论的，而且是后果主义的和"可替代性的"理论。

在对契约主义的历史研究之后，尤其是康德和霍布斯版本的契约主义，杰弗里·塞尔-麦科德提出一种休谟理论是最合理的。休谟版本不寻求从契约中得到一套特别的规则，但一般性地解释为什么道德自然而然地从人类社会中呈现出来，以及如何呈现出来。在这个意义上，并不必然表明利他主义如何产生，但表明我们是哪一种生物，怎样发展了那些制度，以及如何应用评价性概念。

虽然以这种形式或那种形式出现的直觉在大多数人对道德的理解中起了一个重要作用，"**直觉主义**"作为一种正式理论则是名声不好了半个世纪。在20世纪的后十多年中，该理论实际上复原（东山再起）了。这个理论有着巨大的价值：它装备着日常的道德思考。尽管有这个优点，许多哲学家认为，该理论遭受到不可克服的困境，尤其是它的不可解释性和完全没有系统性。大卫·麦克诺顿指出,这些批评是没有根基的。他从罗斯(W. D. Ross)的著作追溯了直觉主义的开始,表明了罗斯的著作比许多哲学家所认为的更有系统性。

麦克诺顿所辩护的成熟形态的"**直觉主义**",不同于麦克马汉那里受到更多限制的作用的直觉主义。因为不像麦克马汉,麦克诺顿主张,自明性的道德原则是作为一种先验性的原则而不证自明的。但说它们是自明的,并不意味着它们是明显的,或大多数未受教育的和道德上未得到启蒙的笨汉都可理解的。宁可说,不证自明的真理只能为有知识(智慧)的和有经验的人所觉察,他们能够适当地反思道德问题。这部分地解释了为什么最好的理论并不寻求通过给予一系列一般性的道德原则而穷尽道德真理,而是理解到,道德判断是有不可避免的特殊性的。

在另外一篇论文中,L. W. 萨姆纳探讨了"权利"在许多道义论理论中所起的主导性作用。权利确立了对最大化社会善的企图的限制(Kamm),因此,权利确保个人免除社会和其他人对利益的侵犯。权利的中心在于它们的占有者——受到它们保护的那些人的利益上,而不是必须尊重的那些权利之上。萨姆纳认为,这个关注点给予了那些容纳权利理论某种意义,而这是那些缺乏它们的理论所没有的。

萨姆纳提供了一个分类化的权利体系,力图确切地表明权利所要求的是什么,它们所保护的又是什么。他指责流行的倾向是断定权利指向我们所想要的一切东西,导致无意义的权利增生的一种倾向,因此,必然减损权利的意义。权利不是我们任意建构的道德玩具,它们要求一种解释理论,要求给它们提供理由的理论。给权利提供最好理由(有点奇怪的是)的是以目的为基础的理论而不是一种道义论的理论。

简·纳维森同意萨姆纳的论点,权利是重要的道德现钞。但他不像萨姆纳,"**自由至上主义**"(Libertarianism)认为,只有一种道德权利——自由权,并且权利**几乎**是不可侵犯的。这样,自由主义者与其他的非后果主义者有着基本的前提条件,即,我们不应该藐视把善最大化的个人权利。但自由主义者认为,大多数非后果主义者对于正当与错误有太宽泛的理解,因此,他们也太易于过度限制侵犯权。

自由主义的中心观念是自治权。适当的道德秩序有一个目标:保护个人对他们自己的权利。压制只有在控制对他人的侵犯行动时才是合理的。不过,纳维森主张,自由主义不需要被看成是一种自私的、狭隘的个人主义理论。自由主义者能够建立和支持使它们的成员在需要时相互帮助的共同体。确实，自由主义者并不厌恶说，我们中的每一个人都有责任提供相互帮助，只要我们理解这不是一种强加的责任的话。

在过去三十年中最著名的理论发展之一是一种理论性替代物的呈现或再次呈现，它挑战了后果主义和道义论的理论，或它是从后果主义和道义论的理论中分化出来的。这本书的最后部分包括五篇论文涉及这些替代物。第一篇实际上并不是新的：返回到西方哲学的起源处寻找"**德性伦理学**"根源。而它最近在当代理论阶段重新出现。虽然某些人怀疑，在德性伦理学和标准的可选择物之间的空白是轻微的，迈克尔·斯洛特提出，对于这个核心而言，理论是不同的。在后果主义和道义论把道义论的概念"应当"、"权利"、"责任"和"义务"作为中心性的概念时，德性理论家认为，像"卓越"、"可敬佩的"等德性概念是关键性的。更特别的是，德性理论家尤其关注品格和动机的内在状态。虽然道义论者和后果主义者也关注品格，他们的关注是不同的：关注品格问题是因为它使得人们更可能促进善或遵循道德规则。例如，弗雷的论证是，品格在人们对"**行动功利主义**"的适当理解中起了至关重要的作用。相反，德性理论家把德性看做是基本的和把义务概念看成是派生的。

斯洛特在发展他的明确的理论之前，指出了他认识到的后果主义和道义论的比较普遍的缺陷，因为这些缺陷有助于解释对德性伦理学的诉求。斯洛特提出，最可辩护的德性伦理学理论是类似于贾格尔讨论的关怀伦理学。这样一种观点是相对于普遍仁慈观点的，因为它允许对家庭和亲密朋友的更强的兴趣和关怀。不过，认为德性伦理学只限制于个人领域，那是错的，它也提供对社会正义的一种满意解释。

在另一篇论文《女性主义伦理学》中，A. M. 贾格尔提出，所有的西方伦理学理论都一致性地贬抑了妇女。这种贬值是在这些理论的中心概念和推理之中获得和合理化的。即使在伦理学理论家承认男人和女人的基本平等之后，他们仍然拒绝批评或挑战那些使得妇女处于不利地位的偏见，或者是不批评那些标准理论所支持的那种不利地位的方式。

这些不公正如何能够修补？在最小意义上，标准的伦理学范畴必须扩展得能够对于影响妇女的问题给予适当的注意。某些妇女也已经提出，应该让妇女的伦理经验在伦理学理论中起中心性的角色作用。最著名的论点可在关怀伦理学的发展中看到，像斯洛特所提倡的那样。虽然贾格尔认为，在某种意义上，因为它揭露了现代伦理学理论的某些主要缺陷，因而关怀伦理学有了一种有意义的发展，但这种理论是不适当的。关怀的视野必须得到能力方法的补充,能力方法首先在关于第三世界的发展的争论中提出,并且现在为人所知。

在接下来的论文中,威廉斯·R·施罗德解释了"**大陆伦理学**"的性质。他注意到,正如卡普托早先所注意到的,大陆思想家对传统道德充满怀疑。而分析伦理学的许多当代发展,尤其是对后果主义和道义论的替代理论的研究,以及道德实在论方面的复兴的兴趣,都有它们的大陆思想的根源。施罗德认为,可能大陆的和分析的伦理学的最显著的不同是,大陆思想家强调个人的成长、真实性和创造性。

他表明在几个主要的大陆思想家那里如何发展了这些观念。这些思想家是:黑格尔(Hegel)、尼采(Nietzsche)、舍勒(Scheler)、萨特(Sartre)和列维纳斯(Levinas)。然后,施罗德讨论了是否价值是人所发现或创造的问题,自由的优先性问题,并且,他挑战了他所提出的大多数分析伦理学理论的指导性的假设:伦理学的主要工作是压制人的基本自私。

在《实用主义伦理学》中,休·拉福莱特提出,美国的实用主义思想家,特别是杜威的思想,能够说明关于伦理学性质和道德生活行动的长期分歧。一种实用主义的伦理学并不绝对拒绝传统的伦理学理论的见解。像那些其他论文所讨论的见解能够帮助我们较好地理解我们应当如何生活。问题是,那些道德理论是以有缺陷的人类探求观念开始的,对于人类的理性和心理学存在着误导性的说明,因而人们对于一种伦理学应当提供什么有不适当的期望。

对于人类心理学的适当理解,特别是习惯的丰富观念,提供了这样一种道德的方式:(1)这种道德运用标准不是唯标准论,(2)它是客观论的而不是绝对论的,(3)把伦理判断理解为相对的,而没有投入相对主义的怀抱,(4)宽容——确实是欢迎——某些道德差别,但不是没有自己的主见。

这本书以詹姆斯·P·斯特巴的《伦理学中的调和趋向》而结束。斯特巴提出,尽管在相互矛盾的规范伦理学理论中有着明显的深刻差别,但许多理论是有意义地重合的。他区分了三种[学术]团体:首先,有着他们的严格的道德普遍性的自由至上主义者,他们承诺承认对于所有个人的基本的福利权利。其次,是后果主义者,特别假设了他们最近对于契约主义方法的运用,证明契约方法对于最大化功利的企图能够给予限制,这种限制是那些非后果主义者所赞同的。最后,他讨论了女性主义对标准的西方道德哲学的批评。他提出，一种得到适当改变的契约主义能够满足女性主义的批评，而维持契约主义的内在合理性。

二、未来伦理学理论的前景

虽然这一本书没有明确讨论伦理学史，而在个别作者的讨论中，某些历史成分是明显的。这本书中并不打算讨论所有相关问题，或对于困惑了几千年的哲学家的问题给予最后的答案。它的目标是更为适中的：对于长期和显著的伦理学理论的旅程提供一个路站。我的希望是，不仅它可靠地把握了争论的当代状态，而且也将激起伦理学方面的富有成果的工作。

参考文献

Ayer, A. J.: *Language, Truth, and Logic* (2nd edn.) (New York: Dover Publication, 1952/1946).

Darwall, S.: *Philosophical Ethics* (Boulder, CO: Westview Press, 1998).

Kagan, S.: *Normative Ethics* (Boulder, CO: Westview Press, 1998).

Nowell-Smith. P. H.: *Ethics* (New York: Philosophical Library, 1957).

Rachels, J.: "Introduction: Moral Philosophy in the Twentieth Century." In S. Kahn and J. G. Haber (eds.), *20th Century Ethical Theory* (Saddle River, NJ: Prentice-Hall, 1997).

第一部分

元伦理学

第一部分

元件物理学

伦理学的地位

第 1 章 道德实在论

迈克尔·史密斯

过去 20 年左右，关于道德实在论的争论，成为哲学活动的主要焦点。不过，很不幸的是，只要粗略地看看争论中发表的大量文献，就很清楚，对于某人因什么［观点］而被看成是一个道德实在论者仍然没有共识（Sayre-McCord 1988a）。因此，我在这篇论文中的目的是双重的：第一，阐明在有关道德实在论的争论中至关重要之点；第二，似乎依我的观点来解释，实在论者的立场为什么比其他可选择的立场更为可取。

一、道德实在论与虚无主义和表达主义之比较

道德实在论者相信什么？标准的答案是，他们相信两种事情：（1）他们相信，当我们发表道德主张时，我们所使用的语句，像"打孩子是错误的"和"遵守诺言是对的（right）"——可以是或真或假。（2）他们相信，这类语句中的某些确实是真的。因此，道德实在论与两种相区别的观点相对照。

第一种观点与道德实在论一样，同意以上的第一点，但却拒绝第二点。根据第一点，当我们发表关于行为正当（对）与错误的看法时，我们打算宣称这个世界的某个方面是什么——我们打算说，某件事情能够是真的或假的——但这些语句中没有一句是真的（true）。当我们正在从事有关道德［问题］的交谈时，我们的前提是那些行为已经有了正确或错误的特征。但我们错了。因为那些行为没有这样的特征。这种观点一般归在道德虚无论或错误理论（The Error Theory）的名下（Nietzsche 1887；Mackie 1971）。

第二种更激进的观点是否定上述两点承诺。根据这种观点，我们在发

表道德主张时，我们使用的语句并不用来表达我们的这个意图：说某种东西能够是真或假。我们并不是用这些语句来达到这样一个意图：宣称这个世界的某个方面是什么。与此对照的是，虚无主义没有预设这些行为具有正确或错误的特征这样的前提。毋宁说，我们是在使用道德语句来表达我们关于对行为、人、世界的状态等的感受。当我们说"打孩子是错误的"，这就好像说"打孩子，恶心"，这个观点一般归在表达主义（expressivism）或非认知主义的名下（Hare 1952；Gibbard 1990；Blackburn 1994）。

表达主义和虚无主义都把世界看做是非价值性的，所以都认为这个世界是无道德性的。不过，两者在一个至关重要的方面是不同的。因为虚无主义坚持，把行为活动的正当与错误看做是道德思想和言谈的前提。它们把世界的非价值性看做是这样一种状况，即要求改变道德实践：我们几乎不可能真诚地断定，那曾被我们看做是虚假的东西还是虚假的。道德思想和言谈的地位如同宗教思想和言谈的地位——如果我们变成了坚定的无神论者的话。相反，表达主义认为，世界的无价值性没有这种后果。道德思想和言谈能够完美而无忧虑地行进在这种世界的非价值性知识里，因为，我们确立道德主张绝没有以别的什么为前提。

简要地说，要解决道德实在论的争论，就抽象性和一般性而言，有两个基本问题需要回答。第一个问题是，是否把正当或不当归之于行为活动的语句的可真或可假；如果我们回答说"是"，那么，我们就拒绝了表达主义。第二个问题是（这个问题的前提是对第一个问题的确定性回答），是否任何把正当或不当性质归之于行为活动的语句确实都是真的；如果我们对第二个问题回答说"是"，那么我们就消除了虚无主义的选择。因此，也就使我们自己承诺起了道德实在论的真理。

二、一个起始性的难题

如上所述，道德实在论看上去是这种主张的学说。它会在这样两个相区别的方面出错：可能错误地认为，把正当或不当性归之于行为活动的语句可真也可假，或者，承认如下看法是对的：可能错误地认为这些语句中的某些真的是正确的。不过，正如我们所看到的，真正的危险是，如此理解的道德实在论没有很充分的主张。

上面提出的两个抽象而一般性的问题的区分性特征是：它们都涉及语

义学的不确定性：当我们确立一个道德主张时，两者都涉及我们的语言必须具有的一种特征，或者一种必须在语句与世界的关系之间获得的一种关系。但事实是，这两者都涉及的语义学的不确定性提出了一个起始性的难题。如果通过对这两个抽象的而又一般性的问题的肯定性回答，而因此承诺起了道德实在论的真理，那么，像这样的承诺看来太容易了，至少对一个有能力说英语而又有任何道德承诺的人来说是如此。让我们说明一下这个难题。

像读这篇论文的大多数人那样，我有多种道德承诺。例如，我完全认为，打孩子是错误的。作为一个有能力说英语的人，因此我愿意用"打孩子是错误的"这句英语。想象一下我大声地说出：

打孩子是错误的（Torturing babies is wrong）。

而且，作为一个有说英语能力的人，我也愿意说，我不仅是"用了"（using）这个英语句子，而且也是"提到"（mention）了它。再想象一下我大声说出：

"打孩子是错误的"是正确的（"Torturing babies is wrong" is true）。

或者：

"打孩子是错误的"真是正确的（"Torturing babies is wrong" is really true）。

这是因为，通常的用法是，"提到"这个句子，或说这个句子并且认为它是正确的，只不过是对我使用过的句子换了一种说法而已。

"'打孩子是错误的'是正确的"和"'打孩子是错误的'真是正确的"只不过是"打孩子是错误的"这句话的较迂回的说法而已，它涉及语义学的转换。

既然这些被看做是一个道德实在论者的初始特性，那么，似乎意味着我是一个道德实在论者。毕竟因为我愿意断定，当我确定某个道德主张而使用"打孩子是错误的"这样的语句时，这些句子是可真可假的，并且，某些句子是真正正确的，还有某些则是真正错误的。可能对道德实在论的承诺意味着我有道德承诺的事实再加上我有说英语的能力的事实，但似乎并非如此。但到底什么地方出了问题？

一个不言而喻的联想是，道德语句的表层语法潜在地有着使人误入歧途的可能，它遮盖了某些深层的形而上学事实。虽然我们说这些句子是真或假的，但这是泛泛而谈。这个联想意味着，道德实在论者真正相信的，当我们作出道德主张时我们使用的句子能够是真或假的，是严格地说而不仅仅是泛泛地说的。这样，当我们说到那些语句是真或假的时候，任何事情就都取决于是严格地说还是泛泛而谈。

三、最少量度原理

当我们用"真"和"假"这些词时，严格地说，其意思是什么？今天一个非常流行的观点是**最少量度的真**（minimalism about truth）（Horwich 1990；Wright 1992）。根据这个观点，在我们的语言中，"真"与"假"等词的作用，只不过是使我们能够表示我们对人们所说的，是赞同或反对而已，并不涉及人们说到某事时所用的所有词的那种麻烦。

例如，A说："雪是白的，草是绿的，玫瑰是红的，紫罗兰是蓝色的"，并且B想要表明他的赞同，如果"真"（正确）这词不是我们语言的一个部分，为了表明他的态度，B就要引述A所说的，要么不引述。他将不得不说："A说了'雪是白的'，确实雪是白的；A说了'草是绿的'，确实草是绿的；A说了'玫瑰是红的'，确实玫瑰是红的；A说了'紫罗兰是蓝色的'，确实紫罗兰是蓝色的。"这要求B使用多于A使用的两倍的词。依据最少量度原理，"真"（正确）这一词只不过是使得B更有效地表明他的赞同而已。因为在我们的语言中有"真"（正确）这一词，B能够在量上越过A用来说所有事物的词，一次性地说："B所说的所有事情都是真实的"。

总之，根据最少量度原理，关于"真"和"假"这些词的意思所要说的，严格地说，恰恰就是我们所要说的——当我们注意到初始性难题时。当"S"是一个有意义的英语句子时，并且当"S"为真时，我们所知道的关于"真"（正确）这词的意思是，某人说"'S'为真"恰恰就是不引用原话而以"S"来代替。当你提到或引用一个英语句子，并且把"这是真（正确）的"有意义地附加在这个句子上，这恰是以另一种方式来表达使用或不引用这个英语句子能够说出的某种东西。关于真的最少量度原理表明，当我说："'打孩子是错误的'这句话是正确的"，而不是"打孩子是错误的"，严格地说，我因此而表明了不引用的适当性。

因此，似乎对我而言，我们将这个现实主义的选择放在众人面前。最少量的道德现实主义相信如下三点：第一，他们相信当我们严格地说而不是空泛地说，"行为是正当的或错误的"时，我们使用的句子或真或假。第二，他们相信，这些句子中的某些是真的。第三，他们相信，严格地说，诸如"真"（正确）或"假"的意义完全可以以最少量度说法来解释。

最少量度的道德实在论确实是非常简单的一种学说：如果你接受了关于真的最少量度说法，如果你有任何道德承诺，你就是一个道德实在论者——或，不论怎么说，你是一个最少量度的道德实在论者。虚无主义和表达主义一下子就被消除了。现在明显的问题是，是否我们都应是最少量度的道德实在论者。回答依赖于与最少量度的道德实在论争论本身正相关的某种事情：有关真的最少量度说法的似乎合理性。不过，正如我将要说的，最少量度说法是严重不适当的。

四、最少量度主义的主要问题

19　　关于真的最少量度主义告诉我们，当我们用"S"表示一个英语有意义的句子时，并且当"S"为"真"也是一个有意义的英语句子时，说"'S'为'真'"的人也正好是没有引用而用"S"取而代之。但这个说法——至少是这种形式的这个说法，遗忘掉了一个例外的、至关重要的关于真的情况，因为它没有告诉我们，为了使得"'S'为真"成为一个有意义的英语句子，"S"需要满足的条件。换句话说，它没有告诉我们，能够真或假的一个句子的什么东西使得它能够真或假。让我更为详细些地说说这个问题（Jackson，Oppy，Smith 1994）。

每个人都同意，"雪是白的"和"'雪是白的'这句话是真的"都是有意义的英语句子。而且，大家也都同意，虽然"呜啦，芝加哥公牛队！"是一句有意义的英语句子，但是，"'呜啦，芝加哥公牛队！'是真的"不是一句有意义的英语句子。但为什么这两个句子之间有差别？那些有真值性（truth-apt）的一串英语词的共同点在什么地方？那些没有真值性的英语词汇串与前面所说的那些英语串没有共同点吗？具有真值性的英语句子的什么特征使得其具有真值性？关于真的最少量度[说法]，就作为特征而言，并没有给我们提供回答。当我们知道我们所知道的"真"（正确）

这个词的意义时，作为对这个问题的回答是我们需要知道的一部分。

关于真的最少量度主义者典型地坚持说，对于这个问题他们能够提供适当的最低程度的回答（Wright 1992；Horwich 1992）。让我们看看三串英语词："雪是白的"、"打孩子是错误的"和"呜啦，芝加哥公牛队！"。标准的最少量度论者建议，前两串英语词具有真值性倾向，第三串则没有，因为前两者具有纯粹的语义学特征，而第三串则没有。他们认为，前两串英语词，可看做是文脉关联（context）整个形态的适当语法类型：条件句的先行（例如，"如果雪是白的，那么，它与白纸的颜色是相同的"，"如果打孩子是错误的，我将支持立法来反对它"，这两个句子都是完善形态的句子），命题态度关联（"约翰相信雪是白的"和"约翰相信打孩子是错误的"，两者都是完善形态的句子），诸如此类。但第三串则相反，不被看做是这些背景关联的适当语法类型（我们既不可说"呜啦，芝加哥公牛队！那么我将买票去看下一个季度的比赛"，也不可说"约翰相信呜啦，芝加哥公牛队！"是完善形态的句子）。根据最少量度论者的观点，前两个句子的语义学特征使得可把它们算进"'＿＿＿＿'为真"的文脉关联中，并且，这是一个事实：第三个句子缺乏这个特征，使得它不可被看做是在这种文脉关联之中。因此，不论怎么说，他们是很典型的这么看的代表者。

L.卡罗尔[①]在他的有名诗篇《废话连篇》（*Jabberwocky*，1872）中表现的理由，最少量度论者的真值特性论是不能使人满意的："这是轻亮而滑动的烟雾味在蛛网上回旋和做怪脸"的诗句看上去像一些句子的连接，这些句子在句法上，可算做是先行条件的适当语法类型（例如，"如果烟雾味在蛛网上回旋和做怪脸，那么，我就要去看看"，看上去无论如何也是一个完善形式的句子），并体现在命题态度关联中（如"我相信烟雾味在蛛网上回旋和做怪脸"看上去像是一完善形式的句子），等等。确实，这些句子看做像是"真的"能够预知这些（"'烟雾味在蛛网上回旋和做怪脸'这句话为真"看上去像是一个完善形式的句子）。但这并不意味着具有真值性。确实，我们知道，它们并没有真值性，因为，虽然它们符合句法，但它们是毫无意义的句子，而且是没有任何意义的句子。因此，它们不能够是或真或假的。认为句法就确立了真值性的观点是荒谬的。

---

① 卡罗尔（Carroll Lewis，1832—1898），英国数学家、童话家，原名C.L.道尔森。以卡罗尔的笔名著有两部著名童话：《艾丽丝漫游奇境记》和《境中世界》。——译者注（以下脚注均为译者注，不一一标明）

因此，我们必须问有着正确句法的一个句子，为了使它有真值性，要加上什么东西才行。例如，卡罗尔的句子"滑动的烟雾味在蛛网上回旋和做怪脸"，为了使它具有真值性，要加上什么特征？回答既是直接的也是常识性的：句子要有意义，而不是胡说，句子里的组成词，像"烟雾味"、"回旋"、"做怪脸"和"蛛网"，应当是以习惯用法的方式联结起来的，这就清楚了，当人们使用这些词时，人们是以哪些方式想要表达这个世界上的那些信息。

但如果这是对的，那么，似乎就意味着，真值性不是一个最少量度的问题。如果从原则上看，具有真值性的一个句子不得不是这样的句子：至少能够用来传递信息，那么，它必须是这样的句子：在原则上，能够给人们信念的内容〔或者，为了避免摩尔的有意义的句子的问题，像"我没有信念"，这些句子至少必须是这样的句子：可为某些语法转换到能够给出人们信念内容的句子（以下我将忽略这个新增的问题）〕。但没有一个最少量度论的叙述能够说一个句子适合于起这种作用。这是一个句子的实质性事实，它的组成词是与习惯用法的模式相关联的，这种模式允许这些词能够传递这个社会实践方面的信息。当我们发现它能够用来表达什么信念时，我们发现这是一个句子的实质性的事实。因此，为了确立句子的真值性，我们需要发现句子的实质性的事实。

现在，我们处在发现最少量度道德实在论主要问题的时候了。最少量度的道德实在论假定了最少量度的关于真值的真，如此承认最少量度的真值假定，真值性本身就是一个最少量的问题。但这个假定是错误的。"遵守诺言是对的"确实可看做是有着适当的语法类型的有意义的英语句子，它具有先行条件句，命题态度关联，等等，但不意味着，能够用着给出人们的信念关联。确实，正如我们所看到的，许多人认为，有一种原则性的理由认为，这样一种句子不能够给出任何人的信念的内容。

五、表达主义和内在论

现在我们知道，严格地说，类似于"打孩子是错误的"和"遵守诺言是对的"这样的句子能够真或假。包含在这些句子里的词像"对"和"错误"，是与习惯用法的模式相关联的，而人们使用这些模式是要传递信息的。这里要问的问题是，与诸如"对"（right，或"正当"）和"错误"

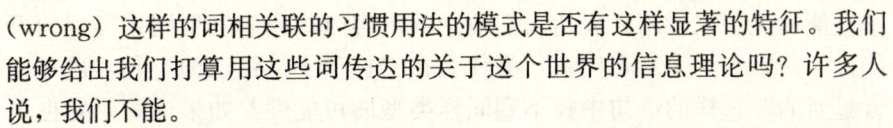

（wrong）这样的词相关联的习惯用法的模式是否有这样显著的特征。我们能够给出我们打算用这些词传达的关于这个世界的信息理论吗？许多人说，我们不能。

他们从注意到这样显著的事实开始：人们的道德观点告诉我们某种关于他们的行为性情的某种东西。例如，令人困惑的是，如果你已经宣称了你坚定的确信，正当的事情是把钱给奥克斯洪，你却说，实际上是否把钱给奥克斯洪是完全无所谓的。可能你的无所谓能够得到解释。心情抑郁或意志软弱使你缺乏你想做的正当事情的欲望。但缺乏某种这样的解释，那似乎意味着，你的无所谓表明你所宣称的坚信是在撒谎，它泄露了你的伪善。这就是为什么当你表达你的道德观点，说的比唱的好听。

这个显著特征被称为内在束缚论（internalism constraint）（Hare 1952, ch. 1; Blackburn 1984, pp. 187–189）。内在论者认为，在我们作出的道德判断和我们的道德动机之间有一种内在的和必要的联结。如果这个论点是正确的，内在论者把一种束缚放在道德语句的适当位置上。它告诉我们，这是对适当使用"打孩子是错误的"的一种适当约束：真诚地说出这句话的某个人是反对打孩子的，至少在其他事情上也是同样的态度（换句话说，没有抑郁、意志软弱以及其他诸如此类的借口）。同样，它告诉我们，这是对适当使用"遵守诺言是对的"的一种约束：那个真诚地说出它的人是有着遵守诺言的欲望的，至少在其他事情上是如此。

表达主义者抓住了内在论者的真理，提出了明显的问题。如果道德语句能够用来表达人们的信念内容，那么，道德语句的适当使用是怎样受到内在论者的真理的限制？尤其是，当我们把语句——如"雪是白的"，"伦敦是在巴黎的北部"，"如果你浪费在学校期间的时间，那么就会减损你的未来生活的前程"，等等——考虑为能够无争议地用来表达人们的道德信念的内容时，我们注意到，它们也能够为人们真诚而完美地运用，而不论人们有什么欲望，也不论人们是否有反感。为什么这与道德语句有区别？

例如，如下情况不是对适当使用"如果你浪费在学校期间的时间，那么就会减损你的未来生活的前程"这种语句的约束：某个真诚地说出这句话的人希望人们在学校期间浪费他们的时间，或者反对人们浪费他们的时间，或者对人们在学校期间浪费时间无所谓。相信浪费你在学校期间的时间，那么就会减损你的未来生活的前程——这样一种信念能够相当愉快地与这些态度中的任何一种合并存在。而且，当我们考虑到任何其他句子也能够无争议地用来表达人们信念的内容时,我们发现同样类型的可能性。所以表达主义者问道,为什么在"打孩子是错误的"和"遵守诺言是对的"这样的语句中找不到同样类型的可能性?如果这些语句也表达我们的信念的话。为什么"遵守诺言是对的"不能与遵守诺言的欲望、反对遵守诺言和对遵守诺言无所谓的态度完美愉快地一并存在?如果有这样一种信念,这种信念中的什么东西,使得它要求有一种遵守诺言的欲望的存在?对于这种特殊的信念而言,它不是一种令人吃惊而奇特的特征吗?

表达主义回答说,我们没有发现同样类型的可能性,因为"打孩子是错误的"和"遵守诺言是对的"不能用来给出任何人的信念内容(Jackyson, Oppy, Smith 1994)。它们不能用来给出任何人的信念内容,因为对于任何人来说,没有这样一种要表达的信念。信念所给出的是关于这个世界的信息状态。因为如此,它们能够与人的任何欲求、无所谓或反感共存。因为人们的道德观念不能与任何形式的欲求、无所谓和反感并存。因此,这意味着,当人们告诉我们他们的道德观点时,人们使用这些语句的适当作用不能看做是表达了这种状态。毋宁说,"打孩子是错误的"这句话的适当作用在于表达了对于打孩子的反感,对"遵守诺言是对的"这句话的适当使用在于表达了遵守诺言的欲望,而不是表达了任何信念。

因此,表达主义认为,道德语句,当它得到适当理解时,确实是与像"呜啦,芝加哥公牛队!"这样的句子,无争议的没有真值倾向的句子具有同等地位。像"呜啦,芝加哥公牛队!"是没有真值性的不是因为它的表层句法,而是因为用来适当地表达对芝加哥公牛队行动之后的一种态度,而不是关于芝加哥公牛队的任何信念。同样,有关行为正当与错误的句子是非真值性,因为它们是适当地用来表达与某些行为相关的欲望和厌恶,而不是对它们的信念。当我说到道德语句是真或假时,当我们谈到道德信念时,我们因此充其量可以大致地说,而不是严格地说,道德语句是不能真或假的。它们是不能真或假的,它们不能用来传达任何事情的信息。严格地说,对于任何人来说,没有任何道德信念。

表达主义最好被看做是提供了对道德实在论者和虚无主义的挑战。他们挑战这些理论家,解释道德语句的使用如何受到内在论的真理的约束——如果它们的适当的使用传递了信息。这是什么信息,为了占有信息,你不得不有一定的欲望和厌恶?表达主义者打算说这个问题是修辞性的。即使如此,许多表达主义的反对者——道德实在论和虚无论者——已经努力回答了这个挑战。但为了适当地回答这个挑战，我们现在意识到，他们必须做的，应比简单地表明他们的更多，并要坚持，道德语句能够用来表达信念内容。他们必须以精确的术语具体指明，这些信念的内容是什么。为了做到这一点，让我们集中注意一个特别的例子。

六、自然主义的道德实在论

正如我一开始就已说过的，我是相当确信打孩子是错误的，并且我相当愿意用"打孩子是错误的"这一英语句子来这样说。但如果我对这个语句的使用表达了我关于打孩子的某些信念，那么，要问这个信念的内容是什么才是合理的。这个世界的什么特性使得说"打孩子是错误的"［这句话］是正确的？也许认为，我们能够给出一个油腔滑调的回答：打孩子不得不有错的特性。但结果是我不得不说比这更多的东西。

如果打孩子有某些特性使得"打孩子是错误的"这句话为真，那么，要给这个特性一个说明，我们则受到我们生活于其中的这个世界的观念的限制。这意味着我们受到**自然主义**真理的限制，受到这个世界可以通过经验科学来研究的观点的限制。这是因为，假定经验科学在对这个世界的不同方面提供解释是成功的，那么，就极有可能认为，这个世界**整个地**可以通过经验科学来研究。因此，自然主义承认的是，我们有任何理由相信客体所有的唯一的特征是那些自然主义的特征，这些特征本身是经验科学的假定（posit），是假定的组成成分。结果是如果任何形式的道德实在论是正确的，那么，必须是某种自然主义的道德实在论（Railton 1993a, 1993b）。

自然主义的道德实在论认为，不仅我们用来作出道德主张的某些句子能够真和假，并且某些句子所说确实是真的，而且，那些使得真语句为真的特征是关于这个世界的自然主义特征，这些特征可以以科学术语来理解。如果道德特征必定存在，假定有自然主义真理，那就意味着，它们必定是或者能够通过直接观察来发现，或者是可以从观察到的信息借推理来发现。因此，道德信念必定有自然主义的内容，因为唯有如此，它们才能够是从自然主义的关于这个世界的特征上看是真的。

我们也可能对我们早些时候的问题提出一个特别的说法。如自然主义的道德实在论者所认为的，如果"打孩子是错误的"可以被看做是给出了一种信念的内容，那么，**自然主义的什么特征**使某人因此而相信打孩子是错误的？正是这个问题，是自然主义的道德实在论必须回答的。而且他们必须诉求某些我们使用道德言辞所要受到的限制来回答这个问题。对我们的道德言辞的使用有某些限制，这种限制使得这些言辞易于吻合行为的自然特征。不难发现，这些限制是什么。

总的来说，这是一个概念性真理：行为的道德特征附带着它们的自然主义的特征。如果两个行为在它们的自然主义的特征上是同一的，那在它们的道德特征上也是同样的。因此，如果我们承认一个特殊的行为是正当的，但认为在每一个自然主义方面相同的另一个行为是不正当的，那么，我们就误用了"正当"（right）一词。"错"这一词也一样。当我们用"对"和"错"来说明行为，我们这样做是被这样的信念束缚的：所说的行为有某种自然主义的特征，这种特征**确保**"正当"或"错"的描述。这是**附带性限制**（supervenience constraint）（Jackson 1997）。

使用道德言辞受到刚才描述过的事实方面的限制：我们受到由于自然特征而有的道德特征的限制，而这是需要解释的。为什么我们不能说，那些在所有的自然主义方面是同样的行为，在道德方面是不同的？为什么道德特征不能与自然主义特征有不同？明显的回答是，为自然主义的道德实在论所允许的回答是，这是因为道德特征是自然特征。

如果同意，那么要回答的唯一问题是：什么自然特征确保了行为不同的道德特征。一旦我们知道了对这个问题的自然主义回答，根据自然主义的道德实在论，我们应该得出结论：道德特征是那些自然的特征。例如，如果确保行为正当归依的自然特征结果是功利的最大化，那么，根据自然主义的道德实在论，正当**是**功利的最大化。对"哪一个自然特征是与打孩子是错误的这样的信念相关的，因此相信打孩子是错误的"这一问题的回答，将使我们意识到不可最大化功利的特征。

七、未决问题论证

这个想法虽然很优雅，但它面对着一个重大的异议。这个异议是 G. E. 摩尔（1903）提出来的。考虑我们的例子。摩尔同意功利最大化的行为可能总是有正当性的特征，但他坚持我们要反对这样的结论：最大化功利的性质和正当是同一性质。他坚持认为，它们是相当不同的性质。他给予这个结论的论证是他的**未决问题论证**（the Open Question Argument）。

假设，从反证的意义上看，正当与功利最大化确实是行为的同一性质。那么，依据摩尔，这就意味着"正当"与"功利最大化"是可分析的或是一个先天性的等值物。但很清楚的是，"正当"与"功利最大化"不是可分析的等值的。并且，如果它们是可分析的等值的话，那么，对于"这个行为最大化了功利，但它是正当的吗？"这样的问题，对于那些理解所用这些词的意思的人来说，很明显地就是这样的回答："说'这个行为最大化了功利'，可它真的最大化了功利吗？"不过，此刻反思所揭示的是，这个问题很清楚不是等值的。我们能够不自相矛盾的同意，一个行为最大化了功利，但否认它是正当的。因此，这意味着，这个问题："这个行为最大化了功利，但它是正当的吗？"并不是一个**封闭性问题**（closed question）——对于那些理解这些词的意思的人来说，很明显是这样一个答案——它是一个未决问题，即对于合理论证来说，是一个开放性答案。因此，"正当"与"功利最大化"并不是可分析的等值物。它们没有同一的性质。

如果未决问题论证是有道理的话，那么可得出一个非常强的结论。因为，摩尔指出，它不是说，我们在考虑不同的自然特质中的哪一个。它对于这样的合理论证总是开放的，即是否一个我们正在考虑的具有多种自然性质的行为是正当的。例如，对于遵守诺言的行为是否是正当的开放论证，对于促进我的好生活的是否正当的开放性论证，诸如此类。不论我们所选择的自然性质是什么，似乎它都不可明显地告诉我们，是否一个具有这些性质的行为是正当的。对于合理论证来说，它总是开放性的，〔没有最后结论的。〕所以如果开放论证是合理的，那它就表明，正当根本就不等同于行为的任何自然性质。因此，它构成了对自然主义的道德实在论的决定性的反驳。但如果我们不接受自然主义的道德实在论，那么，我们应该接受哪一种可替代的理论呢？

八、非自然主义的道德实在论

摩尔自己基于未决问题论证认为，我们应该拒绝自然主义，而承认一种**独有的**、额外的、非自然性的实在进入我们的本体论。因此，摩尔接受了一种**非自然主义**的道德实在论。他相信，不仅我们用来作出道德主张的某些句子，能够是真和假，某些确实是真的；而且那使得真的句子为真的东西，是对这个世界的非自然的陈述，这些陈述不包括以科学术语进行的理解。这样一来，对哪些行为是正当的和错误的信念，就是关于这些行为所具有的非自然性质的信念。而且，根据摩尔，某些这样的信念表明这个世界在某个方面就是如此。摩尔是非自然主义者。

不过，非自然主义还是有问题。道德实在论是明显的而且是有力的（Blackburn 1984, ch. 6）。第一个问题是，它必须解释我们怎么能够得到这些额外的、幽灵似的非自然性质的知识。并不奇怪的是，摩尔没有解释。他几乎不能宣称，我们可通过观察得到这种知识，因为任何适当可知的方面都是自然主义的。但他也不能宣称，我们可通过对这些行为的自然性质的推理来获得这种知识，因为恰恰是未决问题论证表明这是不可能的。这留给我们的是双重的神秘。例如，我可能认为，有某种非经验的观察，某种幽灵般的第六感官，它使得我们能够觉察到幽灵般的非自然性质的存在。但只要所陈述的观念是清楚的，［这种非自然的性质］就可说是荒谬得无法想象。

非自然主义的道德实在论的第二个问题是，它必须解释为什么没有可能的世界，在这些世界里，摩尔所认为的与道德性质同一的那些非自然的性质脱离了现实中可用具体例子表明的那些自然的性质。再一次，不奇怪的是，摩尔没有解释为什么要排除这种可能性。如果非自然的性质是与自然的性质相区别开的，那么，这似乎是，我们可能就要把自然的性质放在一边。但是，假如道德的性质随自然的性质而来，那意味着，我们不能把自然性质放在一边。这样，就迫使他认为，非自然的性质是外加于自然性质之上的说法具有太无道理的神秘性。

九、未决问题论证：虚无主义和表达主义

因此，在很大程度上，哲学家们倾向于认为，即使得到适当理解的未决问题论证很有道理，并没有对于非自然主义的道德实在论构成任何支持。不过，对于有什么其他东西可代替它，倒没有多大的共识。

一种可能是，虽然论证在确立这样的概念性真理上是成功的：我们把道德特性**看成是**非自然的性质，并且对于表明如下信念也是成功的，即我们关于什么行为是正当的和错误的信念是行为所具有的非自然性质的信念，但摩尔在如下问题上错了：任何这样的特征性质都可示例。这个观点

所说明的是，刚才所描述的三个问题表明，这种非自然的性质在现实中的任何地方也找不到例证。没有一个行为具有这样的非自然的特质，所以我们的道德信念都是虚假的。因此，从这个角度来考虑，对未决问题论证的适当结论不是道德实在论的一种形式，宁可说，是一种道德虚无论。从这样一个角度思考摩尔的论证的问题，我们可退一步承认，摩尔的非自然性质是可理解的。但刚才我们所描述的三个问题则使得它看起来好像非自然的性质不是真正可理解的。

另外，更为流行的看法认为，未决问题论证对于相信有道德特征的观念构成了一种反证（Hare 1952；Blackburn 1994）。根据这个看法，我们不能通过对自然主义性质的知识而推出行为的道德特征的知识，其理由是，这两个相区别的方面——自然主义方面和道德方面——要有一种相互联结的逻辑关系。但这两者不是这样一种关系方式，它们只是一个方面，自然主义方面。总之，根据这个观点，严格地说，这个世界从道德上看，在某个方面肯定不是真实的，因此不能对它的内容抱任何信念，宁可说，它表达了欲望或厌恶。这样，根据这个观点，未决问题论证构成了第二种表达主义的论证，并且许多人认为是决定性的论证。

对摩尔的未决问题论证的这种替代性考虑的问题在于，表达主义本身在设法摆脱未决问题论证的束缚（Smith 1988）。实际上，表达主义作为这个论证的一种说法，是极为脆弱的。这是因为，虽然表达主义确立自己依据这样的观点，即（说）"打孩子是错误的"是可分析性的与某些自然主义关于世界的这个方面的主张相等同——因为这假定了某些表达主义把某种东西看成是假的，也就是错是一种事实的特性——它能这样做是因为它坚持认为：像"麦契尔判断打孩子是错误的"**是**与某种自然主义的主张可分析性地相等同，尤其是，它是与"麦契尔表达了他对打孩子的厌恶"相等同。但现在似乎我们能够确立这种未决问题论证的说法。请看下面。

如果"麦契尔判断打孩子是错误的"和"麦契尔表达了他对打孩子的厌恶"是可分析的等同的，那么，对"麦契尔表达了他对打孩子的厌恶，但他判断打孩子是错误的吗"这一问题的回答，对于那些理解这些词的意思的人来说，当下就是相当明显的。不过，作为此刻的反思所揭示的，这些问题不是相等同的。我们能够不自相矛盾的同意，麦契尔表达了他对打孩子的厌恶，但他否定，他因此而判断打孩子是错的。但是，如果这是正确的，那么就意味着，"麦契尔表达了他对打孩子的厌恶，但他判断这是错误的吗"这样的问题不是一个完结了的问题——对于那些理解这些词的意思的任何人来说，其答案在当下就是明显的——而是一个未决问题，它的回答对于合理论证来说是开放性的。因此，"麦契尔表达了他对打孩子的厌恶"和"麦契尔判断打孩子是错误的"不是可分析的等同的。它们并不具有这个世界的相同特性。

而且，对于未决问题论证的早期应用，似乎没有我们考虑麦契尔的多样性的自然特性。当麦契尔表达了我们可能想到的任何一种自然的特性——各种各样的欲望、第二序列的欲望或者其他什么时，他是否因此而判断打孩子是错误的，这对于合理论证来说，总是开放性的。如果这样说有道理，因此，未决问题论证似乎表明，麦契尔的判断（打孩子是错误的）就不是可分析性地与任何麦契尔的自然性质相等同。这构成了对表达主义的决定性的反驳。

我们已经给予了太多的证明了。尤其是，我们开始时说了，唯一可选择的是虚无主义、表达主义，或某种形式的道德实在论：自然主义的或非自然主义的道德实在论。而正如我们刚才所做的，如果刚才的论证是合理的，那么，未决问题论证，再加上辅助性前提，将把**所有**选择都排除在外，而且不可能不是这样。因此，从中得出的唯一的结论是，如果适当地理解的话，那未决问题论证就是**不合理**的。这个论证的错在哪呢？

十、对未决问题论证的自然主义的道德实在论的第一个回应

许多当代的自然主义的道德实在论者认为，其缺陷在于假设它来自于这个事实，或它就是这个事实："正当"和"最大功利的性质"是不可分析的或先天性等同物，这些术语有不同的特征。他们强调，这个缺陷可从我们所熟悉的经验科学的例子来证明（Brink 1989；Darwall, Gibbard, Railton 1992）。

例如，水不是可分析的或先天等同于"H_2O"。但经验科学告诉我们，水就是"H_2O"。"红色"是不可分析的或先天等同于表面反射性质 α，但经验科学告诉我们，红色恰恰就是一定的表面反射性质——从习惯上来讲，我们愿意称它为"α"。所以就这个具体情形而言，未决问题论证错误地假定，如果正当和最大化功利的性质是同一个性质，一个通过反思"正

当"和"最大化功利性质"这些词的意思的人将发现，那就是一个先验性的（priori）真理，但因此却忽视了这种可能性，即一个人可以通过观察和推理而发现，它也是一个后验的（posteriori）真理。自然主义的道德实在论对未决问题论证提供的回答面对一种挑战。他们必须表明，这些词具有相同的性质，怎么会是一种后验的真理。不过，很不幸，那些面对这种挑战的人发现，他们只不过是再次进入未决问题论证而已。

就许多自然主义的道德实在论者而言，"正当（对）是可最大化功利的性质"作为一个后验性真理的理由是，我们以对和错来解释许多经验性现象，由此我们会发现，对这种后验性［真理］，功利的最大化起了一个相应的解释作用。例如，他们论证到，既然正当的行为有一定的效果——例如，它们对于社会稳定的倾向起着一定的作用——那就意味着，我们可以以"不论什么行为的这种性质，都对于社会稳定起着一定作用"的描述，来确定对"正当"这一术语的使用。

与这种参照描述确定术语使用的方法一样，为了发现哪些特征能够解释这种倾向，我们能够研究那种具有这种效果的行为。如果说，我们发现那可导致最大化功利的特征，那么，我们可以得出结论说，正当是最大化功利的性质。这样，我们的结论是后验的，而不是先验的。

回答被认为是直接的，因为解释涉及我们所给出的较少有争议的情形中的同一的结构。既然有时红的物体有一定的作用，它们使那些物体看上去是红色的——对于在正常情况下正常的观察者而言——所以这意味着，我们可以以对"不论什么客体，对于在正常情况下正常的观察者而言，它的性质能够使它们看上去是红色的"的描述，来确定地使用"红"这个词。与这种通过描述来确定对词的使用一样，我们可以研究哪一种行为具有这种作用，以便找出是哪一种特征可解释这种倾向。假如我们发现这个特征就是那引起表面反射性质的 α，那么，我们就可得出结论，红是表面反射性质 α。

不过，不幸的是，对于未决问题的这个回答是不适当的，其理由也是很明显的（Jackson 1997）。再看颜色的例子。完全可以这样说，我们不能对如下的想法进行辩护：仅仅通过反思"表面反射性质 α"和"红"就认为红是表面反射性质 α。红是表面反射性质 α 这一事实显然是我们通过经验调查所发现的一个后验性东西。但在解释我们为什么会有这样一种后验性的发现时，我们实际上所诉诸的是一个先验性的关于红的真理。因为我们只是假定，我们能够通过对不论什么客体的那种性质的描述而确定对

"红"这一词的使用。但我们能够对于这个主张给出何种辩护？很清楚，不能说这是另一种后验的真理。宁可说，它是一种先验的真理，一种或是参照着它自己的先验性来确立行为中的先验性真理，或是也通过反思到"红"这词的日常意义而发现一种先验性真理。不论哪种方式，都正是因为我们接受了这个主张的先验性，我们才能从发现对于在正常条件下的正常人来说表面反射性质α是使得客体呈红色直接过渡到这一结论：表面反射性质α是红色。

那么，相类似的是，虽然"正当是最大化功利的性质"也许是一种后验的真理，而就在我们给予支持的这个主张的这个论证里，在关于正当与一定自然性质的关系方面，很清楚我们所诉诸的是另一种真理，并且这一次被认为已知是一种先验的〔真理〕。因为我们仅仅是假定，通过"不论什么行为的这种性质，都对于社会稳定起着一定作用"的描述，来确定对"正当"这一术语的使用。但可以给予这个主张哪一种辩护？很清楚，这不能被认为是一种先验的真理，它或是确定参照的行为中就有的真理，或是通过反思"正当"这词的日常意义而发现的。不论是哪一种，都恰恰是因为我们接受了这样一个先验性主张：我们能够直接从发现"最大化功利的性质是那些倾向于社会稳定的行为所具有的性质"达到这样一个结论：最大化功利的性质是正当。

这一点极为重要：它对于那些自然主义的道德实在论者是相当具有破坏性的，这些人认为，他们能够通过坚持如下论点来回答摩尔的未决问题论证：虽然"正当"和"最大化功利的性质"不是可分析的或一种先验性的等同物，但这些词没有一个不可指出行为的相同性质。因为他们没有记住，摩尔的未决问题论证被认为批驳了**所有**的这些主张："正当"是可分析的或先验地等同于一个可描述行为自然性质的词（术语）。如果它是合理的，那么也就批驳了这个主张：正当是具有促使社会稳定的行为的适当性质——这是一个先验性的真理。这个想当然的批驳类似于这一点：我们能够同意，一个行为有这样的性质，这个性质有着促进社会稳定倾向的作用，而很明显，不自相矛盾的是，也可否定这个行为是正当的，因为对于这样的行为是否是正当的是一个未决问题，一个合理论证的问题。因此，我们应当得出结论说，"正当"不能是"那些有利社会稳定的适当行为"的一个先验性的等同物。

这给了我们一个很有意义的教训。自然主义的道德实在论者没有可选择物，但面对着这样一个主张：我们能够凭借未决问题论证，拒绝这种观点：有某种自然主义的可分析物，或"正当的"的先验的等同物。

十一、对未决问题论证的自然主义的道德实在论的第二个回应

摩尔的主张通过指出——是否一个具有不论什么自然主义特性的行为具有某种道德的特性，它总是一个未决问题——表明，对于任何道德主张而言，没有自然主义的、可分析的或一种先验的等同物。对于合理论证而言，这种主张总是可质疑的。为了认识到这种合理论证是不是错了，我们需要更为一般地想想概念分析的问题（Smith 1994，ch. 2；Jackson 1997）。

当我们力图分析一个概念时，我们正在做的是什么？回答大致是这样：我们使用的不同的词有各种各样的限制。让我们把颜色词作为例子。我们用它们来指出引起某种视觉经验的性质，这是对适当使用颜色词的限制；我们使用颜色词指出那在白天比在晚上更易于觉察的特征，这也是对使用它们的一个限制；如果某人的眼睛有问题，对颜色词的使用很有可能是很成问题的，这也是对使用它们的限制；如此等等。当我们试图拿出一种"X 是红"的可分析的等同物时，我们的任务是拿出这样的某种东西来：它能具有这个复杂的限制系列；也就是说，对什么是"红色"的说明意味着承受着这个限制系列。当我们说"红色"和"对正常的条件下的正常的观察者而言，客体的性质能够使得它们看上去是红色的"是可分析的或是一种先验的等同物时，那就是我们的心目中所有的东西。

不过，如果这是对的，那么，就可相应地判断一种分析的成功与失败。不是通过分析的明显性来判断，也不是通过是否这种分析对于合理论证来说是开放性的来判断。确实，如果我们刚才所说的是正确的话，那对于合理论证来说就是开放的，而不论这种分析是成功的还是不成功的，因为它将是对合理论证开放，对什么是被分析词的复杂限制系列和是否复杂限制系列可进行适当的分析，都是可分析的。

如果对这个方面的概念分析计划的说明是正确的，那么，摩尔的论证明显地没有拒绝这一主张："正当"有一自然主义的分析或一先验的等同物。例如，可看看这一主张："正当"是可分析的等同于"对社会稳定起作用的行为的性质"。这与它是否明显的可分析性是不相关的，也与是否

可对合理论证开放不相关。唯一相关的问题是：从反思的意义看，我们考虑这个分析所需要的复杂的限制系列，在这里，就是我们所用的词"正当"所具有的情形。如果它是如此，那么，就是可分析的等值的，但并不需要问它是否是明显的［可分析的］。

在许多方面，这把我们带到了今天的道德实在论的争论中。未决问题论证并不很合理，但它清楚地把许多问题摆在自然主义的道德实在论面前。为了回答它，自然主义的道德实在论必须对于道德信念的内容给予自然主义的说明，对于他们把那看做是与许多道德特征等同的自然主义的特征给予说明。但未决问题论证所引起的这些，如果给出了这个说明，那么，他们必定发现，自然主义的特征是可分析的，或是那些道德特征的先验的等值物。当然，就自然主义的特征和道德特征而言，不是明显的可分析的等值物，而它可对合理论证开放。而在这里，它必须在反思的基础上对我们使用的道德词进行证明：他们使之等同的自然主义的特征和道德特征是同一个东西。

十二、外在的自然主义的道德实在论

有着如此主张而在此列的自然主义理论可划分为两种相当不同的范畴。第一是外在的自然主义的道德实在论版本（此后以"外在实在论"作为其简称）(Sturgeon 1985；Railton 1986；Brink 1989)。这是这样一个论点：虽然我们能够通过反思我们所用的道德言辞找到诸如"正当"这一言辞的自然主义的等值物，这个我们所发现的自然主义的等值物对于那些相信这个行为是正当的人是否愿意有这个行为来说完全是开放性的［他可做也可不做］，或者他对于这个行为完全是冷淡的，或厌恶这样做。这种理论早些时候描述了这样一种观点：正当可起不同的解释性作用，说有助于社会稳定的倾向，只是这种理论的一种例子。外在实在论者面对着一种双重的任务。

一方面，他们必须解释，当我们以这种方式反思我们所用的道德言辞时，为什么我们会说，它们会有自然主义的等值物。例如，如果我们再看看这种理论：正当是行为的性质，如果这种行为能够起着促使社会稳定的功能的话。外在实在论必须告诉我们，认为我们使用的道德言辞能够作出这种主张，从哪些方面看是可信的？关于道德解释的大量文献也许可以看做是强调了这个问题（Harman 1977；Sturgeon 1985；Railton 1986；Boyd 1988）。正如我所理解的，在文献中外在实在论所主张的是，"正当"是一个术语，它的意义是为一种因果性解释理论所确定的，这种理论把正当看做具有一种特定的特征性解释作用。因此，在某种意义上，"正当"类似于"电"一词，两个词都由于具有特征性的因果作用而可引起一种特征。

另一方面，外在实在论也必须解释这个事实，如此多的人倾向于认为，使用道德术语有着内在论的限制。如果我们相信，一个行为是正确的，也就是说，这个行为具有促进社会稳定（倾向）的功能，那么，为什么如此多的人倾向于认为，具有这个信念还要求有一种欲求如此行动的欲望，或至少在其他方面也是同样要求：没有悲观、软弱意志以及诸如此类的情形？肯定这是一种偶然的情形，或是否一个有这样一种信念的人将想要这样去做，或是否他们是悲观的或意志薄弱者。或者，如此多的哲学家长期以来都对此抱有错误的看法？外在实在论没有认识到内在论的限制，是［我们］拒绝这个理论的决定性的理由。虽然我同意这种异议，但我不想把对外在实在论的反对全部建立在这个论点上。

设想我们同意这个论点：由于"正当"具有的解释性作用，正当具有某种性质。难道不是我们所提到的解释性作用在某种程度上担保了以那种人们认为是正当的方式去行动给出一种辩护的吗（Sayre-McCord 1988b）？尤其是，不论从哪个方面看，一个行为是正当的隐含着至少对这样去做的辩护。说"虽然以这种方式行动是正当的，但根本就并没有证明要这样去做"的人误用了"正当"这词。而外在实在论的最著名的特征是，它把这两者的联结弄得很神秘。让我们再一次看看上述外在实在论的这种观点。这种观点中最著名的性质是：正当是有助于社会稳定性的行为，而不论这种行为是什么；而对于某人要这样去做，则是**根本**用不着证明的。可解释作用和潜在的证明恰恰似乎是相当不同的东西。

最后，外在实在论所面对的真正困难在于，在对正当的解释性作用说明的同时，以某种建构性的方式将这种作用与给予证明的可能联结起来。在外在实在论作出这种阐述之前，外在实在论没有抓住我们使用道德言辞的最重要的限制之一。

十三、内在自然主义的道德实在论

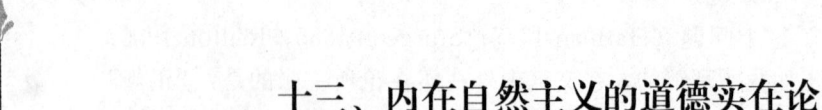

这把我们带到了道德实在论中似乎最合理的版本。内在自然主义的道德实在论者（此后简称"内在实在论者"）赞同外在实在论如下观点：我们能够依据正当的特有的解释性作用，从特征上描述正当；但他们认为，对正当的解释性作用的描述，广义地说，是把它置于一理想化的反思条件下，并抽掉了欲望。让我们看看这个理论的一个特别的版本（Smith 1994）。

根据这个理论，如果我们的一系列欲望是清晰的、不矛盾的和内在统一的话，正当就是那种我们的行动欲求占有的特性，而不论它是什么。内在实在论主张，对正当的这种分析可在我们使用的道德言辞中找到支持。不难发现他们给出的是什么理由。正如我们所看到的，当我们说，在一定的环境一定的情形下那样行动是正当的时，我们因此隐含着的是，可为我们在那种环境下以那种方式行动进行某种辩护。但是，对于在不同的环境下的行动有一种辩护这个事实，由此而合理地想到的是我们忠告我们自己应做什么这个事实——如果我们能够较好地处置我们给自己的忠告的话。更确切地说，他们应该更为合理地想到的是这个事实：如果我们不想受到他人不无道理的批评的话，在这种环境下我们应当欲求做什么。这就是这个理论所要说的。

当然，也可有其他考虑辩护的方法。但内在实在论强调，对这个观点的这种具体分析得到了我们使用道德语言的其他多种方式的支持。例如，几乎所有方面都同意，道德知识是一种相对先天性的东西，至少在如下意义上是如此：如果你以对那人活动环境的充分描述来修饰他，那么，人们就知道，我们所考虑的那个事例中的人的行为是正当的或错误的。那个声称靠对行为环境的考虑不可能知道那个行为的正当性质的人，可能是错误地使用了"正当"。内在实在论认为，刚才所提供的这个分析可以很好地解释这点。正是因为我们能够通过反思我们的欲望，而把在不同环境下的我们做什么的欲求进行批评性的评价，所以，道德知识似乎是这样一种相对先天性的东西。

内在实在论也主张：在什么是正当的行为和对于这样的行为有一种合理证明之间的联结这一事实解释了对于道德语言的使用的内在限制。假设你相信，你可能做的行为是这样的行为：如果你有一系列内在一致而连贯并充分知情情况下的欲望，你可能有的行动是那种你希望你自己可做到的行动。那么，你在相应的压力下你可能就有相应的欲望。尤其是，如果你有一系列内在一致而连贯并充分知情情况下的欲望，以某种你相信你自己会那样行动的方式去行动的欲望，会比在以厌恶或冷淡的方式下行动更为连贯、更合宜也更有意义。因此，你的心理的连贯性似乎对你的欲望提出了要求。

　　内在实在论坚持认为，相信以一定的方式行动是正当的人总是想以那种方式来行动——至少在没有压力或不是意志薄弱等情况下会是如此，这一点也不让人感到奇怪。确实，他们强调，他们的分析揭示了压力、意志薄弱等诸如此类情况的实质。正如心理条件能够削弱道德信念与欲望的联结一样，压力、意志薄弱以及诸如此类情况也有一个共同特征：对于产生心理的不连贯来说，它们是内在建构性的潜在条件。毫不奇怪，如果不存在产生这类不连贯性条件，如果人们有一系列内在一致而连贯并充分知情情况下的欲望，人们将以他们希望他们自己有的那种方式去行动。

十四、内在自然主义的道德实在论者是一个相对主义者？

　　因为这些或其他的理由，内在实在论者认为，他们自己的理论应是对外在实在论的巨大改进。不过，有一个重要的模棱两可之处值得指出。这涉及了相对主义问题。

　　正当被认为是［这样的东西］：如果你有一系列内在一致而连贯并充分知情情况下的欲望，我们应当希望我们的行为具有的特征［是正当］。但这个观点中的"我们"所指涉的是所有的理性存在物吗？换言之，这个论点所指，是否应该汇合在理想的反思条件下的我们所有的欲望？或者是"我们"仅仅包括了理性生命的某些子集？或者是否包括了我和那些与我实际欲求相似的人？换言之，在我们的实际欲望中偶然性的、有条件的可选择的文化性差异，都汇集在我们理想的反思条件下都不可能有的欲望中吗？

　　如果是后者，那么，这种理论是相对主义的（Harman 1975，1985）。依据相对主义的内在自然主义的道德实在论，（当我们说一种行为是正当时，我们真正想表达的是理性生命的某些子集和我们有相同欲望的那些生命，他们希望和我们以那一种方式行动）如果某人有一系列内在一致而连贯并充分知情情况下的欲望，而他们所想做的，恰是我们以那种方式所要做的，因此，当我们说某种行为是正当的时，我们正在说到的是一类理性存在者，他们的欲望如同我们的一样。不过，因此我们承认其他完善的理性存在者可能不同于我们。这并不迫使我们认为，他们以他们所用的那样一种方式行动是不对的。如果我们相信，我们也希望他们在理想化的反思条件下以那种方式行动，那么，我们将相信，以那样一种方式行动对于他们来说也是对（正当）的。这里的关键点是，他们所有的相应欲望，作为他们理想化的欲望要素，根本不是我们如下主张的要素：他们如此正确行动是正当性。相反，从另一种可替代性分析来看，即根据非相对性的内在论的自然主义的道德实在论来看，据有这种欲望也要求我们的主张是正确（真实）的（Smith 1994）。

但内在理论的这两种版本对我而言，似乎相对主义的版本表明作为概念分析是不可能的。一种确定性的有关行动的事实范式，则是基于如此不确定的事情上的：某人碰巧有某种合理选择的、具有文化意义的欲望。那么，这样一种行为怎样是正当的，如何能得到合理证明？这个观点似乎涉及一个矛盾。而这是内在论者滑入相对主义所承诺的结论。

相反，这个理论的非相对论版本认为，这些事实是基于那种其本身是恰当确定性的某种东西上的。尽管在我们的实际欲望中有着任何任意性的、合理选择的、具有文化意义的欲望，行为是否具有正当性，取决于我们是否都欲求或厌恶这些行为——如果我们有一系列在充分知情情况下的连贯的统一的欲望。在这种形式的内在论的背后，所强调的是一种关于我们自己和我们与他人关系的美妙画面。[他们相信]在这样一个最深的层次上，即在一个理想化的可能的世界里，我们都有一系列的在充分知情情况下的连贯的和统一的欲望，由于我们作为理性存在者的本性而共享着共同的目的。没有一个人在这个范围之外，只要他们对于合理论证还有感知，即使是最差的人也不例外。

虽然这个画面是如此美妙，不过，可能仅仅是个幻象。内在论的非相对主义的版本的正确更多地取决于纯粹的概念分析，也取决于这个实质性的事实：如果我们有一系列在充分知情情况下的连贯的和统一的欲望，我们总是能够把它们汇合在一起。即使概念分析是不可能的，缺乏合理论证的力量，即缺乏信息的力量，以及连贯和统一性，在我们欲望中可找出共同欲望，内在论的非相对主义版本还涉及这一点：根本就没有道德事实。

从这里得出的适当结论是，道德实在论的最好版本并不清楚，我们所确信的是这样的东西：我们对欲望给我们自己的论证，正如我们应确信的我们正在做的对不确定的理性的人的欲望的论证。当然，经验告诉我们，这种确信难以维持。从那种根本不同的文化［立场］来描述人的这种不幸倾向，毫无疑问在这里起了有意义的作用。这些不同文化中的人们在反思（与迷信相反）的基础上的信念和欲望并没有共同的倾向，更不用说有什么反思之后的共同欲求倾向。有了这种确信，非相对主义的内在自然主义的道德实在论者在他们的更悲观的时刻，将继续感到虚无主义的压力。

参考文献

Blackburn, S.：*Spreading the Word*（Oxford：Oxford University Press，1984）.

——："Circles, Finks Smells and Biconditionals," *Midwest Studies in Philosophy Volume XII：Realism and Anti-Realism*, ed. P. A. French, T. E. Uehling Jr. and H. Wettstein（Atoscadero：Ridgeview Press，1994），pp. 259-281.

——：*Essays in Quasi-Realism*（New York：Oxford University Press，1994）.

Boyd, R.："How to be a Moral Realist," *Essays on Moral Realism*, ed. G. Sayre-McCord（Ithaca：Connell University Press，1988），pp. 181-228.

Brink, D.：*Moral Realism and the Foundations of Ethics*（Cambridge：Cambridge University Press，1989）.

Carroll, L.（1872）：*Alice's Adventures in Wonderland and Through the Looking Glass*, ed. R. L. Green（Oxford：Oxford University Press，1998）.

Darvall, S. Gibbard, A., and Railton, P.："Toward *fin de siecle's* Ethics：Some Trends," *Philosophical Review*（1992）：115-189.

Gibbard, A.：*Wise Choices, Apt Feelings*（Oxford：Clarendon Press，1990）.

Hare, R. M.：*The Language of Morals*（Oxford：Oxford University Press，1952）.

Harman, G.："Moral Relativism Defended," *Philosophical Review*（1975）：3-22.

——：*The Nature of Morality*（Oxford：Oxford University Press，1977）.

——："Is There a Single True Morality?" *Morality, Reason and Truth*, ed. D. Copp and D. Zimmerman（Rowman and Allanheld，1985）.

Horwich, P.：*Truth*（Oxford：Blackwell，1990）.

——："Gibbard's Theory of Norms," *Philosophy and Public Affairs*（1992）：

67-78.

Jackson, F.: *From Metaphysics to Ethics* (Oxford: Oxford University Press, 1997).

Jackson, F., Oppy, G., and Smith, M.: "Minimalism and Truth-aptness," *Mind* (1994): 287-302.

Mackie, J. L.: *Ethics: Inventing Right and Wrong* (Harmondsworth: Penguin, 1977).

Moore, G. E.: *Principia Ethica* (Cambridge: Cambridge University Press, 1903).

Nietzsche. F.: *The Genealogy of Morals* (1887); trans. W. Kaufman and R. J. Hollingdale, On *the Geneology of Morals and Ecce Homo*, ed. W. Kaufman (New York: Random House Vintage Books, 1967).

Railton, P.: "Moral Realism," *Philosophical Review* (1986): 163-207.

——: "What the Noncognitivist Helps Us to See the Naturalist Must Help Us to Explain," *Reality, Representation and Projection*, ed. J. Haldance and C. Wright (Oxford: Oxford University Press, 1993a), pp. 279-300.

——: "Reply to David Wiggins," *Reality Representation and Projection*, ed. J. Haldance and C. Wright (Oxford: Oxford University Press, 1993b), pp. 315-328.

Sayre-McCord, G.: "The Many Moral Realism," *Essays on Moral Realism*, ed. G. Sayre-McCord (Ithaca: Cornell University Press, 1988a).

——: "Moral Theory and Explanatory Impotence," *Essays on Moral Realism*, ed. G. Sayre-McCord (Ithaca: Cornell University Press, 1988b), pp. 256-281.

Smith, M.: *The Moral Problem* (Oxford: Blackwell, 1994).

——: "Ethics and the a Priori: a Modern Parable," *Philosophical Studies* (1998): 149-174.

Sturgeon, N.: "Moral Explanations," *Morality, Reason and Truth*, ed. D. Copp and D. Zimmerman (Rowman and Allanheld, 1985), pp. 49-78.

Wright, C.: *Truth and Objectivity* (Cambridge, MA: Harvard University Press, 1992).

第 2 章　相对主义

西蒙·布莱克本

伦理理论的相对主义是这样一种学说：伦理的真理是多少相对于学说的或理论的或生活方式的或"有机体的运动"（whirl of organism）的背景条件而言的。相对主义表达了这样一种观点：在伦理学说中，没有任何真正（true）的学说，只有不同的观点，其中，有些对于某些人而言是正确（true）的，而其他观点对其他人来说是正确的。

应该把相对主义与伦理学本身的一种思想、一种实践立场区别开来，这种观点鼓励不同社会的宽容，或不同的实际生活方式。这种宽容在原则上应当与一种绝对主义的伦理学理论并存。因为一种正确的（correct）学说在原则上包括了这样的观点：它允许或甚至有义务宽容行事不同的人们。不过，适度地普遍宽容的实际态度通常是这样一种理论立场的**后果**：这种立场认为，没有一种［伦理］真理。也就是说，一旦理论家们持有这样的观点：伦理真理是多元的，这些真理都是相对于不同处境的人们而言的，那么，对于得出这样的结论来就是相当自然的了：宽容是唯一得到许可的立场。因为如果他们有他们的真理，我们有我们的真理，那么，似乎所要做的事情就是以粗暴的方式压制他们使之按我们的方式来思考，或放逐他们，或对他们开战。后现代主义者理查德·罗蒂（Richard Rorty）让他自己承担了摧毁任何绝对的伦理真理的概念［的任务］，并得出了这样的结论：唯有对待实践问题的轻松的、讽刺性的、审美性的立场可得到辩护。[1]罗蒂并不是唯一持有这种观点的人。许多人和许多伦理理论家都相信，没有某种"强有力的"或"客观性的"道德真理概念，我们具有充分确信的判断的**正确性**蒸发了。如果我们想要反对残酷的行为或捍卫言论自由，或宣布猥亵儿童是非法的，我们需要确认的是这不"只是我们"的，只是谈论我们所感受到的一种任意或偶然的方面。我们想要坚持的是，真理是在我们这边，是绝对的真理甚至上帝的真理。这就是为什么相对主义总是被看做是对道德权威的一种烦人的挑战，它是适当的道德理论必须回答的一种挑战。

在这篇论文里，我们应该依据伦理理论的多种观点如何回应相对主义来比较它们。我以我自己所维护的理论开始，这是一种"谋划论"（projectivism）或表达主义。在另一部分我将强调，可能并不奇怪，这种伦理学的弱形而上学要求的观点事实上把我们推到了要对相对主义进行恰当回应的一个非常强的立场上。其次，我将说，伦理学的某些其他观点，表面上能够较好地反对相对主义并为它们自己辩护，但事实上却开了相对主义观点的方便之门。这些观点伪称捍卫了我们的权威，但实际上却削弱了它。

表达主义认为，伦理学的关键在于我们所持有的进行相互表达、讨论或商讨的实践立场。正如表达主义的传统所强调的，伦理学实际上是实践的。它是关于选择和行为的，伦理学所关涉的是什么应当做，什么不应当做，承认谁，回避谁，在哪里画线，不在哪里画线，什么感情应当培养，哪一种感情应当抑制。在我们的品性（质）鼓励或不鼓励不同的选择、性格或情感之中展现我们的道德。一种真正的道德观点是这些品性中某一种的真正的表达。因为这个缘由，伦理学基本上能够依据规定来表达，在某些系统中，像《旧约》的系统中就是如此：你应当做这，不应当做那。但规定仅给了我们这种方面的一部分。态度不仅需要表达，而且需要比较和排序。"这个比那个好"能够表达为"更尊重这个而不是那个"，但以这个取代那个则歪曲了这种关系。但我们有充分的理由使用一种超出简单的命令形式的伦理语言，即使对［道德］态度的推理和系统化具有命题逻辑的优雅形式。

因为实践是重要的，这些命题需要讨论。它们需要被争论，有时需要被质疑、被拒绝和被取代。这些争论可采取提问是否某种具体的观点是**正确的或错误的**形式来进行。但这个现象不应误导我们。正如维特根斯坦（Wittgenstein）经常提醒我们的，P 为真意思是那是 P。[2] 问一个道德判断是正确或对的，也就是问是否接受它。我们问哪一种态度、哪一种政策或哪一个立场是正确的或对的，也就是问是否赞同它。

这几乎都是老生常谈。但事实上在许多人的心目中，总觉得这种说法不是滋味。对他们来说，这意味着贬低了伦理学。它似乎损害了伦理或道德命令的"绝对性"或约束性、权威性。[3] 那些具有这种倾向的人强调了这种焦虑。伯纳德·威廉姆斯（Bernard Williams）相信，伦理学不能是那个样子。[4]这里著名的还有约翰·麦克尔（John Mackie）。在他的"错误理论"中，他认为，在我们的伦理实践中，有一些要素能得到证明，如果某物是真的话：某种"客观性"或"权威性"或"做过的"[事]建构在这个世界的架构里。但如果这类事实不是真的，那么，第一系列（first order）的伦理实践就被发现是建立在错误的基点上。[5]

我把这些观点看得很正常，但我不接受它们。我并不认为第一系列的伦理实践具体体现了任何错误。当然，具体的伦理观点可能是有错的。但伦理范畴和那些依据这些范畴来表达它们和需要它们的人的精神状态是相当有序的。或宁可说，如果它们不是这样（如某些人认为，"正当"的概念的使用是充满了疑虑的），那么，这是一种伦理问题，而不是伦理学理论的、逻辑的或形而上学的问题。这里的一个例子是麦克尔自己绝没有表明的：对某种[伦理]实践的表述、比较、鼓励或不鼓励的实践立场，如果它**不是**错误的话，那么它看上去应是什么。我很愿意认为，如果它不是错误的话，那就恰恰像是我们自己的（即使是以某种很不相同的粗糙形式开始）。这表明没有错误嵌入我们的推理结构之中。

表达主义和相对主义

对于表达主义而言，相对主义不存在问题，因为没有道德真理的问题。既然道德观点不是**呈现**世界的事情，而只是评估这个世界中的选择、行为和态度，对于什么态度感到好奇也就是对于应采取或赞同哪种态度感到好奇。比如让我们看看现实中的例子。我采取和表达了一个态度：妇女应当受教育。假设我遇到了一个阿富汗的塔利班成员，他持有的是相反的观点。这无疑使我遇到一个实践问题，实际上，至少是两个实践问题。第一，我可能能够改变他的态度；第二，即使我不能，我可能能够阻止他那样做。但我不知道我怎样能够这样做，因而我有实际的困难。

相对主义者在这里可能会说："啊，这是真的（true，正确的）：-塔利班认为妇女不应受教育。"但这是什么意思？确实，说"塔利班**认为**妇女不应受教育，这事我们已经知道"，恰恰是一种坏的方式。不过，也不是以赞成的眼光来谈这个观点。"对于他们来说这是真的"这句话说出了一个有限定的真理，像"这是真实的：格陵兰岛整个冬季都结冰"；而说"这不是真实的：卡罗来纳整个冬天都结冰"这句话也一样是真理。但意识到塔利班的观点是真实的则涉及以**赞同**的眼光来看待这个观点。如果**任何人想要**以赞同的眼光来看待这个观点，要做到这点他有点难度，我们可先行承认他可能失败。为什么？因为如果要赞同这个观点，我们根本不值得对它说什么。我们能有的并不是一种赞同的看法；对此事你的看法很不乐观时，这才显得有意义。但如果你有别的想法，我将反对你，并且我将用说"你错了"来表达这一点。我拒绝你的观点，并以言辞和行动来表达这点。

相对主义者将继续说："啊，这**仅仅**是你反对他的态度。"这个说法有它对的地方：这确实是我反对他的态度。这就是伦理的冲突。这个说法错的地方是"仅仅"。什么是关于一种态度冲突的"仅仅"？这个世界上最坏的冲突是政策、选择和实践的冲突。它们是最有意义的冲突。通过比较，纯粹的态度冲突没有什么意义。对我来说，这根本不是问题：你认为月亮与地球的距离是 50 万英里，虽然我认为要更近些，只有 25 万英里。这种不同并不转变成烦扰我的行为。但如果你对我的态度是轻蔑或厌恶，这里的问题就大了。

毫无疑问，这里错在对"仅仅"这词想要用的意义上。这并不意味着态度的冲突不重要。相对主义者将说："这是你反对他的态度，**你并没有表明他是错的。**"在没有证明程序的意义上，冲突"仅仅"是一个态度的冲突。我要说，这包含了真理的颗粒，虽然仅仅是非常小的颗粒。因为毕竟在严格的意义上，这是虚假的。我将表明，塔利班在如下最简单的意义上是错的：任何受教育的女性都对他的错误是一个充分完好的说明。我的妻子表明他是如何错了，其他千百万妇女都同样说明了这点。可能可以抱怨的是，我不能**表明塔利班他本人**认为他错了，因为他对这种说明或表明他的错误的方式是意识不到的。但即使是这一点也不是自明的。这可能表明，塔利班本人是错的。我们能够增加他的有关妇女的经验，削弱他所依持的荒谬的权威，扩大他的同情心，等等。这不太可能是一个**迅速**的过程。但是不是不论谁都认为应该如此？如果由某个接近于塔利班的头脑结构的人，如一个更自由的穆斯林来做，那这是一个很有可能会成功的过程。

相对主义者的那个说法的唯一真理的颗粒是没有成功的规则。没有证明程序，也没有对塔利班做工作的经验过程能**确保**使塔利班赞同我的观点。但这就是如此。对于把持有异议者带到我们的同情和态度中来，它总是机遇性的，有点不确实的。如果我们担心任何人［不这样］，但要想到，他们在经验中，甚至在数学或逻辑的分析中，也会反思到同样是真实的东西。塔利班的问题是，他对于说明为什么他是错的说明是认识不到的，在其他的情形中，对于其他人来说也可能是这样。我能够表明黄水仙是黄色的，但我不能必然地对持异议者表明，它们是黄的，如果他们拒绝看，或虽然看到了但他们是色盲。我能够表明矛盾是虚假的，但我不能对某个狂热者表明它，这个狂热者先行认为所有逻辑是一种我有一份的家族性的阴谋。

在最近对相对主义的讨论中，有一个公式得到了人们的某种赞同，即就我们刚才说过的那个问题，我们只能够说："没有别的东西可想。"[6]这可能恰如同使我们的桅杆充满夸张色彩（a flowery way of nailing our colors to the mast），或相反就是使我做得过度而受伤。对于否认塔利班他确实想别的什么，我认为这是不公平的。这使他变得没有人性，使他成为某种疯狗，根本不能考虑选择、行为和生活方式。而事实上他所说的是一种真诚的态度，一种实践政策，对于这一点，他有他的荒谬的理由。这就是为什么我们处在冲突中。在另一种情况下，他只是我们自己的政策的障碍，或用斯特劳森（Strawson）的话来说，他是要"被管制、被处理、被治疗或训练的对象"[7]。我对塔利班没有同情，但我自己并不希望把他放在人类思想的领域之外。我们不能通过一种立法用隔离主义或分离主义的态度，不论是阶级的、种族的或性别的态度驱逐掉，人们把他们看做在可解释的范围之外。

相对主义者的最后一着是，说表达主义不是一般归类为一种伦理学的反实在论的观点吗？它否定伦理的事实或伦理的性质具有如同实在的事实（real fact）或实在的性质（real properties）同样的地位。这难道不意味着没有伦理的事实或规范的事实吗？那么，不是所有的态度都基本上在于同样的理由（on an equal footing）吗？回答是：表达主义一般在特征上是反实在主义者，但并不意味着没有伦理的事实或规范性的事实，最后，即使是如此，那也不意味着所有态度都是四平八稳的（on all fours）。

反实在论，或如我所称之的准实在论，拒绝给予伦理事实一个典型的解释功能。当我们返回到伦理示例物时，我们可知道这一点。作为某物 F 的示例典型地得到这个事实——它就是 F——的解释。一个示例物**回答了它**所代表的是什么。表达主义认为，伦理事实没有起到解释的作用。把类比放在一边，我们不能谈伦理的感知。如果我们想要一个口号，我们可以说，包括精神世界的这个世界是与规范无关的。应当并没有解释是（Oughts do not explain is's）。我们的道德理解得不到独立的道德结构的解释，对于这个道德结构，我们很幸运地可以感知它。

为什么这不意味着没有道德事实？极简主义表明了为什么不是。我已经给了你我的道德观点：妇女应当受教育。这里可以用另一种方式来提出这个问题：妇女应当受教育是真实的（或正确的）。这也可用另一种方式表达：妇女应当受教育是一个事实。如果我们愿意在这里走得更远一些，这有一个拉姆齐的梯子（Ramsey's ladder）：这是真实的，这是一个事实……这已经是真实的，这是一个事实……但还没有完，我建议把客观性加在这一系列上。[8]

为什么这不意味着多样性的道德观点可基于一个同样的理由？所有的表达主义能够听到这样的回答：所有的意义都**同样好**。但这不是真实的。塔利班关于妇女教育的观点不像我的那样好。事实上，这完全错了，从头到脚都错了。但要注意到，即使我们比我所承认的关于事实的最低度还要低，那也是如此。假设一个实质上的强有力的真理论得到了发展，并给了我们某些相应的观念。假设以某些独立的关于事实的形而上学范畴来进行推演（要注意到，在一种最高层的情形里）。并最后假设，因多种理由，我列出了这个理论的要点，即没有规范的或伦理的事实（所有这些学说属于逻辑哲学论，"*Tractatus Logico-Philosophicus*"）。这是一个形而上学的产物。所以很清楚，它并不隐含着所有的道德观点都基于同样的理由。例如，它不意味着可容许认为妇女不应受教育。它至多隐含了这样的观点，你不要无理地反对最高层级的事实。可到此为止了。**这不是**（或这单是）塔利班的观点是错的。主要的事情是，这种观点是错误的，它是不人道的（没有人性的）、残忍的、武断的，等等。形而上学不能隐含这些内容！

我已说了相对主义没有问题，并力图对为什么如此给出点解释。我将以一个非常小的优先性评论来完成这个部分的讨论，做点相对主义感到自豪的事情。

有像塔利班那样的情形，也有不是塔利班那样的情形——我们在那里旅行开阔了我们的心胸。我们也许从考虑我们的态度是唯一可允许的态度，或我们的［生活］方式是唯一可允许的方式，而其他的都是错的出发。但对其他人民、其他文化或时代的探讨，改变了我们的心胸。他们是不同的，但我们不能谴责他们，或发现在我们的心灵中，我们的方式还是有优越性的。所以在某种程度上，我们变得宽容了，并且常常就是如此。

我怀疑，相对主义者从这种进步太迅速地引出结论，假设在某种情形中是如此，所以在所有情形中必定是如此。所以，仅仅遭遇到了不同的观点就足以打消掉对我们自己所持有的态度或原则的忠诚。这个错误在于忘记了限定条件：我们"不能谴责他们，或发现在我们的心灵中，我们的方式还是有优越性的"。当这是真实的时，宽容确实是对的，但并不总是真实的（正确的）。

如果我到其他国家，我发现有其他的丧葬活动［方式］。开始时这可能使我震惊。但我知道表面的多样性的背后它们的核心功能，其实质性的人类实践是处理死亡、悲哀和生存。这之后，在我的心灵中我不能发现我们的方式的优越性：这是一个选择的问题，关于是否火化、埋葬或留给秃鹰，这都一样。但如果我到了阿富汗，情形就不一样了。我能够并且应该维持我开始时［的观点］。如果我受到了塔利班的对待妇女的态度的影响，那只能说这是很不幸的，是我自己的道德结构的变质。如果塔利班在其他方面也足以诱人堕落，我就不得不捍卫自己而反对他。

很清楚，这仍然是涉及多元文化主义的道德问题。没有相对主义的道德问题。但有具体问题，即何时宽容何时反对。对这些问题的回答不是容易的，或事先就有了答案。我们不得不问，是否我们面对的是一种可选择的、同样好的、对某些生活问题的答案，我们能够快乐地承认另一种习俗的精神；或者，相反，我们面对的是一种应当反对的东西。奴隶制、等级制系统的压迫，对妇女的系统贬低，童工、社会的许多其他方面，不是可替换的同样好的对生活问题的解决［方案］。这都是必须反对的事情。

如果表达主义或准实在论的观点针对相对主义作一个完全的辩护，承认唯有特殊的问题我们不得不解决，当它们发生了，像所有的道德问题一样。我们不得不以我们所有的信念和态度来对待它们，尽我们的可能来处理它们。如果我担心，是否我们可宽容女同性恋的做父母的身份或以大麻作为可替代生活方式，而把反对他们看做是不被允许的脱离常规，而这是我不得不做的。他们可能在多样性的丧葬仪式上使用同样的范畴，或他们可能像塔利班那样。但每一个问题不得不基于它的长处来解决。这不是相对主义的问题，而只是个人生活的问题。

具有相对主义问题的方法

为什么我认为准实在论解决这个问题是有利的,并且如此容易?其他方法能做到这点吗?难题在这里。许多哲学家试图理解伦理学的性质而寻找更有生命力或实质性的伦理真理概念。他们常常力图在其他领域塑造伦理真理:在自然主义那里是科学或技术领域,在一种先验的或建构主义的方法那里是数学领域,在某些当代的"道德感"理论那里,则是第二性质[的事物]。这些理论典型地产生于这样一个回应之中:感到需要某种实质性的道德真理概念。而有一种需要也就有一种危险。危险是你实际上不能以恰当的方式来满足这种需要。在这里,相对主义成了一个问题。我将用三个例子来说明这种威胁。

第一个例子是,与约翰·麦克道尔(John McDowell)相关的那种理论,这种理论以遵循规则的考虑来为伦理学与第二性质的感觉的切近类似性进行辩护。而这产生了相对主义方面的难题,因为遵循规则的考虑与第二性质的感觉相类似鼓励了相对主义。大致地看,在每一个情形里,我们能够看到一种随"有机体的运动"而不同的处境。有像以塔利班方式运动的有机体,在那里,我们看到妇女被看做是低等的存在物,她们存在的最高目的是被动地服务于男人的快乐。有像西方式的或启蒙运动式运动的有机体。也有以狗的方式运动的有机体,当它嗅东西时,不同于我们的方式。如果真理在于有机体的"响应",或"实践"或"共享的共识",那么,就很难看到为什么这些有着共同响应的个体的共同体不产生他们自己的真理。这就是我们所看到的第二性质情形中的情况。狗的习惯,从字面上就可知,是不同于人的嗅觉世界的。这不是说,只有我们这个世界是"对"的。所以,相对主义成了真正的威胁,因为这个理论好像不得不允许真理的多元。有一些辩护的可能(人们可能注意到,我们有机体的运动的一个要素就是确立我们自己的与他人不同的运动方式),但危险是非常真实的。

第二种理论的危险,我们可看看克里斯丁·科斯加德(Christine Korsgaard)的不同的观点,一种建构主义观点。[9]科斯加德惧怕欲望与态度的任意性和可变化性的世界,而想要得到规范的完全不同的来源。她发现诸如自我立法、实践中的认同的性质就是这种概念。现在虽然科斯加德自己相信，有一种康德式的紧身衣套在我们的自我立法的外形上，但存在着相对主义的问题比这种解决方式还更令人印象深刻。因为当我们面对这个问题时，你能有这样一些个人，他们是自我立法的个人的多元，他们的认同是以他们自己确定的不同的约束而快乐地连在一起的。但你会很不幸地发现，这些约束处在完全不同的地方。某些人考虑到他们有行使男人对女人的特权的责任，另一些人则不这么想。某些人发现，如果打破了他们的饮食禁忌，他们的认同就要受到威胁，而另一些人则根本不在乎这点。如果"建构"或自我立法产生道德真理，而再一次地我们有了真理的多元，相对主义就不可避免了。我应该说，同样的结果等待着更少的合理性的、更多的政治性的建构主义版本，如罗尔斯的某些新近著作似乎就出现了。这就是，我们可能认为罗尔斯原初的著作，一个正派社会的框架作为合理选择的必要后果而呈现，在后期的著作中，我们有了一个更为相对的多种结构的概念，对于这些结构，我们能够评判它们——如果政治对话的条件存在的话，而这些条件是任意性的和地方性的。这个重点的转移对我来说是完全认可的，但它给相对主义的恐惧留下了敞开的门，而更多的康德式色彩的野心则闭住了。[10]

最后，同样这种后果好像是威胁着新亚里士多德主义的理论，新亚里士多德主义寻求把道德选择系于某种"兴盛"（flourishing）的概念上。问题是，兴盛的方式是多元。某种兴盛是以这种方式，另一种兴盛则以另一种方式。这不仅仅是没有连接纽带，正如伯纳德·威廉姆斯明确地说的那样，"依据明亮的眼睛与有光泽的外衣的生态学标准"，在值得赞成的行为和兴盛之间没有特殊的连接纽带。仍然令人失望地真实的是，人类这样一种灵活的动物，完全不同的兴盛概念将支持关于什么应做和什么值得承认的完全不同的概念。我们只要想想塔利班的对于一个妇女而言什么是兴盛的概念（顺便说一句，我们可以很容易地想象到这也是他们的妇女所分享的概念，至少在这之后的一代或两代）。再说一遍，如果在这样的观念中发现道德真理，假定观念是多元性的，那么，我们也就有相对多元的真理。

那么，准实在论的一个明显好处是，它把这一切都放在一边。当然，这并没有否定什么应算做是兴盛，这个概念也为我们的态度所具有。但当诸多概念是相互匹敌时，我们在完全没有压力的情况下可以想到它们将产生不同的相匹敌的伦理真理系统。它们导致了选择的需要，并且对我们自己的选择以我们所能发现的最好叙述来进行辩护。

客观性与相对主义

对于伦理学领域里的许多哲学家来说，客观性是非常重要的。我所勾勒的观点辩护了一个充分有力的客观性概念，它能使我们满意吗？我敢说，没问题。

我说，客观性是可欲求的。客观性是一种德性。但这是什么意思？我们能够通过表明它的不足来考虑它的缺陷和缺点。第一，**偏见**的缺点。两个考虑是一样的，但有偏见的判断使得其一个考虑更重于另一个考虑。两个人有同样的主张，但其中一个主张更为人所偏爱。最明显的情形是，只有在一定范围内的考虑会**影响**到问题，但其他因素则是暗地里得到介绍的。例如，我认为某些严格范围内的考虑会影响到雇工的决定。如果我的学院介绍了其他一些因素——例如，由于年龄、性别或发式而力图拒绝某个候选人——那么，他就不是客观的。他正沉迷于他的偏见之中。很明显的是，我们都不善于知道我们自己的真实处，自欺的机制我们是很熟悉的。这个同事实际上也可不以年龄、性别或发式作为理由。但如果能够充分地预见到，他先就有这些理由，很明显就是对不适年龄、性别或不通常的发式的歧视，那我们就知道该做什么了。我们也许在他之前就做些准备。

就认识论范围而言，比偏见更坏的是盲目。对于客观的决定，我们谈到了对于事物的客观性观点。一个不能对于局势给予客观评估的人，是因为他对于局势是盲目的。一个不能对正在发生的事情进行评估的人，不能对于局势给出客观的观点。要做到客观，我们的观点就必须有足够的考虑，对于面对的问题必须有敏感性。

在做决定和形成观点的这种情形中，上述的原则似乎是起作用的。做到客观也就是能以恰当的方式对局势的恰当方面有把握。这意味着在中心地位规范被建构进了观念之中，当然我们能够希望有分歧。我的同事也相信歧视是**对**的，正如他所做的那样。他要有他的叙述来为他辩护，他也要力求使我们听他的。这里我们有一个实际问题。我们也许发现我们正在听他说，或我们可能先就知道他这样做没有用。但这并不意味着我们不改变我们先前的观点，也决不意味着我们会简单地赞同他。

表达主义者或准实在论者能选择一个考虑的恰当范围作为正当范围

吗？他会给予无偏见判断的决定权，或那种纵观全局而有着开阔心胸和知情观点的人的决定权吗？当然会。我反对我的同事，他使他的雇工的决定受到申请者的年龄、性别或发式的影响。我通过说他对错误的决定有感受力而表达了这点。他是有偏见的，不是客观的。我不能忍受那从阴暗处［不能公开理由之处］得到他们的观点的人们，因为这种阴暗处对于事实不能给予充分选择以证明他们的态度。我要给信息充分者更多尊重。

让我们返回到塔利班。你已经听我说了，塔利班是错的。但表达主义或准客观主义能说他们的观点没有什么客观性错误吗？他们对于错误的考虑肯定是有理解力的——看看这个事实：他们让受教育政策由性别来做决定。我也应当说，他们对于妇女的本性是盲目的，而［认知的］可能性对他们来说仍然敞开着。他们对于妇女的大多数生活的重要方面是有理解力的。但这也是很清楚的事实，他们表明了缺乏客观性。客观上他们确实错了。

那还有别的对客观性的担忧吗？也许返回到对证明的要求，我们遇到了最后一部分。我认为，当且仅当有一个先前的保证，即有一种认知的程序来把他的观点改变成同我们的一样的话，那某人可能寻求使用概念而导致他在客观上错了。但可能这是一种不幸的用法：证明我的说明的是，即使是在直接的经验情形那里也没有这样一种程序，在那里，人们正在乐观地谈论客观性错误。

当人们渴求客观性时，人们头脑中可能有的一个想法就是这个。如果我们对真实的客体有［认识］错误时，诸如横在我们路中的客体，我们的希望是能够消除掉它。客体使它们自己被感觉到。泰坦尼克号的船长对于客体的判断有错，其结果是失去了他的船。我们也可能希望表明，如果塔利班是"客观性"的错，那么，就有灾难在等待着他们：一个［如同路中的］同等的东西要被发现。这是我们所知的这个思想——把伦理的真理和亚里士多德主义的兴盛相关联——的一个方面。这个观念可以这样表述：塔利班的客观性的错误在于相对的贫乏或兴盛生活的丧失。正如人们所认为的共产主义的经济错误最终导致东欧共产主义的瓦解，所以他们也认为，道德错误将以建立在这些错误之上的生活的瓦解来说明。

如果有这样一个观点，那么，表达主义传统肯定没有反对它，虽然我自己此时还不相信这一点。**这可能**是真实的：对"兴盛"有这样严厉的限制，任何对好的伦理的偏离都会毁了它。或宁可说，我们应当说这可能是真实的。因为一个易于理解的想法如果没有确定性，是不真实的，尤其是我们知道关于人类的想法不可能这样。如果把兴盛与好行为相关联看做是非常偶然的、不仅是偶然而且是**政治上**偶然的东西，这样可能更妥当。也就是说，这是一个社会创造了好行为与兴盛的关联性。正如休谟在他的《人性论》第三卷中所说的，商业社会的工具态度和程序使得那些毁约之人可被清除出局。[11]如果他们不被清除（发觉），例如，因为交易不再重复，那么，合作就要破坏，我们在欺诈风行的地方可看到这种情形。

如果人类世界确保，一个社会如果拒绝给予妇女教育，那么就会亮黄牌，也就是说，以某种方式给予惩罚，并最终导致它改革。而对于像等级制或对少数族群的压迫这样的事情，在我看来，根本就没有理由认为，人在**本性**上就有机制清除那些持有错误态度的人。以康德的语言来说，"确立我们的任务"的是，以大棒和红葡萄两手来富有希望地导入改进。

因此，持以亚里士多德和康德之物的道德哲学家的许多现代的选择是毫无希望的贫乏的。亚里士多德和康德式的语言能够使某个团体真诚地相信，塔利班不会兴盛，并且这里有一条底线：这就是他们的错误。他们能够使其他团体认为，他们违反了对实践推理的某些合理的限制，并且这是底线：这就是他们的错误。而真正的真理是，他们的错误并不是这些东西。如果这个世界的其他部分不对他们做什么的话，依据明亮眼睛和灌木丛生的外衣的生态学标准，我能预见到他们可能兴盛。就他们自己能够意识到的他们的任何标准（如上面所提及的，这包括他们社会的女性成员）而言，他们可能兴盛。相信有某种实践推理的定理，这是相信馅饼在天上，而他们违反了这个定理，这就是他们的错误。（事实上，以流行的康德式说法来看，馅饼不在天上，因为是违反来自于超验的自主性绝对命令。）塔利班真正错的东西比亚里士多德的和康德的东西更为直接。他们的错误是，他们压迫他们的妇女，使她们的生活贫困化，使她们处在一种无知的迷信状态中。为什么我们感到在这样说了之后还有更迫切地想要说的？这是还不够坏吗？

就"客观上他们确实错了"这个意思所说的背后的观点是，在某个关于客观性的方面他们是错的：他们被清除掉了。这个世界本身包含着纠正他们的错误的机制，偏爱那些他们不能忽视的方面。我已表明这太乐观了。我们可以反思一下许多经验中的很乐观的事例。毫无疑问，如果我对面前是否有悬崖或冰山判断错误，这个世界将使我出局。但如果我的错在较少直接性的事情上，我能愉快地把它带到坟墓。如果你与我对 O. J. 辛普森（O. J. Simpson）的裁决有分歧，我们中的一个客观上错了，我们两人都不会因此而遭受什么苦。在日常的经验情形中客观性与兴盛的连接并不是如此紧密的，所以，问在那些雅致的伦理学情形中是否更为紧密，是不明智的。

所以我们没有听到用"客观性"这词来作为棍子打表达主义者。看看其他方面。如果某人称我们关于伦理问题的观点是"主观的"，我们能够听到一系列这方面的指控。他会被迫藏起他的偏见。他可能被归究于缺乏知识、缺乏展示正确知识的能力。他可能认为，这是一个真正存在于两个头脑中的问题，而任何进一步的限定态度是唯一的选择，或一个没有吸引力的选择。所有那些指责都不得不听，有时它们是可辩护的，但没有那种可作出的单一的一般性的指责。我的判断像其他人的一样，毫无疑问将表明某种在具体情形中的特殊错误，对于这种具体指责的特殊压力总在他的心中。这恰恰就是人类处境的一部分。

权威：最后之词

托马斯·内格尔（Thomas Nagel）在他的最近的那部著作中，着手考虑了对规范的权威的一种"相对主义"的挑战，不仅仅在伦理学领域里，而且是潜在于其他领域，如逻辑学、数学或科学领域的规范。他憎恨的人物是后现代主义者或这样的相对主义者：听到正确的观点并回应它，但总是增加限定条件或附加意见——这恰恰就是我们。内格尔反对恶意的目的这样的最后之词。他甚至用了一种柏拉图式的和谐形象：在我们的方式与支配我们的世界的规范秩序之间的和谐形象。如果那是可选择的，那就宁可是相对主义，而不论所引起的形而上学的焦虑是什么。内格尔的焦虑和修复它的代价，毫无疑问是为许多人所共有的。但这忧虑并没有形成，代价并没有付出。这是幸运的，因为我相信，它不能付出：没有证明要等待我们的规范态度与支配宇宙的规范秩序是和谐的，而不论这种秩序是什么。

我在如下问题上同意内格尔：对相对主义的最后之词有点恭维或沮丧。确实许多后现代主义者打算把它作为一个揭穿信号：表明他们**看穿了**规范权威，而不论所论及的规范权威是什么都如此的一面旗帜。他们可能想**说**接受规范，但对内格尔的耳朵来说，则完全是反对之声。他们不能把

权威给规范,而这本来是规范所应得的。在内格尔的观点里,只有柏拉图主义者做到了这点。

这个对话当事实上只有一些小问题时,错误地假定了有一个大问题(One Big Question)。内格尔认为,相对主义的挑战指着我们的一个形而上学的大漏洞:在我们的本体论或关于世界的观点有一个空白我们必须极力地克服。相反,我相信,它至多等于一个削弱**第一系列**(first order)考虑的企图,并且这样的企图应逐一地解决,当然还取决于可支配的情形。

这里有一个来自于琼·汉普顿(Jean Hampton)的近期著作中的一个说明。看看对于新药效果的双盲试验的科学规范(这里所涉及的人不知道哪一种是真正的药和哪一种是安慰剂)。假设某个三心二意的试验员,他说:"我们愿意做双盲试验",然后再说:"但只是我们"。毫无疑问,正确的回答是问,这个"只是"意味着什么。它暗示着双盲方法是**可选择的**,所以没有它并不意味着错。但我认为,这是一个令人震惊的错误。没有它的试验很有可能把一种没有药效的药说成是有药效的,反之亦然——而这就是我们想要避免的。如果我们的试验员否认这一点,他最好要有一种解释,而大多数科学家将先行打赌说,他肯定不会那样干。

另一种好的方法是,让我们对"只是我们"抱有异议,但让我们增加某些自我意识的词。只是我们,能够做可靠的试验。或者只是我们,预先准备反对误导结果。没有什么可以**责备**这些自我描述的词。相反,这有点**自豪**,因为采取了措施来力图避免假设性的试验的不明显的危险。所以我们赞同内格尔,最后之词比应当发现的"只是我们"更好。但我们是在我们所发现的第一系列的规范空间驻留。这使得这一点清楚了:相对主义的问题基本上是一个信心问题。但如果我们的最后之词够了,我们的信心也奠定了,没有对它的存在的挑战了。

如果伦理态度受到挑战,我的反应是同样的。我赞成对妇女的教育。假设现在不是一个塔利班,而是某个烦人的后现代主义者说:"我也赞成,但只是我们。"这里的"只是"再一次地暗示这是一种有点选择性的态度,像塔利班那样碰巧以那种方式运动的人**并没有什么不对**。但我对这种程度的宽容没有同感——开放精神来自于人们的大脑,正如有时人们所提及的。我能增加一些自我描述的词来明确地谈论这一点:摆脱了政治的专横的歧视,摆脱了文化意义上的厌女症,维持平等的理想和所有人的自我发展的自由。这些话也响在我的耳边:这只是我们,并且我们做得好。以消极方式来看,当我以那种塔利班不能选择的方式态度来行动时,我能够探讨它。这样做以及他们的行动确实是错的，并且我能具体地指出这是为什么。

当然我所谈的都是我自己的观点，这是不能避免的。但只要我自己的声音没有被困住，它也不是出于兴趣。

请注意，我这不是公然自夸。假设我宣布我反对食用大麻合法化。有人过来，可能指出在有些国家大麻是合法的，而且看来没什么坏处，说："我们也许认为食用大麻是犯罪，但只是我们。"我力图自我描述：只是我们意识到了危险，只是我们能够把有害药物与无害药物区分开来。不过，这些话在这里不那么灵光了。这些描述是得不到辩护的或是虚假的，或这没有什么值得自豪。它们可能是那些困惑的事情："只是我们，忽视了真正的后果，或只是我们，相信那些在黑暗压力下告诉我们的东西。"当这些情况发生了，有些东西不得不付出。我们或者是找到某些好话，或者是改变我们对忽略或轻信而感到困顿的习惯，或者是软化我们对大麻的反对态度。或者，说"粗心和大意"可以提供一个补救，因为对一个为最后的自我描述之词所困顿的人，他的回应——很不幸地——只是拒绝听和敲桌子。但这也是对我们的状态令人困顿的最后描述。

我们可以通过注意最后一个可能烦恼考虑这些事情的人的问题而得出结论。我怀疑在某种道德命令的背后，人们感到超越了准实在论。在某种意义上，可能需要解释，正如我在《规范激情》的书中所做的那样，人们认为准实在论有硫磺味。

正如我们所看到的，人们求助于规则系统或预先得到保证的秩序来证明他们的对手是错的，或可能证明他们是错的。他们想要这种可靠性。但假如，正如我担心的那是真的一样，他们不能总是找到这样一个程序。事实上，态度和政治都在进行之中。在实践中，不论一个教授在他的课堂上怎样拍着他的胸膛，说需要规则系统，而出了这个研究领域他会教他的孩子，作为一个地方法官，去为了这个政党或那个政党进行竞选，为塔利班而悲伤，好像他做了那些事一样。但康德的某个学说将导致教授在这个问题上困顿。因为态度和政治最终有一个强制性的边界。这将是这种情形：他这样做是错的。人们认为，这冒犯了对人的**尊重**，冒犯了人的**尊严**——这会使他感到难受。像这样想的人担心，他们只能以强制性的尺度才能证明，至少在原则上是如此，而这种尺度的客观性应当得到人们的同意；回过头来看，如果某个地方有错误的规范系统的话，看来情形就是如此。这好比我把你扣押起来，而我这样做是公正的，那么你必须对你所具有的思

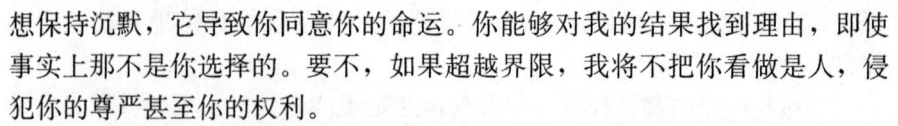

想保持沉默，它导致你同意你的命运。你能够对我的结果找到理由，即使事实上那不是你选择的。要不，如果超越界限，我将不把你看做是人，侵犯你的尊严甚至你的权利。

我对这条线上的思想并没有太多的同感。似乎对我而言，只有在那公平的土地上，每个人才有某种深层次的对权利与善的承认与理解。这是一个充满希望的想法：每一个公正的审判的末了，有那么一个罪犯，他默认地接受审判的公正性。

人们做了肮脏的事，那他们的文化就使得他们被抛弃。如果一个生活在西方法律制度下的塔利班被控告，他犯了一桩不同寻常的罪，因一点微不足道的缺点或小罪而活活烧死了他的妻子，他可能会感到受到了不公正的对待。他的整个文化把他带到了这个怨恨之中。他感到这是很坏的事情，他的犯罪招致了这样的惩罚好像他杀了他的男性亲戚一样。在他心里也没有原则可以理想地展开以至改变他的感情。但这不是给我——一个西方人——那改变审判或为强制施行的惩罚而感到难受的最小的理由。我没有冒犯尊严和应有的尊重。塔利班应为他对妇女的态度或为他的行为负责，因而应该得不到尊重。他的自我辩护没有表明任何一种尊严。他因拒绝以富有尊严和尊重的态度对待人类的一半而应得这一切。

一个更弱化而似乎更有理的要求是，如果**合理**地希望人们同意，在那种强制是必要的地方，那么对某人实施强制是应该的。同意所寻求的不是犯罪的必然，因为我们已经说过了，罪犯对于表现为他那方的错是盲目的。但只要有合理性的人意识到了他的错，强制就是公正的。这似乎是对的，但真正来说，是在被审判的行为和被有合理性的人认为这是公正的之间的平衡。这里"合理性的"作用在于我们可称之为的一种休谟式的朋友感。它并不意味着发放纯粹实践理性，没有被我们的任意的关注、同情或态度所污染。它意味着是对上述所描述的客观性的人的诉求，这种人对事情或问题有透彻的看法，仔细分析和提炼他们的态度，然后决定罪犯确实应当受管制。如果我们强制他或她，由于我们的政策没有符合这个条件，可能我们冒犯了尊严和对人应有的尊重。但这只是意味着，当我们的政策是不公正的时候，我们冒犯了这些东西。我很愿意相信这是真的，但这不是我们希望发现的一种真理的实质。

这当然很好：如果所有的犯罪都悔罪，如果人的尊严和应有的尊重都不需要强制性措施也得到尊重。毋庸置疑，这些事情确实是在理想境界里。在现实世界，我们不得不在这里或那里，尽我们之可能，而哲学家的任务部分地就在于，能够使我们做这事时没有混乱和负罪感，而这些常常困扰实践推理。

【注释】

[1] Richard Rorty, *Contingency, Irony and Solidarity* (Cambridge: Cambridge University Press, 1989), pp. xv, 173.

[2] 最著名的论点，在《哲学研究》(Oxford: Blackwell, 1953)，§ 136 中。

[3] 有些作家在伦理与道德之间进行了区分。认为道德是伦理的一个分支，而伦理学涉及整个地评价、选择和行为领域；道德则更多地关涉到义务与责任。在这篇论文中，这种区分不重要，我将不考虑这种区分。

[4] Bernard Williams, *Ethics and the Limits of Philosophy* (London: Fontana, 1985).

[5] John Mackie, *Ethics: Inventing Right and Wrong* (Harmondsworth: Penguin Books, 1977).

[6] David Wiggins, "Moral Cognitivism, Moral Relativism, and Motivating Beliefs," *Proceedings of the Aristotelian Society*, 1990—1991, 61-86.

[7] Peter Strawson, "Freedom and Resentment," in *Studies in the Philosophy of Thought and Action* (Oxford: Oxford University Press, 1968), p. 79.

[8] 关于拉姆齐的梯子，见我的 *Ruling Passions* (Oxford: Oxford University Press, 1998), 78, 294-297。

[9] Christine Korsgaard, *The Sources of Normativity* (Cambridge: Cambridge University Press, 1996).

[10] 当然，这里对照的主要著作是《正义论》(*A Theory of Justice*) (Cambridge, M. A. Harvard University Press, 1972) 和《政治自由主义》(*Political Liberalism*) (New York: Columbia University Press, 1993).

[11] 大卫·休谟：《人性论》(*Treatise of Human Nature*, ed. L. A. Selby Bigge, Oxford: Oxford University Press, 1888), III, ii, 5, pp. 516ff。

伦理主张的基础是什么?

第3章 神圣命令论

菲利浦·L·奎恩

犹太教、基督教和伊斯兰教都认为，在宗教问题上，希伯来《圣经》有其权威性，因而它们有理由赞成一种道德神圣命令的观念。《出埃及记》20：1-17和《申命记》5：6-21详细叙述了摩西十诫的启示，都把上帝描绘成这样的一个形象：对选民发号施令，教导他们什么应该做，什么不应该做。当然，也许人们可以把这些神圣命令仅仅理解为上帝对某种道德规范的赞同，而这种道德规范的权威性与神圣命令毫无关系。但是，人们似乎会自然地推想到，摩西十诫的权威性在某种方式上依赖于这样的事实：它是上帝所命令的，或者这些命令表达了上帝的意志。这样，主要的一神论就有理由来发展对于道德的陈述，根据这种陈述，道德依赖于上帝。道德理论中的神学唯意志论的悠久传统也就从这个自然的起点上发展起来了。

20世纪最后的20多年间，在宗教分析哲学家中，神圣命令道德重新得到关注。长久以来，人们始终都关注这样三个重要的问题：如何才能把道德依靠上帝的观点讲清楚并能给以精确的理论阐明呢？如何才能通过论证来支持这样阐明的理论呢？怎样才能使得这一理论在反对意见面前得到辩护呢？在本文的三个部分中，我将给出这些问题的答案。

一、理论阐明

要在理论上精确地阐明这种观点：道德依赖于上帝，需要处理三个论题，在下面的纲要中给出了这三个论题：

(S) 道德地位M存在于对神圣法令A的依赖性关系D之中。

第一个论题是对这个理论所主张的、依赖于上帝的道德地位（moral

status）进行说明。第二个论题是对这个理论宣称的、在上帝与这些道德地位之间存在着的依赖关系（dependency relation）的性质进行具体的说明。而第三个论题则是对这个理论所将言明的、道德地位所依赖的神圣法令（divine acts）进行说明。三个说明之中，每一个说明都要在多个选项中进行选择。

人们一般同意，这个理论应该主张，部分的或者全部的道义论的道德地位必须依赖上帝。这些道德地位就是道德要求（义务）、道德许可（正当）和道德禁止（不正当）。如果把上帝的意志或者命令看做是创造道德律法，那么这种同意是可以理解的，因为，假如这样的话，道义论的道德地位与普通法律的要求、许可和禁止的范畴就是相似的。从前，我曾经提出过一种理论，依据这种理论，道德善、道德恶与道德冷漠的价值论地位（axiological status）也同样依赖于上帝（Guinn 1978：67-73）。然而，其他的理论家则限制了他们对于道义论的道德地位的关注。在现在的讨论中，我将仿效他们的做法并阐明一种理论：唯有道义论的道德地位才依赖于上帝。

近年来，人们已经提出许多理由来解释这种依赖性关系。罗伯特·M·亚当斯（Robert M. Adams）（1973）撰写了开创性的论文，使得人们对神圣命令道德重新产生了兴趣。在这篇论文中，他提出了一种理论，认为在某些犹太教和基督教信仰者的话语中，与慈爱上帝的神圣命令相对立就是道德不正当性含义的一部分。在1978年的论文中，我第一次提出这个论点：神圣命令和道德必然是共存的。亚当斯（1979）的记录表明人们转向这种观点：道德不正当性就等同于与慈爱上帝的命令相对立。

在我看来，这些论点都在不同方面有缺陷和不足。也许有那么一些犹太教教徒或基督教教徒，在他们的话语之中，道德上的不正当性在某种程度上就意味着与慈爱上帝的命令相对立。但是在我的话语之中情况则非如此，所以，亚当斯最初的观点并没有提出一种我所能接受的神圣命令理论。我最初观点中的缺陷在于没有捕捉到道德要求对神圣命令之依赖的不对称性，因为必然的共存是一种对称关系。并且我似乎也清楚地感觉到，道德上的不正当和与慈爱上帝的命令相对立是完全不同的性质。也许，道德上的不正当随着与慈爱上帝的命令相对立而产生。由于人们认为伴随性关系（supervenience relations）是不对称的，所以，这种可能性是值得探索的，但是据我所知，迄今为止还没有人使用伴随性术语（supervenience term）来阐明一种神圣命令理论。

在1979年的论文中，我又提出了这样一种理论，神圣命令是道德要求之充要的因果条件。爱德华·R·威仑嘉（Edward R. Wierenga 1989）阐明了这样一个理论：通过命令某人在某时做某事，上帝使得那人在那时做那事成为了义务。我现在的观点是，尽管必须注意把这种发生关系（a relation of bringing about）与各种各样的、人所熟知的、来自科学和平常生活的因果关系区别开来，可是依据这种发生关系，道德对上帝的依赖得到了最好的阐明。尤其是，所讨论的这种神圣的发生将拥有下面的标志：全体性、排他性、主动性、直接性和必然性。所谓全体性，我要表明的是，引发之事就是那被引发事情的全部原因。所谓排他性，我要表明的是，引发之事是所有被引发之事的唯一原因。所谓主动性，我要表明的是，引发之事是借助于某种主动力量的运动来完成的。所谓直接性，我要表明的是，引发之事直接产生了所有被引发的事情，而不是借助于次要的原因或者手段。所谓必然性，我要表明的是，引发之事使得被引发之事成为必然。

对于哪一些神圣法令产生道德要求、许可和禁止的这一问题，存在着争议。在我看来，归根结底是上帝的意志而不是仅仅表达了或者显露了上帝意志的神圣命令决定人类行为的道义论地位。但是，近来，在阐明这个理论的过程中，亚当斯（1996）拒绝以上帝的意志来代替神圣命令，因此，我有义务就他的反对意见作出回答。他的反对意见共有两项。

第一项来自于如何看待上帝的意志这个难题。神学家经常把上帝的意志区分为上帝的前因性意志（antecedent will）和上帝的后果性意志（consequent will）。正如亚当斯对这种区别的理解，"上帝的前因性意志是上帝对于某个仅限于自身考虑的特殊问题的偏爱，对待其他事情则一视同仁，上帝的后果性意志则是对于这个事件的偏爱，并把所有的事情都放在考虑之中"（Adams 1996：60-61）。一般认为，任何违背上帝后果性意志的事情都不会发生，这是部分允许的。但是，既然不正当的行为的确发生了，那么就不能从违背上帝后果性意志的角度对不正当进行说明。根据亚当斯的观点，也不可以把义务的根据等同于上帝的前因性意志，因为，在其他情况相同时，有时我们在道德上必须通过做某些上帝预先并不喜欢的事情，来发挥最差境况的积极作用。如果我们将义务的根据等同于上帝所显露出的意志，那么实际上，我们就将义务的根据等同于神圣命令了。

对于这一项反对意见，我的回应是，否认若其他情况相同，神圣的前因性偏爱穷尽神的前因性意志。根据马克·墨菲（1998）的提议，我也同意将意图归于上帝的前因性意志；同时，我也认为，神圣的前因性意志可用来对最大程度发挥最差境况积极作用的义务作出解释。假设我作出一项承诺，上帝当然喜欢我在其他的情况都一样时遵守诺言。假定上帝要我遵守承诺，遵守承诺对我而言就是义务。如果我违反诺言，那么我就违背义务而造成了坏的境况。可是，我们假定一下，除此之外，上帝还前因性地打算如果我违背承诺我就要道歉，这使得我有义务在违背承诺时进行道歉。如果我没有遵守承诺而处于一个坏的境况中，那么我的义务就是道歉。如果我未能道歉，就又违背了一项义务。当然，如果我既违反承诺又没有道歉，那么，上帝就没有后果性地打算要我遵守诺言，也不后果性地要我道歉，因为没有任何违背上帝后果性意志的事情发生。我的结论是：一个关于上帝前因性意志的充分说明允许我们将义务的根据等同于其行为的一部分。

可是，亚当斯提出另外一项反对意见。只有假设神圣意志虽未显露出来但却能够是其所是，以神圣意志取代神圣命令来作为义务的根据才是有意义的。根据亚当斯的观点，这有三个令人不快的结果：第一，它使得在对神—人关系上产生出一个缺乏吸引力的画面，"在这画面中，不用沟通，更不用发布命令，上帝内心的愿望就施加了强制性义务（binding obligations）"（Adams 1996：61）；第二，"将义务建立在未被显露出来的神圣意志之上（有区别于显露出来的神圣意志），必定会剥夺上帝施加义务的选择自由"（Adams 1996：61）；第三，"它阻断了超义务性努力（supererogation）的可能性，即从上帝的观点看是可取的、从伦理上看则是没有要求的行为，这在某些有神论的伦理理论中是很重要的"（Adams 1996：61-62）。

然而，即使不用沟通，神圣前因性意志就施加了强制性义务，我们也能够相信，善良的上帝必定会通过命令将许多神圣的前因性意志传达出来。正如墨菲所指出的，上帝没有必要将它们都传达出来，因为我们可以使用理性预计的原则（principles of rational intending）将它们中的一部分从清楚的神圣命令中推断出来。此外，假如其他情况相同，纵然上帝的偏爱或者上帝的内心愿望没有得到自由的选择，人们也没有理由相信上帝形成施加义务的前因性意志缺乏选择的自由。而且似乎可能存在这样一种行为，从上帝的观点看来它是更可取的，但却不是上帝前因性地所希望的。因此，我认为，就算是我们使用上帝的前因性意志这样一个差别细微的概念来进行，将义务的根据放在神圣的前因性意志中也不会产生什么令人不快的后果。

考虑到亚当斯所提出的反对意见都可以回答,所以我坚持我的直觉:上帝的意志决定行为的道义论地位。如果要修订威仑嘉论文(1989:216-217)的原则来反映这种选择,那么我认为,应当使用以下的三个原则构建理论模式来阐明这种观点:道德的道义论部分依赖于上帝。三个原则是:

(原则一)对于每一个人类主体 x、事态 S 和时间 t 而言,(i)当且仅当上帝前因性地希望 x 在 t 致使 S 发生,则 x 在 t 致使 S 发生是道德义务;(ii)如果 x 在 t 致使 S 发生是道德义务,那么上帝通过前因性地希望 x 在 t 致使 S 发生,从而使得 x 在 t 致使 S 发生成为道德义务。

(原则二)对于每一个人类主体 x、事态 S 和时间 t 而言,(i)当且仅当上帝前因性地不希望 x 在 t 不致使 S 发生,则 x 在 t 致使 S 发生在道德上是允许的;(ii)如果 x 在 t 致使 S 发生在道德上是允许的,那么上帝通过前因性地不希望 x 在 t 不致使 S 发生,从而使得 x 在 t 致使 S 发生在道德上是允许的。

(原则三)对于每一个人类主体 x、事态 S 和时间 t 而言,(i)当且仅当上帝前因性地不希望 x 在 t 致使 S 发生,则 x 在 t 致使 S 发生在道德上是不正当的;(ii)如果 x 在 t 致使 S 发生在道德上是不正当的,那么上帝通过前因性地希望 x 在 t 不致使 S 发生,从而使得 x 在 t 致使 S 发生在道德上是不正当的。

毫无疑问,严格地讲,这不是神圣命令论,而是神圣意志论。然而,它是神学唯意志论的一种翻版,并且把神圣命令描绘成表达或者显露出上帝的前因性意志的东西。所以,宽泛地讲,我认为,借助于神圣命令来进行我们的讨论也没有什么害处。在下面的讨论中,我就采用这种方式,同时时常提醒读者正是神圣命令背后的神圣意志真正地产生某种道德差异。

二、理论支撑

据我所知,根本没有什么演绎论证可以作为我所阐明的理论或者其相近理论的证据。在论文(1990a)中,我从有神论者广泛接受的前提中,构造了一个有效的演绎论证来证明这个结论：许多获得道义论地位的情况形而上地依赖于上帝的意志。但是，我曾注意到，这个论证无法提供出充分的理由来支持如下观点：所有这样的事件都具有如此的依赖性。如今，我倾向于怀疑构造演绎论证是支持神学唯意志论最为有效的方法。在我看来，更富有成效的方法就是通过累积个案论证（cumulative case argument）来支持它。在1990b、1992两篇论文中，我开始构造一个累积个案来论证神学唯意志论。在现在的讨论中，我要总结并扩充我以前的论点。现在的累积个案有四个部分，它们支持神学唯意志论方式类似于椅子腿儿支撑坐者重量的方式。哪一条腿都不承担全部的重量，可是每一条腿都要为支撑重量作出贡献。我并不是说，我论证神学唯意志论的累积个案是一个完美的，或者是所能够作出的最强有力的个案。我认为，在我的累积个案中，所有部分应该对基督徒产生一定的吸引力。其中，一个部分将适用于基督徒；另外的两部分既可以适用于基督徒也可以适用于某些其他的有神论者；最后一部分应该适用于所有的一神论者。我并不指望我的累积个案能够说服任何非有神论者成为神学唯意志论者，然而，我却希望它可以使某些非有神论者相信，对于有神论者而言，神学唯意志论是一个别具魅力的选择。我将以最小的诉求开始这一部分的内容，以最大的诉求结束它。

（一）被命令的基督教之爱。《新约》所提出爱的伦理的一个显著特点是：爱是被命令的。在《马太福音》中，耶稣宣布了这个命令，来回应律师提出的一个问题：哪一个诫命更大。他说："你要尽心、尽性、尽意爱主你的神。这是诫命中的第一，且是最大的。其次也相仿，就是要爱人如己。"（《马太福音》22：37—39）《马可福音》12：29—31讲到，耶稣给了抄写员完全同样的回答。《路加福音》10：27—28说道，一个律师以此答案回答耶稣提出的问题，耶稣告诉他这是正确的。根据《约翰福音》记载，在其最后的布道中，耶稣告诉他的追随者，"我这样吩咐你们，是要叫你们彼此相爱"（《约翰福音》15：17）。由此可见，福音书的作者们都同意，彼此相爱的基督教伦理是以命令的形式表达出来的。如果耶稣是上帝之子，那么这条命令及其背后的意图都是神圣的。

有没有理由把邻人之爱当做一种义务或者责任？我认为有。事实上，耶稣所讲的邻人之爱对于现实条件中的人们来讲是极其困难的。邻人之爱并不自然而然地占据人们的情感，只要是允许的话，他们也许就会不爱他们的邻人。因此，耶稣所认可的邻人之爱是一种被命令的爱，这绝非偶然。

在我看来，没有人比克尔恺郭尔更清楚地认识到对邻人之爱的要求的根本性。在《爱的作为》（Works of Love）中，他对《马太福音》22：39的布道讲道，一方面在性欲之爱与友谊之间划出了一条明确的界限，另一方面也在性欲之爱与基督教邻人之爱之间划出一条明显的界限。性欲之爱与友谊都是人们喜好的东西，而基督徒被命令表现出的邻人之爱则完全是公正无私的。克尔恺郭尔说："性欲之爱和友谊的对象因此而具有所喜爱之事物的名称：**所爱之人、朋友**，对他们的爱明显地不同于世界的其他部分。另一方面，基督教的教义就是爱你的邻人，爱人类、所有的人，甚至敌人，而不是制造例外，无论是以偏爱的还是厌恶的形式都不可以制造例外。"（Kierkegaard 1847：363）他那骇人听闻的观点认为，由命令施加之爱的义务绝对性地把每一个人，包括你的所爱之人、朋友以及自我本身，放在与敌人或者与你毫不关联的千万大众一样的地位上。也许人们会很容易想象上帝无差别地爱所有的人，但是却难以明白，人类何以能以此方式既悦人心意又切实可行地彼此相待。然而，如果克尔恺郭尔是正确的，那么，准确地说，爱邻人的命令责成我们去做的就是这一点。

依据克尔恺郭尔的观点，在另外一个方面上，邻人之爱不同于性欲之爱和友谊。性欲之爱和友谊取决于所爱之人和朋友的易变之特征。假如所爱之人失去了他或她性方面诱人的显著特点，那么性欲之爱也就消失了。假如那位因其美德被人看重的朋友变得邪恶了，那么如果你依旧拥有德性，友谊也就不复存在。然而，相对于对象的变化而言，邻人之爱并非因其对象自身的变化而脆弱易变。对于这一点，克尔恺郭尔这样说："然而，任何变化都不能将邻人从你身边带走，因为不是你的邻人将你牢牢抓住，而是你的爱将你的邻人牢牢抓住。如果你对邻人的爱保持不变，那么你的邻人就存在，保持不变。"（Kierkegaard 1847：76）如果说有那么一种爱，它并非是在那些改变所发生的地方才改变，那么它就不依赖于邻人的相互性特征，以及人们影响我们的自发性情感和自然偏爱的方式。对克尔恺郭尔来讲，只有这种爱是一种义务，那么它才具有它所需要的独立性，因为只有这样，这种爱才能够由一种稳定的责任感而不是可变的情感或者偏爱激发出来。于是，他说："'你必须'使得爱在被赐福的独立性之中获得自由。这样的爱矗立在那里，而不随所爱对象的变化而跌落。这样的爱伴随永恒之法矗立或跌落，因此也就永远不会跌落。"（Kierkegaard 1847：53）我们有义务遵守永恒之法。

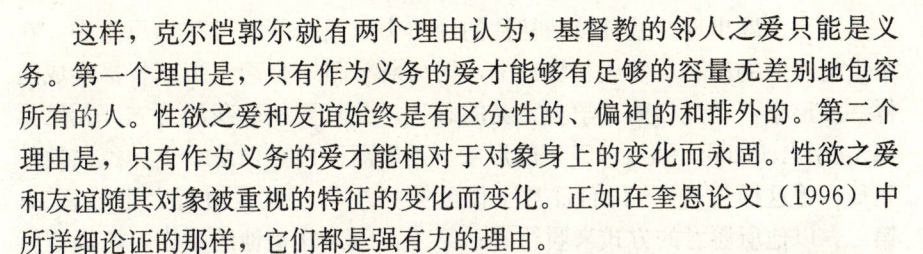

这样，克尔恺郭尔就有两个理由认为，基督教的邻人之爱只能是义务。第一个理由是，只有作为义务的爱才能够有足够的容量无差别地包容所有的人。性欲之爱和友谊始终是有区分性的、偏袒的和排外的。第二个理由是，只有作为义务的爱才能相对于对象身上的变化而永固。性欲之爱和友谊随其对象被重视的特征的变化而变化。正如在奎恩论文（1996）中所详细论证的那样，它们都是强有力的理由。

我认为，被命令的爱是基督教伦理的基础，也是基督教伦理区别于作为对手的世俗道德的地方。爱之义务的严格性有可能产生冒犯。在这个方面，它与公正仁爱的要求是相似的，或者说是世俗道德理论中的功利最大化，这些东西因将标准定得过高或者没有给个人的计划留下空间而备受批评。克尔恺郭尔要他的读者明白义务的要求并把它作为约束它们的东西接受下来。他告诫他们："必须承认它，或者，如果这样说令你不舒服的话，那么我愿意承认，它已经将我推回来许多次了，并且愿意承认，我仍然处在我已经履行这个命令的幻象之中，这个对肉体来讲是冒犯而对智慧来讲则是愚蠢的命令中。"（Kierkegaard 1847：71）我和克尔恺郭尔都同意，必须要凸显而不是轻视爱邻人之义务的严格性，即使许多人因此被推了回来或者遭到冒犯。那些相信现实中的人是堕落的基督徒，都不应该发现这种回答有什么令人惊讶之处。唯一可以想到的是，生活在这种状况中的人们会由于道德的松弛而感到非常舒服并被道德严格性所冒犯。然而，基督徒没有理由相信，堕落的人们就没有其严格性令他们不安的义务。我认为，在基督教伦理中，像爱我们自己一样爱所有的人是义不容辞的，而且正如福音书所展示给我们的那样，由于上帝的缘故，它拥有了那样的地位。在我来讲，重视福音书的基督徒似乎不否认，它们教导我们，上帝希望我们爱邻人并且已经命令我们要这样做。他们似乎也不否认，这样的事实使得我们背负着义务去爱邻人。所以，在福音书中基督教爱之伦理最具特点的地方，我为基督徒为什么赞成道德义务的神圣命令概念找到了一个理由。

（二）祷告的法则即是信仰之法则（Lex orandi, lex credendi）。根据这个古老的谚语，祷告的律法就是信仰的律法。也许不应当把这个古老的谚语看成是一种毫不例外的普遍化，因为普遍的热爱（popular devotion）有时带有迷信的成分。但是，在基督教中常常是这样，宗教实践中所公开表明的就指明了合理的宗教理论应当包含的内容。简尼·M·伊兹亚克（Janine M. Idziak 1997）曾经指出，基督教的实践强调与神圣意志相统一的主题。

这个主题出现在基督教精神性的经典中以及基督教圣徒的思想中。在中世纪晚期的论著《效法基督》中，托马斯·阿·金碧士把基督描绘成这样一种形象：劝说门徒"学会完美的忍让，并且要接受我的意志，无怨无悔"（引自 Idziak 1997：457）的形象。圣伊丽莎白·西藤，美洲殖民地的圣徒，曾这样说过，"我们日常工作的第一个目的就是履行上帝的意志；第二，以他所愿意的方式来履行它；第三，因为这是他的意志，所以履行它"（引自 Idziak 1997：457）。

与上帝意志相一致的主题并不只是那些超乎寻常的基督徒们的思想特征。在传统赞美诗中，人们也可以发现："父啊，您创造了人/在爱的计划中类似于神明/以神圣的爱充满我的心灵/使我们的意志与您的意志同一。"（引自 Idziak 1997：457）在礼拜书（books of worship）中，例如长老会的《祷告》，也有这样的内容。"永在的神，将你的圣灵注入到我们的心田，按照您的意志来指引我们，统治我们……""充满爱的神，正如您把您的生命给了我们一样，我们必将按照耶稣基督身上所显明的您那神圣的意志生存……"（引自 Idziak 1997：457）这些例子，还有其他类似的例子，都清楚表明了，在基督教的精神中，与上帝意志保持一致是一个重大的主题。在道德理论层面上，伦理学上的神学唯意志论表达了这个主题。对我而言，基督教的实践方面没有什么迷信的东西，所以，根据这个原则：祷告的法则即是信仰之法则，我认为在道德理论上它支持了神学唯意志论。换句话说，在基督教虔诚的和礼拜式的实践中，与上帝的意志保持一致是一个重大的主题，而这样一个事实说明了为什么基督徒们采取这样的道德理论：上帝的意志是义务的源泉。

对于犹太教和伊斯兰教的宗教实践，我所知甚少。根据我对犹太教和伊斯兰教宗教思想的了解，犹太人和穆斯林们分别把与耶和华和安拉的意志保持一致看得非常重要。因此，我倾向于认为，犹太人和穆斯林们都有各自适用的论证，这些论证与我在基督教个案中的论证很相似。如果真是这样，这一类的论证不仅对于基督徒具有吸引力，而且对于其他两大一神教的许多信徒也同样具有吸引力。

（三）年长者的不道德。在论证至少某些行为的道义论地位依赖于上帝这个结论中，解释希伯来圣经故事的一个基督教传统起到根据性的作用。这些故事讲述的常常是被描写为年长者不道德的事件，它们的情况都是这样：上帝命令做某件事情，而这件事情看起来是不道德的，而且确实也违背上帝在摩西十诫中所制定的某一项禁令。在中世纪的讨论中，曾反复地出现过三个这样的例子。第一个记录在《创世记》22：1-2 中，讲述的是上帝给亚伯拉罕的神圣命令，要他献祭儿子以撒。第二个就是在《出埃及记》中所讲到的神圣命令，上帝命令以色列人抢劫埃及人。第三个则是给先知何西阿的神圣命令，上帝要他同一个奸妇发生性关系，这个命令首先在《何西阿书》1：2 中叙述出来，后又在《何西阿书》3：1 中得到重复。根据这些故事，上帝明确地命令人们在特殊的情况下去杀人、偷盗和通奸（或者至少是不贞洁），可是，这样的行为是明显地违背摩西十诫的禁令的。年长者应当怎样做呢？我们又怎样来解释这些行为呢？

我所要讨论的圣经解释传统认为，从字面上看，这些故事都是真实的。这种传统假设：事实上，上帝的确曾像故事所讲的那样下过命令。另外这种传统还假定，这些命令对于命令所指向的人们都具有约束力。在《上帝之城》中，奥古斯丁使用了亚伯拉罕例子来表明这样一个观点："当上帝通过一项普遍的律法允许杀人的时候，或者当他在一个限定的时间内给某一个体一个确切的授权时"，禁止杀人的神圣律法就允许例外的情况存在。他说，当亚伯拉罕"同意（确实没有犯罪的意向反而是顺从上帝的意志）献祭他的儿子的时候，他不仅无罪，反而因他的虔诚而受到称颂"（*The City of God* 1，21）。奥古斯丁认为，上帝明确地授权亚伯拉罕杀死以撒，而后来在本该杀死以撒的时候撤回了授权。很明显，奥古斯丁相信，亚伯拉罕之所以同意杀死以撒，做了他应做之事，因为那是上帝命令做的。他也相信，如果没有上帝的命令，亚伯拉罕同意杀死以撒本来是不正当的，然而有上帝的命令在，亚伯拉罕同意杀死以撒就不是不正当的。所以奥古斯丁认为，指向特殊个人的神圣命令（或者他们说的神圣意志）决定着那些遵命而行之个人行为的道义论地位。

在纽其雅托的安德鲁（Andrew of Neufchateau）的作品中，这些事件与神圣命令伦理规范之间的联系得到了清晰的表达。纽其雅托的安德鲁是一名圣芳济会的修道士，被伊兹亚克认为曾经做过"最为冗长和复杂的辩护来维护这种立场"（Idziak 1989：63）。安德鲁宣称，有那样一些行为，这些行为"本质上（per se）被人们根据自然法和自然理性的指引所认识。这些行为，比如杀人、偷盗和通奸等，似乎是被禁阻了。但是，很有可能，由于上帝的绝对权力，这样的行为不再是罪"（Andrew 1997：91）。紧接着，他说，亚伯拉罕"愿意杀死他的儿子，以便服从命令做这件事的上帝的命令，而且即使上帝没有收回他的命令的话，他这样做也没有犯罪"（Andrew 1997：91）。对安德鲁而言，亚伯拉罕同意杀死以撒不仅没有做不正当的事情,而且即使他因为命令没有收回而杀死了以撒,他也没有做不正当的事情。根据他的观点,上帝的绝对主权就是:诸如杀人、偷盗和奸淫,这些通过自然法和自然理性即可知是被禁止因而是罪的行为,如果是上帝命令发生的,就不再是罪,也不再是错误之举,事实上一些行为已经确是如此。他和奥古斯丁都认为,神圣命令(或者他们所说的神圣意图)能够决定并且确实决定行为的道义论地位。

托马斯·阿奎那也认同这个观点。在下面的段落里,他论述了三个事件,值得全文引出:

> 因此,当以撒的子孙依照上帝的命令拿走埃及人的财产时,这不是偷盗;因为根据上帝的判决,那些财产就是他们的。同样,当亚伯拉罕同意杀死他的儿子的时候,他并不同意谋杀,因为根据上帝的命令,他的儿子注定要被杀死。上帝主宰着人的生与死,因为他就是那一位由于我们祖先的罪而使所有的人——无论正直的还是不虔诚的——遭受死亡惩罚的神。而且,如果哪个人根据神圣的权威成为那种宣判的执行者,那么他就跟上帝一样不再是谋杀者。还有何西阿,他娶一个通奸的或者一个不贞的女人为妻,却没有通奸的罪感或者私通的罪感,因为根据上帝的命令,他自己所迎娶的正是属于他的,因为上帝是婚姻制度的创造者。
>
> ——《神学大全》I-II,q.100,a.8,ad 3

阿奎那的推论是这样的。因为上帝命令以色列人去抢劫埃及人,因此以色列人所拿走的就是他们的,而不是埃及人的。既然偷盗指的是拿走不属于自己的东西,因此抢劫埃及人就不是偷盗。同样,因为上帝主宰生死,他命令亚伯拉罕去杀死以撒,以撒就注定要得到人类由于原罪的缘故所要得到的死亡惩罚。既然谋杀指的是杀死不应当杀死的人,那么杀死以撒本来就可以不是谋杀。又因为上帝是婚姻的创造者,他命令何西阿娶奸妇为妻,她就是他的妻子,所以与她发生性关系,他既没有通奸的罪感,也没有私通的罪感。

在神圣命令的作用方面,安德鲁和阿奎那在许多地方是有分歧的。安德鲁似乎认为,上帝给予亚伯拉罕的命令使得杀死以撒不再是不正当的,尽管依然是谋杀。阿奎那明确认为,上帝给亚伯拉罕的命令使得杀死以撒既不是不正当的,也不是谋杀。但是,这样的分歧不应当使人们忽视他们都同意的那些方面。他们都认为,没有神圣命令,亚伯拉罕杀死以撒是不正当的，但是有神圣命令并且亚伯拉罕遵守它，那么杀死以撒就不是不正当的。我们也许可以这样总结他们的一致之处：神圣命令的作用就是使得本来没有神圣命令是不正当的年长者的行为成为了义务。又因为神圣命令做到这一点必须借助于只有上帝才有的东西，比如绝对的权力或者对生与死的主宰权，所以人类的命令不可能产生这一类的道德差异。

值得注意的是，奥古斯丁、安德鲁和阿奎那在这样的事件上的一致并没有限制在这样的基督徒身上：这些基督徒有着这样的信念，圣经故事中所讲述的神圣命令事实上存在着。一些人也许愿意认为这样的事件仅仅是可能的，但发生在我正在描述的诠释的传统中，这种传统相信，神圣命令产生了某种道德差别，我们的中世纪的诠释者认为，他们事实上确定了这个差别。我认为，在沉思的基督徒中间，也许可以达成足够的同意以至于公正地主张，基督徒关于圣经事件的道德直觉支持这个结论：上帝是道德义务的源泉。另外，几个这样的事件，似乎只是一个非常偶然的事实。这些特性——诸如绝对的权力或者对生死的主宰，借助于此，神圣命令才产生其道德影响——仍然为上帝所拥有，即使这样的命令多得数都数不过来。因此，人们很难抵制这样的结论：如果是上帝命令的，那么杀人、抢劫、与不是自己配偶的人发生性关系都是义务。这样，潜存于这种解释传统之后的直觉也支持这个结论：一个行为在道德上是否是义务，取决于它是否是由上帝命令的（或者是上帝所希望的）。

我无法权威性地讨论犹太教和伊斯兰教的解经的传统如何对待年长者不道德的事件，然而对我而言，犹太人和穆斯林们似乎利用奥古斯丁、安德鲁和阿奎那所使用过的解释策略。谁接受这种策略，谁就能够使用《圣经》的例子来支持这种观点：耶和华或者安拉是道德义务的源泉。

（四）绝对神圣主权。所有类型的有神论者，犹太教教徒、基督徒、穆斯林等，他们都会喜欢他们的哲学理论包含一种关于神圣主权的强有力教义。这有好几个理由，其中两个最重要的与神的创造和天意有关。习惯上，有神论者愿意把上帝和创造物明显地区别开来。根据对于创造和保持的传统的叙述，无论其存在于何处，每一个偶然的东西必须依靠上帝的力量而存在。形成对照的是，上帝的存在却不依赖于某种永恒的事物，所以，上帝对于偶然存在领域拥有完全的主权。通常情况下，有神论者也愿意坚持，我们可以毫无保留地相信上帝末世论的诺言。即使上帝由于选择创造了一个具有微观物理意义上的偶发性或自由意志的世界（microphysical chance or libertarian freedom）而因此控制不了最精细的历史细节，从长远来看，上帝也有力量保证被创造出来的宇宙必将为它以及它的居住者而服务于上帝的目的，所以上帝也对偶然事件领域拥有无限主权。随后，对理论统一性的考虑吸引着人们将神圣主权范围从事实领域扩展到价值领域。这是我们在纽其雅托的安德鲁评论中发现的对这种观点的一种扩展表述，即：就上帝的绝对主权而言，杀人、偷盗和奸淫都有可能不算为罪。更有争议的是，同样的考虑使得将神圣主权从偶然领域扩展到必然领域具有诱惑力。（即是说因为上帝已经选择创造了一个拥有，因此上帝就不掌控历史最精妙的细节，那么，上帝也有主权保证被造宇宙在长远意义上为宇宙及其生物而服从上帝的目的。）

  这样的扩展可以到多远呢？在近期哲学神学研究中，托马斯·V·莫里斯（Thomas V. Morris 1986）主张一种绝对创造观：上帝是必然真实和偶然真实的创造者。正如他对这个问题的看法一样，上帝要成为绝对的创造者，就必须以某种方式为所有必然真实的命题的必然真实性负责。他注意到，如果这种观点成立，"道德的真理就可能是客观的、确定的和必然的，但是依然是依赖于上帝的"（Morris 1987：171）。这样，比如说，即使谋杀、偷盗、通奸在道德上不正当是必然真实的，根据绝对创造说（the absolute creationist），那也有上帝为谋杀、偷盗、通奸在道德不正当这个命题的必然真实性负责。但是，上帝何以能够为一个命题的必然真实性负责呢？

  就真理如何可能取决于上帝，迈克尔·J·洛克斯（1986）曾有非常有趣的提议。提议中包含这样一种观点：在某一神圣信念和必须如其所是的事实二者之间，存在着一种形而上依赖性的不对称关系。洛克斯把信仰和思考的观念作为前提，所以把一个坚定的信仰概念定义为：当且仅当某人 x 相信 p 而不接受非 p，x 坚定地相信 p。因为上帝是无所不知的，所以神圣信仰完美地与真理相关联，而神圣的坚定信仰又完美地与必然真理相联系。但是，在神圣的坚定信仰和必然真理之间绝不仅仅存在着相互的关联。根据洛克斯的观点，"并不是因为事实必然如其所是，所以上帝才被人们坚信，而是相反，事实必然如其所是，恰恰是因为上帝掌握着相关的坚定信念。所以，事实是 2+2=4 而且也必须是 2+2=4，因为上帝坚信 2+2=4"（Loux 1986：510）。而且，毫无疑问，这种观点可以延伸到道德领域。根据他的观点，谋杀、偷盗和通奸所以是不正当的，那是因为上帝强烈地相信谋杀、偷盗和通奸是不正当的；而且，如果谋杀、偷盗和通奸必定是不正当的，那么所以是这样，则是因为上帝坚定地相信谋杀、偷盗和通奸是不正当的。

也可以对洛克斯的观点加以改造以适应先前所讨论过的神学唯意志论。假设一下，神圣的坚定的前因性意志，就是实质全善的上帝所本来不可能不去形成的前因性意志。根据我们的理论，谋杀、偷盗和通奸所以在道德上都是不正当的，那是因为上帝前因性地希望任何人都不得谋杀、偷盗和通奸。根据（原则三），正是通过前因性地希望任何人不得谋杀、偷盗和通奸，上帝才使得谋杀、偷盗和通奸在道德上成为不正当的。向必然领域的扩展是直接的。如果在道德上谋杀、偷盗和通奸必然是不正当的话，那么，事情所以如此，那是因为上帝前因性地坚定希望任何人不得谋杀、偷盗和通奸。根据（原则三）的自然延伸，正是通过前因性地坚定希望任何人不得谋杀、偷盗和通奸，上帝才实现了在道德上谋杀、偷盗和通奸是不正当的。（原则一）和（原则二）也可以用类似的方式进行扩展。

从一种不那么正式但却更为一般的立场来看，这种观点是这样的：道义论地位的道德事实所以如此，是因为上帝具有某些关于人类道德主体的行为的前因性意志，而且道义论地位的必然的道德事实——如果说有的话——所以是它们之所是，是因为上帝具有某些关于人类道德主体的行为的前因性意志。这种观点从神圣主权的教义中得到支持，因为它扩大了上帝的主权，覆盖了道义论领域中的偶然部分和必然部分——如果说有的话。

我认为，就神学唯意志论而言，我的累积个案的力量，在一定程度上取决于它所诉诸的来源的多样性。耶稣在福音书中所制定的伦理标准，从宗教实践中所得到的考虑，对希伯来《圣经》所描述事件的评论，以及来自哲学神学的考虑，这些因素共同支持这个观点。从中世纪和近代对神圣命令伦理讨论中发现的论证，也可以进一步支持这一点。在伊兹亚克论文（1989）中就具有一个关于这样论证的目录。也许，可以对其中的一些论证进行改造并使之成为一个神学唯意志论现代累积个案的一部分。

三、理论辩护

近来，神圣命令理论获得重新关注之前，许多哲学家确信，世人早已知晓足以反驳神学唯意志论的反对意见。所以，特别是在重新关注的早期阶段，人们花费了大量的精力批驳反对意见以为这个理论做辩护。一个成功的辩护表明，反对意见无法确定这个理论的错误性。每一项反对意见都必须依其自身的价值来思考，反对意见必须要一项一项地来回答。在论文中（1978、1979），我总共回答了14项这样的反对意见。亚当斯（1973）和威仑嘉（1989）对其他的反对意见进行了回答。里查德·J·马尔（1990）也回答了其他的反对意见。在本篇文章中，我没有篇幅来总结所有的反对意见和回应。但是，我还是要呈现并回答五项反对意见，这五项反对意见都是在我的经验中人们发现特别烦心的反对意见。

（一）无价值的自然神学反对意见。根据这项反对意见，如果我们接受神学唯意志论，那么证明上帝存在的任务就变得无意义了。请思考下面的论证：

(1) 某些人类主体在某些时间做某些事件在道德上是不正当的。

(2) 对所有的人类主体、事件和时间而言，如果某个主体在某个时间做某事在道德上是不正当的，那么上帝前因性地希望这个主体不可以在那个时间做这件事。

(3) 因此，上帝前因性地希望在某些时间某些人类主体不可以做某些事。

(4) 所以，上帝存在。

在推理上，这个论证是有效的。几乎每一个人都会承认其大前提的真实性。也许，为不存在不正当行为这样一个主张进行辩护是很困难的。第2个前提是（原则三）——我们理论中关于不正当的原则——的结果。所以，如果存在不正当的行为而且我们的理论是真实的，那么，这个论证就是可靠的。这样，神学唯意志论者似乎就是一种证明上帝存在的简单方法。然而，认为这个论证证明上帝存在似乎是不合道理的，而且否认在道德上存在着不正当的行为也似乎是不合道理的。所以，相信论证的第2个前提是真实的必定是不合道理的。因此，相信我们的理论——这个前提从中所出——是真实的，必定是不合道理的。

针对这项反对意见，神学唯意志论者可能会说，并非每一个可靠论证都是其结论的成功证据。例如，请思考下面的论证：

(5) 人类存在。

(6) 或者人类不存在，或者上帝存在。

(7) 所以，上帝存在。

正如前面的例子，这个论证在推理上是有效的，几乎所有的人都会承认其大前提的真实性。如果接着承认其第2前提的真实性，那么就必然会承认结论的可靠性和真实性。但是，毫无疑问，即使是有神论者，他虽然相信这个论证是可靠的，但是也不必承认这是一个证明上帝存在的成功证据。要确切地说明这个论证为什么不成功是困难的，原因也许在于，甚至对有神论者而言，除了论证之外，第2个前提不能比结论提供更多认识论上的证明，在此，论证不能将认识论的证明从前提移至结论，因为一个成功的论据必须如此。

神学唯意志论者可以自由地就前面的论证表达类似的观点。神学唯意志论者愿意相信论证是有效的，但是却不必视之为上帝存在的成功证据。人们可以宣称，甚至对神学唯意志论者而言，这个论证之所以不是一个成功证据，原因在于，除了论证之外，它的第2个前提无法比它的结论在认识论上得到更好的证明。也许，我们并不指望那些相信存在不正当行为的人们认为，神学唯意志论比有神论本身具有更多的认识论的证明。正如这项反对意见所说，这并不说明，相信论证的第2个前提是真实的就是不合理的。应当吸取的教训是，对任何一个认为存在着不正当行为的人来讲，论证的第2个前提绝对不可能前因性地比它的结论更合道理。因此，正如证据必须如此，这个论证绝对不可能使相信其结论比相信它在另外的情况下所可能是的那样更合理。更为通常的情况是，神学唯意志论对于有神论的认识论证明没有作出什么贡献；认识论的证明的顺序沿着另外的路线走了。

值得注意的是，不能证明其结论的合理的论证无处不在。这里有一个：(a) 马存在；(b) 或者有马或者牡蛎存在；因此，(c) 牡蛎存在。很明显，这个论证是合理的，但却不是牡蛎存在的证据。也许，它所以不是证据，其理由是因为，考虑到我们知道 (a)，我们对于相信 (b) 的证明是我们与 (c) 不相关的知识。这样的例子表明，神学唯意志论对这项反对意见的回答并不依靠于自然神学所具有的某一个深奥的论证特征。

（二）道德怀疑论的反对意见。人们有时认为，神学唯意志论必然导致道德怀疑论。支持这个观点的证明也许会沿着下面的途径进行。根据神学唯意志论，我们只有通过先认识到关于神圣意志的某些事实，才能够逐渐认识到什么在道德上是义不容辞的、被允许的和不正当的。但是我们不能——至少在这种生活里面我们不能——认识到这样的事实，因为上帝的意志是不可知的。因此，在这种生活里面，我们不可能认识到什么是道德上义不容辞的、被允许的和不正当的。这项反对意见的一个比较温和的翻版就是抱怨：依照神学唯意志论的观点，只有具备宗教知识的人才具有道德知识。正如艾力克·德阿西（Eric D'Arcy）对它的说明，"如果仅仅因为上帝意欲它这样发生，仅仅因为上帝制定律法反对它们，不道德的行为是不道德的，那么，如果无知于上帝或者他的法的人，对于特殊的行为，碰巧采用了上帝采用过的相同观点，那一定是纯粹的巧合"（D'Arcy 1973：194）。而且，毫无疑问，我们的观点和上帝的观点的纯粹巧合，虽然能给我们真正的信仰，但却不能使道德知识具有充分性。

对于这一项反对意见，一种回答就是否认神圣意志是不可知的。神学唯意志论者可以诉诸《圣经》、宗教传统、个人启示甚至自然法，将之作为与上帝已表达意愿相关的知识来源。但是，那样的话，这种怀疑论的担忧就会转化成教众之间的、关于这些来源的出处问题的争执。另一种回答更接近问题的实质。我们的理论断言，神圣的前因性意志使某些事情发生在道德上是义不容辞的，某些事情是被许可的，而另一些事情是不正当的。它在道德认识论中没有提出什么主张，因此也就对我们如何能逐步认识上帝的前因性意志是什么不提什么主张。它不要求，我们只有先知道上帝的前因性意志是什么，才能够逐步认识到什么在道德上是义不容辞的、被允许的和不正当的。它与这种观点是一致的：我们只有通过先知道什么在道德上是义不容辞的、被允许的和不正当的，才能够知道上帝的前因性意志是什么。这便是它的应然状态。我们理论的主体问题就是一种道义论地位对于神圣意志的形而上学的依赖。认识途径的次序有可能会从形而上学依赖走到相反的方向去。毕竟，尽管在形而上学意义上，结果要依赖于原因，但是在一般生活中，我们常常是先知道结果而后才逐渐知道原因的。只有具有宗教知识的人才能拥有道德知识，然而这并不是我们理论的结果。因此，这项反对意见失败了。

那些对上帝一无所知者的观点与上帝关于行为道德性的观点一致，这是否纯属巧合，要取决于如何解释这种一致性。神学唯意志论可采用的一种解释就是，上帝仁慈地赋予人类诸如良心这样的道德机能，一旦在适当情景中恰当地发挥作用，这样的机能就能在不为对上帝一无所知的人知晓的情况下，可靠地寻求神圣先在意志。如果这种解释是正确的，那么这种一致就不是纯粹的巧合，而且，根据对知识的可靠性解释，那些对上帝一无所知者也没有被完全排除于获得道德知识的可能性之外。

（三）无用性反对意见。人们时常认为，作为一种伦理标准，神学唯意志论是无用的。耶利米·边沁（Jeremy Bentham）说："确实，我们可以完全相信，所有正当的事情都是与上帝意志一致的：但是，那远没有回答向我表明何为正当的目的，以至于为了知道一件事情是否与上帝意志一致而必须首先知道它是否是正当的。"（Bentham 1948：22）所以他认为，只有首先认识到什么是正当的，我们才能够逐步认识到什么能够与神圣的意志相一致。也许，许多神学唯意志论者不同意这种观点，并且认为，我们有时可以从像启示那样的源泉中知道什么可以与上帝的意志一致。但是，边沁的观点与我们的理论是一致的。如果它是正确的，那么我们的理论则不能为伦理学的道义论部分提供出一个决断程序（decision procedure），一种决定什么是正当的方法。然而，我们的理论没有声明要提供出一种决断程序。伦理理论能够起到作用，但并不教给我们如何决断什么是正当的。纵然这种知识没有什么实际的用途，但是它揭示出道德义务的、被允许的、不正当的东西依赖于神圣的前因性意志，这也许是有理论旨趣的。所以，就算是边沁的观点是正确的，也不可能对我们的理论构成一个成功的反对意见。另外，值得注意的是，借助于对边沁诉诸情感的批评（ad hominem），如果这种反对意见使人信服的话，那么他的功利主义就会陷入困境之中。没有人要在必须作出道德选择的一切情况之中，去计算可供主体选择行为之一切后果确切的快乐价值量。虽然如此，功利主义者也许还会说，纵然运用功利主义来创造解决道德问题的方法没有实际的可能性，可是证明快乐论的行动功利主义是真实的，这也许是有理论旨趣的。

（四）分裂性反对意见。另一项反对意见就是：神学唯意志论注定是一种分裂性的观点。威廉·K·弗兰克那（William K. Frankena）这样说明这种观点：

> 无论一个人的宗教信仰多么深厚和真诚，如果他回顾一下宗教场景景况（scene）——现在的和历史的，那么他就禁不住必须要询问，是否有什么理性的和客观的方法来建立反对其他宗教或者非宗教支持者的宗教信仰。但是，那样的话，他也不得不疑惑，凭着坚持一切伦理原则就是或者必须要逻辑地建立在宗教信仰上的方法，究竟是否有收益。必须要知道，通过坚持所有的伦理原则都是或者必须是逻辑地建立在宗教信仰之上是否可以有所获得，因为坚持这一点就等于把所有涉及宗教论争判决的难题引入到所有道德的基础

中，而这样做几乎不能使人产生希望：人类通过和平的和理性的手段，能够在道德和政治原则方面，达成某种令人满意的一致。(Frankena 1973：313)

尽管在这一段落中，弗兰克那是在讨论这样的观点：宗教与道德之间的关系是合乎逻辑的，但是很有可能，他同样担忧我们的理论：这种关系是形而上学的。而且，毫无疑问，弗兰克那正确指出了在过去的历史中，宗教的分歧已经导致了道德的分歧，而且要继续下去。

但是，宗教分歧并非必然地导致道德原则上的分歧。神学唯意志论者和世俗的康德式的道义论者，可以在折磨无辜者在道德上始终是不正当这项原则上达成一致。固然，他们不会同意为什么折磨无辜者始终是不正当的那些理由。接受我们理论的神学唯意志论者会说，折磨无辜者始终是不正当的，那是因为上帝前因性地希望任何人绝不应当折磨无辜者。一个世俗的康德式的道义论者也许会说，那是不正当的，因为那自然无法做到将他人中的人性作为目的本身。道德形而上学层面上的分歧与道德原则层面上的重叠共识（overlapping consensus）是相一致的。所以，尽管有宗教的分歧，但是我们仍然有希望，凭借和平的和理性的手段，至少在某些道德原则和政治原则上能够达成一致。

我认为，只要道德理论中的分歧继续存在，那么希望在道德和政治原则的所有问题上达成重叠共识也许是不现实的。然而，正如亚当斯(1993)所指出的，在现代世俗道德理论的历史上的任何东西，都不能给我们理由去期待就一个将获得的、单一的、完备的道德理论达成普遍赞同，这样的道德理论如果能够有的话，或者，就算是达成的话，它将长期处于自由质询的状况之中。他的结论是："发展和倡导宗教伦理学，并不破坏那种否则就存在的意见一致的现实可能性。"(Adams 1993：91)哲学家们应当以他们对于其他领域的理论分歧作出反应的同样方式——作为一种探讨可能减少分歧之原因的机会——对道德理论领域里的分歧作出反应。他们每个探讨阶段的目标都应该与最有效原因对它的支持的程度相一致。一个道德理论导致分歧这个纯粹的事实，没有给我们不接受它或者不提倡它的理由，而且这个事实——这样的理论分歧有可能成为在如何解决政治问题上达成一致的障碍——也同样无法给出这样的理由。所以，即使神学唯意志论在某种程度上是一种分裂性的观点，但这并不表明它是错误的或者是不值得道德理论学者进行严肃思考的。而且，公正地讲，我应该注意到弗兰克那也许同意这个结论；他承认，如果道德依赖于宗教的观点是建立在善的根基之上的，那么我们必须接受它（Frankena 1973：314）。

同样值得注意的是，并不是所有的道德分歧都是分裂性的。一位克尔恺郭尔式的基督徒也许会认为，特蕾莎嬷嬷的所作所为只是在对那些由爱的戒律所界定的邻人尽自己的义务，而且她也许会后悔没有能够实践她所设定的标准。在她的世俗崇拜者中，也许有人会相信她做的许多善事都是超义务的。但是，如果他们同意她做了大量的善事，世界上像她这样的人越多，则世界越美好，那么他们对于她做的某些善事是义务还是超义务的分歧就不再那么特别具有分裂性了。

（五）万事都可以成为反对意见。也许，最令人头疼的、反对神学唯意志论的意见是由拉尔夫·卡德沃斯（Ralph Cudworth）清晰地表述出来的。他说：

> 各种各样的现代神学家既严肃又热切地主张……**除了上帝的自由意志和喜好之外，没有先于上帝明确命令的任何绝对、内在和自然的善恶，也没有正义与非正义**，（也即，一个没有一切本质上的与自然正义的全能存在者）唯有依据其命令和禁令，才是一切首要和唯一的规则与尺度。据此，不可避免的是，不可以把任何事情都设想为十足的邪恶，或者完全不正义、不诚实。但是，如果它是由这位无所不能的神命令的话，那么这个假设立刻就变得神圣、正义和正直了……（Cudworth 1976：9-10）

让我们思考一些极其不正义的事情吧，譬如说，把一个无辜的孩子折磨致死。卡德沃斯的抱怨，转换成我们的理论术语，就是：神学唯意志论把下面的条件当成了结果。

> （8）假如上帝前因性地希望某人在某时必须把一个无辜的孩子折磨致死的话，那么此人在那时把一个无辜的孩子折磨致死在道德上就是义务。

关于这一点，卡德沃斯是正确的。我们理论的义务原则，（原则一）将（8）放在它的结果之中。但是，只有证明（8）是错误的，这些才可能成功地反驳我们的理论。证明（8）是错误的，就必须证明它的前因是真实的，而后果是错误的。这能够做到吗？

有一个主张似乎很有道理，它蕴涵：（8）的结论必须是非真的。主张如下：

（9）不可能存在这样的地方，在那里，任何人在任何时间把一个无辜的孩子折磨致死，是道德义务。

而下面的主张则要求，（8）的前提必须是真实的。

（10）可能存在着那么一个地方，在那里，上帝前因性地希望某人在某时必须把一个无辜的孩子折磨致死。

但是，接受（9）的神学唯意志论者则能够拒绝（10）。神学唯意志论者能够始终如一地拒绝卡德沃斯在括号中作出的主张：上帝是一个缺乏实质正义和自然正义的全能性存在。如果上帝是实质正义的，那么，就对上帝所可能形成的前因性意志有所限制。如果促使某一事件发生是不正义的，那么希望任何其他的人去促使它发生也都是不正义的。因此，神学唯意志论者可能主张：不可能存在这样的地方，在那里，上帝前因性地希望某人在某时将一个无辜的孩子折磨致死。

因此，相信上帝实质正义的神学唯意志论者们对这项反对意见作出了坦率的回应，那就是承认（8）是他们的观点的后果而又坚持它的前因是不可能的。根据绝大多数反事实条件（counterfactual conditionals）的理论，带有不可能成立之条件的反事实语句极少情况下为真。因此，神学唯意志论者可以接受（8）并坚持它是真实的。这样，这项反对意见就不能反驳神学唯意志论。在道德上，并不是说道德依赖于一位实质正义上帝的意志，就什么事情都可以做的。

神学唯意志论者诉诸神圣正义似乎是不合法的。如果理解神圣正义唯一的方法是借助于某些自明的神圣命令或者履行某些指向神圣行为的意图，那么这似乎可能是真实的，因为这样的事物丝毫不能限制上帝所可能形成的前因性意志。但是，神学唯意志论者可以选择其他的观点。事实上，在人这里，正义既是善的又被上帝确定为义务的，而在神那里，正义是善的但不是义务的。上帝实质完美的善离不开上帝实质的正义。所以，尽管上帝没有行正义的义务，但是上帝根据一种神圣本质的必然性就是正义的。限制上帝所形成的之前因性意志的正是这种神圣本质自身而不是神圣命令或者神圣意志。

毫无疑问，神学唯意志论者也可以始终如一地接受（10）并拒绝

(9)。奥古斯丁、安德鲁以及阿奎那关于年长者之不道德问题的讨论为这种转变提供了先例。采用这种途径的神学唯意志论者都能够接受（8）并坚持它是真实的，因为它的前因和后果在这适当的、可能的地方都是真实的。在我看来，与先前讨论过的回应相比，对目前这项反对意见的回应似乎具有较少的正确性。但是，我认为，在所有可能的情况下，包括所有年长者不道德的情况，归纳出这样一个结论——这是一种难以确信的回应——是一个错误。因此，我认为那些例子为支持神学唯意志论的累积个案所作出的贡献并没有由于我偏爱对卡德沃斯的反对意见的第一个回应而遭到削弱。

回应反对意见，我的策略始终就是一次反驳一项。对我来说，这似乎也是公平的，因为批评神学唯意志论的那些作者们就是以这样的形式来表达他们的反对意见的。但是，毫无疑问，有人可能将几项反对意见糅合起来构造一个累积个案来反对神学唯意志论。例如，我认为，如果我所讨论过的、对卡德沃斯反对意见的第二个回应是神学唯意志论者唯一可以利用的回应，那么卡德沃斯的反对意见就表现出为构造这样一个累积个案做贡献的承诺。然而，我认为我所考虑过的其他反对意见并不具有相似的承诺。所以，在我承认神学唯意志论的辩护者们有义务倾听并尽力反驳反对他们立场的累积个案论证（如果有的话）的同时，我认为现在并没有这样的累积个案论证需要回答。

总之，神学唯意志论是一种关于道德义务论部分的观点。这种观点可以得到精确阐明，从一神论世界观内部中得到强有力的累积个案论证的支持，并可以通过反对众多的反对意见而得到辩护。因此，我们的理论对于身为一神论者的伦理理论家而言应该是颇有吸引力的，也应该从那些对一神论没有敌意的伦理理论家那里赢得尊重，尽管他们本人并非一神论者。

致谢

我非常感谢休·拉福莱特提供的有益的意见。

参考文献

Adams, R. M.: "A Modified Divine Command Theory of Ethical Wrongness," *Religion and Morality*, ed. G. Ourka and J. P. Reeder, Jr. (Garden City, NY: Anchor,

1973), pp. 318-347.

——: "Divine Command Metaethics Modified Again," *Journal of Religious Ethics*, 7 (1979): 66-79.

——: "Religious Ethics in a Pluralistic Society," *Prospects for a Common Morality*, ed. G. Outka and J. P. Reeder, Jr. (Princeton, NJ: Princeton University Press, 1993), pp. 93-113.

——: "The Concept of a Divine Command," *Religion and Morality*, ed. D. Z. Phillips (London: Macmillan, 1996), pp. 59-80.

Andrew of Neufchateau (1514); trans. J. M. Idziak, *Question on an Ethics of Divine Commands* (Notre Dame, IN: University of Notre Dame Press, 1997).

Aquinas, T. (1273); trans. Fathers of the English Dominican Province, *Summa Theologica* (New York: Benziger, 1948).

Augustine of Hippo (426); trans. G. G. Walsh, D. B. Zema, G. Monahan, and D. J. Honan, *The City of God* (Garden City, NY: Image, 1958).

Bentham, J.: *An Introduction to the Principles of Morals and Legislation* (1789); (New York: Hafner, 1948).

Cudworth, R.: *A Treatise Concerning Eternal and Immutable Morality* (1731); (New York: Garland, 1976).

D'Arcy, E.: "'Worthy of Worship': a Catholic Contribution," *Religion and Morality*, ed. G. Outka and J. P. Reeder, Jr. (Garden City, NY: Anchor, 1973), pp. 173-203.

Frankena, W. K.: "Is Morality Logically Dependent on Religion?," *Religion and Morality*, ed. G. Outka and J. P. Reeder, Jr. (Garden City, NY: Anchor, 1973), pp. 295-317.

Idziak, J. M.: "In Search of 'Good Positive Reason' for and Ethics of Divine Commands: a Catalogue of Arguments," *Faith and Philosophy*, 6 (1989): 47-64.

——: "Divine Command Ethics," *A Companion to Philosophy of Religion*, ed. P. L. Quinn and C. Taliaferro (Oxford: Blackwell, 1997), pp. 453-459.

Kierkegaard, S. (1847); trans. H. V. Hong and E. H. Hong, *Works of Love* (New York: Harper, 1964).

Lous, M. J.: "Toward an Aristotelian Theory of Abstract Objects," *Midwest Studies in Philosophy 11*, ed. P. A. French, T. E. Uehling, and H. K. Wettstein (Minneapolis, MN: University of Minnesota Press, 1986), pp. 495-512.

Morris, T. V.: *Anselmian Explorations* (Notre Dame, IN: University of Notre Dame Press, 1987).

Mouw, R. J.: *The God Who Commands* (Notre Dame, IN: University of Notre Dame Press, 1990).

Murphy, M.: "Divine Command, Divine Will and Moral Obligation," *Faith and Philosophy*, 15 (1998): 3-27.

Quinn, P. L: *Divine Command and Moral Requirements* (Oxford: Clarendon Press, 1978).

———: "Divine Command Ethics: a Causal Theory," *Divine Command Morality: Historical and Contemporary Readings*, ed. J. M. Idziak (New York and Toronto: Edwin Mellen Press, 1979), pp. 305-325.

———: "An Argument for Divine Command Ethics," *Christian Theism and the Problems of Philosophy*, ed. M. D. Beaty (Notre Dame, IN: University of Notre Dame Press, 1990a), pp. 289-302.

———: "The Recent Revival of Divine Command Ethics," *Philosophy and Phenomenological Research*, 50 (1990b): 345-365.

———: "The Primacy of God's Will in Christian Ethics," *Philosophical Perspective 6*, ed. J. E. Tomberlin (Atascadero, CA: Ridgeview, 1992), pp. 493-513.

———: "The Divine Command Ethics in Kierkergaard's *Works of Love*," *Faith, Freedom, and Rationality*, ed. J. Jordan and D. Howard-Snyder (Lanham, MD: Rowman & Littlefield, 1996), pp. 29-44.

Wierenga, E. R.: *The Nature of God: An Inquiry into Divine Attributes* (Ithaca, NY: Cornell University Press, 1989).

第4章 自然主义

詹姆斯·雷切尔

20世纪哲学是以拒斥自然主义开始的。在此之前，许多现代哲学家认为他们的研究主题是科学学科的继续，人的本质以及其他这方面的信息事实是与伦理学、逻辑学和知识方面的重大问题相关的。针对此观点，弗雷格认为在逻辑学中，"心理主义"是一种错误。他说，逻辑学是有其自身正确与谬误标准的独立学科，其标准与意识如何工作或与其他自然事实毫无关系。在这之后，在20世纪伦理学最重要的著作《伦理学原理》（1903）中，G.E.摩尔还将自然主义视为基本的哲学错误。摩尔认为把善等同于事物的自然属性是"与任何伦理学的可能性毫不相容的"（Moore 1903：92）。

弗雷格、摩尔和其他志趣相投的思想家开创了一个时代——逻辑和语言是占支配地位的哲学主题；混淆事实问题和概念问题是最大的哲学错误。在这个时代中，哲学被认为不依赖于科学。这似乎是一种奇怪的观念，尤其对伦理学来说是如此。人们或许认为道德哲学家在各门学科提供知识的背景下研究：心理学描述了人类思维和动机的本质；社会学和人类学描述了人类社会生活的样式；历史学追溯了道德信念和道德实践的发展过程；进化论生物学告诉了我们关于人类本质和起源的知识。但所有这些学科都被视为对道德的哲学理解没有什么关系。

当然，自然主义从未彻底消失——约翰·杜威（John Dewey）就是20世纪最有影响的自然主义者——在20世纪下半叶甚至在分析哲学家中已有了向自然主义的复归。人们再次捍卫思想、知识，甚至逻辑上的自然主义理论。但在伦理学中，自然主义仍受质疑。几乎在摩尔之后100多年间，道德哲学的书籍还照例阐述自然主义为何是不正确的。

一

伦理自然主义是这样的思想：伦理学能按照自然科学来理解。一个使伦理自然主义比这个说法更确切的方法就是认为道德属性（如善和正当）都是等同于"自然"属性，即在事物的科学描述和科学解释中出现的属性。伦理自然主义还认为有正当理由的道德信念是在某些特殊的因果关系的过程中产生的。因此，C. D. 布罗德（C. D. Broad）评述道："如果自然主义是正确的，伦理学就不是一门独立的学科；伦理学就是一门或多门自然科学或历史科学的一个组成部分或应用。"（Broad 1946：103）

似乎最可信的伦理自然主义样式始于把善等同于满足我们的利益，而"利益"又反过来被解释成为偏好的对象。比如说，保护视力是为了我们的利益，因为如果我们失明，我们就无法满足我们的欲望；因此，未受伤害的视力是善的。再如，保护儿童是善的，因为我们关心儿童，不想看到儿童受到伤害。正如霍布斯所说："不管人的欲望或愿望的目的是什么，对他而言，其欲望或目的就是他所说的善的。"（Hobbes 1651：28）因此，推论做什么其实就是推论如何满足我们的利益。在后面，我将详述这种观点并细究其长处。

摩尔相信，出于两个原因，上述观点不可能正确。第一，他说如果我们注意到"善的"意指什么和"满足我们的利益"又意指什么，我们就会知道两者是不一样的。我们只需要想清楚这两个概念，就会领会到它们是不同的。第二，摩尔设计了一个反对自然主义的论证，该论证就是后来有名的"未决问题"。"满足我们利益的事物是善的吗？"这个问题就是一个未决问题，而说那些事物是善的就是一个有意义的断言。但是，如果善和满足我们的事物是相同的事，这个论证就有用了，这就像是在问"满足我们利益的事物是满足我们的利益吗？"同样的论据可以用来反驳我们把善等同于其他的自然属性。看来，善除了它自身之外不能等同于其他任何自然属性。因此，摩尔得出结论：伦理自然主义不可能正确。

这些论据有效吗？摩尔的论据是否有效完全取决于我们准确地理解自然主义是什么。如果自然主义被理解为一种关于词的含义的观点，比如，"善的"这个词的含义是"满足我们的利益"。如果这就是我们所理解的自然主义，那么，摩尔的论据就似乎可信了。（我将不讨论事实上这些论据是否是可靠的）但比较有趣的是，伦理自然主义还可以被理解为善**是什么**的一种观点，即比如说，善是如同满足我们利益的属性的同样东西。摩尔的论证完全没有涉及这一点。如果摩尔的论证是可靠的，那么它们就可以说明启明星不可能就是黄昏星。如果我们注意到这些术语意指什么，我们就会知道它们是不同的——第一颗是我们早上看到的星，而第二颗是我们傍晚看到的星。"启明星是黄昏星吗？"这个问题就是一个未决问题，人们在几个世纪中未知其答案。但是，现在的事实是：它们就是同一颗星。（同样的问题可以涉及水与 H_2O、奥斯瓦德·李·哈维和刺杀约翰·肯尼迪的人。）由此可见，摩尔的论据对伦理自然主义——当人们把它理解为关于事物本质的观点时——提不出任何怀疑。

但是，许多哲学家认为还有另外一种论证，它对于伦理自然主义是毁灭性的打击。大卫·休谟被确信为我们不能从"是"推出"应该"的第一人。在也许是现代道德哲学最著名的一段文章中，他写道：

> 在我所遇到的每个道德体系中，我常常注意到，作者在某个时期照平常的推理方式进行，或肯定上帝的存在，或就人类事物发一番议论；但在突然之间我惊奇地发现，我所遇到的已不是命题中经常的**"是"**与**"不是"**等连系词，而是每个命题都是由一个**"应该"**或**"不应该"**联系起来的。尽管这个变化是不知不觉的，但它有着极其重大的关系。因为这个应该或不应该既然是一种新的关系或肯定，我们就必须论述和说明；同时，因为对于这种似乎完全不可思议的事情，其新关系要如何能由完全不同的另外一些关系推出来的，我们还要给出理由。（Hume 1739：468）

马克斯·布莱克称此思想为"休谟铡刀"：事实判断和价值判断是根本不同的，任何纯粹事实知识逻辑上都不会必然引出价值评价。如果真是如此，人们通常认为那种自然主义的筹划就注定要失败。

但"休谟铡刀"是真实的吗？乍看之下，我们有时能够从事实前提得出评价性结论。当且仅当在一没有可能的世界里，P 真 Q 假时，P 蕴涵 Q。但细想：

P：做 A 与不做 A 的唯一区别在于，如果做 A，孩子将忍受持续性的剧痛；如果不做 A，一切保持原样。

Q：因此，不做 A 比较好。

确切地看来，在 P 真的领域，Q 也将真。因此，P 蕴涵 Q。那么，为什么一些哲学家认为在事实和价值之间存在着"不可逾越的分歧"？

休谟自己认为，是与应该的分歧是如下事实——应该判断是与行为相关联而事实判断（和理性的其他方式）则没有——的结果：

> 因此，由于道德影响人的行动和情感，所以他们不可能由理性推出，因为如我所证明，理性从来不可单独发挥如此的影响力。道德引起激情，产生或阻止人的行动。在这个方面理性自身全然无力。因此，道德规则不是我们理性推出的结论。（Hume 1739：457）

当一个人有了一个道德信念——一个某种行动方式是正当的或错误的信念，或一个行动是应当或不应当的信念——这个道德信念必然意味着这个人是有根据地采取相应的行动。比如，如果我说赌博是错误的，但接着，你发现我每个星期五晚上都玩扑克牌进行大的输赢赌博。你可能觉得这使人费解。这由什么来解释呢？

对此，有几种可能性。（1）也许我在撒谎，我并不真的认为赌博是错误的。或许我在取笑你或讽刺你。（2）另外一种可能性是：我仅仅转述其他人所认为的观点——说"赌博是错误的"。仅仅意味着说大多数人认为它是错误的，我并未表述我自己对此的观点。（3）或者，也许我在道德方面是意志薄弱的。虽然我认为赌博是错误的，我决心不参与赌博，但到了星期五，诱惑就征服了我。事后，自己对自己的屈服发牢骚。（但是，发牢骚是可以避免的——也许我是通过不仔细思考自己的所作所为而逃避自责。我想赌博，所以不假思索地就参加了。这是一种常见的行动模式：比如说，人们常常认为他们应该捐钱接济濒临饿死的人，而不是把钱花在满足自我的奢侈品上。因此，对于他们来说，把濒临饿死者置之脑后是适合一时情况之需要的，这样他们就可以毫无自责地拥有他们的奢侈品。稍后，我们将看到：由于这种认知上的解脱，道德感就不可能存在。）

我们也可以尝试其他的解释。但关键在于我的行为需要**一些**如此的解释，否则，就成为不可解释的；如果我真的相信赌博是错误的，我就不可能毫不犹豫地、快乐地去赌博，并去反思我那没有自责感的行为。当然，我并不必定总是做我所认为是正确的事，但这是必需的——我至少有这样做的动机。这个动机并非需要它强大到别的愿望都无法战胜它的程度。但是，它必须提供某种倾向——不论是多么轻微的——以至于总有事情由一些别的愿望所支配。

因此，关于应该做什么的信念，至少在最低程度上，必然是动机性的。但单纯的事实信念还同样有动机性吗？如果我认为房间已着火，我跑出去。我们可以说由于事实信念我离开了房间。但是，这种解释是不完全的。它必须补上：**我不想被烧死**。如果我没有那种欲望，火就成了与我无关的事。当然，我们可以认为我不想被烧死是太明显了。但其明显性不应该使我们在解释系统中忽略其重要性。事实知识与相应的态度引起行动，而单纯的事实知识不会引起行动。

这就是休谟所认为应该判断"完全不同"于事实判断的原因。应该判断是有动机性的，事实判断就其自身来说是没有动机性的。但关于应该判断本身是有动机性的特点，这本身令人迷惑，它需要解释。关于应该判断，使之"产生或阻止行动"的这种特别力量是什么？价值判断的动机内容如何解释？休谟非常明确地认为我们只能把道德信念与情感或感情相联系来解释它。单纯的情感和行为有着适当的联系。如果行为不是情感的外化，就不能说明道德信念的动机的力量。

但是，对于我们不能由"是"推出"应该"的观点，这就有了令人惊奇的意义。因为它并不能解释为什么如此推断是不可能的，而它却有利于解释前者推出后者是怎样可能的。在1964年，马克斯·布莱克提出了这个例子：

菲舍尔想将死博特温尼克。
将死博特温尼克唯一的一步就是菲舍尔走王后①。
因此，菲舍尔应该走王后。

布莱克认为，事实上这是一套正确的推理链，如果前提真实，那么其结论也必然真实。但前提仅仅涉及事实，它们并不包括"应该"判断。但结论是应该做什么。因此，看来我们能从"是"推出"应该"。

你也许很想知道这个例子是否犯了某种微妙的逻辑错误。也许结论应该仅仅改写成："因此，菲舍尔想走王后"，因为大前提仅仅涉及菲舍尔想做什么而非他应该做什么。但这会导致其中项明显不正确。（因为菲舍尔没有认识到走王后不会将死对方，所以他不想走王后。）或许你很想知道我们是否在前提中增补应该做什么。为了满足"在前提中无应该在结论中就不应有应该"的准则，该论证可以改写成：

---

① 王后：国际象棋中最有力的棋子。

菲舍尔应该将死博特温尼克。
将死博特温尼克唯一的一步就是菲舍尔走王后。
因此，菲舍尔应该走王后。

但是，菲舍尔**应该**将死博特温尼克的观念显然是很奇怪的。而且，即使这个不同的论证是正确的，那怎么能证明原来的例子是错误的呢？为什么原来的例子就还是不正确的呢？

注意到应该判断、理由与偏好之间的关系，事实上我们就会明白了布莱克的例子起作用的原因。任何关于应该做什么的判断都需要有支持的理由。如果我说你应该离开房间，你会问为什么。如果没有理由，那么说"你应该离开"就是不对的——我的建议仅仅是奇怪的建议。但如果我告诉你房间着火，那就提供了一个理由；如果你信任我，无疑你就会立刻离开房间。但是否这是一个理由就取决于你的态度。如果你不想被烧死，那么房间着火就是一个你离开房间的理由。在不可能的事情——你并不在意你是否被烧死——中，这个房间着火的事实对你就不重要。它并不会给你提供一个离开的理由。

由此，我们容易想起其他的例子。假设我和你正坐在电影院中，我们是来看影片《将军》的。但是，我认为我们进错了电影院。于是，我说我们应该进旁边的电影院。为什么？因为影片《将军》正在那里上演，不是这儿。再次，如果你想看《将军》这部影片，这就是你要离开的一个理由。但如果你不在乎看哪一部电影，这就不是你离开的理由。

这些例子说明了一种常见的实际推理类型。在每个例子中都有应该做什么的判断（你应该离开房间，我们应该换电影院），同时，我们都提供了为什么这样做的理由（房间着火，《将军》正在旁边的电影院放映）。你有某个愿望（为了安全，看《将军》）的事实说明了你做某个被陈述的行为之为理由的原因。那么，这种推理类型是正确的原因也就没有什么神秘的了。

你不想被烧死。
房间着火，避免被烧死的唯一方法是离开房间。
因此，你应该离开。

我们想看《将军》。
我们能看《将军》的唯一机会就是到旁边的电影院去看。

因此，我们应该到旁边的电影院去。

一个限制条件需要增加。因为也许有你不应该离开房间或我们不应该去旁边电影院的尚未注意到的理由，人们以此为由而反对前面的结论，认为得不出这些结论。比如说，也许因为有一个疯子正在隔壁的地方向人开枪，所以我们不应该到旁边的电影院去。因此，仅仅因为我们想去看《将军》，并不能得出我们应该到旁边的电影院去。尽管这种想法足够真实，但它并不一定产生我们在分析中的根本变化。新的信息仅仅构成同一形式的另一种论证之一部分：我们不想被枪击；有一个疯子正在隔壁的地方向人开枪；因此，我们不应该到旁边的电影院去。是否我们应该到旁边的电影院去，"所有要考虑的因素"仅仅取决于和被枪击比起来我们是否更想看电影。

布莱克的例子利用了实践推理的相同特点。可以说只要有好的理由支撑，菲舍尔应该走王后，这个判断就是真实的。那么，人们正好提供了这样的理由（因为走王后是唯一将死博特温尼克的方法）。最终，这个理由的关联性得到了确定：菲舍尔有必须如此的态度（将死博特温尼克）。如果菲舍尔想将死博特温尼克，他就有好的理由走王后。所以，这就得出：他应该走王后。

因此，休谟说我们绝不可能从"是"推出"应该"就是错误的。但休谟错误的原因是他自己的分析暴露出来的。如果我们的前提包括了关于一个人相关欲望的信息，我们就可以正确地推出他或她应该做什么的结论。这个结果并不排斥休谟论点的实质。事实上，它可能很好地表现了休谟论点作为这样的思想：我们不可能从——关于这个世界是怎样与我们的欲望和其他关注这个世界的态度不相关——这些事实中推出应该判断。那正是"休谟铡刀"的要点。

二

现在，我们有了关于理性的自然主义理论的基础。根据这一理论，态度自身并非理由，但态度说明了事实是理由的原因。你应该离开房间的理由是简单的——房间着火；但你不想被烧死的欲望说明了你采取行动的**原因**，而它并非是一件无关紧要的事。

有时，"遵循理性"正好是一件采取合适的手段的事情，以达到一个人所要达到的目标。关于着火和《将军》的例子就是如此。思考这些例子，我们也许被诱导出结论：理性仅仅是引导事先已存在的态度所决定的目标之行动。我们可称此为"简单图示"。根据"简单图示"我们每个人都以一套简单"被给予"的而与思考和反思无关的态度开始。我们想（赞成或关心）一些事，我们不想（赞成或关心）其他的事。那么，理性就进来告诉我们：我们所必须做的就是使我们态度得到满意。当休谟写道："理性是，也应该只是情感的奴隶，除了服务和服从情感之外，再不能有任何其他的职务。"（Hume 1739：415）看来他接受了"简单图示"。

但是，"简单图示"是错误的，因为人们所关心的东西本身易受来自审慎过程中的有力影响。"认真思考"与某一问题有关的事实，这一思考过程能够影响人们对事实的态度。认真思考某些事情能够加强某人已有的情感，但是，它也能减弱情感、改变情感，使之消失；它也能形成新的情感。因此，我们的认知能力在建构、形成或保留我们的态度方面起着重要的作用。我们的认知能力不仅仅"服务和服从"我们已经恰好具有的一切态度。

这是一种常见的现象。在审慎之前，一个人可能有各种态度，比如说，包括爱好抽烟、憎恨犹太人，以及不满要求他贡献慈善事业。但是，那时——如果他是那种愿意认真思考这些事情的人——他就会想到：抽烟能够减少他的寿命；与反犹太人的老套模式相反，犹太人是与每个其他的人一样的；毕竟有许多儿童挨饿。结果，关于这些事情，他的情感就会改变。

认真思考事实并非一件简单的事情。从亚里士多德到戴维·福克（David Falk）以来的哲学家都强调：事实被确立后，一个人需要单独的认知过程来充分理解他所知内容的含义。他不仅需要了解事实，而且需要用公平的、明确的方式在大脑中仔细地重述事实。亚里士多德甚至在这儿提出有两种完全不同的知识：第一种是某人能够陈述事实的那种知识，"如同酒鬼咕噜恩培多克勒的诗句"，但不理解它们的意思；第二种是一个人已仔细思考他想知道的内容后拥有的知识（Aristotle [1147b] 1931）。比如说，用一种抽象的方式，我们都知道：世界上的许多孩子正死于饥饿和易于防治的疾病；但对于我们大多数人来说，这对于我们的行为并没有产生影响。我们把钱花在自己的一些琐事上，而不是帮助那些孩子们。我们如何解释这种现象？亚里士多德式的解释是：我们"知道"孩子们正在饿死仅仅是在酒鬼了解恩培多克勒诗句的意义上，我们是简单地陈述事实。

不过，如果我们仔细地思考过对于儿童来说生活是怎样的，我们所具有的态度、我们所表现的行为和我们能得出的道德结论就可能会有本质的改变。

因此，道德判断表现态度，但并非一切态度；道德判断是表现通过审慎过程中激发而产生的态度。因此，当我们整个认识能力充分发挥其作用时，我们说从道德意义上讲，一个行动是必要的，就是说我们对于行动不能不感到"认可了的情感"（使用休谟的术语）。

三

显然，这将导致相对主义。因为人们的偏好是不同的，甚至在他们聚精会神并审慎的时候，对于某人认为是一个理由的东西并不必然对于另一个人来说是理由。然而，自然主义者们强调：人们一定具有许多相同的价值，因为人们在他们的利益、需要和心理构成方面基本上相同。（这是一个以经验为基础的事情；否则，它就是其他的样子。）为了完成这一思想，自然主义者诉诸所有人——或至少说大多数人——共同人性的观点形成我们的基本价值。因此，休谟写道："当你宣称任何行动或品格都是邪恶的时候，如果你不是从你的本性构成出发，并对此深思熟虑之后，你有一种责备的感情或情感，那么你的宣称就没有什么意义。"（Hume 1739：469；italics added）

"我们本性的构成"是怎样的？它维持什么样的动机结构？从达尔文开始，关于人的本性，最成功的知识来源之一一直是进化论。人类心理最广泛和最普遍的特征——我们的态度、性情和认知能力——都被视为自然选择的产物。自然选择有助于我们理解那些心理特征如何运行和我们拥有它们的原因。简而言之，我们具有曾经能使我们祖先在竞争中赢得生存与繁衍的心理特征。

由此看来，道德行为是怎样的？从最普遍的层面来看，道德行为是利他行为，它是由不仅促进我们自己的福利，而且促进他人福利的愿望所激发而成的。我们能把这理解为自然选择的产物吗？达尔文早就意识到这并不是容易理解的。

问题在于：利他主义涉及为了别人利益而牺牲自己的一些利益的行为。因此，利他行为的倾向看起来**不利于**后代的成功繁殖。利他主义者通过帮助其他人而增加了他们生存的机会，同时，又由于放弃一些东西而减少了自己的生存机会。因此，我们会认为自然选择会消除利他主义的倾向。达尔文看到了这点并写道：

> 这是非常可疑的：比较富有同情心和仁慈的父母或对同伴最忠实的那些父母的子女，相对于同一部落中自私和有叛变心的父母的子女来说，是否会被大量地生养。一个人愿意牺牲他的生命而不是背叛他的同伴，如同许多野蛮人一直所做的，常常不会留下后代来遗传其高贵本性。最勇敢者常常愿意在战争中到前线去，为了其他人自愿冒生命的危险，相对于其他人来说，他们大概会大量地死去。因此，看来很少可能（记住我们这儿并非谈到一个部落战胜另一个部落），具有如此美德或他们优秀标准的人的数量能够通过自然选择，即最适合者生存而能有所增加。(Darwin 1871：163)

然而各种"群居本能"，如同达尔文称呼它们——以用自己的某些牺牲帮助他人的冲动——一定明显地不仅在人类中存在，而且在其他动物中也存在。"群居本能"明显地显示在家族成员的相互行为中。当父母无私献身所造成的牺牲减少了他们自己生存的机会，什么可用来解释父母的无私献身？达尔文被它弄得迷惑了。"关于父母和子女的爱之起源，"他写道，"明显地是以群居之爱为基础的，思索这些是没有希望的。"(Darwin 1871：80-81)

这个谜直到 W. D. 汉密尔顿（W. D. Hamilton）发表了他的血亲选择理论才得到解决。汉密尔顿的思想是基于这样的观察：许多个体相互之间基因相近——一个个体具有其兄弟姐妹基因的一半，其表兄弟姐妹的八分之一，等等。因此，提高基因相近个体生存的机会是一种提高个体自身基因遗传给后代的方法。正因为如此，我们可以认为自然选择有利于针对血缘亲属的利他主义趋势。如同我们常常观察到——人们一定表现出非常挂念他们的亲属，远胜过陌生人——这就很适合利他主义现象。

由此看来，在父母和兄弟姐妹之间的自我牺牲的利他主义就没有什么神秘的。如果自然选择是如何进行，那么，我们应该想到利他主义也就不过是如何进行。当然，该观点并不是指个体们算计到如何延续他们的基因遗传——没有个体那样做。它是指血亲利他主义都是受基因影响的行为类型，而这些行为类型是由保存任何其他有利生存特点的同一机理所维持。

但是，并非所有利他主义都是血缘利他主义。我们观察到动物牺牲它们自己的利益帮助并不与它们亲近的其他动物，而这就是很难解释的。为了解决这个问题，进化论心理学家就发展出"相互利他主义"的思想。这种思想是：个体为另外一个个体提供服务是因为这样做就提高了另外一个个体给它们提供同样服务的可能性——一只猴子从另外一只猴子背上抓其外面的寄生虫，然后另外一只猴子提供回报。这是很容易看到的：当一个群体内所有成员（或大多数成员）都奉行如此相互帮助，它就对所有成员有利；但这就并不容易看到了，在自然选择原则下，这类合作互助行为是怎么能够开始形成的。

如果我们能够把达尔文的"为生存而斗争"视为群体与群体之间的竞争，也许这个问题就能解决。那么，我们能够认为群体性合作使其成员有了竞争优势——我们认为在能合作互助的群体中的成员比在不能合作互助的群体中的成员更适合生存和繁衍。但自从达尔文开始，理解为生存而斗争的标准方式一直是作为个体之间的竞争，而不是群体之间的竞争。（这反映在达尔文的上面引文里，在引文中，他说我们要记住"我们这儿并非谈到一个部落战胜另一个部落"。）对于如此专门强调个体作为选择单元，一些评论者看不到有什么正当理由。R. C. 莱温顿（R. C. Lewontin）把它视为目前"学习进化论——把单个有机体直接看做自然选择的对象——的学生本质上并未挑战的正统思想观念中的一个项目"：

> 达尔文进化论明确地反对：有利于作为一个整体的群体之特点会通过自然选择来进化，除非它是在群体之中相对于其他个体所具有的比较大适应性的一个从属结果。因此，比如说，我们就不被允许认为：由于一个能相互说话的原始人群在战争中或狩猎中要比没有语言的原始人群有利，所以，自然选择促进了人们之间的语言联系。(Lewontin 1998：60)

为什么这就不对呢？索伯和威尔逊（1998）一直认为群体选择在合作互助性行为的解释中占有重要地位。同时，其他研究者转向不同的研究方向，认为要解释合作互助，我们必须思考"选择单位"要比传统的单个有机体要小——比如说基因甚至细胞（Dawkins 1976 and 1982; and Ridley 1996）。现在这个领域充满了竞争的观点。

然而，这里面的许多观点从一个意外的信息来源获得了启示。囚徒困境——一个博弈学家们研究的问题——与伦理理论中的许多问题有关，它展现了解释群体合作的多种尝试。

在囚徒困境中，两名选手必须选择是合作还是不合作，而且他们都不知道对方将采取合作还是不合作。对每名选手来说，不论对方选择合作还是不合作，不合作的报酬要比合作的报酬高。因此，似乎获胜的措施是必须采取不合作。但如果两人都不合作，报酬就要比如果两人合作的要低。报酬被规定如下：

  两人合作：都得到3。
  两人不合作：都得到1。
  一人合作，另一人不合作：不合作者得到5，合作者得到0。

所以，每名选手都被诱导采取不合作，因为如果他的"对手"合作，而他采取不合作就得到最高报酬；同时，两人都害怕合作，因为对手不合作他们最后以0来结束。尽管如此，两人合作的情况要比不合作的情况要好。

  囚徒困境模拟了群体合作的深层次问题。如同那只猴子，它需要另一只猴子清理它的背一样，与我们每个人不合作相比，我们都将在合作中过得比较好。但是，如果我们每个人都能成为"逃票乘客"，自己不合作而获得其他人在合作中的收益，我们就会过得更好（而那些提供了我们合作机会的人，他们的利益会更加受损）。

  在如此情况下，最好的策略是什么？社会理论家罗伯特·阿克塞尔罗德（Robert Axelrod）通过设立不断重复的囚徒困境比赛来研究这个问题，选手们可以重复决定是否合作。在每一轮比赛中，选手和对手会玩这个游戏200次。每个人自己决定是否合作。然后，人们公布他们的选择和报酬。接着，比赛再次进行。

  显然，许多策略都可能存在。你可能常常合作或不合作；你可能交替使用合作或不合作；你可能按对手上一步的相反做法进行；等等。可能性是无限的。阿克塞尔罗德把他的比赛方案安排在电脑上进行，并邀请专业博弈学家们提交对弈的比赛方案。获胜的方案叫"一报还一报"，是由多伦多大学的阿纳托尔·拉波波尔（Anatol Rapoport）所提供。"一报还一报"的方案在第一轮比赛中获胜就出了名。之后，第二轮比赛进行，为了找到比较好的策略，人们提交了62种方案，但是，"一报还一报"再次获胜。

  "一报还一报"方案非常简单。它有两条使用说明：第一步，合作。接下来的每一步都按对手上一步的做法做。很显然，这些使用说明非常符合道德情感。这是一个"好的"策略，因为它以合作开始，只要对手合作，它就合作。它从未试图以开始就不合作来"取得优势"。但它不会让自己被利用超过一次：当对手停止合作，它就立刻停止合作。另一方面，"一报还一报"还是一个"宽恕性的"策略。当对手恢复合作，它就立即恢复合作。

伦理学家们发现：由于许多原因，"一报还一报"获胜的结果是重要的。契约论者把道德要求视为产生于双方利益的合作；他们援引囚徒困境作为例子，说明了需要我们"在讨价还价中形成道德"的社会状况——只要别人还遵守那些规则，我们就同意合作：说实话、不伤害别人等（Gauthier 1986）。与此同时，实用主义者把"一报还一报"的胜利视为：它说明了如果我们要每一个人都尽可能地过得好，我们就要在与别人的交际关系中采取这种方法（Singer 1995：142-152）。然而，对于自然主义者来说，它有着不同的意义。

阿克塞尔罗德的工作有助于我们理解相互性利他是怎么产生的。如阿克塞尔罗德的研究所显示，如果在一个相当广泛的社会背景中，"一报还一报"的选手们会比那些采用其他策略的人最后以过得比较好而结束。那么，按达尔文的术语说，"一报还一报"的选手们就比其他人更可能生存和繁殖；并且这意味着使采取"一报还一报"的人之基因将更可能在下一代中表现出来。因此，我们会如同"一报还一报"的选手们那样进化。

然而，这是一种错误：因为"一报还一报"赢得了阿克塞尔罗德的比赛，它就被视为在任何情况下的最好的策略。阿克塞尔罗德的比赛是以包括有许多策略的方案为特色的。但如果仅仅有两种策略，"一报还一报"和采取总是不合作的选手们，那么，采取"一报还一报"将每次失败。这就对这种观点——因为实行"一报还一报"对个人来说是有优势的，所以社会合作会发展——提出了问题。只要社会环境包含有其他想合作的人，它就有优势。（并且这个问题是重大的：我们明显地不能把"一报还一报"或其他策略作为在任何环境中的最好的策略。哪种策略获胜常常取决于对手是怎样的人）就此而言，我们似乎需要一些补充性的观念——也许具有不同行为倾向的个人都看起来如同达尔文的"变种"，具有"一报还一报"或相似于它的策略，他们在具有优势的变种所广泛采用的方式中获得优势。

无论如何，这丝毫不意味着我们有意识地参加比赛。相反，它意味着我们具有一套情感来使我们好像参加比赛似的和别人往来。情感至少包括三种。只要别人回报我们的善良意志，友谊和普遍性仁慈就使我们帮助他人。但当他人不再友善时，我们憎恨来自他们的不良待遇并不再对他们友好相待。最后，只要他们表示后悔并开始采取步骤改变，我们会宽恕他们过去的恶行。三种情感一起使我们在"一报还一报"中采取那些主要的行动。正是这三种情感习性的综合，自然选择保存了我们。同样的，它保存了任何有利于适应繁衍的特点。

目前，在哲学中，不但在伦理学，而且在认识论和精神哲学中，进化论自然主义一直是一个重要的选择对象。自然主义者们有时夸大进化论对伦理学的重要性。比如说 E. Q. 威尔逊（E. Q. Wilson）一直认为传统意义上的道德哲学已不再需要，因为生物学"在所有纵深处"解释了伦理学（Wilson 1975：3）。然而，我们这里正在思考的自然主义理论满足于比较适度的主张。一种对利他主义起源的进化论的理解——不论解释的细节可能证明是什么——都充实了我们对人的本性概念的某些细节的理解。它有助于我们理解人类是怎样的，为什么如此；同样它也有助于我们发现人们在正常情况下所共同拥有的价值。

四

伦理自然主义认为善、正当和其他如此品质是"自然"属性。按照我们正在思考的伦理自然主义的解释，它们是哪种自然属性？

道德属性被证明是相似于约翰·洛克（John Lock）所说的"第二性质"。在第一性质和第二性质之间的区别是微妙的，但对于我们的目的来说，它已经足够来——解释洛克——认为第二性质是客体在观察者意识中产生效果的力量。颜色是一个第二性质的经典（如果有争议的话）例子。主要品质，如一个盒子的形状和质量，是与观察者无关的内容。即使在宇宙中没有意识的存在，盒子的形态和质量同样存在。但对于它的颜色来说呢？颜色并不是如同一层涂在盒子表面的漆。相反，盒子的表面用某种方式反射光波，然后，光到达观察者的眼睛；结果，观察者就有了某种特性的视觉体验。如果落在盒子上的光波是不同的或观察者的视觉器官是不同的，那么盒子就会有了不同的颜色，而这正是它与别物相比的"本真"颜色。因此，盒子的颜色在某种情况下正好包含着使观察者具有某类视觉体验的力量。

其他事物的力量也是同样引出我们的其他体验。对于酸的东西来说它意味着什么？柠檬是酸的，因为我们尝了它，体验到某种滋味。对于人类来说酸的东西，可能对于那些有不同感觉器官的动物来说并不是酸的；如果我们被上帝构造得不同，也许柠檬对于我们来说也不酸。而且，对一个人来说是酸的东西对于另一个人来说可能不酸——虽然在这方面我们必然有对于我们种类来说的正常观念。但是，尽管如此，我们认为柠檬是酸的，并不是"主观"评价。柠檬有在我们之中产生感觉的力量，它完全是一个客观事实。它们是否是酸的并非仅仅是一种因人而异的问题。

就我们正在考虑的伦理自然主义的解释来说，道德属性是这类属性——它们是使我们产生某类态度或情感的力量（see McDowell 1985）。邪恶就在于它容易刺激一个考虑周全的人产生如此反应：仇恨、对立和轻蔑。当我们想到一个谋杀者和他的受害者，这件事的（通常的）事实是他们激发了我们恐怖的感情；邪恶仅仅是唤起这种反应的力量。同样的，善就在于它的构成激发我们的支持和赞同。

杜威用"可食用的"来比较"想要的"，并阐述了其类比（Dewey 1929：166）。是否某东西是可食用的是一件事实；如果某东西是不可食用的，我们不能简单地通过对它的独断态度来决定它是不可食用的。毕竟，是否某东西对我们来说是可食用的，同等程度地取决于我们是哪类生物和它是哪类东西。我们是不同的，我们可食用的可能也不同。然而，我们不能说某种食物是不可食用的仅仅因为出于特殊原因——它不能为一些人所食用。鉴于人类这种生物具有对于人类来说什么是标准的概念，而什么是可食用的就是什么可以被主要的人类所食用，而不是看它是否能被每个人所食用。

也许有人想到用"可食用的"来类比"想要的"在关键点上失败了。"可食用的"，其大意是"能够被食用"；而"想要的"（在相关于伦理学的意义上），其大意是"值得被想要的"。所以有人想到杜威的理论是在一种混淆两种"想要的"——"能够想要的"与"值得想要的"——基础上进行的。其责难在于他想他定义了后者即与伦理学相关意义上"想要的"，但实际上他仅仅给前者即与伦理学不相关意义上"想要的"术语以定义。但是，这种责难是没有扎实立论基础的。杜威这种观点的实质就在于值得想要的就是在思考与反思的情况下能够想要的。也许这是不正确的，但它并非理论上的混淆；理论本来就是这样。

显而易见，这种观点是伦理学的主观主义与客观主义观点的折中。因为用外在于我们的真实的"那里"的事物来识别善与恶，它是客观主义的。但同时，在那里的事物是在我们内部产生情感的力量，它又是主观主义的。

五

反对一些哲学理论的论证常常结果是：对这种理论的浅薄的伪饰性描述，还有坚持认为该理论不正确。自然主义者就经常受到这种对待。尽管约翰·斯图亚特·密尔（John Stuart Mill）是一位著名的逻辑学家，他说："某东西是想要的，它可能产生的唯一证据是人们一定实际上需要它"（Mill 1861：34），但他被指责犯了一个简单的错误：从某东西是想要的事实是推不出某东西是值得想要的。但是，密尔仅仅是在陈述基本的自然主义观点：想要是一个经验事实，我们通过品尝柠檬才知道它是酸的；酸的证据是我们嘴上的感觉。我们知道：某东西是值得想要的，它是对这东西思考并最终产生了需要。

但是，复杂性出现了，因为如此情感能有许多不同的根源——一种情感可能是偏见的产物或文化条件下的产物，而不是经过了休谟所说的"合适地识别其对象"之后的产物。问题就在于如何区分显示道德属性存在的情感与不显示道德属性的情感。道德属性是激发我们情感的力量。但是，如果我们没有如此的道德属性，我们就没有情感吗？

如果有一种方式引导审慎的过程，它消除了那些其他的根源——如果我们能够搁置偏见和其他影响，采取客观的眼光来看待思考对象，在如此方式之中我们就有正当理由得出结论：正是事物本身引起了我们的反应。那么，这个问题就能解决。正如休谟所认为的，这样做也许要付出相当大的认知能力：

> 但为了如此情感开辟道路，合适地识别其对象，我们发现这些是必要的：我们要进行大量的理性推理，作出很好的区别，引出正义的结论，形成分明的比较，细察复杂的关系，整理和确定普遍的事实。（Hume 1752：73；also see Dewey 1939：31-32；and Falk，1986）

一种情感，就它来自这种思考来说，显示了道德属性的存在。否则，我们不能推断：对象自身以其所含内容就产生了情感。

第二性质的观点还非常适合于伦理学的一致与不一致的事实。当然，在伦理学中有众多的一致，我们对于善恶的一致与对于酸是什么出于相同的原因。柠檬以同样的方式影响我们中的大多数人，因为我们有相同的感觉器官。谋杀以同样的方式影响我们，因为我们在休谟所说的"我们本性的构造"上是相同的。相同性是不难理解的：通过自然选择，不仅作为合宜的利他存在物，而且作为具有公共愿望和需求的生物，我们已经进化了。我们全都需要朋友并从那里得到乐趣。我们能从我们孩子那儿得到乐趣。我们都会对音乐有反应。我们都具有好奇心。我们全都有理由生活在一个和平和安全的社会，因为只有在如此社会背景中我们的需要才得到满足。这些事实证明了大量的一致性：尊重生命和财产、诚实、守信、友谊等等。

然而，所有这些一致性都具有一定程度的不一致。正如我们注意到，对一个人是酸的也可能对另一个人不酸——虽然我们有一个观念——作为我们这一种类来说，什么是标准。然而，作为事实，我们从不认为道德的不一致是表现了人们之间难以驾驭的区别。不一致更常常更世俗地是无知、偏见、自负等等的结果。我们的充分前提是只要能消灭错误之源，我们是足够可能达到在大多数事情上的一致。

六

对于伦理自然主义最重要的反对理由是：它忽略了伦理学的规范性方面。由于伦理学的整个目的在于指导行动，对于伦理自然主义来说，没有比这更严重的不满了。反对伦理自然主义的理由有几种方式。一种方式是我们所考虑过的：我们不能从"是"推出"应该"。另一种方式是：伦理学命题是规定性的，而自然主义的解释是描述性的。或者说：看看整个自然主义叙述，你发现不了它会告诉你做什么。

这种反对的理由正确吗？一方面，我们所考虑过的伦理自然主义的解释的确包含规范的成分。就此而言，伦理学是指导行动的学科，因为它与我们的需要和利益有关。伦理推理涉及我们的偏好，而事物的伦理"属性"是它们影响我们偏好的力量。所以，我们对伦理学的规范性有一些解释。虽然不知为什么，这似乎并没有驱除人们的担心。

由于托马斯·内格尔（Thomas Nagel 1997），就有了另一个方面的责难，它说明了为什么这种担心还继续存在。我们可以用其他学科如数学的自然主义解释比较我们伦理学的自然主义解释。为什么弗雷格反对数学中的心理学理论？数学，他坚持认为，是一门有着自身内在真理标准的独立学科。我们思考欧几里得有无穷个质数的著名证明：

> 列出你所喜欢的任意组质数表，将质数相乘，再加上1。设其结果为 n。n 就不会被你表中的任意质数所整除，因为总有余数1。因此，要么 n 自身是一个质数，要么 n 就会被你表外的质数所整除。两者之间至少必有一个质数不在你的表中。由于无论你列的表从什么地方开始，这总是正确的，因此得出结论：有无穷个质数。

如果你认真思考这种推理，并理解了它，那么你就知道有无穷个质数。但是，请注意：如此推理并没有提及你、你的认知能力、你的大脑、你的教育、产生和确认数学家的社会背景、你的文化中人们的数学信念、英语语言或你对英语语言的理解，并且关于那些事情的任何信念都不必加到证明上来：它实际上就足够了。而且，关于其他事情的任何信息都不能质疑质数是无穷的结论。如果这个证明能够完成，就是说明这个证明本身有错误的地方。正如内格尔所说，就质数而言，论证是"最后之词"。

现在，我们考虑伦理推理的例子：

> 如果我们给事先没有使用麻醉药的孩子动手术，她会痛苦。由于麻醉药对她没有副作用，只是使她暂时失去知觉，不感觉到疼痛。因此，我们应该使用麻醉药。

如果你认真思考这一推理，并理解了它，那么你知道我们应该使用麻醉药。但如同欧几里得的证明，这个推理与你的认知能力、你的情感、你所在社会中人们的信念等无关。关于那些事情的任何信念都不能质疑结论：我们应该使用麻醉药。如果这要补充什么的话，就是说明这个推理本身有什么错误。这就是伦理学是独立学科的意义：其他事情都不与应该做什么的推理有关。就麻醉药而言，推理就是最后之词。

如果推理本身就足够了，我们的自然主义解释增添了什么？自然主义解释揭示了当你认真思考推理时发生了什么：你正在思考有力量影响你的态度的事实，用休谟的话说，正在思考"你本性的构成"。你的本性由自然选择所形成，包括保护孩子的情感和关心他人的倾向，除非他们有理由使你憎恨他们。因此，认真思考事实的结果是：一种由应该做什么的结论所表现出来的对使用麻醉药"认可了的情感"。但这个过程看起来像从外部来看问题。从外部来看，我们看见了你的人性、你的情感、你的认知能力的运行以及关于孩子们和麻醉药事实相关的所有这些因素的相互作用。但是，从内部来看，你没有考虑如下情况：你单纯地认真思考其论证。

这就是自然主义忽略了规范性的意义。自然主义提供了从外部来观察的观点，并由此观点，它提供了各种各样有趣的信息。但它忽略了仅仅从内部才能体验的东西，即推理的规范性力量。从外部来观察，因为当我们开始谈论推理——援用它、评论它——我们没有讲促使行动的任何内容，因此，规范性方面消失了。

所以，伦理学的自然主义解释看起来不够充分。但是我们应该认为它是判断错误的，并完全否定它？或者我们应该仅仅认为，它是不完全的？如果我们完全否定它，我们就放弃了对伦理学本质的许多理解与洞察力。只要我们自己仅限于"从内部"沉思伦理学的论证，我们就不能说明道德思考和情感的关系、道德术语明显所指属性的本质，或传统上涉及道德哲学的其他任何问题。事实上，我们就根本不能说明伦理学——按照自然主义的批评家的思想，我们甚至不能说明伦理学是独立的学科。也许我们的结论应该是：道德思考自身是由内部完成的，道德哲学是由外部完成的。

参考文献

Adams, E. M.: *Ethical Naturalism and the Modern World-View* (Chapel Hill: University of North Carolina Press, 1960).

Aristotle: *Nicomachean Ethics*, trans. W. D. Ross, in *The Basic Works of Aristotle* (New York: Random House, 1931).

Axelrod, Robert: *The Evolution of Cooperation* (New York: Basic Books, 1984).

Black, Max: "The Gap Between 'Is' and 'Should'," *The Philosophical Reviews*, 73 (1964): 165-181.

Broad, C. D.: "Some of the Main Problem of Ethics," *Philosophy*, 31 (1964): 99-117.

Darwin, Charles: *The Descent of Man, and Selection in Relation to Sex* (London: John Murray, 1871).

Dawkins, Richard: *The Selfish Gene* (Oxford: Oxford University Press, 1976).

——: *The Extended Phenotype* (Oxford: Freeman, 1982).

Dewey, John: *The Quest for Certainty* (New York: Capricorn Books, 1960, originally published in 1929).

——: *Theory of Valuation* (Chicago: University of Chicago Press, 1939).

Falk, W. D.: *Ought, Reasons, and Morality* (Ithaca: Cornell University Press, 1986).

Hamilton, W. D.: "The Genetical Evolution of Social Behavior," *Journal of Theoretical Biology*, 12 (1964): 1-16, 17-32.

Hobbes, Thomas: *Leviathan*, ed. Edwin Curley (Indianapolis: Hackett, 1994; originally published in 1651).

Hume, David: *An Enquiry Concerning the Principles of Morals*. Reprint ed. L. A. Selby-Bigge (Oxford: Oxford University Press, 1902; originally published in 1752).

——: *A Treatise of Human Nature*, ed. L. A. Selby-Bigge (Oxford: Clarendon Press, 1888; originally published in 1739—1740).

Lewontin, R. C.: "Survival of the Nicest?," *New York Review of Books* (October 22, 1998): 59-63.

McDowell, John: "Values and Secondary Qualities," *Morality and Objectivity*, ed. Ted Honderich (London: Routledge and Kegan Paul, 1985), pp. 110-129.

Mill, John Stuart: *Utilitarianism*, ed. George Sher (Indianapolis: Hackett, 1979, originally published in 1861).

Moore, G. E.: *Principia Ethica* (Cambridge: Cambridge University Press, 1903).

Nagel, Thomas: *The Last Word* (New York: Oxford University Press, 1997).

Ridley, Matt: *The Origins of Virtue* (Harmondsworth: Penguin Books, 1996).

Singer, Peter: *How Are We to Live?* (Amherst, NY: Prometheus Books, 1995).

Sober, Elliott, and David Sloan Wilson: *Unto Other: The Evolution and Psychology of Unselfish Behavior* (Cambridge, MA: Harvard University Press, 1998).

Wilson, E. O.: *Sociobiology: The New Synthesis* (Cambridge, MA: Harvard University Press, 1975).

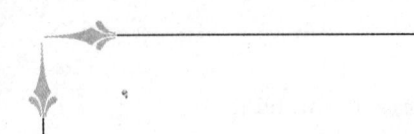

第5章 道德直觉

杰夫·麦克马汉

一、道德探究

假设我们希望理解一个特定的道德问题，如堕胎，我们应该怎么做？我提倡的一种方式是在我们已有的实质性的道德信念的基础上去探讨。但是，如果我们先进行认真的反思，我们就会怀疑我们关于堕胎的道德信念是不可靠的。比如说，我们关于堕胎的道德信念可能反映了现在已经被我们抛弃的宗教教育对我们的持久影响，或者我们对胎儿地位的敏感程度多多少少因我们的女性主义同情感而减弱了。因此，我们要把某些更加确信的相关的道德信念作为我们的出发点：举个例子，杀害一个无辜的人①（这儿的"人"不是"存在者的人"②的同义词，而是指拥有超出一定限制的复杂和高级的道德生命的个体的人）在道德上是受到严重谴责的，然而不费力地杀害一只低等的非人类的动物（比如一只青蛙）只会受到轻微的道德谴责。所以，对于这两个事件的看法甚至都有区别。有些人认为杀害一个无辜的人是永远不能得到辩护的；然而有些人认为当杀害一个无辜的人是为了拯救更多无辜的人的性命的时候，这种行为就是正当的。同时，有些人认为任何杀死一只青蛙的行为都不能受到谴责，这并不取决于其对人类的利益产生的影响；而有些人认为只需考虑杀害青蛙对青蛙自身的影响就应该认定杀害青蛙是被严重谴责的并且需要有价值的辩护才能被允许。然而，在其他条件都一样的情况下，所有人都一致同意杀害一个无辜的人比杀害一只青蛙更应该受到强烈的道德谴责。

---

① 原文为 person。
② 原文为 human being。

因此，通过诉诸那些考虑可能为我们杀害低等动物进行辩护，但并不构成对杀人进行辩护的出发点。因此，我们能够探讨我们这样的确信开始我们对堕胎的探讨：在杀人和杀害低等动物之间存在着巨大的道德差异。将这些信念作为出发点，我们可以更好地理解堕胎。我们要尝试去理解为什么一般而言杀人是错的，为什么杀人与杀害动物相比错得更多。人与低等动物的区别是什么？那些人们所拥有的使杀人一般更加糟糕的特质是指所有内在的特质吗？或者是由于我们与他人的关系使得杀人成为一种更大的错误的这种解释并不存在于我们与动物之间？要想回答这些问题，我们可以诉诸我们关于一些特定案例的直觉，这或许可以得出引起争论的结果。比如，我们可能会发现，一个杀害动物的行为被认为是错误的程度是随着这个动物在死亡时所承受的痛苦程度而变化的。因此，杀害一只狗比杀害一只青蛙更为受到谴责；而且这种解释也与一个事实相联系，即那只狗所失去的未来的生活要更好，更有价值。但是我们也同样会发现，一个杀人的行为被认为是错误的程度并**不会**随着受害者承受不同死亡方式的痛苦程度而变化。因此，同等条件下，杀害一个愚人并不会比杀害一个天才错得更少，或者杀害一个余生没什么可期待的老人并不会比杀害一个正值生命高峰的人错得更少，即使在每个例子中，与前者相比，后者失去了更好的生活。要理解这些发现的意义，我们需要进一步的探究。

随着我们对杀害的道德的理解增加，我们可以从我们的发现中找到许多关于堕胎的道德的启示。举个例子，假设我们发现人们拥有一些低等动物所不拥有的特质，这些特质有助于我们解释为什么杀人和杀害动物存在区别。然后，我们可以考虑胎儿①是否拥有这些特质（这里指的是存在者的人，而非个体的人，因为我们惯常这样使用）。如果他们有的话，那么从这个角度来说，堕胎就像是杀害一个成年人；如果没有的话，那么就有理由认为堕胎类似于杀害动物。

这些对堕胎的评论仅仅是为实践伦理的一些思考方式，为讨论道德问题的一些普遍形式提供了概要的阐释。其中最突出的特点在于将我们已经拥有的一些实存性的道德信念作为道德探究的可靠的出发点。这样至少预设了我们道德直觉的一部分可以作为初步的规范性权威。

---

① 原文为 human fetuses。

二、直　觉

什么是道德直觉？我的理解是，一个道德直觉一般是关于一个特定行为或行为者的一个自发的道德判断，尽管一个直觉也可以以一个**种类**的行为，或者更少见地，以一个更普遍性的道德规范或原则作为它的对象。当我们说一个道德直觉是一个自发的道德判断，我是指它并不是有意识的推理性论证的结果。至少在第一种情况下，对于道德要求的忠诚并不是建立在这种直觉和其他信念之关系的认识上。如果一个人去思考一个拷打猫的行为，他会马上判断出这个行为在这个情境中是错误的。一个人要作出这个判断并不需要诉诸他的其他信念。我要强调，这种自发性是与相当数量的认知过程可能是在意识表层之下发生的这种可能性完全相容的。

并且，我说直觉是自发地产生的并不是指当一个人遇到某种行为或者对某种类型的行为的描述时，直觉是以一种知觉的形式即刻产生的。比如，如果当对一个事例的描述包含有相当多的细节的复杂性，一个人可能不得不长时间地思考，以区分和对比其中多种互相联系的特性，这与一个人需要审视一个高度复杂的艺术品的许多细节才能最终作出美学的回答是一样的。就像要作出一个美学的回答需要花费一定的时间，即使这个沉思的过程只包括对艺术品所有元素的对比和评价，因此，道德思考也需要花费一定的时间，即使它并不包括有意识的推理论证。

我用做对堕胎之探究的一个可能的出发点的信念，也就是，杀害一个无辜的人一般而言是严重的错误，按以上的理解可能不是或者不能算是一种直觉，尽管对于我们大多数人而言，它具有一个直觉的基础。如果一个人马上就觉得这种特定的行为是错误的这种想法非常吸引人，那么它就算是一种直觉。如果一个人把这个结论理解为是从在一个连续的特定情况下杀人是错的这个直觉性的认识中推理而来的，那么它就不是一种直觉。同时，要注意到这个例子也表明了要区分对一种行为的直觉和对一个道德原则的直觉有时会产生困难。杀害一个无辜的人是一种行为，但是杀害一个无辜的人是错误的这种说法也是一个相当普遍的道德原则。因此，杀害一个无辜的人是错的这个直觉性的认知可以理解为把一种行为方式或者一种道德原则作为它的对象。

在道德哲学的历史上，道德直觉有规范性权威的观点，不奇怪的，已经和一些被标明为"直觉主义"的理论连接在一起。那些学说数量多而且各式各样，不过我并不要解决它们之间的纠纷。但是与历史上重要的直觉主义的版本相关联的两个主张在很大程度上使得诉诸直觉受到了怀疑。其中一个主张是，直觉是道德知觉的一种特殊器官或者机能，可以象征性地把它理解为一只内在的眼睛，为客观价值的本体王国提供隐秘的途径。另一个主张经常被认为是第一个主张的推论，也就是，直觉是不容置疑的（也就是，它们的真实性是不能怀疑的），同时也是绝无谬误的（也就是，它们在事实上是无误的）。但是大量的思考——比如道德直觉的多样性，人们经常怀疑甚至抛弃他们直觉的某些部分的这种事实，以及一些直觉明显地起源于社会偏见和自私，这些都使直觉是道德现实的直接的且无误的知觉的论断站不住脚。

其他一些特征也会偶然作用于实际上是不必要的直觉。比如，我们有时说直觉是"前理论的"。如果这种说法就是指直觉不是从一个道德理论推理出来的，那么当然就符合直觉不是任何形式的推理论证的结果的规定。但是，如果这种说法是指直觉不是可以培养的或者完全不受一个人的道德理论的影响，那么很显然这要求太严格了。就像许多人的道德直觉是被他们早期所有的宗教学说塑造出来的，所以一些人的直觉是被他们对于一个特定道德学说的认同逐渐塑造出来的。直觉不是有意识的推理的结果，这个规定并不包含着它们是不会被学习影响的。直觉是自发地产生的，与直觉是从一个人相适应的本性中吸取资源之间，二者是相容的。

三、理　论

许多哲学家反对道德直觉有规范性权威的观点。比如说，彼得·辛格（Peter Singer）认为我们可以假设"我们直觉地所做的所有特定的道德判断是可能从被舍弃的宗教系统，从对性和肉体的功能的歪曲的观点，或者从存在于遥远的过去的那些社会和经济情况下，群体生存所必需的习俗中得来的"。建立在这种假设之上，他认为"我们最好忘记我们所有的特定的道德判断"（Singer 1974：516）。当然，不要那么轻视直觉，但是仍然把直觉看成是缺少规范性权威是可能的。比如，一些哲学家承认直觉在大多数情况下，可能是行为的比较可靠的指导者（因为在不可能进行深思熟虑和反思的情况下，道德必须保证人们具备以一定方式相信和行动的倾向）。但这些哲学家也否认了直觉是道德知识的来源，或直觉在对道德问题的推理中起了任何适当的作用。他们相信对于一个哲学问题的实践性的论证必须要坚持找出，对于这个问题一些好的道德学说暗示了什么。道德理论才是我们对于特定的问题和例子所具有的道德知识的来源。而且道德理论不是通过统一它们的含义和我们的直觉来得到自我证实的。

根据这种方法，如果我们要理解堕胎问题的道德，我们的第一个任务就是必须发现正确的道德理论。道德探究是最初的，并且主要是理论性的；只有那天的最后时刻，我们才可能思考像堕胎这样的道德问题，引入理论以支持，并且从中抽取出我们最初所寻求的知识。因此，这种普遍的方法与我概述的第一种方法形成显著的对比，这第一种方法就是指道德探究最初是集中于对问题和事例的直觉，而不是集中于抽象的道德理论。根据第一种方法，一个被我们认为更确信的道德理论是我们在对一个实质性的道德问题进行探究的过程的最终阶段时才会希望使用的。

让我们将我已经概述的两种被广泛定义形态的道德探究称为**直觉路径**和**理论路径**。在道德哲学史上，这两种方法都被丰富地提出和描述过。在柏拉图的对话中，苏格拉底就是直觉路径的值得尊重的范例。而霍布斯和康德则代表了理论路径。理论路径的每个代表都是从道德本质的一个概念开始，他相信这个概念陈述了要得到对特定道德问题和事例的道德判断所需要的某个方法（尽管霍布斯在发展他理论的过程中，也将某些实质性的判断作为基点——例如，信守承诺是必需的）。最近几年，大多数的哲学家在实践伦理的问题上都广泛采用直觉路径——尽管大多数（比如另一个阵营的霍布斯）都不是纯粹主义者：他们一般偶然地会诉诸可获得的理论，以获得指导和启发。理论路径也有许多著名的现代的支持者，比如黑尔、理查德·布兰特（Richard Brandt），以及持有多种契约论主义传统中的这种或那种的一些理论家们——尽管一般而言他们倾向于更专注于辩护和阐明他们所喜爱的理论，而不是将它们应用于实践伦理的问题上。

理论路径一般是更为彻底的改革者。人们在道德上，总是对于实质性的问题进行推理和论证。但是，根据理论路径的支持者所说的，人们已经被误导了，他们的论证脱离了正确的道德理论所描述的道德推理的形态和模式。比如，布兰特认为"如果他们希望在他们的社会中度过一生，相对于任何其他东西而言，所有有理性的人都倾向于支持对其社会有利的任何规范，而道德上是错误的"意味着"为这些道德规范所禁止［行为］"

(Brandt 1979：194)。假设这个定义也作为决定一个行为是否是错误的检验,那么很明显的,大多数人实际上所做的道德论证的结论和布兰特所提出的论证模式所得出的结论之间的任何会合都会是偶然或巧合。因此,根据理论路径,哲学的伦理学和科学的哲学是在根本上不同的。科学哲学家批评科学实践的某些方面,并且促使科学家们修改他们对他们实践本质的理解或他们结论的地位,而哲学家并不认为要告诉科学家们他们一直在使用错误的方法,而使用一种完全不同的方法会更好。一般而言,直觉路径更加尊重人们实际所用的道德论证的模式——尽管这仅仅因为人们事实上倾向于用所推荐的方法来论证道德问题。它也可以是修正主义者,比如,对一个非常常见的论证模式进行责难,也就是可在这个或那个神圣的文本中找到可以被认为绝无谬误的信条中推理出道德结论。

四、未被直觉检验的理论

我们可以真正用理论路径所建议的方法来引导我们对道德和道德问题的思考,而无须将这种思考建立在我们的道德直觉的基础上,或用那些直觉来检验所提出的道德理论似乎合理的含义,即使那些最强烈反对直觉是具有独立的依赖性的人都经常将他们的论证建立在诉之于一般直觉的基础上(如:Rachels 1986：112-113、134-135;Singer 1993：229)。但是,尽管这暗示了在缺乏我们已有的道德信念的促使时,要使具有说服力的论证顺利开始是有难度的,但这仅仅是一个从**个人偏好**而非理性出发的论点,而且这样做并没有对诉诸直觉有多大的支持。另一个反对理论路径的可选的论点是,我们的直觉对我们大多数人而言,经常以一种道德理论所缺乏的方式**强迫**我们的信念。如果一个深深引人注意的直觉不能和看上去是得到最有力支持的道德理论相一致,那么为了不太吸引人的信念而放弃我们更为确信的信念是理性的吗?

要弄清楚这个挑战的性质是很重要的。这个论点并不能简单地认为是道德直觉经常给我们一个更为明显的印象,或者看上去比任何道德理论都更少获得怀疑。通过它自身,这并不是一个支持直觉的强有力的想法。现代物理学的理论告诉我们,我们对物理世界的本质的许多常识信念都是错误的。这些信念中的大部分信念看上去都是压倒性地显而易见的,然而讨论这些信念的理论或许是深奥的和神秘的,因此难以被小部分人之外的所有人所理解。然而我们绝大多数人认识到，至少某些颠覆了我们对物理世界的常识性认识的某些方面的科学理论是良好建立起来的，通过他们解释和预测的能力与他们在断言中赋予我们的对超越我们所乐意顺从的自然力的控制，而且我们绝大多数人认同我们常识性的观点一定是虚幻的。如果一个道德理论可以用可抗衡的说服的办法要求我们的忠诚，我们可能会没有异议地从我们的直觉转向它，即使它不具有任何我们的直觉所具有的即刻的明显。但是理论路径所面临的挑战是没有一个道德理论，至少在现在回溯哲学的伦理学的历史，可以具有像受到最有力支持的科学理论那样的任何权威或者可证实的程度。这个令人惋惜的真相就是，我们现在甚至连什么类型的思考能支持或者证明一个道德理论是正当的都非常不确定。并不具有一个公认的标准来确定一个道德理论是否或在多大程度上是正当的。所以，当一个马上能引起注意力的直觉与一个连类似良好建构的科学理论的权威性都不具备的道德理论相冲突时，我们会经常完全不愿意抛弃直觉而转向理论是一点也不令人惊讶的。我们确实可以**预先**就合理地相信，目前所提供的道德理论中没有一个是完全可信的以至于能理性地要求我们放弃我们的直觉。

当我们探究一个特定的道德问题，我们发现一个道德理论对这个问题的启发与我们的直觉相冲突时，思考绝大多数人会如何反应是有益的。我们的反应不是质疑这个理论是如何良好地建构的，并假设如果我们发现这个理论是受到良好支持的，我们就准备顺从它。如果这个理论是通过一个独特的论证来产生它的结论，我们会倾向于将这个论证从其理论中分离出来，并且单独地考虑它。举个例子，根据 R. M. 黑尔，他的道德普遍规范理论阐释了我们要论证关于堕胎的道德应该应用黄金律的变型"我们应该以希望别人对待我们的方式对待别人"（Hare 1975：208）。当我们发现这条定律意味着（根据黑尔）不仅仅堕胎是错误的（同等条件下），而且一直没有孩子也是错误的（仍然是同等条件下），我们并没有回到黑尔早期的文本去检验他对普遍规范主义的论证。相反的，我们单独地进行探究以确定是否它对堕胎的道德具有重大意义，以及如果是的话，在什么程度上它对堕胎的道德具有重大的意义，即当一个堕胎行为没有执行的话，这个胎儿之后就会成为一个乐于存在的人；而如果堕胎行为执行的话，这个人将不存在。也就是，如果我们慎重对待对堕胎的道德理解，我们就会认为我们的思考是与那个理论相关的；并且我们会感激这个理论帮助我们明白这些思考里实际上所具有的所有关系；但我们一般不会被这些思考认定为

与这个理论相关这个事实所威吓。他们在这个理论中的起源并不让人印象深刻。

一个人可能对从一个与我们的直觉在根本上是独立的道德理论中摘录出的规范和原则是否可以被称为是道德的本质抱有一定的怀疑。比如，回想布兰特认为的"如果他们希望在他们的社会中度过一生，相对于任何其他东西而言，所有有理性的人都倾向于支持对其社会有利的任何规范，而道德上是错误的"意味着"为这些道德规范所禁止［行为］"。（注意布兰特不能将对或者错的假定性的知识看做是理性的一个成分，因为这样会导致循环论证。）理性的人选择一些准则来管理他们的共同体（假设理性的人们会达成共识而接受同样的准则），并且在这些准则下生活会非常愉快，但是这是不是确保这些准则会与我们认为是**道德**的相一致呢？尽管我不能证明这个，但是我怀疑任何这样的准则都会忽略许多看起来是，或者接近是在人类道德上是普遍性的东西。

举个例子，我们所考察的任何社会，过去的或是现在的，都普遍地通过一些特定的事例，在道德上区别了杀人的行为和包含了允许人死亡的行为。用别的话说，所有地方的人都倾向于直觉地认为杀人比另一个可比较地包含了让人死亡的行为更为糟糕。但是充分理性的人，不为任何优先性道德观念所限制，让他们设计一些规则来调节他们与其他人的关系，也许不可能制定一个区分杀人和让人去死的准则，至少不像人们的实际道德信念所理解的那样的准则。因为假设他们可能发现，采用这样一个规则更为有利：当为了救大多数其他人的生命而必须杀一个无辜的人时，一般而言，就应允许这样做。当然，关于这个的争论有很大的余地。也许理性的人们更喜爱保护他们的自由意志优先于保护他们生命的准则。但是即使是这样，对于大多数实际的准则来说，有无数其他的共同成分不会在布兰特的理性的道德创造者身上发生：诚实的概念，多种德性，一个故意的伤害比可以预见但不是故意的相同的伤害更为糟糕的观点，一个人有责任尊重并不是该准则管理下的社会成员的人和对他们有仁慈的义务的观点，等等。

当然，实际的道德准则的这些共同元素，其中的一些在事实上可能是不理性的，比如，对于名誉或目的的担心。或者，如果他们不是不理性的，可能是存在一些我们看不清楚而对于理性的道德创造者是很明显的原因，即为什么把这些元素涵盖在他们的准则里是对他们有好处的。但是，这对我而言，这些实际规范人们生活的准则的特性并不是明显地不理性的，而且有理由希望，这些准则并不诉诸那种剥除了所有先前道德信念的合理性的选择物。而且，如果事实上这些或者其他我们实际的道德准则的共同特征**不**被包含在被选择的准则里，那么我们有什么理由认为所选择的准则是**道德**的而不只是那些会使我们最舒服的规定的集合？是不是道德就只是一些在特定社会的成员中行使着促进顺利的交流和合作以达到相互的好的功能的一套规定？道德经验的现象学确实表明了这是对道德本质的一个完全肤浅的和倒退的理解。

我集中在布兰特的理论上进行阐释，但是我们可以对所有具有独立于我们的道德直觉的基础的道德理论进行类似的思考。当一个理论忽略了我们大多数人看做是道德的主要特性时，我们有理由怀疑这个理论是否完全是一个关于道德的理论。

五、道德认识论

在前面部分的讨论中，我们只是想指出我们可能会对理论路径（方法）有一定的保留意见，而远远不是在为否定这个路径提供什么理由。而且，即使我们有比我所提供的那些更强有力的对理论路径的怀疑的根据，这仍然不足以让我们投入到直觉路径的怀抱中。因为它很难成为对我们的直觉——我们有理由怀疑对否认直觉路径的作用的道德探究的路径——充满自信的一个基础。我们的直觉自身需要一些更为确定的说法。至少，我们应该更多地考虑关于它们在伦理学的证明结构中应该起的作用。下面我将首先给出关于道德认识论的一些普遍的讨论，在那之后我会简要地描述一个道德探究的说明，提出对直觉在我们的道德思考中所起的作用的一个解释。然后我会作出总结，通过认识到有一个似是而非的道德知识的本质的概念，如果是正确的，会提供对道德直觉的认识论地位的更深刻的认识。我应该强调我将要论及的问题是深刻而且困难的，因此我在这只能简单地谈谈。

认识论的理论要么是事实的理论，要么是证明的理论。我会着重于证明的问题，并且简单地设想在证明和事实之间有着紧密的联系。我们倾向于将证明的说明分为两个主要的方法：融贯论和基础主义。在**道德**认识论的狭窄范围内也存在着这样的情况：道德证明的说明要么是融贯论（coherentist），要么是基础主义（foundationalist）。

道德证明的融贯论说明，一个道德信念只是在它与其他信念的关系，尤其是他们的推理关系中被证明的。它要证明一个道德信念与其他形成一个统一整体的道德信念是具有很好的一贯性的。相反的，基础主义认为，一些信念是自我证明的——至少是在它们的证明和它们与其他信念的关系无关的这个意义上。根据基础主义证明，一个道德信念得到证明当且仅当它要么是自我证明的，要么是与一个自我证明的信念具有恰当的推理关系。

在这两种类型的说明中，融贯论一般被认为是更易于被直觉路径接受的。在当代道德哲学家中，最为广泛接受的道德探究方法就是约翰·罗尔斯（John Rawls）提出的名为"反思的平衡"（Rawls 1972：19-21、46-51）的方法。根据反思的平衡的方法，我们从一些关于特定的行为和行为的种类的道德直觉开始，筛选出其中明显具有歪曲影响的成分，而后尝试将剩余的直觉统一在一些更普遍的原则下。我们寻找能蕴涵我们特定判断的原则，并且在显示这些本质不同的判断拥有共同的更为普遍的原则来源的明显程度的意义上对它们进行阐释。（实际上，我们可以平等地从候选的原则开始，然后检验它们和一部分直觉的相容性。没有什么会因为我们是先将直觉挑选在一起还是从收集原则开始而转变。）但是在第一种情况下原则和直觉之间毫无疑问地不会产生非常完美的相容性。一个候选的原则可能蕴涵了许多我们的直觉，然而也蕴涵了与其他直觉的冲突。在那个情况下，我们可以修改甚至抛弃那个原则；但是，如果这个原则对于一大部分的直觉有着很大的解释力度，并且在不能对这种力度作出很大牺牲的情况下，我们不能将它改为可以相适应的脱离轨道的原则，相反，我们应该决定抛弃不服从的直觉。这样一来，我们再回到直觉和原则之间，互相调整直到我们各个层面的普遍性的信念完全融入一个和谐的状态或者反思的平衡。这种方法一般被称为融贯论，在这个术语中它被理解为将与其他信念的一致性作为一个信念可靠性的唯一标准。但是它明显地将直觉看成是道德知识的可能的来源。尽管直觉是非推理性地产生的，而且因此，在融贯论的术语中，它自身并没有初步的可靠性，但是那些在最初的筛选中存留下来的并且与在一系列寻求反思的平衡中出现的原则相容的直觉最终成为正当的道德信念。

道德证明的基础主义的理论是被理论路径的支持者所喜爱的。一般而言，基础性的信念（也就是说，那些不是在它们与其他信念的关系上获得正当性的信念）是被认为是与道德无关的，正当的道德信念全都是通过一些建立在基础性的无道德信念的推理过程中最终推论出来的（如，Timmons 1987）。那些把权威归之于我们的道德直觉的人，倾向于更不愿意接受基础主义，这是可理解的。这仅仅是因为把我们直觉本身看成是基础性的似乎更难以置信。这似乎把直觉的地位抬高了。当我们的直觉似乎真的具有一定的初步的可靠性时，设想它们是自明或可自我证明其正当性的就过分了。我们从直觉是所有道德知识的不可动摇的基础这个说法（如我之前所提到过的，这是由许多传统直觉主义者提出的）中退缩出来。

但是，至少有两种方法能克服这种不愿意的理由，从而把基础主义和直觉路径结合起来。第一种就是认识到一个信念可能是**一种**基础性的，并且是可以取消的。比如，假设感觉知觉是经验性知识的基础。即使所有的经验性知识都是从感性知觉中立即获得的，或者通过对感觉知觉的推理链最终可以追溯到，这并不能推出**所有**感性知觉是经验性知识的来源。其中一些可能是歪曲的、虚假的，或者错误的。而且在道德直觉的情况下，加上必要的修改，并没有理由证明为什么同样的感觉可能不是真实的。当然，宣称一个自我证明其正当性的信念实际上是不正当的或错误的是自相矛盾的。但是一个信念是自我证明其正当性的观点并不包括这个信念是必须正当的。说一个信念是自我证明其正当性的，只是说这个信念确实是在正当的范围内，它不是通过它和其他信念的推理关系的价值得到证明的（更多细节阐述，请参见 Gaus 1996b, ch. 7）。

第二种，即一个道德知识的基础主义说明可能把直觉看成是道德知识可靠的来源，而并不把它们看成是基础的或者自我证明其正当性的。这是我愿意更为详细地探讨的一种可能性。

六、对道德证明的一个基础主义概念的概述

对我来说，似乎反思的平衡的方法，或者一个非常类似的过程，是道德探究最好的或最有效的方法。在已知的探究方法中，这是最可能达到正当的道德信念的方法。但是，它并不一定要在融贯论的框架内进行解释。它与道德证明的一个基础主义的概念是相容的。

让我更详细地概述一下这个方法是如何进行的。我们再一次从关于特定的问题、行为与行为的类型等等的直觉开始。如果我们最初的兴趣是对一个我们没有直觉的问题，或者对一个我们的直觉很薄弱或相冲突的问

题，如我所提出的关于堕胎的问题开始，那么，我们应该寻找那些我们有更确信的直觉的紧密联系的事例并且从中思考。但是，为什么我们要把这个探究再推进的问题就立刻产生了。为什么我们不能满足于我们的直觉，允许我们自己在一个具体事例具体分析的基础上为它所引导？当然，这答案的一部分是有许多我们不产生直觉的道德问题，或对许多道德问题我们的直觉很薄弱或相冲突，或明显是可疑的或迷惑的。我们需要一个方法来确定我们应该相信什么，而且我们在像这样的事例中应该怎么做。

对于为什么一个直觉可能是有污点的或可疑的是有许多理由的，甚至对一个拥有这样直觉的人来说。比如，它可能是在孩童时代所接受但现在被抛弃的宗教或形而上学系统的残余；它可能是社会歧视或自我利益（如，奴隶主们认为奴隶是可以接受的信念）的明显的结果；它可能反映了一个脱离常规的思维的运行；等等。如果一个人关于一个特定道德问题的直觉因为这些理由是可疑的，他就需要一个推进问题的方法而不是仅仅诉诸他的直觉。

即使一个人的直觉强制地出现，他知道（当然从观察他人的现象中得知）即使压倒性的有说服力的道德直觉可能是错误的，因此有必要对他们进行审查。他应该寻求决定这个直觉是否是正当的或者可辩护的。他应该怎么做呢？当一个人的道德直觉被另一个人所质疑时，其反映是以诉诸更高层次的普遍性的含义来解释这个直觉的观点是正常的。这里的假设是，如果这个直觉可以被包含在一个看似可信的道德原则之下，它的可靠性就增强了。所以，比如，为了取乐拷打一只猫是错误的这个直觉性的判断，可能会因为没有好的理由而造成伤害是错误的这个原则而得到辩护。私人的道德反省也可以像人们之间的道德异议一样进行相同的辩护模式。我们可以质疑自己的直觉，以一个类似于反对者质疑他们的方式；但我们可能也会以很类似的方式进行回应，通过尝试将他们带入一个看似可信的原则的范围之内。

但是当直觉顺从一个道德原则时，为什么一个人的直觉可靠性就会增强（联系这个事例的实际）？一种理解是这个原则可能通过识别在道德上显著事例的特性而澄清了这个直觉。比如，如果一个人直觉地觉得为了娱乐而杀害动物是错误的，而如果他是从一个更普遍的观点出发，即同等条件下，剥夺任何个体在其他情况下应有的好是错误的，那么他的反对是尖锐的或集中的。这个原则更为清楚地显示出他能确切发现他直觉性地反对的是什么。

同时，注意到没有人认为什么原则都可行这点是很重要的。对于支持直觉的原则而言，它必须具有独立的可靠性（这个原则自身可能有直觉的诉求。如果它倾向于与某些初始性的信赖一致，而这也算做是一种**信念**的话，那就是如此）。根据融贯论，当然，原则隐含了直觉，这个现实为各自提供了一些最低限度的认识的支持；正当性的标准是信念之间互相融贯的原因。但是，即使根据融贯论，原则仅仅对直觉提供了象征性的支持，除非它自身很好地融入互相融贯的信念组成的更大的关系中。因此，反思的平衡方法要求原则自身是被证明与其他道德信念之间具有一致性和融贯性的。特定事例的含义不应该与人对于那些事例的直觉性判断相冲突，并且，它的含义应该最大可能地不与人所接受的其他原则相冲突。当然，对道德原则不能和含义相冲突的要求太高了：冲突是多元论的代价。但是冲突应该——在原则上——是可以解决的，因为人认识到一个价值必须要让步于另一个，尽管不是没有一些不能削减的损失。

所以通过假设，通过把某个人的最初直觉从属于一个更为普遍的原则而对它辩护，这只是道德探究的开始。这个原则本身必须由检验它的含义与其他信念的一致性得到评价。一个人并不需要接受融贯论以认识到这个检验的重要性。有许多实证性的理由来解释为什么不一致的道德信念是有问题的：比如，他们可能引起优柔寡断，最终是意志的麻痹。更为重要的是，在信念之间达到的更大的融贯性减少了错误的可能性，帮助人认定和去除由自我利益、错误论证、失败的想象、虚幻的形而上学的信念、不可弥补的错误，或者其他歪曲的错误信念的来源滋生的道德信念。

但力图使直觉从属于原则有一种更深的基础，这个原则本身得到它统一和解释一定范围的其他直觉的力量的支持。正是在原则和直觉之间增进融贯的过程有助于一个人发现更深层次的价值，也将通过对特殊事例的表层信念与深层价值的联结的揭示和阐明，把这两者带入到结合之中。当一个人要表明和阐释关于某个特定问题或事例的直觉的道德原则，他实际上在搜寻和探索他自己更深层的价值。对原则能阐明和解释直觉的实质期望，是假设直觉实际上是（在特定情况下），对比直觉更深层、更基础也更普遍的道德信念的显示和解释。一个人形成原则并将越来越多的直觉带入这种原则范围内来修改和美化它的努力，是试图以更为一般的方式来捕获或表述某些核心的道德信念，以达到完全正确、毫无遗漏而又精巧的形式。

我所描述的这个过程和被反思的平衡的融贯论实践者所接受的过程是

不可分开的。一个人通过诉诸原则而寻求对直觉的支持,然后通过阐述它与其他直觉的一贯性寻求对原则的支持,等等。在融贯论中,为什么不像大多数人所理解的那样理解这种方式呢?

在伦理学上对证明的融贯论说明有许多普遍的反对(如, Gaus 1966, ch.6)。当然,对基础主义也有很多普遍的反对。我不能在这一一列举这些辩论。我简要地提出对于融贯论我认为特别困扰的两个问题。一个是,根据融贯论,没有什么信念可以免于被反对,不管它是多么引人注目。如果它从信念的关系网中清除出去可以增强关系网内在的整个融贯性,那么这个信念就应该被清除。确实,一个要达到反思平衡的融贯论的方法可以最终导致对任何一个人们以之为始的信念的反对,这似乎是可能的,虽然可能性不大。但是,这两个假设和道德生活以及道德反省是完全相异的。有一些道德信念是我们不能为了得到更大的融贯而放弃的。有时,我们应该仅仅抓住某些信念,即使这会降低融贯性和系统性。

似乎融贯论要求反对一个引人注意的信念,仅仅因为它处于与另一个更为引人注目的信念的冲突之中,这样抛弃前者就不会看成是没有道理的。但是这假设了融贯论给予所谓的信念的固有的说服力一定的地位;但是,这是一个误解。根据融贯论,一个信念的可靠性仅仅是它与其他信念间关系的一个功能。如果一个单一的强有力的信念与许多个体上薄弱但紧密联系在一起的信念相冲突,那融贯论似乎承诺放弃更强的信念。

根据融贯论,一个人的道德信念好像一个游戏里的那些单牌:他把它们洗乱,为了能在它们之间达成某种联系而牺牲其中的一些,获取其他的。没有一张单张牌自身有意义的,它只在与其他单牌的关系中而且尤其是在它作为一个部分而形成理想整体的贡献中才具有意义。如果道德反思确实像这样一个游戏,在这样的游戏中即在融贯的过程中,我们的道德信念并不要求我们对其忠诚,因而我们的信念容易扩展,融贯很容易能够达到。这是因为我们的一些道德信念要求我们的忠诚,而这是与那种认为融贯是遥远的并且是不可能的目标的那些信念的推理关系无关的。

对于融贯论的一个紧密相关的担忧是,它对我们关于特定事例的直觉和直觉作为更深层的原则的说明给予了同样的认识论地位。它们处于互相支持的关系中:原则蕴涵了直觉,因而我们可以在直觉的基础上诉诸原则。但在实际上这种相互支持的关系是不对称的:原则似乎在认识上是更为基础、更为可靠的。它们表达出统一的,并且解释和辩护了我们的直觉判断的核心价值。我们的直觉并没有像为原则的本质提供存在和指导性的证明那样为原则进行辩护。简单地说,原则对于直觉而言是基础性的。就我们的直觉是道德知识的可靠的来源而言,是因为它们表达了并且指向了处于作为道德存在的我们本性的核心的一系列更深层、更普遍的价值观。

像我早些提到的,基础主义为这样一些观念所标明:某些信念("基础性的"信念)得到证明,是与它们和其他信念的关系无关的。在那些接受基础主义道德认识论的人中间,可以区分为将一些无道德的信念看成基础的人和认为一些道德信念是基础的人。在后者中,又可以进一步地区分为将直觉看成是基础的(如,Ross 1930;Gaus 1996),以及将一些一般性原则和原理看成是基础的(如,Sidgwick 1907)。因此,根据杰弗里·塞尔-麦科德(Geoffrey Sayre McCord)所说的,"许多人将有特权的(如,基础的)道德信念看成大约是等同于知觉的判断,而且认为对我们的多样性道德原则的证明是平行于从感觉中所接受的科学原则的证明的。相反,其他人认为我们的有特权的道德信念,所涉及的是最普遍和最抽象的道德原则,而且这些原则反过来也可从推理上证明(或者不能证明)我们其他信念的正当性"(Sayre-McCord 1996:150)。

我说的观点是这第二种类别的观点。但是它也与这种类别中的其他观点区分开来,因为它并不把基础性的原则看成是自我证明的或可以通过直觉活动而达到的。许多哲学家(如:Sidgwick 1907;Unger 1996)都把我们对较高程度的普遍性原则的直觉性理解看成是比我们对于特定事例的直觉更为可靠的。但是,由于道德原则在性质上是实质性的而不仅仅是形式上的(比如,"像对待相似的事例那样"),我认为我们高度信任对原则的直觉性理解是不明智的。要证明接受一个道德原则是正当的,我们必须首先明白它在特定事例中对我们承诺了什么。如威廉·詹姆士(William James)在他成为一名实用哲学家许久之前的一封信中写道,"没有什么可比他自己的具体细节的知识能够更深入地理解普遍化规则"(Barzun 1983:14)。所以,当我将原则而不是我们的直觉看成是基础的,我反对通过从自明性道德原则中推理出关于特定事例的结论来进行道德探究。而对我而言,**发现的顺序是证明的顺序的反向**。尽管更深层的原则是优先可解释的,我们还是得通过我们的直觉,以科学家们通过感觉资料达到普遍规律的方式来进行。发现和形成更为普遍的原则的过程显然是困难的且很需要智力的,而不是像发现管理我们语言使用的文法结构那样的方式。就像这个熟悉的类比所说的,当我们以我们的方式进行原则探索时,我们正在发现我们先前所相信的,尽管它们是在我们知觉意识表层之下。我们要揭示的原则表达了在意识层面之下的思想和感觉的深层倾向，以规范我们对于特定事例的直觉反应。

如果这是正确的话，它解释了为什么我们进行道德探究的过程是一个发现的过程而不是选择或意愿的活动。它也解释了为什么我所描述的基础主义的方法应该和融贯论相融合，即认为只有当我们到了对特定问题和事例的反思的最后，而不是以一种要"应用"的理论来解决问题时，我们可以期望达到一个道德理论。它解释了为什么哲学家们从学校毕业就认为他们已经拥有了正确的道德理论是值得怀疑的。

七、质　疑

对道德证明理论的大致概述产生了很多我在这篇短文剩下的部分无法回答的问题，甚至无法谈及。当然，关键的问题是我们有什么理由来假设在追寻反思的平衡过程中出现的原则是可靠的。一种难以令人满意但或许是正确的回答是，它们是最终的：没有更为基础的，没有什么是它们要证明是正当的可依赖的了。当我们用我们的方法追溯到强调和最好地阐释了我们对于特定问题和事例所做的无数判断的原则或者价值，就没有什么更深层次的可以追寻了。

当我们要达到的原则是简单地自我证明的，或许这会更容易被接受；但是没有什么能保证它们是这样。实际上，如果以经验为指导，甚至有理由怀疑它们经常不是这样。比如，考虑我们的直觉对制造伤害和允许伤害发生，或者更具体为杀人和让人死这两者在道德上的差异。许多哲学家都认为这些在特定事例中很重要的直觉的源头可以追溯到某些深层的原则。我没发现在什么情况下我们所说的原则会探讨直觉判断的即刻的正确性，即使它们本来被认为是应该要进行解释的。这些原则太抽象、太公式化而不能获得即刻的确信。但或许这个问题是因为原则被认为并不真正是最终的，或许还有一个更深层的解释还没有被揭示出来。

我们有理由推测在我们的基础和核心的价值中，至少有一些有生物学的基础。对这点的一个证明是我们对于特定事例的直觉有着惊人的同一性。我们长久以来对人类学者、英语教授、大学生们和其他人关于道德观点的多样性的说法印象深刻，以至于我们倾向于忽略道德会存在怎样的同一性。有趣的是，我们发现道德不同一性正在扩大，而且更多地强调我们从特定事例中所提取出来的，而不是专注于原则或理论上。（当然，当加入宗教的考虑后它们也在扩展。）当道德思想的不同派别的支持者将注意力集中到特定事例时，就会产生更多的直觉同一而不是让人怀疑的高一层次的争论。尽管这只是说笑的，我认为那些教道德哲学的人会发现下面的这个观察是多么熟悉的现象。当我上规范伦理学的课时，我的学生在伦理上是异质的。许多人是在世界上一个很遥远的地方长大的，说话时仍带有可辨别出的母语口音。但是，尽管他们在不同的文化中长大，他们对于我们所讨论的事例仍然有相同的直觉回答。（当然，这是某些诉诸直觉的作者在伦理上的期望；但是，如果一个事例不能说明大多数读者都有相同的直觉回答，它就不能给道德辩论提供基础。）

以下是老师们经常使用的两个例子：

（1）**有轨电车**：一辆有轨电车正沿着主要的轨道奔驰，它将要轧到并杀死困在轨道上的五个人。一个旁观者可以扳动开关，在车轧到五个人之前将车引入分支的轨道；但是这样会轧到并杀死困在分支轨道上的一个人。

（2）**移植**：医院有五个人要做器官移植才能存活。可以杀死一个健康的病人并把他的器官分给五个人使他们存活下来。

在这两个事例中，都要在让五个无辜的人死和杀死一个无辜的人之间作出选择。实际上，我的学生们都同意在有轨电车的例子中杀死一个人来救活另外五个人是允许的，但是所有学生都认为在移植的例子中这样做是不允许的。有两个原因使这个一致的意见非常值得注意。第一，当学生直觉地区别对待这两个事例时，他们的鉴别力缺乏根据；他们不能认定导致这两个事例在道德上不同的因素。（就像那些熟悉比较文学的人知道，引入一些变量来挑战那些即使是最敏感的哲学家发现他们直觉鉴别力的基础的能力。这不只是一个本科生们玩的游戏。）第二，这些事例是在学生经验范围之外的。这种选择实际上是非常少的，而且学生们之前根本不可能思考过。但是他们的直觉反应是即刻的也是很强大的。这个选择和学生们具有很大文化差异的背景相结合，说明了直觉不是后天习得的反应。

有一个可选择的解释，如前面提到的，可以解释在我们自发地作出直觉的道德判断所诉诸的深层的价值和规范我们语言使用的深层的文法结构这个类比。克林·麦金（Colin McGinn）最初形成了我们语言知识的相应的说明，将道德知识的这个概念贡献给诺姆·乔姆斯基（Noam Chomsky）。他写道："根据乔姆斯基，我们似乎可以将我们的伦理能力看成是相同于我们的语言能力。我们总是在没有明确的指导、没有很大智力劳动的情况下获得伦理知识的，而且尽管我们接受了不同的伦理教育，其结果总是令人显著的统一。环境仅仅发挥了推动和细分一个内在系统的作用。因此不同文化和不同时期的道德系统可以合理地看成与人们所说的语言的不同相类似，——一个基础性普遍结构区分为特定的文化产品。"(McGinn 1993：30)

麦金继续推测"有着调和我们社会关系的常识心理学，其内在系统包含了可以产生伦理的基础原则的资源"（McGinn 1993：30）。毫无疑问，社会心理学文献从进化生物学引出我们所熟悉的说明，来支持对那些深层价值观的解释，这些价值观给我们对如父母职责、婚姻忠诚等事情的直觉。

但是这种说明为怀疑论留下了很大的空间。即使从生物学上认为我们是以一定的方式思考和感觉的，我们仍然可以质疑以那些方式去思考和感觉在伦理上是否是正确的，或可辩护的。比如，没有明显的理由认为自然选择会使我们对非人类的动物的生命和存在会有很多关注：进化生物学预测了我们对动物的态度，以及我们在涉及它们的实践时我们是"人类中心主义"——也就是说，我们几乎不考虑动物的利益，因为动物在一定意义上是与我们无关的。而且我们的信念和实践，在大部分上确实是人类中心主义的，但也只是大部分。许多反思的人们尝试以反思的平衡的方式来形成对动物的道德信念，从而得出这样的结论：我们传统的信念和行为是不合理的。一种合理的道德认识论理论必须能够容许对深植于我们生物本性的道德信念作出根本性的改变，并使我们对这种改变的能力富有意义、作出根本性修改的能力变得有意义。

对我们的核心价值的内在论概念的另一个担心是认为，它意味着一种混乱的主观性的价值概念。如果我们的道德判断仅仅是生物学意义上思想和感觉倾向的产物，那么，似乎是价值就完全在我们之内而不是在世界上——就像许多主观主义者所说的，价值是我们的思想投射到世界的产物，否则价值完全不存在。按照这种观点，价值像味觉一样是本质上任意武断的，并且终极上看，是不可批判的。当然，这是一个相当常见的观点，但是我们中许多人倾向于强烈地抵御它。

不过，这个内在论概念并没有不可避免地导致价值的主观论（Brody 1979）。对于如下看法并不是不可质疑的：我们的心灵是以这样一种方式展开的，即我们的道德感知能力是理解那种实际存在的能力。我们的感知能力对于我们理解价值（正面的或负面的）有所贡献这是真的。一些哲学

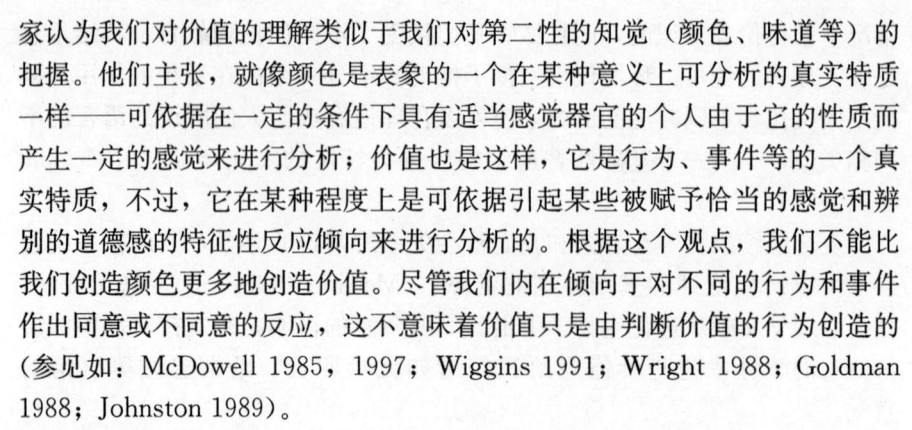

家认为我们对价值的理解类似于我们对第二性的知觉（颜色、味道等）的把握。他们主张，就像颜色是表象的一个在某种意义上可分析的真实特质一样——可依据在一定的条件下具有适当感觉器官的个人由于它的性质而产生一定的感觉来进行分析；价值也是这样，它是行为、事件等的一个真实特质，不过，它在某种程度上是可依据引起某些被赋予恰当的感觉和辨别的道德感的特征性反应倾向来进行分析的。根据这个观点，我们不能比我们创造颜色更多地创造价值。尽管我们内在倾向于对不同的行为和事件作出同意或不同意的反应，这不意味着价值只是由判断价值的行为创造的（参见如：McDowell 1985, 1997; Wiggins 1991; Wright 1988; Goldman 1988; Johnston 1989）。

对我所概述的基础主义说明的更进一步的思考是，如果我们的直觉判断可以追溯到更深层的原则，这些原则本身至少在某种程度上是对体现内在的思想和感觉的倾向的表述，那么，我们就可以期望在每个个体的直觉之间有比实际能找到的更大的和谐和统一。实际上，一个人的直觉是混乱的，一旦他想把它们统一到更为一般性原则之下时，他会发现，冲突和不一致是相当多的。

对于这个问题有许多解释。一种是我们的道德直觉毫无疑问地是从许多不同的资源中发展出来的：一些是从生物学意义上的种族间广泛统一的倾向中得到的，另一些是文化决定因素、经济或社会情况、环境和个体性格的妄想等等的产物。考虑到这些资源的异质性，它们之间存在冲突是不奇怪的。要达到更高的统一性和融贯性的过程，像我在前面提到的，一部分是努力除去从污染的资源中获得的那些直觉。但即使是从我们认为是可靠的资源中获取的那些直觉，也不可能优先确保和谐。有一些道德的领域——比如，使新的人存在的领域——具有深层的不兼容性，那并不是任何明显错误的结果。在这些领域里或许没有获得一致性的方法，而这并不涉及对某种真实事物的拒弃。一个人不得不怀疑的是：道德生命和经验的丰富会不可避免地继续反对我们将道德化约到一个全面统一的系统。

致谢

我要深深感谢大卫·布宁-维尔（David Boonin-Vail）、沃尔特·费伯格（Walter Feinberg）、休·拉福莱特对我最初的文稿所做的建设性的评论。

参考文献

Audi, Robert: "Intuitionism, Pluralism, and the Foundations of Ethics," *Moral Knowledge?*, ed. Walter Sinnott-Armstrong and Mark Timmons (New York: Oxford University Press, 1996), pp. 101-136.

Barzun, Jacques: *A Stroll With William James* (New York: Harper &Row, 1983).

Brandt, Richard B. : *A Theory of the Right and the Good* (Oxford: Clarendon Press, 1979).

Brink, David: *Moral Realism and the Foundations of Ethics* (Cambridge: Cambridge University Press).

Brody, Baruch: "Intuitions and Objective Moral Knowledge," *The Monist*, 62 (1979): 446-456.

Daniels, Norman: *Justice and Justification: Reflective Equilibrium in Theory and Practice* (Cambridge: Cambridge University Press, 1996).

DePaul, Michael R. : *Balance and Refinement: Beyond Coherence Methods of Moral Inquiry* (London: Routledge, 1993).

Gaus, Gerald: *Justificatory Liberalism: An Essay on Epistemology and Political Theory* (New York: Oxford University Press, 1996).

Goldman, Alan H. : *Moral Knowledge* (London: Routledge, 1988).

Griffin, James: *Value Judgement: Improving Our Ethical Beliefs* (Oxford: Clarendon Press , 1996).

Hare, R. M. : "Abortion and the Golden Rule," *Philosophy and Public Affairs*, 4 (1975): 201-222.

Johnston, Mark: "Dispositional Theories of Value," *Proceedings of the Aristotelian Society*, supplementary volume, 63 (1989): 139-174.

Lewis, David: "Dispositional Theories of Value," *Proceedings of the Aristotelian Society*, supplementary volume, 63 (1989): 113-137.

McDowell, John: "Values and Second Qualities," *Morality and Objectivity; A Tribute to J. L. Mackie*, ed. , Ted Honderich (London: Routledge, 1985), pp. 110-129.

——: "Projection and Truth in Ethics," *Moral Discourse and Practice*, ed. Stephen Darwall et al. (New York: Oxford University Press, 1997), pp. 215-225.

McGinn, Colin: "In and Out of the Mind," *London Review of Books* (2 December 1993): 30-31.

Rachels, James: *The End of Life: Euthanasia and Morality* (Oxford: Oxford University Press, 1986).

Rawls, John: *A Theory of Justice* (Oxford: Clarendon Press, 1972).

Ross, W. D.: *The Right and the Good* (Oxford: Clarendon Press, 1972).

Sayre-McCord, Geoffrey: "Coherentist Epistemology and Moral Theory," *Moral Knowledge?*, ed. Walter Sinnott-Armstrong and Mark Timmons (New York: Oxford University Press, 1996), pp. 137–189.

Sidgwick, Henry: *The Methods of Ethics*, seventh edition (London: Macmillan, 1907).

Singer, Peter: "Sidgwick and Reflective Equilibrium," *The Monist*, 58 (1974): 490–517.

——: *Practical Ethics*, second edition (Cambridge: Cambridge University Press, 1993).

Timmons, Mark: "Foundationalism and the Structure of Ethical Justification," *Ethics*, 97 (1987): 595–609.

Unger, Peter: *Living High and Letting Die: Our Illusion of Innocence* (New York: Oxford University Press, 1996).

Wiggins, David: *Needs, Values and Truth*, second edition (Oxford: Blackwell, 1991).

Wright, Crispin: "Moral Values, Projection, and Secondary Qualities," *Proceedings of the Aristotelian Society*, supplementary volume, 62 (1998): 1–26.

反伦理学理论

第6章 伦理学的终点

约翰·D·卡普托

一、引　言

伦理学的终点并非指一切恶都已经失去控制（all hell has broken loose），也非指哲学家已经决定将自己发表意见的权利拱手交给普遍的政治混乱、听任无节制的贪婪、毒品的自由泛滥和普遍的暴力。伦理学的终点并不意味着可以"一切听便"（anything goes），即将任何意见都看做是正式权威性观点——即使是哲学家认为如此也不可能。相反，伦理学的终点是指，对于某些哲学家而言——因为这是这样一种哲学立场：伴有与如此思维同时出现的一切通常的复杂性和混乱——伦理学的通常性任务已经失去作用，而且在如今，我们都倾向于信以为真的伦理的真实性（the ethical verities）、我们所珍视的道德信念和实践，现在都被视做比以往我们所想象的更难的焦点。因此，伦理学的终点就是处于这样一个毫无掩饰的诚实时刻，即此刻我们不得不承认，在伦理学中，我们更可能是以结论开始，以我们头脑中一直装着的"目的"（ends）或者得意的伦理学终曲开始，到后来才为前提（premises）而焦虑。因此，等待确定性的理论前提来支持我们的伦理信念，就似乎有点像躲开弹射向我们头上那只桶的弹射轨迹之前等待感觉真实性的证明一样。

伦理学的终点是指，伦理学理论中的前提总是出现于事实之后因而来得太滞后。对于应用这种思维方式的伦理学家而言，他们的出现就如同聚集在事故现场的人，要看明白刚才究竟发生过什么事情。当然，事故在发生时根本就没有人观看，（因而才称之为事故）尽管事后人人都可对此说什么，并且还要继续跟踪了解，包括坚持说，相应权威人士本应当明白此事故会发生。因此，如果在伦理学的终点之中有"例证"，那么这些例证就是意外伤亡、"倒下"（casus）、因未预见到的困难和障碍物而绊倒，以及在日常生活中给予我们打击的"意外事故"和有时击倒我们的意外事故。

假如有谁竟然能有如此之大的勇气，或者竟然愚笨到如此地步，要提供一个"伦理学理论指导"，并想要在伦理学著作中给予此观点一席之地，那么，或许可以将此观点称之为"偶然论"（accidentalism）。一个偶然事件，是指发生在我们掌控之外和我们预见能力之外的突发之事。一切目标和目的旨在使我们为将发生之事做好准备，并预见所发生之事的理论和原则，在此早期却处于沉眠状态。日常生活中单独的情况（the singular situations），总是发生于距离地面太近因此难以被伦理学理论的雷达觉察。伦理生活就是一连串如此的突发事故和意外事件，伦理学理论对这些意外则几乎无法提供任何担保。至少在生活变得活泼有趣之时，它不能担保什么。假如说伦理学理论指导还可以发挥什么作用的话，那么，其最佳作用就是体现在对我们来说没有要求的、那些更具常规性的、日常的和可预见性的决定之中，体现在或多或少可程序化和可确定性的决定之中，体现在与以往非常类似的决定和极其枯燥乏味因而实际上被编入伦理学手册，即"指导手册"之中。然而，一旦出现新的或不同的情况，伦理学理论则陷入无能为力的境地，那群人就会围在现场，人人开始发表含混的意见，直到最终一致同意他们本应亲眼目睹此事件发生。

因此，有关伦理学终点的谈论（discourse）无论怎样都在"伦理学理论指南"中占不到一席之地，这就是个值得争论的话题。因为在关于伦理学终点的谈论之中，所有的努力都是集中于克尔恺郭尔喜欢称之为"生存的个体"（the existing individual）之中。现在或许认为克尔恺郭尔的语词表达是多余的，他用的那个形容词"生存的"本来可以用不着，但克尔恺郭尔却意识到，在构建"理论"中生存是第一位的要素。因此，在伦理学的终点处，想要能给生存着的个体提供的唯一伦理生活指导，就是要对之高喊"抬头"，这就极其类似于在深壑之中呼喊"进来"，因为你从来就不知道是什么东西正在进来。伦理学终点不是指像海德格尔所喜欢称之为做伦理决定的、具体而"成为事实的"生活的结束（相反，海德格尔是尽量准确地提醒我们意识到如此选择的难度），而是指在任何强烈、肯定和实际意义上的"伦理学理论"的终点、"对伦理学理论指南"的终点，即其权威给混乱情景提供出路的那些理论和指南的终点。至于伦理学之终点，我们就一直是在黑暗中前进：我们一方面在调适着生存中的起伏跌宕，而与此同时理论性视角又预先假装为我们提供了确定性的指导。简单地说，

112

假定它不情愿成为一种指导，假如它对伦理学表现了固执的拒绝性态度以及对理论的拒斥，那么，伦理学之终点将必然危害到对伦理学理论的引导。

在伦理学的终点处，在具体或"成为事实的"生活中究竟该如何行动的伦理判断和伦理决定，都会遭到两种困难的冲击和抵制。其一，这些判断和决定并非来自它们所依赖的理论性前提，而这是它们的证明所需要的；即其理论性前提并非如此，如果理论性前提受到挑战或被推翻，生存的个体就不得不完全沮丧且失落地回到原处，因为他现在明白伦理生活和实际行为已经结束、已经被驳倒并被揭示为纯粹是虚空。不仅如此，这也迫使生存个体进入更深的，或迫使生存个体更强烈地进入仍然必须生活下去的尴尬境地。其二，伦理判断产生于个体生活中独特性的、前所未有而又绝不可能重复的处境之中，那就意味着我们绝对不能说某条法律或原则是公正的，因为那种说法将过于以偏赅全和具有虚伪性，因为该法律或原则的不公正性明明就展现在眼前。这当然不是说一个人大体上是公正的——一个人越是公正，他就越不太可能这样宣称。至多，我们可能带着恐惧与颤栗说，一个具有公正性的单一事件发生了。但是我们想要着重强调一下"恐惧与颤栗"，以免在人群中观看事件进展的那位伦理学家突然冲出来，将最新"原则"立即电话通知他的编辑，而这个"原则"很快就足以被证明太具以偏赅全性。一个如此的原则将可能会成为下一个伦理学理论指南的极好模板，现在这样的原则就每天都会被公开出版，而且还将最近发生的一切都考虑在内加以分析修订和更新。当然了，这种做法无法指明仍未发生的事情，但是，［没有关系，］未发生的事情将在下一次修订和更新的版本中得到处理。如此做法至少为提供如此指南的作者和出版商制造了一个极好的赚钱商机。

二、全然的他者

那么，为什么说伦理学的终点并不是指一切恶都失去控制呢？难道我们还没有被逼到角落？还没有被挤到最无规律性的决定主义（decisionism）之中？还没有被逼从一个决定跳到另一个决定，而我们却不知我们究竟在做什么或不知道为什么或下一步该如何做的地步吗？如果没有人给我们指路或没有人给我们充当向导，我们又该如何前进呢？走出如此绝境的出路就是，我们要多少带着一点散布谣言的恶意与喜好，来突出强调我们所宣称的伦理学之终点所要肯定或确定的是什么。因为思考伦理学的终点是"肯定性的"（affirmative），但却不是"明确性的"（positive）。也就是说，思考伦理学的终点是要通过对深爱的东西的肯定，而不是要确立一种明确的立场，不是通过一种关于做什么和不做什么的明确规则支配的计划来达到，采取这种立场的人来做什么太具明确性了。伦理学的终点意味着，伦理学的事业应当带有比以往的哲学家不情愿显示出来的更多一点恐惧与颤栗。在某种程度上讲，伦理学之终点有点类似于"上帝已死"的说法对于仍相信上帝的人们的意义：这种说法清除了偶像、允许一个更具神性的上帝出现。伦理学之终点也完全以同样的方式，在大多数人坚持把伦理学看做一种偶像时，它为更具伦理性的伦理学的出现清除了路障。对于那些仍然相信哲学的人来说，伦理学之终点也就像是形而上学之终点一样：它扫清了怀疑性的杂草，好让具体的、事实性生活中的小草嫩芽和小树苗获得一些阳光。

我在此所辩护的观点是[1]，一切都开启了一种对"他者"（the other）的肯定，这种肯定超越任何明确性（positivity）或立场性（positionality），如果借用克尔恺郭尔和列维纳斯[2]而后来又被德里达（Derrida）[3]沿用的语言表达，那就是对"全然的他者"（wholly other, *tout autre*）的肯定。作为对全然的他者的肯定，这种观点并非源自否定的"不"（no），而是源自肯定的"是"（yes），不是出自对全然的他者的拒绝，而是对全然的他者的欢迎，是向敲我们门的那位陌生人敞开我们的家。严格说来，"全然的他者"这一表述意味着绝对不可思议的东西，是我们与之丝毫没有任何关系的、完全陌生的，但是我们所喜欢并肯定的东西，全然的他者就像夜船从我们身边悄然不知地行驶而过。那样，就将全然的他者简化为一个简单的毫不相干，或甚至简化为一个逻辑上不可能的东西，或者是在表达术语上的一个矛盾。因此，"全然的他者"的表达方式明显就是一个思考伦理学终点的艺术性术语，这个术语本身具有多重意义。

在一种极具未来性的意义上，全然的他者的意思就是指以极端方式使我们感到吃惊的东西，是我们没有看到以某种重要方式而来临的人或物。全然的他者是指非常关键地没有被预见、未被预测、未被期待之人或物，它是我们对之毫无准备并超过我们期待范围的东西。从古典德性伦理的视角来看，对伦理学之终点的这种思维培养了向他者开放的德性（virtue）、卓越性（excellence）和古典的德性（arête）①，培养了一种极端热情、略具悖论性的思维模式，在这种思维模式中，人准备好因其无法准备或无法准备好应对的东西而感到惊讶和感到震惊。

思考全然的他者的方式与相对的他者不同，是那种我们也许可说是"仅仅是新的"东西，即利奥塔称之为是在老游戏中走新步（Lyotard and Thébaud 1985）。在全新者之中没有任何真正或全然的新东西，仅仅是一种已经熟悉或本来如此的形式表现出某种新例或例证，是在已经取得一致意见和熟悉的一套规则之内一个新的努力或新策略。一位大学篮球队教练会设计一个完全迷惑对手、却绝对服从当前美国国家大学联合会（NCAA）一切规则的新防御计划。一位艺术家或许作出新贡献，创作出新的艺术作品，一方面该作品代表一个新的艺术杰作，而同时又在已有艺术形式之内，即是展示现存一切形式所代表之模式的新范例，甚至将之推向一个新高度。例如，假设我们在图书馆地下藏书库内发现了隐藏文献，其中有一部由安东尼·特洛皮（Anthony Trollope）撰写的一个未出版因而不知名的小说，该作品确实非常出色，而且其中包括了特洛皮通常作品的特点，即：当一个阶层成员想要与另一阶层成员结婚时冲突就爆发出来，利用婚姻方式为谋取前程、年轻女性因而被迫沦入不公正地位，基督教圣公会中高层和地层党羽之间的冲突等。再假设我们发现了一首罗杰斯（Rogers）和哈默斯坦·奥斯卡②（Hammerstein）创作的不知名的音乐剧，或者发现了甲壳虫乐队曾丢失并被遗忘的作品录音等。我们则会面临又一个转机，是在一种形式或类型内部的又一小说创新，这将使我们更加深入对该类型的理解，却不会促使我们为了去理解它而去想象一个全然不同的小说类型。或者再假设，一位年轻的太空物理学专业博士在其论文中提供了数据和论证，这些数据和论证又为大爆炸理论提供了一个说明，在其论文中该学生会利用一些巧妙的方法说明她当然理解该理论原理，但她却不改变有关整体理论的基本假设。

然而，当某种绝对新的东西真的发生时，事情就确实很有意思了，这

---

① 希腊语的"德性"词的法语拼写，也是法语词，相当于英文中的 excellence，指超越其他的优秀性。

② 哈默斯坦·奥斯卡（1846—1919），德国出生的剧院经理，于1888年在哈莱姆，1906年在曼哈顿创办了歌剧院，他的孙子哈默斯坦·奥斯卡Ⅱ（1895—1960）是一位抒情诗人，与人合作创作了不少音乐剧，其中以他与理查·罗杰斯的合作最为有名，作品如《俄克拉何马》（1943）及《音乐之声》（1959）。

里就是指全然的他者。用利奥塔的公式来说，因为那将不再代表旧游戏中的新发展，而是新游戏的全然发明。那么我们就又被迫退回到原出发地，重新检验基本前设，感到一点惊奇、惊讶、震惊和迷惑。当马塞尔·杜尚（Marcel Duchamp）① 撒泡尿、在容器上面签名并郑重其事地将尿液放在廊柱基座上，由此宣布这是一件艺术杰作时，批评家们就会大惑不解，会被此举的怪异和新奇而大为震惊，他们就都会步出画室追问："这是艺术吗？"唯有当我们被驱入到极端地去追问"是艺术吗"，或者问"是文学吗"，或问"这是物理学吗"的时候，全然的他者才真正产生。因为唯有那时，预期和预见性的范围被动摇摧毁，而且原本理解旧形式的人所共有的基本假设被彻底连根拔起。当一个艺术类型或科学范式本是合理之时，那就意味着一个实践该类型或范式的"共同体"已经形成，一个群体就会因共同理解的存在形式所遵守的规则和在该类型中判断新作品的标准而聚合在一起。从旧形式中推出的作品，已经有了先在性存在的观众和判断标准。但是，当某个全然的他者产生时，共享的有关标准的假设和一致意见就被摧毁，原本先在性地存在的观众就被驱散，该作品或新产生的东西就独立存在了。然后，这个新作品或新产生的现象就要或者因其怪异而消亡、因其奇异性而消失，或者要"赶上时代"（catch on），意思就是说，一个新的共同体和新的观众群将开始初步思考并系统思考所发生的事。直到这种情况已经发生之时，那件新的作品或发生的现象就已经被模仿并被同化吸收（assimilated），新的标准就已经形成了，已经聚在场景周围观看所发生之事的批评者群体和评论家们将会重新恢复头脑冷静。像黑格尔所言，那个密涅瓦的猫头鹰（the owl of Minerva）②，即新确立的智慧和批评家们、评论家们、学位论文编导们的冷静头脑，只是在绵长一日尽头的黄昏才得以展翼。唯有那时，他们才能向我们解释这是什么而且为何如此，确实是这样的，假如他（密涅瓦的猫头鹰）可为艺术、科学或篮球确立规则，那么不可避免的是——事实上，严格地说，这就是我们之间发生的事情——他们个人就会始终认为这样的事情必定要发生。只是到了某件**别的**［不是他们所想象的］事情发生了，他们才真正感到困惑。

---

① 马塞尔·杜尚（Marcel Duchamp，1887—1968），法裔美籍现代派艺术家，纽约达达运动领袖，第一个将不同物品作为艺术品展出，其绘画作品包括《下楼梯的裸者》（1912）等。

② 罗马神话中掌管指挥、发明艺术和武艺的女神。

伦理学之终点很大程度上就是指向这些惊奇、特例和无法预见的突破性事件，这些事件使我们不禁疑问：这是什么？正在发生什么？正发生于我们身上的是什么？接下来又要发生什么？这是伦理的吗？这是人道的吗？促使并激发我们思考伦理学终点的肯定性就是对我们无法预见的、那肯定要发生的、深潜在未来的某个事物的肯定（Derrida 1989：25-65）。对要发生之事的肯定不仅仅是为了那要来之事做自我准备，而是要渴望它，要欢迎和肯定要来的东西，因为这个要发生之事总是将现在视为是需要打碎和开放的界域，以能允许新的和新奇的东西出现。该事物［要发生的新奇东西］将会把带着某种临时性定义目前情景的规则看似临时存在的规定，是在使我们受惊吓之物来临之前我们临时找到的藏身之所。

全然的他者的不可预见性代表一种对当前罪有应得的公正性报应，这种报应使当前（present）失去了平衡，而且妨碍当前获得太多优越性（prestige）。肯定全然的他者就是肯定正义（justice）总是要来，肯定当前秩序永远不能被称之为是正义的——因为我们在谈论伦理学，因此正义是比较合适的用词。因为政治总是非常具有伦理性的，因此我们或者说，不可能在我们周围实际经验的民主中找到**民主**（democracy），民主是在更深刻意义上即将要来的民主。至少从原则和更广泛的意义上讲，我们今天所能谈论的最不公正和最不民主的东西，就是正义和民主，就是此地（here）、今日（today）、此刻（now），我们一方面不会对遍布我们周围的一切不公正和不民主的压迫感到极不耐烦，而同时我们所需做的仅仅就是填充虚点（filling in dots）。① 我们使自己与当前之间保持距离，这不仅仅是经验性决定，也不仅仅是从观察遍布我们周围诸多的不公正所得出的事实性结论，尽管我们与当前之间保持的距离疏离也确实反映了那样的情况。[4]例如，像穷人这种不公正现象，就总是出现在我们身边，而且我们总是利用仍然有不胜枚举的不公正事例的事实进行自我安慰，因此就心安理得地认为不能要求当前做到公正。全然的他者这个观念即是肯定正义总要来到、总要**结构性地**（structurally）到来，因此我们总是在当前和正义之间保持着不可跨越的距离。有一种替换性说法是，正义是一种我们或多或少懂得的理想，是一种追寻的理想，正如在实用主义（pragmatism）那里一样，正义就是在实践理想的过程中取得很大进步那样一种理想，而且

---

① 即我们总是在现实与理想之间保持一种距离，不断如此地在"虚点"之中填充着我们对正义和民主的追求。

当前就是对正义一种不完美的近似化。那种思考方式中存在的危险是，我们会倾向于参照我们衡量当前的尺度，来促进与实现这一理想中已取得的进步密切相关的"良知"（good conscience），这样就使我们得出结论说我们正在做的还不算糟糕。对思考伦理学之终点的人来说，那种思考方式就会导致他们满足于当前现状，并高度容忍不公正，会将此时此地我们这些历史性进步的选民（among the chosen ones of historical progress）中正被实践的理想作为参照和依据，这种不公正总是被轻描淡写地说成是一定程度的实际性缺失和暂时落后。〔但是〕如果有人告诉说，破碎的生活、被毁掉的未来、在母体子宫中就成残疾的儿童和从这些理想图景中被抛弃的那些人，很大程度上是在实现理想之路上的现实性不足，那么，无论谁都不会因此而感到安慰。

　　肯定地说，永远存在的不公正的压力或许是令人绝望、令人沮丧，因为无论我们怎样做，穷人总是伴随我们左右。那也恰恰就是我们为什么应当坚持采取一种肯定性语气，坚持出自对正义的爱和渴望的肯定性态度，坚持立足于对我们中间那些最匮乏者的肯定，肯定他们的需求和缺乏。因此，我们坚持说正义总要来到，我们的目标就会将当前完全公开暴露于丝毫不容不公正的绝对监督之下，因为不公正就在我们身旁。即将到来的正义就是我们现在所急需的。根据这种阐述，我们永远不可能有"良知"，因为那是头脑得到非常满足的一种心态，相反，我们可能已在心中积累了作为伦理生活中一种结构性特征的歹心（bad conscience）。假如引用布兰卡（Blanchot）故事的话，那就是雅克·德里达所谈到的事实上永远不能露面的一个弥赛亚（Messiah）观念，也就是其结构性的真正含义永远不会出现于此地、此时、就在眼下当前的那个弥赛亚观念，所以说，那位弥赛亚总是从结构意义上而言即将**要来**（1997b：46n.14）。就是说，正像在这样的故事中，一天有那么个人在城市边缘认出那位衣衫褴褛的弥赛亚，并且他走近那位弥赛亚问道："你何时要来？"因为弥赛亚的意思总是指所盼望和所期待的，而且我们绝不应将弥赛亚的来临，即他的要来，与他的在场（the presence）混淆。如果弥赛亚确实已曾肉身显现，那就将一切摧毁，因为那样的话我们还有什么可盼望和指望的呢？我们怎能会有时间和将来？甚至是在基督教中，虔诚者信仰弥赛亚确实取了肉身来到世上，但他们也曾得出结论说这个世界已终结了，在那个时候的任何一天里世界都正在终结，而且不再有未来。如果世界在那时还没有终结，他们就立刻会追问并且祈祷：你（弥赛亚）何时**再**（again）来？因为这个"你何时要来"的问题，就是拥有将来的关键所在。那位弥赛亚，或者说是正义、民主，也就是某个什么东西，必须总是要到来的，当前总是即将要利用盼望和期待所开启的，因为当前就最肯定地说不是弥赛亚时代。在时间中生存就是要盼望即将到来的。总是如此。

我在这里并不是说我们根本丝毫没有正义的思想，即任何情况下看到非正义时我们就会对之不予理睬。由于肯定全然的他者要来、由于要改善全然的他者的生活，尤其是要改善那些遭受到个性扭曲（alterity）及沦为"完全相同者"（the same）的受害者的生活，所以正义总是不得不要去应对全然的他者。但是在要意识到正义和要找到全然的他者的情景中，情景的奇特性就为正义创造希望，即为正义要呈现的前景样式和不可预见性创造希望，而且情景的奇特性促使我们向前景可能的多样形式开放（1985：100）。利奥塔说，正义的多样性即是多样性的正义。利奥塔又接着说，如果用康德的话说，那么正义的"概念"不像是一个范畴，而是更像不可代表的崇高。

全然的他者那种不可预见性和不可预先把握性，使得我们始终小心翼翼地对待未来给伦理判断所带来的不可克服的困难。在诸多事例当中，我尤其考虑到从迅速发展的医疗技术中所产生的困难，迅速发展的医疗技术使不能生育的夫妻和女同性恋者能够拥有自己的孩子，那些技术迫使我们要区分生母和其他类母亲，使我们一下子完全陷入迷惑之中，弄不清楚究竟谁是母亲或者说究竟何为母亲。以往做父亲的主要担忧是，如何为男性寻找方法来确定他们是其妻所生子女的血亲父亲，至于说谁是孩子的母亲却根本不是问题。即使现在我们有点含糊其辞，说那些家长制日子在如今已经是屈指可数，那么，我们一方面知道我们不可能仅仅诉诸规则，因为规则当初是为旧游戏而定下的，医疗技术更新速度如此之快以至于老游戏几乎一天就过时了，但是我们仍然每天都有新的惊讶之处，即关于提出如何向未来开放、如何肯定即将到来的东西而又不至于弊大于利这样的问题，以及什么是在技术上可能的诸如此类的问题。今天最新的挑战是克隆人的前景问题，也就是仅仅在十年前，你在伦理学著作中都不会看到被讨论的问题，现在却引起了前所未有的复杂性困难。格里戈·孟德尔（Gyegor Mendel）曾认真仔细地耕作自己的豌豆园，当初他是无论如何也绝不会想象到什么人类基因工程。思考伦理学的终点就意味着是在前沿领域进行最严肃的反思，是在超越当前界限、局限或目标的通道上进行最严肃的反思，在此前沿我们被迫作出新的思考，去应对我们原曾未看到的正要到来的事物，去跨越性地进入异乡领地，被迫借助于现在强行来到我们身上却给我们印象是我们原本确实懂得很少的东西，去重新思考我们曾以为我们懂得的东西。

三、个　体

全然的他者仍然有另一角度，其含义被德里达的一个著名表述语准确地表达了出来，这种表达在法语中比在英语中更难以准确把握，即**每一个他者都是全然的他者**（tout autre est tout autre）（1995a，ch. 4）。假如我们可以将个体复数化的话，那是一种标志个体（the singular）和多个个体（singularities）之深奥的方式。我们回顾一下，个体不是一个种类的标本，不是能归于一个普遍性规则之下的具体事例，不是归于一个普遍性情景之下的特定具体情景，也不是一个类别中的一个个体成员。个体性以其独异性（idiosyncrasy）、特定性（idiomaticity）、独有性（uniqueness）、特例性（anomaly）和不可归类性（unclassifiability）为标志。它是史无前例的，因而就给盎格鲁撒克逊法律提出了一个问题，因为盎格鲁撒克逊法律喜欢先例；它也是不可重复的，因而也不可能形成理论学家和手册作者们能匆匆记录并编入一个普遍性系统的普遍规则。个体性就是谁都不可能为之替代的某个东西，诸如：我可以给你付钱为我做很多事，给我修剪草坪或将我驾车道上的积雪清理干净，以及我可以弄一台机器替代我的劳动。但是，我却不能请某个人将我的责任推到你的身上让你为我代过（无论如何，不是"道德意义上的责任"，虽然我们总是因这类情况而逃避惩罚）。或者说，我不能让你代我去死，那样只能暂时推迟我的死亡，而我最终还是不能逃脱死亡的结局。假如那种把握事物、掌控事物并将之"概念化"的能力，是意味着要随时掌控它们于我们左右、将之限于我们视线之内、去抓住它们、懂得它们并主宰它们的话，个体性的独特性就是要抵制我们所有用于把握事物、掌控它们、并将它们"概念化"的一切能力。当我处于一个个体性之中、面对某种奇特性东西，我都不拥有它，而是它反过来在掌控我。

当然，在某种意义上，我们需要概念，而且在已经阐述的这些书页中，我一直在不停地给出概念。所以，我们需要借助特殊"概念"来澄清我们的表述，即用那些不控制或不假装要宰制或全盘专制的概念，难怪利奥塔更喜欢用"崇高的"(sublime)而不是"类别"(categories)。最佳类型的概念就是那些内在结构化了的（internally structured）来指出自身不充分性（inadequacy）的概念，我们在此说明其真正含义的那种概念则不在我们掌握之中。关于类似的思想，最著名的莫过于安瑟伦（Anselm）的上帝观，即上帝就是一个除他之外绝不能再思想比他更大、更好的，或者说，上帝就是比你凡能想到的一个更大、更善者。如果用定义表述的话，那么上帝就是一个不可定义者。个体"概念"或全然的他者的"概念"也是如此：他们都指向超越自身说明的概念之外的差异性（事实上，或许是这样，假如一个人在革新理论方面有足够才智，他或许可能给出一个人"种"的"概念"和人类"标本"舞蹈的"概念"）。

在伦理学的情况之中，我必须要进入的是我在此所应对的"他者"个体性（the singularity of the "other"）、全然个体性（the utter singularity）、此时此地我所面对的全然的他者的特征（the wholly other character）。这种个体性向我提出了我必须回应的要求，从我自身引发了我无法从普适性规则得到安慰的一个选择。我必须对此作出回应，必须要为此选择负责，而且是以既深切又积极的方式作出回应并为此负责。假使我不得不回应并为之负责的行为将要引发一个规则、拉动一个普适性原则的杠杆，那将会容易得多，那样就不会有很多痛苦、恐惧和颤栗，那将会使"责任"小了很多。因为，假如事情结果不好，我就总可以归咎于规则、可普遍性原则。不公正说："我很愿意帮助你，但规则就是规则。"不公正又说："我理解你的处境，但却是事情的原则拦阻了我。""不要怪我，我没有制定规则。我只是在这里工作，我只是在做工作。"看到这些，个体就总是个例外、是个多余，它超过而且将自己排除在可普遍化的范围之外，排斥在可预测性和可预见性的范围之外。

亚里士多德是古希腊对个体最敏感的一个人，至少在其伦理学中他是如此，因为作为一个生物学家和形而上学家，他对物种、实体形式和不变的存在的爱，一点不亚于他对他最接近的希腊人的爱。在其伦理学最开始，亚里士多德就警告说，如果你喜欢精确性，那么你就会憎恨伦理学，那你就应当去尝试数学，因为在伦理学中我们不得不对付那些推翻精确描述的个体性。他说，我们能提供的最好方法，就是一个具有普遍性的范式，一个取决于你将之应用于实践之中、去学习如何将之应用于实践之中的范式，即我们称之为智慧（phronesis）的东西。智慧的意思是指用智慧对付个体性的不同情况，这种个体性需要在不同时间有不同的情况出现。

这种智慧通常被翻译为是实际的智慧，即作出实际判断的智慧，在中世纪时期又被翻译为**智德**（prudentia）。智慧不仅仅是应用的问题，不只是采用一个普遍性规则来应用它，不只是将一个理想修改以适应不完美的情况，以便达到在不完善情况中实现该理想，那样的话就不是智慧而是巧计（techne）。在技术性判断或应用之中，我是以一个完美的范例或事例，并且尽可能在不完美的材料中实现这样一个完美的范例或事例。就像是说无论我们如何努力，都不存在一个环形的物体能够被做成是绝对的、完美的、具有数学精确性的环形。没有一个机械师曾绝对成功地像设计师的设计图那样，绝对完美地建起一座大楼。因此在巧计中从理想到现实、从普遍性到个体性，只是形式完美方面的缺失，虽然楼并不完美，但我们已经非常高兴有真实材料的楼可供居住，因为我们不可能居住在设计图中。建筑者已经尽了其最大努力，然后他们就将建筑工具放在卡车上，收工并径直回家去了。

但是在智慧当中，进入具体情景代表着进步，因为在伦理学中我们所开始的普遍性仅仅是个范式，是一个隐约模糊和一般性的框架，而进入具体操作（practice praxis）则是一种提高，是填充其内容，是给一开始仅是隐约模糊或一般性观念的框架添加血肉和细节。因此亚里士多德会告诉你，作为一种范式，勇气就是要以一种既不太鲁莽又不过分拘谨的方式来对付要到来的危险。一方面，勇气是实际性智慧而不是实际的愚蠢：如果为阻挡汽车撞向人群而站在一辆失控的公共汽车前，那就不是勇气而是愚笨。但是，如果仅仅自己下车而径直去躲避，甚至都没有采取一定经过思虑的冒险向其他人发出危险警告、没有去帮助其他人寻求安全，那也不是勇气的表现。但究竟多少才算足够而又不过分？那恰是智慧用武之地；那就是你将不得不运用判断的时机，而在此之前你就本应当一直坚持训练或实践的判断，为的是要懂得怎样决定此时此地应当怎样做，这取决于不同的情况。亚里士多德不能替你作出判断，他不能站在你的位置、作出你的决定。你才是那位为此判断和决定要负责的人，不是亚里士多德。当你作出自己的决断，如果作出的决断是明智的，那么你就已经采用了一个多多少少的空范式，并且已使这个空范式做了适宜性调整，而不是采用了某个完美的理想并将之调适于有限的情况之中。

亚里士多德站在开启伦理学之路的门口，对这些伦理学判断问题来说他是一个先哲评论家，而且对伦理学之终点的思想家来说他又是一位先

120

祖，然而，光有亚里士多德也还不够。那是因为，亚里士多德比那些伦理学之终点的思想家更具有对事物的确定性看法。亚里士多德认为，面对伦理判断的主要问题在于从一般性范式到具体情景的转化之中，但他却没有想到那些范式自身存在着危机。一般范式是伴随我们成长的信念和具体的实践，一般范式就是我们已经成长于其中而同时又在很大程度上决定、形成并滋养了我们的信念和具体实践，是使我们成为如今所是之人的信念和实践。因此我们必须要做的主要事情就是同化它们，使之成为属于我们自己的信念和实践，以便我们能使这些信念和实践继续下去，使我们自己继续以活跃和崭新的方式生存，使我们能够在奇特现实的流沙中作出智慧的判断。亚里士多德一直是在传统的游戏中寻求着新的举措。

除此而外，亚里士多德的**城邦**（polis）倾向于一种同源性的、自上而下的、贵族统治式的严格封闭的小世界，其中野蛮人服从希腊人的命令、奴隶服从自由人、女人服从男人、手工艺人服从最优秀最聪明能干人的命令。发布命令的人，即亚里士多德的**智者**（phronemoi），是有教养的、受到良好教育的、骄傲和高贵的，而且是具有实际智力和智慧的相貌英俊者。他们就是已经确定的有闲阶层，他们上最好的学校，为其他人设立标准，像是一个有相当尊荣的英国"绅士"，在他们身上总是闪耀着骄傲的、慷慨的气质，其他人就应当注目他们并留意去模仿他们。（《楼上、楼下》这部著名的 BBC 系列代表剧，就给我们非常好地展示了希腊**城邦**那种等级区分和绅士般的理想。）

以上描述对伦理学终点的思想家来说有点过分，伦理学终点的思想家们会指向对范式广泛且强烈的意见分歧，他们肯定生活的变化性和多样性，他们在关涉到男与女、富与贫、楼上与楼下等问题上是激进的平均主义者。对他们这些人而言，判断的个体性所引发的问题不仅仅是从普遍性到具体的转变问题，而是一个要评估那些一般性范式在其中受到怀疑的极其奇特的情况。在有时被称之为后现代的多元文化、多种族、多语言的世界中，移民能合法和非法地自由迁移，男女同性恋的权利也正规得到保护，医学进步将我们置于分不清谁是谁的父母亲的混乱之中，克隆人指日可待，事情不再那么简单了。尽管亚里士多德如此聪明，他也将非常难地告诉我们应当效仿的**智者**（phronimos）在今天究竟是谁，因为今天有非常多的智者，也有相当多的女性智慧者，还有异性恋者和同性恋者、白人和黑人以及肤色居间者、富足者和贫穷者，而且他们彼此意见也不统一。

我们现在要求的是一种**元智慧**，是那种让我们在这样一个没有关于**善**（good）的生活统一意见的世界中自由行动的智慧，在这个世界中有很多相互竞争对立的善的生活，有多得无法数得清楚和陈列的看法；是一个关于那位有实际智慧的**人**或**范式**没有一致意见的世界。个体中充满着令已经接受或常识性的智慧感到无可奈何的惊讶现象，我们必须积极地集中关注这种个体性向我们提出的拒绝范式化的要求。这种情景要求我们要密切关注此时此地向我们提出的个体性要求，这种要求在一定意义上是对我们彻底的要求，而不是节制。

四、赠 礼

全然的他者的个体性又从另一方面促使我们离开亚里士多德的模式。亚里士多德为一个非常合理的节制观念进行辩护，即为伦理判断要获得的目标来确定测量的或适中的状态，就像我们既不想过高（多余、过分）又不想射不到（匮乏、不足）的一个靶子。对思考伦理学之终点来说，那种观念是太温和与中性、太具有明智性、中间化以及计算一种应对事情的方式。简单而言，那样的观点**肯定性**还不够，因为要记住伦理学之终点的思想家们还没有公开谴责和否认什么，而是要肯定它们，肯定他者、肯定全然的他者。亚里士多德从规则或范式的角度来思考，就像一个非常明智的射箭手要瞄准靶心一样，我们今天必须要攻击他的规则和范式的中间标记。但是伦理学之终点的讨论宁愿令我们从**赠礼**（gift）和**给予**（giving）的角度来思考，这种思考角度会更喜好过分的模式，即超出满溢（hyperbolic overflow）的模式。[5]这更像是一个射箭手在瞄准月亮射击，是一个轻度疯狂的射手——确切地说，是一种神圣的疯狂，正像柏拉图所说——这位射手会告诉我们，箭射准的意义不在真正最终射中目标，而在于看一个人可以将箭射到空中有多远。

现在我们回到本文讨论要求的这个特殊的"准概念"（quasi-concepts）这个观点上来，即过分而非节制的思想所产生于其中的概念，由于将一个限定的观念置于其中而被击败的概念，就像安瑟伦非常完美的上帝观念一样。上帝的尺度就是要没有可依照的尺度。上帝就是那个绝不可包容的绝对超越者，或者是可想象的超越者，上帝总是超越你的任何所言所思。伦理学之终点的思想家们想将这种永无终结的超越观念引入我们彼此之间的关系，而同时他们又在为伦理学总在寻找的限制和尺度悲叹。

还能有比"爱"更好的例子来说明这样一个概念吗？因此，那些思考伦理学之终点的思想家们远非是任凭一切恶都完全失去控制，相反，他们心中所想的超越更需要让爱爆发，让超越伦理学的超越善释放出来，让善从伦理学中释放出来。如果有人问我们是否爱他们，而我们是在长时间停顿、明显故意和局促地挪动双脚之后，才回答说："啊，是的，在一定程度上，在某些方面是的。"那么，无论我们感觉如何，那都不是爱，因为爱是绝对和无条件的。爱的尺度就是没有尺度的爱。可能产生爱的条件就是没有任何条件而给予爱。爱就是我们永远不可能感到有够的东西。我们可能会令人懊悔地作出结论，说我们的爱是被误导和误引了，但爱就是有再多也不过分。爱就是我们"给予"而且我们给予却不要回报、不期待回报。爱一个人就是为了他们而爱他们，不是为了我们自己而爱，或者为了因我们爱的缘故而可能为我们带来什么好处，因为，那样的话，我们就不是爱他们而是爱我们自己。麦斯特·爱克哈特（Meister Eckhart）曾说，有人爱上帝就是采取爱自己奶牛的方式：爱是为了得到牛奶。爱不是一种经济交换，不是说我把我的爱投资到一个人身上是期望有所回报或利润，是期待以后得到补偿，也不是说我是根据我的爱将来能得到奖赏的程度大小来付出爱的投资。麦斯特·爱克哈特说，我不是因为要回报才进入爱，而是爱就是为了那爱本身，这是"没有原因的"。爱不会在"经济"时代勃发，我认为我们在如今"经济"时代为爱而付出的时间就非常值得，因为那种爱将来要以无数报偿的方式重新再来。

赠礼和爱的观念产生极有趣的效果，这给作为伦理学中基本内容和讨论要点的"义务"观念带来一定困难。我的义务就是我应当或应该做的，是我"不得不"做、必须做的，肯定地说，这不是身体上的必须，而是"道德上"的必须，所以，如果我不那么做，我就会感到内疚或有错。那意味着，如果因为你总是有义务履行你的职责因而你才来帮助我，那么你在帮助我的时候就是因为你不得不如此，因为你必须或应该或应当帮我，那样的话你就会比感到内疚或有过错更觉舒服。但是你帮我并不是因为我或我的处境自身有什么在促使或激发你或引发你要如此帮我。好了，坦率地说，在那种情况下，如果情况对你不利，我情愿你不要麻烦来帮我。康德曾想，他可以改进关于义务的思想，方法就是要在如下二者之间进行区分，即：(1) 仅仅"根据"义务来行动，例如，我或许为他人服务（履行义务），因为我喜欢这种行动在他们身上所产生的对我的依赖性。(2) "为了义务之故"而行动,我如此做是因为我应当如此,而且仅此原因而已。一方面这种区分是有意义的,因为这表明,当说起义务的时候,我们不应出自为了他人对我们的感激,我们应当有纯洁的意图,而不是自己的目的,否则那样会使事情更加糟糕。因为按照康德的解释,要做到有道德就会实际上更容易、当然更容易辨认出谁充满了义务感,辨认出他们是否对其义务有一种肯定的、生理上的厌恶。果真如此的话,我再次宁愿你不要麻烦自己来帮我。在这一点上,亚里士多德的德性伦理思想,无论多么专制和傲慢,也比康德的"义务论"更胜一筹,但是义务论是非常具有民主化色彩的。

  我的意思是要使这种义务的整体思想颤栗。这样的提议当然会让伦理学家感到窒息,令他们的学生觉得脑涨,他们会在不信和恐惧中将批评的手指指向我提出的这样一个大不敬的建议。但是我恳求你,在没有真正开始你的指责之前,请允许我为此做一解释。

  对义务有益的是我称之为"他律"的成分,它来自我之外并使我受之约束,它用来自我之外和外在的东西使我震惊,并冲击和摇晃着"同一个"(我)这个循环圈,因此我不再封锁于囚禁的自我之墙之内,而是我被召唤要对他者作出回应。关于义务的观念,我所喜欢的是其对"我"(I)、"于我"(me)和"我的"(mine)产生的约束,也就是那喀索斯(Narcissus)[①] 所非常喜爱和偏好的那些词语。至于义务,我所喜欢的就是被称做"义务的召唤"方面,因为当义务召唤时,那就是他者在召唤我要超越自我,因而我就不再局限于我、于我和我的自己的范围之内。(过一会儿之后,一切的独处都变得非常枯燥乏味。)在事实将我们限制于个体性情景的同时,义务又倾向于约束我们要遵循可普遍化规则。我已经就此抱怨得够多了,然而除了这些事实之外,有关义务那些不太好、不大有益和不那么精妙之处就是,义务阻挡我们**给予赠礼**(a gift)的方式。"给予"某人他们"应得的"(due),就是要尽我的义务而不是给予一种馈赠。当我向银行还贷时,银行给我寄一封信表示感谢,但是人人都知道,假使我没有还贷,我收到的下一封信就会是他们的律师寄来的,因此,不要对于从银行家那里得到的或者给予什么免费赠予的事情心存幻想,尤其是当你读到他们打印精致的"赠送"项目时,不要心存幻想。律师做事尽量为

  [①] 那喀索斯,古希腊神话中的一个青年,由于非常眷恋自己水中的形象而死去,变成一种以他的名字命名的花。比喻自恋或过于专注于自己而忽视对他人的关注和回应。

了**当事人的利益**（pro bono），仅仅为了利益之故，那是做律师的光荣所在。之后他们再得到回报，而这件事的最终结果却表明，那是律师事务所鼓励他们的律师如此行为的明智之举（因为这样对揽业务有好处），尤其是那些年轻位低又想成为合作伙伴的合伙人。那么，这种行为事实上就不是真正意义上的为了**当事人的好处**或者是为了**神之缘故**（pro deo），在多数情况下是**为了自己**。

　　赠礼（例如爱）就是要去做我本不必做或去做我不期望得到回报的事情。结果看来这似乎是难以做到。因此，伦理学之终点远非是"一切自便"的混乱局面，而是在要求非常难做到也极少做到的事情。赠礼的举动就是要**超过**义务或自我利益所允许我做的，赠礼的整个观念就是超越我所有、所必须或应当做的范围。那就是说，赠礼的观念是衍生于义务的观念之中，因为没有了义务就没有什么可超越的对象。因此，如果伦理学是关涉义务的，那么我这里就是"反伦理学的"（against ethics）。我认为我们应当终结伦理学，不是在取消它或终止它的意义上，或者是在结束伦理学家的意义上，而是指在减少对其限制的意义上、在放松对其限制或放松其目的的意义上，而且要表现出当你跨越义务时情况就开始变得有趣。为了保护弱者不受强者的威胁，我们必须有义务和法律，义务和法律必须有强力（force）、有威慑力（teeth）、有实质性惩处（a bite），因为我们不能单单靠着赠礼来经营铁路和银行。我们不能在一个像我们自己的世界这样一个充满暴力的世界中依靠赠礼而生存。我们不能依靠施舍来激励银行家、股票持有者或者烟草公司的首席商务执行官。我们需要法律，而且我们需要对法律有崇敬的恐惧感。我们在此或许可以引用圣奥古斯丁（St. Augustine）对**仆人般的恐惧**（a timor servilis）和**淳朴的恐惧**（timor castus）所做的一个古老的区别。"仆人般的恐惧"（servile fear）是一种害怕因做错事情而受惩罚的恐惧。在奥古斯丁那里，这是一种害怕被上帝弃绝的恐惧，是害怕进地狱的恐惧，就是如同在《一位年轻艺术家的自画像中》，耶稣会（Jesuits）令年轻的斯蒂芬·德达劳斯（Stephen Dedalus）[①]在令人难忘的静修中所充满的那种恐惧。害怕受惩罚的恐惧不是坏事（只要不是一种病态），这种恐惧使很多的银行家和律师保持诚实。但是这绝非是最好的方法。另一方面，"淳朴"的恐惧（chaste fear）是害怕冒犯上帝的一种敬虔和肯定性恐惧。如果用列维纳斯的话来表达，那就是说，我

---

① 画像中的主人公，也即年轻画家自己的形象表现。

们可以说仆人般的恐惧是害怕遭受暴力，而淳朴的恐惧则是害怕我们自己的暴力，是害怕我们将他人作为我们利用的工具，害怕我们一切所为仅是为了我们自己的利益而不是为了他人的利益，是我们害怕最终一切都将报应在我身上的那种恐惧。

确切地说，没有办法将自爱独立区分出来，这样做首先就不一定会是一件完全有益的事。区分自爱的思想就是说，只要在有可能的情况下，我们就要对旨在从即使最公正的举动中获得回报而自我设法迂回进入到甚至是我们最好意图之中的方法加以约束。没有比将自己公正无偏地展现于他人能更好地证明自己是最佳之人的方法了！如此在内心的自鸣得意，如此沉默、高举的自我赞扬，就如同一个为某人专门举办的证明性宴会一样，那是对我们预先投资的回报，其中充满了对我们慷慨解囊的称赞之词。正如德里达曾说，我们仅仅能做的最佳选择，就是要承认在每个人身上存在着不同程度的自恋，从最心胸狭窄和最自利的行为到最开放和最热情大方的不同程度，如果有赠予之举的话，那么这些不同程度的自恋就是可发现赠礼行为之所在（1995b：199）。

与赠礼相反，法律和义务是较低层次的，从结构性意义上来说是盲目的、外力强制的结构，我们可以将之想象为如同是自行车上辅助训练性的轮子一样：每一个自行车手都开始用这些轮子帮助练习，但这些轮子到一定程度就显得多余滑稽，每一个能自由骑自行车的人早已将这些辅助训练的轮子抛弃了。同样，我这里追求的是一种**"非强制性的他律"**（non-coercive heteronomy），来自他者的呼唤不会归结为一种规定或强制，而是我们可以说是我所应答的一个呼叫或恳求、一个陈词——是来自他者的呼叫。然后我就可以超越义务或无义务地对此作出回应，真正证明成为义务的那些义务，是要以真正责任的方式、以回应和应答的能力、以没有强制的方式而表现为义务，因为没有强制的方式比强制的方式更好。所以，仅仅有法律和义务还不够。我同意说，没有了法律和义务，事情就无法进行；但是，令我感兴趣的是，法律和义务究竟对好的工作效果和我们生活的自由畅通实际构成多大障碍和阻碍。除了法律和义务，我们仍需要赠礼，赠礼是必要的。所以我在此的论证有点悖论：赠礼是必要的，即使一种赠礼的思想是不一定必须要有的，是我们原本不一定必须要做的。当我们接受赠礼时，我们说的其中一句话就是"您不必如此！"千真万确。赠礼的举动是我们不必一定要做到的，但是如果没有做到如此的赠礼之举，情况就会变得糟糕。赠礼之举就遵循了悖论性的补充逻辑：赠礼的东西是多余的，是你不必一定要做的，但是我们却需要你的赠礼，如果你没有这些施舍给予的东西，那么你缺少了你需要的重要东西。补充性的赠礼是多余的，但却是你完全需要的。

这里允许我给出两个例子：婚姻和学校。

试想一下，一桩婚姻中的伴侣严格遵照应对彼此履行的义务来引导婚姻生活，他们将各自履行婚姻中的义务，即严格地履行婚姻要求他们的义务，既不多又不少。毫无疑问，他们会事先签订婚前协议，规定出假设他们将来分手并离婚（是这种情况之下我们都会预见到的结果），将如何保护他们各自独立的利益。当一个向另一个提供多余帮助时，另一个则会婉言谢绝，理由是他或她本没有义务如此。婚姻就会被置于付出的天平上，放置在以谁之利益被侵犯为基础而解决争端的天平上。慷慨之爱和赠予的多种行为使婚姻甜美（当婚姻是甜美幸福之时）并使婚姻充满爱，而他们两个人中谁都不愿意为了爱的缘故认为自己有错，他们的日子则不会充满那些爱和赠予的行为。因为婚姻还需要不被义务所要求的东西，婚姻所需要的是每一个人一次又一次地为另一个人做两人都原本不必要做的。

现在有人可能会反对说这是一个太典型的例子，因为婚姻一开始就是爱的结合而不（仅仅）是法律的结合。我们需要法律来保护婚姻模式，尤其保护父权制社会中的女性，而没有谁会说仅仅有法律就足以转动婚姻的车轮。千真万确。但是，我在此所倡议的超越法律和义务控制的情况要超越爱所结合成的群体，如家庭和婚姻，也同样适用于机构，一个谁都不会将之与因爱而结合的群体混淆在一起的机构。为了说明这一点，现在我引出第二个例子：学校。当学校教师被学校董事们所激怒时，当他们为签订下一轮合同而谈判陷入僵局时，教师们就会威胁说他们"要严格按合同工作"。那意思就是说，他们要严格履行义务，不多不少恰好是合同所要求的。法律和合同就是一切，他们做的一切将严格遵照合同而行。那就意味着，他们将不会朝着"**课外**活动"的方向努力，他们不会早一点来到学校帮助一个学生解决困难，也不会在学校多待一会儿，或不会在当天晚上给一个学生家长打电话，或者不会为仅需一点**额外**关注的学生多付出一点，或者总体上讲，教师不会付出使学校工作更顺利和奏效的表现出大方慷慨的任意点滴努力。你不能有一种纯粹排斥赠礼的经济学命令，或者说，如果你有如此命令的话，世界就会成为地狱、一个噩梦，就像是一个由律师主宰一切的世界，在这个世界中，没有谁会没有补偿而做任何事情，除非这是法律规定做事情就不应补偿。因此，教师的赠礼之举是必要的，这是一点多余的付出，是教师不一定必须或需要做的事情，但却是我们需要而且有重大意义的事情。另一方面，学校董事会代表着纳税人，他们也受到他们本不需或不必要做之事的约束而同样需要采取赠礼的行动。学校和孩子都代表着他们不能在有生之年所亲眼目睹的未来，因此，他们不能将正在做的事情仅仅局限于经济意义上的时间之内。他们不能拿目前的花费与将来的回报进行交换。如果学校是一个未来性投资，那么学校就不是他们所能亲历的未来。所以，纳税人或者可以行其所必须之举，以满足法定要求来使学校继续开办并行使学校之功能，同时却又在只要能逃脱惩罚的情况下就尽可能多地向自己口袋存钱，仅此而已；或者，他们可以向他们不能生而目睹的未来进行投资而不企求回报。

凡是在学校如此的情况，在任何机构也是如此，而无论它是商业机构、政府机构、国家机构或国际机构。**任何**工作场所——从工厂到大学，再到法律公司——如果仅仅完全是靠法律所驱使、靠合同要求所推动，那么任何机构和场所都会成为地狱。谁也不会否认，我们确实需要法律来保护我们不至于在令人劳累过度的商店工作，不至于在以工人生命和健康被压到最低水平为基础的肮脏煤矿受煎熬。但是，仅有法律还不够。当工人不愿做不被义务要求的任何事情，当他们不愿付出一点多余的努力将工作做好，当他们不愿在工作时间要求之外多花任何一点时间，那么，就不可能做好工作，而且，工人在工作岗位就会感到痛苦不堪。当雇主不能慷慨大方地对待受雇者的时候，当受雇者不愿做合同规定之外任何工作的时候，他们就共同将这个场所变成了一个人间地狱。当一个国家领导者和选举这些领导者的选举团体以最苛刻和吝啬的方式对待国家中最弱、最不具自卫能力的群体，并告诉他们说他们之外的我们这些人没有责任管他们，告诉他们说抚养丧父的子女是他们自己的责任、戒除毒品是他们自己的责任、求职和摆脱贫穷是他们自己的责任，那么，他们就一起将一个国家变成了人间地狱。当国家在自己周围筑起法律之墙时，将无论合法和非法的难民和移民都交于最强硬的移民法来管理、并要求他们交纳他们根本支付不起的申请费用时，当他们给予其他国家其他所有人最少的热情、给予国际法律所要求的最低限度的热情友好时，他们就将在宽容开放的意义上属于人类所有成员的地球整体变成了一个人间地狱。

五、结　论

伦理学之终点并不意味着是一切恶都失去控制而为所欲为。远非如此，相反，那种情况才恰恰是我们用这种略带傲慢语气所谈论的伦理学之终点所要避免的结果。这不是一个加强法律的问题，而是一个放松法律强制的问题；不是一个取消法律规定的问题，而是一个使法律向奇特个体的奇特性开放的问题，毕竟那就是一切之所在，**即独立的个体存在者**（sola individual existent）。当我们用伦理学和伦理学理论的引导来开启地狱（raising hell）之时，我们不是站在地狱的立场对其表示支持。相反，我们与上帝之国建立了一个确定性的契约。耶稣说：人不是为了安息日所预备，而安息日是为人所预备的。耶稣对待诫命和律法的这种态度，在他的时代为他招致很多麻烦。根据我的理解，对耶稣来说，他也属于那些呼唤伦理学终点者的传统，他认为迷失的（个体）比一百个（普遍者）更重要，他计算每一滴眼泪和我们头上的每一根头发，他轻看有关安息日的律法并与罪人同席而餐，他总是站在社会边缘者和陌生人的一边。他也有强有力的"宽恕"观念——一种"赠予"的潜在形式——这有点令人震惊，甚至引来那些急切要看到不公正得到"惩罚"之人的非议，引来那些要急切地看到债务得到偿还、那些总体上不愿意看到罪人自由者的非议，在立定心志要跟随耶稣的那些人中，这也是时有的现象。这里还应补充一点，耶稣不是选择以这些方式与犹太人对抗，而是他自己就是以犹太人的身份，采取了犹太人的先知传统，逆强力而站在"寡妇、孤儿和陌生人"的一边。这种思路在列维纳斯今天的作品中非常明显，他已经站在了当代大陆哲学的前沿，成为了像利奥塔和德里达这些作家笔下的重要内容，按照传统的标准来看，利奥塔和德里达这些作家不是非常明显的"宗教作家"。但是，那恰恰就是不深究边界、界限和限制性定义或约束性契约的思想家们应有的样子。像利奥塔和德里达这些哲学家的随从们，他们喜欢盛赞"哲学他者"（other of philosophy），但是如果向他们提议说宗教也是哲学他者，他们就会面色苍白而且满脸严肃，然后就会对之表现愤怒，因为当他们说"他者"时，他们指的是文学、尼采和他们心目中的上帝之死之说，而绝非是某人要努力将已死的上帝重新树立在他们头脑中。他们确实并未看到那种情况正要来到。假使我们有足够的时间和篇幅的话，我们就会继续追溯正在讨论的这种圣经传统思想,这种讨论是值得的,因为这种思想不是亚里士多德或者康德或者尼采在此能够表述清楚的。

总起来说,关于伦理学终点的讨论,其意思是指放宽伦理学的目标、限制和界限。这就意味着要坚持伦理规则的临时性(provisionalness),坚持独特情况与伦理普遍性的不可通达性(inaccessibility),坚持相对于伦理规定而言那种未来的不可预见性,坚持超越伦理调节和义务的额外的赠礼。这种讨论的基础就是要相信伦理学是在奇特性开启之处而终结,意思是说伦理学是于存在的开始之处而终结,因为不同个体才是独立的存在者。当奇特性的海洋变得波涛汹涌时,当存在的狂风刮起,伦理学则通常就要下沉。当事情变得困难而且道路受阻,伦理学就无处可寻了。恰恰正是我们最需要伦理学的时候,我们发现,伦理学已经挥动其帽、富有礼貌地找到借口悄悄地溜出后门,留下我们这些人来面对最糟糕的情景。

【注释】

[1] 在 Caputo(1993)中,我已经用全书的篇幅陈述了这些观点。在我即将出版的书中(1997),我已就这些观点表达了一个更肯定和多少有点(非)宗教性的转变。

[2] 对列维纳斯伦理学最好的介绍,是已经出版的对他的一系列采访(1985),而他关于"绝对他者"(absolutely other)的伦理学的最好论述则是在1969年。

[3] 在此是引用德里达的若干作品,尤其是1992年的作品。关于对德里达的介绍,请参考他1997a的作品。

[4] 雅克·德里达在《观点——对话》(1974—1994)中阐述此观点,反驳法兰西斯·福山在其畅销书《历史的终结》(1992)中有关要发现的新世界秩序的那种乐观态度。

[5] 更多关于赠礼的著作,参见德里达1991年著作,第3、4章和1991a第5章。

参考文献

Caputo, J.: *The Prayer and Tears of Jacques Derrida*: *Religion without Religion* (Bloomington, IN: Indiana University Press, 1997).

——: *Against Ethics* (Blooming: Indiana University Press, 1993).

——: *Radical Hermeneutics* (Blooming: Indiana University Press, 1987).

Derrida, J.: *Deconstruction in a Nutshell*: *A Conversation with Jacques Derrida* (ed. with a commentary, by J. Caputo)(New York: Fordham University Press,

1997a).

———: *Politics of Friendship* (trans. George Collins) (New York: Verso, 1997b).

———: *The Gift of Death* (trans. David Wills) (Chicago: University of Chicago Press, 1995a).

———: *Points... Interviews*, 1974—1994 (ed. Elisabeth Weber, trans. Peggy Kamuf and others) (Stanford: Stanford University Press, 1995b).

———: *Specters of Marx: The State of the Debt, the Work of Mourning, and the New International* (trans. Peggy Kamuf) (New York: Routledge, 1994).

———: "The Force of Law": "The Mystical Foundation of Authority" (trans. Mary Quaitance). In *Deconstruction and the Possibility of Justice* (ed. Drucilla Cornell et al.) (New York: Routledge, 1992).

———: *Given Time, I: Counterfeit Money* (trans. Peggy Kamuf) (Chicago: University of Chicago Press, 1991).

———: "Psyche: Inventions of the Other" (trans. Catherine Porter). In *Reading de Man Reading* (eds. Lindsay Waters and Wlad Godzich) (Minneapolis: University of Minnesota Press, 1989).

Fukuyama, F.: *The End of History and the Last Man* (New York: Avon Books, 1992).

Levinas: *Ethics and Infinity* (trans. Richard Cohen) (Pittsburgh: Duquesne University Press, 1985).

———: *Totality and Infinity* (trans. Alphonso Lingis) (Pittsburgh: Duquesne University Press, 1969).

Lyotard, J. and J. Thebaud: *Just Gaming* (trans. Wlad Godzich) (Minneapolis: University of Minnesota Press, 1985).

心理学和伦理学

第7章 心理自我主义

艾利奥特·索伯

心理自我主义是关于动机的理论，它主张我们所有的终极欲求都是自我取向的，无论何时我们想要他人做得好（或坏），这些他者取向的欲望仅仅是工具性的；我们关心他人仅仅因为我们认为他人的福利将会给我们自己的福利带来好处。正如上面所陈述的，自我主义是一种描述性的而不是规范性的主张。它旨在描述人类动机的特征事实上是什么，这个理论并没有指出人们的这种动机是善还是恶。

自我主义在社会科学领域中产生了巨大的影响并强烈地冲击了一般人的想法。经济学家通常认为，人类行为受"理性自利"的支配，这种理性自利不牵涉到他人福利的利益关系。一般人认为，人们帮助他人仅仅因为这样做他们自己会感到幸福，或是因为他们寻求其他人的认可。

即使对于那些最悲壮的自我牺牲的行为，也很容易炮制一种自我主义的说法。一个战壕里的战士用自己的身体扑向手榴弹来拯救他的战友，这是自我主义文献中常用的例子。如果战士知道这样会结束自己的生命，这种行为怎么会被看做是追求自我利益的产物呢？自我主义者可能会这样回答：这个战士在那一瞬间认识到，他宁愿死也不愿承受那种内疚感，如果他为了保全自己而眼睁睁看到他的战友死去，就会使他陷入苦恼之中。这个战士宁愿死，这样他就根本不会有那样的感受，不会遭受咒骂的折磨。这种答复听起来可能牵强，但它保留了自我主义被我们看做是错误的理由。

针对心理自我主义的批评可以被分为三类。一是认为它根本不是一种真正的理论。二是认为它是一种对于我们所认识的人类行为的理论进行反驳的托词。三是认为，虽然自我主义是一种与我们的认识相一致的理论，然而，其他方面的考虑表明，从一种可选择的理论来看，自我主义应当被拒绝，这种可选择的理论就是动机多元论，根据动机多元论，人类既有自我主义又有利他主义的根本欲求。所有这三类批评都将考虑到，但是首先我们需要更加细致地详述这一理论。

一、自我主义的阐述

当自我主义主张，我们所有的终极欲求都是自我取向时，什么是"终极的"，什么是"自我取向的"呢？

有些东西我们想要它是因其自身的缘故，另外一些东西我们想要它仅仅因为我们认为它们能带给我们一些其他的东西。熟悉的手段与目的的关系把一个欲望与另一个欲望联结起来，也允许把这些欲望链接在一起——莎拉想开车因她想去面包店，她想去面包店因为她想买些面包，等等。我们需要在此确定这种重要关系：

> 当且仅当 S 想要 m，并且 S 也想要 e，而且 S 想要 m 仅仅因为她相信得到 m 将会有助于获得 e，则 S 想要 m 仅仅是作为获得 e 的一种手段。

一个终极欲求只是这样一种欲求，某人有这种欲求其原因是，这种欲求超出了获得某物的工具性能力之外。以痛苦为例，人们想要避免痛苦的最明显的原因就是他们讨厌经历它。避免痛苦是我们终极目的之一。然而，许多人认识到，经历痛苦时会减少他们的专注能力，所以，为了除去分心的根源，他们有时可能会服用一点阿司匹林。这表明，我们想要以事物本身作为目的，同时，我们也会因工具性缘由来欲求某物。

当心理自我主义寻求为什么一个人援助别人的解释时，并不足以表明，帮助别人的理由之一就是为了自我利益；而帮助他人是与另一个理由、纯粹利他主义的理由完全一致的。对称地看，为了反驳自我主义，并不需要引用帮助他人的例子，在这种行为中，他者取向动机起了作用。如果人们有时帮助他人是由于自我主义和利他主义的最终动机，那么心理自我主义则是错误的。

自我主义和利他主义都要求对自我取向和他者取向的欲求进行区分。这种区分应根据一种欲求的命题内容来理解。如果亚当想要苹果，简言之，就是亚当想要的是**他有苹果**这种情形。这个欲望纯粹是自我取向的，因为它的命题内容提及亚当，而没有其他行为者；并且我假设亚当没有将苹果当做一个行为者。相反，当夏娃希望**亚当有苹果**，这种欲求就是纯粹的他者取向；它的命题内容提及另外一个人——亚当，不是夏娃自己，自我主义认为我们所有的终极欲求都是自我取向的；而一些利他主义认为有一些欲求则是他者取向的。事实上，夏娃有他者取向的欲求并不足以反驳自我主义；而必须问的是"**为什么**"夏娃想要亚当去摘苹果。

自我主义的一个特殊版本是心理学的快乐主义。快乐主义者认为人们的唯一终极欲望是趋乐避苦。有时，快乐主义因持有快乐是人的唯一感受的观点而被批判——吃一个桃子带来的味觉的快乐，和当我们看见所喜爱的人的成功所感到的快乐，两者都在某种程度上看成是同样的东西（LaFollette 1988）。然而，这种批判并没有像我所描述的一样应用于快乐主义者。关于这个理论的显著的事实是它认为，人们的行为动机都是自我中心的。他们最终唯一关心的是自己感觉的状态。自我主义者不必是快乐主义者。如果人们把他们自己的生存本身作为目的，他们可能是自我主义者，但不是快乐主义者。

有些欲求既不是纯粹的自我取向也不是纯粹的他者取向。比如菲利斯想要出名，这意味着她想要其他人知道她是什么人。这个欲求的命题内容包括了自己和他人之间的关系。如果菲利斯寻求名声仅仅因为她认为这是令人愉悦的或者说是有益的，那么她可能是一个自我主义者（取决于她的其他最终欲求是什么）。可是，如果她想要成名是以成名本身为目的呢？这就没有理由用自我主义或快乐主义来回答了；把一些最终相关的欲求（但不是其他的）包括在自我主义里面，会使得理论显得有点特别或不清晰（Kavka 1986）；对于利他主义也是同样的道理。因此，让我们认识一下作为可能来区分他们的"**相对主义**"。

第四种可能性包含的欲求提及的既不是自我也不是他人。欲求维护某些普遍道德原则的欲望归入这个分类。当一个功利主义者欲求最大多数成员的最大善，这种欲求是非个人性的；欲求涵盖了一切有知觉的人，大概也包含欲求者本身，但是欲求的内容挑选出的既不是关乎其本人也不是具体的其他人。基此原因，我认为这既不是利他主义也不是自我主义。如下情况是真实的：心理学的自我主义辩护者能够同意，有涉及普遍道德原则的欲求，它们不是自我取向的；问题是我们应该将这些欲求看做是工具性的，还是以它们自身为目的的。

根据我已提出的自我主义表现的特征，很显然，利他主义并不需要说，人们的行动是依据他们自己的利益，利他主义也不说，人们寻求的是他们自己的欲望的满足。乔的行为是基于乔自己的欲求，而不是吉姆的，这一事实告诉我们谁的欲求在起作用；它并没有指出乔头脑中的最终欲求是否是纯粹的自我取向。并且，乔希望他的欲求得到满足这一事实仅仅指他想要其命题内容能够实现；乔希望明天下雨这一欲求，当且仅当明天下雨才能被满足（Stampe 1994）。如果下雨了，欲求就被满足，无论乔是否知道这个事实。想要一个人的欲求被满足，这与想要一个欲求被满足后所伴随的满足感是不同的。

对于自发的援救行为，自我主义有时被人指责为有太多的算计。处在紧急情况下帮助他人的人常常被报告为这样做是"没有想过的"（Clark and Word 1974）。然而，当这些行为涉及一系列细致复杂的情节，而这些情节又适当地倾向于一个显而易见的目的，这将很难逐字进行说明。一个救生员将挣扎中的游泳者救起，这被看做是这个救生员有一个目的，并且选择了一个有利于他的目的的行为。她不从事笨拙的、自觉的算计这一事实并不表明没有进行手段与目的推理。在任何情况下，那些真正地产生于不用信仰和欲求来调解的行为，会处于自我主义和快乐主义两者范围之外。人们用小铁锤轻敲自己的膝盖，腿就会猛地弹动，但是这同样也不属于上述两种理论。

一个与此相关的批判指出，自我主义认为人们都比真实的自己要理性得多。然而，如前所述，自我主义只不过是一种关于人们的最终欲求的主张。因此，对于人们基于信仰和欲求如何决定将做什么，它什么也没有说。那些承认自我主义之正确性的理论家们也时常认为人们是理性的计算者；然而，与错误的原则相关的理论并不被认为是错误的。理性的假设是心理自我主义的一部分，也是动机多元化的一部分。

如果自我主义认为所有的最终欲求都是自我取向的，那么，我们怎么能说一些人的最终目的是他自己的毁灭？如果利他主义认为我们的一些最终欲求是他者取向的，那么我们怎么去创造有其终极目的是毁灭他者（Othello）的自我（Iago）？一个决定自杀的抑郁者是一个自我主义者，或者自我是一个利他主义者，这样说都是极其冲突的。我们需要对这两个理论增加的是什么是善（或者明显的善）的观念。自我主义者追求他们自身的利益，利他主义者想要别人表现得好。尽管这些理论的附加物是与"自我主义"和"利他主义"这些术语的通常用法一样，它们并没有实质地影响决定哪种理论是正确的这一本质工作。最关键的问题是说明是否所有的终极欲求都是自我取向的。

这可能会使一些读者觉得这个问题是简单的。个人仅仅回顾他们的终极动机是什么来注视自己的内在心灵和决定。或许，对于自我主义的拥护者来说，自我都是对的，对于动机多元论的拥护者来说，他们自己也都是对的；而当他们把自身的理论普遍化的时候，两者都误入歧途。对这个主题的哲学的和心理学的研究隐含着的设想是，人们基本上都是相同的。如果自我主义是错误的，它实际上对于每一个人（也许精神变态者除外）都是错误的。如果它是对的，那每个人都是正确的，因为它描述了人性的基本特征。

然而，早期心理学和哲学的研究常常忽视个体变化的可能性，这一事实不足以构成我们对此问题的理解。那么，为什么我们不应该认为自我主义的拥护者了解他们自己的内心，而利他主义的辩护者也了解他们自己的内心？其原因是这里没有独立的理由去认为，我们能够对自省的声明表示信任。自省在思维的其他方面所告诉我们的东西是误导的或不完善的，没有人表明过为什么思维必然是一本有关最终动机这一问题的敞开着的书。如果问题能被解决，它必然由其他别的方法来解决。

二、自我主义可以凭经验来检验么？

对自我主义的一个标准的哲学反驳是，它不是一个可证明的假设。就像前面所举的战壕里的战士这个例子，看起来好像自我主义能适用于任何行为。无论人与人之间是恶劣或友好，这个理论都能解释其原因。那么，把关于自我主义的灵活性观点与把它看做是一种科学的陈述的确定性标准联系起来，所得出的结论是自我主义根本不是一种真正的科学的理论。抛开其外观，它是经验地空乏。

这个论证有两方面缺陷。首先在于其过于自信，它认为任何观察都能证实自我主义。尽管这一理论适用于战壕里的战士以及哲学家所考虑的其他行为，但这一事实几乎不足以证明这个普遍性的主张。碰巧的是，社会心理学对于利他主义和自我主义的实验显示，相关的观察证据已扩展到了帮助行为存在的范围之外（Baston 1991；Schroeder et al. 1995）。另外，杜克海姆（Duhemian）指出，理论只有与背景假设相连接，才能被检验，这使我们收回对其不可检验的判断。如果两个理论在同一背景框架下作出同样一种预设，他们可能在另外一种背景框架下作出不同的预设。我们怎么知道在新的背景之下理论决不会发展到允许自我主义被检验呢？对不可证明性的指控的前提条件是，我们对科学的未来有全知的掌握。

　　论证的第二个缺陷是它忽视了不可检验性是一把双刃剑。提出这个论证是拒绝自我主义的一个理由。那么，作为对动机的正面阐述，我们该接受什么呢？也许，动机多元论是我们应该接受的一个替代理论。然而，这并不是这个论证所导致的。如果自我主义不可检验，那么动机多元论也是如此。如同自我主义一样灵活的它是能够容纳多种观察的，多元主义则更为灵活。毕竟，多元主义采用了自我主义采用的全部或一些变量。这两种理论之间的联系就像"$y=f(x)$"和"$y=g(x, w)$"之间的联系一样。

　　自我主义无法证明的原因是因为它是一种**主义**。它没有为行为提供**具体的**解释，只是表明了所有行为会有的那种解释。这就是为什么当具体的自我主义的解释很少被找到时，自我主义仍能被保留。为什么乔治将他所有的金钱捐献给慈善事业？自我主义的辩护者可能会说，乔治这样做是因为他想通过给别人留下深刻印象来促进他的商业发展。然而，假设乔治是匿名地捐款，这就否认了上述的具体的自我主义的解释，但是，再建立一种解释亦非难事。乔治捐款是因为他因此而感到快乐，并且他知道如果不这样做，就会遭受巨大的痛苦。这里的模式是典型的快乐主义，它是自我主义普遍的退避之法。如果外部的利益不足以解释，人们就会采取内部的、心理的利益来解释。

　　自我主义是一种关于解释的**模式**的主张，因此，它区别于所要求的**具体解释**的**模式**，这种模式来自于对**主义**的众多辩论。我们来看一下生物进化论中的适应主义。在解释所观察的生物体的特性方面，适应主义者强调自然选择的重要性。因为这个**主义**自身不能为任何特性提供具体的解释，即使缺少具体的适应主义的解释，生物学家仍然有可能成为适应主义者。为什么昆虫的翅膀会进化？由于非常小的翅芽不能承载任何东西，翅膀用来适应飞翔的假设不由得让人怀疑；尽管一只眼睛的百分之五仍然具有感光器的功能，而一只翅膀的百分之五却不能使一个生物体离开地面。然而，在一些不能飞翔的昆虫种类中也可以发现翅芽；它们起着调节热度的作用。这说明了一个备选的适应主义的假定，即昆虫翅膀开始进化是因为翅膀开始促进热度调节机体，翅膀通过飞行得到进一步进化。如果这个假定被质疑，适应主义者能够采取第三个选择。否定适应主义是无益的，因为它有这一类的灵活性；二选其一的**主义**，即进化的多元论，主张自然的选择是若干重要的进化的原因之一。同适应主义的灵活性相比，多元主义更具灵活性。

三、巴特勒的石头

正如前面所提到的，即使快乐主义是自我主义的一种特殊的版本，快乐主义的解释通常是当缺少非快乐主义的解释时，自我主义所采取的解释。如果乔治不是为了维持商业联系而给慈善机构捐款，那么他这样做也许是因为捐款可以给他带来的强烈的满足感和愉悦。因为这个原因，试图反驳快乐主义的论证才得以在辩证的蓝图上有特殊的定位。尽管反驳快乐主义不足以反驳自我主义，它却能对此作出重大的贡献。

许多哲学家认为，巴特勒（Joseph Butler, 1692—1752）曾经反驳过快乐主义（Broad 1965; Feinberg 1984; Nagel 1970），并且全部见于以下段落中：

> 所有特殊的欲求和激情都朝着外在事物之本身，这些欲求与激情与从它们引起的快乐相区别，并且由此而显现；要不是对象和激情间的先在的适合，这样的快乐是不可能存在的。即如果对此事的情感或欲求不是多于彼事的话，那么，从此事上获得的享乐和愉悦就会不同于彼事；吃东西所获得的快乐也不会多于吞石头。（Butler 1965 [1726]: 227)

我把这种观点称之为"巴特勒的石头"。尽管巴特勒并没有在这段话中明确指出快乐主义是错误的，我们可以对其结论作以下解释：

1. 人有时会体验快乐。
2. 人之所以体验快乐，是因为他们对一些外在的事物有一种欲求，并且这种欲求得到了满足。

快乐主义是错误的。

我无意对第一个前提提出质疑，然而，我认为第二个前提是错误的，因为其结论并非出自这个前提。

第二个前提言过其实，尽管有一些快乐是因欲求被满足所带来的结果，但其他的却不是（Broad 1965: 66）。一个人可以享受紫罗兰的芳香而不必事先形成闻一朵花（或是某种香的东西）的欲求。因为欲求是命题的态度，欲求的形成是一种认知的实现。从另一个方面来看，快乐和痛苦，有时是认知所调节的，但有时却不是。值得注意的是，论证中的这个缺陷是可以被修正的；巴特勒并不必指出欲求的满足是通向快乐的一条或仅有的一条道路。

从前提向结论的转换是该论证真正错误的所在。思考这样一个因果链，从**欲求**（如对食物的欲求），到**行动**（吃），再到**结果**——快乐。因为快乐回溯到先行存在的欲求，那么，由结果（快乐）而产生欲求（它基于这样一个假设：原因必须先于结果）的推断将是错误的。然而，这并没有解决对**食物的欲求**和对**快乐的欲求**之间的关系。尤其对食物欲求产生的原因还没有统一的说法。快乐主义说，人们欲求食物是**因为**他们想要快乐（并认为食物将带给他们快乐），巴特勒的石头认为这个因果性观点是错误的，但他没有充分的理由。论证中致命的错误在于混淆了两个完全不同的概念——一个是欲求被满足后所得的**快乐**，一个是对快乐的**欲求**。即使快乐的产生被先行设定为主体欲求快乐以外的东西，对**快乐的欲求**以及对其他东西的欲求之间并不存在关联（Sober 1992；Stewart 1992；Sober and Wilson 1998）。快乐主义并不否认人们对外在事物的欲求；宁可说，这一理论试图在解释为何会如此。

奇怪的是，这个观点却被如此广泛地解释为是在反驳快乐主义。在那段以石头为理论的说教的末尾，巴特勒如是说："让我们接受它吧，尽管德性或道德叙述的确在于对正当与善的事物的热爱与追求；然而，当我们身处逆境中时，我们不能为自己的这种或那种追求进行辩护，直到我们确信那将是我们的幸福，或至少不与它相反为止。"（Butler 1965 [1726]：240）如果我们回到石头论观点本身的语言，那么，我们会看到巴特勒是在提出关于"特殊的欲望和激情"的论点。狭义地看，该观点仅仅在指出，如果人们欲求快乐，他们的欲求不会降低到那个标准之下；这个论证既没有说人们从不欲求快乐，也没有说为了快乐的欲求是永无止境的。巴特勒在石头论中没能驳倒快乐主义是因为他未曾对此进行尝试吗？

四、快乐主义和它的"非理性"之间的"自相矛盾"

个人如果只专注于获得快乐或幸福，则不可避免地失去他想得到的。他们就像股票经纪人那样，只想着低价买进高价卖出。那些单单为了目的而从不考虑采取什么方法来追求其目标的人,必定不能得其所愿。这使一些哲学家认为,快乐和幸福只是在专心于具体的活动时所获得的副产品。他们还指出,关于快乐和幸福的这个事实构成了快乐主义的自相矛盾("自相矛盾"这个词说明,作为心理学理论,假定我们在这里发现了快乐主义的一个缺陷)(Butler 1965[1726];Feinberg 1984)。

对这一批评明确的答复是,快乐主义并没有说人们都必须是偏执狂。快乐主义指出人们把趋乐避苦当做是他们唯一的**终极**目标,但是并没有说趋乐避苦就是人们的唯一目标(终极的**或是**近似的)。快乐主义者思考的是哪种活动最适合于带来快乐而避免痛苦,并决定在此基础上应该去做什么(Sidgwick 1922[1907])。此外,如果快乐主义的偏执狂总是无法得其所愿,那么,接下来该如何呢?即使这表明人不**应当**是一个快乐主义者,但这并不能说明人在**事实上**不是一个快乐主义者。如前所述,快乐主义是描述性的理论,而非规范性的理论。

自我主义是非理性的这一主张也需要用规范性与描述性的差别来评价。内格尔为这一主张辩护(1970),他认为,当自我主义者审慎地考虑他们自身利益(而不是别人的利益)时,他们忽视了这样一个事实:他们没有本应有的性质,而其他人缺少这些性质能够证明这个不对称现象。评价自我主义者是否是非理性的,我们需要判断的是,理性应该被理解为"**工具性地**"还是"**实质性地**"。工具性的理性意指,选择有效手段达到一个人的任意目的的能力。实质性的概念意指,不仅有效的手段可得到确保,而且那些目的更值得赞扬,或至少在道德上是无异议的(Gibbard 1990)。有效率的连环杀手可能是工具性的理性,但他们不是实质性的理性。不论那种概念是否真正抓住了"理性"这词的内涵,事实上,这些争论并不能表明人们真的具有或有能力具有利他主义的终极动机。如果理性仅仅指工具性的理性,那么理性不包含利他主义(或是它的可能性);如果理性指的是实质性的理性,那么即使理性包含了利他主义,它也显示了人是真正实质性的理性。也许我们**应该**是理性的,并且我们可能**应该**也是利他主义的,但这并不表明自我主义作为一种描述性的理论是错误的。

五、机器体验

在科幻电影《全体的回忆》中,几个世纪后的人们利用他们的电脑技术进行"虚拟假日"。不同于真实度假的是,他们进入一台计算机,这台计算机能够模拟完全令人信服的真实度假。这部电影合理地提出,未来人可能会经常地选择以这种方式来度假。尤其是在去外地的真实旅行昂贵而危险的情况下,"虚拟假日"则非常便宜并且能够从经验的观点完全令人信服。

罗伯特·诺齐克(Robert Nozick)在《全体的回忆》出现前就写过《无政府、国家与乌托邦》一书。在书中,他用一种"体验机器"的观点建构了一个似乎表明快乐主义是错误的论证(Nozick 1974:42—45)。诺齐克的体验机器可以通过编程来提供完全令人信服的模拟,它能模拟一个人可能选择的任何一种真实的生活经历。假设你有机会进入体验机器来度过余生,机器将编程而使你瞬间忘记已经选择进入,然后,它会提供任何系列的经历,使你从中获得最大化的快乐与最小化的痛苦。当然,关于你所崇尚的生活方式的信念也将成为错误的。如果你选择了进入体验机器,则把自己的生活系于实验室的一张桌子上,并让金属软管和电极插入你的身体。你将不再**做**任何事情;然而,得感激这台机器的是,你所体验的快乐程度将是非常惊人的。

如果你有机会进入体验机器而了此一生,你会做什么呢?你的第一反应可能会怀疑这台机器是否能像它所许诺的那样运行;在当今市场上,当然没有任何机器能够做到像所设想的体验机器那样,但是至少在可预见的未来它将具有可能性。然而,为了此论证,我们暂且把这种顾虑抛开。设想一下你自己被允许进入该机器,并且假定这台机器能像我们所描述的那样工作。我认为,也许包括你自己在内的许多人,都会拒绝进入该机器。

这个与人有关的事实似乎在反驳快乐主义。显然,即使相对于进入体验机器,真实的生活带来的是较少的快乐与较多的痛苦,许多人还是更愿意拥有一个真实的生活而不是一个模拟的生活。看来,人们对于如何与自己思想以外的世界相互联系,其关心程度并没有减少;而认为人们自身的目的所关心的唯一的事情是意识的快乐状况,则是错误的。

快乐主义能够解释为什么许多人拒绝进入体验机器么?为了弄清楚这是否可能,我们需要拟订出的是,当你选择进入体验机器和当你拒绝进入体验机器,将会发生的一系列的事件。在这两种情况下,其步骤开始于考虑,而终止于决定。如果你决定进入体验机器,在你作出决定与真正的与机器连接之间会有一个时间间隔。我们需要考虑的两种选择可以详见于图表7—1。

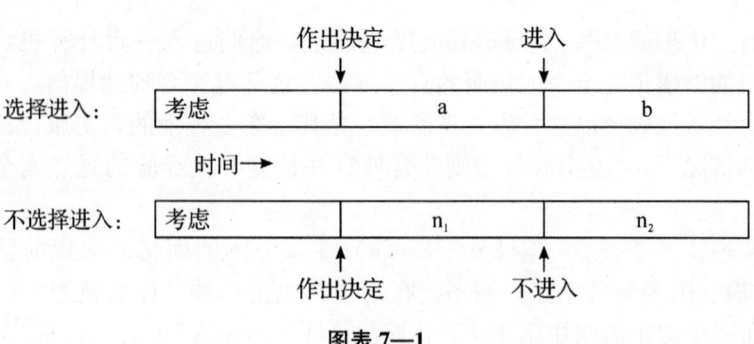

```
                        作出决定              进入
                           ↓                  ↓
选择进入：    ┌─────────┬──────────┬──────────┐
              │  考虑   │    a     │    b     │
              └─────────┴──────────┴──────────┘
                   时间 →

不选择进入：  ┌─────────┬──────────┬──────────┐
              │  考虑   │   n₁     │   n₂     │
              └─────────┴──────────┴──────────┘
                           ↑                  ↑
                        作出决定            不进入
```

图表 7—1

表格中的四个字母代表你在不同的选择下同一时段内可能体验到的不同的快乐程度。如果你选择进入机器，你将会获得巨大的愉悦程度（b）。在同样的时段内如果你决定不进入机器，而是选择正常的生活，你将体会的快乐的程度会大大降低，即 $b > n_2$。如果这是所包含的唯一欲求考虑的因素，快乐主义就会预测人们都将选择进入机器。那么，快乐主义是如何解释许多人作出相反的选择这一事实呢？

快乐主义者的策略是观察其更早的环节。如果你决定进入体验机器，在你真正与机器连接之前，你会有怎样的感觉呢？你很可能会感到巨大的**焦虑**（a）。你可能会认识到你将从此终止自己的真实生活。你将再也无法见到所爱的人；所有的方案和事业也都会终止。很显然，和你选择拒绝进入机器而继续自己的真实生活相比，在这个时段内，你所体会的快乐会较少，即 $a < n_2$。

如果快乐主义者解释为什么人们选择不进入体验机器，并只是通过考虑主体决定作出什么选择之后他们所预期的快乐和痛苦程度来解释，他们的观点也就是 $a + b < n_1 + n_2$。由于 b 远大于 n_2，除非 a 远远小于 n_1，这种不平均才会成为事实。也就是说，快乐主义者似乎在强行争论，因为人们在选择进入机器和真正地与机器相连接的这个时段内，他们体验的痛苦是**"巨大的"**——大到将会影响到与机器相连接后他们所体验的快乐，因此，人们拒绝选择进入机器。

这种解释并不是很有说服力。与把时间用于和机器相连接的漫长岁月和享受其无限快乐的体验之集合相比，作出选择和真正进入机器这个过程是非常短暂的。我承认，那些选择与机器相关联的人们在那短暂地做决定和实际进入机器的过程中会感到难过和焦虑。但是，认为因为这种消极性的体验而放弃所有随后的快乐则是不可信的。

为什么这样说呢？让我们思考一下威廉·塔尔波特（William Talbott）提议我做的第二个思维实验。假设，如果你愿意经历某个 10 秒钟的体验，就支付给你 5 000 美元。这个体验使你相信，你决定了在这种体验机器里来度过余生。在你徘徊于这个体验的 10 秒钟之后，你会回到正常的生活，而且自己经历的仅仅是一个"噩梦"；接着就能得到 5 000 美元。我想许多人都会为了 5 000 美元而选择进入机器 10 秒钟。这表明，快乐主义是错误的：如果它认为使你相信你被塞进体验机器度过余生是如此可怕以至于没有人愿意选择这种生活。

快乐主义者仍然不能解释为什么许多人宁愿选择正常的生活而不是塞进体验机器的生活。其理由是，快乐主义的计算方式似乎不可避免地引向这样一个结论：$a+b>n_1+n_2$。这就表示快乐主义者必然失败吗？我认为快乐主义者还有一条出路。除去主体决定选择之后所增长的快乐和痛苦之外，还有审慎的过程本身产生的快乐和痛苦的程度。快乐主义者可以坚持认为，**选择**进入机器的过程是非常可怕的以至于人们几乎都选择不进入。当人们审慎考虑其选择项目，假如要进入机器，他们将想象他们的生活将多难过；但当他们拒绝进入机器而选择真实世界的生活时，会感觉更好。将生活与机器相连接的**想象**是令人痛苦的，尽管那种生活会非常快乐；**想象**真实生活是令人愉快的，尽管真实生活包含着痛苦。快乐主义对为什么人们拒绝进入体验机器的解释，引用了施利克（Schlick 1939）的快乐想法的状态和想法的快乐状态的区分。

为了弄明白在这个建议中包含着什么，让我们从细节上思考一下，当人们在审慎选择时脑海中会出现什么。他们认识到，进入机器就意味着抛弃所拥有的最心爱的事业和其他东西，从与真实世界的彻底分离角度来讲，进入机器就相当于自杀。不同的是自杀意味着意识的结束，而体验机器给予的却是逃避式的快乐。快乐主义认为许多人都极度藐视进入机器这种想法，并认为像这样做的想法也是令人厌恶的，快乐主义的这种看法并没有违背自己的原则。人们拒绝进入体验机器，是因为讨厌自我陶醉主义的逃避观念，并且能在选择真实生活的想法中感到快乐。

快乐主义的这种解释的一个优点就是，它解释了上述两种思维实验中的结果。它解释了为什么人们常常"**拒绝**"进入体验机器度过余生；它也解释了为什么提供 5 000 美元，人们就**愿意**体验那 10 秒钟——决定进入机器来度过余生。在两种情况下，感觉都会被思考**过程本身**伴随的快乐和痛苦所影响，而不会太考虑做选择以后的快乐有多少。

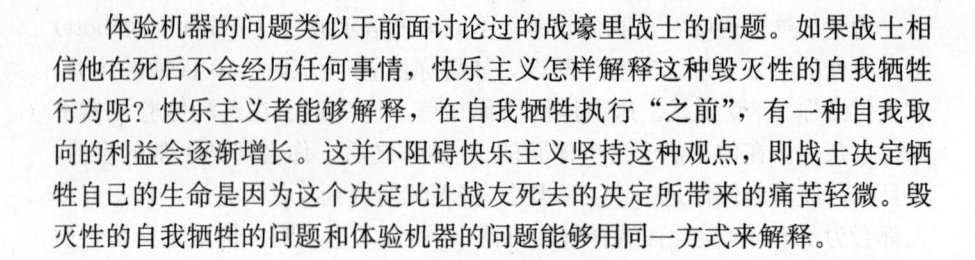

体验机器的问题类似于前面讨论过的战壕里战士的问题。如果战士相信他在死后不会经历任何事情，快乐主义怎样解释这种毁灭性的自我牺牲行为呢？快乐主义者能够解释，在自我牺牲执行"之前"，有一种自我取向的利益会逐渐增长。这并不阻碍快乐主义坚持这种观点，即战士决定牺牲自己的生命是因为这个决定比让战友死去的决定所带来的痛苦轻微。毁灭性的自我牺牲的问题和体验机器的问题能够用同一方式来解释。

六、证明的负担

哲学家有时坚持认为，常识观念应该被看做是正确的，除非能够证明它是错误的。那就是说，如果提出了关于一些常识的命题是否真实的问题时，但是没有证据来证明它或驳倒它，那么，明智的做法就是继续相信这些命题。也就是说，这个观点只是那些想挑战常识的人才会具有的证明的负担。

这种一般性态度有时会出现在对自我主义和利己主义的讨论之中。有观点认为，自我主义假设走向了常识的对立面。常识所显示的人类动机被认为是多元的——人们关心其自身，同时也关心别人，不仅仅作为手段，更以他们本身为目的。那么，得出的结论是，如果赞成或反对自我主义的哲学或科学的争论尚未定论，那么，我们应该拒绝自我主义而继续接受多元主义。

反对提出这种类似游戏决胜局的理由之一是，认为"常识"得胜是在动机多元主义这方而不是在自我主义这方是极不明显的。什么是常识呢？它难道不就是人们平常所相信的吗？如果是这样的话，可争辩的是，自我主义已大量地占据日常生活；现在看上去这似乎是一个被许多人所认同的观点。哲学家们需要注意的是不能通过自己碰巧发现显而易见的来混淆常识。据我所知，没有经验性的调查已经确定一个动机论的多元主义理论是否比心理学的自我主义理论更为流行。

关于心理学的自我主义和动机论的多元主义，不管人们普遍相信的是什么，我反对常识是这种争论中的决胜局的观点。在物理学和生物学中都没有这种状况，当这个问题从其性质上成为哲学的和心理学的问题时，我并没有发现任何为什么应该这样做的理由。事实上，我们在这一领域的直觉尤其容易走向谬误——这一观点是很有争议的。人们都有关于他们自己

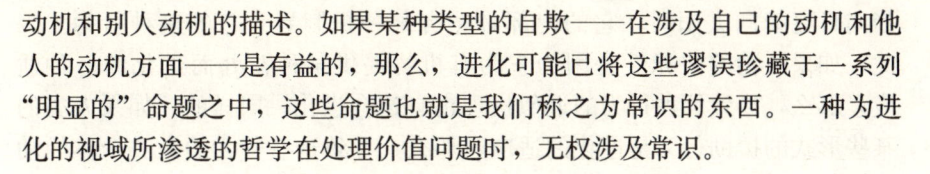

动机和别人动机的描述。如果某种类型的自欺——在涉及自己的动机和他人的动机方面——是有益的，那么，进化可能已将这些谬误珍藏于一系列"明显的"命题之中，这些命题也就是我们称之为常识的东西。一种为进化的视域所渗透的哲学在处理价值问题时，无权涉及常识。

七、吝啬

到此为止我已经论证了快乐主义，并且认为它没有被哲学的论证或观察到的行为所驳倒；如果它是正确的，那么自我主义也没有被驳倒。但这并不意味着自我主义是正确的，毕竟，动机多元论也没有被驳倒。在这个僵局的启示下，值得注意的是，社会科学家常常含蓄地假设：如果行为**能够**用自我主义的术语来解释，那么它就**应该**被这样解释。他们没有通过直接的论证来赞同这个立场的这一事实，似乎与这是不相关的。也能够按照动机多元论来解释行为者这一事实，似乎也不是相关的。然而，为什么自我主义应该是有缺陷的假设——我们应该假设它是正确的，除非我们被迫抛弃它。

可以考虑的一个回答是自我主义更加吝啬——它提出仅仅有一种类型的终极动机，然而，多元主义则主张两种（Hume 1970 [1751]; Batson 1991）。即使我们设想吝啬标示的不只是两种理论之间的美学差异，而是发现某些理论比其他理论更为合理的一个理由，在为自我主义的辩护中仍有一个缺陷。这个问题是，当我们考虑到两个理论提出了多少因果性信念时，自我主义不比多元主义吝啬。当莎丽想要奥托做得好，自我主义的捍卫者将这个看做是工具性的欲求，但是，动机多元主义的辩护者坚持认为莎丽把这个他者欲求本身作为目的。但是需要注意的是，自我主义的解释归因于莎丽的一个因果信念——**她位于接受奥托干得出色所带来的益处**。动机多元主义并不认为莎丽有这种信念。自我主义者比多元主义者拥有更少的终极欲求，但是自我主义者却有更多的因果信念。据此原因，为什么心理学的自我主义应该被作为更吝啬的理论则是非常不清楚的（Sober and Wilson 1998）。

八、一种进化的方法

心理动机接近于进化论的生物学中所使用的"近似机理"这一术语。

当向日葵朝向太阳时，它的内部必然有某种机制导致它的这种行为。因此，如果植物的向光性是因为它为有机物提供某种益处而进化的一种适应，那么，导致那种行为的近似机理也必然会进化。同样的，如果人类的某些形式的援助行为是进化的适应，那么，导致这些行为的人类个体的动机也必然会进化。或许一个关于近似机理进化的一般观点，可以解释自我主义或动机多元主义是否更有可能得到进化这个特定的问题。

寻求进化的方法无须预设人类行为的每个细节或每个援助活动，就能够通过自然选择的进化假设得到完全的解释。毫无疑问，许多关于行为的事实和援助行为的事例不能通过自然选择得到相关恰当的解释。然而，我要考虑的是一个有关人类行为的单一事实，我认为自然选择可以给它相关的解释。有趣的现象是人类双亲照顾他们的孩子，他们给予的照顾要明显大于其他物种的双亲所提供的照顾。我认为自然选择至少可以部分解释为什么双亲的照顾在我们的世系中得到进化。这并没有否认父母的差异；有些父母会比其他的父母更照顾自己的孩子，然而，有些父母甚至虐待、杀害他们的子女。另一个关于个体差异的显著事实是，一般来看，在父母对子女的照顾这方面，母亲要比父亲投入更多的时间和精力。或许对于这些个体性的差异也可以用进化论来解释；然而，在这里要指出的是，我对其是否正确并未作出任何假设。

指导一个人如何预测近似机理的一些一般原则将进化并产生特定行为，为了梳理这些原则，我将启用一些事例，假定一个完全无思想的生物体，它的问题是如何从它所处的环境来选择可食用的食物种类。有些生物体所处的液体中漂浮的微粒含有蛋白质；而其他的却含有有毒物质。生物体得到进化继而产生一种特定的行为，它倾向于食用蛋白质，而避免有毒物质。是什么样的近似机理得到进化而使它变得如此呢？

首先，让我们考察一下我们需要考虑的可能的解决方案。对这个问题最明显的解决方法是，给此生物体安装一个能区分蛋白质和有毒物质的检测器。它先捕获少许漂浮物并将其微粒放入检测器中，然后将所检测的信息输出与行为相连接；生物体或者吃掉它，或者将其吐出。这是最直接的解决方案；生物体需区分蛋白质和有毒物质，它们的区分主要通过检测器来完成，这种检测器可以检测出有明显差异的事物。

难以想象的是，其他的解决方案都不是那么直接。假定在生物体的生存环境中，蛋白质倾向于红色，而有毒物质倾向于绿色。如果这样，生物体可以用颜色检测器来作出必要的区分。这种解决方法是**间接的**；生物体需从有毒物质中区别出蛋白质，完成这个任务要通过区分其他两个相互联系的、具有明显差异对象的特性。总体上来看，生物体可以利用许多间接的解决方案；就如蛋白质与有毒物质的区分及环境中其他物质的区分具有多种相关性一样，间接的解决方案也是不计其数的。最后，我们可以将这样一个观点添加到我们的项目表，那就是对于所构想的问题，可以有多元化的解决方案。除了蛋白质检测器的单一解决方式和颜色检测器的单一解决方式以外，一个生物体还可以设置蛋白质和颜色两个检测器。

给出了这个多种可能性后，人们如何推测它们中哪个将会进化呢？这里有三个相关的原则——**可得性、可靠性和功效**（Sober 1994；Sober and Wilson 1998）。

自然选择仅在原始存在的变异范围内起作用。作为生物体来说，有一个蛋白质检测器固然是件好事，但是，如果这种装置不是作为原始的异变体出现的话，自然选择就不能引起其特性进化。所以，我们很想要有的第一类信息涉及的是哪种近似机理是可以原始地**得到**的。

为了进一步论证，我们假设蛋白质检测器和颜色检测器两者都是原始可得的。那么，哪一个更可能进化呢？这里我们需要提出**可靠性**的问题。哪种装置更具有可靠的指示功能来区别环境中的哪些微粒是可以食用的呢？如果没有更多的信息，就没有什么可说的了。一个颜色检测器可能具有任何程度的可靠性，蛋白质检测器也一样。没有一个**先在的原因**可以说明为什么直接的策略应该或多或少地比间接的策略更可靠。然而，关于它们的不同则有一种特殊的情况。这将在图表7—2中进行说明。

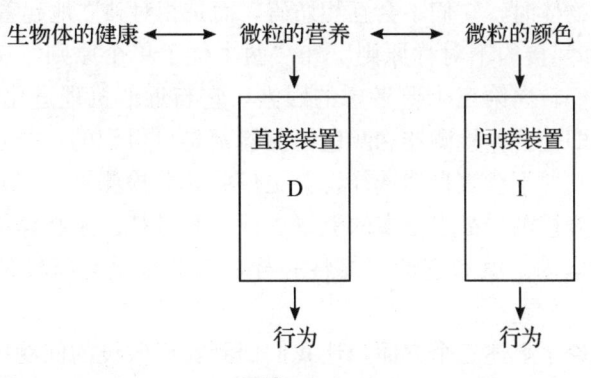

```
生物体的健康 ←→ 微粒的营养 ←→ 微粒的颜色

              ┌────────┐      ┌────────┐
              │ 直接装置 │      │ 间接装置 │
              │   D    │      │   I    │
              └────────┘      └────────┘
                  ↓               ↓
                 行为             行为
```

图表 7—2

双箭头表示其交互关联；营养的获得与生物体的健康相关，而一个微粒是红色而不是绿色则是与营养的内容相关的。

在这个图表中，从健康到颜色之间，除了通过营养的那个箭头外，两者之间并没有箭头标示。这表明一个生物体的健康是与它所食用的微粒的颜色相关的。没有一个**先在**的原因能说明颜色仅仅通过指示营养内容就应该和健康相关。比如，假如吃红色的微粒比吃绿色的微粒更能引诱食肉动物，颜色对健康就有两种关联。然而，如果就像所标示的一样，营养将健康和颜色"隔离"，我们可以陈述下面关于直接装置 D 和间接装置 I 的可靠性的原则为：

(D/I) 如果营养和颜色不能很好地相互关联，并且如果 D 探测了营养如同 I 探测了颜色一样，那么，D 将比 I 更具有可靠性。

这是"直接和间接的不对称原则"。直接的解决方案并不总是更加可靠的，但是在此情况下，他们更为可靠。

在图表中也可以得出可靠性的第二个原则。就像科学家在辨别众多假设之时，如果他们有更多的而不是少量的证据，他们将会做得更出色。所以，如果生物体对于吃什么的问题有两种信息来源，而不是一种，那么他们就会作出更可靠的辨别。

(TBO) 如果营养和颜色不是极好地关联，并且 D 和 I 每个都是可靠的，虽然健康检测器难免有错误，但是，D 和 I 在一起起作用将比它们单独作用更加可靠。

这就是"两个优于单个原则"。它欲求一个假设前提——当两个装置存在于同一个生物体时，它们不会互相妨碍，而是相对独立地起着作用。

"直接和间接的不对称原则"和"两个优于单个原则"属于可靠性的问题。让我们转向第三个要考虑的因素，它与近似机理进化的预测相关，称为**功效**。即使营养检测器和颜色检测器都是可得到的，并且营养检测器更为可靠，它并不代表自然选择将会更偏爱营养检测器。相对于颜色检测器而言，营养检测器欲求更多的能量去建立和维持。生物体能量的运作不亚于汽车的运动。就和它的可靠性一样，功效也是与特性的整体健康相关的。

现已讨论了上述三个方面，让我们回到我们假设的问题中去，即父母提供照顾的动机机制很可能在血统引导下的人类中得到进化。这三个我们需要思考的动机机制与三个不同的规则是相一致的，这些规则是基于人们信念的行为选择规则：

（HED）当且仅当父母提供照顾，才会使自身快乐最大化、痛苦最小化。

（ALT）当且仅当父母提供照顾，才会促进孩子的幸福。

（PLUR）当且仅当父母提供照顾，才会或者使自身快乐最大化、痛苦最小化，或是将能促进孩子的幸福。

使一个生物体照顾其子女的解决方案是（ALT）和（HED），其中，（ALT）是相对直接的方法，（HED）是相对间接的方法。就像一个生物体可以通过探测颜色而找到营养，同样，一个快乐主义的生物体在原则上也是可以提供类似父母的照顾的；生物体的构成所要求的是，提供作为父母的照顾并且使其自身快乐最大化、痛苦最小化（或者至少这个生物体相信这是理所当然的）。

让我们来看一下这三个机制在特定的情况下的可靠程度。假设父母了解到他们的孩子处于危险之中，想象一下你的邻居告诉你你的孩子刚刚掉进结了冰的湖里。图表7—3会展示（HED）和（ALT）将会怎样做。

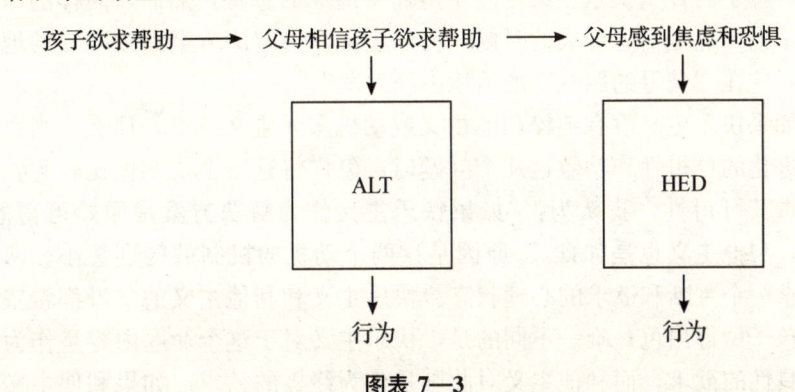

孩子欲求帮助 ⟶ 父母相信孩子欲求帮助 ⟶ 父母感到焦虑和恐惧
　　　　　　　　　　↓　　　　　　　　　　　　　　↓
　　　　　　　　　[ALT]　　　　　　　　　　　　[HED]
　　　　　　　　　　↓　　　　　　　　　　　　　　↓
　　　　　　　　　行为　　　　　　　　　　　　　行为

图表 7—3

利他主义的父母仅仅因为他们相信孩子欲求帮助就会赶紧行动。快乐主义的父母则不会，相反的，让他们行动起来的原因是由于焦虑和恐惧，这些感觉可能来自舆论，或者这些父母相信除非孩子的情况有所好转，不然这种消极的感觉就会持续。这从图表7—3（D/I）不对称原则的使用中可以清楚地看出。在这种特殊的情况下，（ALT）将会比（HED）更可靠。而且通过（TBO）原则，（PLUR）则会比二者更好。在这个例子中，从可靠性程度来看，快乐主义在三个方面的竞争中都处于末尾。

关于此例的重要的一点是，父母的这些感觉都是由于**信念的中介性作用所致**。父母感到焦虑和恐惧的唯一原因是他们**相信**他们的孩子遇到了麻烦。在许多情况下，自我主义和快乐主义都呼吁解释，这是正确的，但是，不是所有的解释都是正确的。比如，当身体受伤时，疼痛是直接的结果，信念是相对间接的结果（图表7—4）。

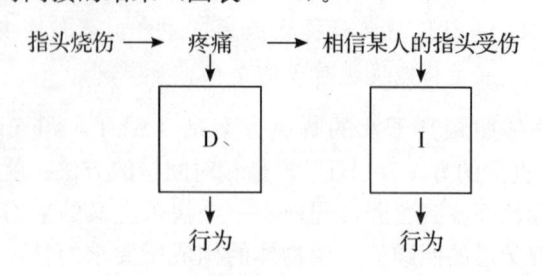

```
指头烧伤 ⟶ 疼痛 ⟶ 相信某人的指头受伤
              ↓                    ↓
            ┌───┐              ┌───┐
            │ D │              │ I │
            └───┘              └───┘
              ↓                    ↓
             行为                  行为
```

图表 7—4

现在，对于所设计的问题，快乐主义是一个直接的解决方案；建立机体是愚蠢的，它会使人们对于疼痛没有反应或仅仅在形成身体伤害的信念后才从火上缩回手指。在这种情况下，**信念是疼痛促成的**，（D/I）不对称原则解释了为什么快乐主义专注于疼痛所造成的感觉。然而，同样的原则说明了当疼痛是信念促成的时候，快乐主义作为解决方案而被误导的地方所在，这在"父母的照顾"的情境中经常发生。

如果快乐主义没有纯粹利他主义或动机多元主义可靠，那么，当我们思考进化的可得性和功效这几个问题时，怎样将这三个机制做比较呢？为了尊重其可得性，我认为："**如果快乐主义作为解决方案是原始可得的，那么，利他主义也是如此。**"原因是这两个动机的机制的区别甚小。两者都要求一个判断和欲求的心理状态。快乐主义和利他主义的父母都希望他们的孩子做得出色；唯一不同的是，快乐主义对于这个命题内容是作为一个工具性的欲求，而利他主义对此则是作为终极的欲求。如果利他主义和多元主义没有进化，并不是因为他们作为选择的异变体是不可得的。

那么，关于功效的问题呢？建立和维持利他主义或多元主义的机体是不是比建立和维持快乐主义的机体来说，要消耗更多的卡路里呢？我看不出缘由。对能量的要求是要建立一个实施信念/欲求心理的硬件。然而，很难看出的是，为什么有一个终极欲求而不是两个就会使得能量有差别；同样难以理解的是，望子成龙的终极欲求难道就会比趋乐避苦的终极欲求所要求的卡路里更多。信念多的人显然并不需要比信念少的人进食更多。同样的观点也适用于一个人有多少或哪种终极欲望的问题。

总之，快乐主义作为表达父母关怀的机制，远没有纯粹利他主义或多

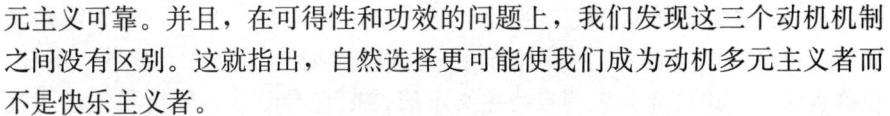

元主义可靠。并且，在可得性和功效的问题上，我们发现这三个动机机制之间没有区别。这就指出，自然选择更可能使我们成为动机多元主义者而不是快乐主义者。

从进化论的观点看，快乐主义是很不寻常的动机机制。在自然选择过程中的重要环节是，一个生物体的生存能力和成功的繁殖能力。繁殖的成功不仅仅包含繁衍后代，也包括这些后代达到繁衍年龄前的生存问题。所以，重要的是一个生物体自身的和其后代的生存。另一方面，快乐主义认为生物体最终关心的是他们自身意识的状况，而且仅限于此。为什么自然选择引导生物体关心健康之外的东西，而不是仅仅关注自己的捕获物呢？如果生物体不能使关于他们自身和他们后代的身体的命题概念化，那就可能是一个原因。毕竟，如果生物体没有关于营养内容方面的认知途径，那么，一个生物体依据颜色而不是营养价值，采用间接的策略决定吃什么，也是有道理的。但是，如果一个生物体足以聪明到创造他自己和他的后代的象征物，为这种间接策略进行辩护就是不合理的。我们是由祖先进化而来的，他们的认知能力还不很成熟，他们把趋乐、避苦当做我们的两个终极目标也不足为奇。但是，人类能够创造具有如此多的不同的命题内容的象征物这一事实表明，进化补充了我们作为目标来关心的那个系列的东西。

九、结论性的评论

我已经指出，过去在哲学和心理学方面想解决自我主义和动机多元主义这一争论的企图并不成功。如果关于明显的经验问题的这个争论能够通过一种先验性的论证来解决，那可能是很令人振奋的。但是不幸的是，对人们日常生活中的因果性活动的观察以及科学家在实验室里的观察两者都不是决定性的；虽然某些简单版本的自我主义为我们的观察所拒弃，还有某些可得到建构的自我主义版本似乎适合于可得到的观察。可能某些更成熟的实验和对行为的观察将回答这个问题。但现在哲学与心理学的处境则是哪一个也占不了上风。

进化论的考虑能够打破这个僵局吗？前面那节的论证目标在于建立，一种纯粹自我主义的动机系列比包括自我主义和利他主义的终极欲求的动机系列更少可能得到进化。我并不认为，这个论证**证明**了人们是动机多元主义者；关于人的心灵和它如何进化还有许多问题是未知的，也不能确保如知道更多的细节将不会实质性地改变我已经描绘了的这个图景。不过，我确实认为，论证充分表明自我主义不值得把它看做是只要自我主义与我们的观察一致，我们就应［把它看做是］可接受的有缺陷的假设。就我的观点而言，证据有利于多元主义，即使只是在一种很小程度上。

参考文献

Batson, C. D.: *The Altruism Question: Toward a Social-Psychological Answer* (Hillsdale, NJ: Lawrence Erlbaum Associates, 1991).

Broad, C. D.: *Five Types of Ethical Theory* (Totowa, NJ: Littlefield, Adams, 1965).

Butler, J.: *Fifteen Sermons upon Human Nature* (1726), Reprinted in L. A. Selby-Bigge (ed.), *British Moralist: Being Selections From Writers Principally of the Eighteenth Century*, volume 1 (New York: Dover Books, 1965), pp. 180–241.

Clark, R. D. and Word, L. E.: "Where is the Apathetic Bystander? Situational Characteristics of the Emergency," *Journal of Personality and Social Psychology*, 29 (1974): 279–287.

Feinberg, J.: "Psychological Egoism," in S. Cahn, P. Kitcher, and G. Sher (eds.), *Reason at Work* (San Diego, CA: Harcourt Brace and Jovanovich, 1984), pp. 25–35.

Gibbard, A.: *Wise Choices, Apt Feelings* (Cambridge: Harvard University Press, 1990).

Hume, D.: "On Self Love," in *An Enquiry Concerning the Principles of Morals* (1751) (Indianapolis: Hackett, 1970).

Kavka, G.: *Hobbesian Moral and Political Theory* (Princeton, NJ: Princeton University Press, 1986).

LaFollette, H.: "The Truth in Psychological Egoism," in J. Feinberg (ed.), *Reason and Responsibility*, 7th edn. (Belmont, CA: Wadsworth, 1988), pp. 500–507.

Nagel, T.: *The Possibility of Altruism* (Oxford: Oxford University Press, 1970).

Nozick, R.: *Anarchy, State, and Utopia* (New York: Basic Books, 1974).

Schlick, M.: *Problems of Ethics* (New York: Prentice Hall, 1939).

Schroeder, D., Penner, L., Dovidio, J. and Piliavin, J.: *The Psychology of*

Helping and Altruism (New York: McGraw Hill, 1995).

Sidgwick, H.: *The Methods of Ethics* (1907), 7th edn. (London: Macmillan, 1922).

Sober, E.: "Hedonism and Butler's Stone," *Ethics* 103 (1992): 97-103.

——: "Did Evolution Make Us Psychological Egoists?", in *From a Biological Point of View: Essays in Evolutionary Philosophy* (New York: Cambridge University Press, 1994), pp. 8-27.

——and Wilson, D. S.: *Unto Others-the Evolution and Psychology of Unselfish Behavior* (Cambridge, MA: Harvard University Press, 1998).

Stampe, D.: "Desire," in S. Guttenplan (ed.), *A Companion to the Philosophy of Mind* (Cambridge, MA: Basil Blackwell, 1994), pp. 244-250.

Stewart, R. M.: "Butler's Argument Against Psychological Hedonism," *Canadian of Journal of Philosophy* 22 (1992): 211-221.

第8章 道德心理学

劳伦斯·托马斯

如果人类明显地是典型的社会性动物的话，那么准确地说，这意味着的东西并不很多。哲学家让·雅克·卢梭（Jean-Jacques Rousseau）的著作在这点上［对我们］是非常有教益的。他写道：

> 一个人在文明社会中由于文明生活而得益的［东西］完全能够弥补他在自然状态下所获得的任何好处：他各方面的能力得到了训练和发展，他的知识视野扩展了，情感丰富了。事实上，他的灵魂整个地得到了提升。(*The Social Contract*, Bk 1, ch. viii)①

对此，伟大的道德情感理论家，亚当·斯密（Adam Smith）也曾说过：

> 假如一个人真能在与世隔绝的环境中长大成人，与自己的同类没有任何交往，那么，就像他不能设想自己容貌的美与丑一样，他也不能设想自己是什么样的性格、自己的情感和行为的对与错、自己心灵的美与丑……当把他带入社会时，他立即就有了一面他以前所缺少的镜子。(*A Theory of Moral Sentiments*, Ⅲ.i.3)②

对两位思想家来说，一个充分发展的人不可能不与他人相互影响；而且，他们都认为一个充分发展的人必然是一个道德情感得到了丰富发展的人。

卢梭和斯密所提出的观点，似乎是与事实相悖的。他们的观点是，心理健康和持有利他主义的道德观，二者之间是高度一致的。确定在什么程度和在什么方面是如此，是道德心理学的基本任务。

---

① 参见卢梭：《社会契约论》，何兆武译，北京，商务印书馆，2003。
② 参见亚当·斯密：《道德情操论》，余涌译，122页，北京，中国社会科学出版社，2003。

一、导　言

没有什么可比父母之爱能更充分地赋予人们一种对人的珍视情感。作为婴儿，孩子出生时，没有任何自我观念因而也没有任何价值观。正是父母之爱，而非其他任何事物，使得孩子有可能形成比较恰当的自我感。父母爱孩子不会考虑孩子的天赋和身体特征；或者，在任何意义上，父母把孩子都［有点］理想化了。

爱以外的其他任何［情感］都缺少这种特征，因为，任何其他［情感］都会在某种程度上，要么与孩子的表现要么与孩子的相貌连在一起。因此，正是由于是明显的父母之爱的准确无误的对象，孩子才逐渐形成了一种内在自尊感，并开始以人的标准来评价自己。因而，尽管不可否认道德是一种内在善，但在内在善的东西之中，不是首要的，也不是最基本的。父母之爱，或者说恰恰由于父母之爱，而不是道德，赋予了一个人一种内在价值感，这种价值感对人的心理健康具有绝对的基础性意义。如果父母只以道德的方式对待而不爱孩子，假如有这种可能性的话，这样的父母无疑是不合格的。正是父母—孩子关系的这种崇高特征使得父母之爱既能促进孩子心理健康，又有利于孩子良好道德品质的培养，而孩子幸福的这两个方面是同时发生的。

当然，父母之爱背后的观点并不是，父母对孩子无论是道德上的还是其他方面，没有任何要求。好的父母对孩子会有很多要求。宁可说，孩子的表现不是父母之爱的条件。最意味深长的是，父母至少会对他们的孩子在诸如道德和社会交往方面提出适当的要求，孩子不会感到，他们的表现是得到父母之爱的一个条件，或至少不以一种持续的方式感到这一点。这也是父母—孩子关系的一个最不同寻常的特征。

最为重要的是，就孩子一直坚信他们是得到父母之爱而言，这是因为他们正**体验**着来自他们父母的爱。论证和任何雄辩的言辞在此都是不够充分的，除非这些论证和言辞是依据儿童被爱的体验背景而发的。当然，这并不奇怪，因为在孩子的语言才能使他能够领会和欣赏雄辩的言语、精巧的论证（以便他是被爱的）之前，被爱的经历对孩子的健康来说是重要的。

对被爱的体验的全面性解说，总是不得不调整以适应不同的文化差异，甚至诸如拥抱和接吻之间这样寻常事物的差异也有文化的不同。**接吻**

(La bise)，互吻对方的面颊，作为一种父母和家庭成员对孩子表达爱意的方式之一，仍然是法国文化中的一个重要部分。在美国并不如此。相应的，在美国长大的孩子，并不期望这种来自父母和家人老一套的行为，没有这种行为不会被她或他认为是缺乏爱。虽然对于被爱的一般性解说是，爱的展示必须通过对孩子的非常多而且范围宽广的行为来表示。爱的表示时时都是非常必要的，不仅当孩子表现出色时需要表示，而且当面对严重失望时——即，完全不赞成时也要表示。即使是在受罚或受严重责罚的情况下，父母也应清楚无误地让孩子明白他们是非常爱他们的。对孩子来说，责罚之后的一个拥抱，不仅仅是一个极佳的姿势，必然使孩子认识到父母之爱不是与其表现连在一起的。

在前面两段文字中所考虑的东西显著地表现在人们之间丰富的非语言行为中，表现在这些行为与我们实际信念的协调一致中。从实践的观点看，当父母实际上憎恶孩子时，要一个孩子有丰富的为父母所爱的体验，这似乎是不可能的。卢梭注意到，如果不是因为父母之爱，（父母对子女的）养育是如此苛求，以致根本不值得荐举这种努力。父母之爱的感情能够暂时伪装吗？绝对可能。在各种可预见尤其是不可预见的要求的背景下，经常有近距离交互活动的地方，父母之爱能够在［这样的］日常生活中长期伪装吗？绝对不可能。我们能够暂时隐藏我们的憎恶，但不可能持续如此。

一个人自然会问，一个无疑是父母之爱的对象的孩子不能确信被其父母所爱，是否可能？回答：这是可能的。因为面对父母确定无疑的爱，事情仍然可能会变得糟糕。孩子可能有一种非常可怕的体验，这种体验没有被父母意识到或意识到得太晚。例如，被家庭成员之外的人性骚扰。孩子认为父母知道，父母却不知道。结果是孩子被父母所爱的感觉远远达不到实际所应有的［程度］。考虑一个不同的问题，一个孩子没有能力说他的父母和他的家所在社会的语言，这是可能的吗？答案是这也是可能的。但当面对父母之爱的情况，事情可能会变得糟糕。一次痛苦而难忘的心理体验可能会有这种作用。例如，假设一个在床上被父母抱在怀里的四岁孩子亲眼目睹了父母被杀的［情境］。一个如此恐怖的时刻对任何孩子来说都将是完全毁灭性的。即使父母在各个方面都尽了自己的职责，事情也会戏剧性地变糟糕。然而，如果那件事没有发生，孩子将会确信为其父母所爱，正如他有能力说他的父母和他的家所在社会的语言一样。

现在，设想一个被父母所爱的孩子变成一个非常自利的人或许是诱惑人的。可能认为，一个作为父母所爱对象的必然后果是，孩子会渐次相信别人的关心不重要。但是，如果得不到父母的爱，可能情况不是如此。作为一个纯理论的观念是：相信他的生命有价值和相信只有他的生命有价值是两种根本不同的信念；当然，有第一种信念而无第二种信念，没有任何矛盾。而且，一个小孩有内在自尊的感觉所涉及的恰恰是，他有那种被那些有这样的价值、并且也尊重他们自己的人们以适当的方式对待他的体验。

从道德的观点看，父母之爱所赋予孩子的内在自尊是那种孩子感受到他人应当如何对待他的感觉所担保的。固然，孩子学会避免身体的痛苦是一种自然进化的反应。但是，包括恰当的道德处置的许多的［行动］并不与身体痛苦的缺乏相关联。一个有内在自尊的孩子不希望被人出卖、被剥削或被人误解，也不希望成为卑鄙的忘恩负义者的对象。尽管这些都不是关于身体的痛苦，不以这些方式被他人对待的基本重要性是毫无疑问的。父母之爱对孩子产生的感觉是不应当以这些方式被他人对待。

我强调父母之爱使孩子产生了内在自尊感。就其精神而言，这种语言明显地是康德式的语言，它反映了这样一种观点：个人正当地认为，他们自己应当得到任何他人以道德上正当的方式来对待，而不管他们的道德表现、社会成就、身体外貌或知识能力如何。父母爱孩子的最佳状态是不要求孩子在所有领域都必须表现突出。这种伴随如此特征的父母之爱而产生的肯定的感觉是孩子内在自尊产生的母体。因为在开始，孩子的确没有作为一个道德存在者的自我感，一个既可能伤害别人也可能被他人伤害的存在。这种由父母之爱所赋予孩子的尊重感给了孩子内在自尊感，从道德的观点看，这是人所应当具有的。父母之爱产生一个生命（creature），即婴儿，他没有把他自己看做是有价值的感觉，是父母之爱赋予了孩子一种在父母眼中所具有的价值感，这种价值不与孩子的表现连在一起。内在自尊仅仅是为父母之爱所确保的自我感的道德相似物。

就此讨论的范围来说，父母之爱与孩子的心理健康，以及一个人形成的他或她应该得到他人恰当对待的感受之间存在一致性。从众所周知的心理自我主义学说的观点来看（心理自我主义是指那些自然倾向于促进自身利益的人），有人可能会低估所讨论过的（两者关系）的重要意义。一个简短的回答是，应该指出的是，自我反对的行为在人类中现实地存在着。山姆叔叔的观念非常清楚地表达了这一点。因此，心理利己主义的支持者不能坚持：不论发生什么事情，人们都应当促进自身利益，或者在他人的眼里，应当把他们自己看做在道德上是值得称赞的。哎，那明显是虚假的。

无论如何，尽管父母之爱和内在自尊足以解释为什么一个人不希望被他人伤害，而不用求助于自我主义的有关概念，现在我们仍然需要弄清楚的是，为什么这样一个人并不倾向于伤害他人。我将在下一部分进入这个问题。

二、金　规

金规如下：

> 你想别人如何对你，你就如何对人。

这很可能是西方文化中最熟悉、最鼓舞人心的道德戒律之一。但是这一规则中关于人们是如何被激励以某种方式对待他人，其预先假设究竟是什么？人们被激励以道德方式对待他人，仅仅是因为他们考虑到，他人也会以道德的方式回报自己吗？依这种观点看来，一个不想他人以道德的方式对待的人也就没有理由以道德的方式对待他人。当然那确实只是极少数人：既不希望被道德地对待，也不介意被欺骗、抢劫，或受到其他任何伤害。另一方面，许多人假设他们行不义之事却能逃脱。如果按照我们在柏拉图《国家篇》中读到的斯拉西马寇（Thrasymachus）的精神，一个人能够享受道德上的好名声却过着不道德的生活，那么似乎他就没有行善的动力了。否则，如果一个人对他人行善的唯一动机是他想要得到他人道德的回报，那么，无论如何都会如此。而且，依这种道德动机论的观点看，金规的结果就一点也不鼓舞人心了。

对金规的一个更为高尚的解读，正如它是有关道德动机的，无疑是 B. J. 巴特勒（Bishop Joseph Butler）提出的如下解读：人类应该发现伤害他人的想法是非常令人憎恶的，因此他们克制不这样做。问题似乎是金规的这种表达简直有点太美好，好像是在人类的现实面前起舞。

或许，人类道德动机的任何问题都得考虑道德环境的重要性。在一种道德环境下，人们可能被推动得去做某事，在另一种道德环境下则被推动得不去做它。因此，一个长期被孤立在荒岛上的人如何行事并不能说明他在人群中将如何行事。固然，柏拉图坚持认为，一个真正有德性的人将在任何情况下行善，无论他发现他所处的道德环境多么邪恶，因为道德将总是确定地支持着他。似乎一个人可能拒绝这种强有力的柏拉图观点而真实地相信巴特勒对金规的解读的精神。在巴特勒的头脑里，很可能没有评论那种在邪恶的道德环境下的金规［问题］。

实质上，巴特勒认为人类的动机结构是这样的，在通常情况下，人们不会有伤害他人的动机，恰恰是因为他们发现这样做是与他们自己的愿望相悖，而不是怕被人伤害。对问题应该有正确的判断，反过来（这种判断）又会激励一个人以道德上正确的方式行事。有了正确的判断，一个人就有了关于做什么是正当的有效意志。自然，巴特勒观点的一个详细解释无疑将涉及同情的道德情感。但对于事情如何被感知，仍不得不说点什么，因为有正当理由的同情需要某种东西的概念。如果相信某个人刚刚获得诺贝尔奖或者刚刚犯了谋杀罪，同情他是非常不恰当的，甚至是难以理解的。因此，我们并不否认巴特勒观点中同情的作用，而是强调有恰当的判断。在这一点上，当谈论金规时，一个有点不一般的例子将证明与这篇论文的第一部分相关的教益，即有恰当的判断。

假设阿祖玛（Azouma）是一个非常仁慈的行为的对象，也就是说，琼斯冒着生命危险救了他。她冒着严寒和生命危险跳进冰窟，为了救活他，对阿祖玛做人工呼吸并陪伴他直到医疗抢救。完全醒来后，阿祖玛知道了所发生的事情而他仍然活着，即琼斯冒着极大的生命危险救了他。不用说，在他内心对她将会无限感激。但是假设，相反，阿祖玛完全忘记了琼斯为他的利益所做的牺牲，因此，他不会感激她。我们假定他知道她的英雄行为，那么，我们不能仅仅把阿祖玛的反应看做非常不正常，当然也是极其不适当的，而且我们也会认为"他有什么问题"。

我们如此考虑的一个原因恰恰是，我们不能想象的是，阿祖玛以这样一种人的方式行事：这种人没有感到，他的行为使他亏欠了相当程度的感激。这使我们深入到巴特勒观点的核心。因为如果我们把这点记在心里：对感激的期望并不以自我的自私观念为前提，那么这相同的心理结构很自然地使得阿祖玛感恩，也使得阿祖玛展示他对琼斯的感激之情成为自然之事。这是因为阿祖玛亏欠的感激是，他的信念并不来自于那种把他自己看做是特别的人，而是这种行为对于一个承认如下观点的人来说是适当的：他是从一个出于自己的利益而作出牺牲的人那里得益的。

错待他人可看做是感激的对立面。我们期望一个人发现被人伤害是让人不愉快的。但是同样的，这种期望不以自我的自私观念为前提条件，相反，它只是预设了对自我的适当肯定，一种对错误行为者的特别评价，即这个人如此行为显示了他对他人生命的冷漠。正是一个人的内在自尊感使他感到：如果错待他了，会有什么感受。

在这一点上，对他人表示感谢的例子证明是最具启发性的，这恰恰是因为，在如我所描述过的富有戏剧性的情况下，不表示感谢构成了一种错待他人的行为。容易忽视这一点是因为我们一般把错误行为看成是包括（将导致）损害个人福祉的威胁、欺骗、否认他人通过正当手段而有资格得到的物质利益。而忘恩则不是这些中的任何一种。忘恩构成一种错误，是因为它蔑视个人为了其他人的利益而作出的牺牲。任何一个体验过极深忘恩的人意识到的恰恰是这个事实，任何意识到这一事实的人完全需要懂得感恩的重要性和不对他人表示感谢的错误性。巴特勒的立场应该是，恰恰因为一个合情理的人不想要体验前者（即使他能够），这样一个人会被感动得对他人表示感激。

我说过，错误行为并不以自我的自私概念为前提预设，关于这一点可用一个词来概括：情况正常。

尽管错误行为可能损害一个人的利益，一次错误行为可以证明是我所称做的偶然不幸。然而，即使在这种情况下，人们一般也不想被错待。这里有两个例子。尽管一个不公平的牺牲者，如一次不正当的免职，可能导致某个人专注于个人的私事，因此而得到利益、取得成功，而这些是他若不免职就不可能获得的。即使如此，他也不可能对那次不公正的待遇表示感激。在一段浪漫关系的初始阶段，一次被发现的背叛导致了受伤的一方离去而与他人结成了浪漫关系，从而导致她中止了组成一个最让人羡慕的非同寻常婚姻的幻想。同时，这次背叛可能会留给她痛苦的回忆。在任意一种情况下，这位妇女如果完全不重视对她的不公，而大声说："看我现在多走运"，这里肯定有什么毛病。没有意识到某些重要事物所具有的应有的意义，即不义者完全漠视她是一个道德的存在者。那么，如果说伤害行为不会停止，仅仅因为事实证明一个人由于那次他人不正当的做法而富裕起来——没有人会那样看问题。相应的，即使当一次错误确实导致了利益的损失，而没有幸运地获利，认为这次利益的损失可以充分解释为什么我们在这种情况下犯了一次错，这样想也错了。

富有意义的是，意识到如果不是发生这样那样不正当的事情，一个人不会变得境况好，这种意识并不意味着一个人必须在某种程度上对这次事件的结果表示感激。一个14岁的孩子意识到要不是他所爱的父母的死亡，他也不会被有钱人和如此深爱他的家庭收养，他也不一定会对父母的死表示感谢，尽管他清楚地意识到这一现实，即要不是父母的死，他将没有机会与这个有钱人的家庭共享乐趣。许多（尽管并非所有的）偶然的不幸，身处其中的人们会感到深深的痛苦，而其后体会到的却是利从其来。对偶然的不幸的全面性阐述超出了这篇论文的范围。

现在，重要的是强调这一事实，即关于我所说的涉及感激和伤害行为的恰当判断，在这两种情况下，都与内在自尊观念相关联。要保持心理健康就要对人们生活的实际情况有恰当的判断。着火会烧伤身体，开枪要么会伤人要么会打死人，等等。心理健康的人都能对这些事实有一个判断。某些行为方式显示了对他人生命的冷漠，而有些行为则反映了对他人关心，以至于为了另一个人的生命作出牺牲。随着在道德方面的渐趋成熟，孩子从对一个伤害她的敌对行为的判断过渡到一个敌对行为构成了一种对她在道德上的不正当的丰富判断。在所有这些实例中，我们的全面判断都与道德自我感连在一起，而道德自我感与我们自身的内在自尊的发展不可分割地连在一起。

我们容易忽略两者的类似之处，因为身体的伤害仅仅是身体性的。然而，判断杀人的错误要求掌握的，要比掌握开枪是伤了人还是杀了人，或者火烧到了人这种事实多。人们还必须理解的是，人是一种道德的动物，他拥有内在自尊。从一个孩子向成人转变的成熟过程中，其转变的标志不是能理解火烧了人、开枪伤人或杀人，而是做这些事的严重性。这种成熟不可避免地与对什么是道德的自我的判断紧紧连在一起，并且也与内在自尊的意义有关；但不是与目睹或痛苦地经验到许多伤害有关联。如果没有受到过威胁或甚至没有目睹过杀人行凶，没有一个心理健康的人不能理解杀人的意义。我们的道德判断认为，美国奴隶制度和大屠杀都是错误的，都不能逃离这一观点。

关于恰当的判断的问题就论述到此为止。但是，恰当的判断仅仅是这篇论文在试图理解金规前的一部分。心理健康者必定为以道德正当的方式行事所推动。而这篇论文涉及这方面的问题是，它似乎是虚假的。不仅如此，惩罚和责备的理论典型地把它当做一个理论假设，即对一个心理健康者来说，拥有恰当的判断力却又不以道德正当的方式行动是可能的。由于这些考虑，在做有道德的人和成为心理健康的人二者之间的联系突然看起来是很空泛的。然而，在这里我们必须继续保持慎重，因为事情不总是像它们所显现的那样。

让我们看看鲁塞尔的案例。一天，当他正看着一个典型的电视幽默剧时，他突然有了想要杀几个人的念头，并且仅仅是想体验它一下，事实上他也这样做了。不过，不能把这归之于任何诸如贪婪、复仇、愤怒和嫉妒等通常的动机。鲁塞尔走了出去，任意地杀了几个人，带着那种满足的体验回到家中继续观看另一个电视幽默剧。

我首先想要提醒注意的是，如果我们以这样的假设开始：鲁塞尔是一个心理健康者，因而他对人类的生命有着恰当的判断力，那么，这个案例就极难想象。没有一个这样的人会简单地去杀人的。确实，没有一个人会简单到只是有想杀几个人的欲望。的确，我们所想要的正是这样一种心理健康人的观点。至少，心理健康的个人不会因没有某种动机杀害另外一个人，并且仅仅想有杀人的体验；假定我们承认我们有这种可能性，那也不足以作为一个心理健康的人杀任何一个人的充分的动机。

然而，假定我们承认贪婪、复仇或者其他邪恶的动机正在起作用。注意，想象鲁塞尔的杀人行为（不否认他是一个心理健康者或者他有对人类生命的正确判断力）将变得容易多少。尽管我可以很快指出，只要我们能将鲁塞尔的杀人行为归之于某个动机，至少在大多数情况下，做一些小的修正是适宜的，也就是说，杀人不能是完全任意的。也要注意到，一个罪恶的动机是如何使一个严重的行为突然呈现为似乎可信：这是某个心理健康的人从事的谋杀，他对人类生命也有恰当的判断力。

鲁塞尔的案例在许多方面都非常具有启发性。归结到一点，无论如何，复仇、嫉妒、贪婪或者愤怒都不足以造成一个人心理不健康。但另一方面，这些动机和伴随的情绪可能导致对涉及在道德上做得正当方面相关的、成为一个人的有效意志的那些事实的恰当判断的强大障碍。我们可以说贪婪、嫉妒、愤怒或者复仇是与一个人做什么是正当的有效意志相关的，醉酒是与危险行为相关的真理。喝醉的人不知道驾车时速120英里是极度危险的这一真理。正是这个真理对他的意志不再起作用，而如果他是清醒的话，就会对他起作用。

那么，关于做得道德和心理健康二者之间一致的观点可能做如下阐述。就道德上做得正当而言，倘若没有东西阻碍这种判断变成有效意志的话，心理健康的人对事实问题有一个恰当判断，这种判断激发这个人按道德上正当的方式行事。最重要的是，这种观点不要求我们说，一个人心理不健康仅仅是由于存在这类障碍；相应的，它也不要求我们说，那些做不道德的事的人由于这个缘故是心理不健康的。

有意义的是，依据这个理论，我们能够承认不道德的人是心理健康的人，即使我们认为道德与心理健康之间有着特殊关系。重要的是，就道德上行为的正当性而言，对人们的有效意志造成障碍的观点并不证明是空洞的或者是缺乏足够的解释力的。一方面，鲁塞尔的案例说明这一观点不是空洞的；另一方面，还有这样的问题：就道德上做的正当而言，还有其他东西可能是成为有效意志的判断的障碍。害怕？完全贫乏？或许，其中的任何一种都可能打击我们，几乎像贪婪、嫉妒或者报复一样。还有，对权力的欲求或控制欲呢？以及淫欲呢？

　　如果我们要对成为有效意志判断的障碍的东西给予一个完全而充分的说明，是否所有不道德的行为可还原为一种或多种人们生活中的障碍？如对孩子有性虐待倾向的人。正是这个人缺乏对道德行为的正确判断，还是有些障碍物妨碍他去做正当的事情？还有一个相似的问题是关于强暴的问题。

　　尽管在这一点上，这种说明可能以一种相当使人感到意外的方式证明是具有启发性的。心理健康的确不是一个非此即彼的问题。虽然两方面都有不可怀疑的典型案例，而且也确实不可能在心理健康和心理不健康之间进行简单的画线。同样很清楚的是，一个心理健康的人可能不是处在最佳状态的［人］。在日常语言中，我们谈及人有心理问题却不认为他们是心理不健康。当一个人的心理健康不是处于最佳状态时，就更有可能阻碍他的意志去做正当的事，这在两个方面（不互相排斥）是真的：（1）通常是一种障碍性动机或情感，在处于缺乏心理健康或者不处于最佳心理健康时，更容易变成障碍。（2）将成为障碍的一系列事情变得更为严重。

　　在任何情况下，还有一个最重大的事实是，在有关什么意味着心理健康的一种非常合理而可辩护的观点上，恶的动机也可能是心理健康的人的生活的一部分。这意味着什么呢？例如，贪婪和嫉妒是对一定条件的自然反应吗？如果这样，为什么指望我们能够阻止它们，使它们不成为做正当事情的有效意志的障碍？在某种意义上，我在下面的部分将讨论这个问题。

三、道德自我的概念

　　没有一个伟大的道德理论家表达了我们今天所理解的心理健康观点。在某种意义上，这没有什么可奇怪的，因为直到19世纪晚期，由于威廉·

杰姆斯（William James）的工作，心理学领域作为一门学科才得到承认，然而，今天，儿童心理学已是得到明确界定的心理学的二级学科。那些伟大的道德理论家当时是否预见到了心理学领域的繁荣仍然是不清楚的。尤其是无人说到父母—子女关系对孩子成为一个心理健康的成人有多重要。亚里士多德和康德都谈到了道德训练和教育的主题。但这两位伟大的思想家都只是提到而没有明确阐述。卢梭在《爱弥儿》一书中，最接近地预见了我们今天所讲的父母—子女关系的心理问题。

当这些伟大的道德理论家在写作时，就是以我们今天称做道德自我的健全概念为前提预设的。概略地讲，这个健全概念是这样一种观点，即当一个人处于非精神病状态时，他有足够的能力去把握什么是道德上适当的行为并按此行动。

与我们所称为的道德自我的健全观念的东西形成对照的是，存在着我们可以称之为脆弱的道德自我的概念。在这种观点看来，父母—子女关系的性质对孩子的成人资源有着戏剧性的影响，在他们成年后，［据此］充分理解什么是道德上适当的并这样去做。一般认为这里有三种情况：（1）一个受到父母一贯关爱的孩子与一个是［父母］虐待对象的孩子相比，较少可能有对他人的敌对行动。相反，借用亚当·斯密的用语，这个孩子更可能有自律（the self-command）的德性。（2）一个受到父母一贯关爱的孩子与一个是［父母］虐待对象的孩子相比，更容易与人建立健康的信任关心。（3）如果作为孩子，经常目击其父亲虐待他的妻子也即孩子的母亲，当这个孩子长大后更容易虐待他的妻子。

健全的道德自我概念的优点和魅力是，当它因行为过失而责备人时，它是以行为者为中心的，因为这一责备直指那有不道德行为的当事人。这一健全概念并不否认父母—子女关系存在问题，它仅仅是强调，这个问题一般来说不足以将过失从做不道德事的当事人身上转移走。脆弱的道德自我概念的优点和魅力显然是，它重视我们生活中确实重要的一方面的性质，即父母—子女关系。有什么方法将两种观点协调起来吗？答案或许存在于一个词语中：知识。

假定一个人知道，他有遗传性的爱喝酒的嗜好，那么，他无疑就有义务采取预防措施。同样的，如果人们知道他们孩提时代的严重缺点，他们就有义务采取适当的措施防止这些缺点成为他们对于做道德上正确事情的障碍。正是一个人天生喜欢喝酒或者容易从醉酒中复原的人必须控制自己不喝带酒精的饮料，结果是忍受严重儿时缺点的人必须常常采取某些防范性措施。

同样的，如果一个人知道她贪婪、嫉妒、羡慕或者生气，那么她应该采取措施阻止这些情绪的表达。一个人应对她的恼火、贪婪的情绪负责，而不仅仅是意愿上的。

但是，如果不在这个层次上，这种解决方案不会产生健全的道德自我概念的幽灵吗？尤其是，怎样才能合理地期望人们总是采取必要步骤防止他们人生中的某些缺点对他们的道德行为产生负面影响？除非首先合理地假定人们有必要资源如此去引导他们的生活。

或许令人惊讶的是，答案可能取决于对心理健康意味着什么所抱有的观点。心理健康的人仅仅是这样一个人：具有依据他对手段—目的的审思而进行实践推理的能力的人吗？还是主要地把他刻画成一个根据他所知道的东西而能适当控制情感的人？这篇文章的观点支持第二种意见。精神病患者不缺乏实践推理能力。《萨姆的儿子》认为他是被一种神圣精神所召唤去杀人的。他并不想用羽毛或鞋带来杀人。不，他是用枪——一种非常有效的方法杀人。杰弗里·达默，他折磨儿童，盯着看他们的身体的某些部位，这样一个人非常清楚他在吸引男孩子方面是精明的，也知道他保守这个秘密的办法。可恨的是，他在这两方面都做得相当成功。与《萨姆的儿子》一样，达默的问题不是他缺乏参与实践推理的能力。而他们都能犯在这个案例中所犯的令人可怕的罪行。

如果这是正确的，从实践理性的观点看，期望人们采取一定的措施确保某些事情不成为他们表达适当的道德情感的障碍，可能是合理的。这可能要求采取一切措施以避免某些环境。社会体制的错误可以自称是健全的模式所采取的纯粹的形式。毫无疑问，对不道德行为的道德谴责是合适的。正因为如此，如果我们忽视了自我的那些缺陷，事情将会被严重误导；而对那种个人自我的缺点，只要一开始有恰当的渠道使之得到承认，是能够采取措施来修正的。

道德推理，无疑涉及实践理性，不能简单地当做是到实践理性的一个实例。我所提出的心理健康的概念是以关于这些问题的这种观点为前提的。

四、道德动机及其他

关于道德人的最令人鼓舞和不同一般的一个观点建基于柏拉图《国家

篇》中依据于苏格拉底所做的记录。苏格拉底认为，一个真正正义的人是这样一个人：虽然全世界所有的人都有组织地以不道德的方式来对待他，而他仍然以道德要求来行动并一贯如此行动。直觉的观点在这里是非常明显的。过有道德的生活本身是十分吸引人的；确实再也没有比在全世界的人都有组织地不道德地对待他，他还坚持有道德的生活更为有力的证据证明，一个人发现过有道德的生活本身是富有吸引力的。

尽管这种苏格拉底式的观点，即道德地生活本身应该是富有吸引力的在我们的心灵中激起了最强有力的共鸣，问题似乎是这一观点把太多的分量放在道德存在者自己的动机源头上，而使得其他人在我们所过的道德生活中所起作用的意义太不相干。并不恰恰是我们常常被他人激发去做道德上正当的事；但我敢说，一个没有这种激励的世界将是一个道德上不太富有的世界。在我们对特蕾莎修女（Mother Teresa）①、马丁·路德·金（Martin Luther King）或鲁尔·瓦伦贝里（Raul Wallenberg）② 的生平的回忆和反思中，他们这些人，难道不是只要有片刻尚存，都要受到激励去过一种更好的道德生活么？似乎最违反直觉的是，个人没有如他们应该的

---

① 特蕾莎修女于 1910 年 8 月 27 日出生在马其顿的斯科普里。从 1931 年至 1948 年，特蕾莎修女任教加尔各答的圣玛丽高中，但当地人的痛苦和贫穷使她专心工作在最贫穷的贫民窟。在 1950 年 10 月 7 日，特蕾莎修女获准开始自己的"慈善传教"，其主要任务是对没有人照顾的人给予爱与关怀，1965 年她的组织成为国际社会的一个宗教组织，慈善传教士已遍布世界各地，包括苏联和东欧国家。他们对在亚洲、非洲和拉丁美洲最贫穷的一些国家提供有效的帮助，救援自然灾害后产生的严重问题，如洪水、瘟疫、饥荒和难民问题。照顾酒鬼、无家可归者、艾滋病患者，特蕾莎修女的工作已经得到人们的认可和赞赏，并在世界各地获得了许多荣誉和奖励，包括教皇约翰二十三和平奖（1971 年）和尼赫鲁促进国际和平与理解奖（1972 年）。

② 鲁尔·瓦伦贝里于 1912 年生于瑞典的一个最著名的大家族中，即瓦伦贝里家族中。他于 1935 年在美国完成大学学业后回国。后在祖父的安排下，在海法市的一家德国银行工作。他的工作十分出色，他经常在纳粹统治下的德国以及欧洲其他地方旅行。他知道纳粹国家机器的运作功能，并且他深为同情犹太人的遭遇。1944 年春，西方世界知道了希特勒要最后解决犹太人（全部灭绝在欧洲的犹太人）的计划。在 1944 年，匈牙利境内还有 70 万犹太人，这时希特勒开始驱逐这个国家的犹太人，犹太人知道他们的命运，因此他们开始寻求中立国的保护。瑞典代表团与德军在布达佩斯成功地进行了谈判，得到了保护许可。在短短时间里，瑞典代表团发出了 700 个许可证，保住了其中 700 个人的生命。1944 年，美国成立了战争难民委员会，旨在救助欧洲的犹太人。当时想到的是尽快救助匈牙利的犹太人。这个委员会需要一个适合的人选到匈牙利来履行它的使命。最后选择了瓦伦贝里。1944 年 7 月，他作为第一秘书在布达佩斯开展他的工作，当他达到时，德国已经驱逐了 40 万犹太人，这时只剩下 23 万犹太人。在瓦伦贝里的艰辛卓绝和历尽千辛万苦的努力下，根据他的朋友的回忆，他至少营救了 10 万以上的犹太人。但在苏联红军到达后，他却被苏联红军逮捕，瑞典方面说他是于 1947 年被苏联处死于监狱之中的。

那样在道德上是正直的，仅仅因为，要不是他们从另一个人生活中受到启发，他们就不会以某种道德方式行为。

这里的目标不在于确定苏格拉底心目中可能有什么，而对于这个论点做这样两种区分是非常有用的：(1) 道德的生活本身是十分吸引人的；(2) 道德的生活受到一定的行为方式的激发。现在，假定我们把论点(1) 理解为：一个有道德的人是一个行事正当而不考虑获得任何更多的利益或满足任何更多的目标。尽管论点（1）与这种强观点一致，即尽管全世界的人都对他不义，他仍会合道德地行动，但论点（1）并不必然伴有这种强观点。然而，论点（2）与这种强观点是不相容的，但论点（1）和论点（2）二者的相容是没有问题的。

亚里士多德写道：

不能在社会中生存或因为自足而无此需要者，他要么是禽兽，要么是个神。(*Politics* 1.2)

亚里士多德的观察似乎与很多世纪之后的斯密、卢梭的观点很一致，他们的观点在本文开始已经提及。而且，报告资料精确地反映了本文初步的主张，即人类是典型的社会性动物。

我们倾向于说一个人不为婴儿的天真无邪所动，不仅仅是不同，而是他的道德情感在一些基本方面上有问题。我们不倾向于对那些不能从特蕾莎修女、马丁·路德·金或鲁尔·瓦伦贝里得到鼓舞的人提出同样的主张。如果这样，如果我们记得心理健康和道德都有程度上的差别，就要看到，或许在道德和心理健康之间还存在着比我们许多人容易猜想的更深的关系。因为我们是人，不是神或禽兽，那么，我们周围的人的道德生活的品质似乎就与我们所过的道德生活的质量相关。

参考文献

Audi, Robert: *Moral Knowledge and Ethical Character* (New York: Oxford University Press, 1997).

Baier, Annette: *Moral Prejudices* (Cambridge, MA: Harvard University Press, 1994).

Benhabib, Seyla: *Situating the Self* (New York: Routledge, 1992).

Brink, David: *Moral Realism and the Foundation of Ethics* (New York: Cambridge University Press, 1989).

Canton-Sperber, Monique: *La Philosophie Morale Britanique* (Paris: Presses Universitaires de France, 1994).

Card, Claudia: *The Unnatural Lottery: Character and Moral Luck* (Philadelphia, PA: Temple University Press, 1996).

Coles, Robert: *The Moral Life of Children* (New York: Houghton Mifflin, 1986).

Deigh, John: *The Sources of Moral Agency* (New York: Cambridge University Press, 1996).

Eisenstadt, S. N. : "Cultural Tradition, Historical Experience, and Social Change: The Limits of Convergence," in Grethe B. Peterson (ed.), *The Tanner Lectures on Human Values* XI (Salt Lake City: The University of Utah Press, 1990), pp. 441–504.

Flanagan, Owen: *The Varieties of Moral Personality* (Cambridge, MA: Harvard University Press, 1994).

——and Amelie Oksenberg Rorty: *Identity, Character, and Morality: Essays in Moral Psychology* (Cambridge, MA: MIT Press, 1990).

Gilligan, Carol: *In a Different Voice* (Cambridge, MA: Harvard University Press, 1982).

Greenspan, Patricia S. : *Emotions and Reasons* (New York: Routledge, 1998).

Kohlberg, Lawrence: *The Philosophy of Moral Development* (New York: Haper and Row, 1981).

Moody-Adams, Michele: *Fieldwork in Familiar Places* (Cambridge, MA: Harvard University Press, 1998).

Nussbaum, Martha C. : *The Fragility of Goodness* (New York: Cambridge University Press, 1986).

Rorty, Amelie Oksenberg: *Mind in Action* (Boston, MA: Beacon Press, 1988).

——: *Philosophers on Education* (New York: Routledge, 1998).

Rosenthal, Abigail L. : *A Good Look at Evil* (Philadelphia, PA: Temple University Press, 1987).

Ruwen, Ogien: *Le Realisme Moral* (Paris: Presses Universitaires de France, 1998).

Sherman, Nancy: *The Fabric of Character* (New York: Oxford University Press, 1989).

Solomon, Robert C. : *The Passions* (New York: Doubleday, 1976).

Stocker, Michael, with Elizabeth Hegamen: *Valuing Emotions* (New York: Cambridge University Press, 1994).

Strawson, P. E. : "Freedom and Resentment," *Proceedings of the British Academy*, 48 (1962).

Thomas, Laurence: "Moral Psychology," *Encyclopedia of Ethics* (1990).

——: "Morality and Psychological Development," in Peter Singer (ed.), *A Companion to Ethics* (Boston: MA Basil Blackwell, 1990), pp. 464-475.

Watson, Gary: "Responsibility and the Limits of Evil: Variations on a Strawsonian Theme," Ferdinand Schoeman (ed.), *Responsibility, Character, and the Emotions: New Essays in Moral Psychology* (New York: Cambridge University Press, 1987).

Wilson, James Q.: *The Moral Sense* (New York: The Free Press, 1993).

Wolf, Susan: *Freedom Within Reason* (New York: Oxford University Press, 1990).

第二部分

规范伦理学

第二部分

初等代数学

第9章 行动功利主义

R.C.耶格

后果主义

第9章 行动功利主义

R.G. 弗雷

近年来已有那么多关于行动功利主义的著述,这些著述既有(采取)批判也有(采取)回应的方式,以至于想要以一篇论文的篇幅,对整体上包括了对此理论当代争论的不同方面作出接近于公正的评判是不可能的。因此,为了给出一个关于该理论当今状况的概览,我所做的就是把注意力放在我认为是该理论今天最重要的发展上。

为简洁之故,我将把行动功利主义看成这样一种观点,即如果一个行为的后果与任何可选择的行为的后果相比至少是一样的好,那么这个行为就是正当的。根据设定,这一观点是后果主义者的、福利论者的、累积性的、最大限度的和非个人的。而且,这种观点所赞同的功利原则建立起我将称为功利目标的东西。

这种观点是后果主义者的,根据这种观点,它认为行为的正当与否仅仅是根据行为的实际后果的善恶而定的。这种观点可称为行动后果主义,或者,在此为简洁之故,称之为后果主义。与后果主义相关的问题,以及后果主义思考应该产生的与日常道德的矛盾将是这篇论文的主要关注之处。这种观点是福利论者的,根据这种论点,正当被看成是善的功能,而善被理解为指人类的福利。[1](在此我把是否将动物包括到该理论范围这一问题搁置起来,尽管在我看来应该把"高等"动物包括进来。)这种观点是非个人的和累积性的,根据这一观点,正当是由非个人的、值得考虑的所有那些人的福利(好生活)的增加或减少来确定的,这些人是这样一些人:他们受到人际间福利的增加和减少的总和及行动的影响。[2]这是一个最大化的观点:一个根据福利论者的考虑所构成的功利原则的具体明确表述是:"总是最大化欲望满足集"[3]。

那么,功利主义的目标,根据上述特征来理解,就是使人类福利的最大化。这一目标引起的关键问题是如何最好地着手去获得它。而尤其自

R. M. 黑尔的《道德的思考》(*Moral Thinking* 1981) 发表以来，行动功利主义者一段时间以来已考虑到寻求人类福利整体最大化的最好方法可能是放弃极力使人类福利在每个场合的最大化。正是这一洞见以某种或别的方式刺激了行动功利主义理论当今最重要的发展。

一

已经推动了和将继续推动大量反对行动功利主义的理论，包括实际上所有准则功利主义不同版本在内的，认为某种替代行动功利主义的观点能够对我们许多道德直觉作出更好的说明。据说我们的道德直觉反对谋杀或折磨人、反对奴役人或把人作为工具来使用、反对在某种情景中仅仅为了功利上的边际效益的增加而以某些方式使用人，所有这些被认为都是行动功利主义应该（或能够）许可的。人们认为行动功利主义许可这些事在于它的构成性后果主义：如果那些行为会比任何别的可选择的行为有更好的实际后果，那么，行动功利主义将被迫称那些行为为正确的。而这一点被说成是与我们的道德直觉或日常道德信念或一些人认为是常识道德的东西相矛盾的。甚至**如今**关于行动功利主义的大多数例子都采取了这种形式；因此，有人说行动功利主义和我们的道德直觉产生的冲突表现在：一是与我们自己的计划、关心之事和对我们的家庭成员表现出偏心性的正当，而不被指责为偏见或自私的直觉的冲突；二是与把人看成是单个的，所以不把对一个人的利益看成是对另一个人损失的补偿的直觉的冲突。

（有趣的是，那些用这种形式的论证反对行动功利主义的人一般从不提及我们的道德直觉和后果主义相一致的事例。这些例子的相对缺乏通常由这一事实来得到解释，那就是：持反对立场的理论家已经确立了关于某种情形的道德直觉，而且他已经说服他自己有一种方法来使那些直觉放弃或相容于他的正当的理论。这（至少）产生了两种可能的立场：在一种立场上看，正当与一个行为的后果没有任何关系；在另一种立场上看，某些行为的正当与一个行为的后果没有任何关系。还有一种立场认为，一个行为的正当是该行为结果的功能加上其他的东西，如完成行为的意图和/或动机。这种立场是可能的，但严格地说，不是反后果主义者的。）

这就是一般关于功利主义过去争论得较多的领域，尽管这些争论没有完全解决，但它直接提出了我们的道德直觉在伦理学中是否有论证力量这个问题。从脱离任何形式的功利主义的命运来看，这是一个就其自身而言十分重要的问题，但这个问题太过宽泛而复杂，以至于在这儿不能做详细的讨论。但对它提及几句还是有必要的，因为关于它的真理的假定已经引起了修正行为功利主义的迫切要求。

对那些倾向于认为道德直觉确实在伦理学中有论证力量的观点，诀窍如其所是就是使我们的某些道德直觉显得比别人的更可靠，事实上，它们显得是那样可靠以至于我们相信它们比任何规范伦理理论都更为"正确"或"真实"。显然，那些采取这种立场的人需要确定这些关键的直觉是什么，而且已经提出了做这件事的不同方法。如今，尽管一些相对坦率老式的直觉论者仍然存在，但反思平衡的方法论在很多情况下都也许是受欢迎的方法。

即使经过反思平衡方法论用于其中的在直觉和原则之间来回反复论证，不过，很清楚一些直觉仍然存在和并未受到触动。因此，在《正义论》（1971）中，罗尔斯似乎认为，如果一种道德的或政治的理论得出奴隶制是正当的结论，那么这一点足以要求我们修正或放弃这一理论。他在这方面的直觉是无须修正的。其他作者特许别的他们的道德直觉要么是关于特殊行为的，要么是关于某一类行为的。当然，我们越发现人们在这些关键的直觉上意见不一，不管他们是属于我们自己的或别的文化，我们在选择关键的直觉恰好是那些这一问题上所遇到的困难就越多。因此，反思平衡方法论者从一方面，而坦率的直觉论者从另一方面寻求方法来减少在这些关键的直觉上的不同，或者至少减少不同的广度和深度。

（很清楚，风气随着道德直觉关注点的改变而改变。尽管守诺和说真话早先是受欢迎的一类，但如今在我的印象中它们不再是，或者，至少通常我们是在别的地方发现那些受欢迎的道德直觉。例如，今天，它们部分地似乎随政治倾向而定。因此，政治上保守的人通常把堕胎的不正当归入受欢迎的一类，而政治自由主义者很可能不会同意这样做。）

无论不同的广度和深度是什么，某些直觉可免于批判的细究这种假定几乎已经成为攻击行动功利主义的出发点。同样的，当无数的行动功利主义理论家力图在行动功利主义的基础上，通过发现某些更为成熟的建设方法来建构这一理论从而回应这种批判时，也激发了这种理论的发展。所有那些在特殊案例中获得结果的设置，都与那些被认为是至关重要的直觉的东西相一致，而这些直觉都是批判家们选为免于批判的细究的直觉。甚至一些行动功利主义的领军人物也引导该理论的支持者沿着这些路径来思考。例如，在《伦理学方法》（1874）一书的第四章，西季威克（Sidgwick）竭力给他的读者留下这样的印象：行动功利主义远不是规范伦理学全部的破坏力量，它通常可以用来为部分常识道德提供支持。当然，它不会为所有的部分和每一个细节提供支持，而西季威克本人也在寻求对其做更多的改进。但西季威克隐含地暗示，并不打算允许行动功利主义除去常识道德的任何部分。他的观点似乎是，肯定地比如在关于公正方面，行动功利主义必须作出让步。

　　这里的问题不是西季威克赞同对行动功利主义的修正，但他认为修正这个理论至少是对该理论在特殊情况下的运用与某种被认为是构成常识道德的观点之间的某些冲突的一个适当的回应。因此，西季威克含蓄地反对J. J. C. 斯马特（Smart and Williams 1973）在这一问题上所持的强硬路线。西季威克和别的人一样，以某种方式指明，他如何知道常识道德的特殊优越之所在。但他的立场的效果就是鼓励行动功利主义者在该理论应用于特殊案例时，在与这些案例中的支配性的道德直觉一致中寻求为他们的理论带来成效的方法。这种寻求的成效之一就是要削弱被行动功利主义者广泛认同其理论的力量之处，即它的简洁和易于操作。但这种削弱被认为是必需的，如果这个理论不得不避免因没有对那些道德直觉（那些批判家认为"太可靠"因而不会有错）给予说明而被拒斥的话，那这种削弱就是必需的。

　　我认为（不同形式的）准则功利主义的失败了的实验，在某种程度上是受到了这种寻求解决功利的思考中的疑难的驱使。我们很久以来就知道，准则功利主义至少在我所熟悉的所有分支上都受到了某种形式的不稳定的困扰，这种不稳定似乎是这一理论所不能减少的部分。但是诱惑功利主义者进行尝试的因素很大部分是受准则功利主义者所重视的想法的驱使的，这种想法认为它能够对被（批判者）视为免于批判的细究的那些关键的道德直觉作出更好的解释。在这个层面上，准则功利主义隐含地支持的是，以对这些道德直觉的调节来作为对规范伦理学适当性的检验，尽管这种检验没有任何清楚有力的证据支持。而这一点部分地证明了他们失败的原因。因为一旦一个人开始以此方法来运用他的某个道德直觉，为什么我们应该努力在功利的结构内来调节这些有优越性的直觉这个问题就必定会产生。由于一方面受到戴维·莱昂斯（David Lyons）把准则功利主义摧毁成行动功利主义的大量的平等性论证的挤压，另一方面受到具有优越地位的道德直觉的挤压，它们有可能，如果不是事实如此的话，完全可以在非功利主义的立场之内得到更好的调节，而不同形式的准则功利主义都未能抓住这一点。

二

为了使行动功利主义理论在特殊案例下的运用结果和这些案例相关的有利的道德直觉保持一致，对行动功利主义疑难的研究，在行动功利主义者之间几乎普遍导致的是朝向一种对功利主义理论间接的、分为两个层面的阐述，这种阐述在黑尔的《道德的思考》中可以见到。我把黑尔看做是间接后果主义/行动功利主义的范例，因为《道德的思考》也许仍然是对这个观点最著名的陈述，但是转向一种间接后果主义已经是来自功利主义者的调整部分的主要反应，也包括对日常道德的道义论部分的反应。我认为行动功利主义者的这个策略有正确的地方也有错误的地方。[4]

间接后果主义/行动功利主义的决定性的转向就是把理论层面从实践层面区分出来。比如，黑尔把道德的思考区分为批判的和直觉的两个层面：他在批判的层面采纳行动功利主义，然后运用它以便在直觉或实践的层面上选择那些指导个人生活的指南。在黑尔看来，这些被选择的指南是这样的指南：如果一般接受它们，就会使功利最大化。假定这些指南是我们考虑到自己所在的处境而被选择（以便奇怪的例子不会反对这个理论），黑尔声称，那么与它们一致的行为就可能给我们最好的机会做正当的事，即实施那种行为的整体后果至少和任何别的选择一样的好的行动。

区分两个层面的主要效果是，在实践的层面使黑尔的理论仅仅是间接后果主义者的，因为它排斥在直觉层面对行为后果的任何广泛诉求。反过来说，就其与所涉及日常道德的不一致之处而言，这种间接后果主义的效果是要整个地去掉在案例的基础上运用的直觉层面的行动功利主义，而这使得它造成了在具体事例上的困难。直接后果主义者的思考产生的冲突是间接后果主义者的思考所不会产生的。

而且，因为我们不用顾及后果主义者在直觉层面上基于案例的思考，黑尔的间接后果主义就避免了这样一个应用基础可能产生的其他问题。例如，在处理现阶段很突出的问题，即如果寻求人类福利在每一个情形下的最大化问题，我们就不能使人类福利整体最大化；如果不尽力使福利在每一情形下最大化，我们在整体上就能做得更好。间接的转向强调了这个问题。另外，因为在原则上没有理由说明，为什么在黑尔的处理中，在批判层面上的行动功利主义的思考不会产生出在直觉层面上作为生活指南的那些东西，即那些规则模式或道义论者所提倡的严格的道德责任或完善的道德权利规划，而他的理论能够与被认为是道义论的道德必不可少部分的关于规则、责任和权利的各种主张相容。

如我所言，一段时期以来所有这一切都已为人所知，而今天的理论家在行动功利主义方面的工作几乎都是以向间接后果主义的转向开始的。这就是为什么对行动功利主义直接类型的批判，无论是来自准则功利主义者的，不同类型的道义论者的，还是大学生伦理学教材的编辑们的，都没有击中要害的原因。不过，同样的，这也就是为什么斯马特所描述过的、在特殊案例中行动功利主义思考的引人注目的结果不再是该理论特征的原因。对于黑尔来说，对一个人在实践层面所遵循的生活简单的一般原则，是功利主义思考在批判的层面上挑选出来的、作为给我们最好机会使人类福利最大化的原则。这不是说，一个人也许决不进行直接后果主义的思考；但是，如我们将看到的那样，黑尔认为不同形式的人类缺陷特别妨碍估价行为的后果，尤其当它们影响到我们的处境时。因此，那样的估价不大可能作为可靠的指南来使我们达到福利最大化的功利的目标。

那么，黑尔所做的就很清楚了。在直觉层面的直接后果主义者的思考会和日常道德产生冲突：在这一场合中有最好后果的行为可能不是那个为有优越权的道德直觉在这一场合所认为正确的行为。转向间接后果主义的思考就不会得出这个结果；正是它与一般规则、责任和权利相一致的行动功利主义的行为——所有这一切能防止为确定正当而直接诉求后果——被行动功利主义的思考所选择的这些规则、责任给了我们在整体上达到人类福利最大化的最好机会。所以，如果引起争论的问题是与在特殊案例中的一些（特殊子集的）日常道德直觉发生冲突，那么黑尔有办法处理它们。因为他的理论是间接后果主义者的。我们不用那种被描述为行动功利主义的典型方法的、在直觉或实践的层面进行我们的道德思考，而那种方法就是以具体案例为基础，通过努力而确定可供我们选择的行为中，哪一个有最好的结果来决定在每一个场合中做什么。[5] 相反的，在直觉的层面上，我们根据行动功利主义思考在批判的层面上为我们选择的一般规则来考虑。

从根本上看，这结果论仍是行动功利主义的：规则和其他道义的考虑出现在这个理论的上层结构部分。因此，它总是欢迎反对它的理论家提出这样的异议：植入这个理论中的规则和权利不是从根本上被植入的，这是就日常道德观点而言真正问题之所在，而这也恰恰是后果主义思考的间接策略仍然不能给我们的［东西］。这是不可能影响黑尔的。不过，如果通过诉诸规则和权利，他能表明那一点，如仅使功利的边际（效益）增加的行为不再被行动功利主义者认为是正当的［行为］，从根本上看，那没有以规则理论或权利理论的方式将规则和权利嵌入功利主义的理论中，为什么不是问题呢？

我们在直觉层面拥有的那些规则是他们接受功利的一个功能，而黑尔包括在这一功能下的是，把按成本与收益之比来制定规则看成是我们天性的一部分。我们需要不会变得很复杂的简单规则，那样它们就容易表述、教和学。这些规则也可允许有几个例外，在黑尔于《道德的思考》中给出的例子中，其中没有一个例外涉及功利上仅仅边际效益增加的行为。这样，很清楚黑尔赞同这种观点：遵循由行动功利主义思考选择给我们的规则作为做正当的事或理想的事的最好机会的规则能导致次理想的结果，某种与行动功利主义通常固有的观念发生冲突的东西。

最后，在直觉层面选来使用的原则不是神圣不可侵犯的，而且，黑尔就什么时候适合转向批判层面的思考和反思我们目前拥有的这套规则做了一个说明。当几个规则之间有冲突时，或当开始系统地遭受到巨大功利损失的时候，或者当出现简单的、一般的规则不能适用的案例时，我们就这样做。而且，他对于这种批判如何进行附加了谨慎和约束于其上。

对于道德思考的两个层面说明的一个明显的问题是两个层面之间遗漏的问题。如果当这种遗漏发生，那么在直觉层面上选出来使用的这套规则将会被直接置于后果主义思考中，结果违反功利边际效益增加的规则可能又回到这个描述中来。伯纳德·威廉姆斯（Bernard Williams 1973）用一种我发现有问题的方法来推断有点类似遗漏点的东西，而这能够使我们看到黑尔的道德思考说明的另一个重要特色。

威廉姆斯主张说，即使我们有时间在特殊案例中做批判的思考，我们也不能把适于直觉层面的规则置于行动功利主义在批判层面的思考（的要求）。理由是在一个人所接受的直觉道德的有利点和一个人所接受的批判的道德的有利点之间存在着固有的冲突。一个人在直觉层面不是后果主义者，但在批判的层面是。那么，威廉姆斯的观点可能是，如果遗漏发生，那么适于批判层面的这种思考可能影响适于直觉层面的这种思考。如果情况是这样，如果因为遗漏的结果，一个人可能把在直觉层面选来使用的规则置于更进一步的行动功利主义的思考之中，那么一个规则会因功利上边际效益的增加而被违反是明显可能的。总之，如果遗漏发生，因边际效益的增加而违反规则（的情况）可能发生。

那么，什么能防止遗漏或遗漏导致的损害呢？黑尔的回答涉及性格和倾向：一个人反复地把这些倾向根植于自身之中。一个人努力形成自己的某种性格，一种包含了依据最好的机会做正确的或理想的事的倾向。在黑尔看来，甚至动机和整个生活都是用这种方式来处理的。一个人要做的就是使自己成为这样一个人，其直觉道德与因功利上边际效益增加而违反规则相冲突。换种说法就是，为了增加一个违反规则的例子，行动功利主义者并不总是在直觉层面上渴望直接后果主义的思考。因为不仅间接策略把那种思考局限在批判的层面上，而且即使遗漏发生，行动功利主义者已深深地把给人最好的机会做正确的事的性格和倾向根植于人的性格之中。显然，间接策略对行动功利主义者来说有许多有利之处。

三

黑尔转向间接理论的主要动机是，他认为如果我们放弃以案例为基础的行动功利主义思考，我们更有可能做正当的事即理想的事。他认识到这一点是由于很多因素，比如我们缺乏时间来计算行为的后果；我们倾向有偏见或受诱惑；我们面对不同压力时的软弱；我们不能做到客观或头脑清醒；我们缺乏与环境有关的事实性的信息；我们倾向于强调自我兴趣和自我重要性，以及倾向于夸大行为的效果对我们自身的影响；等等。我们会把这些因素看成是人性的弱点，于是，毫无疑问的是，它们如果不总是，那么至少也是在很多时间里困扰着我们。如果我们关注做什么，那么我们就有很好的理由回避这种思维，即直接后果主义思维，而这很可能给这些因素以自由或更多的自由，或占优势。

当然，除这些人性的弱点以外，还存在着关于行为的结果开始和结束于何处的认识论问题。再一次，这些阻碍我们在直觉层面依靠直接后果主义思考，而赞同依靠比如说一些简单的一般的规则。

那么，间接策略对于行动功利主义者来说有许多有利之处，而且它似乎是正确的，所以任何对这一理论似乎合理的说明都必须采纳那样一种策略。在黑尔那里，这种策略以不同的角度得以被解释：他宣称他不会求助于我们的道德直觉在伦理学中拥有论证的力量，但最后我们给出赞同间接

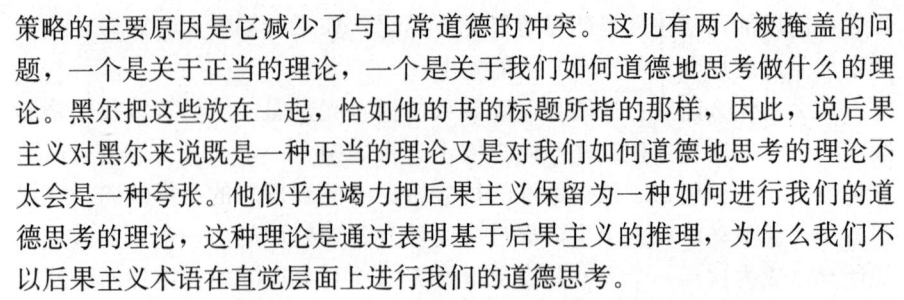

策略的主要原因是它减少了与日常道德的冲突。这儿有两个被掩盖的问题，一个是关于正当的理论，一个是关于我们如何道德地思考做什么的理论。黑尔把这些放在一起，恰如他的书的标题所指的那样，因此，说后果主义对黑尔来说既是一种正当的理论又是对我们如何道德地思考的理论不太会是一种夸张。他似乎在竭力把后果主义保留为一种如何进行我们的道德思考的理论，这种理论是通过表明基于后果主义的推理，为什么我们不以后果主义术语在直觉层面上进行我们的道德思考。

然而，至少在原则上，另一种选择是可用的：我们能把我们关于道德思考的理论从正当的理论中区分开来。实际上，这可能似乎是间接策略的自然结论。的确，这似乎是黑尔立场的自然结果，在他的立场上看，人性的弱点和认识论问题通常阻碍对特殊行为案例中的后果的估价。结果就是我们不是在基于案例的后果主义推理的基础上决定我们做什么的层面上进行我们的道德思考，而是在批判层面上所选择的指南的基础上进行道德思考的，这种指南很可能给我们最好的机会做正当的事，即理想的事的指导。因此，黑尔采取间接策略的原因，主要不在于要与关于某些案例或种种情形下的、一定的具有优越地位的道德直觉相一致，而是因为人性的弱点和在估价结果开始和结束于何处的认识论上的困难使得间接策略成为一种更有可能达到使福利最大化的功利主义目标的方法。

事实上，一种把两个层面分开的立场与拒绝把后果主义作为关于我们做什么的道德思考模式是很一致的。因为对道德思维分为两个层面的解说的基本效果就是仍把后果主义作为一种正当的理论，但也为不以后果主义术语在直觉层面进行道德思考提供了极好的理由。至少在黑尔的处理中，黑尔设想的我们要成为行为者的最明显的特征恰好是，我们不以后果主义术语在直觉的层面进行我们的道德思考。

173 既然间接策略在直觉或实践层面上是有效的非后果主义，那么，它与十分严格的道义论约束是相容的。因为，完全有可能的是，在批判层面的行动功利主义思考将选择在直觉层面上对行为的指导，这种指导除了在功利—灾害或指导间有冲突的地方外，它阻止对后果主义的直接诉求。这反过来意味着，那种在批判层面的思考会产生在直觉层面注入的结果(1) 人际相关原则进入一种个人中立性理论，(2) 一些不可通约性价值进入一种权衡、妥协理论，(3) 限制或阻碍功利主义的牺牲和那些权衡的策略进入一种被传统地描述成允许这些东西的理论等等。总之，在两个分立层面的策略上，道义论要素可以进入行动功利主义，因为在实践的层面上一个人

可以不作为一个后果主义者来有效地进行思考。

当然，对批判者来说，用这种方式把道义论要素放入行动功利主义之中将不会平息他们的忧虑。因为在批判层面应用的理论将会被看做走向一个方向，在实践层面的限制将会被看做走向另一个方向，并且，除非这些限制足够有力，除非它们也在实践层面上阻止对后果主义的诉求（除了在（功利）灾害方面外[6]），用在批判层面的这一理论可能再坚持自身并且为功利主义的牺牲颁布许可证，等等。我在这里采用的有点类似于伯纳德·威廉姆斯的论点，即分为两个层面的立场使两种不相容的思想结合起来——粗略地说，（即）后果主义和道义论的限制。但它们似乎不是一点不相容的，至少如果一个人继续在道德思考的诸层面之间进行区分的话。一个人的确知道后果主义者的思考是在批判的层面进行的，而且，正如我们所看到的，存在着（相对较少的）这样的环境条件：在这里，直接后果主义思考可以在实践的层面上进行，但这点本身不能对道义论的限制造成打击，这不像把权利作为王牌的观点可被这种观点击倒，有这样（相对稀少的）的环境条件：在这种条件下，权利可以被置于一边。如果我严格坚持我制定的契约的条款，我可能会得到一种使人类福利最大化的较好机会——这种观点与后果主义/功利主义的思考是不相容的。当然，就早先指出的那样，在两个层面的道德思考不能被分开的程度上，合并到行动功利主义之中的道义论限制将被置于直接后果主义思考之中，这不是在相对稀少的环境条件下，而是始终如一。这就是为什么关于遗漏的观点，以及把某种品质和性格反复灌输到我们的品格中是那么重要了。

然而，如果被建构成行动功利主义的道义论要素是如此强有力，以至于使得实践层面的个人中立理论成为人际相关的理论，那么，有人会问：作为一个行动功利主义者的现实价值是什么呢？当然，答案是依据使人类福利最大化的功利主义目标，但那不是这儿的要点。宁可说，这儿的问题是，这种分为两个层面的策略与诸种理论混合是十分相容的，混合的理论是在批判层面的行动功利主义，但却有着所有的道义论要素的特征，这种道义论阻止实践层面（除大灾害以外）的后果主义的思考。那些道义论的要素可能不会以道义论者所希望的方式建构于行动功利主义之中。但是，与日常道德的冲突将会大大减少，这些冲突常常是粗鲁轻蔑地对待道义论限制的后果主义思考的特征。重要的是，这些冲突将会大大减少，不是因为我们把某些道德直觉当做具有优先权的东西，并且发展出这种理论来阐释它们，而是因为在我们的最好判断中，以一定方式行动将给我们使人类福利最大化的最好机会。

那么，遗漏的问题是很重要的，因为它可能削弱道义论限制结合行动功利主义的效果，这种效果典型地来自在实践的层面上努力进行的后果主义思考。那么，混合的理论所做的就是允许后果主义作为在批判层面上对道德思考的一种阐释而兴盛，但阻止后果主义作为对直觉层面的道德思考的一种阐释，其结果是混合的理论典型地不允许行为者在决定做什么的层面上作为一个后果主义者来思考。这个结果也不会受到这一主张的破坏：有时我们仅仅是根据我们可获得的后果而行动和决定做什么，因为，除了在（功利）灾害的方面，混合的理论将仍会使行为者根据在实践层面具有道义论特色的限制来决定做什么。因为这些限制仍是我们所赞同的策略的一部分，它可能给我们最好的机会来使人类福利最大化。

那么，说"行动功利主义"这一标签会使人误解有三个理由。第一，它意味着对于人们作出做什么的决定，能在案例基础上应用后果主义［方法］；第二，它可能隐含着指后果主义会指定在决定做什么上我们应该运用的思维的类型；第三，它可能表明行为是中心焦点，围绕它我们应该尝试建构一种关于做什么的道德思考的理论。间接策略包含着对第一点的拒斥，混合的理论包含着对第二点的拒斥，而就我们将看到的那样，某些实际上沿黑尔方向对性格特征和性情的说明包含着对第三点的拒斥。因为第三点是把我们自己变成那样一些人：他们的行为出自这样一种性格理论，在这种理论中，包含着性格的品质和性情受到人类福利最大化和功利主义目标的反复教化。巧合的是，这有使与某些具有优越地位的道德直觉冲突大大减少的结果，但这个结果不要求我们把那些直觉看成具有论证的力量。有人可能认为，转向一种混合的理论是受到更好地说明我们的某些道德直觉的尝试的推动，但情况不是那样。这一理论把间接策略和道义论限制结合起来是为了追求功利主义的目标。

四

后果主义是一种关于什么使得正当的行为成为正当的理论，不是在实践的层面上决定要做什么的方法论。因此，它不能通过表明在实践层面上后果主义思考可能与某些具有优越地位的道德直觉相冲突就被证明是错误的，因为混合的理论不会让我们在那一层面像后果主义者那样思考。

相应的，我们可能不能决定在任何特殊场合下哪一个行为是正当的；但那决不表明行为根据其后果是不正当的。一旦一个人意识到这一点，即后果主义作为一种使正当的行为成为正当的理论可能就是正确的，那么这个人就能看到，后果主义真正的对手是其他的使正当行为成为正当的理论，比如传统的天主教观点认为有些行为的正确与否不依赖于它们的后果，（而）在于它们自身，在于其本性。相应的，后果主义作为一种正当的理论不会由于表明它的用处在于指导我们关于做什么的道德思考会产生一些与日常道德的冲突而被证明是错误的。塞缪尔·谢弗尔（Samuel Scheffler 1982）、戴维·布林克（David Brink 1989）、彼特·雷顿（Peter Railton 1988）都注意到这一点。

然而，在考虑我们如何决定任何一种正当理论的适当性时，道德直觉不会又悄悄回到这个图景中吗？一切都取决于它们是如何回去的。如果所有特殊情况下对道德直觉的依赖都被放弃，那么我们如何决定适当性？但不必确实要放弃"所有的"具体情况下对道德直觉的依赖；因为，一个人能把具有论证力量的主张与那些指出了一条大约的路径（一种正当理论与这种路径大概一致）的东西分开。这种想法将会是：如果一种正当的理论给出与日常道德冲突的重复的例子，如果这种理论反复称日常道德视为错误的一些行为或一类行为为正当的，那么这种信息至少与适当性的决定有关。但不清楚的是后果主义[是否]就处在这种处境中。它告诉我们什么使正当的行为成为正当的，它不是告诉我们哪些行为是正当的。旧式的直觉论者会要求弄清它们是哪些类型的行为，但我认为后果主义者不会提出那样的要求。

这儿关于直觉的整个思考方法使我觉得很糊涂。这种思考似乎是，如果道德直觉将出现在对一种正当理论的适当性的检验中，它们会给我们以洞察力进入一种外在于我们并且固定的具有约束力的道德实在之中。进入这种道德实在，我们就能"看"到什么是正当的和不正当的，然后，运用这种"看"作为适当性的一种道德仲裁。但完全独立于这种道德现实的"视力"是"准确的"或"正确的"，然而，很明显的是，根本不清楚是否首先存在着那种实在。尽管在元伦理学中有某些关于道德实在的主张，我们仍需要某些理由相信，人们的道德直觉可穿透进入确定性的外在的实在之中，这种实在遵守着道德的原则，这些原则完全决定着哪些行为的类别是正当的或错误的。通过断言某类行为不是正当的而进入一种关于正当的理论，在于把某个人的道德直觉看做是它们给了我们对道德实在的一种独立的检验——独立于任何理论。但没有理由相信，它们（能）提供那样一种独立的检验，不是因为人们在相关种类行为上的不同（尽管这常常是对的），而是因为整个这种思维方式是被误导的。我们的道德直觉能够用做一种独立存在道德实在的检查的唯一方法是，是否真的存在那样一种实在而且我们的直觉能够进入它，在通常情况下，依据后果主义根本就没有任何东西甚至能够接近确立那样一种外在的实在。运用一个人的道德直觉做仲裁，我发现是要不得的。我不是反对用它们作为可能给我们最好的机会做正当的事，即理想的事的大致指导。

还有，为了适当性的缘故，没有内在理由认为使正当的行为成为正当的理论需要得到践行。那样的理论不是行为的指导，因而，如果我们认为它是行为的指导那就是错误的。这仍会留下这个可能会被考虑到的问题，即关于正当和我们关于什么是正当的道德直觉的理论在这种情况下在多宽的程度上能分开，但这种观点仍然误解了后果主义的内涵，好像它是某种不同于正当理论的东西。一般而论，准则功利主义对这种混淆负有责任，因为在它看来，后果主义是不充足的是因为它构成了我们关于做什么的道德思考的基础，但是它不符合在特殊情况下相关的直觉；而对不同种类的准则功利主义发展的主要刺激是，提供关于什么行为是正当的道德直觉的更好解说。

五

如果关于正当理论的适当性不是这儿真正重要的问题，那么什么是呢？这是一个我们要如何指导我们关于做什么的道德思考的问题。如果我们不把后果主义作为一种行为的指导，那么我们要如何道德地思考做什么呢？雷顿指出了后果主义作为一种正当的理论和作为一种决定的程序之间的区别。而且，他寻求把他的关于我们要如何道德地思考做什么的讨论根据性格来定位。我认为，至少如果我们把黑尔的两个层面的理论策略看做开始把他牵涉到混合的理论之中，那么，他是在做同一个方向的工作。他是否确实从这个观点上考虑到他的立场，或者他是否认为两个层面的策略对他在实践的层面竭力保持作为一个后果主义者是最行得通的方法，这些并不是要害之处。十分清楚，混合的理论按早先讨论的方式是一种确切地表明正当和决定做什么的程序之间区别的理论。

在黑尔那里，与雷顿一样，我们如何道德地思考做什么涉及诉诸品格的品质和性情倾向以及努力使我们自己成为某种类型品格的人。我们要把我们自己变成那种行为出自这样一种品格的人，即受到最大化人类福利的功利主义目标指导的、得到反复教化的、为一定的品质和性情倾向构成的品格的人。黑尔主张我们在我们的品格深处培养性情倾向，并且通过这些性情倾向，可能有助于人类福利的原则会深深地根植于我们的性格之中。由于那些反复教化，我们会典型地开始感觉到很不情愿放弃这些性情倾向和原则引导我们行为的方式，而且当我们确实放弃它们时会因此开始感觉到有罪和懊悔。再者，如果这些性情和原则被足够深地根植于我们身上，它们就会开始给我们提供动机。因此，如果适当的性情和特性被根植得足够深，我们会开始想讲真话，不是由于后果主义的考虑，而是由于讲真话已经成为我们行为的动机。这是一种黑尔对道义论思想的解释，即我们应该为其自身之故想要开始讲真话。而且，如果我们的品格开始反映这些深深地植入其中的性情倾向和原则，那么它会加强防止两个道德思考层面之间的遗漏。我们已经那么深入地把某些性情倾向根植于我们的品格之中，以至于我们会十分不情愿按不同的方式行为，而且当我们（那样）做时会感觉到有罪和懊悔。事实上，我们已经把我们自己培养成这样的人：其品格倾向已经促使我们以某种方式行为。因此，任何向直接后果主义者思考的复归可能性更小。

  但是我们不用特殊案例下的结果来决定哪些品质和性情倾向需要培植吗？我们要努力发现哪些品质和性情倾向最有助于人类福利的最大化。但如果不通过观察特殊案例下某个人出于这些品质和性情倾向之一的行为到底会产生什么，我们如何决定是哪些品质和性情倾向呢？这不能给我们关于特殊案例下的道德直觉以论证的力量，但仅仅（可以）尽量确定，如果运用或按与 B 相对的 A 来行为，世事看起来会像什么样子？一个人可比较按 A 和 B 行为而产生的过去的和可能的结果来相应地决定哪一个有更好的机会使人类福利最大化。一个人不是用一个人关于事实的道德直觉来决定正当，而是用与人类福利效果有关的过去的可能的结果，以便决定哪一个特征可能会给我们较好的机会使人类福利最大化。我们考虑特殊案例的结果以便指导把这种结果的估计用于人类福利的做法是正确的，但我们不把这些结果看做具有关于正当的论证力量。我可以尝试完全脱离那些结果必须和某种日常道德观点相符合的想法，来估价与人类福利相关的过去的和可能有的结果。

强调所有这一切在于使我们自己成为某种类型的人。我们如何道德地思考做什么的焦点一直是使我们的思考符合某种外在的标准，这通常是正确的——行动功利主义最初也是如此，这种标准是日常道德确定的和我们的道德直觉允许我们接受的。对我来说这种强调放错了地方，重要的问题是一个内在的问题，是关于我们要使我们自己成为哪一种人，关于我们的行为出自我们所描述的品格的问题。而问题是使我们自己成为那种人的决定不是一套外在的程序和措施可以给予的；问题看起来好像不能把如下情况压缩到一个决定程序中：即使一个人自己成为某种类型的人，他的行为来自于其得到培育的品质和性情倾向，即得到最大化人类福利的功利主义目标培育的品质和性情倾向。我们所有人都认为，比如说，为了使我们自己成为好父母所需的是什么；但好像不是做了三件事就可以使一个人成为一个好父母。而是说，好父母似乎是更可能通过培育某人某种品格特征而获得的，使他们做某事是出于以那种方式行为的倾向，使他们习惯地表现出照顾孩子的福利的行为，等等。焦点不在于与外在的什么东西一致，而在于内在的使一个人自己成为某种人的问题。

好父母的类比对于另一个原因也同样是有趣的。必须记住我们在人类福利最大化的行动功利主义目标控制下反复教化以形成我们自己的某种气质，而这就意味着我们必须能够使我们的性情倾向以对环境敏感的特殊方式来行动。因此，对于做一个好父母来说，我们关照我们孩子福利的性情倾向必须对环境敏感；在一种情况下，我们认为我们最好通过拒绝孩子所要的来做到这一点；在另一种情况下，通过给孩子他所想要的来做到这一点。看起来好像并不存在着能够给出的一套固定的规则和程序，这套规则和程序能大致地决定为了成为好父母，一个人要如何对他的孩子行为。

由于把注意的焦点放在品格特征和性情倾向的内在发展上，而不是放在遵守外在标准上，对如何行动的道德思考会呈现出一种不同的面貌。它更紧密地和使一个人成为其行为出自某种性情倾向的人，而不是和使一个人成为其行为仅仅出于后果的考虑的人联系在一起。对于后者，有一种起妨碍作用的专注性，即一种盲目性；它好像是后果主义者已经把关于做什么的道德思考的后果主义理论转化为一种外在的标准，而且把自己看做是注定要遵守那一标准的人。做一个好的父母、做一个好人不是像这样的，因此，不这样想是错误的。

当然，如果我们将根据反复教化到我们自己身上的具体品质和性情倾向以及我们可能想象我们自己作为生存方式的生活的观念来进行思考，那么，就品格问题有许多东西可以说，在关于我们应当做什么的道德思考方面，甚至仅仅开始有了一个框架。但即使这样，也相当地表明了，伯纳德·威廉姆斯提出的观点与此相差太远，他的观点是行动功利主义把两种不能兼容的观念结合起来，一种观念是后果主义的，另一种不是。因为它并没有把它们以让不同的观念作用于相同的层面——关于什么应做的道德思考的层面——的方式把它们联结起来，并且它强调，出于某种性情倾向的性格和习惯性行为是被设计来防止道德思考不同层面之间的遗漏的。如果要求有不会发生遗漏的坚固的保证，但没有那样一种保证能够被给出；但可以给出品格特性和性情倾向的理论，而这将使得直接后果主义思考根本不可能倒转成为行动功利主义的一种决定程序。

那么，最后"行动功利主义"的这一标签是错误的，不仅因为它可能意味着后果主义可以在案例基础上运用来决定做什么，而且因为后果主义被看做是形成了一种在道德上应当做什么的决定的道德思考［模式］，同时也因为它导致人们认为，个人的行为是焦点，围绕它我们应该尝试建立起关于做什么的道德思考的理论。很清楚，这后一点不是事实。如果一个人把有效地养育孩子作为类比，任何人都不会不同地思考；因为没有为了做一个好父母必须要做的指定系列的行为，好像我们能列出那些行为，并检查一个人是否做过它们没有。

六

非后果主义者可能坚持的是，将正当的理论与我们要如何道德地思考的理论区分开来，从而把影响到我们如何行动的道义论考虑插入到后果主义之中，关于相关案例的我们的道德直觉已经告诉我们怎样运用这些考虑。但这也并不是这种情形：目的不是要用道义论的限制来阻碍后果主义，在这里要弄清的是，与我们的道德思考有关的问题是（要）尽力找出哪些品格特征和性情倾向给我们最好的机会使人类福利最大化。

假设一个警官逮捕了一个毒品贩子，他知道这个毒品贩子与这个国家非法贩毒的主要人物有关，而且由此从"这个毒贩子"那里也许可以知道这些人物的名字和行踪。在审问中，这个毒贩子坚决拒绝讲话：这个警官很沮丧，开始考虑拷问这个人的这种可能性，尽管，像他所承认的那样，他的道德教养、他的职业伦理以及他所在社会的人们的"日常道德信念"都拒绝把拷问作为一种获取信息的手段。这个警官感到困惑和烦恼，来向我们寻求建议：我们是行动功利主义者。

这种想象中的未来事件，是所有的非后果主义者所喜欢的（一个人设想胖子掉在岩洞口、有轨电车问题、幸存者抓阄等一大堆别的例子），在这里拷问这个人的好的后果显然被认为超过强加拷问的坏的结果，如果我是对的话，（这种事件）根本不适合行动功利主义的讨论。因为根据我一直在讨论的行动功利主义的观点，用来构成良好性格的成分对这个警官来说与对其他人来说没有什么不同，而我们必须深思的是那些品格特征和性情倾向，如果在我们这里实现的话，将会给我们最好的机会使人类福利最大化。那么，注意非后果论者想从这个和别的例子得到的东西——行动功利主义和道义论信念之间关于在那种情形下我们如何行为的戏剧性的冲突——是不会真的出现的。将会是正当的东西是无论什么行为都将证明是最佳的东西；依据他的道德教养、他的职业伦理以及从行动功利主义的立场反复教化而形成的他身上的品格中的品质和性情，这个警官如何道德地思考这种情形是完全（与之）不同的。做一个好警官就像做一个好父母，更是一个使自己成为某种人的问题。

非后果主义者喜爱上述事例的一个原因在于，如果他们能够排除更进一步诉求对后果主义者而言的另外一套后果，他们认为他们能迫使后果主义者选择恰恰以他们的道义论信念事先告诉他们是错的方式来行为。这就是为什么做那么多努力来考虑另一套后果，在公共领域的另外的行为后果，其他人知道做什么和害怕什么等，以及作为一种结果插入的东西，等等。在剖析了案例的情况下，留给我们的选择是显然的，它很清楚地指明了后果主义者要遵循的路径。因此，在幸存者抓阄（的例子）中，假设按**推测**没有其他种类的结果可考虑，没有直接的后果可考虑，没有行为的公开性可担心等；那么，假设一个人可能被捉住，器官移植到五个人之中，而那五个人将证明有与捉住的人同样高质量的生命：难道后果主义者要拿走这个人的生命吗？这个问题是与前一个问题一样的：这个例子假定后果主义不仅是有关正当的理论，而且是我们要如何进行我们的道德思考的理论。但如果我们记住涉及确定正当性的问题，我们会遇到来自非后果主义者的另一种策略：为论证之故，假定捉住这个人和移植他的器官是最佳[选择]。现在肯定后果主义者会拿走（被捉住者的）生命吗？关于这个例子，有两点要注意。

首先，我们知道什么是正当的假设胜过通常使我们烦恼的认识论的逻辑障碍，而且是以我们在非常多的场合不能获得的方式烦恼我们。但这不是这儿真正要紧的，因为更深层次的要点要解决。

其次，行动功利主义者是关于正当的后果主义者，但不是关于他如何进行应当做什么的道德思考的后果主义者，而且这种区分的理由不仅仅是因为，他在确定正当的方式上存在着严重的认识论困难。并且是，关于我们应当如何行动的道德思考的理论依据品格，不是因为我们发现它难以确定［行为的］正当性（最佳性）；而宁可说，它是依据品格［来确定的］，因为它使得一个人成为一个好人，如同一个好父母或者一个好警官一样，它不是依据个人的行为或外在的规则而是根据品格特征和性情。做一个好人是一个使自己成为某种人的问题，一个其品格已经被塑造成一种特殊类型而且其行为出自那种品格的人。因此，我们知道在某种环境条件下什么是最佳［正当］（行为或结果），并不影响到这个一般的观点，即正当的理论是依据最佳［行为或结果］来说明的理论，关于我们如何进行我们的道德思考的理论，则是依据品格的发展和使我们自己成为一种特殊类型的人［来建构的］。

当然，这儿有一个问题，即我们正当的理论和我们如何进行我们的道德思考的理论会分离得多远？如果我们拥有一种后果主义者的关于正当的理论，那么我们可以有一种非后果主义者的关于我们应当做什么的道德思考的理论吗？为什么不呢？只要我们的品格特征和性情倾向的内在发展在最大化人类福利的功利主义目标指导之下，关于我们应当做什么的道德思考的理论就保持了它与行动功利主义的联系。

【注释】

[1] 这儿我将不追随价值理论上的重要问题。因此，如果福利或好生活是行动功利主义的价值论所追求的方向，那么是主观地还是客观地来理解好生活呢？是根据心境还是根据欲望/爱好来理解它呢？如果是后者，哪些欲望/爱好是在讨论中的、实际的、未来的或者完全有知识根据的吗？如果是最后一个，如果得到满足，哪一些完全有知识根据的欲望/爱好，可算做我们的好生活的构成物呢？对好生活的完全有根据的说明是真正可辩护的吗？我们应该转向有时称做关于好生活的"客观的一览表"的观点，因此（可以）有效地使某种东西、个人好生活的某部分，独立于如何与在所过的生活范围把它们激发起来？好生活的观念事实上抓住了我们认为是从我们生活的内部而言的核心意义吗？

[2] 这儿有些问题我将不讨论。我不打算区分行为者中立、行为者相关的价值观和越来越多地听到的价值观即行为者的价值观是与行为者相关的主张。另外，行动功

利主义关注的是最大的总额还是最大的平均福利？如果是前者，那么就会遇到没有认识到个人的分立性的这种指责（不过，有争论地已进行了回答），反之，如果是后者被强调，与德里克·帕菲特的"矛盾的结论"相关的问题就会出现。前一种选择是一个人通常会赞同的。这儿会有的另一个对行动功利主义的指责（对此已经给出了不同的回答）是，累积的行动功利主义通过把一个人与其计划和关注点分割开来而把一个人的完整性分割了，因为所有个人福利方面的非个人积累的增长或减少受到个人计划的影响，而这种非个人的累积也许需要一个人不以有助于他自己的计划和关注来行为。这儿，一个更深层次的指责有时被提了出来：采纳一种从该观念出发来达到累积福利的非个人的观点，确实不能对那些人，例如自己的配偶、孩子，对那些似乎有着特殊的道德关系的人，表现出偏心。

［3］我将不考虑是否除最大化之外的可以选择替代的东西，比如满足（satisficing），围绕它来定位功利的原则，而且我将不探究是否它总是可以合理地最大化。另外，我将不会详细讨论相当多的关于是否福利或功利的人际比较是可能的，或者如果不可能，是否行动功利主义会简单听任帕累托最优判断。我也将不会费劲去探讨，如行动功利主义通常所断定的那样，个人内在的比较相对没有疑问的判断是否真的是事实。

［4］这种策略错误之处在于，坦率地表达就是，它仍然没有包括必须拒斥后果主义作为一种我们如何道德地思考做什么的理由这种观点。

［5］这儿我将不探究我们如何确切地决定哪些是我们在任何时候可能获得的选择这一问题。

［6］这儿，在包含灾害免除上，后果主义/行动功利主义没有什么独特之处。权利理论有权利的观念作为王牌也同样考虑灾害的免除。当然，对行动功利主义，这种免除会用于功利—灾害；而对权利论者，这种免除会用于权利—灾害。在这儿我将不讨论事实上权利—灾害等于功利—灾害的程度。

参考文献

Brink, D. O.: *Moral Realism and the Foundations of Ethics* (Cambridge: Cambridge University Press, 1989).

Frey, R. G. (ed.): *Utility and Rights* (Oxford: Basil Blackwell, 1984).

Griffin, J.: *Well-Being* (Oxford: Clarendon Press, 1986).

Hare, R. M.: *Moral Thinking: Its Levels, Methods and Point* (Oxford: Clarendon Press, 1981).

Kagan, S.: *The Limits of Morality* (Oxford: Clarendon Press, 1989).

Lyons, D.: *Forms and Limits of Utilitarianism* (Oxford: Clarendon Press, 1965).

Mackie, J. L.: *Ethics: Inventing Right and Wrong* (Harmondsworth: Penguin, 1977).

Parfit, D.: *Reason and Persons* (Oxford: Clarendon Press, 1984).

Railton, P.: "Alienation, Consequentialism, and the Demands of Morality," *Philosophy and Public Affairs*, 13 (1984): 134–171.

——: "How Thinking about Character and Utilitarianism Might Lead to Rethinking the Character of Utilitarianism," *Midwest Studies in Philosophy*, vol. XIII (1988): 398–416.

Rawls, J.: *A Theory of Justice* (Cambridge: Harvard University Press, 1971).

Scheffler, S.: *The Rejection of Consequentialism* (Oxford: Clarendon Press, 1982).

Sidgwick, H.: *Method of Ethics*, 7th edn. (London: Macmillan, 1907), 1st edn., 1874.

Slote, M.: *Commonsense Morality and Consequentialism* (London: Routledge and Kegan Paul, 1985).

Smart, J. J. C.: "An Outline of a System of Utilitarian Ethics," in J. J. C. Smart, Bernard Williams, *Utilitarianism: For and Against* (Cambridge: Cambridge University Press, 1973).

Sumner, L. W.: *The Moral Foundations of Rights* (Oxford: Clarendon Press, 1987).

Williams, B.: "A Critique of Utilitarianism," in J. J. C. Smart, Bernard Williams, *Utilitarianism: For and Against* (Cambridge: Cambridge University Press, 1973).

——: "Persons, Character, and Morality," in Bernard Williams, *Moral Luck* (Cambridge: Cambridge University Press, 1981).

第10章 规则后果主义

布拉德·胡克

一、引　言

恰恰是什么把道德正当和后果联结起来？近半个世纪以来，由于这个问题，后果主义者自身已分化成不同的派别。行动后果主义者相信，行为的道德正当性完全取决于该行为的后果是否至少与任何可选择的行为后果一样的好。规则后果主义者相信行为的正当并不取决于行为自身的后果，而是取决于准则或规则的后果（see Berkeley 1712；Austin 1832；Urmson 1953；Rawls 1955；Brandt 1959，1967，1979，1988，1989，1996；and Harsanyi 1982）。这篇论文将探讨规则后果主义的前景。

二、什么构成利益?

规则后果主义认为，任何准则能够依据可合理的期待从该准则中产生的多大的**善**而得到评价。此处，就"善"而言，我意指任何具有非工具性价值的东西。那么，什么具有非工具性的价值？

功利主义者——一直是一种最有名的后果主义者——认为具有非工具性价值的唯一事物是功利。所有的功利主义者都认为，快乐而无痛苦至少是很大部分的功利。实际上，人们常常认为功利主义坚持快乐而无痛苦是涉及非工具性的唯一事物。的确，这是古典功利主义者耶利米·边沁（1789）、J. S. 密尔（1861）和西季威克（1874）的正统观点。虽然就西季威克看来，平等似乎如同一个决胜局中的一方，具有独立的重要性（Sidgwick 1907 [1874]:417）。

也许过去三十多年间比较常见的一直是这样一种观点：人们欲望的实现构成功利，即使这些欲望是除了快乐之外的事物。甚至当许多人被完全告知或经过了认真思考，他们仍坚持需要除了快乐之外的事物。比如说，他们关注掌握重要的真理、实现有价值的目标、获得真诚的个人关系、过他们的生活——广泛地根据他们自己的选择而不是常常根据别人的选择（Griffin 1986，pt. 1；Crisp 1997，chs 2，3）。这些事情所带来的快乐自然是重要的。而且，人类能够关注这些事物本身，即除了它们所带来的无论什么快乐之外的事物。

然而，这个观点受到了挑战。一些欲望似乎是与你不太有关系的事物，它们在决定你的善方面起着直接的作用。你希望一个素不相识者完全从病中痊愈，即使你下次不会再看见她或再次得到她的消息，这种欲望会使她的痊愈成为你的善吗？（Parfit 1984：494）这带给你快乐或心灵的平静，但如此欲望的实现并不直接使你受益。但这并不是说，实现你的欲望——素不相识者自己痊愈——就构成了你的利益。而如果你从这种欲望的实现中获得了快乐和心灵的平静，这种快乐和心灵的平静就是你的益处（因为你还无疑想要得到你自身的快乐和心灵的平静）。

实现你的欲望自身**构成**了你的利益，这种观点——如果它完全看上去有理——将限制所讨论的欲望。唯一的欲望，其实现构成了你的利益，它就是你对事物状态的欲望，在这种状态中你是基本的要素（Overvold 1980，1982；Hooker 1991）。但在素不相识者痊愈的事情状态中，你不是基本的要素。因此，她的痊愈自身并不构成你的利益。

似乎有些理由进一步限制了直接与个人的善相关的欲望。我们可思考欲望可能多么古怪。当我们偶然碰到特别古怪的欲望时，我们就会开始想知道是否仅仅因为这些事情是想要的，它们就是善的。我想数数街上花坛里的草丛的所有的叶片，这种欲望给我创造了善吗？（Rawls 1971：432；cf. Parfit 1984：500；Crisp 1997：56ff）不论我从活动中得到什么**快乐**，它对我都是善的。但是，看来在这种情况中**如此欲望的实现**是没有价值的。凭直觉，只要我的欲望是为了正当的事物，这些欲望的实现构成了我的利益（Finnis 1980，1983；Parfit 1984，Appendix I；Hurka 1987，1993；Brink 1989：221-236；Scanlon 1993；Griffin 1996，ch. 2；Crisp 1997，ch. 3）。实际上，某些事物似乎是可欲求的，只是因为它们看来是有价值的；某些事物看起来是没有价值的，仅仅因为它们是可欲求的或令人愉快的（Brink 1989：230-231，especially fn. 9）。

许多观点认为，当且仅当某事情增加某人的快乐或欲望的实现，该事情就使人受益。在某种意义上，该观点是个人善的"主观主义"理论，因为这些理论使作为利益的事物状况常常取决于某人的主观精神状态。"客观主义"理论主张，诸如重要的知识、重要的成就、友谊、自律之类的事物为个人善作出的贡献并没有因为这些事物带给人快乐或实现他们欲望的程度而消解。甚至当这些事物并不增加快乐时，它们也能够构成利益。同样的，甚至当这些事物并不是欲望的对象，它们也能够构成利益。客观主义理论有代表性地继续说，快乐当然是客观的善。这些理论还认为，无知、失败、孤独无助、劳役和痛苦都构成危害。

在这篇论文中，关于哪种个人善的理论是最好的，我将大抵保持中立。常常使人们快乐或享受的东西也就是满足他们欲望的东西，同时包含着看起来合理地所列出的客观善物。所以，人们常常并不需要像在这些个人善的理论中那样作出决定。

但并非总是如此。假设管理精英相信快乐是最重要的，那么，（以《1984》中所熟悉的一页为例）他们会认为如果能使快乐最大化，控制人们，甚至给他们服用引起满足而丧失志向和好奇心的麻醉品是有正当理由的。或者假设统治精英相信实现欲望是最重要的。统治精英也会感到有正当理由操纵偏好的形成和欲望的发展，以便偏好、欲望容易满足。现在，我们能够接受的是——在某种程序上——我们的欲望应该被调整，以便实现它们的某种合理希望。但以快乐最大化的名义或以欲望实现最大化的名义，这种观点就被推进过了头。生活能够是快乐的最大化、欲望实现的最大化，但仍然无意义——如果这种生活缺乏对友谊、成就、知识和自主性的欲望。

三、分　配

"规则功利主义"的术语常常用来指这种理论根据规则——被选择为行为的功利，即行为对社会福利的效果——来评价行为。"规则后果主义"的术语常常用来指涉一类比较宽泛的理论，而规则功利主义理论则从属于它。规则后果理论就规则的诸种好后果而言，依据所选规则来评价行为。非功利主义版本的规则后果主义认为，相关后果并不局限于全体福利的净后果。最为突出的是，某些版本的规则后果主义的解释认为，相关内容不仅涉及产生了多少福利结果，而且还涉及它是怎样分配的，尤其是在可选择性分配的公平条件下，它是如何分配的。[1]表 10—1 显示出有帮助作用。

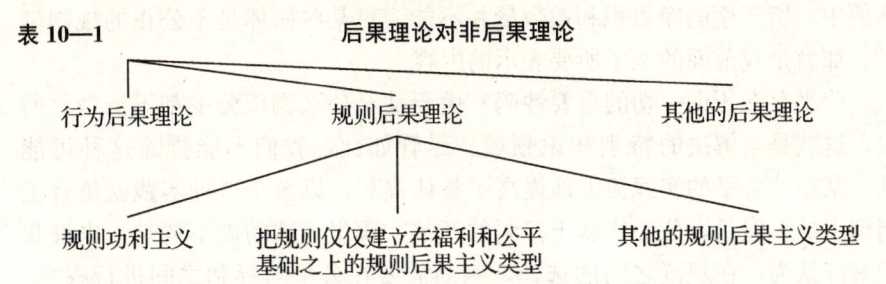

表 10—1　　　　　　　　　后果理论对非后果理论

```
            后果理论对非后果理论
    ┌───────────┼───────────┐
行为后果理论  规则后果理论   其他的后果理论
           ┌───┴───┐
       规则功利主义  把规则仅仅建立在福利和公平    其他的规则后果主义类型
                基础之上的规则后果主义类型
```

哪种版本的规则后果主义是最好的？规则功利主义的问题在于它有成为不公正和不平等的可能性。(For discussion of some utilitarian replies to this objection about distribution, see Hooker 1995：30.) 我们想想一套规则，它使较小团体中的每个人处境很糟，而使较大团体中的每个人生活富有（表 10—2）。

表 10—2　　　　　　　　　福利

规范 1	人均	每组	两组
A 组 10 000 人	1	10 000	
B 组 100 000 人	10	1 000 000	
			1 010 000

现在，如果任何可选择的规则相对于前面的规则，都不能提供比较大的净累加利益，那么功利主义者就会支持这一规则，但假定**从功利的观点来看**，接下来最好的规则会是这样的规则——具有表 10—3 中安排的结果。

表 10—3　　　　　　　　　福利

规范 2	人均	每组	两组
A 组 10 000 人	8	80 000	
B 组 100 000 人	9	900 000	
			980 000

我们假定规范 1 使 A 组中的人处境不好，并不是因为这些人选择十分消极地工作或轻率地承担不幸的风险。如果要是那样的话，规范 2 似乎道德上要优于前者，因为它比规范 1 要公平。这就是我们应该拒绝规则功利主义，赞成灵敏反映分配的规则后果主义的原因。规则后果主义既考虑了

公平又考虑了福利。

灵敏反映分配的规则后果主义倾向于福利和公平，其相对重要意义是什么？很清楚，福利并没有压倒一切的重要性。因为有一些案例，在这些案例中，所产生的净累积利益数量并不能为对某些团体是不公正的规则辩护。那就是我前面的例子所要表示的内容。

公平存在压倒一切的重要性吗？由于甚至什么构成公平都不清楚，所以，这就是未解决的特别知识领域。尽管如此，我们不能排除这种可能性，某些不公平的实践极大地提高了整体福利，以至于这种实践就是有正当理由的。但是，公平优越于福利的开端在哪里，这的确不清楚。也许我们最好认为，在规范之间的选择，判断需要在公平与福利之间进行权衡。根据两种价值（福利和公平）而不是一种价值（福利）来评价规则，灵敏地反映分配的规则后果主义就比规则功利主义复杂。而且，这似乎是一个例子，在这个例子中，看上去合理的理论就是复杂的理论。

四、与决定程序相对的正当标准

规则后果主义常常被描述成仅仅是比较宽泛的后果主义理论的一部分。这种比较宽泛的理论根据事情的后果来评价**所有的**事情。因此，它根据行为的后果来评价行为的可欲求性，根据规则的后果来评价规则的可欲求性，等等。根据这些方针所得出的观点是：如果人们并**不**常常试图根据计算后果来决定做什么，相对于人们总是想以这种方式来作出决定来说，即使行为的正当取决于行为的后果，也将产生更好的后果。换而言之，后果主义者就能够并且应该否定：

在每个场合，行为者应该根据确定哪种行为具有可预料的最大的善，来决定如何行动。

后果主义者同意，我们对于日常道德思维的**决定程序**应该如下：

行为者一般至少根据经过证明了的真实规则，如"不伤害他人"、"不偷盗"、"守诺"、"说实话"等，来决定如何行动。

为什么？首先，我们经常缺少关于我们各种行为的可能性后果的信息。在我们甚至不能估计后果的地方，我们几乎不能基于善的最大化来选

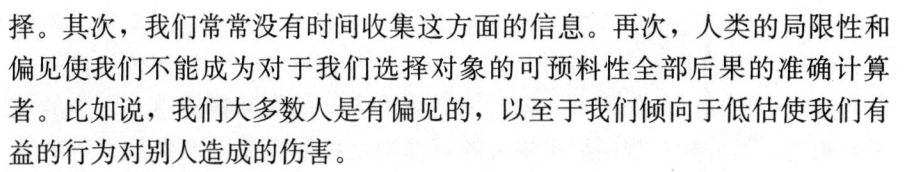

择。其次，我们常常没有时间收集这方面的信息。再次，人类的局限性和偏见使我们不能成为对于我们选择对象的可预料性全部后果的准确计算者。比如说，我们大多数人是有偏见的，以至于我们倾向于低估使我们有益的行为对别人造成的伤害。

现在，如果有更大的全面的善，在这种善中，人们很倾向于关注非后果主义的考虑或并按它来行动，那么，后果主义自身就会支持如此倾向。[2]因此，后果主义者提倡对下列某些规则的坚定倾向，它包括不伤害他人、不偷盗、不失信等。所以，一般来说，不同的后果主义者都同意人们应该怎样进行日常的道德思考。

不同的后果主义者存在分歧的地方在于：什么使行为在道德上是允许的，即作为道德正当的标准。

行动后果主义主张，当且仅当**有某种特别行为**所产生的实际（或可预料的）善至少和该行为者所易于采取的其他行为的善一样大，该行为才是道德上正当的（得到许可并且是必要的）。

与之相比，**规则后果主义**主张，当且仅当某行为由规则所准许，而这个规则能够合理地被预想到所产生的善与任何其他可识别的规则能够合理地被预想到所产生的善一样多，该行为就是得到许可的。[3]

在行动后果主义正当准则和它支持的气质倾向之间的区别在许多方面很重要。如果我们想要知道行动后果主义想从我们这儿得到什么，这是很重要的。如果行为后果最好不与我们的道德直觉的反应发生尖锐冲突，这也是很重要的。因为如果行动后果主义声称我们应该总是重视计算什么使公平地所设想的善达到最大化，并以此为动因，许多哲学家一直认为这是荒谬可笑的。但是，行动后果主义通过区分行动后果主义的正当准则和它赞同的决定程序削弱了这种荒谬的规定。

不过，这种区别并没有力量保护行动后果主义免遭其他的反对理由的攻击。的确，行动后果主义隐含着的**焦点和动机论**并不是如同初看起来那样强烈地反直觉。但这与针对行动后果主义的正当准则的反对理由无关。

五、规则后果主义的阐述

我们需要增加我们对规则后果主义的阐述。所有得到承认的规则后果主义形式都使道德正当取决于依据它们的后果来评价的规则。但是，不同形式的规则后果主义关于各种情况——在这些情况中，人们评价规则——没有达成一致性。比如说，一种对规则后果主义的解释**根据**遵守正当的规则来阐述。另一种对规则后果主义的解释则是**按照**接受会产生最大善的规则来阐述。规则后果主义应该按照遵守正当的规则，还是按照接受会产生最大善的规则来阐述？

虽然遵守正当的规则（right rule）是最优先考虑的事，但它并不是唯一重要的事。我们还要考虑**道德关心**。所以，我们最好不仅考虑确保遵守正当规则的成本，而且考虑确保充分道德动因的成本。从规则后果主义的观点来看，"道德动因"意味着接受道德规则。"接受道德规则"，我认为，它表示遵守道德规则的倾向，它表示当不遵守道德规则而感到内疚并憎恶别人不遵守规则的倾向，它表示了一些规则和这些倾向是有正当理由的信念（Brandt 1967，8 [1992：120-121]，1979：164-176，1996：67，69，145，156，201，266-268，289）。

重视接受规则，即表示遵守规则的**倾向**，是至关重要的，因为接受规则——或许此时说成规则的**内化**为好——能够具有超越遵守规则的后果（Lyons 1965：137ff；Williams 1973：119-120，122，129；Adams 1976，especially p. 470；Blackburn 1985：21n. 12）。

这方面最有名的例子涉及完全的震慑性的规则。假定你接受了一项规则，这项规则规定你向侵犯者报复。还假设你是很直率的，在一定意义上人们能准确地观察到你的倾向是什么。于是，每个人都知道你的报复倾向，因而不敢冒犯你。因此，你接受那项规则就是成功地遏制别人的进攻，以至于你从没有必要遵守那项规则。你接受规则明显有重要的后果，这些后果并**不是**来自你按规则来行动，因为你事实上从没有这么做过（Kavka 1978）。

现在，假设每个人都内化了这些规则，如"除了杀生会使总体善最大化外，不要杀生"，"除非偷盗会使总体善最大化外，不要偷盗"，"除非不遵守诺言会使总体善最大化外，不要不守诺言"等等。如果每个人都内化了这些规则，大概迟早对此的认识会普遍化。人们会越来越认识到这将削弱他们对别人确定性的依赖而采用一致性行动的能力。如果这样，信任会不存在，后果会很可怕，而这些可怕的后果不是来自遵守这些规则的个人行为所致，而是来自公众注意到规则的例外条款——当行为可使善最大化时所规定的杀生与偷盗的条款——很好用（Brandt 1979：271-

277；Harsanyi 1982：56-61, 1993：116-118；Johnson 1991, especially chs 3, 4, 9)。

我知道对于刚才所概括的论证一直存在着一些争议。但是还存在另一种方式，在这种方式中，**内化规则**的成本—利润的分析比遵守规则的成本—利润分析要丰富。使一种规则的规范内化可能要比使另一种规则的规范内化付出更大的成本代价。这些成本代价是相当重要的。比如说，对某一规范的一个可能的反对理由可能是该规范太复杂，需要太多的自我牺牲，以至于如果人们忠实于该规范而使用了太多的人类资源，也不能使之可广泛地内化。如果说内化成本太高，那么，总的来说，对该规范的内化就不会是最适宜的。如果是这种情况，规则后果主义者们认为规范不是正当的，没有必要遵守它。

关于内化成本的这些观点被安排在规则后果主义所讨论的许多地方，在下一部分我会探讨其中一个地方。

六、坍　塌

如果我们根据遵守**规则**来确切地阐述规则后果主义，我们就要承担使规则后果主义沦落为行动后果主义的危险。反对规则后果主义沦为行动后果主义的扩展等同物的观点认为，规则应该仅仅根据遵守规则的后果来评价。遵守规则可能是规则内化的一个后果，我们已经看到还有其他的后果。我们不仅必须考虑遵守规则的收益，而且还要考虑规则内化的其他后果。由于这些后果被分解成规则的评价因素，成本—利润分析将不赞成规则宽泛地等同于行动后果主义。

指责规则后果主义沦为行动后果主义的另一种版本认为，规则后果主义必定仅赞成一个简单规则，这个简单的规则就是你要经常按善的最大化要求做（Smart 1973：11-12）。这种反对意见认为，如果每个人都能成功地遵守需要善最大化的规则，那么，善就能最大化。对于善在这些情况下能实现其最大化的主张，一直受到挑战（see Hodgson 1967, ch. 2；Regan 1980, ch. 5）。但是，无论每个人**遵守**行动后果主义的原则是否会使善最大化，我们应该再次考虑规则**内化**的广泛的成本和利益。事实上，公平的善（impartial good）并不会正好由于这一个行动后果主义规则的**内化**而最大化。为了正好使这个行动后果主义规则内化就要正好具有一种道德气质倾向,即试图遵守行动后果主义的气质倾向。为了正好具有这一道德气质倾向,就要有作为道德决定程序的行动后果主义。但是我们已经看到了行动后果主义不是好的决定程序的原因。

另外,形成一种气质倾向——试图遵守内化的行动后果主义——的成本会极高。因为形成一种内化的规则就相当于使人们常常愿意做最公正的事。如此一种气质倾向必然要克服人们对他们自己和所爱者的强大而有力的自然偏见。确切地说,尽管存在使人们关心他人,并且愿意为素昧平生者作出牺牲所带来的巨大利益;但是,我们想想需要多少时间、精力、专心和心理冲突使人们内化一种完全压倒一切的公正(an overriding completely impartial)的利他主义(如果甚至这是完全可能的话)。如果要是这样,想要使人类都成为圣人的成本会太高昂了。

那就看起来像坚持一件自相矛盾的事。在充斥着芸芸众生的人的世界中,每个人都具有这样的压倒一切的气质倾向,要使公正的善最大化,这样的世界难道不是理想的世界,以至于为了进入这样一个世界而值得付出任何代价吗?我并不认为如此。不要忘记所付代价并非是一次性的、一劳永逸的。相反,需要在每一新生代那里得到这种具有压倒一切的内化的公平[气质倾向]。这里我们正在考虑对深藏在人性中的某种东西进行激进的再塑造。似乎一代人内化的公平并不会反映到他们孩子的基因中。而要在他们孩子中间具有压倒一切的内化的公正就要付出很高的成本,就相当父母自身是孩子时,要具有压倒一切的内化的公正就要付出很高成本一样。(这儿,我忽略了以基因工程来创造具有较多利他性人类的可能性。)对每一新生代人来说都将付出内化成本。

虽然达到大多数人所内化的压倒一切的公正要付出高得惊人的转换成本代价,但是,我已经指出,似乎它是一种当真的可能性。然而,它不可能是一种当真的可能性。不管怎样,使人们完全而经常地表现公正的唯一**现实**途径是减少他们对自身的特别关心和减少他们对其所爱者的特别关注。所留下的仅仅是一种枯燥无味的(无吸引力的)公正生活,没有深度的个人关注情感,与崇高的热诚和高贵的喜悦相冲突。聚焦于具体计划和个人的强烈关注和承诺,在一种有意义的人类生活中起着不可缺少的作用。但是,如果人类内化一种(压倒一切的)实现公平善的最大化动因,人们将根除这些特点(该段落很多是借鉴于 Sidgwick 1907:434;Williams 1973:129-131; Adams 1976; Parfit 1984:27-28, 30, 32-35; Dworkin 1986:215; Griffin 1986, chs 2, 4, 1990:77, 104; Crisp

1977:106)。

所以，从内化地达到一种压倒一切的公正所付出的转换成本代价和固定成本代价这种观点看，我认为必然存在某个这样的点，即如果未能达到这点，进一步所用成本要超过其收益。我们记住它涉及这里的原因。内化地达到一种压倒一切的公正是内化地达到一种压倒一切的气质倾向来实现公正善的最大化的一部分。因此，如果有令人信服的规则后果主义理由内化地达到一种压倒一切的公正，那么，就有令人信服的规则后果主义的理由来反对内化地达到一种压倒一切的气质倾向来实现公正善的最大化。我刚才已论述，存在令人信服的反对内化地达到一种压倒一切的公正的规则后果主义的理由。如此一种气质倾向就不会发现它赞同规则后果主义。因此，存在令人信服的反对内化地达到一种压倒一切的气质倾向来实现公正善的最大化的规则后果主义的理由。这就消除了发展那种摧毁性反对意见的第一种方式。

发展摧毁性反对意见的另一种方式，是以承认单一的行动后果主义规则的内化会导致不好的结果开始的。但是，发展摧毁性反对意见的这种方式坚持认为，从不要伤害他人、不要不遵守诺言等道德规则的特殊例外条款的规定①中，人们能够得到功利。如果这是正确的，那么，规则后果主义被迫以他们自己的规则选择标准去赞同那些有着例外条款的规则。同类的推理将有利于所有处境下增加的特殊例外，在这些处境中，如果遵循某些规则，将不带来最好的后果。一旦所有的例外条款增加了，规则后果主义将具有行动后果主义所有的同样行为含义。这将是对其致命的摧毁。

对于发展这种方式的摧毁性反对意见，规则后果主义将通过回到我前面所提到的信任和期望的观点来回答。如果你知道他们接受了这些高品质的规则，那么，你对其他人有多大的信任？行为者接受了无数与反对伤害他人、失信、撒谎等相反的例外规则，那么，在这样的社会中会有多大的相互信任呢？

在这里，内化成本的观点又与之相关。人们学习的规则越充分越复杂，学习规则的成本将越高。在某些时候学习更多的规则、更为复杂的规则，所付成本会超过其收益。因此，其教育和内化会有最好后果的规则在其数量和复杂性上是有限的。这些有限性使规范不会是行动后果主义的广泛等同物。因此，这类规则后果主义并**不会**坍塌行动后果主义。

---

① 即凡规则都有例外。

七、规则后果主义和接受的分配

规则后果主义的一种相对简单的形式是依据规则的后果来选择规则，即假定规则的内化达到了人口的100％来选择规则。但我认为，该理论应该按规则的内化不到人口的100％来阐释。规则后果主义需要被如此阐述，以便当另外一些人完全没有道德良心时，为做什么样的规则留出空间。我们把毫无道德良心者称为十足的非道德主义者。

假如我们设定规则的内化达到人口100％。我们还需要处理不遵守规则的情况，因为规则的**内化**达到人口100％并不能保证100％的人**遵守**规则。有些人可以全面地接受最好的规则，但有时被诱惑引诱而做错事。因此，需要规则处理不遵守规则的情况。这些规则应该具体化，比如说，什么惩罚适用于什么不道德行为。这些规则还具体规定了当你周围的那些人接受了他们应该拯救他人但没有拯救时要做什么。

把需要处理十足的非道德主义者（完全没有道德良心的人）的内容与需要阻止或恢复具有太弱道德良心而不能在某些情况下保证作出好行为的人的内容相比较。如果我们设想一个接受最好的规范达到人口的100％的世界，那我们已简单地设想出十足的非道德主义者不存在。因此，我们已经设想了任何规则后果主义——它具有阻止和处理十足非道德主义者的规则——的理论基础不存在。

原因在于：从规则后果主义的观点来看，补充规范的每项例外规则都常常至少需要支付某些成本。每项例外规则至少需要一些时间来学习，需要一点记忆来储存。那么，问题在于从规范的内化中，是否有超过成本的某种收益。当然，我们能够构想应用于不存在情况下的规则。比如说，"善待生活在月球上的任何理性的非人类生物"。但是，如果实际上所设想的情况不存在，在规范中被内化的如此规则，其收益何在？从这些永远不会运用的规则中，可能没有任何收益。这些规则——要付出一些成本而**没有收益**——不能通过成本—利润分析。

对于我来说，推理似乎产生了下列重要结论。规则后果主义不能产生或证明规则如何阻止**十足非道德主义者**的谋杀、强奸、抢劫、欺骗等不道德行为，除非规则后果主义根据一个设想的世界来选取规则，在这个世界中所预见的规则的内化不到人口100％。因此，规则后果主义应该根据规则的内化不到人口的 100% 来评定规则。

但是，我们应该设定规则的内化按照 99% 或 90% 或更少?[4] 当然，任何精确的数字都有点武断，但我们一定要考虑一些相关的因素。一方面，我们需要足够接近 100% 的比例来坚持这样的观点：道德规则是**整个人类的社会**所接受的。另一方面，我们需要远远不到 100% 的比例来**突出不遵守规则的问题**，如此问题不应该被视为附带的。尽管我承认任何一种百分比都有点武断，但我提议，我们应该按未来每一代中人口 90% 来内化作为条件，在这种条件中规则是最适宜的。我正要附带说明的是，这种在 90% 的道德者和 10% 的非道德者之间的区别应该超越所有其他的区别，如在国籍和经济地位方面的区别。

八、规则后果主义的论据

支持规则后果主义的一个论据是：规则后果主义的普遍性内化实际上会实现公正善的最大化。该观点认为，从**单纯的后果主义的观点**来看，规则后果主义似乎要比行动后果主义和所有其他的理论要好。

许多行动后果主义者通过援引行动后果主义的正当标准和日常道德决定的决定程序之间的区别来回答。他们承认当行为者决定做什么时，行动后果主义并不是行为者所使用的一个好的做法。但是，他们认为这并不削弱行动后果主义的正当标准，他们继续补充道，即使规则后果主义是最适宜的决定程序，这并不需要规则后果主义正确地鉴别什么使正确的行为正确，什么使错误的行为错误。

那么，我们转到支持规则后果主义的论据而不是内化规则后果主义实现最大化善的论据。[5] 可考虑道德规范（它能为社会接受就最好），它将实现公平计算后纯粹善的最大化。难道我们不应该遵守这种规范吗？难道规范为我们作为成员而构成的团体普遍接受不是最好的吗？这种规范不是我们应该遵守的吗？这些关于道德的一般性想法似乎具有直觉上的吸引力，大体上属于规则后果主义。

我们来考虑相关问题："如果每个人都尽管做你正在做的事，你将觉得会怎样？"这个问题最终可以证明是一个对道德正当不够好的检测。但不可否认它最初的吸引力。也不可否认，规则后果主义（至少刚开始）是这种检测的一种富有吸引力的解释。

因此，规则后果主义挖掘和发展了熟悉的和直觉上看似合理的道德观点。道德被解释为社会规范，一项集体性的事业，人们一起要追寻的事业。人们公正地考虑个人间的福利的全面后果以及公平性来评价社会规范的各个要素。

但是，规则后果主义的主要对手都同样地出自具有吸引力的普遍道德观点。比如说，行动功利主义能被看作出自这样的观点——从道德的观点看，所有最终的事情是个人受益或受害，其他的事情仅仅是工具上的重要性（Scanlon 1982：108）。行动后果主义是比行动功利主义要宽泛得多的理论，能够被看做出自直觉，这种直觉在产生最大的善方面不会出错（Foot 1985）。

现在，我们考虑一下道德契约论，这种理论认为当且仅当行为为规则所允许，它才是正当的，而规则不能为这样的人合理地拒绝：他的动机在于发现有着同样动机的人不能拒绝的规则。契约论的发展来自这种观点：道德是由在合宜情况下每个人都会同意的规则所构成的。这看起来是非常有吸引力的普遍观点——道德规则扎根于合理的协议。

我们再考虑另一种理论。乔纳森·丹西（Jonathan Dancy 1981，1983，1993）的道德特殊主义建立在这样的观点上，这种观点认为道德真理不存在于冰冷的僵硬原则之中，而是存在于对大量错综复杂的特别事例的细致理解中。实际上，很明显，道德特殊主义超越了我们这种主张，这种主张认为在竞争的道德思考之间存在着一些冲突，而这些冲突难以解决的，行为者必须细致地理解和判断才能正确地解决它们。很显然，道德特殊主义必然是这样的观点，被看做是一种［道德］考虑的［事情］完全是以一个又一个案例为基础的。这恰是丹西构建他的理论的方法：完全相同的考虑能看做是在道德上支持某人在某种情形下做某一件事（行为），又能在另一种情况中从道德上反对做某一件事（行为）；而在道德上必定总是表现为同样的性质的任何考虑，则几乎不可能。（丹西指出，道德正当本身的如此属性**常常**可看做是在道德上赞同某种行为。）

最后，正如我理解的称之为德性伦理学的内容一样，这种理论从这种观点发展而来，即正确或错误的行为仅仅依据一个充分有德性的人的选择才能被理解。那么，这种思想建议我们应该把德性的本质和德性的基本原理作为我们道德哲学的重点。

因此，所有这些道德理论——规则后果主义、行动功利主义、契约主义、特殊主义、德性伦理学——发掘了熟悉的并且直觉上具有吸引力的普遍性道德观点，尽管它们是不同的理论。所以没有人会认为，任何一种理论都仅仅是唯一一个具有这样特点的理论。由此得出的结论是简单的。一种理论由具有吸引力的普遍性道德观点而来并获得发展这种事实，不能充分地证明这种理论就比它的所有对手要优越。

现在，关于相关冲突的道德理论，我们要继续追问的问题是：1. 是否它们是连贯的，并且从最初具有吸引力的道德观点发展而来。2. 是否它们的观点终结于这样的地方：在不同的环境条件下的正当与错误都具有直觉上的合理性。[6]我已经指出规则后果主义是从具有吸引力的道德观点发展而来的。但是，我将不会全面地在这儿针对规则功利主义讨论——它**条理不清地**声称善的最大化是支配一切的目标，然后，又声称即使当不遵守规则时产生较多的善，遵循某些规则也是正确的。[7]我承认，如果我们从实现整体善的最大化的至上承诺开始，那么，我们的规则后果主义就是关于道德正当的内在不一致的理论。但是，我提议，我们可从其他路径开始我们对规则后果主义的论述：我们不从实现整体善的最大化的至上承诺开始，实际上，我们没有这样的承诺。如果我对此的观点是正确的，那么，这种反对理由就破产了（Hooker 1995：27-29；and 1996：538-539）。

规则后果主义的其他路径是什么呢？在接下来的几个部分，我将证明规则后果主义关于在特别情况中何种正当、何种错误的内容与我们道德确信之物非常匹配。但是，我将立刻探讨的是对这种观点的挑战：道德理论将被它与直觉的匹配来检验。这种熟悉的挑战是：道德确信之物仅仅是所继承的偏见，如此偏见不能对任何事情提供好的理由。

为了回应这种挑战，譬如说，我当然认识到来自不同的文化的人有不同的道德直觉，就像甚至来自同一种文化的人也有不同的道德直觉一样。我们必须常常反思我们的道德直觉。它们很少永远正确。

但是，尽管直觉不是永远正确，但直觉可能是决定性的。假如我们有两种道德理论，它们每个都是由具有吸引力的普遍道德观念发展而来的。假如这两者之一具有与我们的观念匹配得十分紧密的内容，而另一种理论中具有与我们大多数确信的道德观念相冲突的内容。在这种情况下，我不明白什么能使我们合乎理性地不去想，较好的理论是具有更多直觉合理性含义的理论。确实，似乎对我而言，我们至少对在**某些**特别情况下什么是正当的所具有的自信，就像我们对于任何关于道德的一般观念所具有的自信一样，这种一般道德观念已发展成为不同的道德理论，如亚里士多德主义、康德主义、契约主义、行动后果主义。这就是为什么几乎所有的道德哲学家，无法抵抗通过将依据这些理论的判断与在各种情形下的、我们对正当与错误的自信所确信的东西相比较而进行的"检验"。

让我们来进行一下评估，我已经提出了为规则后果主义论证的三种不同方式。

第一种方式是：从纯粹的数量论的观点来看，规则后果主义是最好的，我自己并不能相信这一论证。

第二种方式是：规则后果主义从某种非常有吸引力的一般性道德观念发展而来。虽然这是规则后果主义的最重要的特点，但我承认规则后果主义并不是唯一的从有吸引力的普遍性道德观念中发掘或发展而来的理论。因此，某理论是从某些开始非常有吸引力的观念连续发展而来的事实不足以使它优于它的所有对手。

第三种方式是：对规则后果主义的论证是，在规则后果主义与我们自信的道德确信之物之间能达到反思的平衡。至少，**某些**道德确信之物似乎比与它们相对立的任何理论更为可靠。如果这是正确的，那么在抽象理论和道德确信之物之间诉诸反思平衡是对规则后果主义进行辩护的要害所在。

九、关于禁令的规则后果主义

不论行动后果主义关于日常道德思维说什么，行动后果主义者的道德正当标准意味着：如果能实现善的最大化，**无论何时**杀害无辜者或偷盗者或不守诺言者等，这样的行为在道德上就是正当的。W. D. 罗斯提出了下面的例子（表10—4）来说明：遵守诺言是正当的，即使这会产生**些微**的不善（Ross 1930：34−35）。

表10—4（下列数字代表善的单位）

	对A者的后果	对B者的后果	总体善
对A守诺	1 000	0	1 000
对A不守诺	0	1 001	1 001

我们大多数人都同意罗斯的观点，认为守诺在这种情况下，道德上是正当的。当然，行动后果主义在这种情况下赞成不守诺，因为那时具有最大善的可选择物。因此，如果我们在这个例子中同意罗斯的观点，我们必须拒绝行动后果主义。

我们大多数人也相信（像罗斯进一步评价的那样），如果不守诺要比守诺产生**更大**的善，不守诺也是正当的。我们相信关于对无辜者强加伤害的类似事情的存在，如偷盗、撒谎等。因此，我们大多数人拒绝伦理学中有时被称为"绝对主义"的东西。绝对主义者认为某些行为（比如说，对无辜者的人身攻击、不守诺、偷盗、撒谎）都**总是**错误的，甚至当这些行为会防止最极端**灾难**的发生也是错误的。

我们认为，绝对主义和行动后果主义，是一个范围内的两极。当绝对主义从不认可某类行为，甚至当此行为对于防止极端灾难是必要的，也是如此，行动后果主义坚持不仅认为一场大灾难迫在眉睫时，如此行为是正当的，而且认为，当净得的**少量**善即将到来时，如此行为也是正当的。行动后果主义者在获得少量善的这些情况中是错误的，就像绝对主义者在灾难情况中看起来是错误的一样。因此，绝对主义似乎在一个方向走得太远，而行动后果主义在另一个方向中走得太远。

另一个方面，规则后果主义与我们的信念相一致：为了整体的善在何时我们能做或不能做平常所禁止的行为。规则后果主义认为谋杀、折磨、不守诺等个人行为都是错误的，甚至当这些行为产生比不如此做多几分善也同样是错误的，对此，规则后果主义的理由是：禁止谋杀、折磨、不守诺等规范的一般内化明显地比对不禁止上述行为的规范的一般内化要产生更多的善。

另一种规则的一般内化将是最佳的，这种规则告诉我们，为了防止灾难要做必须做的事。当为了防止灾难的唯一方法是不守诺或作某些正常情况下所禁止的行为，这种规则是有实际价值的。在这种情况中，规则后果主义认为人们应该做正当情况下所禁止的行为。我提到关于防止灾难的规则，是因为它的存在瓦解了对规则后果主义的反对意见，这种反对意见认为，规则后果主义以一种反直觉的方式规定了纵然产生灾难也要坚持的规则。

十、对其他人行善

道德以范式要求我们愿意为他人作出牺牲。但是，人们在这儿广泛地指责行动后果主义走得太远。如果我把我的大多数物质财富捐给适当的慈善机构，公平地计算出的功利就会达到最大化。因此，行动后果主义（大多数的解释）要求我捐赠我的大多数财富。可能我应该甚至换到挣更多钱的职位中，那么我就有更多的钱捐给慈善机构（Unger 1996：151）。我当公司的律师、银行家、股票经纪人、会计师、漫谈专栏作家或获得赏金而收捕逃犯（或野兽）的人，就要比当哲学系的职员挣更多的钱。如果人们愿意作出任何牺牲——这种牺牲要比由此对于其他人所获得的收益要小，那么我就应该转向挣钱更多的工作，这样就有更高的薪水捐献给贫困者。那么，具有更高的薪水，我就甚至有了更大比例的收入部分来帮助慈善机构。结果是忠实的挣钱生活——那么，实际上，仅仅是克制自我用钱来给自己买所有奖赏。毕竟，从行动后果主义的观点来看，我自己的享乐与那些需要我额外捐助的人的那些生活相比，是不重要的。如此的沉思给谢利·卡根评论注入了特别的辛酸："考虑到现实世界，最大限度地实现善需要苦难、自制和禁欲的生活，这是毫无疑问的。"（1989：360）

但是，我们大多数人在反思后认为，为了其他人而要求这种程度的自我牺牲在道德上是缺乏理智的。[8]尽管如此自我牺牲值得赞扬，但是我们大多数人非常确信：为了素不相识者的无休止的自我贫困是超越了道德对我们要求的内容。[9]

我一直讨论针对行动后果主义的反对意见，行动后果主义要求我们为了实现饥荒救济物资的捐助最大化作出**巨大**牺牲。行动后果主义还要求，纵然对别人的利益仅仅**略微**要多于对行为者的成本，也要自我牺牲。比如说，考虑一下我们建筑物中的角落办公室（corner office）。办公室是按职位高低来分配的。假设你是最高职位者——需要这间角落办公室。但是，如果你不想得到它，这间办公室将属于一位熟人，她在她的办公室要比你在你的办公室要多花 10% 的时间。假设我们因而合理地猜想她会从搬进这间办公室所得到的利益比你搬进这间办公室所得到的利益要多一点，这并不是一个生死攸关的事情。她不会因搬不进这间角落办公室而心情忧郁，以至于她的工作或家庭生活将严重受损。尽管如此，相对于你来说她会从搬进较好的办公室中多得到一点乐趣。但是，你还是把这间办公室留给了你自己。没有人会认为你这样做不合理或不道德。我们认为，除非在特殊情况中，道德并不**要求**你为了别人略微多一点的利益而牺牲你自己的利益。

我已经提出了对行动后果主义的两条反对理由。第一，行动后果主义要求你作出**巨大**的牺牲。第二，行动后果主义要求你牺牲你自己的利益，即使整体善将仅仅由于你的牺牲而**略微**提高。在这两个方面，行动后果主义都提出了**不合理的要求**。

相比之下，规则后果主义并**不**要求你放弃角落办公室，让你的同事占据它。如果你需要，规则后果主义的确同意你这么做，但规则后果主义并**不要求**在你用你自己的时间、精力、金钱或相应地位做决定时这样公正。规则的内化被合理地设想成产生最大的善，这样的规则也**允许**每个人对自我的相当偏爱（甚至**需要**对朋友和家庭的偏爱〔and even require partiality towards friends and family〕——see Brandt 1989：fn. 22）。因为如我前面所提到的，达到完全公正而由每个新生代所内化的成本高昂得难以负担。

同样的，行动后果主义要求为了善的最大化给予巨大的牺牲。规则后果主义似乎并没有为这一目的而要求超过合理数量的牺牲。为什么？一位规则后果主义者可能指出，如果世界上每个相当富有的人把相对适度的钱捐献给最好的援助机构，人们就能战胜最恶劣的贫穷。

世界银行一直要求来自富国 GDP0.7% 的捐赠，但现在的平均数还不到它的一半。这种援助的许多捐赠并没有给最贫穷的国家，而是给了主动和捐助国做生意或与之结成军事联盟的国家。联合国估计，如果富国现在所给援助的仅仅 60%（即大约 570 亿美元的 60%）被理智地花费在提供基本健康服务和清洁水以及消除文盲，这些问题就能被改变（*The Economist*，June 22，1996：64）。

一位规则后果主义者会对超越确保某种基本需要的再分配感兴趣。但是，甚至在把这些其他的潜在收益算在成本—利润分析中之后，我们还是有理由推断出，世界上相对富有的国家所被要求给予的数量不是不合理的苛刻对这个观点的挑战，见 Carson 1991；Mulgan 1994 and 1997。

我们考虑下面的例子。你沿着空旷的马路走在去飞机场的路上，准备登机到世界的另一边，你看到一个孩子在路边的不深的池塘中就要淹死了。你很容易就救了他，你不需要冒任何危险。但是，如果真的去救那孩子，你就会错过班机，损失不可归还的飞机票钱。[10]

每个人都同意你有义务救那孩子。即使你不特别富有，这也是正确的。假使飞机票的损失相当于你年薪的十分之一。你如果不付出牺牲来救那孩子，在道德上你仍然是错的。即使没有你的拯救，那孩子被淹死的可能性不到 100%，假设，比如说是 80%，你仍有义务牺牲你的飞机票钱来拯救那孩子。

现在我们考虑一个对该例子的改变形式（Singer 1972：223；Kagan

1997：924-925；and Murphy 1993：291；see also Hooker 1995：25-26)。你和我去飞机场，突然我们看见两个孩子在湖中就要淹死了。你和我都能很容易救他们，并且对我们没有什么危险。在湖中的两个孩子处于这样的状态，你和我每人救一个，还是可以赶上飞机。但是如果我们中一个救两个孩子，他就要延误班机。假设你救了一个孩子，但我什么也没有做。想必，你现在应该救另一个孩子。

但是，如果人们根据100%遵守规则来构建规则后果主义，它怎么能告诉我救另一个孩子？根据100%遵守规则，你不需要救第二个孩子。根据100%遵守规则，一旦你做了你分内的事，你就已经做了规则所需要做的一切。规则——如果达到100%的遵守将是最好的——大概不会要求你做的牺牲超过每个人尽自己那份责任时所做的牺牲。但是，如果这个规则被运用于我们的案例，即事实上，我不会去救，你也**没有**义务救那孩子——这无疑是难以置信的含义。

但是，我认为规则后果主义应该根据不到100%遵守规则来构建。如果规则后果主义根据90%遵守规则来构建，我们能设想，当你周围的人没有尽到他们的力量时，你就有了对如何行动的规则的需要。这个规则可能是："当你碰巧遇到你周围的人都不帮助时，那么你会阻止灾难的发生，即使这要你付出超过如果别人帮助你所要付出的。"这个规则就**要**你把第二个孩子从不深的池塘中解救出来。

但是，如果我们所生活的世界（真实的世界）是这样的世界，在这个世界中部分遵从是普遍存在的，那么，一个规则——要求你弥补别人的不遵守规则——就成为了不合理的要求。规则后果主义要求你对本应帮助而没有遵守规则去帮助的其他人恰好弥补多少？在较早的著作中，我认为规则后果主义要根据**相当精确**的捐赠水平或牺牲水平，减少世界贫困，来构建帮助贫困者的规则。

现在，我认为这种方法是没有指望的。我们考虑一条具体的道德规范，它能合理地被预想为或至少与我们所能发现的任何其他道德规范同样多的善。它会包括要求我们不要对他人造成人身伤害、不要偷盗、不要不守诺、不要撒谎等规则。这些规则会有某些例外包括其中（虽然不会有一般性的打破规则，因此无论何时你都能提出更多善的例外，也不会有无限制的更多特殊的例外)。尽管如此，还是存在能被运用于大量情况中的**相当一般性**规则的压力。牛津饥荒救济委员会（Oxfam）呼吁富人帮助真正的赤贫者，这并不是唯一的情况，在这种情况中，某些人有机会以对他们自身相当小的代价帮助其他人。在有些情况中,富人能帮助其他富人;在有些情况中,穷人能帮助其他穷人;甚至在有些情况中,穷人能帮助富人。还存在有些情况,以体力的形式帮助;在其他的情况中,以金钱或时间的形式帮助。

鉴于此,也许世上最适宜的规则不是"富人应该至少精确地把他们收入的 $n\%$ 捐给真正的贫困者"而是"人们应该帮助最需要帮助者,当他们这样做时,他们适当地对待他们自己,对其成本的评价是累积性的,而不是重复性的"(Cullity 1995:293-295)。如此规则会应用于大量的情况之中——实际上,任何时候某人都能帮助最需要帮助的另一个人。关于世界的贫困,对于富人应该做什么,该规则没有限制,对于应该完成的内容,也没有限制。

但是,由于对于行为者的成本的评价是根据累积性,而不是根据重复性,无论在**那种特殊场合**的什么时候,规则都不要求你帮助最需要帮助的人,帮助他人所要求的成本是适度性。**在那种特殊场合**无论何时这样做时,涉及适当性地帮助他人可能很容易变成成本高昂。因为我们每个人面临着一连串无限长的如此场合链,因为在任何一天,我们可捐钱给联合国儿童基金,或牛津饥荒救济委员会,都可算做一个如此的场合。但是,许多细小的牺牲加起来就能达到巨大的牺牲。如此道路的尽头是自我贫穷。如果我是正确的,规则后果主义为替代此而赞同的一个规则是,在你的生活过程中的牺牲是对你的人生增加某种有意义的东西。它允许但不要求个人牺牲超过这一点。

我认为,即使在可能比我们贫穷或比我们富裕的世界中,这个规则都**会**有好的后果。在此,我没有篇幅来讨论,或者规则后果主义实际上在**所有**可能的世界中以此规则而结束,或者说这个规则**总是**具有直觉上可接受的后果。我提到这个规则,仅仅是为了概述一种对规则后果主义可能进行辩护的方式(cf. Hooker 1998)。

十一、结　语

规则后果主义前途未卜。如果它要避免成为无防备而易受人攻击的对象,它就需要被细致地确切表达。在这篇论文中,我试图通过精密调整其确切表述来增强捍卫的力量。在此,我还讨论了,该理论从具有吸引力的一般信念发展而来，它并没有沦落为行动后果主义，它很好地与我们关于道德禁令的直觉和可允许的公正的直觉相一致。依我看，该理论现在是兴旺发达的。但它并不是难以攻破的。就像某人步行穿过危险的城市，他目前要设法击退从每一个角落出现的行凶抢劫者，规则后果主义可能遇到它难以逃生的攻击。我很想知道是否这会发生。[11]

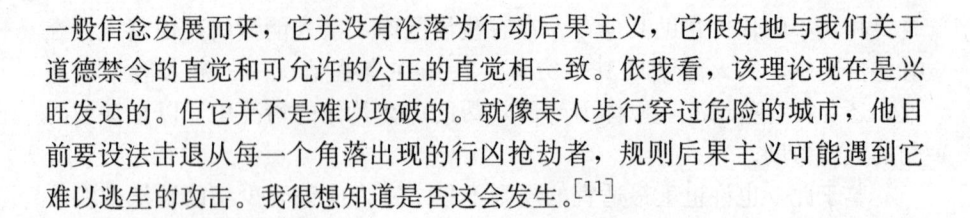

【注释】

[1] "后果主义"和"功利主义"的使用在于，后果主义以一种功利主义并不常见的方式考虑了对分配的关注。一些例子可见 Mackie 1977：129, 149；Scanlon 1978, especially sect.2；Scheffler 1982：26－34, 70－79；Parfit 1984：26；Griffin 1992：126；1996：165；Brandt 1959：404, 426, 429－431；Raphael 1994：47；Skorupski 1995：54；and arguably Mill 1861。

[2] See Mill 1861, ch.Ⅱ；Sidgwick 1907：405－406, 413, 489－490；Moore 1903：162－164；Bales 1971；Hare 1981；Railton 1984：140－146, 152－153；Parfit 1984：24－29；Brink 1989：216, 256－261；Griffin 1992：123－124, 1996：104－105. See also Williams 1973：123.

[3] 此处，我采取对于我来说最具有吸引力的相对简洁的方式，自由地确切表述了该理论。在后面，我将增添一些含义到这一表述中来。

[4] 早期的规则后果主义已经探讨了这一问题。比如说，见 Brandt：1967§8；1998 [1992：149-154]。

[5] 我感谢戴尔·米勒要求在这一部分的其余地方提供论证。

[6] 还有其他的问题要问。在基本原则层次上对关于帮助和吝啬问题重要性的讨论，见 Hooker 1996。

[7] See Lyons 1965, ch.Ⅳ；Williams 1972：99-102, 105-108；Slote 1992：59；Raphael 1994：52；Scarre 1996：125-126. 相对的，Regan（1980：209）报怨规则后果主义只是不积极的后果主义。

[8] 见 Crisp 1992 and Quinn 1993：171："我们认为，当人们被迫成为农夫或长笛手，仅仅是因为社会需要就使他们朝着那个方向发展，就有些道德上的错误。除了重大的紧急情况外，我们认为人们的生活必须是他们自己掌握。"

[9] 甚至卡根，在他的著作里为行动后果主义进行了长达400页的辩护，他以承认行动后果主义"在后果主义的要求中，它使我们产生了大大出乎意外的极端感觉"，而开始他的理论。

[10] 这个案例一直是当代哲学中关于仁慈的争论的重要内容。该案例和争论是由于 P.辛格 1972 而出名的（见他在《实践伦理学》1993第二版第八章中的重述）。对于这一讨论的一些重要贡献是：Fishkin 1982；Scheffler 1982；Kagan 1989, especially

pp. 3-4, 231-232; Nagel 1991; Murphy 1993; Cullity 1994; and Unger, 1996。

[11] 我的这篇论文一直得到下面各位的帮助：Roger Crisp, Jonathan Dancy, Max de Gaynesford, Hanjo Glock, Hugh LaFollette, Andrew Mason, Elinor Mason, Dale Miller, David Oderberg, and Derek Parfit, and the audience at the 1997 International Society for Utilitarian Studies Conference。

参考文献

Adams, R. M.: "Motive Utilitarianism," *The Journal of Philosophy*, 73 (1976): 467-481.

Austin, J.: *The Province of Jurisprudence Determined* (1832).

Bales, R. E.: "Act-utilitarianism: Account of Right-making Characteristics or Decision-making Procedure?" *American Philosophical Quarterly*, 8 (1971): 257-265.

Bentham, Jeremy: *An Introduction to the Principles of Morals and Legislation* (1789).

Berkeley, G.: *Passive Obedience, or the Christian Doctrine of Not Resisting the Supreme Power, Proved and Vindicated upon the Principles of the Law of Nature* (1712).

Blackburn, Simon: "Errors and the Phenomenology of Value," *Morality and Objectivity, A Tribute to J. L. Mackie*, ed. T. Honderich (London: Routledge and Kegan Paul, 1985).

Brandt, R. B.: *Ethical Theory* (Englewood Cliffs, NJ: Prentice-Hall, 1959).

——: "Some Merits of One Form of Rule-utilitarianism," *University of Colorado Studies in Philosophy*, 3 (1967): 39-65. Reprinted in Brandt 1992, pp. 111-136.

——: *A Theory of the Good and the Right* (Oxford: Clarendon Press, 1979).

——: "Fairness to Indirect Optimific Theories in Ethics," *Ethics*, 98 (1988): 341-360. Reprinted in Brandt 1992, pp. 137-157.

——: "Morality and its Critics," *American Philosophical Quarterly*, 26 (1989): 89-100. Reprinted in Brandt 1992, pp. 73-92.

——: *Morality, Utilitarianism, and Rights* (New York: Cambridge University Press, 1992).

——: *Facts, Values, and Morality* (New York: Cambridge University Press, 1996).

Brink, David O.: *Moral Realism and the Foundations of Ethics* (New York: Cambridge University Press, 1989).

Carson, Thomas: "A Note on Hooker's Rule Consequentialism," *Mind*, 100

(1991): 117-121.

Crisp, Roger: "Utilitarianism and the Life of Virtue," *Philosophical Quarterly*, 42 (1992): 139-160.

——: *Mill on Utilitarianism* (London: Routledge, 1997).

Cullity, Garrett: "International Aid and the Scope of Kindness," *Ethics*, 105 (1994): 99-127.

——: "Moral Character and the Iteration Problem," *Utilitas*, 7 (1995): 289-299.

Dancy, Jonathan: "On Moral Properties," *Mind*, 90 (1981): 367-385.

——: "Ethical Particularism and Morally Relevant Properties," *Mind*, 92 (1983): 530-547.

——: *Moral Reasons* (Oxford: Blackwell, 1993).

Dworkin, Ronald: *Law's Empire* (Cambridge, MA: Harvard University Press, 1986).

Finnis, John: *Natural Law and Natural Rights* (Oxford: Clarendon Press, 1980).

——: *Fundamentals of Ethics* (New York: Oxford University Press, 1983).

Fishkin, James: *The Limits of Obligation* (New Haven: Yale University Press, 1982).

Foot, Philippa: "Utilitarianism and the Virtues," *Mind*, 94 (1985): 196-209.

Griffin, James: *Well-being: Its Meaning, Method and Moral Importance* (Oxford: Clarendon Press, 1986).

——: "The Human Good and the Ambitions of Consequentialism," *Social Philosophy and Policy*, 9 (1992): 118-132.

——: *Value Judgement: Improving Our Ethical Beliefs* (Oxford: Clarendon Press, 1996).

Hare, R. M.: *Moral Think: Its Methods, Levels, and Point* (Oxford: Clarendon Press, 1981).

Harsanyi, John: "Morality and the Theory of Rational Behavior," *Utilitarianism and Beyond*, eds., A. Sen and B. Williams (Cambridge: Cambridge University Press, 1982), pp. 39-62. Reprinted from Social Research, 44 (1977).

——: "Expectation Effects, Individual Utilities, and Rational Desires," *Rationality, Rules, and Utility: New Essays on the Moral Philosophy of Richard Brandt*, ed. B. Hooker (Boulder: Westview Press, 1993), pp. 115-126.

Hodgson, D. H.: *Consequences of Utilitarianism* (Oxford: Clarendon Press, 1967).

Hooker, Brad: "Mark Overvold's Contribution to Philosophy," *Journal of Philo-

sophical Research, 26 (1991): 333-344.

——: "Rule-consequentialism, Incoherence, Fairness," *Proceedings of the Aristotelian Society*, 95 (1995): 333-344.

——: "Ross-style Pluralism Versus Rule-consequentialism," *Mind*, 105 (1996): 531-552.

——: "Rule-consequentialism, and Obligations Toward the Needy," *Pacific Philosophical Quarterly*, 79 (1998): 19-33.

Hurka, Thomas: "The Well-rounded Life," *Journal of Philosophy*, 84 (1987): 707-726.

——: *Perfectionism* (New York: Oxford University Press, 1993).

Johnson, Conrad: "Character Traits and Objectively Right Action," *Social Theory and Practice*, 15 (1989): 67-88.

——: *Moral Legislation* (New York: Cambridge University Press, 1991).

Kagan, Shelly: *The Limits of Morality* (Oxford: Clarendon Press, 1989).

——: "Replies to My Critics," *Philosophy and Phenomenological Research*, 51 (1991): 924-925.

Kavka, Gregory: "Some Paradoxes of Deterrence," *Journal of Philosophy*, 75 (1978): 285-302.

Lyons, David: *Forms and Limits of Utilitarianism* (Oxford: Clarendon Press, 1965).

Mackie, J. L.: *Ethics: Inventing Right and Wrong* (Hammondsworth: Penguin, 1977).

Mill, J. S.: *Utilitarianism* (1861).

Moore, G. E.: *Principia Ethica* (Cambridge: Cambridge University Press, 1903).

Mulgan, T.: "Rule Consequentialism and Famine," *Analysis*, 54 (1994): 187-192.

——: "One False Virtue of Rule Consequentialism and One New Vice," *Pacific Philosophical Quarterly*, 77 (1997): 362-373.

Murphy, Liam: "The Demands of Beneficence," *Philosophy and Public Affairs*, 22 (1993): 267-292.

——: "A Relatively Plausible Principle of Benevolence: A Reply to Mulgan," *Philosophy and Public Affairs*, 26 (1997): 80-86.

Nagel, Thomas: *Equality and Partiality* (New York: Oxford University Press, 1991).

Overvold, Mark: "Self-interest and the Concept of Self-sacrifice," *Canadian Journal of Philosophy*, 10 (1980): 105-118.

——: "Self-interest and Getting What You Want," *The Limits of Utilitarianism*, eds. H. B. Miller and W. H. Williams (Minneapolis: University of Minnesota Press, 1982), pp. 186-194.

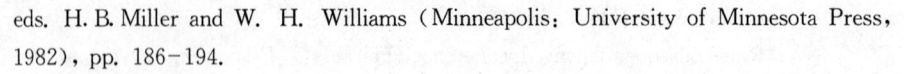

Parfit, Derek: *Reasons and Persons* (Oxford: Clarendon Press, 1984).

Quinn, Warren: *Morality and Action* (New York: Cambridge University Press, 1993).

Railton, Peter: "Alienation, Consequentialism, and the Demands of Morality," *Philosophy and Public Affairs*, 13 (1984): 174-231.

Raphael, D. D. : *Moral Philosophy*, 2nd edn. (Oxford: Oxford University Press, 1994).

Rawls, John: "Two Concepts of Rules," *Philosophical Review*, 64 (1955): 3-32.

——: *A Theory of Justice* (Cambridge, MA: Harvard University Press, 1971).

Regan, D. : *Utilitarianism and Co-operation* (Oxford: Clarendon Press, 1980).

Ross, W. D. : *The Right and the Good* (Oxford: Clarendon Press, 1930).

Scanlon, T. M. : "Rights, Coals and Fairness," *Public and Private Morality*, ed. S. Hampshire (Cambridge, UK: Cambridge University Press, 1978), pp. 93-111.

——: "Contractualism and Utilitarianism," *Utilitarianism and Beyond*, ed. A. Sen and B. Williams (Cambridge: Cambridge University Press, 1982), pp. 108-128.

——: "Value, Desire, and Quality of Life," *The Quality of Life*, eds. M. Nussbaum and A. Sen (Oxford: Clarendon Press, 1993), pp. 185-200.

Scarre, Geoffrey: *Utilitarianism* (London: Routledge, 1996).

Scheffler, S. : *The Rejection of Consequentialism* (Oxford: Clarendon Press, 1982).

Sidgwick, Henry: *Methods of Ethics*, 7th edn. (London: Macmillan, 1907), first edn. , 1874.

Singer, Peter: "Famine, Affluence, and Morality," *Philosophy and Public Affairs*, 1 (1972): 229-243.

——: *Practical Ethics*, second edn. (Cambridge, UK: Cambridge University Press, 1993).

Skorupski, John: "Agent-Neutrality, Consequentialism, Utilitarianism... A Terminological Note," *Utilitas*, 7 (1995): 49-54.

Slote, Michael: *From Morality to Virtue* (New York: Oxford University Press, 1992).

Smart, J. J. C. : "Outline of a System of Utilitarian Ethics," *Utilitarianism: For & Against*, eds. J. J. C. Smart and Bernard Williams (Cambridge: Cambridge University Press, 1973), pp. 3-74.

Unger, Peter: *Living High and Letting Die: Our Illusion of Innocence* (New

York: Oxford University Press, 1996).

Urmson, J. Q. : "The Interpretation of the Philosophy of J. S. Mill," *Philosophical Quarterly*, 3 (1953): 33-39.

Williams, Bernard: *Morality: An Introduction to Ethics* (New York: Harper and Row, 1972).

——: "A Critique of Utilitarianism," *Utilitarianism: For & Against*, eds. J. J. C. Smart and B. Williams (Cambridge: Cambridge University Press, 1973), pp. 77-150.

道义论

第11章 非后果主义

F. M. 卡姆

一、引　言

非后果主义是一种规范的伦理学理论，它否定我们行为的正当与错误唯一地取决于我们行为的后果或行为所遵循的规则好或坏。但它不否定后果是决定行为正当的一个因素。甚至当两个行为或行为类型是相同的，但一个后果是正当的，另一个后果是错的也是这样。这个理论否定了行动后果主义和规则后果主义，这两种后果主义认为正当的行为和规则系统是那种最大化了好后果或满足了好后果的行为和规则，而这种最大化或满足是为一种对好与坏的公平计算来决定的。这种计算要求我们有一种关于什么是善的理论，这种理论可能是极为放任的，认为虽然杀人是恶，或自主（自律）是善（好），但仍然要求我们最大化善。

尽管名称为"后果主义"，许多后果主义者认为，我们总是应当最大化行为事态的善，这包括行动和后果两者。非后果主义者则否认这点。因为有这些可选择的对照的可能，后果主义有时作为目的论来谈及，而非后果主义则作为道义论来提到。

当代非后果主义在康德和 W. D. 罗斯的著作里发现了它的精神根源。非后果主义者汲取康德的绝对命令的公式和康德对完善的责任与不完善的责任的区分。绝对命令表明，我们应该总是对待有理性的人自己和他人作为目的本身，而绝不仅仅作为手段。说他们本身作为目的是无条件的价值，是与服务于任何人的个人目的和具体背景下的人无关的价值。后果主义者仅仅看重每个人的利益并不足以表达这个事实：每个人本身是一个目的。宁可说，如果我本身是目的，那么，这个有约束的行为将最大化全部的善。

某些非后果主义者认为，我们把命令区分为两个组成部分：其一，把人本身作为目的；其二，不把他们仅仅作为手段。如果我们把人仅仅作为手段，那就不把他们作为目的本身，因为我们对他们的兴趣仅仅作为某种目的的因果性手段，而不是把他们作为目的。不过，我们可能没有把人们自身作为目的，虽然我们没有把他们仅仅作为手段。例如，如果我们因没有约束我们的行动而有一种预料的后果即伤害某人，〔就是这种情况〕。

康德遗产的第二个要素是他区分完善的和不完善的责任。在如何完满地履行以及何时履行不完善的责任方面，他认为我们有某种道德的选择余地，而完善的责任必须永远被履行，因而他被人们认为是一个绝对主义者。因此，就他的观点而言，我不能杀一个人来救其他一些人。但他接受这种看法：那类消极的责任（不伤害）比积极的责任（帮助）更为苛刻。

W. D. 罗斯对于当代非后果主义来说是第二个源泉。虽然罗斯认为有自明的仁慈责任，也有无数其他自明的责任，例如不伤害的责任、感激的责任、做到正义的责任。如果这些自明的责任相互冲突，正如他所认为的，它们可能会，但我们没有单一的尺度来重视它们或以规则来整理它们以决定我们的实际责任。某些当代的非后果主义者力图通过更精确地决定相对看重的责任或整理自明的责任来加强罗斯的观点，或至少更精确地描述它们。这可能要求表述责任以至于他们确定他们自己的限制，或发现比罗斯所描述的更基本的责任，这些更基本的责任不应轻易地被超越。

二、当代非后果主义一般轮廓

人们典型地认为非后果主义包括了不最大化善的特许权（prerogatives）和对善的产生的约束。特许权仅仅否定行为者必须最大化善的后果。它认为可能某些活动是职责以外的，它们不是道德所要求的，但它们具有道德的价值，因此产生了较好的后果。约束性限制我们在追求自己的以及无偏私的善时我们可能做的事。部分非后果主义者可能提倡特许权但不提倡约束性（Scheffler 1982），或者提倡约束性而不提倡特许权（Ragan 1989）。

最一般的观点认为，约束是一种强有力的责任而不是伤害（弱化的帮助责任的转化）和/或者禁止有意伤害（相对照的是不允许造成**那种**可预见的伤害这样一种弱化的责任）。

不过，这个特征描述忽视了重要的道德复杂性。可看看特罗利案例：如果某个旁观者不把一辆失控的有轨电车转入另一轨道，那就要杀死五个人，而他这样做了，那就将杀死另一个人。典型的非后果主义者会认为，这个人或许可以将电车拐入另一轨道——杀一人而救五人，虽然在其他情况下，他们反对杀一人而救五人（Foot 1978b）。一个适当复杂的约束必须适合非后果主义对所有情形的判断。如果能够这样，它将有精确的方式[说明]个人的不可侵犯性，即，以一种消极正当的方式保护个人不受到伤害，即使是这种伤害将最大化善。一些人认为内在的复杂的限制是绝对的，其他一些人坚持认为没有限制是绝对的。我们可能得到允许地去破坏产生足够的巨大的善。

最后，大多数非后果主义者运用一种有特色的方法论。他们以案例中的直觉判断来试验和发展他们的理论或原则。他们将哪一个原则对于假设的案例具有意义（如像电车案例）与在这样的案例中对于能够允许人们做什么的他们深思熟虑的判断进行比较。如果原则的意义与判断冲突，我们可提出另一种可替代的原则或理论。如果原则的意义和判断是相容的，非后果主义者必须提供一种理论来说明潜在于原则中的基本的、道德上有意义的因素，为了使得原则能够得到充分的辩护。

非后果主义不仅仅关注特许权和约束性，虽然它们是当代讨论的焦点。例如，非后果主义者也可提出，有帮助人们的明确的方法，而不仅仅是力图最大化善。在这篇论文的其他部分，我将更详细地讨论这些论点。

三、特许权

道德特许权允许一个行动者，（1）以那种不最大化公正的善的方式行动，（2）依据他个人视域的理由来行动，而不是以一种公正判断的视域来行动。我们能够把这些特许权说得更确切些吗？假设每个人都使他个人的利益得到增加，以至于它的分量超过公正的善。这个结果可能与我们的直觉是冲突的。例如，不管确定的因素有多大，我们能够想象某些灾难，它带来的不幸似乎要求人们牺牲他最有意义的计划，虽然从直觉上看，我不认为他有道德义务要这样做。而如果行为者通过某种方式增加他的有意义的计划，以至于它常常超过了他人急需的需要，那在道德上似乎就是可笑的。对于要增加的东西似乎更为合理的是，它应取决于该计划相对于行为者的重要性,即使是行为者给予基本计划语言式的优先于公正的善。即使这是个不完善的描述,因为一个真正的特许权,是给行为者一种**更少地**关心自己而更多地关心他人的选择,这一点似乎并没有被那种增加因素所抓住。

某些人正是通过如下主张来表达特许权的:人们在心理上偏向于更关心他们自己的计划。因此,如果他们出于个人的理由而在道德上允许追求非理想的计划,我们就没有疏远它的基本理由(Scheffler 1982)。我发现这个辩护是有问题的。第一,它并没有限制对他人的最大化善的干涉的道德许可;它只说某人不总是需要依据公正的理由和公正的善来行动。第二,这个辩护认为,允许行为者控制他所最关心的东西。不过,我不能够控制别人的生活,仅仅因为这是我所最关心的东西。因此,一个特许权理论必须从一个公正的视域来指明,那种从一个偏私的视域所意识到的我们有资格控制、而不是为他人强迫的东西是什么。这把特许权与作为个人权利理论一部分的限制连接了起来。

也有人用后果论的道德主张来为特许权辩护,因为也许要求牺牲任何东西来最大化公正的善。虽然这个辩护有点麻烦,因为非后果论能够有这样一个要求:由于限制,我们不得不有无数牺牲。为什么行为者不得不牺牲计划以避免侵犯限制,而不促进公正的善?为了解释这一点,我相信,我们也需要一种个人的资格理论。

还有人以这个观点来为特许权寻找理由,人们自己就是目的,因为我们没有把人们看做仅仅是促进更大善的手段,每个人有时也能够公正地追求非理想化的目标。就这个论点而言,特许权隐含着个人主权和资格的观点。在更基本的意义上,特许权是如下事实的副产物:道德义务不是要产生尽可能多的善。它是对人的尊重和仅做善所要求的事。

四、限制性

(一)伤害对非援救

我已经指出,特许权理论应该与限制和消极权利理论相连接。通过理解限制,我们能够较好地理解为什么道德必须有较大的牺牲来避免侵犯限制而不是最大化善。非后果主义者主张,有一种很强的道德限制反对伤害人。后果主义者认为,在伤害与非援救之间没有内在的道德差别(这称为平行论）。因此，我们也许一般不去援救。后果主义者有时运用对案例的直觉判断方法来支持平行论。他们认为似乎对可比较的伤害和非援救案例同一化。也就是说，具有诸如意图、预见、后果、动机、结果等背景因素的案例是同等的。他们的主张是，在这些案例中，我们判断伤害和不援救在道德上是同等的。不过，证明一种像平行论这样的普遍的主张，可比较的案例系列是不充分的。因为可能是这种情形，在某些同等的背景条件中，一种伤害和非援救行为将被判断为同样是错误的。而在其他平行的背景条件中，则将不是这样。如果我们能够发现一系列可比较的案例，在这些案例中，一种伤害在道德上比一种非援救更坏，那么，我们就要拒绝平行论。

例如，詹姆斯·雷切尔洗澡盆案例证明平行论：（1）如果斯密的小表弟死去，他将继承一份遗产。一个晚上，当这个小孩子洗澡，斯密把他淹死。（2）如果琼斯的小表弟死去，他将继承一份遗产。当琼斯进入浴室时，这个小孩子滑倒、脸朝水面摔下死去。虽然琼斯能够很容易把这个小孩救起，但他没有这样做，因他有想让这个小孩死的意图（1975）。雷切尔和其他追随他的人主张，在这里，杀一个人和让一个人死在道德上是同样的［恶］，这表明杀人和让人死去在道德上是同一性质。但这里的第一个观点是正确的吗？如果这两个案例中的致死罪都将要求偿还，那么，允许在斯密和雷切尔身上要求同样的偿还吗？我不认为可如此。虽然允许治斯密死罪，但不允许治雷切尔死罪。所以，在杀人和让人死可能确实有道德上的不同，即使它们在道德上是同样的错。

我们可通过提出如下问题达到这一点：如果我们问，一个人要付出多少努力才可避免杀一个人或救起一个人，即使在那些死是或被预见到的或是有预谋的情形里。这里有一系列的道路案例：（1）我们知道如果我们在一条路上驾车行驶，我们将轧死某个正在路中行走而不能让开的人。唯一可选择的是开到一条边路上，而在那里则冒着我们自己受伤的危险。（2）我们知道，要救起那个正要淹死的人，我们必须把车开到边路上去，而我们则冒着自己受伤的危险。我认为在避免杀人或让人死去这两者中，对于前者一个行动者负有更大的义务。如果这是对的，那么，在杀人与让人死去之间有一种基本的道德上的不同。

这些案例表明，杀人和让人死去在道德上并不是同一个性质，而是具有不同的性质，但它们并没有告诉我们**为什么**它们是不同的。在考察了同样的背景之后，我们也许能够决定为什么我们确定要关注**这些案例**中的差别，这些背景是：(1) 在我们所介绍的案例中，杀人是一种威胁，这种威胁不是先前存在的，在让人死去的案例中，我们对于当前的威胁并没有进行干涉；(2) 杀人是我们所作出的行动，而让人死则是我们没有做什么；(3) 杀人是我们致使某人失去生命，如果与我们在那个时候的努力无关，那就不会有这个结果，而让人失去生命是我们没有做什么，而如果有了我们的帮助，那就不会有这样的结果；(4) 杀人是我们干涉了受害者，而让人死去，则是我们不对他人干涉（不对他人提供帮助）。这些差别也许解释了杀人和让人死去基本上道德的不同，它们是实质上（或概念上）的不同，而不仅仅是在某些情形中的不同。

为什么它们是如此？我们正在对麦切尔进行抢救，我们的抢救使得麦切尔能够从一种对他的［生命的］威胁中脱离出来，这种威胁不是我们导致的；但假设我们以行动终止（拔掉开关）这一抢救工作，即不继续进行实质性的援救努力，我们预见到麦切尔将死去。在这个案例中（终止援救），我相信，是我们让麦切尔死，虽然我们的行动是停止援救（不仅仅是不提供）。让人死作为不是援救的开始是可接受的。而且，我们是麦切尔的死的部分原因；毕竟是我们的行动导致麦切尔死了。因此，我们不能以仅仅说让人死涉及没有行动和不是引起其死的原因而把杀人和让人死区分开来。

在这个终止援救的案例中，我们没有谈到致使他死亡的原因。如果我们是这个原因，那是我们杀了他。也就是说，杀人具有这种性质，虽然可能某种［其他的］杀人不是这样。而且，在让人死的案例中，我们停止了前面的干预，"受害者"失去了的只是由于我们的援救才有的、可称为原因的东西。我认为，这是让人死的实质性的性质，但不是杀人的实质性的性质。因此，在两者之间有实质性的不同。

在谈及这些实质性的性质时，我们必须很小心，因为这有两种类型：(1) 那些性质对于杀人或者让人死去两者之一来说是实质性的真，因而必须有其一必然排除其二。(2) 那些性质对于垂死援救来说是实质性的真，但并不必然排除涉及另一情形的案例。虽然这些性质可说是一种简单的对照性事实，第一种有着明显的区别，但后者有一种至关重要的区别。因此，有某些杀人**案例**（虽然不是**单一性**的），能够包含那仅让人死来说的实质性性质的东西，反过来说，让人死的案例中也能够包含那只对于杀人案例来说是实质性性质的东西。不过，这些延伸的性质仍然能够解释两者的道德区别。确实如果我们不比较杀人与让人死的平行案例，而比较杀人

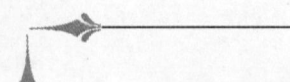

的两个相似案例，在这里，只有在第二种情形里，我们有对让人死的实质性的延伸性质。例如，杀某个与我们的援救无关的人，与杀某个接受我们援救的人相比较。如果在第二种情形中的行为比在第一种情形中较少道德问题，那么，我们就有很强的证据证明让人死的这个实质性的性质具有道德的意义。

如果这个性质在同一方面基于同样的理由（如让人死去）起作用，而杀人则没有那种能够改进的行为的实质性性质，那么，让人死至少比杀人更具有道德上改进的实质性性质（morally improving essential property）。因此，就它而言，由于这种性质而在道德上是较好的。这些延伸的性质能够解释平行论的一个方面。这个论点可能会发现这样的案例，在这些案例中，杀人和让人死在道德上是等值的：他们能够找到杀人和让人死的例子，在这样的例子中，一种行为的实质性性质可转换到涉及另一种行为的性质。那么，只要其他案例在道德上的相关性质是等值的，那么，我们将把杀人与让人死相等同，把它们看做是道德上的等同物。但这并没有表明，单独考虑杀人和让人死在道德上都是等值的。

我已经指出，让人死有那种使得行为在道德上更为许可的性质。这些性质是，(1)"受害者"失去的是行为者为他人在那个时候的帮助所造成的东西；(2) 行为者停止了他原所加于人的东西。只有那为我们［行为者］所引起的东西（与他者的帮助无关）有比它们原本更强的要求，这些性质才有道德上的重要性，并且，这既可应用于我们的生活，也可应用于为他人着想的努力上，关于杀人和让人去死的道德区分抓住了这个相分离的人的观点。

_211_ 我们必须以更大的努力来避免强迫他们，特别是在那些与我们现在的帮助无关的东西上［不应如此］。我们能够以较少的努力来合法地制止某人，不要在那种我们已经施加了的行为上再做什么。我们现在能够认识到，要以更大的努力而不去杀人，至少当那些案例没有让人去死的某些实质性特性时，这是与非最大化善的特许权一致的。不过，如果我们解释杀人和让人去死的道德的区分，我们必须对电车案例做更多的工作，解释为什么救五个人是允许的。

最后，对于把我们关于杀人和让人去死的结论运用于伤害（或使某人更糟）和非援救的一般性的道德区分，有一些重要的事情必须记住。(1) 当我们杀人或让某人去死，我们可能合理地想，她有她的生命权。但当我们伤害或不帮助某人，他们所失去的或没有得到的，可能是那种他们没有权利得到的东西。（2）一般而言，当某人杀人，他侵犯了他人的身体，而这是让他人死时不会有的。不过，如果我们伤害某人，我们并不必须侵犯他人的身体，在这方面，更不用说我们不帮助人是如此了。假设我们结合这两个因素而构想一种伤害和非援救的案例：（1）设想那并不属于某人的钱偶然地转到了我的银行账户上了，但你却用计算机把它转走了从而使我的财务状况更糟了。（2）你没有把某些无主的钱转到我的账户上。这些案例并没有更大的道德上的不同，虽然在第一种情形里，某人的情形会因此更糟些而在第二种情形里我们没有改善他的状况。

(二) 有意图性对可预见性伤害

对于意图性和可预见性伤害，双重后果学说在历史上是最为重要的区分理论。这个学说是说，我们可能没有作恶的意图，即使恶是达到更大的善的手段也是如此。不过，如果（1）善是与恶成比例的，而且（2）没有更好的方法来获得善，那么，允许我们中性的或好的手段来促进更大的善，虽然我们预见到了恶是其副产品。因此，据说不允许以有意杀死十个平民（用恐怖炸弹）但允许以有意炸军火库来结束战争，即使是因此而预见到了有二十个平民肯定要死，而这并不是有意要杀死他们（用战略炸弹）。

有意图性和可预见性的坏结果的道德区分应用到做了的行为也应用到省除的行为，这种区分是与伤害和非援救的区分不相干的。某些非后果主义者支持其中某一个区分，有的则两个都赞同。而且，某些非后果主义者希望修订双重后果学说，使得这成为一种非绝对的限制。例如，使它根本不用于自我辩护的处境，而在其他处境中，则隐含着在有意图的坏后果面前，我们必须容忍比我们在那仅仅为可预见到的、我们不得不容忍的坏后果更坏的后果。

许多人反对双重后果学说，因为我们典型地描述的行为臆想性地排除掉了，以至于行为者没有严格意义上的有意图的恶。例如，只是在这种情况下恐怖炸弹是有意图的：平民死亡而宣布和平。当然，他以一定的确定性预见了，平民将死因为在战争结束前这是导致他们死的唯一方式。但战略炸弹也以一定的确定性预见到了平民的死亡（Bennett 1981）。我们也许试图通过修正双重后果说来重新抓住在这两个案例之间的道德区分。修订了的版本认为，当行为者预见到了他人将遭受重大伤害而这是他本人不同意的，在这种情况下，应禁止有意图的甚至最少的对人的侵犯，或者涉及对人的干预（Quinn 1993）。这是对这一学说的有意义的修正。原始的双重后果说禁止行为者把恶作为手段。修订版则禁止把人作为手段——这个无论何时对于他们而言可预见的坏结果，虽然没有把恶作为手段的意图。

传统的双重后果说也太弱了而不能巩固一种适当的道德限制，因为它允许我们总是用有坏的副作用的手段来产生一种较少的善。正如菲利普·福特（Philippa Foot）所注意到的，它允许我们用一种气体来救五个人即使是我们知道这种气体会弥漫到另一个房间而杀死另一个人。它也允许我们冲到医院去救五个人而我们明知（预见到了）因此会杀另一个人（1978b，1984）。因此，福特宣称，从直觉上看，我们认为不应允许做这些事情。

双重后果论也是很有力的［理论］。它似乎排除了有意伤害某人来促进人们的全面性的善（个人头脑中的案例），它排除了有意伤害某人来帮助他人，即使是当这个人如果不这样对待不会更坏也不能如此对他。

有两种更复杂的情形。双重后果论认为，有坏的副作用的**较大**的善必须是有意为之的。但能不是有着一个纯粹**预见到了**的坏的副作用的有意为之的行为吗？例如，一个战略炸弹的目标在于一个军事工厂的某个部位。他打算因此而产生一个小善而将带来两种副作用：（1）杀十个无辜平民和（2）停止对二十个平民的屠杀。（1）是超过了那有意为之的小善的太大的恶。（2）的善大得足以超过了（1）的恶，但（2）不是有意为之的，因为它的发生并不必然对这个战争具有后果。因此，如果双重后果论是道德允许的必要条件，那就应阻止对军事工厂的袭击。

如果这个炸弹投下，只是**因为**（2）将发生，这个需要并不隐含着，他有意产生这个善。这意味着，考察意图（而不仅仅是预见）的反事实的试验有缺陷。这种试验表明，如果我们不进行我们的活动，一个特别的后果将不会发生——假设任何事情都将继续——然后，在行动中我们想有这个后果，把它作为手段或作为目的。不过，先前的例子表明，在某些情况下，我们可能进行这个活动仅仅因为一种后果将发生，而并不是有意要它发生。做某事**因为**它有这个后果和做某事为了它有这个后果的区别是战略炸弹的第三种情形：假设炸一个军事工厂具有军事价值——仅当不可能立刻重建一个。除非人们对在炸弹爆炸中死去的平民太悲哀，要不工厂将重建。因此，只有当我们确信平民将死我们才炸工厂，虽然我们并不打算［有意］让他们死（军事悲哀案例）。在这个案例中，我相信炸是允许的，即使恐怖炸弹不允许。由于有对后果的这第三种关系——因为它们将发生——也许可较好地谈及**三重后果论**（the Doctrine of Triple Effect）。

五、简单限制的复杂性

正如我在前面就注意到了的，许多当代的非后果主义者想要发展W. D. 罗斯的自明的义务（prima facie duties）概念。罗斯认为，当义务发生冲突，我们没有规则或原则来整理它们。所以某些非后果主义者试图发展更复杂而更少包容性的义务。例如，电车案例表明，我们可以如何更精确地描述非伤害和援救的相对道德意义的特征。我们正在寻找一种原则来解释，为什么认为改置方向而产生了一个致命的威胁（这个威胁杀了某人），因此帮助了某人是被允许的；但认为如果杀某人而为了获得他的器官来救他人是不被允许的（器官移植案例）。这种原则也必须解释，为什么我们不能做某种事情来使电车停止（如推一个无辜行人到电车轨道里）和为什么我们不能因要某人的器官而杀人。

哲学家已经提供了解释这些直觉判断的许多考虑。在这些考虑中有，（一）当（1）我们改置电车的方向，我们仅仅预见到了一个人的死，当我们（2）要从移植得到器官，我们是有意杀人，当我们（3）推路边旁人到电车轨道里，我们是有意使他卷入而预见到了他的死。因此，（1）是可允许的，而（2）和（3）是不允许的。不过，这个双重后果论激发的解释表明，为了让电车停下来，我们能够合法地投掷一颗炸弹，虽然我们预见到，但不是有意地要用炸弹杀死路旁某人。不过，我相信，这是不允许的。（二）在电车案例中，我们没有发起一个新的威胁。我们仅仅是重置了一个先前存在的威胁从而使得更大数量的人得救。但即使是将这一点与第一点结合起来，也不能是许可行为的充分理由。如果一辆电车因我们重置它而朝着一个人开去，我们不重置它，我们可预见到它将杀死五个人。即使我们这样做了，因为重置方向而避开了一块石头从而救了二十个人，［也不是充分理由］。这第二点不是可允许的行为的必要条件。假设一辆电车正冲向坐在一旋转桌子上的五个人。虽然我们事实上不能重置电车方向，但我们转动那张桌子从而救了五个人。不过，我们因此而开始了一种岩石滑坡，即杀一个无辜的行人（懒散的苏珊案例）。因此我们开始了一个杀某人的新威胁。不过，我相信它是可以得到允许的行动。问题是如何解释它。

我提出允许伤害原则。基本观念是：（1）有较大的善和（2）有较大的善的手段，即作为非因果性的向旁跳跃（noncausal flip side）而引起较小的恶的行为是可允许的；但不允许（3）以有意图的较少的恶作为手段来达到较大的善，或（4）作为一可预见边际效应的有意引起的较少恶的手段，和其手段是把较大的善作为仅仅是没有干预的因果性后果的东西（2）。我所说的"非因果性的向旁跳跃"，意思是，在实质上较大的善发生了，这是另一种描述那种手段在其中起作用的方法。这个原则否定了我们为了帮助人而绝不伤害的［说法］。例如，当伤害是获得一种更大的善的结果时，我们允许那种伤害。假设把一种气体导入一间房间而救了五个人，他们呼吸正常了——这是更大的善，而改变流入这间房间的空气，重置了气流源，则杀死了另一个人。在这个案例中，用气体来救五个人是被允许的，因为这是较大的善，这个较大的善本身引起了另一个人的死亡。

允许伤害原则解释了为什么我们允许掉转电车。电车移开虽然杀了一个人，而这是救五个人的手段这个较大的善，是它的**非因果性的**向旁跳跃。这就是，假设这个移开发生在这样的背景下，在那里，这五个人没有其他的致命威胁，这五个人的得救恰恰是电车移开了。进一步说，我们掉转电车的行动——最终导致伤害——是为（4）所允许的，因为它仅仅是手段产生的伤害（掉转电车），这个手段有较大的善作为它的非因果性的向旁跳跃。相对照的是，一个炸弹杀死一个路人而救了五个人作为电车离开他们而产生的纯粹的因果效应，根据允许伤害原则，这样确立的炸弹爆炸行动是不允许的。

在环圈案例中，一辆电车正驶向五个人，它能因重新定向而驶向另一轨道，而有一个人坐在那里。不过，轨道兜回来朝着那五个人（Thomson 1985）。这辆电车将立刻杀死那五个人，或者我们重新将它定向，假如它把那一个人辗得粉碎、假如它不停下，在它兜回来后，它将杀死那五个人。我相信在这个案例中掉转电车是可允许的。而轧那个人则是与救那五个人具有因果连接性，这不仅仅是一个可预见的边际效应。这意味着，如果我们掉转电车，我们打算轧死那个人？假设除非使得电车轧死那个人，否则我们将拒绝掉转电车。因为如果电车不轧那个人，那五个人无论如何都要死，而我们也冒着为了那五个人而伤害那个人受到的指责。总之，我们掉转电车**因为**他将被轧死。但正如我在讨论反事实试验时早已注意到的，并不意味着我们打算轧死他。结果是，我们在环圈案例中的判断是与修正版的双重后果说一致的，修正版的双重后果说是允许的一种必要条件。它也表明，一个理性的行为者能够追求一个他认识到的目标，而这只有通过一定的因果秩序，而没有那种有意的程序来获得它。

环圈案例削弱了允许伤害原则吗？因为如果轧死那个人是救那五个人的必要条件，那么，那较大的善，或非因果性的向旁跳跃的有较大善的手段，怎能产生较小的恶？这要求我们修正允许伤害原则。当电车驶离那五个人，留给我们的是较大善的**结构性平行的成分**，即，如果它能站得住脚，那将是最大的善。之所以如此，是因为如果威胁五个人的危险仍然存在——电车从另一个方向过来——这种危险出现是因为我们除去了最初的威胁。最大善的结构性平行物或有作为非因果性的向旁跳跃的较大善的手段，对它［允许伤害原则］产生了一个新的威胁和消除它的手段（轧死那个人），而这使得掉转电车成为可允许的。所以，允许伤害原则应当修正从而允许一种较大善的结构性平行物，或那有着较大善作为非因果性的向旁跳跃的手段，这种较大善或手段的结构性平行物可能产生较小的恶，并且这对维持较大善是必要的。

有道德意义的什么观念可能为允许伤害原则辩护？似乎可表述为这样的观点：人们本身是目的。例如，如果我们要利用他们而这样可能使他们［处境］变糟。而更奇特的是，我们意识到人们的这个地位，是在这种要求之中：唯有另一种目的本身，一种构成其他人的好生活的较大的善（或与它有着非因果性联系的东西）可能导致较少的伤害。

六、非侵犯性

允许伤害原则隐含着为了救更多的生命人们有权利不以一定的方式来对待他。这些权利是保护人们来抵抗最大化善的某些方式，这些权利给了人们某种不可侵犯性。这种不可侵犯性不是绝对的。它有**质**的限定。（也就是说，允许伤害原则允许某种方式的伤害。）它也有量的限定（例如，为了救一百万人，允许伤害原则可能就失灵），前一种限制根据允许伤害原则，而后者则是对允许伤害原则的限制。

人们是如此不可侵犯，即行为者也不能侵犯允许伤害原则对伤害的限制，即使那是最小化违反允许伤害原则本身也不行？这个观点是，不侵犯某人对可比较的权利的最小侵犯权。这个观点有时也被称为"道义论的困境"。某人主张，如果我们真正**关心**权利，即使这要求我们侵犯可比较的权利，我们也应该把对它的侵犯降到最小。那些同意这个观点的人说，他们看不到一个人的权利如何能够与可比较的权利侵犯最小化有关。不过，如果他们认为，我们不应违反对允许侵犯原则的限制，只是因为它们关涉到那些行为者而不关涉到潜在的受害者的权利。这个模式来自于对最小化权利侵犯的侵犯权的限制，它是"从里（行为者）到外（受害者）"，而不是"从外（受害者的权利）到里（行为者）"（Anderson 1993；Darwall 1982）。关注行为者的方法解释了这种限制吗？

关注行为者的模式对限制最小化权利侵犯的解释常常应用到行为者的相对性观念。依据这个观点，我们中的每个人都有那种与作为具体行为者相对的基本责任。某些人强调，后果主义和非后果主义的理论都能包容行为者的相对性。例如，森认为，就行为者中立的观点看，虽然每个人都有从自己的视野来看产生最好的事态的责任，但在某种特定事态中，他杀一个人比另一个行为者杀更多人更坏（1982）。因此，每个人都有避免为他杀的义务。这是一个行为者相对的后果系统，因为有多样性的行为相对的最好结果，而不是一个行为者中立的结果，不同的人处在不同的位置上。但这个方法能够解释为了救更多的人而杀一个人的限制（我相信存在这种限制）吗？如果这样做难道不会危及他们或我**自己**的权利吗？如果我不杀那一个人，其后果将是，在这个世界上，我是一个更多人的杀手，从我自己的观点看，这似乎是更坏的结果。所以，如果根据这个观点，我必须产生最好的世界，我应该杀一个人。我相信，这是一个坏的结论。

一个非后果主义的行为相对主义者可能指出，我们对我们的受害者有特别的责任（他是我们将杀的人，不是那些我们让他们死的人），即使杀一个人将促进较好的行为者中立的后果。也就是说，从我们的视野看，我们的受害者的利益被夸大了（Fried 1978；Nagel 1986）。不过，如果杀某个人是救更多人的唯一方法——我们自己已经使得或将使得这些人的权利处于危险之中——那么，为什么我们对我们的许多受害者的责任并没有表明，我们应该杀那个人？而这是一个错误的结论。

为了避免这些问题，后果主义者和非后果主义者的行为相对主义者也许特别看重一个行为者现在的行为。他们可能主张，相对于我们过去或将来的行为，对于**现在**所做的和所产生的应当有特别的责任。但为什么，我们现在的行为和后果在道德上要超过我们过去或将来的行为和后果？为什么我们**现在**有这样重要？

我相信，关注行为者的观点在实质上并不是行为者相对的观点。而他们关注行为者的行为质量或精神状态，而不是受害者的权利，他们并不把"行为者的标志"放在行为、受害者或结果上。例如，如果他杀了这个人，就可以发现行为者所必然有的行为和精神的状态是不讨人喜欢的。如果他杀了人，那这个行为就是他的行为，但实质上不是**他的**行为而是行为中的东西使他令人厌恶（Nagel 1986；Williams 1981）。这个观点的提倡者可能宣称，它解释了为什么某人不应该杀某个人来救更多的人，即使从她**自己**将来的恶的行动来看也如此。这个基于责任局限的解释结构在实质上与基于权利的局限是相同的。在两者之中，与最小化错误行为相关的或是行为类型或是权利类型的例子，涉及同样的行为类型或权利类型的许多例子。如果对责任的关注逻辑并不要求最小化对它的侵犯，而是不侵犯它，为什么关注权利的逻辑就要求我们最小化对它的侵犯？

现在考虑一下艺术作品的案例：如果某人爱美，他将倾向于保持而不是毁坏艺术作品。假如他为了保存几件同样珍贵的东西而必须毁掉一件艺术品，这个人将做什么？假设可以允许他为保存其他五件东西而毁掉一件艺术品。这意味着对人的伤害的限制不来自于行为者，而来自于**外在于他**的［因素］，因为限制反映的是他的行为要施加的一种整体，即一个人，而不是一件艺术品。

相应的是，我提倡一种关注受害者、以权利为基础的限制理论。这个观点有什么问题不能解释吗？假设我们能够以违反伤害原则来救五个人的唯一方法就是违反伤害原则来杀一个人 A。由于五个人的缘故而把 A 看做是可侵犯的，表达对这五个人的不可侵犯性的关注有什么意义？就允许伤害原则而言，道德据说是允许不一致地对待人，这恰恰意味着，如果不允许这样做的话，人们将更小违反它。这是真的：如果我们不杀 A，更多的人将受到严重侵犯。但这不意味着，他们的不可侵犯性更小些。不可侵犯性（inviolability）是一个资格（status）。它界定了允许我们对人们可做的事情，而不是我们实际上对人们做什么。如果因为 A 没有杀而五个人被杀，道德并不赞同（允许）他们被杀。相反，如果允许杀 A 而救那五个人，那所有六个人的**不可侵犯性**将是较低的。尤其是，允许杀 A 隐含着在相似的环境下我们可能杀任何别的一个人。道德赞同我们以这种方式杀人。

对于我所提供的为什么不允许杀 A 而救其他人的解释，**强调的是对人们什么是允许做的而不是强调对他们而言发生了什么。不像关注行为的理论那样，不关注我做什么而关注其他人做什么**。如果我杀了某人，我现在将有某种行动而受害者将是我——这个事实在解释为什么我必须杀他时，不起关键性作用。我们的解释集中于每个人的不可侵犯性。他的权利、不是我的行为者［的权利］，构成了道德限制。其他五个人有同样权利这个事实并没有缩小对一个人的权利侵犯的限制。

这样，我的理论强调了**行为者中立的价值**：人的不可侵犯性。每个人必须尊重这个价值，他要这样做受到他所遭遇到的第一个人的限制——这个人的身份不同于每个行为者。这个行为者中立的价值不是后果论的价值，不是我们通过行为产生或没有某个行为而有的价值。这个价值已经就在人*之中*。

如果一个人有着很高程度的不可侵犯性，她将有一种很强的保护她自己的权利。因此，把这个不杀一个人的论证以另一种方法来提出，那就是，人的重要性能够以很强的而不是更弱的权利来表达，不逾越这种权利来最小化对它们的侵犯。如果允许违反很强的权利，这将是**自毁**，这种权利本身将主张，为了停止权利侵犯，某人将不被用来做停止权利侵犯［的工具］。

如果人们在某一方面是道德上不可侵犯的，我相信，他们将有一个**更高的**——而不仅仅是——资格。但我们必须记住，如果牺牲了一个人，那么，其他那些人，在适当的环境下，可能也要被牺牲和有一个较低的资格。

这个集中于资格的论证形式，必须扩展到解释为什么其他权利也不能逾越。例如，如果为了阻止对他人的情感性伤害而逾越言论自由权，这将隐含着，即使这些人将不从受伤害中受益，他们将有一种更弱的言论自由权。但如果一个人的自由言说的能力比一个人的情感更有保护的价值，那么一个人的资格地位可能是更高的，因为一个人将有能力处理那些作为个人的东西。在某种意义上，即使是受害者也将从这种不受限制的权利中受益。

假设人们有一种不受伤害的权利，甚至在与**其他人**可比较的权利面前也有不受最小侵犯的权利，从无知之幕之后（一种**假设的**视野），没有一个人知道是否他是那个单一的要牺牲的人，或是许多人中的那个他的权利将受到保护的人。不过，任何人都知道他将成为得救的人的机会将大于要被牺牲的那个人。如果每个人都同意放弃不为他人而牺牲的权利，这是不合理的吗？毕竟，这将减少一个人自己的权利受到侵犯的机会？

道德理论寻求考察最大化每个人的某种善的**假设的**可能性，这种理论在许多案例中将为杀人辩护。假设一个共同体考虑购买一辆急救车。他们知道如果他们有一辆急救车,他们将救更多的人,但他们也能预见,如果加速通过小镇,急救车将杀死一些人。现在,想象一下救护车上增加一个设置,这个设置将阻止司机脱离常轨,而不轧上一个行人,这样将救更多的人,因为不论何时,脱离常轨将使得活着的人减少。用这个设置将最大化每个人生存的假设的可能(急救车案例)。不过,我相信,一个使用这个设置的协议并不会使得对它的使用合法化。一般而言,我们不能允许拿我们的道德资格来做交易。我们的道德资格不能以一定的方式用来作为增加我们的生活前景或最小化对权利的侵犯。我们的道德资格是不能让渡的。(虽然当我们想要救人时,我们可能额外地允许取消我们的权利和牺牲我们自己。)

七、限制的非绝对性

有着内在复杂性的限制可能不是绝对的。虽然非后果论者必须解释那些限制也许应被逾越,不过,我不打算在这里做这些解释。我在这里希望强调的是,即使为了获得某些更大的善,限制可能被合法地逾越,这个需要并不意味着,为了追求个人的目的而允许逾越——也不隐含着,如果对更大的善的追求失败了,而对那些相同的个人目的的追求就可合法化。这里的关系似乎是内在的。假设"G"代表"更大的善","P"代表"个人的利益和目的","C"代表"对限制尊重的责任"。">"意思是"可能允许被逾越","P>G"和"G>C"两者可能都是真的,而 P>C 可能不真。假设某人坚持转换[这些逻辑项],那么他将需要否定 P>G(也就是说,否定特许权),或认为,为了避免 P>C,限制是绝对的。

为了辩护这个不妥协的论点,我们应假定,我们对特许权的讨论解释了为什么 P>G 并力图表明有时是 G>C。一般性的道德前提限制了我们。而可能有时是允许突破那即使是重要的前提(例如,一个卫兵保护他的主人的生命)而救上千人的生命。即使救上千人是以过度的量来弥补不足,因而我们也许允许突破前提,因为要求救他们的牺牲者是伟大的。这支持了 G>C,即使 P>G。不过,可能要求我们遭受重大的个人损失来尊重限制(例如,卫兵也许不得不冒着他的生命危险来保持他的诺言)。因此,应否定 P>C。因此,不可转换是真的。我们现在看到,对于考量行为的道

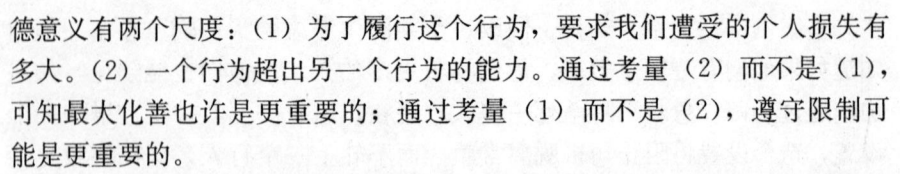

德意义有两个尺度：(1) 为了履行这个行为，要求我们遭受的个人损失有多大。(2) 一个行为超出另一个行为的能力。通过考量 (2) 而不是 (1)，可知最大化善也许是更重要的；通过考量 (1) 而不是 (2)，遵守限制可能是更重要的。

如何解释不可转换性和这两个尺度之间的冲突？限制是我们必须满足的最小标准。要求我们牺牲我们的个人目标来满足这些标准，但不可能超越这些标准。即使用不肯定 P>C，这个论点只解释了 P>G。有人可能认为，如果行为者没有获得 G 的代价超过了那个他不得不牺牲而尊重 C 的量，那么，G>C。但有时可能为了 G 而侵犯 C，虽然他可能更关心 C 而不是 G。这一点的证据是，为了遵守 C，比因此带来的 G，他将遭受更大的个人损失，适当地解决这个问题不是"个人化"G 的损失，宁可说，行为者懂得，从一种公正的观点看，促进较大的善在道德上比尊重限制更为重要。

我的论点在实质上解释了非后果论在特许权、限制和对较大的善的追求之间的不可转换性。这是通过注意如下因素做到的，每个前提之间的秩序关系是基于不同的因素的：P>G 反映了每个人作为内在于他自己的目的的资格不要为了更大的善而牺牲；G>C 反映了善的公正性意义。而否定 P>C 则反映了在人的利益关系中的最小量标准的道德意义。假如这是对程序关系的不同因素的说明，那么，我们就不应希望转换。（即使是相同因素解释了两个前提之间的秩序关系，不可转换性也仍然产生于我们所称之为背景交互性原则的东西；当 P、G、C 是交互性时，P 和 C 的交互性能够产生一种新的因素，但它不呈现出来。）

八、援助和累加的非后果论的原则

非后果论应该告诉我们什么时候有援助的责任，它很像当与最大化目标冲突时，提供一个**如何援助的有区别的**原则，也可能提供最大化善的理由。在这一部分，我将考虑这些原则和理由。

假设我们不能帮助每一个处于需要中的人，因为每个人都需要某些稀有资源。不同的处境下有不同的原则：(1) 这是真正的稀缺，因为更多的资源不再可得；(2) 有暂时的稀缺，所以我们终究能够帮助每个人；(3) 我们不能确定是处于第一种情况中还是第二种情况中。我将集中于第一种情况。

假设在潜在的**接受者**那里有双边冲突的案例。在冲突中，当有平等数量的人，如果不获得援助或不获得相同数量的援助（所有其他道德上考虑的因素是相同的），这些人的地位就会不同。公平要求对于这些资源给予双方一种平等的机会，即通过一种随机决定的秩序来做到。但在一种冲突的处境中，不同数量的相关相似的人们在两边，如果获得相同的东西，地位就会下降。这提出了一个是否非后果论要求我们给每个人平等的机会，或允许我们累加东西，以帮助更多的人的问题。

有人已经指出，类似于这样的冲突，最糟的是数量更多的人的死，而较好的是较少的人死，但没有公平的观点来判断如果死了更多的人是否更坏。不过，依从累加论证所表明的，这个观点是有缺陷的：（1）用帕累托最优状态（Pareto Optimality）我们可认识到，如果 B 和 C 都死去比 B 死去更坏——虽然对 B 来说不是更坏。（2）如果 B、C、D 都死去，这是一个更大数量程度上的更坏。通过比较那对于 B 和 C 之死所发生的事来说，我们的判断是这个世界在更大数量程度上更坏，虽然这对于那一个增加的人来说，是唯一的更坏。这个判断是为那从外在于任何人之死的观点（这也在帕累托最优状态之外）作出的。（3）一个 A 死而 B 活着的世界恰如一个 B 死而 A 活着的世界一样坏。从任何公正的观点看，这是正确的，虽然这个世界并没有对 A 或 B 同样的偏爱。（4）假如对于（3），我们能依据在（1）中的道德平等拿 A 来代替 B，那么，如果 B 和 C 死比 A 死更坏。非后果论和后果论一样，都能从一个公正的观点来评价这些事态。

虽然 B 和 C 死而不是 A 死是更坏的，但并不必然意味着，对我们来说，救 B 和 C 而不是 A 就对。正如非后果论者那样，我们不能自然假设，道德上允许最大化善，因为这可能侵犯了正义或公平。某些人主张，如果我们在上述（4）的基础上救 B 和 C，也就是我们放弃 A 去救更大数量的人，没有给 A 一个生存机会，这是不公平的。他们可能提出，我们能够产生一个不可转换［公式］，">"意味着"很清楚地应当被救"，B+C>B 是相当严格的，A=B 也是相当严格的，但否定（B+C>A），因为剥夺某人的［生存］机会是不公平的。

但在这个案例中，产生最好的结果真正错了吗？这有两个论证反对这种错。一致性的论证**间接**地表明，救更大数量的人，我们需要的是不逾越公平或正义：在许多其他情形中，非后果论不侵犯正义来救更大数量的人。例如，他们将不杀一个人来救五个人。而且，他们将不剥夺一个门卫的器官移植的机会，仅仅因为那个救第三方生命的医生也需要一个器官。事实上，非后果论者常常不牺牲公平来救一个额外的生命，但他们在那种冲突的情形中，将救五个而不是一个，这表明，公平在后一种情形中没有超越。因此，公平并不要求我们给 A 以生存的机会。

第二，平衡论证主张，在冲突情形中，正义要求每个人就他自己而言，相对于所对立的那方的利益而言，应当有他的利益平衡；那些在较大群体中的人并不是平衡的，这有助于别人作出救他们的决定。如果我们把一个人作为一方，而那数量多的作为另一方，以投硬币来决定，即给予每一方一个平等的机会，就好像这是一个一对一的竞赛，那我们对待双方的举动就不会有差别。如果增加一个人也没有差别，这似乎否定了每个人的平等意义。这样，正义并不与产生最好的结果相冲突。（有人建议我们应当按每组中的人员的数量比例给人机会，但我认为这是错误的。）因此，可能要求累加，不过是因为很明显的非后果论的理由。

那当那些个人不是同样需要时，我们怎么扩展非后果论的原则到冲突情形中呢？考虑一个案例。在这里，两个人的利益与一个人的利益相冲突。一个人的潜在的损失（n1）与另一个相随前后的那人的损失（n2）是同等的。那一对中的第二个潜在损失（x）小于 n1 或 n2 的损失。一个后果论者主张，我们必须最大化善，因此，选择 n2＋x。一个契约论者强调，如果他想最大化假设的每个人可预期的善，那就要有无知之幕之后的同意。一个非后果论者，就应平衡平等，像他们那样？不，至少不永远是。假设 x 需要治疗疼痛的喉咙，n 要延长他 10 年的生命。为了获得 x 的小利，而排除 n1 活的机会，这不是对 n1 的适当的尊重，因为从他那方的观点看，他对他与 n2 的生存不是冷淡而不关心的。总之，我们有了另一种不可转换性：虽然 n2＋x 比仅仅帮助 n2 好些，帮助 n1 如同帮助 n2 一样好，帮助 n2＋x 并不必然比帮助 n1 好。

从一种公正的观点看，这种形式的推理给了每一方个人的观点一种平等的考虑，所以，它结合了主客观的视野。因此，我称它为**主客观性**。这隐含着，一定的额外的善（如喉痛治疗）在道德上是不相干的，我称这为不相干的善原则。是否一种善是不相干的，是为背景所决定的。当其他人的生命危在旦夕，治疗喉痛在道德上就是不相干的，而在其他人的耳朵痛时则不是道德上不相干的。喉痛案例表明，我们必须重新界定这样的主张，我们欠每个人的东西是依据相对应的人的利益来平衡他的利益，并且让多余的来决定后果。

我们也许通过说 X 的任何损失或获得都比 N 的意义少来表达这个结论，所以，不是它与 N 的竞争，这个结论不能合法地决定把其他人的损失和获得加在一起的结合物的任何分配。我称这为主观客观性。但假设 X 正在救某人的一条腿？而我们应该救一个人的生命而不是别人的腿，这成为唯一道德上相关的考虑。或可能，救一个人的生命，然后是另一个人的腿，这样比给予第三个人平等的生命机会（救他）更好些。如果是如此，那么，我们可能就要第二种认同主客观性。这基于如下的推理。根据非后果论，为了救一个人的生命，我们中的每一个都有承受相对最小损失的责任（例如，在喉痛案例中），并且，假设每个人是那被救的生命，那每个人都应承受最小的损失而去给某人一次生的机会。进一步说，只要小的损失是任何一个人不得不承受的，**那就意味着没有一个人能够累加，即使与另一个人的生命加在一块**。当 X 的损失是比所需要损失（如失去一条腿）的更大的损失时，那么，我们就应该阻止 N2+X 而不是 N1，相对照的是，根据后果论，一个人有责任做的，不是做那与累加相关的事情，多个损失的累加能够重于较大的个人损失。

那我们怎么看待如下案例？根据非后果论，从一种公正的观点看，即使是没有一个人为了救一个人而失去三个指头的义务，我们也仍然认为，给予一个人一次生的机会比救某个人的三个指头是更重要的事情，即使是我们还将救第三个人也是如此。那么我们为了第三次认同主客观性而拒绝第二种认同。第三种认同坚持认为，从一种外在于任何一方的观点来决定我们的事。相关的善和不相关的善的特征如下：虽然当我们要救一个人的生命时，我们不能考虑我们自己的生命有多重要——假设许多次单独机遇的累加在比例上要比救一条生命更有分量的话，那么，在两个人的生命之间进行选择，而决定哪一方有更大的应得的赢的机会，是与一种特定的善相关的。当要作出援救谁的选择时，善在于依据它自己的优点而有的那种因一个生命而产生的一种比例机会。因此，如果因一个生命而与第二个生命〔问题〕同时发生时，我们的选择对一种额外的善就具有决定性意义。

要注意到，像第二种和第三种认同主客观性的这样的观点，竞争与非竞争性的平衡，似乎是对契约论立场的批评（Scanlon 1985）。契约论提出了对适当政策的批评，这种政策认为，一个人依据对他有利的政策的后果来行动。但在第二种对主客观的认同中，一个人可能抱怨，既然有某人整个的生命处于危急之中，那我的腿就成问题了，即使某人的生命不成问题。

这是可能的：为了选择在"此时和此地"（例如在急诊室里）帮助谁，我们应该限制第三种对主客观性的认同而采用第四种主客观性来作出**大的**决定。例如，是对研究治疗一种只会使少数几个人致死的疾病进行投资，还是对研究一种仅仅导致许多人萎缩一只胳膊的疾病进行投资。不像第三种主客观性，第四种主客观性允许许多人的有意义的损失的累加超过少数人的更大的损失，即使当在一个更大的群体中没有一个人的损失和更小的群体中的每个人的损失一样多。因此，第四种主客观性而不是第三种，是与契约论理论的一般成分相冲突的。这使得我们失掉了第一个和成双的比较（这种比较要求我们所帮助的那方，必须至少是在个人遭受到的重大损害的人数和量上是与另一方一样多）。

第四种主客观性并不意味着许多胳膊是一条命的**等值物**，这许多胳膊能够超过那条生命，而一条命只等同于另一条命。宁可说，第四种主客观性隐含着，我们并不会以许多胳膊的代价来救一条命。这得到如下事实的支持：第四种主客观性（不像第三种主客观性）不被用来决定为了帮助其他人而伤害某人。例如，如果有一种即将来临的许多人将失去一只胳膊的威胁，那为了除去这种威胁而杀一个人的决定就是错误的。与此相对照的是，如果将要杀两个人，那么，除去这种危险而杀一个人是可允许的。从如下观点不可为第四种主客观性进行辩护：对每个人来说，为了有一个好身体，承受一种较小的死的危险是合理的（如吃药），所以，当极有可能失去一只胳膊（因为许多人都有可能失去胳膊）时，为了救这只胳膊，我们可能接受一种面临死的较低的可能性（因为只有少数人将死）。在这个多个人而不是单独一个人的故事里，我们知道某人将死而这是有一种道德意义上的差别的。

对于稀缺资源分配的一种非后果论的理论，也要处理这种涉及两个候选人都有资格得到一种稀缺资源，而只有其中一人可得到帮助的情形，当然只有一个候选人具有的一定特征比另一个候选人就道德上在更大程度上可得到这个资源。当有人际积累时，我称这为人际分配的问题，因为一个候选人有任何东西，而另一个则更多。我所描述的原则是当把一方增加的善在几个人之间分配时才可运用，如此也可把增加的善集中给某一人而不是另一人那里。

对于一种资源的有价值资格的候选人而言，我所建议的系统以这样三个因素开始：需要（need）、急需（urgency）、结果（outcome）——但后来能增加其他因素。急需可界定为如果某人得不到帮助，他的处境将如何

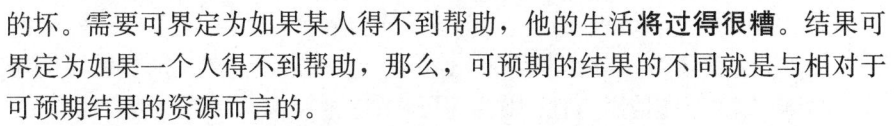

的坏。需要可界定为如果某人得不到帮助，他的生活**将过得很糟**。结果可界定为如果一个人得不到帮助，那么，可预期的结果的不同就是与相对于可预期结果的资源而言的。

最需要者可能不是急需者。假设 A 如果得不到帮助，他将在 65 岁的某月死去；B 如果得不到帮助，他将在 20 岁这一年死去。我认为，如果 B 是在 20 岁而不是在 65 岁死去（其他事情也同样如此），B 是一个需要者而不是一个急需者，因为他的生命将更糟。为了看看如何权衡给予需要，我们认为，两种其他因素可不变地确定或可想象为两个只是在需要上不同的候选人。对于处在危急关头的生命情形，为说明不同需要的一个后果论者的论证是：有某种减少生命的边际功利的东西（即如果我们把一个生命单位给那些较少生命的人就会产生一个较好的结果）。我不认为这必然是真的。

为说明不同的需要，一个非后果论的论证是强调公平：如果将我们的资源提供给那些不需要帮助的人，那么，将有较少的善（即生命），因为即使他们得不到帮助，在给予帮助前他们就有更多的东西。公平是一种价值，取决于人际间的比较。但即使是我们不比较候选人，有较大的道德价值的是把一定的生命单位给予那个较少生命的人（Mckerlie 1997）。

但需要是候选人的绝对的、可比较的需要，在需要方面的某些不同是为一个不相关需要原则（a Principle of Irrelevant Need）所支配的。当每一个候选人都是一个绝对需求者，每个人要获得援助是至关重要时；并且，如果这个较需要的人得到帮助，比他原先没有得到帮助来讲，他将有一更多的善（如更长生命）的话，情形就特别是如此。

假设在帮助最需要者和最急需者（两者的结果一样）之间有冲突。我主张，如果存在真正的缺乏，帮助最需要者比帮助急需者更有意义，但如果缺乏只是暂时的话，应当首先帮助急需者，因为最需要者终究会得到帮助。

在非后果论的分配理论里，仍有对相关需要的限制。假定有一种资源，它不能对人提供无所不包的善，如果某人不尊重其他人的权利，那么这种资源对他来说就是不可能的。例如，我们可看看另一种关联性：如果两个人有一种言论自由权利，对于某人已经受到多长时间的尊重是与是否帮助他保留言论自由权的决定无关的。如果人们有不少年的生命和健康是一种人权，那对于在一定程度上基于人们已经有的权利而定量配给的资源来说，就可能是不适当的。

现在我们可以谈结果［这一因素］。一个后果论者可以考虑一种资源的所有后果。我认为，对于非后果论者来说，（1）一种资源只是间接地（如一个病人活着只是因为他的医生得到了这种资源）帮助了第三方，其后果在重要性上比它的直接后果应少些。（2）两个候选人在结果上的差别可能是不相干的，因为获得它们不是某个控制着这种资源的具体领域里的目标（例如，在保健领域里的一种潜在的接受者如果他接受了一种稀缺的药物，他将认为这是一件很新奇的事，因为他认为他并不被看做有条件得到这种药物）。在两个候选人之间的在可预期的结果上的不同可为不相干的善的原则所包含，即使它们是与这个领域相干的。例如，每个人都想多活十年而不想死，假定人们都想要他所能得到的，那一个人能得到某种较好质量的生活，或一些增长了的生命岁月，这不能决定谁得到帮助。对此的解释是，能够获得十年寿命是在这种背景关联中的每个人所最关心之事，并且每个人都想自己能够活下去。在这里没有额外的善。某人为了获得那额外的善而可能增加了死的危险（如在外科手术中），这个事实并不意味着他想要接受增加的死的危险，以至于能得到较大善的另一个人有更大的机会活下去。就这些理由而言，主客观性要求我们忽略分配中的额外的善，虽然后果论和个人期望之善的可预计的最大化将不同意这个论点。

不过，在生或死的决定中，在两个人之间的可期望的生存年月方面的**任何有意义的**差别也许扮演了一个该帮助谁的决定角色。这个结果来自于第三种主客观性。因为较大的增加的益处集中于同一个人，这个人已经从他得到挽救的生命中受益了，而在这同一个时期，至少是另一个候选人，在决定谁可得到这种资源时，如果增加的利益分配给了第三个人，那么应当看做是所得较少。这是依据公平理论，和减少把一种增加的益处提供给某人（这个人已经受益）的道德价值的理论。就一种资源而言的、在候选人之间的在被期望的生活之间的较大的差别应当看做是在这种处境中：改进生活质量为资源之所是。

关心最需要者或最急需者在产生最好结果上的差别是什么？不要总是看到最坏的结果，我们可依据需要或急需来设置多样性的因素，并因此将最需要者和最急需者的可预期的结果多样化。这些因素代表了一种对于最需要者或最急需者的给定结果的较大道德意义，但非需要者仍可得到资源，如果他所希望的不同结果是很大的话。

我们能够从量的意义上总结这些观点，我称之为**分配的结果改进程序**。如果我首先设定了每个候选人的差别性期望结果，那么，我们就可设定需要和急需的多样性因素，把它们的意义与每个候选人和结果一致起来。我们通过这些因素多样化了结果所在位置。有着最高点位的候选人得到资源。

有时候帮助不同的人的冲突能够减少，因为我们可能在某种程度上帮助每一个人，虽然不可能完全做到这一点。例如，想象一下如下处境，在这里，每个人可能得到或失去同一样东西［如生命］，我们或者（a）肯定把五条命救上岸，或者（b）肯定救一条命到另一个岸上，或者（c）以如下方式减少救五条命的机会：六条命现在都共有同样的减少了的得救机会。我强调，非后果论者宁可选择（a）和（b）。但对于非后果论者来说，至少就我们减少了少数的比例重要性（1比6）而减少了救多救人的机会而言，也可能他偏爱（c）而不是前两者。但也有对（c）而不是（a）的偏爱，这两种结果的可期望的功利是一样的，因为现在大家都有一次机会来分享共同的命运。

最后，我们应当意识到，在许多真实生活中的情形里，我们能够在某种程度上帮助每一个人是更为复杂的事情。一种非后果论的理论必须处理在个人之中的可分割的资源，这些个人都在不同程度上是处在失去或获得［资源的处境中］，满足需要的可能性是不同的，那些处在不同需要/获得范畴中的人们是不同的。

参考文献

Anderson, E.: *Ethics and Economics* (Cambridge, MA: Harvard University Press, 1993).

Bennett, J.: "Morality and Consequences," *The Tanner Lectures on Human Values* (Salt Lake City: University of Utah Press, 1981).

Darwall, S.: "Agent-Centered Restrictions from the Inside Out," *Philosophy Studies* (1982).

Foot, P.: " Killing and Letting Die," in J. Garfield and P. Hennessey, eds., *Abortion: Moral and Legal Perspectives* (Amherst, Ma.: University of Massachusetts Press, 1984).

——: "Utilitarianism and the Virtues," *Proceedings of the American Philosophical Association* (1983).

——: "Euthanasia," in her *Vices and Virtues* (Berkeley: University of California Press, 1978a).

——: "The Problem of Abortion and the Doctrine of Double Effect," in her *Vices and Virtues* (1978b).

Fried, C.: *Right and Wrong* (Cambridge, MA.: Harvard University Press, 1978).

Kamm. F. M.: *Morality, Mortality* II (New York: Oxford University Press, 1996).

——: *Morality, Mortality* I (New York: Oxford University Press, 1993).

——: "Harming Some to Aid Others," *Philosophical Studies* (1989).

——: "Nonconsequentialism, the Person as End-in-Itself, and the Significance of Status," *Philosophy and Public Affairs* (1992).

Kant, I.: *Groundwork of the Metaphysic of Morals*, trans and ed. Paton, H. J. (New York: Harper & Row, 1964).

Kagan, S.: *The Limits of Morality* (New York: Oxford University Press, 1989).

McKerlie, D.: "Priority and Time." *Canadian Journal of Philosophy* (1997).

Nagel, T.: *The View from Nowhere* (New York: Oxford University Press, 1986).

Quinn, W.: "Action, Intentions and Consequences: The Doctrine of Double Effect." In his *Morality and Action* (Cambridge: Cambridge University Press, 1993).

Rachels, J.: "Active and Passive Euthanansia," *The New England Journal of Medicine* (1975).

Ross, W. D.: *The Right and the Good* (Oxford: Oxford University Press, 1930).

Scanlon, T.: "Contractualism and Utilitarianism," in A. Sen and B. Williams, *Utilitarianism and Beyond* (Cambridge: Cambridge University Press, 1985).

Scheffler, S.: *The Rejection of Consequentialism* (New York: Oxford University Press, 1982).

Sen, A.: "Rights and Agency," *Philosophy & Public Affairs* (1982).

Thomson, J.: "The Trolley Problem," *The Yale Law Journal* (1985).

Williams, B.: "Utilitarianism and Moral Self-Indulgence," in his *Moral Luck* (Berkeley: University of California Press, 1981).

第12章 康德主义

托马斯·E·希尔

导　言

康德道德哲学最基本的观点是：道德哲学家必须用一种先验的方法；道德责任（duty）是绝对命令，道德行为者以意志自主（自律）为先决条件。在他的《道德形而上学原理》第二部分，在对他的中心论点的论证中，康德发展了这些观点。这个中心论点是：我们有道德义务，其前提条件是我们是有着自主性的理性行为者（Kant 1964；标准普鲁士学院版，第四卷）。其结论和论证的每一步仍然是有争议的。康德的追随者一般认为这是对道德哲学的一大推进，但批评者常常发现，康德的意图模糊而且不可置信。

当一个哲学家如同康德在他的伦理学著作中所做的那样极其重视和轻视某些观念，我们可能问我们自己，是否康德的朋友和他的批评者把他们的注意力集中于同样的这些观念。对康德的基本误解很平常，并且严肃的康德学者经常在解释上有分歧。富有洞察力的核心观点可能被忽略了，因为它们是与更激进的、有争议的观念混在一起的。那么，在对康德有贡献的那些学说中，我的目的在于做某种需要做的事。[在康德的学说中]，什么观点是中心性的，什么是无关紧要的？什么观点是一般性的，什么是激进的？哪一些论断是最初的起点，哪一些是更进一步的结论？考虑这些问题对于平衡性评估康德伦理学的强处和弱处是必要的。

在我第一部分的评论中，我对上面所提到的每一个主题都依次进行了考察，力图把更为广泛地诉求的核心观点与更多有争议的地方区分开来。我认为，当代版本的每一个基本主题自然导致后者。以这些步骤对康德思想的内容反思，分析揭示这个观点：我们有道德义务是以我们是具有自主性的理性行为者为先决条件的。我预先把我的主要意见列出如下：

（一）康德坚持**先验**方法，以它的现代版本来说，在很大程度上来自于这样的信念：道德理论应当以对道德要求（责任或义务）的观念的分析开始。尽管他是很强的修辞性地把经验性的事物放在一边，康德的主要观点是，经验方法对于分析道德概念和维护理性选择的基本原则是不适合的。康德坚持**先验**方法的理由不是他相信对道德真理的理性直觉，与自然主义的解释相反，而是假定责任是本体的意志所加之的，或认为经验事实与道德决定是不相干的。

（二）康德认为，对责任的日常观念进行分析表明，我们把责任看做是绝对命令。这就是，当我们认为我们有一个责任，因此我们也就认为我们有充分的（压倒一切的）理由来行动，而不仅仅因为我们这样做是为了或基于我们所欲求的进一步的个人目的。这里的适当理解不是说，责任必定总是作为不受欢迎的要求体验到的，像是说它是从一种约束性意义上来履行的。康德的［责任］观点也是与他的怀疑论观点不相干的。涉及撒谎、服从法律、性纯洁等实质性原则是没有例外的，在所有时间所有地点的同样的情况下都可应用。

（三）对于康德来说，对责任的分析仅仅是达到如下结论的一步：把我们自己看做是有道德责任的人，就必须把我们自己看做是有着自主（自律）意志的理性行为者。这里的基本要点是：为了成为一个具有责任的道德行为者，我们必须能够理解绝对命令所声称的理由和为这种理由所推动。绝对命令所强调的是，审慎的理性行为者假定能够遵循理性，而这是与他们对幸福和个人目的的考虑不相干的。考虑一下我们能够以这种非工具性的理由来指导我们的决定，我们必须把我们自己看做是这样的行为者，能够承认和尊重以绝对命令为前提条件的非工具性的理性标准。作为道德行为者，我们可能不总是以我们承认的标准行事，但我们遵循它们的能力是以我们把它们作为我们决定和判断的合理理由来接受的；更有争议的是，在把我们的责任看做是绝对命令方面，我们的前提条件是，能依据这些基本原则来判断我们行为的气质（disposition，或"品质"），不是因为我们做了什么，而是由于对于外在的权威、传统或共同情感有一个先验性的承诺，这种品质对于我们成为一个道德行为者具有一种建构性的特征。那么，在某种意义上，特殊责任能够作为理性行为者施加给他们自己的要求来理解，遵循它们是实现自治（self-governing）的一种方式。

一、道德哲学中的先验方法

在《道德形而上学原理》中和在别的地方，康德反复强调，我们不能依据经验性方法发现对道德哲学的基本问题的回答（G74-80 [406-412]，92-94 [425-427]）。为了获得对自然的理解，我们必须仰仗经验。我们既要用到某些思想的基本范畴，也要用到经验的概念。一般而言，哪里有什么、事情如何运作、实现我们的目的需要做什么的常识也必定依赖经验。但道德哲学，康德认为，不是经验科学，它的结论不是从对人类行为、情感反应和社会实践的简单观察中推理出来的。宁可说，根据康德，强调道德哲学的基本问题必须用**先验**的方法，而它的结论并不基于我们从经验中学到的东西。康德拒绝他那个时代的许多杰出的道德理论（例如，不列颠的"道德感"理论），因为它们对待道德问题好像这些问题是经验问题。例如，他拒斥法兰西斯·哈奇森（Frances Hutcheson）如下观点：道德的善是行为的一种自然性质，它得到人的情感认可（Schneewind 1990：503-524）。就这个观点而言，对于"什么行为在道德上是善的？"这一问题，不是能够通过观察哪一种行为是人们倾向于赞许的而得到回答吗？康德也批评那些在讨论基本问题时将**先验**论证与经验论证混在一起的理论，他认为，所应有的是纯粹**先验**的方法。例如，康德强烈地不赞同这样一些道德哲学，它们认为，帮助那些处于困境中的人是正确的和合理的，**因为**经验表明，仁慈的人比那些不仁慈的人更幸福。

为什么以一种**先验的**研究而不是一种经验的研究开始道德哲学？这个解释涉及康德对伦理学的基本问题是什么的理解。在《道德形而上学原理》中，他叙说他的基本任务是寻求和确立道德的最高原则（G60 [392]）。那么，依据康德怎样进行寻求来判断，那似乎是，他所寻求的最高原则是一种抽象的、基本的和全面性的原则，而能表明的是，它以普通道德意识为深层前提条件。我认为，"建立"原则是在表明原则是可合理性接受和遵从之后的任务。康德开始预备性地叙说第一个任务，是假定某些非常一般的道德观念，他认为是被广泛接受的，事实上，是普遍合理的道德知识的一部分。这些假定包括一种善良意志的特别价值，以及比审慎和追求个人目的的效率更为重要的责任观念。这些仅是预期性的假定东西是通过这个事实来表明的：即使是在第二部分的结尾处，康德迫使我们注意，他的论证"分析"方法没有证明我们真正有道德责任（G112 [444-445], 107-108 [440-441], 114-115 [446-447]）。相反，这个方法仅仅服务于揭示我们有道德责任的这个一般道德观念的前提条件。在这个意义上我们所知道的是，道德可能是一种幻象。尽管这是否定性的，但康德宣称通过分析方法所达到的结果是有意义的：常识性的道德信念的前提条件在于，(1) 几个公式化的绝对命令在道德上是基本的；(2) 理性并非仅是工具性的；(3) 道德行为者可以看做是道德法则的立法者，他们服从于道德法则。不过，这些具体的结论，被认为是**先验**分析方法的**结果**，不是用于证明这个方法的假设。其他哲学家可能根本不同意他的结果，但仍然认为其分析方法有价值。

在哲学上，康德的主要观念是简单的和熟悉的。我们使用道德概念，其中一些似乎具有我们的道德思维和话语的无所不在的和本质性的特征，即使我们对我们的具体判断有分歧。通过反思 [道德概念] 的意义、含义和这些概念的前提条件，我们也许能够把它们和我们自己理解得更好些。说反思的过程是一个**先验**的过程，并不隐含着一个假设的人能够没有经验概念或经验生活而可以进行反思。恰恰是说，我们以一种合理性的反思方法来考察我们的观念，寻找它们的结构和前提。这里的目的不是解释那似乎为道德观念所指导的行为的原因和后果，而只是为了获得对这些观念本身的内容和含义的一种清楚的把握。对不同文化的试验、研究和比较对于许多目的是有价值的，但它们并不服务于哲学的目的——这就是康德的方法所强调的意思。

康德想要道德哲学以一种**先验**的方法开始还有一个重要的理由。这根源于他的确信：有着道德义务的我们应当相信，我们是服务于某种理性要求（理性命令）的。这个确信体现了一个悠久的传统，而康德认为它是对道德的一般理解的一部分。问题是，我们能够质疑是否道德要求的**明显的**合理性是一种幻象。事实上，我们读不列颠的道德学家，如哈奇森、休谟等，很自然就会对像康德这样的受到自然法传统影响的人产生疑问。康德认为，这样的怀疑需要回应，应为明显的（和一般相信的）假设辩护，这一假设就是：道德原则表达的要求，我们如果不考虑就是不合理的（G114-131 [446-463]）。对这种怀疑的一种明显的回应也许是以进一步的论证来补充上面所提到的分析论证，或者至少为了实践目的而把这作为前提。这样做将表明，道德不是一种幻象。这个任务像分析任务一样，是康德在《道德形而上学原理》那显著困难的第三部分里承担的，它也不是为经验的研究所能完成的。问题在于确立以一定的原则来指导一个人的生活是**合理地必要的**,一个人总有**充分的理由**来这样做。

如果与康德相反,即使是以审慎的理由来遵循道德原则,表明遵循它们总是合理的,这并不只是**简单地**就不同行为类型的效果方面的经验资料进行收集的问题。这也可能需要强调,我们总有**充分的理由**来做那最有效地促进了以为是"审慎"的效果的事情,并且这是一个有竞争性的哲学论题,它并不从属于经验性的证明(作为即使根本不是康德主义者也能同意的)。但仅用经验方法的不适当性对于那些同意康德如下论点的人更为明显了,康德的论点是,道德施加了绝对命令(G82-88〔414-420〕)。根据这个论点,道德原则是合理必要地遵循的,但它们的合理必要性不仅仅是审慎的或基于假言命令的。这意味着(至少)遵循道德原则的理由不仅仅是,为促进个人的幸福或个人的目的。这样,遵循道德原则的合理性就不是通过经验性地表明——这些原则对于幸福是好的指导或是服务于我们的目的的好工具——而确立的。因为不仅仅合理性的观念是一个规范性的观念(前面的观点),而且需要得到辩护的某种充分理由比在获得我们的目的方面的我们行动(经验上可觉察)的有效性更多。

这不是评论或评估康德在为他的如下观点辩护的实际论证的地方,康德的观点是,道德要求是理性必须遵从的,并且是绝对命令。幸运的是,这个评估从当下的目的而言,不是必要的。康德认识到先验方法的需要在他提出问题的地方能够意识到,至少在伦理学的部分是如此,并且这个需要与他对问题的具体解答是不关联的。实质性问题是,如果我们把道德要求理解为对我们说,不做所要求之事是非理性的,那么,我们想要某种解释或辩护,特别是当哲学怀疑的种子已经产生时。而且,如果我们把道德要求理解为支持我们说,有绝对合理性要求做的事,那么,我们可能提出是否绝对合理性的道德要求是可辩护的。如果像当代大多数哲学家那样理解,关于什么是合理的、合理性的、为理性等所支持的那种主张是不可简约地可评价的、实践性的主张,那么,就很清楚,这种问题不能仅为经验研究来解决。这种问题可能证明是不可解决的,或可能是假问题(如休谟信徒所认为的),但至少我们能够理解,为什么康德和其他人相信,为求得答案的任何研究必须以理性的、先验的反思开始。

现在我们已经揭示了康德关于我们必须运用先验方法思想的合理性〔观念〕,我们能够回应关于这个方法的某些一般异议,并澄清某些误解。

(1)导致读者怀疑康德的方法的误解根源于这个想法:在道德理论

中，可选择的经验性方法是诉诸理性直觉或理性主义的神学论证。休谟把理性与道德区分开来的著名异议似乎主要目标在于这种类型的观点。不过，如果转而反对康德，对理性直觉和神学伦理学的反对似乎失去了它的意义，因为康德同意休谟的观点：反对把理性直觉主义和神学作为伦理学的基础。像休谟一样，康德认为，传统的对于上帝存在的先验论证是不充分的，道德不能以神学为基础，理性不是一种"看见"独立的道德事实的直觉力量。（康德并不否认有道德原则的"知识"、有"客观的"道德价值，但道德正当性并不为具有自主性的道德行为者所能接受或愿意接受的东西所决定，也并不是与此无关。）

（2）某些道德理论，过去的和现在的，它们的主要任务是把道德现象看做是自然世界的一部分来解释。似乎明显的是，我们提出道德问题，以道德术语来赞扬或责备，体验道德情感（例如，内疚、愤慨），有时为我们的道德信念所动。许多哲学家倾向于尽可能地以自然主义的术语来理解世界，接受不诉诸超自然的、神学的或其他"非自然的"实体来解释道德现象（例如，行为、情感等）的挑战。这个规划所需要的方法论，似乎得到了广泛的认同，而它在一种宽泛的意义上，是经验论的。当我们转向康德的道德哲学，我们发现不仅他所使用的术语（例如，意志、自主〔自律〕、理智世界）是在大多数自然主义者所考虑的他们的领域之外，康德甚至坚持，这些道德术语完全不能以自然主义的术语来理解。很清楚，他的道德理论并不是对自然主义规划的成功履行，可能甚至反映了对这个规划的轻视。对康德的**先验**方法的这样一种异议，可能基于如下想法：这是一种不能成功地履行自然主义者所考虑的最重要规划的方法，他们甚至表明了对这种方法的轻视。

当然，对康德道德哲学来说这是正确的：它并没有试图对自然主义的规则有所贡献，但这并不意味着他把它看做是一项具有经验论倾向的科学家和哲学家所承担的没有成果的或不重要的任务。虽然康德坚持，在道德理论中的**先验的**任务必须首先担当，他也经常提到"实践人类学"作为经验性著作，应在伦理学之后并补充基本的道德理论（G55-56〔387-388〕）。在他的心目中所有的（他有意尝试的而不是系统的）不是完全的自然主义的规划，但他的知识论对待这个规划是友好的，至少它的结果的有效性可从经验中推论出来。康德接受这样的观点（事实上他相信，他证明了它）：所有现象原则上是可由经验性的自然法解释清楚的。所以，虽然他认为，为了实践的目的，我们必须运用规范的观点，规范性的观点是不可还原为经验性的命题的,而与道德实践相关的任何**可观察的现象**都可以经验性研究和理解。虽然他否认经验科学能够确立道德真理或对经验科学的主张进行辩护,但他的知识论允许(并确实坚持),与道德和不道德行为相关联的所有可观察的事实能够从经验的视域来进行研究和理解。而这是与实践视域相区别的,当我们慎思和评价行为时,我们必须采取实践性视域(see Allison 1991)。每种视域都有其合法性和必然的用处,同时也有其局限性。所以,虽然康德认为,道德哲学的基本问题不能以经验的方法来回答,他应是愉快地鼓励自然主义**尽其可能地**、以其术语、用经验研究的方法理解与道德相关的现象的野心。

(3)某些从整体上熟悉康德哲学的批评家认为,康德对**先验**方法的坚持,是基于他的有争议的观点:我们不仅应依据经验性术语来思考道德行为者,而且应在自由的理性行为者的观点下来思考道德行为者。这涉及把人们看做是属于一个"理智世界"的,而这个理智世界是不能依据经验科学术语来理解的(G118-121 [450-453])。因此,人们可能怀疑,康德认为一种伦理学研究的**先验**方法是必须的,因为道德行为者本身不是那种可经验性理解的存在物。但我认为这是一个错误,并且实际上这把康德的思想往后拉了。正如我们已经看到的,对于康德对先验方法的执著,有一种简单而更少有争议的解释。事实上他把理智世界的视域导入伦理学,不是一种初步的假设,而宁可说是一个基点,他相信他对一般道德知识的分析将导致他达到这个基点。对责任概念的分析表明,具有自主性的理性行为者的观念是以责任概念为其前提条件的,并且,康德指出,只要人们把这些行为者看做是"理智的"或可理性直观的存在者,那么,责任概念是可与他的早期的关于经验知识的结论相等同的。[1]许多哲学家发现,康德在早期阶段所确立的不同于这个论证的后期阶段。毋庸置疑,康德认为,这是他的系统的道德理论的重要部分,但不是用来证明他的方法的起始时的假设。宁可说,这是他的**先验**论证(不是方法本身)把我们带到的最终理论之处。总之,他关于道德行为者的终极"观念"的有争议的观点(这个观点把哲学性反思施加于我们身上)不是以他开始时所用的温和的方法程序为前提的。

(4)最后,有一种持久性的反对意见。我怀疑,它部分来自于误解,部分来自于过分陈述他的见解的倾向。这个反对意见如下。首先,我们思考行为对或错的理由典型的是经验性事实,如:"他要被杀","你有意欺骗他","她救了你的命,而她现在需要帮助","如果容忍这种事,没有一个社会能够存在下去"。那么，我们就要注意到，大多数道德上敏感的人意识到，简单描述的行为（如"杀人"、"欺骗"）在某种情形下是错的，但在另一种情形下可能是对的，这取决于那种情形的经验性事实。所以，排除了经验信息的方法，将不能考虑那对于确定行为对错的至关重要的事实。道德决定必须在一种复杂而又富有多样性的世界里作出，所以，如此认为似乎是愚蠢的：我们不能够确切地和具体地知道（如此经验性的）这个世界像什么样子或我们此刻处于何处，而能觉察到什么是对什么是错。

如果有一个道德理论家宣称，唯有纯粹理性能够觉察到在每一种情形下我们应当做什么，那么，这种反对意见是适当的，并且是摧毁性的。但今天几乎没有人这样主张，而且肯定康德也不是这样主张的。康德认为，某些基本的道德原则能够通过运用理性而得到辩护，那些赞同康德这个观点的人也很好地意识到，我们需要经验性知识把这些原则运用到我们当前的环境中来。我们需要判断道德原则是否是相关的，以及它们如何相关联的，而这要求基于经验的理解。例如，我们应当尊重所有人，康德认为，这是一个理想性规范，不是经验科学或普遍经验能够确立的东西；不过，尊重与不尊重有多样性宽广表达方式，我们只是从不同文化背景的经验中才能学到它（Kant 1996：209-213 [462-468]）。康德不否认，我们需要引用事实来解释为什么某个具体行为是道德上所要求的或禁止的理由，他仅仅同意休谟的是，**仅**有经验性事实不能确立任何"应当"的主张。康德也确实是极为严格地不允许熟悉的道德原则（如撒谎）要有条件性，但他在这个问题上的严格性不应责备他对于道德理论中的基本问题拒绝了经验方法。很显然，康德赞同某些绝对的、无条件形式的原则，我们大多数人都将同意，无例外地坚守这些规则是对复杂的道德问题的过分简单化的回应。他对撒谎、革命和性关系的极端立场，并不来自于他的这个论点：道德哲学应当以一种**先验**的方法，即分析的方法来**开始**。宁可说，问题在于他认为，不妥协地反对撒谎是绝对命令所要求的。

不过，在两个相关的问题上，仍然有两个相关的严肃反对意见。**第一**，许多哲学家否认**先验**地应用理性能够确立哪怕是一个基本的道德原则。这个反对意见不仅来自于那些认为经验方法能够确立道德原则的哲学家，而且来自这些哲学家：他们认为道德原则不能为任何方法所确立，因为如此道德原则就没有任何客观立场。这是一个永久性的反对意见，但这是关于一种**先验**的方法能否有结果而不是关于一般方法的价值问题。**第二**，即使那些站在康德一边的哲学家有理由担心，康德自己**太**力图使伦理学与经验性的知识相脱离。他们可能会说，一个事情是，假设有某种相当抽象的、形式性的原则，能够通过一种**先验**的方法得到发现和得到辩护，但相当不同的另一个事情（更值得怀疑的）是，当处理道德哲学的另一个任务时，则排除经验的方法。例如，如果道德哲学家追随康德和艾拉·道拉更（Alan Donagan），想要制定出一套有关实际问题（如撒谎、服从法律、惩罚、仁慈等）的系统而普遍有效的道德原则，那么，似乎唯一合理的是期望这套结构必须能够说明关于人类一般状况的有限的经验知识，以及关于背景条件的多样性经验知识，即关于所想象的普遍原则必须能够应用的背景条件的知识。在《道德形而上学原理》中，仍然还有一个问题，即当他着手这个计划时，多少经验性的信息康德打算排除掉。他的论证常常以只有通过经验才可知的事实为前提，但他也常常提出怀疑，他不依靠经验证据所确定的［东西］导致不能确保其严格性和超普遍化。这些忧虑和争议不能轻松地打发掉，但这并不是质疑康德在道德哲学的基本问题上采用**先验**方法的主要理由。

二、绝对命令和假言命令

康德论述道德的著作的词汇和调子搅乱了许多读者，尤其是当他们把康德与休谟和亚里士多德对照起来时。一个很好的例子是康德的道德**绝对命令**。康德把注意力集中在道德上我们**必须**做的、那种**必然**的东西、理性的**命令**以及一种**约束**而不是在追求幸福方面的帮助（G82-88 [414-421]）。我们也易于为那向我们说话的愤怒的人所提醒，他们以严肃的命令腔调说："立即做这！不论你是否愿意！"这样的声音，在道德上似乎是命令性的，但不是内在诉诸［命令］或个人的履行。而且，既然康德告诉我们，绝对命令仅仅相对于审慎劝告，它是无条件的、绝对的和必然的，那么，它自然就意味着，道德规则不是灵活性的而是没有例外的。当我们读到康德严厉地否定，我们也许为了救一个朋友免于死而撒谎，他坚持说，我们必须服从法则，即使这个法则是为一个暴君所强加的（Kant 1949；Kant 1996：127-133 [316-323] and 176 [371]）。那么，绝对命令似乎是我们必须服从的，而且要以一种负责任的、坚定的遵守命令的态度来服从，尊重法则的权威而不考虑到任何别的东西。

康德的道德理论包含着那些使一般读者以及道德理论家都不赞同的特

征，但确定某些特征有助于我们把某些可能引起误解的东西、某些更易引起争议的地方与那些较少争议的康德主题区别开来。在解释和可能性上的争议仍然存在，但我认为，某些核心观念至少表明了康德思想相当广泛地被接受了。尤其是三个问题需要考虑：（1）是否可把绝对命令看做是对一种与可能的奖赏与惩罚相异的异在权力不同的命令？（2）作为绝对命令的道德原则，是否必须是不灵活的和没有例外的？（3）对原则的动机性尊重是否是绝对命令性的必然性的一种约束感，而不是考虑到了对他人的善？

尽管我们可能起初认为，康德在这些问题上的基本立场是与常识性的观点（不论是否是哲学家所持有的）完全可相容的，但不能否认，康德接受某些进一步相关而仍然有争议的观点。让我们从我认为是核心的观点开始：道德责任是绝对命令，然后我们再返回到刚才提到的三个问题。

康德对绝对命令的说法可能是混乱的，因为虽然他清楚地说道，只能有一种绝对命令，可他反复写道，好像有许多种。康德列了几种绝对命令的"形式"，他所说的是"归根到底是同一个"，但他也提到更具体的原则，如把"不要撒谎"和"惩罚所有罪行"作为绝对命令（G88-104 [420-437]；Kant 1996：14 [221] and 105 [331]）。毫无疑问，在他的心目中，当他书写这个词[绝对命令]时，有一个基本的（或严格的）意义，好像只有一个绝对命令，但当他写到其他原则是为严格意义的"绝对命令"所确保时，那么，他使得这词有了第二种（或较少严格的）意义。就这个假定而言，这个差别（从单一到多数）是无害的，虽然在不同的背景下仍然有问题，而这些背景的意义是在康德的心里的。

绝对命令在上述两种意义上是命令，它们被康德称为"**理性的命令**"。所有命令表达的是这样一个观念：某事应当去做，因为它本身是善的（好的）或因为它是达以某种目的的工具，这种目的具有某个方面的价值。通过"应当"这个概念，所有的命令表达了在"做什么是合理性的"（合乎一种"客观原则"）与"并不如此理想的合理性选择"（不完善的意志）——这种选择可能是合理的也可能是不合理的（G81-84 [412-417] and G69n [401]）——之间的（必然）关系。所以，所谓命令恰恰是说，我们有好的[充足]理由去做某事，即使当我们（不问理由地）承认，我们事实上并不做它。这可对"绝对命令"如"人们应当尊重人"，以及"假言命令"如"一个人如果想要强健，他就要锻炼"都适用。

那么，是什么使得命令成为"**绝对的**"？在其基本的和次要的意义上，核心观念是：遵循"绝对命令"的理由不仅仅是如此行动将促进某人恰好有的某种目的，例如成为富人或（更多的是）变得更幸福。遵循绝对命令也许常常促进我们的个人目的，但也许并不总是如此。使我们幸福或帮助我们得到我们所想要的，不是那使得道德原则成为绝对命令的东西；它们是那种即使遵循它们也不使我们幸福或不促进我们的目的时也是合理的原则。它们表达了这样一个观念：如此行动是善的和合理的，一如原则本身所描述的那样，但不像假言命令，它们不单是说，作为手段而要得到什么或获得我们想要的，因此如此行动是善的。

进一步说，正如康德所用的词，绝对命令并不仅仅是说，我们不得不有**一些**理由去做命令所规定的事。绝对命令宣称，我们有充分的理由，［把履行绝对命令］**置于其他考虑之上**。我们永远应当遵循绝对命令，即使是与我们的个人利益和我们的个人规划相冲突。所以绝对命令不仅仅是给出了我们行动的"某种"理由，如果全面地看，它们是给出了充分的理由，那种超越其他考虑之上的理由。不过，我们不应该把这点与如下的观念相混淆：道德规则总是具体的、简单的和确定的，不允许在非常情况下有例外或有变化。康德自己坚持**某种**严格形式的道德原则（如反对撒谎）。但在绝对命令的核心观念里，没有任何东西不意味着其复杂性以及其可证明性（如"除非"、"只要"、"除什么之外"）。而且，正如康德所说的，某些伦理原则只是说，我们应当接受某些不确定的目的（例如，他人的幸福），而不用具体指明一个人所促进的目的确切来说是什么以及如何来促进它们（Kant 1996：147-156 ［382-394］）。这些也被认为是绝对命令，因为它们说，就至上的理由而言，我们必须接受所规定的目的，而不论是否它能促进我们自己的幸福或个人的规划。所以绝对命令不是僵硬的、严格的行为规则。贴有"应当"标签的绝对命令表达的是这样的信念：如果把一切都全面考虑，为理由所支持的压倒一切的道德要求并不完全依赖于为促进我们所恰好有的目的的东西。绝对命令的要求是简单而又完全一般性的（如康德所考虑的"绝不撒谎"），可它又是非常复杂而又有限定的。我们不要把道德原则的范围和复杂性与我们不得不遵循的原则的那种理由相混淆。康德宣称的我们受到绝对命令的支配，其所强调的是后者。

在这些核心观念之外，康德认为，他（以几种方式）公式化了的一个"绝对命令"（在它的严格意义上）是无条件的和没有限定的理由要求，可应用到所有人类的条件，并且是为一般道德判断所隐含地承认的。不像为工具性的理由所支持的原则，这些原则我们称为"假言命令"，并不只是简单地规定了采取达到可欲求的目的的工具。康德认为，它能不依赖于对人类本性的经验研究而作为合理的必然性确立起来,并且,我们能够也应该为对它的尊重而推动,而不考虑它可服务的其他利益。它表达的是我们自己的理性对我们的要求,而与偏爱无关,所以我们不得不承认它的权威性(即使我们不能满足它的要求也如此)。康德似乎有时也相信,更具体的原则(如关于撒谎、服从法则以及性关系方面)是派生性的绝对命令,它们为基本的绝对命令所表达,而基本的绝对命令是**无条件要求**而没有例外的。这些观念比我们所讨论的基本点更为可理解地富有争议性。

不过,核心观念仍然恰恰是,在如下意义上,道德责任施加的绝对命令是在如下意义上:我们有充分的、超越一切的理由履行我们的道德责任,这与是否如此行动将促进我们的幸福或服务于我们个人的目的无关。即使这个核心观念被那些坚持认为实践理性永远只是达到被欲求目的的工具的哲学家们所拒绝,但我认为,康德的观念比他们的观念更接近于一般道德观念,以及道德理论方面的大多数的西方传统。[2]例如,我们认为,希特勒杀几百万欧洲犹太人是错**和非理性的**,这不只是因为这是达到希特勒所想要的东西的坏的手段。关于禁止屠杀人民的道德禁令,一般认为,应当凌驾于个人的野心之上;所以,希特勒有充分的理由不杀人,虽然他想要杀人。

现在让我们回到我们前面的问题。(1)应该很清楚的是,绝对命令不应被看做是来自于任意而异在的权威的命令。不像来自于父母、军事长官和法律权威的命令,绝对命令被看做是表达着"客观原则",这是这样一些原则:任何人在一定背景条件下,如果得到理性的充分引导就都将遵循它们。它们被认为是告诉了我们做什么事情就它们本身而言是善的(好的),而不是某人要求我们做的。[3]正如在这篇论文中的其他部分所详细讨论的,一个关键性的康德学说是,基本的道德要求是我们作为自主性的理性人为自己所立的法则。除非得到我们认为是我们自己作为理性的、自我主宰的人的原则的支持,合乎我们自己和他人的意志,否则,我们在道德上不受任何任意的要求的约束。理解这一点可有不同的方式,但所有方式都很清楚地排除了这样的观念:绝对命令是为异在的权威所强加的,只有惩罚的威胁或奖赏的许诺才给了我们对其履行的理由。道德原则的权威是,一如它所是的那样,是我们自己的理性、我们最好判断的权威——如果我们对于我们应当做什么进行了全面考虑的话。道德理性是我们自己的理性,它们指导我们,而不是外在刺激我们(Falk 1986)。道德理性所需要的不是不愉快或不合意,但即使它们是如此时,我们也不能不考虑它们而追求其他目的，因为如果不是这样，那就意味着失去我们自己的最好的判断，遭受意志的冲突，并招致自我轻视。康德道德自主性观念的这个意蕴可能受到怀疑，但至少这是清楚的：如果把康德的绝对命令看做是某种武断的"权威"的命令，而与我们的理性无关，那就完全误解了它。

（2）同样很清楚的是，实质性的绝对命令不是简单的、无例外的规则，像"绝不撒谎"那样。正如早已注意到了的，康德自己相信，有这样绝对性的规则，但这个值得怀疑的信念并不是遵循一种绝对命令的观念。所遵循的是，不管多么复杂和为"除非"、"只要"这样的从句所充塞，绝对命令都应该永远得到尊重，而不把它放在臣属于其他考虑之列。称一个具体的要求为"绝对命令"，是一种简明性的判断，这也就是说，当把所有情况考虑之后，理性要求一定的行为。如果我们相信，一个原则所陈述的仅仅是一种与道德相关的考虑，那么我们就不应称它为"绝对命令"；因为这个标签只有当对一个具体行为或行为类型的所有相关因素都得到了考虑，达到一个全面考虑的结论时才是适当的。我们能够无关紧要地说，"绝对命令必须服从，而不论它是什么"，因为这个主张是隐含在绝对命令的意蕴中的。不过，这丝毫不意味着，我们把那看做是绝对命令的原则，它的复杂性和原则适用范围，它概括了我们对撒谎、革命、性、诺言等，即对所有事情的合理考虑的道德判断。总之，我们不应把两个区分的问题相混淆了：一是就怎样的性质而言，在关于撒谎、杀人以及服从法律等问题上，没有明确的或隐含的例外？二是道德原则是**绝对命令**吗？第二个问题的核心是，是否道德原则，不论它们包含了多少内容，都具有压倒性的理由要求遵从，并且不是因为这样做会促进个人的目的。

（3）最后，一个绝对命令（categorical imperative）不是那种我们从一种约束的意义上必须遵从的东西。我们不需要咬着我们的牙齿、集中注意于把这个要求看成是"命令"（command），这种命令束缚着我们，我们得臣服于它。我们常常，并且也应该集中注意于那种对我们而言是善的，为此履行我们的道德责任，而不是把我们自己的善或需要递交给权威的命令。这需要一些解释。

确实，康德只是隐含地认为，我们一般不仅是道德法则的权威，而且也应**服从**法则（G98–102 [431–434]）。作为**命令**，它们表达的是我们不完善的意志和客观原则之间的**必然关系**，即如果我们以一种完全合理的方式行动，我们将无改变地遵循原则（G80–81 [413]）。而且，康德说，与责任一致只有当这样的行动是出于责任才有道德价值（G65–67 [397–

399])。我认为，这并不意味着我们**总是或典型地**厌恶做那我们应当做的，或为了做它我们需要感觉到"受约束"。如果事实上我们是不情愿做那我们应该做的，那么，如此行动是我们应**隶属**的**绝对命令**，这个想法就将推动我们或不推动我们；但我认为这个想法对于支配我们作为绝对命令的原则的观念不是实质性的。康德倾向于认为，自我利益是如此强的动机，对道德法则的承认不可避免地引起我们的"尊重"情感，他描述这种尊重在某种程度上是一种痛苦的情感，类似于惧怕，一种"自夸"的卑贱，因为认识到道德所要求的不总是我们最想要的（Kant 1997：62-75［71-89］）。对于人类心理的这个黑暗观点，可能太悲观，而可能不是道德要求是绝对命令这个核心观念的含义。这个观念是关于某种赞成道德上应当的行为的合理性观念，而把是否就某些具体场合下的行动的那些合理性（理由），即能够作为约束或对权威的服从而体验到的那些合理性放在了一边。在这里，一个重要意义在于要注意到，所有"命令"（imperatives）都有两方面性，一如其本原。它们表达的是"客观原则"，或合理性原则，即使是"神圣的意志"也将遵循；而命令有这样一个形式（"应当"），也表达了这样一个观念：不完善的意志——那些不自动地遵循有着类似于神的规则的人的意志——**注定**要服从于它们，**必须**这样做，而当他们被引诱做别的时，则感觉到受到束缚。[4] 那么，当我们考虑在履行我们的不同的责任时的我们的思想和感情，有几种可能。

第一，我们可能想要做那种与我们应当做的不相容的事，但不过理解和尊重了得到道德原则支持的理由。这似乎自然认为，我们既是为道德理性所推动，也为一种恰当约束感而推动。例如，假设在一起司法案件中要你作证，如果说真话那么你和你的朋友都将感到难堪，但你承认和尊重服从法则的道德理由，并且作了真实证词，你的结论是，经过全面考虑，这就是你的责任。如果说真话，你这样做是因为你尊重这样做的好理由，但同样你感到了如此违背你的愿望而受到约束的感受。或者，你不得不依据原则而不是依据偏好来行动，从而你不得不**约束你自己**。我认为，这类情形康德是常常强调的。

第二，如果不理解或甚至不考虑作为责任而接受的好理由，那我们可能想做的事则与我们接受为责任的东西是不相容的。我们可能恰好依赖常识或其他人的权威。这里我们将以一种受约束的感受而不是以对责任背后的理由的尊重来履行我们的责任。就我们已真正接受的观点——我们有道德责任——而言，那么，依据康德的分析，我们必定认为，**有充分的、压**

倒一切的理由，但如果我们没有意识到它们，那我们就不能为它们所动。这里的一个例子可能就是，一个受到性冲动约束的人，是依据共同接受的关于什么行动是可允许的观念而受到约束的，但他决没有考虑为什么要接受这些约束。

第三，现在我们看到了康德的典型案例（如上述的第一点）中的要素是可分离的，我们再考虑另一种可能性。这就是，我们可能承认和尊重一种具体道德要求的理由，而没有偏好或不这样做的理由。这意味着并不是我们**没有**想到责任，而只是因为在手上的这种情形里，没有约束的必要，因为没有东西会激起人们想做不正确的事情。例如，你的小孩子被摔伤了，伤得很重，需要立刻送到医院治疗。事实上，如果要你送，你会同意的；送孩子去医院是你的责任，但道德责任的约束和命令根本就不会出现在你的头脑里。你不会想："孩子是**我的**，所以我必须帮助他。"你的爱吸引注意到肯或利厄的需要，在你面前具体感觉到的个人的需要。[5] **这个孩子的生命和利益是如此清楚而生动，以至于关于帮助他人的全人类的理由——这些抽象思想都不会出现在你的头脑里了。不过，在这种具体的背景关联中，那主要推动你的是那情形的特征，它将给予任何人在相似的情形中以相似的理由。这不是说，孩子名叫"肯"或"利厄"，或其他别的特别的东西。它并不主要是孩子不仅有着你的基因，或和你生活了几年。你是为对生命的直接关注所推动，以及一个真实的人的至关重要的利益。这是那种以更为一般的术语所谈到的道德原则来作为理由的。我将说，就在具体情形中的你的理由所表明的那种态度，即更抽象的人道原则和仁慈原则而言，你的理由是道德理由。这里的动机没有表明对道德理由的尊重，仅仅是因为，它不是从抽象的道德普遍概括到具体案例的演绎的产物。那么，这似乎是，我们为相关的道德理由所推动，而没有把它们体验为约束，没有以抽象的普遍概括形式来考虑它们。所以，即使是不完善的道德行为者，像我们自己，常常把道德要求体验为约束的人，也并不总是如此。至少在某些环境条件下，我们能够以绝对命令规定的那样来行动，直接响应那在理由之后的命令，而没有把它们体验为约束，或甚至抽象地把它们看做是责任。

那为什么康德把这些行动看做是"出于责任"以及如此才有"道德价值"？回答并不完全清楚，因为责任的观念包括两个要素（道德理由和约束），这两个要素能够以分离的方式起作用，而这是康德没有讨论的。即使康德认为，自我约束是"出于责任"的行动的实质性部分，我认为，如果合理地扩展康德的观点，所获得的关于道德价值的行动的关键性特征是，它们所表明的是对道德原则之下的那种基本理由的响应。

三、道德行为者的自主

康德以分析方法指出，只有一种绝对命令，并且他最初是以他的普遍法则的著名公式来表达的（G88［420-421］）。在一种复杂而有争议的论证过程中，他指出，这个公式所表达的，实质上是与他后来的包括了自主性的公式同样基本的道德观念（G88-100，104-108［420-440］）。根据这个公式，我们必须在这样的观念下行动，道德行为者作为理性存在者，为他们自己的立法或意志的普遍法则，是与他们作为感性存在者的他们的具体欲求无关的。考虑一下我们自己受到绝对命令的支配情形，这要求把我们自己作为理性行为者而有着康德所称为的意志的自主性的东西。这样，假设康德对作为臣属于绝对命令的观念的道德责任观念，以及因此受到绝对命令约束的道德责任的分析，那么，相信我们有责任使我们自己承担起具有自主性的理性存在者的概念。现在，这个论证的很多地方就现在的目的而言我们都不谈了。这个核心观点是康德的如下思想：我们必须把适当类型的自主性归之于道德行为者，因为我们把他们看做是具有依据绝对命令来指导他们的决定的能力和品质。康德也通过提出他的一系列关于绝对命令的主张而断言了一个更为有力也更有争议的自主性概念，以便让我们以更适中的观念开始。

哪种行为者能被归在绝对命令之属下？所有命令是对那些能够履行而可能不履行的人的理性要求。所以，行为者能够遵从理性的要求，认识到本来就如此。这就是，他们必须被置于能够承认和尊重绝对命令的地位，因为他们是表达好理由的要求，或者是基于好理由的要求。既然处在绝对命令之下意味着行动违背理性的可能，臣服于绝对命令的行为者可能事实上并不遵从绝对命令，并且事实上违反绝对命令；但就我们认为行为者**应当遵从绝对命令**而言，我们必须假定他们**能够**。已经很清楚了，臣属于绝对命令的行为者不能完全是冲动和当下欲望的奴隶，因为这意味着不能通过合理反思来调节自己的行为，即使是对他自己的进一步的后果。在最小值的意义上，行为者必须能够依据理性行动，能够反思超越一定时间的事实与利益。这可能更多地隐含在这个观点里：他们能够遵从假言命令。不过，既然绝对命令被界定为合理遵从的原则，那就与他们如何服务于我们自己的幸福和特殊的个人目的无关，行为者臣属于它们，也就必须能够认识到，并且倾向于认识到与工具合理性无关的行动理性。他们的审慎不被限制到仅考虑什么将满足他们的当下欲求，从长远看什么将使他们最幸福，什么将实现他们对其他东西的欲望。把这些考虑分离开来，他们也将承认另一种理由，即就其他人是理性的而言，这些考虑接受为理由的，不仅仅是因为他们个人所有的欲望。那么，臣属于绝对命令的行为者不能接受这样的事实：绝对命令本身能够充分满足一种具体的欲求或兴趣，给他们行动的理由；因为他们认识到，合理考虑并不如此地系于他们的个人关注，进一步反思将给他们理由摈弃、压制或甚至力图打消那种欲望或兴趣。进一步说，如果全面考虑的话，如果他们判断这些理由对于继续履行责任是充分的话，那他们把这些看做是绝对命令，他们把这些看做是至上的理由，决定他们应当做什么，不管任何偏好如何。

　　以这种方式考虑的行为者有着一种适当的康德式的自主观念的主要要素（更具体的论述句参看我1992年的论文）。

　　在对行为者思考之中，我们把他看做是有欲望的，但也能够反思性地确定这些欲望是否提供了一个好理由——如果所有事情都考虑到了的话；我们已经把这些看做是自主性的一种必要条件。不过，遵循绝对命令，行为者必须也能够承认，并依据理性而行动：要满足人们的基本欲求目的，需要有比得到手段更多的必要条件。这是康德的自主性观念的进一步的特征。当我们增加这一点，遵循绝对命令，人们就必须尊重这些特殊的理由，把它们作为至上的基于欲望的理由，因此我们也就有了一个更为完满但仍然是适当的自主性概念。某些哲学家否认，道德行为者必须有自主性，即使是在有限的意义上；但是，那些关涉到自主性的观念引起了最多的争议，这种争议远超出了我们已提到的基本点。

　　第一，康德认为，道德行为者在某种意义上，施加了道德要求在他们自己身上，他们既是道德法则的作者，也是臣服者。他们能够相比较地处于自主性状态，依据他们自己的立法，而没有比这更高的权威，具有一种力量来支配他们自己，因而不需要诉诸任何进一步的权威。这些形而上学的描述能够以几种方式来理解，但某些基本点还是很清楚的。有着自主性的理性行为者认同这个视域，从这个视域来作出道德判断，所以，他们并不把道德要求看做是外在强加的，如有人看做是文化的准则或神的戒律。那么，他们不能意识到，相对于他们的道德信念的行为，他们没有内心的冲突和自我反对。当他们依据道德原则而行动，他们是依据他们自己的标准而自我主宰；当他们的行动是不道德的时候，他们处在与实质上把他们自己看做是道德行为者的深刻承诺的冲突之中。同样，把道德行为者看做是道德法则的"作者"，康德隐含地把他的理性自主的观念与理性直觉的观念对照起来。这就是，理性并不仅仅是"观察"到道德事实，它的存在与行为者使用理性无关；宁可说，道德行为者通过从基本的道德视域进行推理，来决定具体的道德要求（好像依据内在于法则的价值来立法一样）。

第二，康德显然认为，事实上所有头脑清楚而有资质的成年人都有自主性的品格，他的分析揭示了作为道德行为者的实质。不过，这是超出了他的分析论证目标所确立的那种信念的。康德的论证至多表明，一个承认责任的道德行为者的观念是以这样一个行为者是理性的并且拥有自主性为前提的。但是否所有的或大多数具有这种能力的成年人是这个意义上的道德行为者，不能为概念分析来确定；当然，康德并没有承担那种证明他的假设的经验研究的任务。在我们时代，经历了大屠杀灾难（Holocaust）之后，是难以分享康德的这样的信念的：一种道德观念可普遍承认为具有权威性。康德通过提供一种具有某些实质性特征的道德行为者的抽象模式，来试图阐明道德生活。但是，是否这个模式适应于这个或那个人，即是否他们是康德意义上的道德行为者，取决于我们所发现的是什么，以及何时我们想应用它。不过，仅仅发现反社会性的例子没有切中康德意义上的道德行为者，并不表明康德的论证是不正确的或他的模式毫无价值。相反，这将使人们坚定地怀疑为康德分享的18世纪的共同信念：所有最低限度的人类理性存在者隐含着对道德标准的承认。某些康德主义者将在这个意义上为康德辩护；而某些批评家可能认为，康德的模式并不适合于普通道德行为者。在这里的争议不是容易解决的。

第三，康德认为，具有自主性的理性行为者唯有依据纯粹实践理性而行动。当他们因对至尊的道德理性的尊重而行动时，不能把他们理解为只是依据好的、道德上允许的**情感**、相异于其他的欲望或偏好而行动。这是一个人们所熟悉的康德论点，即人们依原则而行动，这里支配性的准则不是这种公式："我将做X，因为X将促进Y，一如它可能所是的那样，而这也是我想要的"，而是这种公式："我将做X，而不考虑到它所产生的对我的欲求的效果。"宣称我们能够依据纯粹实践理性而行动，是超出了我们所熟悉的康德观点。一个老道的休谟信徒，可能接受这些论点，但坚持认为，行为者赞成如此行动、采纳责任准则的深层动机是一种强烈但"冷静"的情感。推动我们的情感不总是反映了我们用于指导我们和解释我们的行动的准则。当康德反复强调,即使是当我们自己为了最好的道德理由而行动时,我们不能确实知道什么推动我们去行动,在这个意义上,康德也承认这一点。不过,很清楚,康德否定休谟的论点:所有动机必定来自于情感。就把我们自己看做是道德行为者而言,康德强调,我们必须把我们自己看做是**能够**唯一地为纯粹实践理性所推动的。有时当我们认为我们是唯一地为理性所指导时,实际仅仅是为情感所推动。但我们必须认为,我们能够做理性所要求的事,即使我们缺乏任何促动我们这样做的情感。这里康德已经超出了我们前面已经清楚地讨论了的那些主张,而康德的观点受到了广泛的争议。

不过,有一种比一般归之于他的较少激进方法来理解康德的观点。康德否认所有行为为情绪、情感、偏好或感性欲望所推动,但这些术语能够或宽泛或狭义地解释。同样,当康德坚持说,我们能够唯一地依据理性而行动时,我们能够以或多或少的激进形而上学方式来思考"理性"。如果我们把欲望和情感狭义地解释为所感觉到的内在的冲动或推动力,那么,康德对"这些欲望或情感必定被呈现出来作为推动所有行动的原因"这一论点的否定就是更为合理的了。不过,如果我们把"欲望"宽泛地解释为一种行为的既定意向(disposition),那么,康德并不否认我们"欲求"遵从道德原则。事实上,他坚持认为,所有的道德行为者不可避免地具有一种趋向道德的素质(predisposition),虽然他把这一点归之于我们的理性性质而不是我们的感性性质。但是,如果"理性"被给予一种休谟主义的解释,它不能推动任何行动,因为它仅仅是一种发现自然事实和观念关系的"内在"力量。但康德同意休谟,如此建构的理性(如"理论理性"),本身不是动机的来源。根据康德,实践理性易于在诸多其他事物中承认一定的选择的程序规则,所以在一种宽泛的意义上,它可算做是对为什么行为者要选择他们想做的事作实践解释的"欲望"。休谟的问题是,是否这些规范的承诺以某种方式担保了将规范归之于作为**理性**存在者而不是感性存在者的我们的本性。康德以及追随者对于这种归属性具有充足的理由。这是一个需要在这两方面做更多事的一个争论,但极难以富有成果的方式进行讨论。我认为,由于康德的规范性观念倾向于与他的更遭人们拒绝的诉求合并,从而问题更大了。这种诉求指的是将本体与现象相区分,我现在就讨论这点。

第四,当康德力图将他在《纯粹理性批判》中所达到的结论与他的伦理学一致时，这里所表明的自主性核心观念远不止于康德所提出的那些有争议的观念。在《道德形而上学原理》的第三部分和其他著作中，康德提出，把道德行为者归之于某种意志自由，伦理学要求我们必须把他们不仅看做是属于"感性世界"的，而且看做是属于"理智世界"的。在实践讨论中所应用的负责的选择观念不能为经验现象所减损，或得到经验现象的充分解释：意志是**本体的**、与此对照的是那种通过经验（**现象的**）而知的东西这两者之间的区分这样一种事实。自主性意志不能被看做是在时空中存在的物质（substance），它不是归属于经验的因果法则。我们能够"想到"但不能把他们的存在理解为一种非经验的"原因"。康德思想的这些特征导致许多人将他的伦理学一块拒绝掉。不过，富有意义的是，康德并没有以这些观念开始，把它们作为要素来建构伦理学理论，虽然这些观念很大程度上反映在他的早期著作《纯粹理性批判》之中。宁可说，康德首先是从（想象的）常识性的道德思想到一般性的规范原则，然后才发展了那种极为形而上学的图像（非图像性的），以他的哲学的其他要素去整理他的伦理学。康德思想的这个方面的较少激进的当代解释，把这看做仅仅是力图区分在论及人的行为方面的两种相区分的视域，**理论视域**与**经验视域**适合于自然科学，而**实践视域**与**评价视域**则适合于我们所考虑的行为理由、义务和责任。这个解释战略在于承认，实践视域对不可压缩的规范观念的承诺，但否认了这一点：对外在于时空中的神秘实体之信念的不可分离的承诺。这假设不是对科学结论的否定，而是以另一方式来思考和谈论与心理学家从经验视域所研究的同样的人类行为，当然，对于许多伦理学家来说，他们并不信服这样两种视域方法，但明显的是，其进展更多地依赖于如何具体阐明实践概念的较少激进的理论。

【注释】

[1] 例如，值得注意的是，虽然在《实践理性批判》中康德认为有本体性因果的可能性，而以先验研究方法开始他的伦理学论证，他的结论是：我们的道德概念要求我们从非经验的立场考虑道德行为者。（康德：《道德形而上学原理》，标准普鲁士学院版，1964，G74-81 [406-414]；G118-123 [450-455]。）

[2] 我认为，亚里士多德和其他古代道德哲学家，并不接受这样的观点：我们有理由做道德的事，仅仅因为它是达到与它无关的被欲求的目的的一个工具。例如，就亚里士多德的观点而言，很明显，他认为，德性是"幸福"的构成部分，而不是达到它的工具。我们不能说，他把道德要求看做是与促进我们的幸福无关的；但重要的是，

亚里士多德那里的"幸福"不仅仅是一种主观状态，或仅仅是一个我们不可避免地欲求的目的（Annas 1993；Hill 1999）。

[3] 康德在后期著作中，力图把他的道德哲学与某种最低度的宗教信仰相协调，康德说，一旦我们通过理性决定什么是我们的责任，我们就能够也应该想到它们，好像它们是（例示了实践理性的）上帝的命令。但这并没有改变主要观点。责任不来自于个人的命令，也不来自于对惩罚的惧怕或奖赏的希望，它们有约束力仅仅因为理性要求它们。

[4] "神圣意志"（holy will）是康德用于那必然愿意合理性行动的任何存在者（如同上帝常常那样）的意志的术语，他们同时并不被引诱或愿意以非理性的方式来行动（G81 [414]）。这样一个意志为理性原则所引导（考虑到什么是善），但这些原则并不施加命令或责任于一个神圣意志。这样一个意志作为一个"完全独立的存在者"而是"目的王国"的一个成员，这些完全独立的存在者的意志与全体成员的理性意志一道，为道德法则立法，但并不臣属于作为权威约束的法则（G100-101 [433-434]）。

[5] 康德认为，表达一种道德态度（例如，把人作为目的的值得称赞的尊重）不是那种来自于"偏好"的行动，例如"病态的爱"（例如，与对好理由的承诺相区分的一种感情）。所以，在这里所想象的情形里，我认为，爱不是如此盲目，而且与你的一般性的道德承诺和道德态度是相区分的。爱不是一种驱动性力量，不是人们所想象的那样是一种机制，虽然改变你的具体需要，而且你也可能因爱而行动。我现在的观点不是说，康德对出于责任的行动的陈述是与他所承认的我们想象情形中的"道德价值"行动相容的，但这是在行动的理由后面有其认识到的"责任"帮助的案例，所以也应该看做是有道德价值的[行为]。

参考文献

Allison, H.：*Kant's Theory of Freedom*（Cambridge：Cambridge University Press，1991）.

Annas, J.：*The Morality of Happiness*（Oxford：Oxford University Press，1993）.

Donagan, A.："Moral Dilemmas, Genuine and Spurious：A Comparative Anatomy," *Ethics*，104（1993）.

Falk, D.："Guiding and Goading." In *his Ought, Reasons, and Morality*（Ithaca：Cornell University Press，1986）.

Hill, T.："Happiness and Human Flourishing in Kant's Ethics," *Social Philosophy and Policy*（1999）.

——："Moral Dilemmas, Gaps and Residues," in *Moral Dilemmas and Moral Theory*，ed. H. E.（New York and Oxford：Oxford University Press，1996）.

———: "The Kantian Conception of Autonomy." In my *Dignity and Practical Reason in Kant's Moral Theory* (Ithaca, NY: Cornell University Press, 1992).

Kant I.: *Anthropology from a Pragmatic Point of View*, trans. Mary J. Gregor (The Hague: Martinus Nijhoff, 1997a).

———: *Critique of Practical Reason*, trans. Mary Gregor (Cambridge University Press, 1997b).

———: *Groundwork of the Metaphysic of Morals*, trans. and ed. H. J. Paton (New York: Harper & Row, 1964).

———: "On a Supposed Right to Lie out of Benevolent Motives." In *Kant's Critique of Practical Reason and Other Writings on Moral Philosophy*, trans. L. W. Beck (Chicago: University of Chicago Press, 1949).

Schneewind, J. B.: *Moral Philosophy from Montaigne to Kant*, vol. II (Oxford: Oxford University Press, 1990).

第13章 契约主义

杰弗里·塞尔-麦科德

一、导　言

契约主义，作为道德和政治思想的一般方法，有着悠久而辉煌的历史——它的根源可追溯到柏拉图的《国家篇》，在那里，高尔吉亚推进了一种正义观，它的有影响的代表包括普芬道夫、霍布斯、洛克、卢梭和康德。以不同的方式、出于不同的目的，靠着不同的假设背景，这些哲学家中的每一个为他们自己所辩护的论点都提供了一个契约论证。把这个传统结合在一起的，以多样性的面目出现的是这样一个确信：当他们这样做了时，规范或政治制度在论证所确保的、在适当条件下的、契约所应用的人们的同意（一致）条件下，发现其合法性。

直到近来，好像这个传统似乎已经衰退而成为过去之事。几件事情对于契约主义的衰退是有责任的。第一是这个不安的认识：很显然，合法政府实际上决没有得到它们的被统治者的同意，被统治者推动契约主义诉诸在一种假设的环境下，假设的人们的假设同意。第二是功利主义和后来的马克思主义的兴起，作为实质性的代替者，与他们自己对契约主义的批评一道，提出了他们自己的对政治合法性的明确观点。第三是对道德与政治理论的明确批判，这种批判似乎削弱了所有发展一种合理的可辩护的规范理论的努力。

不过，最近，契约主义发生了戏剧性的复兴并大受欢迎。对其兴趣的惊人复苏不仅由于对实证主义的最终拒斥，而且部分原因在于形式决定和游戏理论的发展（这种发展承诺了一种清晰而严格的公式，而这是在道德理论中不多见的），部分原因还在于，对功利主义和它的对手的传统论证不断增长的不满，还有的原因是，感到任何对道德和政治义务的可能说明中，个人应有一个先在性的突出地位。

把他们自己看做是契约主义者的几种不同观点正在摇摆着。某些人回溯到霍布斯（以及霍布斯所强调的个人自己的利益的优先性）；另一些人则回到康德（和他强调的把他人作为目的来尊重）；某些人则把他们限于价值的主观主义理论、最大化合理性的概念，另一些人则拥抱价值的客观性理论，更多地阐明实践理性的理论。有人把一种突出的作用给予了游戏理论和博弈原则，有人则强调共识和妥协。当有人辩护那给予权利一种突出地位的理论时，有人在辩护熟悉形式的功利主义（虽然有新的基础）。

以下我希望把当代的工作置于一种历史的视域，并确立某种区分和对照。这可能有助于组织和解释当代工作的形式。不过，我所提供的历史视域不是纯粹历史的。由于关心的是确切的历史记录，我忽略了许多地方，并把几乎所有不同那导致发生变化的社会和政治力量的说明放在一边，因而我识别的是发展的主要线索。为了弄清楚那呈现为发展了的契约主义的观点，推荐契约主义的哲学考虑，这里提供较少做作的历史画面。而当所描述的观点（大部分）有序地呈现出来，（我相信）所提供的理由，以及观念的连续不是如同我的描述所隐含的那样清楚。确实，因为在人们认为有理由改变之后，那些赢得人们信奉的观点，其特征是长期放弃对生活的把握，即使是这些观点的衍生观点相当兴盛，并且有了替代物。我集中于契约论思想的不可避免的发展，这个发展是实际发生的。我仍然希望，这点净化性的分析历史将提供对契约主义的一种思考方法，这种方法对为什么契约论是如此发展提供某种解释。

二、背　景

契约主义盛行起来是在 17 世纪、18 世纪，主要是作为一种政治理论而发展的。它的发展是直接作为对政府合法性以及政治义务的一种回应。当对国王的神圣权利的信仰蒸发，那对某些人生而为统治者的保障衰退，这样的问题提出了：有什么可为国家进行合理辩护？以什么来解释我们对它的义务？卢梭的名言是："人是生而自由的，但却无往不在枷锁中。"那什么使得这种变化具有合法性？社会契约理论提供了一种令人心动的回答：对政治合法性和义务基础的追溯，不是回溯到上帝或自然，而是那些受其影响的人们。在这个过程中，契约论承诺了构造合法政府的起源、义务和约束［机制］。

把政府看做是在人民中间为习惯安排所建立的，或人民和它的统治者之间的习惯安排所建立的，从而称做社会契约的观点有三种能力。第一，至少初步的是，社会契约被提供为对政府实际上是怎样产生的一种解释。这种解释是这样的：政府是从一种前政治背景中出现的，即"自然状态"中出现的，是对在缺乏国家状态中的人民不可避免地产生的问题的习惯性解答。第二，所提供的社会契约是对为什么人民有对他们的政府忠诚的义务的一个说明。其观点是，人民有这样一种义务，因为或是他们同意，或是他们有好的理由来同意政府的权威（作为对避免"自然状态"中的苦难威胁的一个出路）。第三，社会契约作为对政府权力限制的一种合理辩护而得到发展。这隐含着的观点是，得到适当限制的政府权力对于解决政府所产生的问题是必要的，因为更扩张的权力将超出人们有理由同意的东西之外，而使得人们如同仍处于"自然状态"中一样。

作为契约主义的一个产物是，它提供了一个规范性架构（framework），这个架构可被用来维护或攻击具体政府的合法性。正如已经发生的那样，契约论的论证事实上依靠的是煽动或抵制革命的压力。这是卢梭的《社会契约论》作为谴责所有现存政府的一个自然来源的力量，而霍布斯的《利维坦》，无论是隐含的还是有意图的［倾向］，都是极其保守的。当在这个意义上攻击某个政府的合法性时，契约论者强调，相关人民没有理由承认它的合法性，因为实际上他们希望面对的生活是，如果没有这个政府，将会更好些。当在这个意义上为某个政府的合法性辩护时，契约论者强调，相关人民有理由承认某个政府的权威，因为实际上他们希望面对的生活是，如果没有这个政府，将可能会更坏。

从起源上看，特别是当自然法理论还仍然有影响力时，契约论证依靠两个实质性假设起作用：（有时）实际上的真实同意和人们对他们自己订的协议有道德上遵守的义务。第一个假设合法化了主权权力，因为相关人民已经被认为把他们的允许给予了这个权力的实行。第二个假设确立协议各方的政治义务，因为他们已被看做是由于协议而承担了一定的特别道德义务。

不过，正是什么构成了给予的同意，对于那些认为契约论要求同意的人成了一个难处理的困难问题。明确同意的例子似乎是极难提供的。所以，沉默同意，据说是因得到了实惠或参与了一定的习惯性实践，因而表现出来的唯一一种同意——可能这是实际上被给予的一种规则基础。而沉默同意——如果允许它通常那样得到足够确保——以这个方面描述它的特征，那么，它是如此易于被给予（特别是在一定条件下，没有实际选择的存在时），几乎不被用来证明政治权威和义务。大致地说，那些太穷而不能离开的人，他们接受国家的好处，其沉默同意似乎不是如此多地反映了他们的意愿，因为他们处境的不可避免的结局。最终不可避免的是，沉默同意似乎不是区分合法性与不合法性的充分基础。

问题也产生于对真实同意的需要，不论是明显的还是在其他方面。这是因为，一方面，那些合法性政府决没有收到任何一种同意；另一方面，不论什么可能证明了一个人遵守协议的道德义务，也将可能证明一种政治义务，即使是缺乏实际的协议（Hume，1985）。不论哪一种合法化了的政府，最终并不依赖于政府的共识性根源。

因此，对于合法政府和政治忠诚来说，实际同意既不充分也没有必要。不过，人民有充分理由愿意给予他们的同意——这个观念对于人们不论会提供的什么样的同意，似乎提供了一种压倒性赞同，即使是他们实际上并没有给予他们的同意。相反，人民有充分理由不愿意提供他们的同意，似乎是一种有力量的谴责，即使是他们因为坏的理由或不情愿地事实上给予了他们的赞同。

作为一个结果，当实际同意已经给出时，契约论的早期试图解读出它来，实际同意伴随着这些奇怪的历史一道，为诉诸假设的同意所取代——诉诸人民愿意同意的（只要人民是理性的），而不是他们已经同意了的。但这产生了它本身的问题。因为真实的协议（同意）确立真实的义务，而假设的同意，则根本不是同意，明显地没有确立任何义务。如果人民被给予了机会并且是理性的，人们愿意给出的同意似乎确立了某种东西：他们有理由支持他们愿意同意的东西。所以在（任何一种）同意是义务来源的观点的后面，契约论者过渡到了这样一种主张：如果需要确立或维持所讨论的政府，这里的问题就是，人民有理由给出他们的同意。给出同意的理由，不在同意本身，而被看做是确立义务。因而，某个政府的权威，被看做是依赖于有理由承认它具有权威性，而不是依赖于人民实际给予的承认（经过同意或契约，或以其他方式确实给予的）。

转换到假设同意（这在霍布斯那里起了作用，在卢梭和康德那里也是很清楚的）允许契约论者避免明确同意的难以相信的历史，和沉默同意对承诺的过分宽松的说明，同时，他们也分有了对这一假设的依赖：人民有道德义务维持他们的同意（协议）。对假设同意的诉诸取代了当事人首先达到同意（协议）所持有的理由。他们允许理论所依赖的不是人民可能实际上所做的（可能是不好的理由或不愿意），而却依赖于有好理由去做的事。

重要的是，认为人民所有的理由并不是为某种论及构成合法政府的、独立的具体理论所提供。这种论证不是说，人民有理由给出他们的同意，因为政府是合法的，而是说，它是合法的，因为人民有理由给出他们的同意。因此，在不以对合法性说明为前提条件的考虑中，（假设的）人民需要发现理由。在一种直接的意义上，所提供的考虑是这种标准的实践：他们强调的是国家应为每个人都带来益处。

当然，当对前政治的自然状态提供的说明是不同时，这些理论的细节也有实质性的不同，因为这些说明有意义地影响了人们可能合理同意的东西，也影响到他们可能承认，什么权力是必要的或可欲求的。例如，霍布斯把自然状态看做是如此具有威胁性的，因此，需要一种绝对主权，这种绝对主权仅为无能要求公民自愿去死所限制。而洛克确信，一种前政治的自然状态是可忍受的和谐的共同体，主要问题在于人们试图个别地增强他们每个人认为是他们权利所有的东西，从而导致不可欲求的后果，因而认为政府的合法性作用是相当有限的。

在任何情况下，对前政治的自然状态的不论什么描述，契约论者提供的描述是把它作为在没有政府的情况下事情如何实际发生的一种现实的特征描述。契约论者的方法是问人民，严肃地考虑如果没有政府，什么样的生活将真正有可能。在革命年代，这不是对想象飞舞的幻想的召唤，而似乎是迫在眉睫的现实可能性。在一定程度上，没有政府的生活前景可能是比在政府之下的生活更糟，人民把他们自己看做是更愿意同意有某种政府，而不是面临着其他选择。

当然，这些契约论证提出了在缺乏政府的情况下生活将如何的可信赖的观点，在这方面的影响力是相当重要的。那些把他们自己看做是面对所描述的前景的人也将认识到，如果要求他们同意的话，他们有理由将他们的同意给予某种政治权威。靠着对自然状态的引人注目的描述这种背景，契约论证有大量吸引力。

只要自然状态代表了一种真正的威胁，只要是待在没有习惯所建立的政府支持的、相互合作的环境里，面对这种威胁的现实中的人民将发现他们承认国家权威的理由。不是承载了如此多的负担的实际同意，其负担之多如同要求给出理由的强有力理由一样多，而其理由是为这样的思想所提供：没有政府，生活将更坏。所以，当可接受的证明起初被认为在实际接受的［东西］中发现时，借着真实的同意，在缺乏同意中的证明似乎都是可靠而充分的。

　　承认有某个政府比没有一个政府较好，并不是认为任何政府，不论是什么政府，都是可接受的。某些政府也许是如此可怕，以至于宁可不要政府似乎更合理。而且，某些政府比自然状态好并不是在同一方面改进，如果人们面对一种选择，他们可能宁可选择某一种。毫无疑问，对于任何一个特定政府而言，某些人在这个政府统治下，可能更愿有一个不同的政府，即使不是在自然状态。而人们所面对的问题不是恰恰哪一个政府（或政府形式）较之自然状态更为喜欢，也不是他们最为喜欢他们特定的信念、嗜好、技艺、弱点……相反，他们从诸多政府或政府形式中选择他们所喜欢的那个政府或政府形式，是能确保可得到那些打算要建立和维持它的人们的同意和支持的政府。这问题变成了这样一个问题：依据没有一个可接受的政府没有全体（或至少大多数）的同意而能建立起来这样一个事实，来说明什么形式的政府将适当地（并合理地）确保每个人的同意。确实，在契约主义的核心处是这样一种坚持：协约（一致同意）必须证明为可算做全体中的所有人都可接受的。

　　在这点上，愿意给出同意的论证不仅是说给真实的人民听的，以这种术语来提及他们，是假设他们看到了确切表述的一种他们事实上可能有的选择的特征。这是以可能有的真实选择面目出现的假设同意理论。人民可能看做是理由的是这样的理由：这可能是在他们的环境中实际有的。

　　不幸的是，当人们可能愿意同意（几乎是任何一个）政府，而不是面对着自然状态时，这意愿所反映的是他们的实际处境，而这处境是在道德上受到质疑的。当一个人面对着在所谓的主人手上可能痛苦致死时（这可能是相当真实的），这个人可能同意奴役，而这种同意并不意味着确立了奴役的合法性。处于强制环境下的真实理由可能将给出的同意合法化，但不能合法化依据同意的其他行动。因此，为了对某个政府的权威进行辩护，假设同意需要在那种道德上没有污点的合理环境下呈现。

　　净化同意环境的压力自然导致假设的同意契约论也推进到理想化的同意环境。那些抵制对理想化环境的诉诸的人不外乎两个理由。一是有些人认为，实际的环境，这"自然状态"恰是没有污点的，即使是在这样的环境下生活并不是可能有的那样好。二是有些人认为，在理想化的条件下的人们达成一致（协议、同意）的不论什么理由，这些理由是与真实当事人不相干的，除非这些理由也同样是在适当的现实条件下的人们所有的理由。而在现实条件下，诉诸理想化是没有意义的。还有，大多数契约论者为这样一些清楚的考虑所动：相关的选择处境是理想化条件下的处境。

所作出的相似的考虑也告诉我们如下情形：那些谈论中作出同意的人不是实际生活中的人，实际生活中的人，有时是非理性的，并且常常是无知的，但那些契约中人，则可能是具有完善理性并且也是适当知情的。一个人，当他既是非理性的也是无知的时候，在一定的（可能是非强制的）条件下，可能会同意某种安排，但这并不意味着他有理由给予这种同意。在非强制的条件下给出的同意可能合法化了其他依据那种同意而有的行动，但它将不会合法化那种想法：这个人有理由同意。

当认识到，是否现实的人有理由赞同它的合法性仍有问题的政府时，契约论者开始将那些现实中的人和他们的实际环境与处于理想化情境中的人区分开来，契约论者认为理想情境中的人在适当理想环境下会达成一致同意，而理想环境被认为是确保他们一致同意的环境。适当理想化的人们在适当公平的环境下，将同意某种形式的政府——这似乎成了合法化的合理标准。人们可能想问，对于拒绝这样一个政府，可能有什么理由？

不过，一个自然的忧虑是，这个问题的修辞力量是以空乏无物为代价的。因为这开始寻找，好像所要做的所有有兴趣的辩护工作在于说明，谁算做是一致同意的适合的各方，什么算做是适当的公平环境。如果没有增加某些非契约，契约论者的试验似乎是空乏无物的理论，这种非契约论理论将表明，不仅是谁可算做是适当有理性的，什么环境是适当的非强制性的，而且表明在这些条件下同意的理由是什么。这样一种理论将假定支持它自己的对政治合法性的实质性说明。然而，起初契约主义诉诸在实际环境中的、面对实际选择的现实中的人们，而现在则从现实世界离开，并如此规范性地为它的假定所充满，契约论的架构似乎充其量不过是为了发现某些独立的、可说明标准的有用启发，而这种标准必须得到某种其他的、非契约论的基础理由的辩护。

有一些理论充当了这种角色的候选者。早期最有影响的是功利主义。功利主义认为，有理性的人将同意的（既是在现实的也是在理想化的环境下）恰恰是那种能够最大化所有福利的、不论什么样的政府。功利主义强调，一个政府的合法化取决于这个政府如何推进所有相关人的利益。任何具体个人承认政府合法性以及承认其权威的理由，可追溯到的不是个人如何好，而是一般而言人民将如何好。当然，这个理论就它的表述以及展开而言，并不要求契约论架构。而如果一个人以功利主义的观点问道，是否所有有理性的人在适当好的条件下，都愿意对其所赞同的政府（形式）给出他们的同意，其回答将是一个轻松的"是"。

其他理论，诸如自然权利理论和（依据某种解释的）马克思主义，也进入此地并对于什么将构成一致同意的好条件、好理由给予说明。虽然它们中的每一个都处于诉诸契约论架构之外的位置，但它们都有资源说，所有处于适当环境下（现实中）的理性人，愿意同意该理论所合法化的政府（形式）。大致地说，这些理论并没有选择契约论架构的修辞性力量，它们基于如下的理由而削弱了它：例如，它们认为契约论架构非法地为个人规定了价值，或忽略了共同体的价值，以市场关系取代了道德关系（参见Pateman 1988；Sandel 1982）。

一旦契约主义走到了对现实中的人们的真实同意的依赖之外，走到了相对地仅依赖于对在理想化的环境中的理想化的人民的假设的同意，它不仅导致了非契约论的内容增加，而且似乎需要它们。一旦所增加的东西成了在手的，那么，它们并不是增加给了契约主义，而是取代了契约主义的东西。

三、近来的契约主义

直到 20 世纪中期情形都是如此。虽然在这个世纪的上半叶，由于逻辑实证主义的影响情形甚至更坏。因为根据逻辑实证主义，在道德理论和政治论证方面的大抱负实际上只是把其他理论考虑带进自己这方的精致的设计而已，尽管假装着不是这样。

契约主义在相对近期的复苏取决于这样一种正出现的信念：与实证主义相反，必须为关于规范问题的合理论证留有空间。但这种复苏也要求两个东西：一是对那种替代契约主义的理论的不满，二是这样一种展望：得到认可的契约主义考虑可能尤其是对道德理论具有并非细节性的贡献。

而且，正如把政治契约主义的出现看做是对这样一种认知的响应一样：政治合法性与政治忠诚不能追溯到上帝或自然；道德契约主义的诉求在这种意义上得到了增长：道德约束在某种意义上是对人的理性或社会习惯的一种反映，而不是对上帝或（非人类的）自然的反映。契约主义坚持认为，一种理论的有吸引力的前景在于将道德地位去神秘化的［理解］，并证明它是对人道本性的有力表达。因为如果道德在我们的能力之中找到它的根源和权威，从而去理解它的要求，那么，对道德的理解将最终要求诉诸那种我们在任何情况下解释我们的能力和实践所需要的东西。没有任何东西隐含着那种玄秘的，或神秘的，或超自然的需要（Mackie 1977；Milo 1995）。

有着对人们在恰当环境下将同意东西诉诸的契约主义的架构，在受到康德和霍布斯的启发（虽然常常在别的方面可能不多）下，以两种不同方法（approach，或进路）发现了一个自然之家。康德的方法始于我们对道德的自然关注，并用契约主义的架构来具体说明和描画出这种关注的所含之物。在这个意义上，契约主义作为一种阐述道德内容的方法而得到了推进。相反，霍布斯的方法（进路）承认我们对道德的关注，但认为，关注本身可适当地质疑，并用契约论的架构表明，为什么和在多大程度上我们有非道德的理由来拥有道德。在这个意义上，契约主义作为一种关注对道德内容和它的要求进行辩护的方法而被推进。不论是这两种方法中的哪一种，契约主义对认知作为基础的合法性的有特色的承诺，对人们在适当环境下可能愿意同意的东西，将发现有一种中心性的作用。

四、康德的契约主义

罗尔斯令人注目地追随着康德方法（进路），罗尔斯引入契约论的架构来阐述道德的公平（impartiality）。在这个论证过程中，他希望以其他人希望获得而没有获得的公平性的方法，来"严肃对待人与人之间的区分"（1971：187）。

当然，道德要求的公平性差不多得到了所有道德理论的承认。而公平的性质、在道德权威意义上它的含义以及它的内容，则是相当有争议的。

获得道德公平性的一个熟悉方法在于认为，道德要求来自于对所关涉到的所有人的平等考虑。在这里，许多宗教观点描述道德要求是作为对上帝平等地爱所有人的反映；而理想的观察者理论则把这个要求作为平等的同情观察所赞许的东西来对待；功利主义观点则把这个要求看做是对于全体的福利给予平等的关注。获得公平性的这个方法自然导致（虽然不是不可避免）的道德原则，在它的内含物里决定性的是功利主义的。

获得道德公平性的另一个方法，不过是把它的原则看做是那样一些原则：我们每个人都个别地选择支配我们自己行为的原则——如果我们的选择是在对我们实际是什么人、我们遭受到什么或得到什么都无知的情况下作出的（Harsanyi 1953；Rawls 1971）。把这点放在心上，罗尔斯描述了一致同意（协议）的适当环境，即相关的"自然状态"，包括遮蔽所有涉及个人的天资、趣味以及那些寻求同意者的历史与处境的所有信息的"无知之幕"。通过消除掉所有那些个别性信息而获得公平。在这种极其无知的环境下集体性的和个人的选择代替了非常公平的环境下以及具有［信息］知识的环境下的个人选择。并且因有这种替代所以诉诸契约主义。因为现在一定原则的合法性，和它们作为有特殊道德原则的地位，这适当的公平，成了是否人们在相关环境下（在这里，是中立化了各方的无知环境）愿意选择的原则。在假设的环境下的假设的选择确立了道德合法性的标准，就这个观点而言，因为这种选择体现了公平。

契约论方法的公平的一个有明显意义的长处是，它既不需要诉诸人际功利比较，也不需要诉诸任何利益平衡和人们福利平衡的一般方法。相反，当公平体现在平等的爱中，或同情之中，或对他人的福利的关心之中时，任何对人际功利比较的诉诸或对利益的全面平衡的诉诸似乎是不可避免的。许多人把这点不同看做是契约论对公平的体现特别抓住了个体的道德意义，也体现了这种观念：一个人的所失总是不能为其他人的所得而从道德上得到补偿（Rawls 1971, but see Harsanyi 1953）。

公平仅仅是道德的一个方面，这需要契约论者的阐发。不是从这样一种确信出发：道德要求是不偏不倚的或公平的，相反某些当代版本的契约主义者是集中于这种观念，即道德理由是公共的和共享的——它们把理由提供给大家。这些方法从对需要公平分配的冲突利益的注意转换到对接受原则的集体性关注，即所有人都能合理地拥有它。契约主义对相互同意的诉诸（在恰当环境下）遇到的是许多做如下工作的人，他们通过阐述这样一种感觉而做着相当杰出的工作：道德要求能够宣称所有人对它的忠顺。确实，通过把道德规范看成是每个人都有理由接受的，契约主义不仅表述了道德与相互接受性之间的连接，而且把这种连接看做是确定性的。就这个观点而言，对行为的道德性的关注是对依据原则而行动的关注，而这个原则是每个人都可能合理地拥有的。确定哪些原则是我们所需要的，在于提出明确的契约论的问题：在适当的环境下，人们能够合理同意的是什么？虽然这里的适当环境不涉及根本的无知，但是为这样的参与者所占据：在一种被认为是合理的和关涉到确定对所有参与者可能接受的原则背景中，那些对可赞成或反对的原则提出考虑的参与者所占据（see Scanlon 1998；Habermas 1990）。

当公平和相互接受两者使得当代契约主义富有吸引力而起了关键性作用时，它们本身在道德的第三方面发现了支持：对平等的关怀和尊重来说重要的证据。许多人认为，个人的道德意义得到这种观点的最好的把握：把道德要求作为他们自己的，是对每一个人，即不受强制和把他们自己看做是这一过程中的充分参与者的个人，能够合理地拥有的东西的反映。就这个观点而言，以平等的关怀和尊重来对待人，就是把他们看做是如同自己一样，在支配你的交往活动的原则上有一种合法性。支配你自己的原则他人也可赞同，因此一个人对于平等的关注和尊重给予的表达，是具有道德特点的。

我已经指出，契约论者在他们自己之中对于那些不同考虑中的哪一个能置于首要地位是存在分歧的。即使是在赞同的人之中，对于公平、相互接受或平等的关注和尊重，怎样才能找到最好的表达方式，存在着有意义的分歧。不过，尽管有分歧，在那些持有这个方法的人之中存在着共识：在表达道德的至关重要的、有意义的特征能力上，我们能够发现契约论架构的相关性。以这些术语来思考，契约主义是对这些人说话：他们已经对怎样合乎道德要求来做很上心了，但还在想着，确切来说这是怎么回事？契约主义被提供作为指明那些要求的一种方法，并因诉诸它的表述能力和具体体现道德的至关重要的特征而看做是适当可辩护的。

康德的契约主义方法面对着两个相关的问题。一是就其终极性而言，是否任何真正的工作可通过诉诸适当处境中的人们的同意而做。更成功的说明是以公平的名义删除在选择上的个人差别的影响，而几乎没有为这样的观念留有余地：相区别的个人的选择关系到结果。而当这是处于无知之幕之后的选择，问在这种环境下的所有人所同意的东西，是如同问任何一个人可能同意的东西，因为无知之幕把所有个人的特征都遮蔽起来了，而本来某个人是与他人相区别的。那么，在这种理论中，集体选择或相互同意的概念确实有任何实质性的地位吗？这根本就不清楚。在任何情况下，假设人们这样做了，那么，当某人问道，人们达到集体选择或相互同意的基础是什么时，第二个问题来了。这是问，为确定一种选择或同意而不是在他人威胁下破坏选择或同意的独立性的、处于"适当处境"中的人们可能有的任何基础。即使是人们之中的假设性同意，似乎也在这个描述之外。这两个问题所强调的是，契约论诉诸人们（应是复数的）可能有的同意，不论是在什么条件下，似乎并没有起除了启发外的任何作用。

　　这是一个很严重的关切。如果它不能解决，契约主义的架构就会好像是窗户的帘子，一种装饰性的覆盖物，它可能使人们感到某种理论有益，但根本没有对一种理论的实质有任何贡献，或对于它所赞同的原则的辩护有任何帮助。主要的挑战在于发现有特色的契约论观念的这样一种作用：道德要求以某种并非琐碎的方式反映，在适当的环境下人们可能合理同意的东西。当然，一种明显的非契约论理论范围能够终止于如下说法：他们所提倡的原则可能为适当处境下的合乎理性的人们所选择。不过，当非契约论者这样说时，对于人们可能同意的或选择的东西的诉诸，那如同是沿着这种理论的边缘而行进的第五轮那样摇摆，但根本就没有在那上面走。所提出的原则的内容完全不受人们可能合理同意的东西的影响——所有影响在另一方向上行进。

　　为了解决这个主要的挑战，契约论理论不得不表明，对人们可能同意的东西的诉诸在某个方面是敏感的，或是一，对于参与选择的人们的多样性，或是二，对于为所选择的东西所支配的人们的多样性，或是三，对于论证所涉及的人们的多样性。唯有当"道德是有特点的个人可能同意的东西"这个观念起了有意义的作用，可替代的是，如果个人作出关键性选择或同意，或为了个人而作出选择，那么，谈及人民（相对于个人）可能同意的东西（这种东西将对原则的性质没有实质性的影响，这些原则是得到论证和契约论的架构的支持的），对于这种理论将没有任何有意义的贡献。正如所发生的，所有这三项选择都已经被探讨过了、开发过了和辩护过了。

　　这样，某些契约论者指出，选择的适当环境完全没有触动如下的关键性事实，在无知之幕的情形里也是一样，这个事实是：那些寻求达到一致同意的人们，对于哪一个原则能作为相互同意的原则，其影响力在相互之间是不同的。这种论证一般特征化地把相关的同意描述为讨价还价的结果，或某种平衡化了的调解，它的具体内容反映了参与者之间的差别。不涉及个人间的差别和允许这些差别对论证所支持的原则性质有某种影响，这样的观点使得契约论思想有了真正的空间：一定原则的合法性实质性地取决于集体性的人民可能同意的东西。

　　其他的契约论者指出，所谈论的选择的结果实质上为如下事实所形成：所选择的东西（一系列支配个人间交互活动的原则，或一套建构社会的基本制度，或不论什么）是为一种潜在的多样性的团体的人民所选择，他们有不同的天资、价值观、人格等。这类论证结果是注意到这个方面：选择问题为对可应用到不同人的结果的展望所形成。即使是在适当的环境里，一个选择者是与另一个一样地好，而不止一个不是真正增加的（正如在无知之幕的情形里），那可能是这种情况：这样一个选择者将选择的东西是受到了如下事实的影响，她从开始为她自己选择的东西，是不同于需要调解的东西的。

还有其他的契约论者指出，整个选择局势——在这种环境里作出的选择以及作出选择的人的本性——对如下事实是可以用实质性方式回答的：就人们把他们自己看做是在一起试图解决相互的交互活动需要的可接受的原则而言，被提供的全面性契约论证不是给单个人的，而是给[群体的]人们的。这种论证注意的是现实中的人们的处境，论证是对他们作出的，论证所维持的是，他们的差别对于应如何描述他们的选择局势是有影响的。我们实际处境的一个至关重要的特征似乎是，我们能够期望，在诸多方面有理性的人们在核心性的哲学和道德问题上存在着基本的分歧，这意味着，没有达到广泛共识的真实前景。不过，对于所有有理性的人们而言，还有同意（出于他们不同的理由）的余地：有理由依据相互接受的规范调节我们的交互活动，这些规范是我们全体所接受的，我们都是有理性的人，并且我们把原始契约环境看做是表达了为所有有理性的人共享的共同基础（Rawls 1993）。

所有这三类论证有比一点合理性更多的东西。至少是他们认为，对于如下的观点有辩护的余地：以这种或那种装束出现的契约论的架构，能起比一种理论中的启发性作用更多的作用。还有，它们提供的某种契约主义的版本，作为道德关注的最好表达，分享了下面两个增加的忧虑。

第一，契约论的理论的多样性本身检验着这个事实：人们对道德的先验性的理解存在着有意义的差别，即使当我们通过思考公平在于何处来看这个问题也如此。因而在面对着不同的契约论理论时，问题自然产生了：对我们的先验性关注，这些表述中的哪一个准确地抓住了这种关注的客体？问适当处境中的人们可能同意什么，似乎对于回答人们能够得到什么这个问题没有提供任何东西。因为契约主义的所有版本都依他们对选择环境的偏爱性描述，依他们对在如此处境中的人们将达到的同意的理由来进行。对于可算做是确定我们的道德考虑（契约论的）而不是别的特征的好理由的，似乎不是理由——就任何有兴趣的意义而言，如果就他们在适当的处境中，他们愿意同意的东西而言。就某个观点而论的基本论证看上去好像是决定性的非契约论的。

即使是对契约论的架构的一个特殊特征化描述能够成功地抓到我们的道德关注，第二个所担心的问题出现了：有什么理由拥有这样的道德关注？即使是那些关注着如此行动的人，就反思而言，道德要求可能会怀疑是否他们有任何好理由坚持或依据那种考虑而行动，特别是在那种处境中：道德相当清楚地要求［人们］作出牺牲。为什么不把这种考虑仅仅作为对社会化的一种反思？一个人如果不社会化，可能做得更好吗？就契约主义唯一地把道德的考虑描述为我们所分享的而言，它实际上忽视了这个问题。但这是一个问题，许多人认为，不应把它意外地放在一边，至少不是全都如此对待，因为人们的实际考虑常常反映的是无知、迷信以及偏见。当然，道德表现它自己作为合法性命令的忠诚和牺牲。但当它需要我们这样做时，我们真正有理由提供这种忠诚和牺牲吗？

霍布斯的方法严肃地对待这个挑战，并且把契约论的架构看做是对这个挑战的独一无二的、最具说明力的回答。在转向这个方法之前，我应提到一个有吸引力的回答，这是康德式的契约论能够有的。正像这个回答所有的，那些承认某些行为过程是道德上正当的或所要求的，但怀疑是否有理由因此而行动的人，不可能欣赏那种直接遵循他们所承认的东西而来的行为：他们有道德上的理由如同要求那样来行动。承认道德要求，似乎是思考的合理理由，并因此带着对道德理由的清醒认知而行动。但这个考察恰恰把问题推后了一步，因为现在的问题是，是否一个人有充分的理由来看重一个人审慎［考虑］的道德理由。人们可能在这个意义上坚持说，道德理由是必然要看重的，所以一旦对于怀疑是否看重那些理由［的人］没有好的感觉，我们承认这是有道德理由的。我们很难与那些人有同感：他们感到因这种回答受到了欺骗——一个假问题的欺骗——乞求为道德的意义进行辩护。

五、霍布斯的契约主义

霍布斯的契约主义的方法提供了这样一个辩护。那些持有这个方法的人指出，我们没有道德的理由来拥有道德。这个方法的有特色的契约论元素是这样解释的：我们每个人拥有道德的理由是那些反映了我们的利益的相互性的理由，以及相互有益的机会。以一种宽泛的术语来说，霍布斯方法评论道德是把道德看做是这样的一系列原则所构成,对这些原则的采用对于每个人是有利的,它意味着每个人将有非道德的理由来采用这些原则——只要其他人也采用它。这一方法意识到,道德要求的合法性取决于我们有(非道德的)理由来支持它们。

契约主义的一个最早的版本,是为柏拉图在《国家篇》中所提出的,它包含着当代道德契约主义的霍布斯系列的核心要素。在契约主义的这个版本中,放进高尔吉亚那里的是愉快地指导。根据他所提出的观点,正义的规则是习惯性的,代表了一种妥协。一方面,人们喜欢的是他们的意志不受人的制约;另一方面,他们也希望不受他人的不受约束的意志之害。认识到他们如果不遭受后者之苦就不能享有前者,并且恰恰害怕的是后者,他们对于每个人的意志,一起合作来确立和加强了相互同意的限制。高尔吉亚说,这些限制就是正义的规则。这样,正如高尔吉亚所说的故事,约束性正义所施加的是对习俗的一种反思,而我们每个人都有(非道德的)理由鼓励和拥有对习俗的反思(在一定的人类条件下)。习俗建构了道德,而某种妥协不过是合理性道德,它是有助于我们的相互利益的(Gauthier 1986; Buchanan 1975; and Harman 1978)。

以高尔吉亚的方式来看,游戏理论提供了在具有道德原则的社会交互活动结构之下的明显的资源。任何个人所有的以这种方式而不是以另一种方式行动的理由,取决于其他人有理由所做的是什么。而这样行动的方式是多种多样的,对于这多样性方式进行一种深入研究是可能的。可能在这方面最有影响的是囚徒困境,囚徒困境模式化了这样一个局势:在那里,如果每个人直接最大化他所期望的功利,选择和可得到利益就将是他们加在一起可预期的结果比他们合作而可预知的直接得到的结果更坏。[1]但更多的游戏理论和经济学中的概念在最近的契约主义的讨论中起了至关重要的作用。在这个方面特别重要的是,已经发展了对逃票乘客(他们得到好处是由于其他人的努力,而他们自己则没有参与到这种好处的创造中)、外部性(实行决定的代价转移到了那些在作出决定中没有发言权的人)以及信心保障问题(除非全体都得到信心保障,其他人将负起他们的责任,否则,全体潜在的可靠的利益将不可能实现)的理解。在这里的每一个情形里,都好像一套成功地确立和内在化了的原则要求一定种类的行为,要求考虑他者,承诺起其他人将共同行动的信念,由此而减轻了如果不这样就可能出现的问题。相互约束和理智地选择,导致相互得益。

为霍布斯的契约主义所持有的希望是,至少在某种程度上,道德原则可能最终因表明我们都从一个人群共同体的生活中受益而得到辩护，在这个群体中，人们依据原则约束他们的追求。同时，虽然这个希望必须为如下承认所平衡：在许多方面，霍布斯方法很可能支持的原则充其量不过是不完善的常识性原则而已。

就霍布斯的观点而言，例如，我们从道德得来的好处主要来自于其他人所拥有的道德原则，其次来自于我们避免了我们可能遭受的不幸负担，这种负担是因违反了这些原则而招致其他人的惩罚所产生的。在具体的情形里，受益处的平衡将因违背具体原则得利而遭破坏，特别是如果某个人这样做了而未被察觉（所以不受惩罚）。作为结果，即使承认确立支配我们的交互活动道德原则是相互有利的地方，也可能在某些时候顺从它们（并不出于什么理由）而得不到好处。并且，即使是可获得某种好处，如此顺从的动机也明显地不是道德的理由，而确实显然是自私的理由。在一定意义上，对于做得道德的一种充分证明涉及对所做之事为道德的证明，因为道德要求这样做——而霍布斯主义者可能不能提供这样一种证明（see Gauthier 1986 and Sayre-McCord 1989）。

而且，就这个观点而论，可能相互有利的原则只是偶然的，并且相当清楚的是部分的，与我们现在所承认为道德原则的那些原则重合。尤其是，在一定意义上，我们有理由拥有的原则依赖于其他人也有（非道德）的理由拥有的原则，而这些原则几乎确实反映了不同的权力、财富和其他部分安排的一般处境。相似的是，当那些人的保护对于他人（如弱者）不带来好处时，采用可带来相互益处的原则将不给他人带来好处。在这两种情况下，结果——相互有益——原则将假定不同于那些常识道德所推荐的原则。

常识道德与霍布斯的契约主义所荐举的原则之间的张力，在很大程度上是由于认为，只有当原则表明是对在实际环境中的现实的人们有利时，原则才具有合法性。因为几乎不可避免的是，在人们之中道德上可疑的差别将影响到具有原则的内容，这种原则因其性质而具有合法性，因为是真正有利的。而就这些道德上可疑的差别来说，人们通过集中注意于那些非实际的好处，人们能够期望的益处只有在假设的环境里才能确保，因而，一个人可能在这点上正确的东西越多，那么，他就越不能作出"人们有非道德的理由来关注这种好处"的主张。如果人们生而舒适富有，通过强力、欺诈或狡猾来使得其生活得到保障，毫无疑问，任何此后的一致同意（协议）都为我这种最初的好处所扭曲了。当然，某人可能基于公正的理由说，坚持不允许这些好处的影响，但当真正的益处对我来说消失了时，相互有利的前景也就没有了。对导致结果的原则的道德诉诸似乎成比例地倒转到对全体实际有利的主张。实际可能是这种情形：如果一个人严肃地看待"人们应当如同他们有理由做的那样去行动"这样一种观点，如果一个人认为，一个人有理由去做的，就是对那个人有利的不论什么事情，那么，在有益和常识道德之间的错配就比常识更糟。

幸运的是，霍布斯的契约主义能够，也一般承认，人们的利益与偏好可能是他者考虑的（other-regarding）、同情性地被引导的，和在诸多方面是相当敏感的，这意味着，对于他们的利益是如何与他人的意志结合在一起，有一种真正的评估；而这毕竟也揭示了从相互有利到承认原则为道德的原则的论证。为维护道德原则他们诉诸利益与好处，但这种诉诸并不是唯一地对自我利益和私人性的益处的诉诸。通过对人性的诚实说明和为我们所操劳的他人福利（在或多或少的程度上，作为对本性与养育的回报）的说明，至少想到所有人的好处是合理可能的，而这点是为采用在常识中已经可靠地确立了的道德原则所担保的。

毫无疑问，在这个方面对道德的任何辩护需要诉诸的是我们同胞的感情，而这在两个方面使得道德原则成为任意的，也使得它显得紊乱。第一，道德原则的内容在我们对他者的关注的形式与实在方面是任意的；第二，就对那些所涉及的人的关心而言，对于遵从道德原则给出的论证力量也是任意的。虽然不像康德的契约主义，霍布斯主义者的多样性需要并不认为，为论证所关涉到的人们已经具有了一种鲜明的道德关怀。

有意义的是，康德的和霍布斯的方法可能是相互补充而不是相互匹敌的。因为可能是，我们有非道德的理由去拥有的关心（像霍布斯主义者那样认为的）是一种鲜明的道德关怀，它的内容需要契约论的阐明（如同康德主义者所主张的那样）。

六、结　论

有第三个版本的契约主义，即为休谟所启发的契约主义，这种契约主义视为当然的不是道德上的关心，也不是任何一种对我们有理由去做的事或可接受的东西的说明（Hume 1978）。它要解释的是，为什么评价性概念和承诺在具有我们的能力、关心、具有我们的长处和短处的存在物中出现。在进化论的故事中，鲜明的契约论成分围绕着评价性概念和承诺他们自己习惯性地解决人们可能会面对的问题。确立解释我们的概念而没有以他者为前提，休谟的契约主义比康德的方法和霍布斯的方法更有野心。而这个野心为如下事实所减轻：休谟方法所关涉的，既不是建立任何具体的实质性的道德观，也不是提出人们有任何一种理由做得有道德。与此不同的是，通过最初诉诸我们处境的非评价性特征，以及因以评价性术语思考的能力带来的自明性好处，它希望说明我们实际具有的（在内容上的或不是内容上的契约论的，为理性拥有的或不是理性拥有的）评价性概念。

一旦评价性概念起了作用并有了它们自己的生命力，休谟而不是别人，将依靠它们来辩护或批判具体的行为和制度，而且在某种情形里，习俗（习惯）形成了概念本身。作为结果，休谟契约主义可能结束对一种在更为宽泛意义上的、涉及道德和实践理由的具体评价事例的辩护。某人可能拥有一种康德式的观点：我们所有的道德关心，最好为诉诸契约主义的架构来阐明；或她有着一种霍布斯式的观点：对人们有理由做的事的适当理解，在于表明，他们的理由在实质上是与他们自己的好处捆在一起的。或者她可能拒绝这两种观点。她的承诺在于认识到，她所依赖的评价概念其基础在于一套鲜明的习俗，并形成于这套习俗。正如下棋游戏走棋的感觉只有在游戏规则确定的背景下才有一样，休谟式的观点坚持认为，评价判断要有意义，只有在那得到习俗性规则支配的概念所界定的背景下才有意义，而这类概念在这些判断里得到应用。就这个观点而论，我们以道德术语进行思考的能力，和我们谈论理由的能力，唯一取决于确定的习俗和实践中可得到的资源。

有意义的是，休谟主义对于与鲜明的评价概念有关的习俗提供了一个说明，而不是（或至少不是或不仅仅是）对同伴的感情或利他主义或合作性气质（品格）进行了说明。这是希望对我们进行道德判断的能力进行解释，而不（仅仅）是对与他人合作或响应他人的情感的能力进行解释。假定界定我们评价术语的习俗要求呈现多样性的情感反映和气质。但休谟式的注意集中于那些习俗本身，以及通过确立修正它们的应用标准而服务于构成我们评价概念的方式。

在把评价性概念（和具体确定概念内容的原则或标准）导入（introduction）［社会］方面，休谟方法类似于霍布斯方法，把它看做是如何不采用这些概念，就可能出现某种问题的集体性有益解决。不过，还是有某种至关重要的不同。尤其是，就休谟的观点看，当评价性概念有这种好处时，它们并不会被看做是依据人们认识到的理由而审慎地导入的（因为，依据假设，没有实质性的理由概念在起作用，所以没有意义来说人们实际认识到了什么理由）。在初始时，假定在那人们发现了他们自己的处境里，集体性选择问题还没有合理解决，评价性概念就这样以明确的方式产生了。当然，一旦有了相关的概念，就有可能回过来反思那评价性概念的导入和进化。并依据这种反思，休谟方法假定，人们能够发现，对于那能使人高兴的像初始概念那样的东西有好的理由导入，并且他们有好的理由赞同他们得到进化而有的东西。不过，在这个意义上，我们所共有的赞同评价性概念的理由将走到严格地诉诸自我利益之外，并将隐含着对从霍布斯方法所排除的公平、正义和价值的实质性考虑（see Sayre-McCord 1994）。

当然，反思评价性概念的起源和性质可能揭示我们现在对评价性概念理解的深层问题。但是，为了改变我们对什么是正义的理解，而为批判和证明提供理由，就必然求助于我们所有的和我们能够理解的评价性概念。在这些情形里，对于反思性地修正他们现在所有的习俗，相互有利的起始性习俗既提供了资源也提供了理由。如果没有这样一个反思过程，那么对于概念的意义将令人困惑，同时，反思性采用概念的过程确立了评价性概念的鲜明特征，而评价性概念是实质竞争性的。

强调反思性采用评价概念的过程起了一个重要作用有两个问题。一是休谟的习俗主义承诺了一种客观形式的相对主义，因为可能在一个共同体中呈现的概念也许与另一个共同体中的那些概念具有实质性的不同。二是因相互有利具有中心性地位，这个方法将不可避免地揭示的道德原则，其含义和中心点是武断性的和地方性的。尤其是，在一个具体社会中出现的概念，是与这个共同体中的那些人的利益有关的，而不考虑其他人的利益。这两点考虑是严重的忧虑，但就相对主义所涉及的是客观性和地方性的武断性。毫无疑问的是，某些相对主义版本是客观的，而地方性关注则常常是武断的。还有，不同的共同体发展了不同的评价性概念，以回答他们的特殊处境问题，而这似乎不仅是明显发生了的事情，而且也是无可反驳的（只要所涉及的概念是无可反驳的）。同样，在一个共同体内所发展的概念回答那个共同体的需要和利益，似乎完全不是武断性的。一旦我们注意到，我们有某种利益的概念的内容可能在概念的范围内带进了他者的利益，那么，我们就不会为其他理由所扰乱了。在一定意义上，有理由扩展我们原则关注的范围，或调整我们对我们承诺含义的理解。所叙述的那些理由用了我们现在的概念。这些概念是，它们的运用在休谟对它们的社会作用的叙说里发现了一种解释。我们合理的批判原则和实践的能力不可能超过，对于识别和表述可能有的难题因而我们有的概念资源，休谟观点所提供的是对这些资源的一种解释，一种形而上学的和种类识别性温和解释。揭示发现我们评价性概念携带着它们自己的破坏性种子，休谟的契约主义也可很好地适应甚至拥抱为了有理由重新评价我们的评价承诺而动员起来的不论什么实质性考虑。

这种适应新考虑的能力对休谟的契约主义的价值提出了问题，在一定意义上，一个人希望用契约主义去识别和维护某种特殊的（和确定性的）评价原则。重要的是要认识到，这个方法不能提供，甚至不能假装提供了这样一种维护。可替代性的是，休谟的契约主义的目的在于从人性中找到评价性概念的来源，来解释我们评价性概念的起源和性质。同时，虽然希望在于表明，在发现评价性原则的性质和起源时，因此我们同时表明它们对我们的遵从的要求。通过在社会的交互活动中起作用，通过作为媒介（在言说中），人们凭借它协调行动、提出建议和解决冲突而起作用，我们的评价性概念至少部分地挣得了它们自己的赞同。

休谟方法是否以及怎样与康德方法和霍布斯方法在契约主义上相吻合，这个问题没有解决。为休谟方法所吸引的人，包括我自己，怀疑它能对如下问题提供一种哲学上的满意的说明：(1) 康德所诉诸的在公平的条件下人们可能发现的相互同意的东西与确立的道德要求的相关性（和不相关性），(2) 在解决冲突和协调行为时，霍布斯诉诸我们的非道德利益为什么是与道德要求相关的（但为什么这不是它们范围的终极性限制）。

任何一种契约主义是否可得到终极性辩护和怎样进行辩护，这个问题也没有解决。不过，那些为契约主义所吸引的人可能相信，对道德的一种适当理解，就是把道德看做是对那些臣属它的要求的人、对什么［原则］是可合理接受的一种反思。[2]

【注释】

[1] 见路斯（Luce）和莱福（Raiffa）对这个困境的经典描述。这里是个困境。想象一下两个人发现他们自己所面对的如下东西。如果都不坦白所指控他们的罪行，他们两人都将判得轻些（罚金加一年监禁徒刑）。如果他们都坦白，那么，两人都有更重的罪，但因其坦白而将得到某种宽大处理（服刑五年）。但如果一个坦白，另一个不坦白，坦白的人将获释而不受惩罚，而另一不坦白的人将判重罪（服刑10年）。假设这不同的监禁年数代表了他们所增加的个人的比例，囚犯所面对的是这样的困境：每个

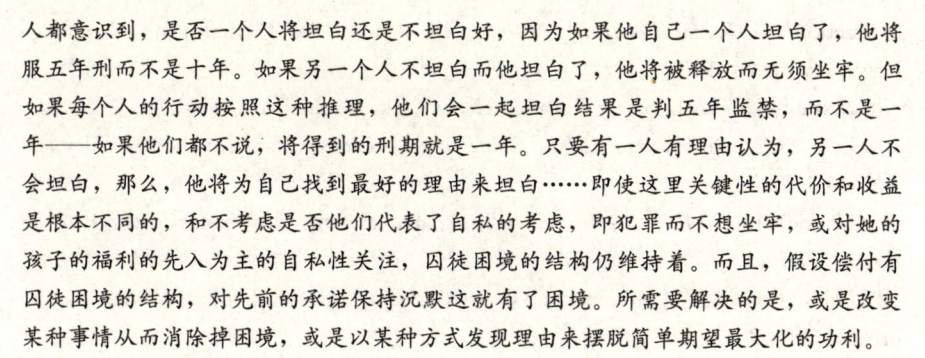

人都意识到，是否一个人将坦白还是不坦白好，因为如果他自己一个人坦白了，他将服五年刑而不是十年。如果另一个人不坦白而他坦白了，他将被释放而无须坐牢。但如果每个人的行动按照这种推理，他们会一起坦白结果是判五年监禁，而不是一年——如果他们都不说，将得到的刑期就是一年。只要有一人有理由认为，另一人不会坦白，那么，他将为自己找到最好的理由来坦白……即使这里关键性的代价和收益是根本不同的，和不考虑是否他们代表了自私的考虑，即犯罪而不想坐牢，或对她的孩子的福利的先入为主的自私性关注，囚徒困境的结构仍维持着。而且，假设偿付有囚徒困境的结构，对先前的承诺保持沉默这就有了困境。所需要解决的是，或是改变某种事情从而消除掉困境，或是以某种方式发现理由来摆脱简单期望最大化的功利。

[2] 十分感谢罗伯特·古丁、菲利蒲·佩蒂特、马歇尔·里奇、马歇尔·斯密对这篇论文的初稿的评论。

参考文献

Buchanan, James: *The Limits of Liberty* (Chicago: University of Chicago Press, 1975).

Gauthier, David: *Morals By Agreement* (Oxford: Clarendon Press, 1986).

——: "Why Contractarianism?," in P. Vallentyne (ed.), *Contractarianism and Rational Choice* (New York: Cambridge University Press, 1991), pp. 5–30.

Gough, J. W.: *The Social Contract*, 2nd edn. (Oxford: Clarendon Press, 1957).

Habermas, Juergen: "Discourse Ethics: Notes on a Program of Philosophical Justification," in Christian Lenhardt and Shierry Weber Nicholasen (trans.), *Moral Consciousness and Communicative Action* (Cambridge: MIT Press, 1990).

Harman, Gilbert: "Relativistic Ethics: Morality as Politics," *Midwest Studies in Philosophy*, III (1978): 109–121.

Hume, David: *A Treatise of Human Nature* (Oxford: Oxford University Press, 1978).

——: "Of the Original Contract," in Eugene Miller (ed.), *Essays: Moral, Political and Literary* (Indianapolis: Liberty Classic, 1985), pp. 465–487.

Harsanyi, John: "Cardinal Utility in Welfare Economics and the Theory of Risk-Taking," *Journal of Political Economy*, 61 (1953): 309–321.

——: *Essays on Ethics, Social Behavior, and Scientific Explanation* (Dordrecht: D. Reidel, 1976).

Kant, Immanuel: *Groundwork of the Metaphysic of Morals*, H. J. Paton (trans.) (New York: Harper & Row, 1964).

——: "On the Common Saying: This May be True in Theory, But It Doesn't Apply in Practice," in *Kant's Political Writings*, ed. Hans Reiss (Cambridge: Cambridge University Press, 1970).

Lessnoff, Michael: *Social Contract* (New York: Macmillan, 1986).

Luce, R. D. and Howard Raiffa: *Games and Decisions* (New York: John Wiley and Sons, 1957).

Mackie, J. L. : *Ethical: Inventing Right and Wrong* (Harmondsworth: Penguin Books, 1977).

Milo, Ronald: "Contractarian Constructivism," *Journal of Philosophy*, 92 (1995): 181-204.

Pateman, Carole: *The Sexual Contract* (Stanford : Standford University Press, 1988).

Plato: *The Republic*, G. M. A. Grube (trans.) with revisions by C. D. C. Reeve (Indianapolis: Hackett Publishing Company, 1992).

Rawls, John: *A Theory of Justice* (Cambridge, MA: Harvard University Press, 1971).

——: *Political Liberalism* (New York: Columbia University Press, 1993).

Rousseau, Jean-Jacques: *On the Social Contract*, Roger and Judith Masters (trans.) (New York: St. Martin's Press, 1978).

Sandel, Michael: *Liberalism and the Limits of Justice* (Cambridge: Cambridge University Press, 1982)

Sayre-McCord, Geoffrey: "Deception and Reason to be Moral," *American Philosophical Quarterly*, 26 (1989): 113-122.

——: "On Why Hume's 'General Point of View' Isn't Ideal and Shouldn't Be," *Social Philosophy & Policy*, 11 (1994): 202-208.

Scanlon, Thomas: "Contractualism and Utilitarianism," in Amartya Sen and Bernard Willians (eds.), *Utilitarianism and Beyond* (Cambridge: Cambridge University Press, 1982), pp. 103-128.

——: *What We Owe to Each Other* (Cambridge, MA: Harvard University Press, 1998).

Skyrms, Brian: *Evolution of the Social Contract* (New York: Cambridge University Press, 1996).

Vallentyne, Peter(ed.): *Contractarianism and Rational Choice* (New York: Cambridge University Press, 1991).

第14章 直觉主义

大卫·麦克诺顿

两种道德理论

什么使得一个行为在道德上是正当的？不同的道德理论给予了不同的回答。最简单的回答是，恰恰是与行为正当性相关的考虑。后果主义（或"效果论"）是一种流行的和有影响的理论，它的主张就是如此。根据后果主义，与确定行为正当性相关的那种考虑是后果，即行为在这个世界上的价值量。有任何意义的任何行为将影响到价值。在许多情况下，一个行为将有好的后果和某些坏的后果。从道德的观点看，你的行为越能够带来好事情而避免或除去坏事情，则越好。所以，与一个行为的正当性相关的唯一考虑是平衡好与坏的后果。从你应当做正当事这种意义上看，所需要考虑的是，你要把事情做得比以其他某种方式来做它或不做它更好些。这样，从道德的观点看，正当行为是有好结果的那种行为。当事人行事正当恰恰就是没有别的办法来把这件事做得比以现在的办法做更好。

后果主义[理论]并不是像一个理论群体或理论系列那么多样，它们所享有的基本前提是，当我们从道德的观点来判断一件事时，我们必须参照它所产生后果的价值来进行。在上面第一段文字中所勾勒的观点是最简单、最流行的版本，这个版本我们可称为最大化行为后果主义（act-consequentialism）。这是一个**最大化**版本的后果主义，因为它告诉我们，正当的行为是产生**最好**结果的那个行为。其他版本，有时称之为**满足的**后果主义，较之它有较弱的要求：只要一个行为产生足够的或充分的好的后果，它就是正当的。这是**一种行为**后果主义，因为它主要注意于我们应当怎样判断行为而不是动机或道德规则。

行为后果主义理论能够进一步区分为对善（好）的**一元论**的或**多元论**的解说。一元论认为，仅有一种事情是内在善的。经典的功利主义，例如边沁和密尔的，断言快乐是唯一的善（好）。快乐主义坚持认为，有一些相区分的善（好）的东西。例如，某人可能想，不仅有快乐的量，而且也有分配方式，它也具有道德的意义。如果是这样，那么对利益与负担分配的公平性将是一种相区分的善。如果有两个世界，在那里有平等的快乐，但其中一个比另一个快乐得到更公平的分配，那么，较公平的世界也将是较好的世界。其他的内在善的可选物是知识、美、成就和自尊。

虽然行为后果主义者可以是关于**善（好）**的一元论或多元论者，他们都是关于**正当**的一元论者。正如我们所知的，他们同意，唯一一种考虑，即对后果的善的考虑，是与一个行为是否正当的相关的。相反，**道义论**理论既否认一个行为的后果的善直接意味着它的正当性，也否认后果的价值是正当的唯一标准。他们中的多数，虽然不是全部对正当取一种多元性的说法。他们认为，有一些相区分的考虑是与确定行为的正当性直接相关的。例如，当一个人作出某种承诺，或某人的行为涉及撒谎，或直接伤害某个无辜的人，所有这些都可看做是确定哪一个行为是正当行为的相互不同的因素。对照双方对正当与善的不同说明，这是划分后果主义与道义论的经典方法。行为后果主义认为，正当完全是为善所决定的；任何行为的正当性唯一地取决于所产生的可与其他行为比较的价值量。相反，道义论则主张，正当与善并没有相关性。行为的正当不是，或不单是，行为所产生的价值量的功能，其他因素也是相关的。确实，如果一个行为产生的善比另一个少，这可能常常是对的。

一、直觉主义

直觉主义是道义论理论的一种。像其他的道义论理论一样，它认为，有一些相区别的考虑，它们都是与任何行为的正当性相关的；或者，正如我们已经简短地论述的那样，有一些相区别的道德原则和责任。把直觉主义与其他道义论理论区分开来的主要是这种主张：道义论所承认的责任中的某一些是基本的或不可替代的。它们不来自于某些更基本的理论，或基于这种理论。当我们反思我们的道德体验，我们能够认识到，我们有这样的责任：遵守诺言的责任、不伤害他人的责任或纠正我们所犯的错误的责任。这些责任中的每一个都相互区别，并区别于我们不得不把这个世界变得更好的任何责任。如果问我们，我们如何知道这些是我们的责任，其回答就是它们是**不证自明**的（self-evident）。以一种相当过时的术语（例如在西季威克那里）来说，基本的不证自明的道德原则被称为直觉，而这就是这个理论的名称。

其他道义论者，认同直觉主义者，认为有一些相区分的责任，但拒绝认为它们是不证自明的。宁可说，他们寻求的是提供一种支持这些责任的理论，即他们通过对关于人性或关于理性行为者的性质的某种似乎合理的说明，来表明它们是怎样产生的。康德主义开始于关于实践理性性质的主张，并从这得出对任何准则或原则的检验，而这个主张依赖的是，如果准则是可行的，那么，行为者的那种行为是可接受的。因而，我们不同的责任通过认识到什么准则能够通过检验或不能通过检验而产生。自由主义开始于一种关于人性的一般理论，它从这里得出自我决定的权利和财产所有权理论。对于把什么看做是我们的最基本责任，直觉主义没有提供这样理论化的背景。它不得不以自己的脚立地从而自我支持。

"直觉主义"这一术语是令人误解和不幸的。它激发了多种流行的错误概念，诸如认为直觉主义相信一种为科学所不知的神秘的官能或"道德感"，通过这种官能或"道德感"，我们能够觉察出道德的性质。哲学术语使用的改变可能能够引起混乱。"道德直觉"这词现在用来指出的不是终极性不证自明的原则，而是对于我们在具体情境中应当做什么的我们倾向于作出的那种判断。为了避免混乱，我将仅仅在它的当代意义上用"道德直觉"这一短语。

在两次世界大战之间，直觉主义兴盛起来，虽然它根源于18世纪的道德哲学，甚至更远些。在第二次世界大战后，它变得不那么时髦了，直到最近仍然如此。几乎没有人对于读直觉主义的提倡者普里查德（Prichard）、罗斯、布罗德和尤因（Ewing）的著作感到烦恼，人们认真而同情地读，而结果则常常是不成功地模仿。在第二次世界大战之后紧接着的那些日子里，忽略直觉主义是不奇怪的，因为否定客观道德真理和知识的观念是流行的正统观念。即使是在20世纪70年代之后，对于客观主义的道德理论如像康德的理论复苏了，直觉主义继续不被看做是"创始者"（starter）。毫无疑问，过分匆忙地打发掉这种理论部分原因在于没有认真研究经典的直觉主义文本，但这种失误需要解释。

二、反对直觉主义

我认为，直觉主义常常被人臆断为是不值得研究的，因为认为它基本上是无解释性。为什么是这样？我们通过反思日常道德思想和经验而开始将道德理论化。我们从不同的来源得到一种道德原则的杂乱的集合，我们发现我们自己处于一种多样性的道德困惑的境地里。面对着这些困境，我们可能希望一种道德理论能够做四件事情。第一，在我们的道德思想中能够揭示出某种系统性结构。第二，在相匹敌的考虑把我们推向不同方向时，它将告诉我们怎样处理道德冲突。第三，对于道德知识（如果有的话）何以可能提供一种合理说明。第四，一种道德理论应该对道德问题说点东西。

直觉主义被指责为在这四个方面没有提供什么好东西。第一，批评家宣称，直觉主义没有系统性：一种不强调合理性的没有连接的责任的堆积。第二，直觉主义被认为对于解决道德冲突没有帮助。第三，直觉主义被认为不能够解释道德知识。批评家说，为了回答"我们怎样才能知道一个行为是对（正当）的"，直觉主义只是回答说："靠直觉。"但这可能被认为，"根本就没有真正回答问题，但是一种使人困惑的表白，可却像是一种回答"（Warnock 1967：7）。第四，批评家宣称，直觉主义不能解释为什么我们**关心**道德。即使是我们能够通过"直觉"而知道道德真理，我们仍不能知道，为什么这样的知识应在推动我们的行动上起作用？

对于直觉主义的批评，直觉主义恰恰踩在这样一个点上：真正的哲学工作应开始。而我们也应承认，直觉主义对于我们的日常道德思想给予了一个很确切的描述。沃诺克说：

> 若把直觉主义赞扬视为是对哲学的一种贡献，似乎是审慎地而且几乎是荒谬地没有回答任何问题，或没有有助于对任何问题的回答。某人可能几乎会说，这种理论实际上在于一种拖长了的否定：几乎没有任何兴趣来说什么。（Warnock 1967：12—13）

总之，好像是直觉主义理论几乎根本不可得到尊重。

三、维护直觉主义

所有这些批评都是能回答的。在许多情况下，它们都是一种误解。反驳这些指责所要做的，要对直觉主义它自己拥有的资源有一个清楚的揭示。它将表明直觉主义有比它的批评家所承认的多得多的系统性和诠释性。不过，那种认为直觉主义是反理论的观点有真理的成分。直觉主义在特征上相信，许多哲学家对于道德理论能够引出的东西有不现实的期望。某些人希望至少对于许多我们所面对的、有争议的、令人麻烦的和困惑的道德问题能够提供明确的回答。直觉主义者怀疑抽象的道德理论对所有道德问题的回答的力量。他们的典型的回答是，与亚里士多德一样，在伦理学中，我们不能期望比这个学科所能做的更精确的事情。这是一个错误：认为道德难题能够以较高程度的明确性从而确定性地得到解决。因此，直觉主义没有提供这样一种能帮助我们解决我们的道德争议的理论，这样一种失败并不根源于对敏感的问题持续地拒绝回答，而在于对道德理论能够履行这样一种任务的自负的一种原则性怀疑主义。

我希望在随后对于这些辩护性主张做些有力辩护。如果这个辩护是成功的，那么，直觉主义将作为一种道德理论而成立。我们已经看到，即使是它的批评者也承认，直觉主义在描述我们日常道德思考方面做了很好的工作。这确定是有利于直觉主义的很强的论点，既然许多人都承认，对于一种适当的道德理论的至关重要的检验是，道德理论所得出的道德结论不可超出日常道德判断太远。如果刚才所勾勒的四种反对意见能够反驳掉，那么，这将表明，对于一种好的道德理论将有其他的标准：它是系统的；它提供一种对于道德知识的可能合理的说明；它能解释为什么我们关心道德。虽然我不能在这里指出这点，但我能够宣称，直觉主义至少在这些至关重要的方面做得和它的竞争者一样好。

四、直觉主义是怎样的系统理论？

迄今为止所有不同版本的直觉主义理论中，最系统的也是最为著名的理论是 W. D. 罗斯的理论，我用他的理论作为讨论的始点。正如我们所看到的，直觉主义采用了一种多元主义的关于正当的立场。它主张，有一些相区分的和基本的道德考虑，这些考虑都与一个行为是否正当相关。当这些考虑发生冲突时，直接产生的是什么将发生的问题。什么将决定一个行为是正当的或不正当的？罗斯对这个问题的回答是非常有名的，但既然它常常被误解，我们就需要从细节上更多考察一下。

(一) 罗斯的"自明的责任"(a prima facie duty) 概念

任何一种理论认为，对于在道德冲突的情境中发生了什么，有不止一种道德原则能够为这种情境进行分析；而在那些情形里，不论我们做什么，都违反了一种道德原则。这是很不幸的，因为至少如果理论认为，在任何这种情况下，一个人不能避免错误地行动。某些作家确实提出了有争议的观点，有一种悲剧性的困境，在这种困境里，不论行为者做什么，她将错误地行动。悲剧困境，如果其发生是完全可能的，它们因其意外性而发生。所以，即使我们承认它们的可能性，一种多元论的道义论不得不告诉我们，当两种责任相冲突时，我们应当做什么。某种道义论理论通过如下主张来力图解决这个问题：某些责任的绝对性或无例外性，因而把它看做是优先于其他责任。（当然，如果有更多的绝对责任，那么，就解决痛苦的问题反复出现的理论必须有这样的结构以至于绝对责任不能冲突。）另一种可能的解决［方案］就是置所有责任于一种辞典式秩序，如同我们在辞典中对词汇排序那样，以至于最高者总是优先于次最高者，其次序依次而论。这种意见的难处在于，很清楚反对的是我们的道德直觉。例如，在某个场合，我们可能认为我们的责任在于遵守诺言，这一责任要优先于帮助他人的责任，而在一种困难的处境里，我们将判断对立面——所有要做的取决于我们守诺的严重性、所获得好处有多少，以及发生冲突的背景条件。没有一个系统性原则和责任会胜其他原则或责任一筹，虽然某个原则或责任会被人看得特别重。

罗斯富有特征地主张，我们的日常道德思想应当受到尊重，不论在此处或别处。他认为，每一个道德考虑是与确定一个行为的正当与错误相关的，但如果在一种冲突的情形里，任何一个考虑都不能确保那个行为是正当的，因为可能被从其他方面着想的竞争着的其他道德考虑所超过。在任何一种情境中的哪一个考虑将得到尊重，取决于那种情形中的具体细节。罗斯通过说我们不同的责任（如遵守诺言、帮助他人等）是**自明的**责任从而表达了他的这个思想，但不是完全如同我们想看到的那样快活地说的。

注意到这一点是重要的：虽然一种自明的责任可能会被另一种责任**盖过**，被比下去的那种自明责任并不因此而要除掉或取消掉。例如，我为了去看生病的母亲而违背带孩子去看马戏表演的诺言，而事实上我所做的诺言仍然是在道德上相关的，并影响到将来我们应当做的事。我应当对我的儿子作某种弥补，即使我能为我不遵守诺言辩护。一个被比下去的考虑能够逗留且把它的影响带到后来的决定里。

罗斯对他自己的术语感到很不快，这是可以理解的，因为他把这个术语看做是可疑的误导。当说到"**自明**"，也就是说某种东西具有一定的特征，这种特征使得它一眼看上去就呈现出这种特征来，但随后的研究可能表明，这种表象（appearances）可能是误导人的。但这不是罗斯的意思。正如我们所看到的，罗斯需要这个术语，意味着一定的特征总可看做是与正当的行为相关的，即使当一个行为由于发生了其他事情而结果成了做错事。"**到此为止**"（pro tanto）这个术语（布罗德第一次用到它[1930：282]）较好地表达了这个思想。说对某人表达感激是**到此为止**是对的，**也就是说**，一个行为表达了感激，就这个行为本身而言它是对的，因它具有其他事情还没有放在考虑之列而有的意义；而如果把其他事情放进来考虑，可能这个行为就不对了。罗斯在《伦理学的基础》（1939：85）中打算放弃责任（duty）这个词，他也认为这个词会误导人，建议用负责任（responsibilities）这个词来代替。

为什么罗斯认为"责任"这个词是误导人的？因为他认为，严格地说，只有一次具体的行动可称为我的责任；这个词被错用在对一类行为的描述上，例如遵守诺言的一般性责任。当我们把道德上相关的考虑都想到了，我的责任是做我应当做的事。**自明的责任**不幸地表明了这点："我们正在谈论的是某种确定的责任，而不是事实上有一个责任，但是以一种特别的方式而与责任相关的东西。"（1930：20）我认为，我们是在适当完美的这两种意义上使用"责任"这个词。为了避免混乱，我将严格地在一般责任上使用这个词，如遵守诺言的责任。而为了替代说某个具体行动是我的责任，我将说这是正当的（对的）行为或我应当做的行为。[1]

自明的或**到此为止**的责任与一个正当或错误的行为之间的确切的关系是什么？菲力蒲·斯特拉顿-莱克（Philip Stratton-Lake 1999）提出，我们应当把这看做是根据与结论的对照。一个自明的责任最好被看做是基本的根据性考虑，它总是能够被看做是达到那行为的正当与错误的最后结论根据。就这种观点而论，可看做是正确的，但这种关系应比根据和结论的关系更为紧密。某件事能够被看做是另一件事有一定性质的根据，但并不使得另一件事有那种性质。不过，什么**使得**一次行为是正当的，是那种可算做是它的好的特征，例如遵守诺言、带来某种好事等。这种关系显得是形而上学的而不是知识论的。**由于**这些考虑行为是正当的，这些考虑是**行为正当**的理由。这些考虑不仅仅是**达到**行为是正当的结论的理由。当然，唯有占上风的那方的特征使得行为是正当的。在那行为是正当的地方，任何被看做是与它的正当性相反的特征，不能被认为是使得它正当的东西。不过，正如我们所看到的，被打败的考虑仍然与我们将后应当做什么是相关的。

对于我们如何决定以什么方式来解决具体冲突，罗斯在他的**自明的**责任理论中没有给我们提供一种说法。他只是简单地指出了我们应当如何理解冲突，一种道德上的考虑怎样与行为的正当性相关，而并不是必然决定它。

（二）对我们的主要道德直觉整理秩序

我现在转到对直觉主义的另一指责：它是没有系统性的理论，因为它对过多的渗透着道德思想的道德戒律没有秩序性整理以及在这些戒律上建构结构。毫无疑问，一个理论有许多寻求结构建构的方法。一个熟悉的模式是为行动后果主义所提供的。行动后果主义力图表明，与行为正当性相关的多样性考虑能够压缩到一个：产生好的后果。不过，这使得我们拥有的其他道德原则起不了作用。没有一个后果主义者会认为，在任何情况下，我们应该依据所有可能行为过程的所有后果的总体的价值来决定做什么，其理由是，花费如此多的时间来计算而花费如此少的时间来行动，不会产生最大的善。所以我们必须诉诸次要的原则来指导我们的日常选择。当然，因此派生的原则选择是为压倒一切的最大化善的目标所确定的。

并非大家都认识到，罗斯的直觉主义如同后果主义一样具有系统性。两种理论的分歧在于所涉及的基本的和不可替代的道德考虑的数量。后果主义认为只有一个。罗斯认为这是过分简单化了，有一些基本的道德考虑是不能进一步归约的。所有其他的道德原则派生于这些原则。

在《正当与善》（1930：21）中，罗斯对自明的原则提出了如下著名区分，而这个概念需要进一步界定。有一些基本的和不可替代的责任，可归纳如下：

一、依赖于我自己的先前的行动的责任。这些责任可划分为两个主要范畴：

（1）**忠诚**的责任，这是来自于我已作出的许诺或像诺言那样的事情。

（2）**补偿**的责任，这根源于我已做错了某事，所以现在要求我纠正。

二、由于先前对他人的行动而有的责任。这些责任是**感恩**、我感激那些曾帮助过我的人。

三、阻止（或推翻）那不依据所涉及的人们的长处来对利益与负担进行的分配。这些责任是**正义**的责任。

四、依赖于这样事实的责任：在这个世界上还有那样一些人，他们的处境可能通过我们的努力而更好些，这些责任是**仁爱**的责任。

五、依赖于如下事实的责任：我能使自己变得更好些。这些责任是**自我完善**的责任。

六、不伤害其他人的责任。这些责任是**不作恶**的责任。

当然，提供这样一系列的基本的道德相关的考虑，仅仅是构思系统化的直觉主义理论的开端。完成这个系统需要一种原则性方法来决定哪一个责任应被列在系列中，并要有一种说明来解释为什么其他的责任是从这些基本的责任中派生出来的。解决第二个问题将能够使我们处理第一个问题。不幸的是，罗斯没有明确基本的和派生的责任之间的关系，他的理论骨架不得不是从散乱的评论中收集在一起的片段。在重新评论和考察了他的［责任］目录表后，他写道："从原则上看，这似乎是**自明**的责任产生的那些方面。在实际经验中，它们以相当复杂的方式混合在一起。"（1930：27）这些方面可能就要我们不得不从他所讨论的不同例子中整理出来。服从一个国家法律的责任，罗斯认为，"产生于"三种基本的责任：感恩、忠诚和仁爱。在标准的意义上，因为我们从国家得到的益处，从而欠有对我们国家感恩的债务；因为生活于其中，从而隐含着一种服务的诺言；并且，我们应当遵守法律因为如果我们这样做了，会对社会有好处。同样，有两个基本原则可算做是反对撒谎：不作恶和忠诚。一般来说，撒谎是加害于那个接受谎言的人，并且伤害了要讲真话［的规则］，而这是日常交往中所遵守和重视的。

在这些例子中，在下列意义上非基本的责任据说产生于或依赖于一个或多个基本责任：我们派生的责任必须履行的行为（如不撒谎）在规范意义上是这样一个行为，即它可类归为一个或多个基本责任名下（在这个例子里，是忠诚和不作恶）。这是因为，撒谎确实是种伤害，并且是对什么是错的价值隐含承担的破坏。不过，罗斯在这些例子的讨论中弄清楚了，有那种特别的环境，在这种环境中，不可获得那些可以看做在这些方面行为所反对的一种或多种基本考虑。在这些情形里，派生责任的力量或约束性被弱化了。例如，罗斯认为，隐含遵守的说真话的责任在这样一些情况下不能得到维护：我完全是这个社会的一个陌生人，我没有机会与其成员表达我的同意，无论是以隐含的方式还是明确的方式都如此。既然他认为，在很大程度上我们不撒谎的责任根源于被认为是隐含的承诺，那么，它的缺乏就在很大程度上弱化了我们不撒谎的责任。

虽然罗斯没有讨论这一点，似乎完全有可能的是，有这样一种情形：**没有**一种考虑在规范意义上可告诉我们反对撒谎或不遵守法规。一个政府可能是如此具有压迫性和不公正性，既没有感恩也没有仁爱，因而它的公民应服从它的命令。例如，像前苏联，它拒绝让持不同政见者移居国外，那么，任何对政府沉默同意的论证都是错误的。在这些非标准的情形里，一个行为是非法的这个事实**根本不算是**从道德的观点看做了不应做的事。如果这是对的，那么，这些种类的责任是派生的，不是基本的，因为在特征上这些责任被挑选出来，不是那种总是与行为的正当性相关的责任。一个行为是非法的或一次撒谎仅仅是个事实，并不能算做是不做责任要求的行为。

在刚才已经界定的意义上，不可替代性责任包括在罗斯的基本责任表目里是不充分的，因为他也努力在一种尽可能高的一般性水平上来这样做。如果一个责任恰恰是一种更为一般的责任的特殊例证，那么，这就不是基本的。这样，也就可以合理地认为，如果我们依据我们将会还钱的理解（或明显或隐含地依据），因而借了钱，我们是处于债务之中。所以偿还债务的责任是更一般的忠诚责任的特殊例证，这个责任是我们所要承担的。如果这是对的，那么偿还债务的责任在遵守法律的意义上不是不可替代的，因为将偿还债务的行为这个事实**总**被看做是好事。偿还债务不被归为基本责任表目里，不是因为它本身总是与道德相关的，而是因为不是充分一般的。

在这里，我不关心对罗斯的这些责任分析的辩护，我提到它们是因为它们说明了他的理论的结构。因有派生的与非派生的责任的区分，和或多或少的非派生性责任的区分，我们现在能够认识到罗斯提出了一种系统性结构，在这种结构里，每一可能的责任都确定了它的位置。对罗斯的具体表目的挑战来自于两个方面之一。或是要求缩短他的责任表目，因为它包含着不是真正基本的责任；或是要求扩大他的责任表目，因为现在的表目把基本的责任漏掉了。

事实上，罗斯自己认为，他能缩短他的原始表目。他认为，自我完善和正义可被看做是仁爱责任的更具体例证。罗斯既是关于善的多元论者，也是关于正当的多元论者。对于罗斯来说，有三种善：德性、知识和快乐（快乐至少在那些应得的地方是如此）。他把自我完善与仁爱区分开来的原始理由是，当我们有责任把快乐给别人时，我们倾向于认为，我们没有这样一种对我们自己的责任。但我们的偏好相信，我们没有这样一种责任，可能仅仅来自于这个事实：这似乎是过多地要求我们自己做那已经有了如此强的动机去做的事。如果是如此，那么，自我完善仅仅是一种仁爱。相似的是，罗斯认为正义，正如他所理解的那样，能够表明是一种具体的仁爱，因为依据优点对利益与负担的分配本身是一种特别的善。

（三）批判性反思罗斯责任表目的结构

对罗斯基本责任表目的结构和它的具体项目提出批评是可能的。让我以它的结构问题而开始。我们看到，罗斯所列的原始项目中的某些如正义、自我完善可以包括在仁爱的责任之下。我们可能会问，什么阻止了其他责任这样被包括？整个理论陷入到了后果主义之中。被罗斯剔除了后还剩下的四种责任，前三种是忠诚、补偿和感恩，这些我们有时可称之为"具体关系的责任"。在每一种情形里，责任取决于先前我们自己的或他人的某些行为。正是因为在我们与其他人之间的关系中，某种在道德上有意义的事情已经发生，他人对我们有一种要求。他人不恰恰是我能受益的某个人的一个例子，他有一种要求，由于我们先前对利益的关系，并且常常是一种非常具体的利益，它产生于我的承诺的性质，或某种他对我的友善，或我对他做错了什么。那不在这些关系中的他人没有这种要求权。正如罗斯所说：

> "理想的功利主义"［即后果主义］的实质性缺陷在于，它忽视了很高的个人特征的责任，或至少没有做到充分正义。如果唯一的责任在于产生最大化的善，那问题是，谁应有这个善——是否是我自己，

或我的受益者,或那个我承诺了要将那个善给予的人,或只是一个同胞而与我没有这种具体关系——这应该对我有责任产生这个善没有什么差别。但事实上我们应相信,这有巨大的差别。(p.22)

后果主义不能通过指出如下问题而抓住这个思想:如果遵守诺言、感恩和补偿是如此好的事情,那么,后果主义将肯定赞同我们鼓励和促进这样的行动。因为我所有的一般责任鼓励全面性地对诺言的遵守,我也有一种特别的责任即有利于**你**的责任,因为正是你我有这样的诺言。恰恰是这种主张的个人性,后果主义不能允许这种主张具有内在的道德意义。后果主义确实认为,我应采用一种遵守我的诺言的策略,但这是唯一的,因为这样一种策略将有利于促进一般的善。但这扭曲了作为个人纽带的关于诺言的想法。由于承诺了你的某种善,我(而不是别人)有一种道德理由给你(而不是别人)所承诺的益处。这个义务与任何一般性促进善的责任是相区别的,而这能够看做是对以下例子的反思:假定我对你有一诺言,帮助你搬家,假设一个邻居对他的一个朋友有一个类似的承诺。再假设利益大概是成比例的,那么,如果我为了帮助我的邻居完成他所承诺之事而忽视了我对你的承诺,我将犯个错误。

那什么是不伤害的责任?后果主义也能容纳这样一个责任?它取决于我们怎样理解这样一个责任。在这里,罗斯没有他应该有的那样清晰。他认为,为了给他人产生一个小小的或稍大一些的利益,而对某人给予一定程度的伤害,这是不对的。但这可能是因为某种伤害产生了比没有得到小的益处更大的坏处。一般而言,拿掉某人已有的某种东西似乎比不给某人所缺乏的东西更坏。如果是这样,那么,只要简单地承认,最大的不利在于剥夺某人已有的好东西,后果主义就能够容纳这个思想。

但似乎是比这一点更多的是责任而不是伤害。我们倾向于认为,对某个无辜的人直接造成伤害,即使是阻止对另一个无辜的人正在进行的伤害而造成的,也是错误的。这表明,虽然这是个可争议的问题,涉及我直接伤害某人的行为对我来说是我不做这件事的理由,即使是不论我做什么,其不好的结果都是存在的(因为虽然我不愿伤害某人,他还是要受到别人伤害)。我们不对他人做什么也就是我们欠他人什么,即使是阻止人们做同样可怕的事。很清楚,后果主义者不允许这个想法:那将是**我**,而不是别的某人,做有害的事的一个道德上有意义的理由。当然,这里没有任何事情能够阻止一个后果主义者主张,力图避免伤害人们自己的策略从长远效果来看是有益的。正如以前一样，这显得没有抓住这个直觉：我以某种方式直接亏欠了我的潜在的受害者，虽然我没有伤害他。[2]

　　罗斯相信，补偿、感恩、忠诚和不作恶的责任，有时要求我们不带来如我们所能的那么多的善，就这点而论，罗斯反对后果主义。但在其他方面，罗斯同意后果主义，因为他解释仁爱的责任为：要求我们使每个人的生活尽可能地好。并且，这使得他为某些反后果主义层次上的批评留下了口实。首先，这意味着，好的行为总是义务而且决不是分外事。我们一般总是认为，有圣者或英雄的行为，这类行为是超出责任之外的，因为这类行为，人们总是受到特别的赞扬。但就仁爱的观点看，罗斯和后果主义者共同认为，做好事的责任没有上限。其次，它意味着，每一种选择都是一种道德选择。总有机会做好事，所以，没有与道德无关的选择。罗斯无批判地接受了后果主义的仁爱概念，使得他的规范性反思伦理思想没有冲突特征。

　　我们要有一个更为有限的仁爱概念，但抓住它是要技巧的，并且进行辩护是困难的。我们似乎认为，我们每一个人都有权利去致力于发展和开发对我们自己的计划有用的资源，即使我们还做别的好事，在决定哪一种善值得赞助、允许个人的偏好起作用是适当的。以显见的和可辩护的方式表述这样一种观点对于尊重我们的道德直觉的一种直觉主义是一个重要的任务。

　　我说过，罗斯的仁爱观点使得每一个选择具有道德的意义。人们可能抱怨，罗斯在某个方面过分道德化了我们的选择，因其明显地坚持，过分看重一种自明的责任这件事是另一个自明的责任。这里有两个担忧。一是人们可能认为，有时有好的和紧迫的理由不履行一种**自明的**责任，自明的责任本身不是责任的理由。我承诺明天给学生的论文打分。但我现在很疲倦如果晚一天做也不是有什么不幸事发生。所以我躺在床上，而这是有充分理由的。但这个理由不再是罗斯所列的某个责任。二是任何赞成一个行为的道德理由成为一个道德的责任，不论多么微不足道都如此，除非有更为压倒一切的紧迫的道德要求。因为你的微小的恩惠我有理由感激你。我要表明我的感激才好。但我是因有这个责任才这样做，除非某种其他义务压倒了它？这样讲似乎太重了。

　　对于罗斯的系统存在着真诚的担忧，但是很容易和解。我们可以把罗斯的责任表目解释为与伦理相关的理性表，而不需要考虑或者只有道德理性才可以控制另一个道德理性或者每一个道德理性都会导致责任，除非在另一方发现一个更强的道德理性。

五、直觉主义的认识论

（一）方法论

我们怎么确定一种具体的道德考虑能够符合一种明确的、基本的和不可替代的**自明的**责任？隐含在我们前面的讨论中的罗斯的回答是，我们应该诉诸我们对认真建构的案例的反思判断，这些案例涉及那些其地位是否是基本的还没有确定的责任。我们应该设计道德例证，在这种例证中，我们试图把假定的基本的道德考虑的影响孤立起来。这样，正如我们所看到的，通过考虑这样一种案例：我因遵守诺言或不遵守诺言产生了相同量的好东西，从而确定是否忠诚是与仁爱无关的。我们将判断，正如他主张的那样，我们有责任遵守诺言（see Ross 1930：18）。相似的是，有人建议，我们说真话的责任是基本的而不是派生的，对其检验是建构这样一个案例：在这里，撒谎与一般它通常相伴随的错误特征无关。与我的孩子玩的欺骗游戏可能是这样一个案例，在这里，谎言不具有伤害性，它不是对任何默认的同意或理解的破坏。那么，在这种案例中，我们不得不判断这个事实：涉及撒谎的游戏起了相反的作用。

这个回答是与罗斯的一般方法论相合的（Ross 1930：39-41）。对于罗斯来说，我们建构一种道德理论的任何材料是有思想的人的反思性判断。如果一个理论所派生的东西与这些判断相冲突，那么，证明这个理论是不成功的。这并不意味着，罗斯急忙要增加这个论点：理论反思决不影响我们的道德判断。不过，在这里理论告诉我们某种考虑不能是道德上相关的，但对关键性案例的反思考察使我们确信的是，它是相关的，那么，正是这种理论是必须拒绝的。例如，后果主义者告诉我们：

> 我们应该放弃"遵守诺言是我们的一种特别的义务"的观点，因为不证自明的是：唯一的责任在于产生尽可能多的善（好）。我们不得不问我们自己，当我们反思时，是否我们真正能够确信这是不证自明的，是否我们能够摆脱我们的观点：遵守诺言是一种约束，它是与产生最大善的追求无关的。(p.40)

罗斯宣称，我们不能从事这项业绩。如果理论要求我们放弃我们反思性的道德判断，那么，理论所要求的是不合理的。罗斯指出：

> 由于一种理论的命令而要求放弃什么是正当、什么是错的我们的实际理解，就等于是在一种理论的"唯有满足如此这般条件的是美的"命令面前，摈弃人们的实际的美的经验一样。(p. 40)

面对理论上的异议，我们不应放弃我们的道德信念，因为就罗斯的观点而言，我们直接所见的是在特殊案例中的与道德相关的东西。进一步的反思和经验能够导致改变我们的头脑。但在伦理学上，如同在美学上一样，对一个理论的至关重要的检验是，是否反思改变了我们对特殊案例的理解。

所以，这个方向的考察的性质是什么？在什么案例中，我们可获得道德知识？

（二）确定性和可能的观点

常常认为，在直觉主义看来，有一种特别的、完全神秘的和可能绝对可靠的道德感（直觉），依据直觉，我们觉察到道德性质的存在。这是直觉主义的反对者那方的纯粹的杜撰。就我所知的而言，没有一个直觉主义者曾假定有这样一种玄妙的道德器官。就我们所知的道德真理而言，我们掌握它们是以我们所熟悉的获得其他真知一样的方式。

对于直觉主义者，我们不能得出结论说所有的道德真理都是明显的。有许多真理我们不能确信，关于这些真理应该有不同。罗斯在"对一定类型的自明正当的理解"（1930：29）和关于具体行为的完全正当或错误的判断之间有明显区分。对**自明**的正当性或错误性的主张是不证自明的。一个行为是**自明**正当的，如在遵守诺言这一责任中，我们能够通过反思知道先验性的某物。它不能被证明，但也不要求证明。有某种东西是确定的。相反，关于在某种具体的案例中我们实际上应当做什么的判断则没有这种确定性。在任何情况下，我们不能确定在哪里有冲突性的道德考虑。即使是在那我们能够认识到支持某种结论的考虑，我们也不能确定另一方面就没有任何其他东西。

（三）不证自明

关于基本的不证自明的原则，人们认为是其确定性。罗斯并不认为道德行为者从他们一开始作出道德判断时就意识到了这点。我们能够通过**直**

觉归纳过程知道它们。特殊的道德真理首先是在判断序列中。如在遵守诺言的行动中，我们把它看做是正当的。在反思了一系列涉及遵守诺言的行为后，我们得出结论说，遵守诺言具有一种正确的特征。如果这是一种简单的归纳推理，那么，其强度取决于我们所考虑的案例的多样性以及其数量。但罗斯认为，形成了这个原则之后，我们就能直接洞见它的真理（see Ross 1939：168-173）。这是一种必然的真理、可认知的**先验性**真理，因为它是不证自明的，因而并不要求证明。一个真理是不证自明的，如果理解了并相信它具有充分的可辩护性。一个人了解了所提供的命题，他是在理解的基础上相信的（see Audi 1996：114）。

这样的真理是不证自明的，但并不意味着它们是**显见**的。对于那些有着健全的精神能力和经验的人，那些适当反思了它们的人来说，是显而易见的。罗斯在这里的类推具有数学的公理性和推论的形式。不可直接显见的是：推论的某些基本的形式是正当有效的，但反思会使得我们认识到这点。在我们认识到它是普遍有效的模式前，我们可能通过一些推理的例子而用这个推论的模式来进行。不过，当我们抓住了它的有效性，所想到的是推论模式本身。我们并不认为，是在一种推论的基础上，从某个前提扩展到它。这些不证自明的公理和原则不是**可分析性的**，即它们不是由于在这些公理或原则中所用的词的意义而正确的。这样，罗斯就把这些命题看成是综合命题，它们是**先验的**可知的。综合命题的可能性在于一种**先验**性知识，这是有争议的。但是，这是为直觉主义辩护而不减损它的重要点。同时，罗斯并没有主张，道德原则是为某种特别神秘的器官所知的。所涉及的唯一器官是理性本身。罗斯在这里把他自己直接置于主流的哲学传统之中，这个传统认为，有实质性的主张，我们能够通过直接的合理性洞见而认知它的真理性。

（四）罗斯所要求的比他需要的更多？

R. 奥迪（Robert Audi）认为，罗斯有时以那种比论证所需要的更为强烈因而更少合理性方式来表达他自己。例如，为了理解不证自明的命题的真实性，没有必要说，人们能理解它的不证自明性（Audi 1996：106）。所以罗斯不需要，可能也不认为，我们有关于基本的道德原则是不证自明的直觉知识。我们所有的直觉知识是道德原则本身所有的。我们不应为罗斯的如下主张所误导：在我们的头脑里肯定有关于责任的一般性原则，我们不会误解它们。"肯定"在罗斯那里意味着"不证自明"（1930：30），对一个不证自明的命题，人们肯定会犯错误。当摩尔称某些命题是直觉时，他的如下意思肯定是对的：

> 仅仅断言，命题不能证明……[我认为]并不意味着，不论什么命题都是正确的，因为我们能够以一种特别的方式认识到它……我认为，相反，在任何情况下，我们可能认识到一个真实的命题，也可能认识一个假命题。（引自 Audi 1996：108）

进一步的反思能导致人们改变他自己的想法，因罗斯改变了对是否我们有**自明的**责任的问题的想法，而让我们高兴从而适应于我们自己的想法。

正如奥迪所指出的，当罗斯说不仅这些自明的原则不需要证明，而且它们也不能证明时，罗斯也有一种比他所需要的更强的主张（可能是受到与简单的逻辑和数学公理的类比的影响）（1996：117）。虽然没有证明而我们知道它们，这也不意味着对它们没有进一步的证明。直觉主义者并不认为原则需要另外增加的证明，所以并不认为，为了使它们成为可信的，而需要额外的支持。但事实上是，不需要进一步的支持并不意味着不能提供给它。当我认为，这是一种理论的可能性时，我比奥迪更为怀疑可对罗斯那种责任表目提供独立支持的任何其他理论的可能性。例如，康德主义显然认为，某些原则没有例外，并且不是**自明的**。

如果我们能够诉诸另一种理论的确定性支持，不过，可能在其他方面强化了直觉主义。例如，我们可能担忧，直觉主义缺乏一种理论所有的可欲求的统一性，因为罗斯所提出的基本责任并不是相互连贯的。如果我们能够发现一种理论，有了这种理论，我们能够认识到，例如，对某种共同承认的道德态度的所有那些表达，那么，这样一种联结就有可能构造。我们发现，在康德主义那里可能有这样一种统一的图式。在所有道德原则之下所强调的是对人的尊重，并且，罗斯的责任可能能够被看做是对那种至上的尊重的不同表达。

六、相信和关怀

我现在考虑对直觉主义的第四种异议。道德信念有实践意义：它们应当也能够使得我们的生活有点不同。但直觉主义怎样解释这点？它主张，我们肯定知道一些道德知识，但为什么这是一种实践性意义而不是理论意义的知识？

这个灰白的老掉牙的对直觉主义的异议不是一个完全的起点。在适当的背景下，事实以理由支持我们，或是相信某事的理由，或是做某事的理由。一辆大卡车正要冲向你，这是你移到路边的理由。她是诚实和可靠的，这是相信她所说的理由。当然，在这样一种情况下，就靠对那个事实的认识，我们并不打算移开。但我们常常认识到，不仅获得了那个事实，而且获得了我们做某事的理由。至少在正常的环境下，这样的认识将推动我们行动。确实，如果我们不那么做，才是令人奇怪的。直觉主义宣称，我们能够认识到，某种事实——例如我有一个诺言，或这个人需要帮助——提供我们行动的理由。所以，异议现在变成了：直觉主义不能解释为什么我的这个信念，即我有理由推动我行动。但某人也可能有理由问，这种迫使你行动的力量是什么。如果我解释说，他们相信有充足的理由来行动，那么，我肯定能解释为什么他们有这样行动的动机。如果还有什么神秘的东西，肯定这不仅是对直觉主义才有的问题，而且是对把它们看做是事实的行动（或信念）理由的任何说明而言的。[3]

七、道德原则的位置：一般主义或特殊主义？

284　　对于我们的道德判断的法典，后来有些值得考虑的讨论。某些道德哲学家认为，道德思考的任务在于重新界定和考量我们的道德原则，从而达到在任何具体情况下都能够依据原则来作出做什么的决定。这个论点的批评家怀疑的是，如果道德思想是复杂的话，不仅是这样一个程度的法典是否是可得到的，而且这样一种法典是否是可欲求的。他们认为，这样一种方法，因其低估了判断的作用，以及对所有的而不是大多数当下处境中的道德上敏感的人们的评价的想象的低估，而严重地扭曲了道德思考的本性。在任何情况下，首先，你需要觉察什么特征是相关的；其次，这些特征是如何相互关联的，并且从某些其他特征来看每一特征，并对其进行评估；最后，在决定正好什么响应是适当的方面，人们所需要的敏感性。例如，是否这是一个应机智、或坦言、或两者兼有的场合，诉诸一般原则几乎对作决定没有帮助。对于什么是最机智的方法来指出这点，在哪里需要机智等，一般原则对于你的认识没有帮助。

对于法典的**范围**还是有争论的，但这并不意味着在道德思考中没有道德原则的地位，只是说，它们有一种有限的作用。在争议中，罗斯与那些认为原则起了非常有限作用的人站在一边。首先，罗斯的原则是显著一般的，至少有些他的原则，在是否有些行为可归在它们名下很清楚还需要判断。最显著的例子是不作恶的责任。当某人侵犯了不伤害的责任时，道义论说了大量的话来提供一种无懈可击的说明。而罗斯显得则没有这种兴趣来提供这种说明。确实，他给人的印象是，在一般性程度上，对于把伤害原则弄得更精确些，他好像不能做得再多些。其次，也几乎不能对解决责任的冲突给予一般性指导。对于某些**自明**责任（不是全部）的可比较的说服力，罗斯提供了某种非常一般的评论，例如，忠诚比仁爱更有强度。而对于其他的责任，罗斯以亚里士多德的话来说，决定依赖于理解力。

> 我们在具体环境下的、为赐予我们（具有其全部意义）的行动的充分反思所充满的以及预先具有的具体责任感，是相当易错的，但它是我们的责任所有的唯一指导。（1930：42）

许多人把直觉主义所坚持的"解决道德冲突不可能说得更多"论点看做是一个弱点，但我把这看做是一个长处。这并不意味着［解决道德冲突］这个任务是轻松的，或者一个人应当沉浸到不论什么冲突的解决当中，认为这样才是最有吸引力的。这样的思考很难做到，但这就是几乎为所有的关于具体案例的想法和将某个案例与其他情形相比较的想法所表达的。

正如我们所看到的，罗斯怀疑我们应当珍重抽象的道德思考。道德反思能够在它自己的空间里很好地继续。我们能够没有抽象理论的帮助而认识到行为的哪一种特征在道德上是相关的，在道德的直觉发现理论上有冲突的地方，正是理论将要放弃的地方。一个直觉主义者能够也应该在对理论的摈弃方面甚至更激进些？罗斯并不这样认为，虽然是最低限度的理论承诺。他假定，非派生性的道德思考，不论它在哪里出现，都携带着相同的价值量。所以，如果忠诚是一种基本责任，我已经承诺了做某事，这意味着我所做的事将总是能得到赞赏。我们可能怀疑是否这是真的。我们承诺做邪恶之事也是对于做此事有了任何理由？其他原则也对同样的怀疑敞开着。如何我的捐助人帮助我犯了某种令人震惊的罪行，我欠了对他感激的任何责任吗？

对于这些怀疑有两种可能的回答。那些认为有一般性道德真理的人认为，原则不能完全是这样来掌握的。必须以那种为罗斯所明显避开的方式来进一步重新界定这些原则，直到我们发现了那种在所有案例中都可用新版本的原则为止。道德特殊主义否认，必须把一般性原则返回到我们在任何具体案例中的判断那里去。[4] 她放弃了对非例外性原则的研究。研究的动机是原子式的而不是一种对理由的全面性观点。因为对于原子论者来说，如果一种考虑可算做是某种情况下对某种东西的基本的或非派生性的理由，那就必须是在每一个地方都可这么看的。它作为理由的地位不取决于在某种特殊情形中其他呈现出来的因素，它是与背景条件无关的。一种全面性的观点是，是否一种考虑算做是一种理由，不仅取决于在某种特殊情形中出现的其他因素，而且取决于它们相互联系的方式。所以，如果在每一种情形中我们以同样的方式行事，我们将必然发现不了一种道德的理由，这不会有例外。

如果我们放弃罗斯的一般主义，我们会大大弱化直觉主义吗？对于非系统性指责的辩护在于，罗斯主张提供一种揭示基本的道德原则方法，从这种基本原则中，可派生出其他原则。如果放弃这种主张，你将放弃这种辩护。我们应担忧特殊主义吗？只有当一种道德观能够内在联结和建构的唯一方法在于依赖于少数几条道德原则时才应担忧。但这意味着什么？某个人在不同的情形中作出的判断能够成立，并把不同判断放在一起考虑，并且具有一致性，只有当把一般原则作为基础才行——这本身就是一种一般主义的偏见。许多事情能够有内在性结构，不仅有数学的和逻辑的系统，而且有叙述的、艺术作品的，还有人类生活的系统。认为道德思想应当以前者而不是以后者为模本应是一种错误的描述。

正如罗斯所正确认识到的，道德思想开始于对在具体情景中的一定的显著特征的认识。他认为，我们能够依赖直觉归纳来理解这些在所有情形中与道德相关的一定特征。但在正常的、充分的反思性道德判断中，这些一般原则不起认知性作用。我们不需要从一般原则推出任何特殊情形中的所存在的正当与错误的特征，因为我们能够直接意识到它们。一般原则的作用是形而上学的而不是认识论的。在我们思想中一般原则作为基础而存在，当我们从一个判断移向另一个判断时，一般原则提供了内在一致的保障。特殊主义否定需要这样一种保障。

我力图表明，在一种对罗斯理论的轻微改动版本中，伦理直觉主义能够满意地面对异议，特别是这样一种主张：这根本不是一种理论。就此而言，我认为，最好的道德理论也不过如此。但我也倾向于相信，在拒绝一种研究一般道德原则的伦理理论概念方面不要走得太远；我也揭示了，更为激进的特殊主义的直觉主义可能是什么样子。

【注释】

[1] 对于一种与此相反的观点，见 Stratton-Lake（1997）。

[2] 具体关系的责任和对伤害约束的责任被人们认为是行为者相关的。相关讨论见 Nagel（1986，ch.9）、McNaughton 和 Rawling（1991）。

[3] 对于最近的讨论，可参看 Stratton-Lake（1999）。

[4] 对于特殊主义的提倡，可看 Dancy（1983）and（1993），chs 10—12；Little（1995）；McDowell（1979）；and McNaughton（1988），ch.13。

参考文献

Audi, R.: "Intuitionism, Pluralism, and the Foundations of Ethics," in W. Sinnott-Armstrong and M. Timmons (eds.), *Moral Knowledge: New Readings in Moral Epistemology* (Oxford: Oxford University Press, 1996), pp.101-136.

Broad, C. D.: *Five Types of Ethical Theory* (London: Routledge, 1930), ch.7.

Dancy, J.: "Ethical Particularism and Morally Relevant Properties," *Mind*, 92 (1930): 530-547.

——: *Moral Reason* (Oxford: Blackwell, 1993), chs 10-12.

——: "An Ethic of *Prima Facie* Duties," in Singer, P. (ed.), *A Companion to Ethics* (Oxford: Blackwell, 1993), pp.230-240.

——: "Wiggins and Ross," *Utilitas*, 10 (1998): 281-285.

Darwall, S.: "Under Moor's Spell," *Utilitas*, 10, 286-291.

Ewing, A. C.: *The Definition of Good* (London: Routledge and Kegan Paul, 1998), chs 4-6.

——: (1953) *Ethics* (London: English University Press).

Little, M.: "Seeing and Caring: The Role of Affect in Feminist Moral Epistemology," *Hypatia*, 10, no.3 (1995): 117-137.

Makie, J. L.: *Ethics: Inventing Right and Wrong* (Harmondsworth: Penguin Books, 1997), ch.1.

McDowell, J.: "Virtue and Reason," *The Monist*, 62 (1979): 331-350.

McNaughton, D.: *Moral Vision* (Oxford: Blackwell, 1988), chs 11, 13.

——: and Rawling, P.: "Agent: Relativity and the Doing Happening Distinction," *Philosophical Studies*, 63 (1991): 167-185.

——: "An Unconnected Heap of Duties," *Philosophical Quarterly*, 46 (1996):

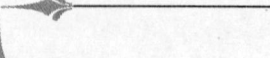

443-447.

Nagel, T.: *The View from Nowhere* (Oxford: Oxford University Press, 1986), ch. 9.

Prichard, H. A.: *Moral Obligation: Essays and Lectures*, ed. J. O. Urmon (Oxford: Clarendon Press, 1968).

Ross, W. D.: *The Right and the Good* (Oxford: Oxford University Press, 1930).

——: *The Foundation of Ethics* (Oxford: Clarendon Press, 1939).

Stratton-Lake, P.: " Why Externalism is not a Problem for Ethical Intuitionists," *Proceedings of the Aristotelian Society*, 99 (1977): 77-90.

——: "Can Hooker's Rule-consequentialist Principle Justify Rossian Prima Facie Duties?," *Mind*, 106 (1997): 751-758.

Warnock, G. J.: *Contemporary Moral Philosophy* (New York: St. Martin's Press, 1967).

Wiggins, D.: "*The Right and the Good* and W. D. Ross's Criticism of Consequentialism," *Utilitas*, 10 (1998): 261-280.

第15章 权　利

L. W. 萨姆纳

在所有的道德概念中，权利是最富有我们时代品格的概念。就其最好方面看，权利概念激发起反对压迫和歧视的勇士斗争的想象；就其最坏方面看，权利概念为法庭上的那些前夫前妻们、情人们的有引诱力而又短小的故事提供了材料。不论是我们怎样来使用这些概念，它们都是千禧年之末的无所不在的、道德与政治争论的全球性通用现钞。尤其是自由社会似乎充满着权利斗争：年青人反对老年人、少数种族反对占人口多数的种族、本地人反对外国人、富人反对穷人、妇女反对男人、信仰者反对非信仰者、儿童反对双亲、同性恋者反对非同性恋者、雇员反对雇主、消费者反对生产者、学生反对教师、骑自行车者反对开车的、步行者反对骑车的、市民反对警察，而每个人则反对国家。

不论是爱或恨这些概念，权利［概念］都是不可避免的，如果不对其给予某些说明，没有一个现代伦理学理论可说是完整的。因此，重要的是理解它们：它们是什么？它们在我们的道德和政治思考中具有什么显著功能？我们怎么把合理的权利要求与不合理的权利区别开来？还有权利怎样能够适应于更大的伦理学理论框架？这篇论文的目的在于帮助［人们］促进这种理解。

我们能够以识别那种为权利所装备的有着明显的规范性工作而开始。让我们说，我们的道德思考的一部分不得不做的是，集体性社会目标的促进，这些目标因其本身的缘故似乎是有价值的：一般福利、机会平等、消灭贫困、改善处境最不利者或别的什么。这是我们思考的部分，而这为属于在宽泛类别意义上的后果论伦理学理论所抓住。另一方面，我们也倾向于认为，为了获得这些目标，社会也可用某些工具，而这是不可得到合理证明的，因为它们剥夺了或牺牲了特殊的个体或团体的［利益］。这个思想的一种表达是，各派都有保留或限制对社会目标追求的权利，权利必须（至少是有时）被尊重，即使为了一个有价值的目标更好地实现而忽略或违背了权利。那么，面对着社会的努力，权利在道德意义上，其功能在于确保个人或特殊团体的地位。在罗莱德·德沃金（Ronald Dworkin）所描画的形象中（1977：xi），权利能够被诉诸并被置于对集体目标追求之上。这是我们道德思考的一部分，这为道义论的理论所抓住，因此权利似乎在这类理论里最为合适。

权利对集体目标的追求施加了限制。正是这个特征对于识别权利所有的道德、政治的特征具有初步意义，也是对它们的永久诉诸的一个开端。而这还没有充分表明，权利如何是有特色的和独一无二的。责任与义务施加了相似的限制：如果我有一种缴收入税的义务，那么，这就是我必须做的事，即使更好的结果将来自于我把钱捐给牛津饥荒救济委员会。所以，什么是权利限制我们促进有价值的状态的特别方面？我们需要更切近地看清楚权利概念。

一、权利怎样起作用

一个最简单的例子可用于我们的开始。假设本莱德借了艾丽丝的小型电脑，并承诺将在星期二还她。星期二到了。艾丽丝现在有权利要求本莱德还她的电脑。这里要注意到这种权利有三个相区别的要素。第一，有一个**主体**：权利的持有者或负荷者（在这个案例里，是艾丽丝）。第二，有一个**客体**：这个人相对于那个权利持有者而存在（在这个案例里，为本莱德）。第三，有一个**内容**：有权利做什么或已做了什么（在这个案例里，归还电脑）。每一种权利都有这三种要素，虽然在对权利的说明中这些要素并不总是那么详尽地得到阐述。权利的典范主体是人，虽然没有任何东西把如下存在者排除在主体范围外：儿童、动物、公司、集体等。一种权利的客体可以是当事人能够有的责任（duty）或义务（obligation）。① 既然

---

① 英文中的"duty"和"obligation"两词的词义可以相互诠释，有些译文、译著把前者译为"义务"，而把后者译为"责任"，但本人认为，前者更多地有着中文"责任"概念的含义，因前者有着因职责、工作岗位而不得不做之事的含义，而后者则没有这层含义。后者强调的是"条件或影响使得某人有必要做某事"，相当于我们所说的"义务"概念的含义。但说"under an obligation"，也就是说有一种责任。在讨论权利问题时，我们总是把权利与义务相对应，而不是把它与责任相对应。然而，原作者用了"义务"这一概念，但更多的是用"责任"这一概念，这可能表明了作者想强调的意义。但考虑到中文译著界的这种现状（权利总是与义务对应），我们把能够作"义务"解的"责任"概念，大多数都译成"义务"，而在 a. 感到作者对其强调分量很重地方，则译成"责任"；b. 在那些中文译者已经多数译成了责任的地方，遵从老的译法；c. 不得已的地方，同意标明这两个概念，其中之一加括号。在这两个概念同时出现的地方，则恢复它的原意。

艾丽丝有权利要本莱德在星期二归还她的电脑，相应的是，本莱德有义务在星期二归还她的电脑。既然权利能够仅被当事人来持有，那么，权利客体的分类比主体的分类更为狭小。艾丽丝的权利的客体是一个具体的可追溯原因的个人，因为正是本莱德借了她的电脑，而他注定有义务还给她。不过，权利的客体也可为不可溯源的团体；某些权利，诸如不被攻击或杀害的权利，是一般为每个人所持有的。

最后，权利的内容总是某种行动，这种行动或是来自于主体或是来自于客体。这个事实为我们以简要的方式提到的许多权利弄模糊了，显得好像权利的内容是一件事或事态。例如，我们可能说到教育的权利或保健的权利或生命本身的权利。但在所有这类情形里，对权利的充分说明将构成它的内容的行为：国家提供资助型的公共教育或卫生保健，或者，如果不以这种方式来行动，就会对生命带来危害，或别的什么。许多权利的内容是可溯源或不可溯源那方的复杂的行动，在我们准确地知道这种权利是什么之前，必须给予充分说明。在艾丽丝的权利案例里，所涉及的行动是简单而具体的：星期二把电脑归还she。因此艾丽丝有权利要使得某事必须做到（要相对于权利持有者的那个人做）。艾丽丝这方的这种规范性利益一般被描述为一种**要求**［**权**］。艾丽丝**对本莱德**有一种要求：要他归还**她**的电脑，这对于本莱德的归还**她**的电脑的义务是等同的。一般来说，A 对 B 有要求［权］，B 做 X 在逻辑上是与 B 对 A 做 X 的义务相等同的：要求权和义务与这种方式相互联结。要求总是做某件事的形式：补充其内容的行动必须是另一个人的行动，决不是权利者持有者她自己的行动。既然艾丽丝对本莱德的权利内容有一种要求的形式，我们可能称它为一种**要求的权利**（claim-right）。要求权构成了权利中的重要的一类，这基本上为契约权利（持有着相对于可溯源的那方的权利），和确保某人的权利（持有着一般而言相对于每个人而有的权利）所示例。

不过，不是所有权利都是要求权。另一个例子将使这点很清楚。艾丽丝拥有她的电脑，这意味着她（在其他东西中）有权利使用它（当她想用它时）。这个权利作为要求权有相同的主体，但有不同的内容和不同的客体。它的内容是再一次的行动，但这次是权利持有者方面，而不是别人的行动：这是一种**要做**［什么］的权利，而不是［因］**已做**了［什么而有］的权利。因此，权利内容没有要求的形式。一般可替代性的提到它的是**自由权**（liberty）。说艾丽丝有使用她的电脑的自由权，就是说，她没有义务不用它，或她使用它是许可的。实际上，这隐含的内容比这更多，因为艾

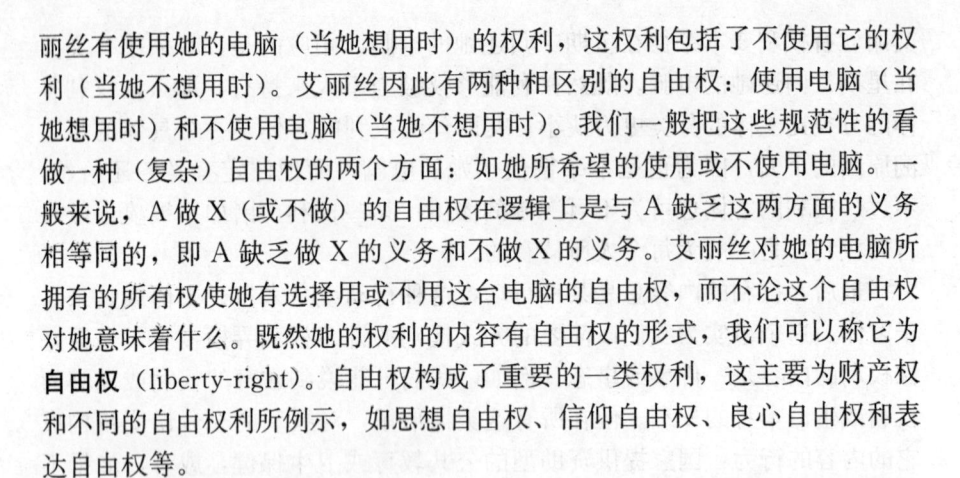

丽丝有使用她的电脑（当她想用时）的权利，这权利包括了不使用它的权利（当她不想用时）。艾丽丝因此有两种相区别的自由权：使用电脑（当她想用时）和不使用电脑（当她不想用时）。我们一般把这些规范性的看做一种（复杂）自由权的两个方面：如她所希望的使用或不使用电脑。一般来说，A做X（或不做）的自由权在逻辑上是与A缺乏这两方面的义务相等同的，即A缺乏做X的义务和不做X的义务。艾丽丝对她的电脑所拥有的所有权使她有选择用或不用这台电脑的自由权，而不论这个自由权对她意味着什么。既然她的权利的内容有自由权的形式，我们可以称它为**自由权**（liberty-right）。自由权构成了重要的一类权利，这主要为财产权和不同的自由权利所例示，如思想自由权、信仰自由权、良心自由权和表达自由权等。

我们已经确定了艾丽丝的自由权的主体和内容，但没有确定其客体。相对于谁而有这种权利？在要求权利的情形里，对这个问题的回答是直接的：谁负有义务，这个义务与其要求是等同的。因为要求权具体指明了义务，并且因为这些义务被分派给了具体各方（或一般意义上的每一个人），要求权能够使我们很容易地确定它们的客体。但艾丽丝的使用她的电脑的自由权没有涉及任何要求或义务，所论及的自由恰恰在于艾丽丝这方义务的缺乏。因此，持有权利并不是如此明显地相对于某人而言的。确实，如果我们把我们自己限定在它的规定性内容上，这样理解就是正确的：这是一种没有施加义务的权利。不过，我们知道财产权是典型地得到施加在他人身上的义务的保护的：例如，不干涉他人使用和享用财产的义务。由于她的财产权，艾丽丝有着比不受保护的使用或不使用她的电脑的自由权更多的权利。而这种自由是为H. L. A. 哈特（H. L. A. Hart）有用地称之为的、施加在他人身上的责任的"保护性边界"（1982：171-173）。因此，本莱德（别的任何人也一样）有责任不干涉对她的电脑的使用（不偷它，不损坏它，不得不经允许而使用它，等等）。因此，我们知道了自由权不是如同它们似乎是的那样简单，它们涉及一打自由（为主体所持有）和义务（施加在别人身上）。负有这些义务的其他人是权利的（隐含的）客体。

甚至要求权也没有它们看上去的那样简单。让我们返回到艾丽丝的权利：要本莱德在星期二还给她电脑。艾丽丝针对于本莱德的要求，正如我们所看到的，在逻辑上与他对艾丽丝的义务是相等的。但假设，本莱德多需要用她的电脑一天，要求在星期三归还她的电脑。当然，艾丽丝能够拒绝他的请求和坚持本莱德履行他的义务。她也能够同意，因此放弃她的权利即不要求他星期二还电脑，把本莱德从原始义务中解脱出来。她现在有一个新权利（星期三归还电脑），而本莱德有一个新的相互联结的义务。在放弃自己的原始权利过程中，艾丽丝体验到了一种**权力**（power），这种权力能够使她改变本莱德的义务。在起初的关于电脑的协议中，艾丽丝和本莱德都体会到了那种权力：它导致艾丽丝对本莱德的要求权，本莱德使用艾丽丝的电脑的自由权。因此，建构重要的要求权的契约权利，涉及比要求更多的东西；它们也涉及权力（和行使这些权力的自由，施加在他人身上的不干涉这些自由权的义务，以及这种权力不可剥夺等）。因此，即使是相对简单的要求权，也有着一些典型的相当复杂的不同要素。权利的核心仍然是一种要求，但这个核心为一种边界性的其他要素（如要求、自由权、权力等）所环绕、所补充。这个边界对于不同的要求权可能是相当不同的。契约主义的权利对于它的主体，典型地赐予一种关于权利实践的值得考虑的审慎性，这包括放弃权利的权力，或完全取消权利的权力。其他权利要求，诸如不被伤害或杀害的权利，可能施加了更多的限制在主体的放弃或取消的自由（权力）之上。因此，对一种要求权（包括它的所有边界）的充分说明，是一件非常复杂的工作。

　　这个核心对边界的同样的复杂性、同样的关系能够在自由权的情形里发现。艾丽丝使用她的电脑（或不使用）的自由权，不是仅为施加在他人身上义务的保护性边界相伴随。它也应包括她取消自己的自由使用的权力，或是暂时性（借给本莱德使用）或是永久性（卖掉它）取消；还加上她运用这个权力的自由，还应加上施加在他人身上的不干涉她对这个权力的运用的更多的义务，等等。像要求权，自由权是典型的复杂的一打不同要素组合。这个权利的核心仍然是自由，但它也是为一种由其他要素（要求权、自由权、权力等）所组成的边界所包绕的。

　　对权利的细致解剖进行充分探讨是一件复杂的事情（如参见 Wellman 1985，ch. 2；Summer 1987，ch. 2）。幸运的是，对这个解剖的揭示已经足以回答我们关于权利的相区分的规范性功能的问题。第一，权利与义务（责任）的关系。虽然这是两个清楚关联的道义论概念，它们两者的联结比初看起来复杂得多。在要求与相互关联的义务之间有一种简单的关系：A 有相对于 B 的要求，B 做 X 在逻辑上是等同于 B 对 A 应做 X 的义务。专注于要求权可能导致人们从病人的观点而不是当事人的观点来认为，权利就恰是所认识到的义务（责任）。但实际情况并非如此。首先，不是所有义务（责任）都与归因于可追溯的（或可指定的）个人的那种感觉相关。本莱德归还艾丽丝电脑的义务（责任）有一个明显的对象（艾丽丝），但我缴纳我的税款则没有这样一个对象：不清楚我有这个义务归因于谁。如果没有义务关系，那么，义务也就与任何权利没有内在联结。更重要的是，一种权利，即使是要求权，也比仅仅相对于某种内在关联的义务负荷者的要求有更多内涵。要求权，如自由权，是相当典型的不同种类的要素（义务、自由、权力、免除权等）的复杂集合。每一种这样的权利都包括着某些义务，或是在它的核心处，或是在它的边界处，或是两者。但没有一种权利能够还原到一种义务，或一些义务。权利也包括着那些不是义务，并且是义务界定不了的要素。而且，权利有一种结构，一种逻辑结构，这是明显不同于义务的。

这带给了我们其他的问题：权利怎样施加了对我们目标追求的限制？权利的复杂结构揭示了对这个问题的两种回答：第一，通过允许施加它们的客体之上的义务，权利限制了其他人追求有价值的集体目标的自由；他们必须（至少是有时）履行他们的义务，即使如果不履行，可能一种有价值的目标更能有效地得到促进。第二，通过允许给予它们的主体的自由，权利确保权利持有者不追求有价值的集体目标的自由；他们可能（有时至少是）选择履行他们的权利，即使不这样做将更有利于有价值的目标的实现。因此，权利施加限制在他人头上（那些必定不促进集体性的最好结果的人）和给予了那些它们的持有者（那些不需要如此做的人）的特权。这意味着，权利界定了保护空间，在这里，个人能够追求他们自己个人的计划，或有他们得到确保的个人利益，而摆脱了更大集体［对个人利益］的要求。

在前面段落里的"有时至少"这一修饰词值得某种简短的注意。它标明着无论是权利对他人施加的义务，还是给予它的持有者的自由，两者都不是绝对的。这给了我们权利的第四个维度（除了它的主体、客体和内容外）：强度。一种权利的强度是它抵御竞争性规范考虑的程度，如对有价值的目标的促进。一种权利在一定程度上把它的持有者与关注这些考虑的必要性分离开来，但超出这点外，有一个入口，在这里，这些考虑支配着或凌驾于权利之上。那结果就是，例如，为了设法减轻非洲地区的大规模灾难，本莱德需要艾丽丝的电脑，而他的责任是及时还给她电脑（她要求他还）——这样一种考虑就具有至上性，虽然艾丽丝想［早］要回她的电脑。同样，同样程度的迫切需要可能凌驾于她的自由使用她的电脑的权利之上。权利产生于这样一种抵御社会功利考虑的分界点上，而这些分界点很少是不可超越的。某些特别重要的权利（反对拷打，可能还有奴隶制、种族屠杀）可能是绝对的，但大多数权利不是如此。

二、为什么理论需要权利

既然权利所起的规范性作用似乎是有用的，甚至是必要的，那就不应对大多数伦理理论努力容纳它们而感到有什么特别。假定在道德和政治论争中权利的通行，任何完全忽略或拒绝权利的理论将有着被开除出局的危险，因为它是无希望地处于我们的日常道德思考之外的。不过，不是所有理论都同样对于权利概念感到很自在，并不是所有理论都同样易于把权利概念看得很重要，我们将考察对权利概念的三种挑战，这三种挑战来自于三种不同的理论倾向。如果能够成功地面对这些挑战，那么，我们将有更好的理由考虑，唯有那有着权利概念位置的伦理学理论值得我们信服。

第一种挑战来自于一个使人吃惊的方向。在这篇论文的开始处，我说到，权利似乎是最适合于道义论理论。因此，我们应该能够假定，任何道义论理论将提供一种对于权利概念来说是友好的环境。但并不必然如此。某些道义论理论，特别是那些与康德的或托马斯主义的自然法传统有密切关系的理论，对于责任（义务）语言有着决定性的偏爱（参见 Finnis 1980, ch. 8）。在这样一些理论中，对待权利有一种倾向，即仅仅把权利看成是责任所投射的影子。以至于认为，任何把两者分离开来的处理都是多余的。现在，我们手上已经有了材料可以回应对权利的这种轻视，因为我们知道，权利不可还原到责任（义务）。如下主张是正确的：从**病人**而不是从当事人的观点看，他们有关系性义务，但权利不仅仅是要求（甚至要求权也不仅仅是要求）。所以一种对待权利如同义务投射的影子理论，不能理解权利的性质。

不过，为某些道义论理论所拥有的这种多余论点值得有一点关注，因为它能够使我们对相区别的规范性作用和权利的贡献多说一些。我们已经说了，权利是简单的构成要素的复杂集合，并且已经表明，它们是如何限制对目标的追求的。但我们还没有对使这些多样性要素统一起来的内在逻辑或合理性给予适当描述。因为这需要一个（我们称之为）权利的性质的概念。两个这样的概念已经支配了关于权利的文献。利益（或益处）概念认为，权利的意义在于保护其持有者的利益或福利；正是这个目的，把构

294

成一种特殊权利的多种要素统一起来，并且，它解释了为什么是这些要素与不是其他东西被包括在其中。利益概念的中心是把权利持有者作为施加在他人身上的义务的受益者这个观念，或者作为一个这样人的：他的利益为施加这样的义务提供了证明（辩护）（MacCormick 1982, ch. 8; Raz 1986, ch. 7; Lyons 1994, ch. 1）。相反，选择（或意志）概念认为，权利的功能在于保护它们的持有者的自由或自主性。这个概念的核心是这样的观念：权利持有者有在一些可选择物中选择的自由，这种自由得到施加在他人身上的义务的保护（Hart 1982, ch. 7; Wellman 1985, ch. 4; Sumner, 1987, ch. 2; Steiner 1994, ch. 3）。这两个概念主要的不同在于：强调把选择概念置于权利持有者改变、放弃、取消，要不就是支配为权利所施加的义务的权力之上。这是实践这种权力的能力，这种权力给予了权利持有者支配涉及权利的规范关系。就选择的概念而不是就利益的概念而论，每一种权利必定涉及某种支配性工具。（这两个概念的区分不要与两种基本权利范畴相区分：要求权与自由权。这两种概念能够使得两种权利有其意义。）

　　这些概念中的每一个试图解释权利的基础是什么，解释可运用于我们自己的有代表性的（以及其他主体所有的）各种权利的整个范围的各种目的。对权利性质的那些全面性解说，每一个都有它的问题；不过，幸运的是，我们并不需要决定接受哪一个。或者是很难表明，为什么权利不是多余的，即使是在一种很强调义务的理论里。权利有一种明显的规范性功能，这最清楚地呈现在选择概念里，因为我们没有其他相似的概念来致力于保护当事人的自由和自主性。我们必须很清楚，不要在这个问题上弄错了。不是是否为了其他概念在原则上可取消权利概念的问题。因为权利不可还原到要求、自由、权力等的集合，在原则上，我们能够以这些较简单的概念来代替复杂的权利概念。但结果不仅仅是不可想象地笨拙，而且也把那些将这些要素集合在一起的关键点和合理性给弄模糊了。作为得到保护的选择的权利的观念说明了那种合理性和揭示了为什么权利概念起了这种作用：我们没有可合理地代替它的概念。选择概念也使得简化了这个冗长的论点，因为它要求每一种权利都包括了权利持有者的某种自由选择的权力，而这意味着权利不可还原到义务（责任）（即使是那种与要求相等同的关系责任、义务）。

　　在涉及利益概念的地方，权利概念似乎是过分啰嗦了，因为它的功能是保护利益，而没有权利持有者的自由处理或选择的余地。因此，就这个概念而言，不像是选择概念，权利在于一种要求，它在逻辑上与一种（关系性）义务（责任）相等同。不过，即使是这样想也是错误的：权利能够简单地从义务（责任）理论中删除掉而没有什么损失。但利益概念也对某种义务（责任）的意义或合理性提供了说明——对它们施加的东西的辩护能够在义务（责任）所保护的病人的特征而不是当事人或责任负荷者的特征中发现。义务能够有不同的理由，可能它们的主要焦点在当事人或病人身上。利益概念单挑出义务（责任）概念，它的合理性在于保护病人的利益。而它所设定的权利概念可能在那种只讲义务（责任）这种语言的理论中失去。

因此，权利能够得到道义论理论的冗长性的保护，一种挑战来自于这样一种具有相反目的的理论：它的整个理论范围集中在权利对集体性目标追求的限制功能上。后果论理论认为道德的全部意义在于对非常抽象的追求上：[行动]带来最好的事态，或使这个世界尽可能地好。正如我们所看到的，权利妨碍着这种目标的实现，因为权利允许它们的主体选择非乐观性的行为，也要求它们的客体如此行动。那么，我们不应对此感到奇怪，某些后果论者对权利表示怀疑或者甚至是过分的敌意（Frey 1984）。后果论阵营以是否为道德权利留下空间而相区分。某些后果论者对权利比其他后果论者就要友好些（如密尔比边沁对待权利就好得多）。在这篇论文的结尾处，我将探讨一种不仅能够容纳权利而且为权利提供了一种基础的后果论战略。同时，我将充分地说，我们已经识别了权利的一种规范性作用——保护个人利益或者是自主性以对抗集体目标的要求——这似乎是很有吸引力的，而它对一种伦理学理论的绝对排除，预示着那种与权利不相干的理论将遭到指责。大多数公正的观察者，如果问道，在不受束缚的促进非个人的最好的后果，和为了确保个人的福利和自由而限制这种追求这两者之间进行选择，则很可能选择后者。后果论者仍然可能选择那条高速道（虽然我在后面一些将要谈到，他们这样做是错误的），但极少有人愿追随他们。

第三种挑战是对一种伦理学理论中的权利所包含的东西的质疑，这比前两者更让人有兴趣。这种挑战为新近的女性主义伦理学理论的发展而提出的（如见 Hardwig 1990；Sherwin 1992）。女性主义者倾向于对主要是公式化的或唯一的依据权利的伦理学问题方法的批判。他们把权利话语看做是把我们锁定到一种道德思考的合法形式，在这种形式中，正义成了突出的德性。正义在公共领域可能是适当的德性，在这里，个人面对着另一个作为陌生人的人,或作为同胞的公民,但出了这个领域而进入另一个背景领域,特别是在一个密切的个人关系领域,诸如真诚和忠诚这样的价值会得到兴盛。以他们的观点看,权利,适应于一种独立的个人对他人冷淡或者敌视的个人的社会本体,而他人则需要分离开的私人领域的保护。可能,经济的与政治的社会不是一个家庭或友谊的世界。女性主义者也怀疑那种自主性,自主性是权利的选择概念的核心部件,它似乎是促进了一种非常男子汉的理想:强健的、自我依靠的、自我界定的个人,与他人没有根源性也没有亲密性的关系。

　　这个批判有一系列重要的主题,这些主题也可很好地区分开来。首先看所谓权利个人主义。确实如此:人们一般认为是权利的典型持有者(在这篇论文里,我们已经以这个假定进行了讨论)。不过,这并不意味着权利的逻辑就将把权利限定在个人身上。某些权利,如不被攻击、不被杀害的权利只是属于个人本身的,但其他权利,诸如过宗教节日的权利,或以其民族语言做礼拜的权利,只能为作为一个民族文化群体的成员的个人所持有。因此,即使是个人权利,也不能把它界定为从他们的社会背景中抽象孤立出来的个人所持有。而且,没有什么东西可以阻止我们更进一步地把某些权利(如自我决定的权利、文化生存的权利等)归属于作为整体的文化群体,在这个群体中,权利不能被分解为这个群体的几个成员的分离的权利。为了从性质上确定潜在的持有者,必要的是具有某种价值(基于利益概念的利益,基于选择概念的自主性),而权利的功能在于保护这些价值。至少可争议的是,为共同文化、语言、历史或宗教而联合起来的群体,能够满足一种集体利益或作为集体选择的能力的需要。如果能够,那么,这样的群体能够是权利的主体,权利将保护他们的自由或限制对待他们的方式,在这些得到限制的方式中,他们将受到合法的对待。进一步说,如果群体具有集体当事人的能力,他们将有能力成为权利的客体(权利所需要的义务[责任]的负荷者)。许多权利(要求权和自由权)被认为在很大程度上是相对于这个世界所持有的,这标准地意味着,这个世界上的每个个体成员是值得考虑地分离着的。但权利,在原则上,至少能够被认为是相对于值得考虑的集体性团体而持有的,并且某些权利(例如,从这个团体退出的权利)显然就是这种形式的权利。因此,如果对个人主义的批评的要点在于权利只属于个人或仅相对于个人而持有,那么,它是误解了。

　　认为权利以对一种自然社会的一定描述或社会关系的描述为前提条件,

这并不是正确的。权利是多样性的规范工具，它们［复数权利］能被放进多样性的不同的政治用途中去。它们能很好地为自由主义效劳，某人梦想是郊区社会的自治镇公民，为自由权利的篱笆所环绕，而人们只有不干涉他人的消极的义务。但它们也能适应于共同体主义者的、社会主义者的、平等主义者的目的，或者，有人可能敢说，女性主义的目的。权利也能被诉诸用来支持激烈竞争的市场，但它们也能通过体现在如下诸多方面的权利实现来创造一种正义的要求，从而促进社会团结的理想：分配资源以支持急需者或不利者，或消除基于种族、性别或性倾向的歧视，或保护弱者免于剥削和压迫。既然妇女比男性更多地遭受着这些社会罪恶，对权利和正义的诉诸已是她们用来改进她们的社会处境的主要言辞性武器（例如，难以想象没有这样的武器的前选择的运动）。权利语言有利于她们自己并没有把妇女转变成一种孤立的、粗野的和雄性化的个人；相反，她们所宣称的再生产的权利深深地根植于她们作为专门的和主要的儿童负荷者的认同［身份］。

　　不过，女性主义的批评的另一方面则是对权利社会意识形态的更多的信赖。正如我们所看到的，权利施加了义务，义务是对他人自由的规范性限制，限制他人自由的辩护在于保护他们作为权利持有者的资格。因此，权利语言以这样一种社会的图景为前提条件，在这种社会图景中，利益倾向于相互冲突，这些冲突必须设法以一种原则的方式来解决。那些摆脱了冲突的世界的成员可能不需要那值得享有的权利的保护。既然公共领域表明不可能没有冲突，因而可能不得不承认权利在这个世界里有着适当的、虽然有点不幸的作用；虽然这样确定权利［的作用］导致我们夸大了冲突和竞争，忽视了合作与和好的可能性。但在那种更为密切的家庭和友谊的环境里，权利具有一个怎样的位置呢？如果个人关系是透过一种充分浪漫的纱巾来观看的，那么，它们可能就显得是无摩擦的。不过，这种乌托邦的理想并不能很好地适用于大多数朋友、情人、夫妇、双亲，以及儿童的日常生活，因为就是儿童也必须学会处理他们个人依赖关系中的冲突。当这样的关系的各方开始把他们考虑为有着自己立场的相区分的个人（对于儿童来说，这个过程仍没有完成，他们仍被认为是他们的父母的财产），而不是作为一个下属，他的利益从属于那些男性家长的下属，这就是迈向道德的和政治的一大步。我认为各方有相对于另一方的权利（例如，不为言辞上的、身体上的、性上的或情感上的滥用），在于确立一定的基本的期望——每一种关系都应有需满足的期望。处于任何健康的具有功能性关系中的各方，将以在很大程度上超过这种基本的最低要求的方式来对待对方。但没有理由否认他们有这样一些权利,虽然这种关系能够深到这种程度以至于一方或更多方的权利都可违犯。友谊意味着给予你的朋友多于她的权利所要求的,但也意味着不给予她少于权利所要求的。

我们从女性主义者的批判中所学到的东西是,权利不是整个的道德图景。权利是有着特殊功能的专门化了的规范性设置。他们已经很好地改置了权利,但权利不能有着其他同等重要的价值的地位,这些价值是忠诚、真诚和关怀。权利不能替代那些我们判断个人的品格的工具。如果权利保护个人的特权,那么,它们也保护恶的行动的特权——当人们实际上并没有违反任何义务或权利时,不过,却有着狭隘的心胸或自私(Waldron 1993)。我们的道德词汇需要能够描述品格的缺陷的那些资源,这些资源要能够与权利的那些最细节方面相适合。任何相信人类的交互活动只需要给予其他人的权利最低考虑的人,他将是一个没有吸引力的朋友、性伴侣,或邻人,或者业务伙伴。但这不是权利的缺陷,懒汉或心胸狭隘的人可能发现,如此想是很方便的:再有德性的要求对他们也没有办法,但也不可能解决这个问题:把权利整个地从我们的道德思考中驱逐出去。在任何完善的全面性的道德理论中,权利有一种重要的、确实是必不可少的工作要做。女性主义的批判可能提醒我们,权利不是也不应该是唯一的。

三、为什么权利需要一种理论

我们从权利成了道德和政治话语的通用现钞而开始,我们也已经看到,这个现钞能够在多种理论挑战面前得到辩护。不过,具有讽刺性的是,对于权利话语整体的最大威胁来自于它的流行。正是权利的灵通性,搅起每个问题的各个方面的能力,因而它们既给人最好的印象,也给人最大烦恼的特征。相互竞争的利益团体都集中于同意一点:在政治领域里,权利是不可避免的武器。声称对某物有一种权利,不仅仅是说,有权利才好或者很慷慨地将权利提供给他人;宁可说,某人有资格期望或持有它。一旦就问题的某一方诉诸一种权利,因此必定算做是另一方也具有相似潜力的一种武器。那么,如果一种利益群体诉诸权利来建构它的理论,它的竞争者没有一个不可以以同样方式来回应。像其他任何武器一样,一旦它们在公共领域里出现,权利要求将倾向于增生或增多。

在军备竞赛领域,每一方都认为增加它们的储备才好,虽然增加导致的结果对于所有各方来说都将更坏。在军事武器被看做是增长性威胁的地方，也就是相互毁灭的地方。在涉及修辞性武器的地方，各方所害怕的是退回到怀疑主义或讽刺。一种能够为任何东西辩护的论争性设置，什么东西也辩护不了。一旦当权利要求被布置在所有公共问题的所有方面，它们也就不被作为解决任何问题的工具来严肃地看待。确实，危险是它们根本不再被严肃地看待。正如通货膨胀减少了钱币的真实价值一样，权利的修辞性膨胀威胁着这种现钞的贬值。

如果我们不再反思个人和政治道德领域里有关权利的这种使人困惑的情况，那我们就不可避免地要问我们自己某些难题。所有这些权利值得严肃对待吗？如果不值得，那哪一个是真的，哪一个是假的？在那些发生真正的权利冲突的地方，哪一个值得更为严肃地对待？为了回答这些问题，我们需要对权利要求有个核查程序或者一种对权利的确认标准。正如我们在前面早些地方所看到的，对任何权利的充分说明包括四个维度：它的主体、它的内容、它的客体和它的强度。那么，理想地看，我们想要一种标准能够确证或能够区分任何权利要求中的这些要素。非理想地看，我们至少需要某些资源能够把合理的要求与不合理的要求区分开来。但在哪里能够发现这些标准或资源呢？

这像是哲学家所要做的事。不过，不是任何在权利模式中工作的人都同样是有用的。某些哲学家仅是简单地假定一定的基本权利集，然后制定出它们对于社会和政治安排的意义。例如，罗伯特·诺齐克以这样的宣称而开始他的名著："个人有权利，并且如果不侵犯他们的权利，那就没有一个人或任何团体能够对他们做什么。"（Nozick 1974：ix）这里诺齐克心目中所有的权利是（几乎绝对是）财产权，它是作为伦理性的阻碍物来应对福利国家所展开的社会规划的，这种社会规划追求的是平等化资源或解决不利者的需要。从这样的前提出发，诺齐克致力于非常敏捷的论争，制定出比纯粹的守夜人国家更多些［干涉成分］的国家怎样能够容纳对个人权利的尊重这样一种项目。不过，前提本身——假设个人有这些权利而不是别的权利——则没有给予很多的注意。这种"两端"（top-down）论证的一个更新近的例子也在自由主义的阵营里，即我们可在海里尔·斯坦纳（Hillel Steiner）的著作中发现（Hillel Steiner 1994）。从权利的自由主义前提的道德政治含义中，能够得出一种说明性程序，特别是当自由主义者他们自己对这些含义有分歧时。这也提醒了更加倾向平等主义或社会民主信念的人，其代价将是不能为一种更为宽大的基本权利集辩护。不过，最

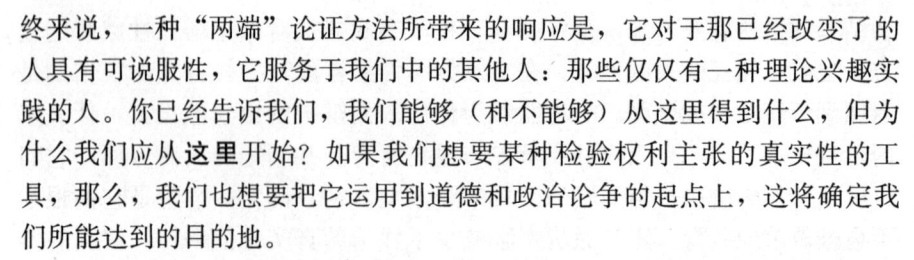

终来说，一种"两端"论证方法所带来的响应是，它对于那已经改变了的人具有可说服性，它服务于我们中的其他人：那些仅仅有一种理论兴趣实践的人。你已经告诉我们，我们能够（和不能够）从这里得到什么，但为什么我们应从**这里**开始？如果我们想要某种检验权利主张的真实性的工具，那么，我们也想要把它运用到道德和政治论争的起点上，这将确定我们所能达到的目的地。

其他哲学家在涉及权利的程序上有不同的方法，对于这种方法，我们可称之为直觉主义的或决疑论的。这种方法的最完善和最有影响的实践者是 J. J. 汤姆森（Judith Jarvis Thomson 1990）。不像那些人从假定的一些基本权利中选取一些，汤姆森的目标在于决定我们有哪一种权利。再进一步，她认为，在我们倾向于归之于我们自己的和他人的那种权利背后，有某些一般性原则，并且，她想要确定这些原则是什么（1990：17）。所以我们这里似乎看到，那种更切近对权利的真实性进行检验或权利的真实性标准的理想事物：依据这些原则（不论它们到底是什么），某些臆断的权利可能很好，而另外一些可能不符合。那么，这个问题变成了发现或揭示这些原则的问题。这就是汤姆森的直觉主义开始起作用的地方。她依据诉诸我们所重视的道德判断来检验诸种权利，如诉诸"不过，确实 A 应当做如此如此"，或者"很清楚，B 这样做就错了"。因为她寄希望于对这些判断的一般性同意，她并没有表明它们是正确的这种企图。而且，如她自己所说的那样（1990：4），她把论证放在这些原则上来评判它们，并用它们来得出关于人们的权利的结论。因此，她把我们的许多日常道德内容视为当然，没有给予对它进行确证或得不到确证的工具。她的论证策略在于从某些在我们的日常道德思考中（有希望是没有争议的）确定的点到权利概念的内涵意义，这些权利可能并不与这些日常道德思考的点相合（没有某种仔细论证）。对于所有那些道德化的理论，她告诉我们（1990：33），她从某种论证资料开始，她的资料是那种她希望她的读者能够接受为道德真理的道德判断。

汤姆森的程序与诺齐克和斯坦纳的两端论证方法所共有的因素是某种视为当然的东西，并用它来支持对其他内容的论证。不过，在我们所有的那种权利方面，诺齐克和斯坦纳假定了某些一般性原则，汤姆森视为当然的是某些具体案例。进一步说，它们不是关于权利的，而是关于某人应当做什么或不应当做什么，或做什么将是正当的，什么将是错的；任何关于权利的主张仅仅是从这种论证得来的结论。她的方法因此更是"从底部起"或特殊主义的方法。它也更像是一般法律的司法性判断推理，这种推理力图从法律中的相对确定的点到关于新案件的结论。汤姆森表明，这特别适合于一般意义上关于道德的某种特定图景，尤其适合于权利的领域：它不形成一种为少数一般原则所支配的系统（1990：33）。就她的观点而论，不可能从这样一些原则出发来进行对权利的争论。宁可说，像一般法律，原则必须通过对权利的争论过程来揭示。

汤姆森依据她的直觉主义方法所达到的这个结果给人很深的印象。当我们说某种东西是一种或具有至上性或可以丧失的权利时，她很擅长于力图弄清楚严格意义上的我们存疑的东西是什么。而且，她认为是真正的权利的那种权利，大部分具有我们的（自由的）道德话语所有的特征：反对他人伤害或侵犯的要求，保护性自由，等等。不过，她所确立的论证结构如同它的基础一样可靠，这些基础在于那些其真理性已经无须证明的特殊道德判断。如果这些判断中的某些具有争议性或已经存在争议，那将意味着什么？汤姆森说，在她这里的关于这些判断的任何一个错误的严重性，如同从它们那里进行推理的错误严重性一样。它们能有什么错误吗？这个问题如果没有讨论汤姆森的论证细节我们不能确定，而这个任务对于这篇论文来说是不适当的。不过，正像自传一样，我对于汤姆森建构的案例的直觉是，它们不总是与她的意图那样重合。那么，对我而言，她的论证进一步的过程也就再一次仅仅变成了一种有趣的实践，和诺齐克和斯坦纳的论证一样。再说，对分析伦理学来说共同的特征是，许多汤姆森的例子是非常公式化的，剥掉了所有的社会和政治背景。对于我们所谈及的汤姆森关于案例的假设，我的回应不是那种赞同或不赞同，但我在作出这种决定之前知道得更多一些。许多汤姆森的资料对我来说仍然有问题，并不是像不确定性那种错误。

汤姆森用来产生判断权利的真实性的标准的直觉主义的方法论在分析伦理学中是非常常用的，在这里，关于具体案例，经常诉诸的是"我们所相信的"，或"我们将说什么"。在某个特定方面，这并不是意外。因为并不是任何东西都要立即进入讨论，为了能够争论从而达到结论，我们不得不先假定某种东西。问题是：要假设什么？汤姆森所隐含的论点似乎是：我们关于特殊案例的判断比任何一般性道德原则更加安全可靠；因此，它们是道德判断的更加安全的出发点。她并不想对此论点进行论证，我想是没有办法证明或证伪它。她可能是对的，但其他方法的可能性同样值得探讨。就她所考虑的有这样两点：从关于权利的一般原则的论证到从特殊的道德判断对权利进行的论证。现在可以介绍第三种：权利的真实性标准需要一般伦理学理论的资源。

我所说的伦理学理论，意思是一套相对少的、连贯性的基本规范性原则足以覆盖我们的整个道德思考。既然某些、但不是全部的道德思考都涉及权利，那么，权利的领域将在这样一种全面性的理论中形成一种特别的亚层次。那么，这观点是：为了发展权利的真实性标准，我们所诉诸的终极性资源是该理论的一套基本原则。但是哪一种理论？既然在这里的选择是无限的，我们所需要做的是通过把注意力集中于几个基本类型的理论来把这个问题简单化。让我们假定每一种道德理论都有一个结构或一种原则的等级秩序，其中某些原则是基本的（如作为公理性的），而其他原则（命题、定律）则来自于它们。进一步假定，对道德概念（如义务、责任、权利、德性、善等）的具体范畴的合理性证明将优先于对一般原则证明。那么，一般而言，一种理论是以 X 为基础的，那么，对基本原则证明的优先性将从范畴 X 移到概念。以这种方式，我们能够类分出以义务（责任）为基础、以权利为基础以及其他类型的理论。现在让我们提出这样的问题，这些基础主义理论中的哪一种更有可能产生一种可操作性的真实权利的标准。

我认为，两种理论一开始就排除掉了。就其表面上看，以义务（责任）为基础的理论可能似乎对权利来说是友好的环境，因为它们是以道义论的权利来确立它们的基础的。不过，正如我早些地方注意到的，义务比权利形成了一个更广泛的范畴，并不需要以病人为中心，而这是权利的特征。以义务为基础的理论中的最基本原则（这些理论告诉我们，我们的最一般义务是那种原则），不涉及道德病人的某种特征（例如他们的福利与自主性），而涉及的是道德当事人的特征（诸如他们的理性与自主性）。任何以义务（责任）为基础的理论，都有着来自于我们的义务（责任）的终极性派生原则，它难以在一种充分的意义上容纳权利，在一种充分的意义上，权利有着一种鲜明的、不可削减的规范性功能。以德性为基础的理论，它也倾向于以当事人为中心，也因同样的原因而被排除在外。如果一种理论从关于德性（或者特别是关于正义的德性）的原则中得出权利概念，如果这些原则的基础在于对道德当事人的善的说明，那么，它也缺乏对道德病人的关注，而这对于权利是有着特别的贡献的。

提供给真实权利标准的最明显的一种理论是以权利为基础的理论。它将能够通过对这个问题的回答：如何能够是全面性的或完全的这样一种理论。尤其是，我们知道权利仅界定了道德领域里的一个方面，而且把它放在其他领域之中是不适当的。我们可能会问，一种纯粹以权利为基础的理论怎样能够产生，例如，如何适应人际关系的图景，以及这样的关系所例示的许多价值的图景。我也将问这样的问题：在以权利为基础的理论中的权利的基本原则将是什么样子的，或它们本身怎样才是正当有效的。以权利为基础的理论的这种观念问题是有相当深度的问题。

在我们早先对权利的解剖学的探讨中，我们发现它们的构成性要素是这样一些东西：自由、义务（责任）、权力和安全（免除性）。所有这些要素有着一个重要的特征：它们是规则系统的创造物。在自由与权力的平行性情形里，将充分地说明（或提醒我们）这点。一种自由（权）界定了对于当事人来说规范性地允许的东西——她能做的（允许她做的）。一种权力界定了对于当事人来说是规范上可能的东西——（通过改变她自己或其他人的规范关系）她能够做的。自由（权）的前提条件在于规则系统，这个规则系统有着道义论模式的三合一的概念：要求—允许—禁止。而权力的前提条件在于一个有着真理模式的三合一概念的规则系统：必要性—可能性—不可能性。有着道义论概念的规范系统单独能够在利益概念的基础上产生权利，而有着两套概念的系统对于在行动概念的基础上产生权利是必要的。一个法律系统是有着两种资源的规范系统的最好例子，这就是为什么它能够把那些主体的权利赐给它的司法裁判的原因。只要规则界定的权利，这些权利就有合法的力量，而系统本身，满足了被认为是对于法律有效性来说的必要的任何东西。

但我们想要一种理论支持非法律的权利，不是任何一种纯粹的习惯性权利，而是道德权利，那诸种我们用来批判或辩护习惯性权利系统的权利。法律权利（合法权利）以法律规则为前提条件，所以，假定道德权利必须以道德规则为前提条件。在法律权利的情形里，我们能够依据某种来源（例如，立法者或法庭）解释规则系统的存在，这种来源处有制定法律的权威。但什么是道德规则（或法则）存在的条件？作为相对于习俗的而言，什么使得这些规则成为道德的？仅仅是这个事实：无权威发出这些规则。那么，我们能够使得它们的存在具有意义吗？依据什么它们成为了规则？它们对我们的权威性的来源是什么？

我认为，一种道德理论能够对这些重要问题提供可理解的回答。但一种把权利（或把义务）作为基础的理论，将特别无能给予这种回答。因为它必须在没有更深的原则资源的情况下提供道德规则的存在条件。对假设

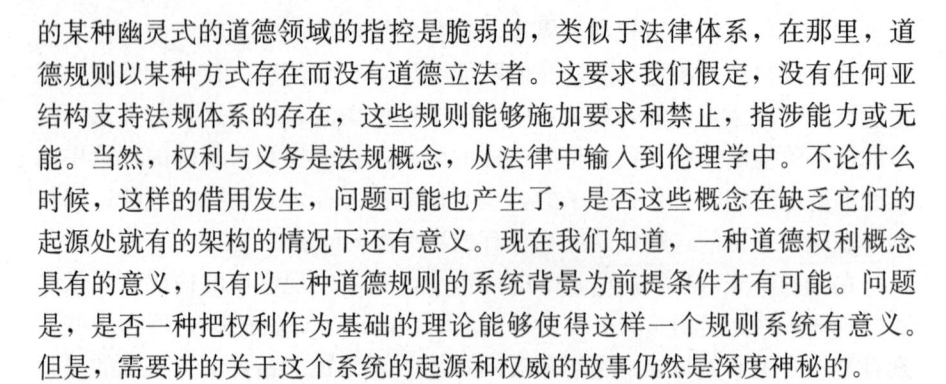

的某种幽灵式的道德领域的指控是脆弱的，类似于法律体系，在那里，道德规则以某种方式存在而没有道德立法者。这要求我们假定，没有任何亚结构支持法规体系的存在，这些规则能够施加要求和禁止，指涉能力或无能。当然，权利与义务是法规概念，从法律中输入到伦理学中。不论什么时候，这样的借用发生，问题可能也产生了，是否这些概念在缺乏它们的起源处就有的架构的情况下还有意义。现在我们知道，一种道德权利概念具有的意义，只有以一种道德规则的系统背景为前提条件才有可能。问题是，是否一种把权利作为基础的理论能够使得这样一个规则系统有意义。但是，需要讲的关于这个系统的起源和权威的故事仍然是深度神秘的。

不论是否前面所考虑的充分排除了作为权利的适当理论环境的以权利为基础的理论，还有另一个可选择的（理论）值得探讨。后果论理论功利化了作为它们的基本道德范畴的善的概念，并把善的特殊情形结合进了值得追求的（或选择了的）全面性目标之中。就这个方面而言，以目的为基础的伦理学理论似乎是最后可能有的道德权利之家，因为（正如我们所看到的），权利起着对目标的规范性限制作用。不过，这里的现象可能具有欺骗性（Sumner 1987，ch.6）。可以两种方式来追求一个目的：直接的，在任何情况下都对准这个目标；或间接的，运用某些更为复杂的动机策略。某些目的最好是直接追求，而另外一些目的则不然。个人幸福的目标是后一种追求的例子。如果你做的任何事情都是在最大化你自己的幸福的欲求下，直接地或有意识地动机所推动的，那么，你将几乎为你自己的目的所挫败。如果你的目标在于别的事情（如人际关系上，这将对你的自我中心倾向有某种压力）上，有时你的［长远］目的将更充分地实现。

现在假设我们正在谈论非常抽象的道德目标，诸如一般福利或资源的平等。这样的目标最好是直接追求还是间接追求？如果是直接追求，那么确实没有严肃地考虑权利的余地，因为它们必须被承认为这种目的追求的阻碍。但也有好的理由那样想，像个人幸福，道德目标最好是间接追求。这些理由在原则上是与承认道德决定的作出者和对道德决定的作出者的动机限制相关的，而不论他们是个人的还是社会的当事人。几乎没有什么能够确保那种旨在促进某种抽象的道德目标的一般性言谈，大多数决定的作出者很可能选择与目标正相反的工具，这可能是信息缺乏或者是自然人性倾向所致，即这是他自己所偏好的处境。如果这个假设是正确的，那么，那种为大多数后果论的理论所提供的目标，最好以为接受了的、内在化了的、对他们的直接追求的限制方式来追求。既然权利起着这种限制作用，那么，对（起着划界性作用的那类）权利的尊重可能就是这种以目的为基础的理论所要求的。就这种案例中的这种情形而论，一种权利将是真实的，在某种习俗性规则系统（正式的或非正式的）内对它的承认，是（或将是）在道德上可证明为合理的，而证明的标准是对理论的基本目标的促进。

一种以目的为基础的理论对权利的增生施加了一种外在的控制：权利的目的在于促进某种独立的界定了的价值，诸如福利或自主性，而权利被看做是具有合法性仅仅是就它们服务于这个目的而言的。因此，同样的基本目的也将为权利的内在领域里的划分起到作用，即依据基本目的来区分私人生活和公共生活的领域，在这不同的领域中，有那种依据权利的思考是不适当的或产生反效果的地方。以目的为基础的理论，毫无疑问对使得权利具有意义而必要的规则系统具有解释力，因为它所要求的唯一规则是日常习惯的规则（法律的和非法律的、制度的和非制度的、形式的和非形式的）。依据这种解释的道德权利是这样一种权利：它在某种这样的规则系统中得到承认，这种承认是或将是在道德上可辩护的——柏拉图式的天堂对于没有道德立法者的规则的必要性来说是不需要的。

后果论的最熟悉的形式当然是功利主义，它依据善的福利理论和把个人福利结合进最大化的总量的积累程序而进行区分。但后果论的理论因善的不同理论（一元论的和多元论的）而有不同的形式，以及为界定一种集体目的而有不同程序（积累和分配）。因为我们现在的目的不是后果论的不同具体形式，因为它们的共同性质是优先对它们所赞同的目标的促进。要使权利适应这种集体主义框架似乎是有点像把圆弄成方一样，但一旦这种困惑消除掉了，这个观念还是很有吸引力的。在关于权利的司法推理中也有一个工作模式，这个模式常常是：试图确定冲突的权利之间的平衡。如果冲突之中每一种权利（如，政治表达的自由与对少数派的平等的尊重）都想要确保某种重要的社会目标，那么，在它们之间达到适当平衡就意味着，在这些目标之间以那种可促进理想的平分秋色的方式在它们之间划界。任何这样的方法基本上是后果论的，因为它把权利看做是追求社会目标的设置。可这是与严肃地对待（那种适当）权利相容的。

另一种理论，诸如某种形式的契约论，由于它是从外在的方式而不是内在的方式控制权利，也有与后果论一样的特点。我这里的目的不是对权利的可能适当的环境提供一种穷尽性的探讨，而是提出两点暂时性的意见。一是在我们确定特殊直觉主义的更适当的方法论之前，对于一般伦理学理论中处置权利的战略是值得探讨的；二是在那些以目的为基础（而不是以权利为基础）的理论之中，对于既使权利具有意义，同时也可控制权利主张的膨胀这两个目标都达到有一较好机会。我不能对这些意见提出比草率的辩护更多的东西，但这两点意见值得进一步发展。

参考文献

Dworkin, R.: *Taking Rights Seriously* (Cambridge, MA: Harvard University Press, 1977).

Finnis, J.: *Natural Law and Natural Rights* (Oxford: Clarendon Press, 1980).

Freeden, M.: *Rights* (Minneapolis: University of Minnesota Press, 1991).

Frey, R. G.: "Act-Utilitarianism, Consequentialism, and Moral Rights," *Utility and Rights*, ed. R. G. Frey (Minneapolis: University of Minnesota Press, 1984), pp. 61–85.

Hardwig, J.: "Should Women Think in Terms of Rights?," *Feminism and Political Theory*, ed. C. Sunstein (Chicago: University of Chicago Press, 1990), pp. 53–67.

Hart, H. L. A.: *Essays on Bentham: Studies in Jurisprudence and Political Theory* (Oxford: Clarendon Press, 1982).

Jones, P.: *Rights* (Basingstoke: Macmillan, 1994).

Lomasky, L. E.: *Persons, Rights, and the Moral Community* (New York and Oxford: Oxford University Press, 1987).

Lyons, D.: *Rights, Welfare and Mill's Moral Theory* (New York and Oxford: Oxford University Press, 1994).

MacCormick, N.: *Legal Right and Social Democracy: Essays in Legal and Political Philosophy* (Oxford: Clarendon Press, 1982).

Nozick, R.: *Anarchy, State, and Utopia* (New York: Basic Books, 1974).

Raz, J.: *The Morality of Freedom* (Oxford: Clarendon Press, 1986).

Sherwin, S.: *No Longer Patient: Feminists and Health* (Philadelphia: Temple University Press, 1992).

Steiner, H.: *An Essay on Rights* (Oxford: Blackwell, 1994).

Sumner, L. W.: *The Moral Foundation of Rights* (Oxford: Clarendon Press, 1987).

Thomson, J. J.: *The Realm of Rights* (Cambridge, MA and London: Harvard University Press, 1990).

Waldron, J.: *Liberal Rights: Collected Papers, 1981—1991* (Cambridge and New York: Cambridge University Press, 1993).

Wellman, C.: *A Theory of Rights: Persons under Laws, Institutions and Morals* (Totawa, NJ: Rowman and Allanheld, 1985).

第16章　自由至上主义

简·纳维森

一、理论一般

（一）什么是自由主义

自由主义是这样一种观点：我们都有一种单一的、一般的和基本的权利——自由权。当然，权利隐含着义务（责任），对于某个当事人 A 来说，A 有一种权利意味着 A 有这样一种地位，以至于要求其他人在某些方面以一定的方式来对待 A，这些方式为那种权利的具体内容所隐含。因为 A 有权利做 X，对于 A 来说就是，其他某人或某些人有义务以处于与做 X 的 A 的关系中的一定方式来对待他。所以，人们能够实际地说，自由主义观点可以用另一种语言同样表达它：**对侵犯的一般性禁止**。还有一个重要的问题是：这个要求所强化的是什么？自由主义的原则禁止**侵犯**，说实话，不是完全不使用强力（暴力），或强力的威胁，它仅仅把它限制在防御性目的上。

除此以外，我们能够区分两种意义的"权利"。与密尔一样似乎合理地说，所有的道德义务（责任）都是具有强迫性的，"如果不是由于法律，那么就是由于他的同伴的舆论；如果不是由于舆论，那就是由于他的良心的谴责"[1]。以及由于轻视或者热衷的倾向，等等。但让我们把如下两种权利区分开来：一是**为使用强力在他人**身上而有的权利；二是不施加强力、但只限于抗议和不赞成的表情，以及同类表现的权利。自由主义的原则涉及前者，在谈到我们有一般的和基本的自由权时，是说，对无辜者使用强力是错的。对于前者，无论是否说到，也是一个有兴趣的问题。在这篇论文的后些地方，我将表明这是可能的。

但是，自由主义是说，在**所有能想象的环境下侵犯无辜者都是错误**

的？可能没有一种理论持有这样一种无条件的标准陈述。自由主义也常常被认为是一种最大努力而不妥协的理论。是否可允许调整到适应大灾难的环境，可能取决于涉及理论的基本合理性的基础问题。但毫无疑问不是那么顺从。在这种理论的严格意义上，这个问题是：绝对都可得到辩护的所有对强力的使用是否是非侵犯。在大灾难的环境下，不可能假设没有侵犯无辜者而为我们自己辩护。如果自由主义的权利是基于自我保存的考虑或相似的东西，那么，无疑地会允许我们选取阻止天堂掉下来而不是那种什么"严格的正义"。简单地说，为什么正义不能要求我们让天堂掉下来？为什么不是这样？

（二）一种道德理论，而不是伦理学理论

同时，既然非侵犯性是它的唯一信条，自由主义显然是一种非常狭窄的观点。就这点而论，根本就不能谈及历史传承下来的伦理探求范围里的较大范围的题目。最一般地讲，有这样的问题，我应该怎样生活？什么样的生活是好生活？我们可能知道，自由主义固有地责成自己不回答这样的问题。在为它的对侵犯的苛刻批评所确立的限定范围内，自由主义认为，我们有在多种可能生活之一选择的自由。审美的生活，快乐追求者的生活，辛苦的货物运输司机的生活，教师、登山员以及圣徒的生活，对于自由主义者来说，都是可接受的。我们有关于哪一种生活是较好生活的观念，就其他生活观念而言，它们仍然是在忠告和建议的领域里，而不是规定的要求。是否自由主义者所提供的什么东西留在"忠告和建议"的领域里，这是一个很好的问题——这个问题将在下面得到确切回答。

（三）自由主义和自由至上主义

自由至上主义（libertarianism）作为超宽容性［主义］而出现。确实，把自由至上主义看成是**自由主义**（liberalism）的一种极端形式是对的。我认为，这是这样一种观点：所有相关道德价值的来源是个人，个人是他的规则的主体。每一个人在终极性意义上，是为他自己所统治。如果这样的一种观点被解释为一种**生活**哲学，那似乎是完全发疯了，或者是完全平淡没意思，因为要我们去选择，但却没有给我们任何选择的工具。另外，也可说，选择工具是个人自己内在的资源：把一切都放在考虑范围内，你做你最喜爱的事。但是，你喜爱的是什么？这是相当严格的**你的**问题：任何别人来代替你做决定是不可能的，你可以听别人的忠告，但正是你自己必

须决定是否听取别人提供的东西。

那么,自由至上主义是一种关于在它的社会感中的有关道德的主要方面的观点。当然,这个方面也总有道德探求的突出特征。一般而言,对于在社会中、在群体中的人们而言,把道德作为**一套人际性的权威规则**从特征上与伦理区分开来是合理的。道德当事人的最宽广的群体是所有当事人的群体,许多道德哲学家,诸如康德,已经提出了这个方面的理论。自由至上主义是这样一种理论,它认为,反对侵犯的规则是为所有人所持有的。不管他们生活在什么社会里。这是一个很有野心的主张,从理论上看,自由至上主义者咬了它一大块。

(四)作为熟悉观点的自由至上主义

在哲学道德理论中,在它的狭窄意义上,提出了一套关于社会的一般规则。这些理论对或多或少是为作者所知的早期的习俗进行了不变的阐发、净化,或更为精确的解释。自由至上主义肯定是属于这个传统的。已知的反对杀人、反对严重的身体伤害、对得到承认的财产的偷窃、撒谎,这些是几乎所有文化都熟悉的规则,虽然在细节上有很多变化。把禁止对所有人的侵犯提议为一种非常一般的人际行为规则,不论还有什么别的,它所诉诸的是看上去对每个人都熟悉的规则,至少是可运用到该部族的同胞。但是,典型地作为哲学上的道德理论,自由至上主义的意图是普遍性的。事实上,某人是来自于山外的部落的,或大洋彼岸的民族的,而这都被认为是没有差别的:我们把它归之于全体,他们把它归之于我们,我们的利益不以侵略性工具来追求。主要是,禁止本身不是很奇怪的,〔但〕只是在当证明人际力量的使用是唯一的时候,除了侵犯,它任何东西都拒绝。

(五)个人和自我所有制

侵犯是反对人们的行动,并且,个人被认为是"不可侵犯的"或"神圣不可侵犯的"这样一个模糊的观念易于被看做是自由主义的观念,虽然我们必须小心仔细不要插进一种宗教的联结,如果我们如此描述它的特征的话。但更一般或确切的分析肯定是需要的。在这个理解方向的一个重要的亮点在于把基本的自由主义的地位看做是**自我所有制**(self-ownership),一个从商业借用来的术语,可能会吸引我们的眼球。但用它的理由很容易觉察到。说某人拥有某物,也就是说他对它有权威,他决定对它的使用或

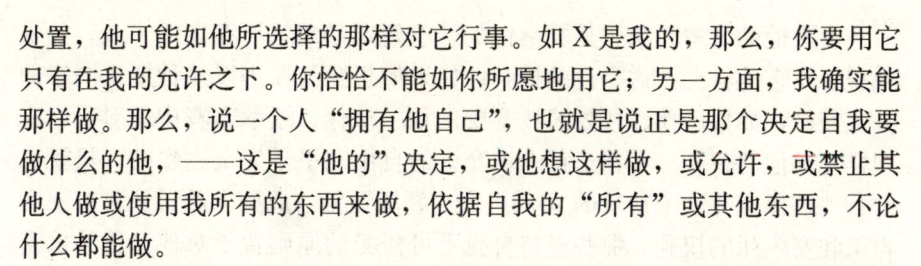

处置，他可能如他所选择的那样对它行事。如 X 是我的，那么，你要用它只有在我的允许之下。你恰恰不能如你所愿地用它；另一方面，我确实能那样做。那么，说一个人"拥有他自己"，也就是说正是那个决定自我要做什么的他，——这是"他的"决定，或他想这样做，或允许，或禁止其他人做或使用我所有的东西来做，依据自我的"所有"或其他东西，不论什么都能做。

在这样阐述时，我提出了确实是关于这个观点的主要解释性问题。我们能够如我们所愿地用我们所有的东西（但是这是一个普遍的社会学说），而直到那样一个点：我们所做的与其他人所认同的权利相冲突。现在在他们那里的这些权利将从其他人的权威关系移到他的个人那里。但很明显的是，如下情况是可能的：A 所做的不是 B 想要的行动，反过来也可能如此。一般而言，任何人对某物的欲求是潜在的与别人所欲求的行动过程相冲突的。你梳理你的头发与我把它拔掉是不相容的；我打算去看歌剧与你要烧掉歌剧院的房子的行动是不相容的；等等。自由至上主义想要允许每个人完全可能的行动自由与其他所有人的同样基本自由相容，这里的问题是，是否这个观念本身能产生任何清楚连贯的规则。

自我所有制这个观念有助于提供回答。自我（个人）为身体与心理所构成。（是否能以某种方式依据前者而对后者进行分析，是一个形而上学的问题，对于这个问题，自由至上主义并不需要特别的回答。）就伦理学理论的目的来说，人类存在者的中心是我们的命令和控制中心，我们的"官能和实践理性"。每个人都有一系列利益、欲求和设定的价值（这可能或也许不可能以某种方式与前者相认同），再加上或多或少的一系列内在关联的偏好，这些偏好能够体现在实践决定之中；还有，每个人有多种能力：身体的、情感的、智力上的，当决定作出时，这些因素都直接体现在行动中；最后，每个人还有推理器官，是一个选择者或决定者，从他的利益和他全部的单方面现实化的能力的角度看，所有那些体现在行为中的是审慎的结果。身体，是一个得到清楚界定的物质客体，尤其适应于领域性的描述：我们禁止**伤害**他人的身体也禁止简单地**使用**他人的身体，而不论以什么方式，在他人的同意下，一个人使用他人都是可能的。心灵就不那么容易以这种术语来具体说明，但一个人可能通过欺凌、侵害、暗示等，来抢先占用另一个人的作出决定的能力。但一个人身体的所有权——把一种道德上的许可放在一种既定的精神能力上，这种能力是与身体相关的——是一个有用的出发点。

没有他的同意的条款是关键性的。詹姆斯是詹姆斯存在的主人。如果他想要伤害他自己，这是他的权利；如果他想要与斯密以某种斯密同意的方式交往，如性伙伴、或划船比赛中的划手伙伴、或拳击赛中的对手，这同样还是他的权利。A 在道德上被允许的自由几乎是完全完整的，只要 A 的行动被界定在这个初步的 A 的个人"领域"里，原则上看，还可扩展到自杀和安乐死的权利。那些坚持自我不可侵犯的原则置于对他自己的偏爱之上和超出这之外的人，把他们自己看做是为了某些其他理论而放弃自由至上主义的人。

(六) 自由至上主义和财产权

许多人的争论涉及的不仅是对我们身体本身的使用，而且是外在于任何人的身体的东西的使用：地下石油、树木、河流、山脉。在外在于我们的身体的东西中，某些是自然的，先于人的努力而存在的，有些则是为人的活动所改变的，并常常是我们的认识能力之外的——微型电脑不是长在树上的，也极难与自然中的任何东西相似。"自由至上主义"最近与这个方向的观点一致：外在于人的身体的客体也能为个体的人所有。为自由至上主义者所持的私有财产权为一般自由原则所直接隐含，而且确实很强。洛克在 17 世纪就认为，一个人的财产不能没有他的同意而被正当地拿走，不论是为私人的个人还是任何政府，现代自由至上主义者认为，财产权是如此强的一种权利，它排除了任何其他人不论以什么目的来使用属于任何他人的东西，在这里，不仅是那要拿走你的财产的人的意图是一种恶，而且可能如同你愿意的那样好也是不行的。要拿［人家东西］，必须得到那个持有人的允许。

对这个观点的简短解释是需要的，虽然这个主题将把我们带得很远。自由至上主义者认为，我们应当被允许做我们所希望的事。只有人们有基本权利，自由至上主义者认为，他们有唯一的一种基本权利。有这样一种权利，在这种情形里，人们以那些恰好利用了外在的客体的方式来行动，这意味着什么？他们发现了那些东西，然后使用它们，如或者是在日落时分简单地沉思它们，或者是当我们在树林里漫步，把树林作为锻炼的场所，或者改变它们以适合人类的目的，如满足饥饿者的需要，或者作为庇护的需要，或者相关种类的快乐。这些东西提供给我们，并没有因此而伤害他人，那么，构成相关种类的"伤害"是什么？

这里只有两种相区别的观点值得考虑。一是有人已经为了他的目的而正在使用那个所谈及的东西。很清楚，一种一般禁止干涉其他人的活动的理论，禁止干涉那种具体情形，在这里他人已经正在使用某物。财产占有是正当的，但自由至上主义者说，所有活动就它们所进行的情况来说是正当的是在这种意义上说的：其他人没有因此而受到伤害，而活动又是如他们的当事人所愿进行的。

另一种观点认为，正如大多数当代作者明显做的那样，当我们占有了迄今为止还没有人用过的东西，我们因剥夺了其他人进一步使用它的机会而伤害了别人。如果是这样，就很难说，这里的含义是什么，虽然相当清楚的是，它们不是如同那些从某种一般控告的理由推论出简单东西的人所想的那样简单（Steiner 1994）。但我们没有必要对于这个观念错误的任何方面，担忧它的潜在不一致。我们只能干涉人们正在做的事，而不能干涉他没有做的事；剥夺某人只能是某种他**有的**东西，不是他**没有的**某种东西——不过，是那种多半他很愿意有的东西。干涉、分裂、侵犯是现实中的人的真实的关系，不是哲学想象的幻象。当然，自由至上主义允许你做梦，但它肯定没有给你那种其他人使你的梦想成真的权利。我们必须使我们自己尊重他人，你这样做了，也不希望他们站在你的后面——当你帮助你自己去获得他们已经做了的事的好处时，或者迫使他们提供那种你已努力而无收获的好处。

总之，对于在"自然状态"下，只要"有足够的和好的东西留给其他人"，我们就可以拿走——这一观念是对自由主义原则的直接误解。这样一种从洛克那里的较宽泛的引述中获得的观念，应当有一种限定。在洛克的版本那里以及我的说法里，是一种纯粹消极性的原则："人们不应当伤害另一个人的生命、健康、自由或财产。"（Para. 6）我们不拿人们已经用过的东西，甚至也不看它。

几乎所有财产都有比已经发现了的更丰富的意义。人类的创造，再造这个世界达到不可被欧洲原始人（Cro-Magnon man）承认的程度。我们度过我们的生命，在一种值得考虑的部分，是在交换活动中的。当我们交换时，我们所交换的和我们应当实现的**总是服务**。这些服务常常构成那与事情联结在一起的权利：为了交换你的权利，让我拥有10美元支票，在这个项目上我给予你我的权利。秘鲁贫民窟的居民同意每天挣一美元挖土；由这家公司生产的电影为这个主演电影明星挣了一百万美元；等等。在这些情节中的每个人所从事的活动，从经济上预期的变化来看，相对于以前它的处境都有所改善，而且这种活动还将继续。就这些人同意的交换来说，这些人不是在受到他人欺骗或强迫的情况下工作的，他们把自由原则作为合法活动的原则来接受。

近来几乎所有理论似乎认为，在我们上面描述的社会里，有些东西从其性质上看就是错的。难道不是那些挥金如土者欠穷人比他们所有的自由更多的东西吗？或者贫民窟居民的"自由"，使得我们从我们心目中所有的东西出发来辩护自由不就成了一幅讽刺画了吗？对这两个问题，自由至上主义者坚持的回答都是否定性的。上面的描述表明了处于相互关系中的人们，力图有他们可能有的最好生活，如果他们没有把钱捐给大学、贫民窟的清洁规划或别的什么，我们也不能取笑他们，或威胁说要把他们送进监狱，我们也不要不允许穷人都到政府办公楼去，或对他们从事和平活动施加限制，如果允许他们从事这样活动的话，那么，他们的处境将会更好些。但对这些问题的讨论太多将超出这篇短文的限制。不难看到，关于自由原则与所熟悉的"市场社会"的联系已经说得够多了。企图用它来支持我们所遇到的当代政府很强的干涉主义计划的全副盔甲似乎注定要失败。

拥有财产也就是有权利用它来做你想做的任何事情，不过，当然是在其他人的财产权（人与物）的限制范围内。这是一个整体性的问题，财产不能被分割成像许多人所想象的那样为不同的模式或事件。尤其是，对资本类型的权利和基本使用类型的权利的道德上的基本区分是根本不切题的，最初的获得者可以用种种方式来使用他们的财产：用它来发家、出租、卖和买、把买卖做大、积蓄等等。唯一的限制是他们的想象和他人的利益。

二、改进与问题

（一）公平与平等

几乎所有理论坚持有一个一般公平的要求，特别是经济问题，这种公平的要求颠覆了前面关于自由的结论。但自由至上主义者回答说，对公平的考虑只有在那些所涉及之事提出要求才是相关的，这些要求必须根源于他们在自愿活动中所起的作用。当然，这是公平的：如果 B 对生产性活动 X 有贡献，那么，他对利润的分享，是最初活动的意义所在，而这种分享应该是与 X 对那些利润的边际贡献的比例相符的。即使是这里，"应该"

是很弱的，因为工资是为协议所安排的。基本上，人们能够自由确定的，是他们有资格做的，不论是否与他们的"公正的应得"相符或不相符。但社会作为一个整体，在一种相对意义上，不是一个生产企业。如果它能说是特别"生产"了什么东西，那就是和平。并且公平告诉我们，和平能够以和平而不是战争来回报，如果为了给某人不是他有资格得的东西，而对人们有力地施加什么，这很难说是"公平"。相似的是，既然人们不是平等的，几乎不可能对产品有平等的贡献，那么，在社会产品中给予每个人一个平等的份额将是不平等的，而不是平等的。因为平等的自由——公平分配——是对每个人提供平等的份额，作为对每个人自己所得的回报。平等是在每个人因其他人的强力干涉的量中得到：它是无。

（二）与政治哲学的关系

有一个一般性的印象，自由至上主义是一种排他性的政治哲学。这个印象是可理解的，但是错误的。很清楚，禁止使用他人和他们的财产是要应用到每个人，不论其活动是私人性的还是公共性的，都如此。使这点可理解的是，自由至上主义者的观点，当应用到私人关系上时，它是如此普遍地被接受，以至于至少在实质上，被看做是如此明显，就像是环绕我们的空气一样，成为了我们环境的一部分。正常人都知道，他们不会去偷别人的，虽然他们有时也做这事。穷人不会想，他可能恰恰就是一直走到富翁的小车前、或高尔夫球场、或他的家里去自取所需（食物），富人也不会想他有资格去侵犯穷人的简陋住宅。

显著的分歧是在自由至上主义者和其他人对这些道德真理运用到政府的活动上去的分歧。自由至上主义者，独一无二地认为，政府拿走人们的钱或那些没有作为私人的个人活动或群体性活动的土地都是错误的。确实，自由至上主义者倾向于认为，政府同样是贼的团伙。我们可能认为，某些这样的贼的团伙比其他人在道德上更值得赞扬：某些团伙的目的是好的结果，甚至他们获得了好的结果，尤其是，自由至上主义者可能同意其他人的想法：什么结果应当看做是"善"（好）的结果，什么结果应当看做是坏的结果，一如事情本身所是的那样。不过，自由至上主义者坚持认为，这些团伙所获得的这些结果意味着错，正如在任何个人那里的这种情形一样。如果我正在收集钱来支持哈佛大学研究生院，我可能不通过拦路抢劫来做到这点，不管我多么尊敬制度性的活动。那么，为什么政府可以那么做？就支持公共方面的活动而言，它是正确的；但它总是虚假的；你决不能发现所有这些税收支持的任何政府的投资（事业）恰恰是在这种意义上的：从税收而来的精确的量是他们希望花在特殊事业上的——如果由他们选择的话。事实上，百分之九十的你的同胞想要以那种并不是正当的方式来花你的钱，但是，借用密尔的话，事实上，百分之九十九的你的同胞不赞同你：在压制你的观点的问题时，在某种哲学的和美学的意义上为他们辩护（Mill, ch. 4）。

正如自由至上主义者认识到的，他们的观点是一个在人与人的层次上与我们都接受的原则简单一致的问题。把这一点扩展到更为一般的层次，有一个大的含义：或大或小的群体正当的道德模式是**联合体**，**自愿**群体。联合体为分享着它的目的的人们所组成，这些人愿意以这样一种方式在一起工作：或多或少得到了参与时的联合体的限定或理解到了这个结构的限定。自由联合体的特性是，如果参与者不喜欢它，他们可以离去。联合体的典型是俱乐部、商业（包括它们的顾客，他们是自愿来买的）、学习团体、教会以及其他许多不确定的团体。在联合体内，通常有一个管理结构，它的成员愿意倾听他们，因为他们组织那些具有联合体意义的活动。这个结构可能是也可能不是民主的，但个人的选择是自由的，如果他发现联合体的高层班子越来越坏，他用脚投票，而不论他是否有一张选票。

（三）习俗与社群

社群（community）① 与社会本身不是自愿的联合体，它们的成员或是因出生而就是，或是随父母移居而来，或是因其他的偶然原因而是。个人能够离开某个社群，但这样做的代价是很高的。自由至上主义提出一个严肃的问题，这种群体的规则是什么？正如阿奎那所主张的，习俗有法律的力量吗？

在电影《希腊的朱巴》（Zorba the Greek）里，一个妇女与男主角私通，被社群成员作为通奸者投石而死。从自由主义的观点看，**自明的是**，这个妇女受到了不可容忍的错误对待：她因与另一个同意她的个人，从事了一种双方都有纯粹共识性的活动，从而遭受了死的刑法。她相对地受到了伤害？我们要理解的是，我们要理解到，所谈论的这个妇女并没有提出

---

① "community" 这一概念，在共同体主义那里，它有着本文作者所说的那种联合体成员所共享目标的联合体意义，因此，我们把在共同体主义那里出现的这一概念译为"共同体"，而把本文作者这里的概念，译为"社群"，以表明它是一种社会学意义上的自然生发群体。

更多的问题,她接受她所受的刑罚而没有怨言,如同男主角那样。我们应该怎样理解?一个自由至上主义者将毫无疑问地不赞同这样一种习俗,并认为,这样一种社群需要改进和教导。所以,最有可能的是,广义的自由说服大多数人,或几乎是所有人。不过,令人困惑的是,在这个世界上的典型的社群里,他们的成员没有意识到他们的规则是高度压迫性的,或可能根本不是压迫性的。自由至上主义者能够也应该说,那里的人民接受这样的规则是对的。在那些社群中的人们也最有可能与他们的同胞一道参与到把这些习俗教给他们的孩子的活动中去,把那些我们这些局外人看做是压迫的东西维持下去。谁是对的?或者在这样的问题上能有一个对错吗?

对这个问题的回答,我们能够说的是,来自于社群之外的对这样的社群的侵略性干涉是得不到辩护的,但可能为这样一些承担起同样责任的人,把他们自己卷进去了,学着那个群体的语言和习俗,并不以他们的救主身份出现,以讨论或教育的方式,进行自愿干涉,可能能够做些好事。

但这是一个能确定某些重要的区分的很好的区分点。

(四) 消极的权利和积极的权利

首先,我们需要强调的是,这样一种区分是自由至上主义观点的绝对基础。这是一个我们称之为"消极"和"积极"权利的区分。这个术语得到艾赛拉·伯林爵士(Sir Lsaiah Berlin)的著名运用,他以那种如同能够说明它一样多的混乱方式来确定这个区分,但这里也有一个相对简单、直接而熟悉的区分。一种**消极**的权利是这样一种权利:它担负起**制止**某种行动的义务,即权利持有者据说有这样一种行动的权利,其行为将干涉、阻碍或致使某种行为不可能发生。相反,一种**积极**的权利,所担负的不仅是这样的义务,而且还有**帮助**邻人做那些事的义务,即如果人们依靠自己不能做,他就有义务帮助他人,或者纯粹是自愿地帮助他人。简而言之,区分是非阻碍和帮助这两者。这个区分在一种生命权的情形里是易于说明的。一个杀人犯侵犯了他的受害者的生命权,也就是说,生命权至少是消极权利,其他人不得用强力来剥夺我们的生命,杀人犯恰恰做了这种事。但看看在沟壑里的受害者,正如《新约》中的善良的同情者撒玛利亚人的格言所说。其他人走过而不留步,把眼睛掉转开来,但善良的撒玛利亚人以积极的行动进行干涉,从而阻止了死亡事件,然后照料着他的伤口;或者是以现在的说法,开车把他送到医院,或安排一辆急救车,等等。现在，如果受害者有一种抗御所有人的积极的生命权，那么，所有那些路过的人可能就侵犯了这种权利，虽然他们没有侵犯消极的生命权；它的侵犯者是有罪之人，因为他们首先把那人变成了受害者。善良的撒玛利亚人提供了帮助，一种积极的权利**要求**他这样做。在自由至上主义者的观点看，他做了比道德上所要求做的更多的事。

那么，自由至上主义者的观点是，我们的基本自由权是消极的，不是积极的。在这后面的推理是直接的。依据定义，一种积极的权利较之相应的消极自由将一步把我们的自由丧失掉：如果**迫使**你帮助处于贫困中的人，那么，你将没有选择是否帮助他们。如果你不帮助他们，并没有使得受害者失去自由；这并没有阻止他们做他们想做的任何事情——肯定地说，在相当程度上没有阻止。但比较援助行动不发生时的情况，他们的处境并不是更坏了。相反，这只是使他们过得不更好些罢了。

某人已经考虑到积极和消极的区分有其不足，甚至是"假的"（Shue 1985），并且，在任何情况下，基本上是没有意义的。例如，警察是要钱来养的，而自由至上主义者需要警察来维持人们的消极权利吗？但事实上，这是一个误解。是否我们也有一种要警察帮助的积极权利？这个问题与我们是否有一种消极的生命权和财产权这个问题是相区分的。我们能够有这种消极权利而没有政府所养的警察，或者，更进一步说，从逻辑上看，根本不需要警察。在任何意义上，自由至上主义者肯定认为，我们应当没有政府垄断的警察，也应没有政府的邮政服务，以及其他同类的东西。从概念上看，这种区分是清楚的。

第二个著名主张来自于詹姆斯·雷切尔。他描述了这样一些案例，这些案例中，杀人和让人死去的差别都存在但觉察不出来。不过，是不是在道德上没有意义，这是另一个问题，即使是在他的典型案例中：叔叔没有把小孩的头托出水面，因此没有阻止小孩可能有的死亡，不过，这不是谋杀了这孩子；为了确信他已经死了，人们也可能把他的头置于水下，而这就是谋杀。当然，几乎在所有案例中，这两者是有明显不同的。例如，你在那个关键时刻没有挽救千百万人的生命，而任何这些人的生命也许你都能够救——但你根本没有杀任何人，我相信，你没有也不会那样做。可能为了所有这些疏忽应当判你刑——这个想法几乎所有人都会认为太荒谬了。

我们有一种积极的权利，甚至是生命权？严肃地看待这个观点将断言，那些身置杀人现场而不救的人有罪，如同一种原罪那样严重。非常非常少的、几乎没有人会很严肃地看待这个观点。我们大多数人肯定会认为，在日常生活中的行为，帮助那处于危急中的人是做好事，有时我们确实**应当**愿意这样做，并且实际上也应当做，至少当我们这样做而没有遇到很大的麻烦或危险的情况下是这样。我们认为，那些冒着巨大的麻烦和危险而这样做了的人，其行为是超出了义务的召唤的，至少如果我们说，"只有"他们这样做了，正如他们自己所谦逊地说的那样；那么，正是这种意义上的"义务"，相当不同于在那种情况下，我们首要的、都有的阻止杀人、偷窃以及其他诸如此类事情的义务。总之，正如以上的观察所揭示的，大多数人在他们的日常处理与他人关系的事务中，似乎都是自由至上主义者。

（五）义务与德性，特别是仁慈

在这里我们需要强调的另一种区分是：考虑到非侵犯性自由至上主义者想要我们所有人都有的一种很强类型的道德**要求**，和考虑到超出这种道德要求之外、并且是在一种善的方向的道德**德性**。这些可被称为"仁慈的义务"，对这个短语的理解隐含着，仁慈不是迫使我们施予的，或"额外的工作"。不过，我们在这里运用熟悉的概念：德性。当然，正义也是一种德性，一种非常重要的德性——在一种很清楚的意义上，是一个基本的和主要的德性。但在正义之外，还有其他的品质，能够也应当引起特别的道德关注。快速反应得球是篮球运动员的德性，但与伦理学没有特别的联结。很清楚，相反，仁慈是一种特别的道德德性。怎么使得它会这样？在这篇论文的后些地方，我将讨论道德的基础这一主题，尤其是它运用到自由主义观点的问题；但我们能够立即认识到，为什么一个社群能够称赞他的成员自愿帮助那些需要帮助的人怎样做得很好，以及一般来说的为他人的善举。现在，许多好东西，如篮球运动中的卓越，这不是社群所追求的目标，虽然在加拿大，曲棍球越来越受欢迎了。但是，每个人有一个身体，或是处于较好的或较坏的状况，而就控球者的利益来说，**当然是好的**状况比坏的状况好。很清楚，有助于多种服务品质的是那种我们都可从中获益的品质，如果每个人都有这种品质（并且如果有能力从事这些服务）的话。因此，它值得每个人的支持和鼓励。这就是我们所说的"道德"的德性，完全没有理由说，自由至上主义者不能加入到其他人的这种认识中去。

那么，一般来说，自由至上主义者能够完善地认识到，仁慈的善举应当得到人们的一般的称赞、表扬和奖赏。仍然要说的是，自由至上主义者认为，为他人做善事的这种积极的行动，不是以那种要求我们承受痛苦折磨的方式对我们的基本要求。我们可能适当地被强制而不做对他人是恶的事，但如果不做好事，或不做足够好的事，我们最多是受到批评，或遭到他人的规避，而不会再更多了。尤其是，自由至上主义者说，我们不应该**交税**，这是从我们所有的东西里拿出的额外捐款。

有某些特殊的自由至上主义的德性，或者说为自由至上主义者特别认可或支持的德性吗？例如，解除压迫对于任何对人类自由有兴趣的人来说，似乎是其家园的一种特性。一般来说，对人类自由有兴趣，自由主义之家的一种特性，虽然这并不意味着他们的独占。当然，我们必须非常仔细地把**群体的**"自由"（liberation）与自由至上主义者急切地促进的自由化（liberalizing）区分开来。一大群人生活在同一版图的同一疆界内，受到一群领导的压制，而不是在那些对自由至上主义者来说不是这样明显的某些其他东西，能够使他们激动的东西［的情形下生活］。是否一个民族独立的特定时刻能够使它的公民比以前自由是一个未决问题，正如问题本身所表明的。它将取决于专属于那个状况的条件，而判断也将合理地不同。

不过，自由至上主义的意见不能不同的是在关于我们的基本义务的问题上。自由至上主义者否认有一种将他人从压迫下解放出来的强制性义务。我们也可能应为他们做某种事，如果我们的天资在这个方面，正如他们一般并不行一样。但很清楚，不是那种我们的自由至上主义者能够内在一致地认为的，这是一种强加的义务。在这里，自由至上主义者与它的同伴在一种假设的自由主义的共同体中，作为对文化、健康、收入以及其他福利方面的政府尺度的提议者，常常谈及好像这种尺度是为对自由的尊重而要有的。不仅是如此。尊重自由还要求我们**不侵犯**他人，对他人所有的东西不干涉剥夺它们、不阻碍它们，而不论它们是什么。相反，不要求贝多芬放弃艺术创作的细小活动，这种艺术将受到资产阶级的相当部分的欣赏，而是帮助那些遭受压迫之苦的人获得自由。如果我们想这样做，如果确实这样做了，那这是**道德上的**好和善，一如我们以上所看到的。但自由至上主义的原则要我们不要侵犯和掠夺**任何**非侵犯性的人，不论他们现在是健康的还是在生病、富裕还是贫穷、外国人还是隔壁邻居，做了还是没有做使其他人摆脱压迫而自由的事，都一视同仁。自由至上主义的原则发现在恶化与不变好之间有一条鸿沟，并坚持认为，我们的基本要求是阻止前者，不论是否我们还超出后者。

（六）相互帮助的义务

这是对我们的道德责任的理解吗？假设在你的社区里有一场大灾难：河流上涨，人们无家可归，他们的生命处于危机中。那义务要求做什么？我们应该走出去，做点什么去帮助他们？当然，我们应该去。确实，正如我们平时所做的：在每一次紧急情况中，人们急匆匆地帮助他们的生命有危险的伙伴。人们可能还要加上一句，在这样一个个人主义的、"资本主义"的地方，美国和加拿大，这是非常真实的，在这里，人们及时相互帮助的水平确实是令人敬佩的。

我认为，自由至上主义者不需要为分类性的相互帮助的义务有什么不安。但这是一种**强加的**义务吗？我们可能会把那些不加入到以沙袋筑堤的队伍里的人送进牢房？肯定不会；在说到这里时，我敢肯定，我所说的几乎是所有普通人都会同意的，特别是在实践中是如此。致力于使人们的社区成为生活的好地方，在人们绝对需要帮助的时候帮助人们，是这种努力的基本意义所在，而这也是值得人们自豪和荣耀的事。强迫人们这样做是错误的，贬低人们这样做也是错误的。怎样看待那些为他的邻人打扫而有荣誉的人？是他怕警察等着他如果他不这样做的话？

当某种事情既是一种义务又是一种**不强加的**事时，这意味着什么？正如一开始就注意到的，我们需要有个区分，在某种意义上，我们能够同意密尔的，所有的道德都是在某种"强迫"（enforceable）性意义上的。但让我们使用这个词："增强"（reinforceable），这个词比"强迫"具有更为一般的意义。我们因抗议而**增强了**我们认为是权利的东西，因从我们公司把我们所认为是罪犯的人清除出去而得到了增强，或对他们坚持某种优质的服务而增强了我们认为是对的东西。当我们实际减少了某人做某事的能力或力量时，我们得到了**增强**。监禁和服刑、威胁都可算做是这个方面。除了在当事人侵犯某人的自由权的特殊情况下，这些事情是为自由主义原则所禁止的。但当我们谈论德性时，或额外的义务时，我们是在"权利"之外谈论，我们应用于我们认为是在那些方面有不足的那些人时所增强的必须是在自由原则的界限之内。不过，在这个界限之内，仍然有某种可考虑的范围。密尔的生活为他人的朋友和熟人弄得很不自在，主要是由于他与海伦·泰勒（Helen Taylor）的长时间的、非惯常的公共友谊。但就他自己的原则而论，他的朋友有权利做那些事情，即使他认为那是错的也要赞成它们。正是在这个意义上，人们把自由至上主义者（或任何人的？）的论点说成是"有做错事的权利"。还有，我在这里还要加上，把道德学的一整个范畴加在权利头上，这可能要重新划定习惯所认为的为自由至上主义的观念所据有的领域。但我并不这样认为。相反，人们应当把这认为是对它的承诺的澄清。有人把自由至上主义理解为如此严格的一种学说，它使得对那些没有减少其他人自由的任何行为和所有行为进行的批评成为不可能。但这是与所有那些在他的立场上的判断相关的，在这里，审慎的唯一主题是站在他面前的这个人，是否应被开除、监禁或上吊。但这些几乎与我们所需要作出的道德决定是无关的。

（七）儿童：特殊案例

从社群或从人类种族的长期生存的观点看，没有一个制度比家庭更为重要。一般家庭生产（除了有个别例外）抚养新人，只要将来还有人的话，新人必定继续来到这个世界上。这些新人开始生活是如同人们所能想象的那样无助，继而是依赖于父母或其他人而得到有规则的抚养，时间持续十来年。在儿童的早期，器官还没有成熟到具有那种使他们能够老练地谈论权利和义务的能力。年青的孩子不得已在或多或少的程度上如教给他们的那样来行动。

如果做不到所教的，那怎么办？在两个相反的方面，自由至上主义者关于儿童有一个问题。一方面，可能被引诱得认为，自由至上主义的原则将绝对运用到所有人，包括新生儿。另一方面，如果有人指出，正如可能合理的是，儿童没有那种我们头脑中才有的谈论**自由权利**的器官，那么，他们仍处于黑暗中？例如，我们可简单地宣称，新生儿是他们的父母的财产，正如一个艺术家新创作的画属于他一样。

通过这个简单的探讨，我的目的是更多的是提出而不是试着解答这个问题。但有一些事情至少是很清楚的。首先，自由至上主义不能接受**有生育的义务**，因为很清楚，这是一种积极的义务，是为自由至上主义者基本否定的。当然，自由至上主义者允许他们追求自己的事业、有或没有性伙伴，而不是建立家庭。但这仍然给我们留下了问题，这些有小孩的成年人，什么是应当归之于他们的，还有更一般的问题，我们欠小孩什么。由于如下事实，这些问题是复杂的：大多数人爱他们的孩子，对待他们尽其可能地好。他们不需要施加义务来做到这些。仍然是，回避这些问题。是否自由至上主义者也宣称，即使是小孩也有他们如此强烈的主张的成人所有的不干涉的权利?

如果我们持有这个观点,我们将面临着一种困惑的后果。因为自由至上主义者否定,我们有援助任何人的基本义务,不过,应承认也许提到过。但在父母与他们的孩子的关系上,我们应该说什么?可能自由至上主义者会让他们去挨饿?但如果说父母欠了他们的孩子很多,那么,这是从何说起?毫无疑问,这不来自于父母与孩子的谈判协议——一种把成人们相互束缚在一起的一种标准方式。可能认为,孩子典型的是性行为的结果,这种性行为伴有支持任何后果性孩子的义务。但恰恰是这种行为,在逻辑上是与父母的义务分开的,因此,这种行为是怎样产生或设法产生这种义务的?

自由至上主义者有某种资源来为这个问题上的一种可信的观点下赌注,它得助于这个事实:很少有父母亲有任何问题,既然为人父母,正常地看,都有待其孩子好的强烈动机。第一,我们可以说,当父母亲在某种意义上"做"孩子时,他们肯定不像在同样的意义上做饭、炸薯条那样。因此,在他们的孩子那里有财产权的主张,在孩子的情形那里比通常情形更为脆弱。第二,所谈及的那些孩子,不论他们在小时候可能像什么,当他们长大成为成年人,有了正常的能力,包括对别人作恶的能力。而在同样方面,人们有责任不允许他们的财产对他人惹是生非或对他人造成危害,所以父母也有责任不以那种将使得孩子将来成为坏人的方式来带大他们。第三,我们能够同意,如果父母亲真正不想要他们的婴儿孩子,他们可以不带他们。但可以假设一个社会的成员都会这样做?或者我们不这样看,出于自我保护或对相关利益的追求,他们至少允许其他人带走孩子,而不是把他们塞到垃圾袋里?

父母在一定的限定内有权利教导、训练他们的孩子,这是可允许的。现代经验表明,古代用鞭答的训练方法是一种可怕的错误,我们可能认为,那些有兴趣于抚养孩子的人,应当使这样的知识再度流行起来。并且我们可能猜想,把那些有错误行为的孩子从他们的父母身边带走,把他们放到集体之家或其他的机构中去的做法是错误的,这在某种意义上侵犯了父母和孩子的权利。所有这些选择和建议,需要认真探讨,自由至上主义不是一本完成了的著作。关于孩子的问题被认为不是唯一地困惑了自由至上主义;没有任何别人在这里可较好地回答它,除非你的"好的回答"的标准仅仅是你碰巧喜欢的那个。

（八）微型自由

自由主义的社区具体界定了宽容。在他们的容量之墙内，我们能够希望各种各样的人汇集在一起兴盛发展。在他们之中，其群体性能够与依据部族的、宗教的或其他种族背景群体区别开来，有时可依据共同的意识形态。典型地看，或可能总是依据定义，后一种群体将有习俗、道德观念施加很强的义务在他的成员身上。回顾一下早些所谈到的《希腊的朱巴》的例子。如果把这样一个社区移到北美，将通奸者投石致死的行为将很快受到严格的审查。如果还有别的话，如果周围的社区不仅是相当自由的，而且就是自由至上主义的，那将怎样？毫无疑问，至少在局外人的意义上，人们会把那个妇女怎样致死的消息迅速传播开来，而在这样社区里的妇女，如果她们想走的话，将会尽可能地离去。

但是我们要说，例如，那些结婚的人，在婚姻之外找情人，该怎么办？我们要坚持，自由的权利允许人们那样做，所以他们抱怨那些夫妇，事实上是没有什么可抱怨的。或者，换个说法，诺言是神圣的，所以这样是不道德的？再一次，我们必须记住，自由至上主义者的观念不是一种关于生活的理论，而是一种人的一般关系的适当原则理论。夫妇不只是"人的一般"：他们有理解，隐含着的或明确的理解，那些理解问题许多发生在他们身上。一个自由原则不削弱这些理解，却要放进他们的视域里。新的世界等待着人们去冒险，但人们有资格仍然留在旧世界里，如果他们愿意的话。

三、基础：什么是自由？

现在我们有了对自由至上主义的一个很好的辩护，我们处于一种较好地处理为什么我们应当进行辩护这个问题的位置上。诉诸人们在日常生活中的关系这个位置，它是如此受欢迎，正如我们所看到的；而就政府和当代的理论家来说，又是如此不受欢迎，这是为什么？为了回答这个问题，需要对道德学（morals）的基础进行探讨。关于这个问题有许多观点，似乎可以有点自负地在这篇中等篇幅的论文中还可用余下的几页来处理它。但没有选择。

恰是这个道德学的"基础"概念在今天哲学界过时了。我认为，在很大程度上由于我们所争论的是，误导性地把道德理论同化到一般认识论和形而上学。人们通常认为后者没有任何特殊的基础，并且这种看法有似乎合理的理由。但道德学对于外部世界的实在或是否心灵不可还原到物质的问题没有任何事可做。道德学发生在一个有限的和完全熟悉的领域，日常经验世界。人们与他们的环境有某些一般性特征，这些特征使得接受我们的相互关系规则而不是别的什么成为可能，所有这些的需要意味着在道德领域里的基础性观念。那些相信实际上没有理由为什么我们应该认为相互残杀是错的、帮助急需帮助的人是对的人，可能以一种怀疑物质世界存在的错误方式来谈论它们。正如休谟的观察，这时后者也不研究了，他们舒适地与这样的物质客体，如他们的汽车、街道上的树木等熟悉地相处，设法在与他们的相互关系中过着好日子。我们不应该以一种虚幻的感觉寻求道德学的"基础"，而是应在这种感觉中找：今天晚上要有东西吃就好了。

让我们承认，哲学家倾向于为日常性事物寻求超日常的基础，诸如道德学的规则。在这里，特别中肯地被认为是"基本的道德规则"，所谓"基本"是在这种意义上的：根本不能从任何别的东西那里得出或基于什么别的东西。这是直觉主义的观念，直觉主义认为，有那种人们能够简单地"看出"的道德真理，真理就恰恰是在这里。现在，确信无疑的是如果你问，为什么他们相信屠杀人是错的，或他们用"错"这词指的意义是什么，许多人将抓抓他们的脑袋。但从这里可推出，这些无根的信念没有理由指向那内在于道德直觉主义的任何形式的问题：皇帝的新衣。人们能够真正感到奇怪，为什么杀人是错的，或甚至怀疑这一点。让杀人犯穿上一件"感到错误的直觉"这样的新衣，并没有回答它们。如果直觉主义没有比这更多地对我们说，在头脑里闪过的想法可能就真正是空空如也。

在道德哲学中的另一个倾向是认为（以我们在开头时的区分的术语来说），我们能够，正如我们以前所做的那样，从伦理学直接过渡到道德学。可能我们将主张，生活的意义是自我实现，我们应当尊重其他人的生活的理由是，自我实现是一件十分重要的事情。或者，没有任何东西像哲学家的生活，为了成为一个哲学家，我们必须使这个世界对于哲学来说是安全的……再说一遍，我们不可能依据某个术语本身来**回答**为什么杀人是错的这个问题。

让我们重温一下与我们的这个问题相关的社会生活的一般特征。人们的偏好有着巨大的不同；在这些偏好中，常常将是某些模式，并且无疑具有某种很强的价值观念。当他们行动时，他们试图尽其可能地实现这些偏好的目标。在只有一个人的世界里，没有任何道德学的问题，虽然肯定他将面对一般的伦理问题：他要对他将致力于什么样的生活作出决定，但基本上，人们的问题恰恰是他最多可能面对的不是一个非常有帮助的自然环境，并且往往是如此。但当然，我们不是处于这样的处境中。我们生活在一个社会世界里，在日常生活中，遭遇到许多其他人。那些人不像树或石头，他们有他们自己的头脑，会做决定和选择，追求他们自己的不同的价值观念。其中某些价值观念将与我们的相似，但即使是相似的那些，也可能潜在地把我们带到与他们的冲突中去。但他们也有另一种潜在性：帮助促进我们的价值珍重的计划。合理地看，我们想要避开前者而促进后者。

为什么我们关心我们自己的自由？明显的理由是，用社会术语来说，自由是没有其他人阻止我们做我们所感兴趣的事〔阻止我们做我们所喜欢的事的他人的行动的缺乏〕，如果有的话，我们的行动必受影响。自由至少是我们自己存在的空气；如果缺乏它，我们哪里也不能去。

那么，我们身边的他人对我们有一种潜在的帮助。这种潜在性，从原则上看，能够从两个方面起作用。一是以强力使用它们，如奴役、压制它们来为我们提我们所欲求的利益；二是通过合作方法。这些是与他者的关系，在这里，他者与当事人的利益是结果。A 为 B 做某事，B 为 A 做某事。合作关系有许多好的性质。最重要的是（根据定义）合作对双方都好。切近第二点的是，它们减少了其他人要使他的伙伴生活得更惨的动机。如果你从有利于我中而得利，你就有理由继续这样做，而不是反过来攻击或主宰我。

但对于人们来说，被诱惑得放弃这种相互有利的关系是太容易了，即使当双方处于潜在的合作关系中。当 A 转过背来，可能 B 应当攻击，消除他负有义务要做的他那方的责任，并因此而获得 A 已得到的利益。这被认为是多么的自私。而如果双方都有这样的习惯，客气点说，这就会出现问题。在每一个场合两个人一心想占别人的便宜，这两个人都不是赢家，而是输家。把我们的时间花在战斗上，或让怀疑气氛包围我们，建构防卫，这不是打算获得更多。

当我们考虑与他人的一对一的关系时，不难实现需要合作和禁止支配和欺诈的规则的潜在价值。如果我们扩展一些，另一个较大的因素就很突出了：有着不同的能力和兴趣的人们在许多专门化的领域里工作，不断增加的类似性，使得任何人能够发现那投合他的特殊兴趣的人。而且，在这些人中，有人很有智慧，有人可能是天才，有人有创造性，或有人很勤奋，有人有事业心，等等。如果这些人不被妨碍的话，实现他们的如何工作的想法，将可能很好地改进我们的生活。

长话短说（没有地方长说了），合作非常适合于每个人作为人的利益。几乎我们每个人如果允许的话，我们有值得重视的能力去实现我们生活中想要实现的东西，几乎不论什么目标。我们所有人的不同至少是在某些方面或许多方面。就行为的一般规则能够影响这个问题而言，我们怎样才能做得最好呢？

那种**其他人**专用于他们自己同时也可用于**我们的**福利的规则有一种起初的诉求，但这种规则即使是在相当表面的分析之下也会显得很苍白。首先，并且特别是，为什么他们应该这样做？也就是说，为什么他们**愿意**这样做？因为就这个事实的观点看：他们的基因并没有携带任何对我们的爱的情感。但即使是这也是令人误解的。因为他们中的许多人，就他们的基因而言，携带了对我们的感情，即在一种体面的日子，在那帮助是相对容易提供并且能够产生大量好处的地方，他们是相当愿意提供帮助的。但是，非自由至上主义者所认为的是一种重武器型的规则：我们应该以监禁等的威胁来强化帮助他人的规则。这样一种规则，对于这个目的而言，有两种主要的不利。一是它的行政管理成本很高：维持监狱是很昂贵的，不用提与监狱相配套的法律和其他的设置。相反，自愿合作则没有这种成本，在很大程度上是自我加强的，只要其他人也做到，每个人就都有动机参与进行，双方都认识到，合作不会在中午就结束，而会进行到第二天、第三天……当每个人为利益的推动而进行合作时，他或她几乎不需要外部人的参与。另一方面看，压制性方法显然是不充分的。为什么那种只有在其他人付出代价才有某人所获的关系会不受欢迎，而取而代之的是我们有这样的关系：在这种关系里，只有在至少是其他人也有所获的情况下某人才会有所获？

进一步看，我们不想要其他人的帮助是一种完全会发生的事情。正是在每个人的利益里，每个人都有一种对他人的义务，当他易于做到时帮助他人。理想的妥协是使这成为一种非强制性的义务，就像在之前讨论的一样。我们将赞扬那些有帮助的人，而将看不起那些当他们易于做到而不提供帮助的人。自由至上主义者反对的是强制；不过，道德的意义在于能够使所有人过得好，在一种有限但重要类型的案例里，对我们处于急需中同胞的帮助可能具有实质性的意义。所有人都应被**允许**如他们所愿的生活，但所有人也应**鼓励**对他们的同胞仁慈和有好的服务。

很明显的是，为什么我们每一个人都想摆脱真正干涉——只要我们能够。这并不直接意味着，在把这作为一种权利的意义上我们可能做得很好。而在与每个人能够履行他的权利相容的最小限制的条件下，每个人允许做他所喜欢做的。因此，接受自由的一般性权利的代价是低的。积极的权利增加了这个负担，而没有为大家提供偿还利益：不仅我们要停止侵犯和掠夺，而且我们也要将我们的某些或大量精力致力于实现他人的目标，即使是我们不能分享这些目标——即使典型地不是我们的目标。为什么我们要做这些？不是因为那所获之物促使我们这样做，因为如果我们都能有收获，我们将不要求任何人由于没有提供帮助而以进监狱的权力来威胁我们。只要我们大多数人能够有收获，为什么我们不形成一个好心肠人的联合体，这些人承诺他们自己帮助他的同伴而没有施加额外的负担在外在于这个联合体的人身上？为什么这些潜在的外边人接受那些施加了没有意义而使人烦恼负担的一般规则，他们确实是从他们的观点接受的吗？

自由主义的原则相当符合大多数人大多数时间里践行的日常道德的核心。但这本身不是推荐它。相反，它所推荐的是普通人他们自己所推荐的同样的东西：如果说我们都有不同的利益，而我们可想象获得某种好生活，那么，这是那种在可能的原则中最有希望能够使我们每个人生活得较好的原则。有理由解释为什么只有少数几个社会，看上去非常像自由至上主义者的社会，虽然在人们的日常生活中自由原则得到人们的一般接受。这些自由原则的理由是以人们准确的短期收获的逻辑集合为基础的。虽然就较长期而言，我们都遭受这个（原则）系统之害。但这是另一个讨论的主题。

【注释】

[1] Mill, *Utilitarianism*, ch.5. 例如，他说："我们不说任何东西是错的，除非我们这样说的意思隐含着，一个人因为做了这些事应当在这个或其他方面受到惩罚；如果不是依据法律，那就是依据他的同胞的观点这样说，如果不是依据同胞的观点，那就是依据他自己良心的谴责。这似乎是区分道德与简单的便利的真正区分点。这也是在每个人那里有其形式的责任概念的要素，责任是一个人应完全正当地迫使自己去履行和完成的。"

参考文献

Locke, J. Locke: *Second Treatise of Civil Government*.
Mill, J.: *On Liberty*.

Rachels, R.: "Active and Passive Euthanasia," *New England Journal of Medicine*, vol. 292 (1975): 78-80. Widely reprinted, in Narveson, *Moral Issues* (Toronto/New York: Oxford University Press, 1975).

Shue, H.: "The Bogus Distinction- 'Negative' and 'Positive' Rights," in N. Bowie, *Making Ethical Decisions* (New York: McGraw-Hill, 1985), pp. 223-231.

Steiner, H.: "Compossibility and Domains" in his *Theory of Rights*.

——: *An Essay on Rights* (Oxford: Blackwell, 1994).

可选择性观点

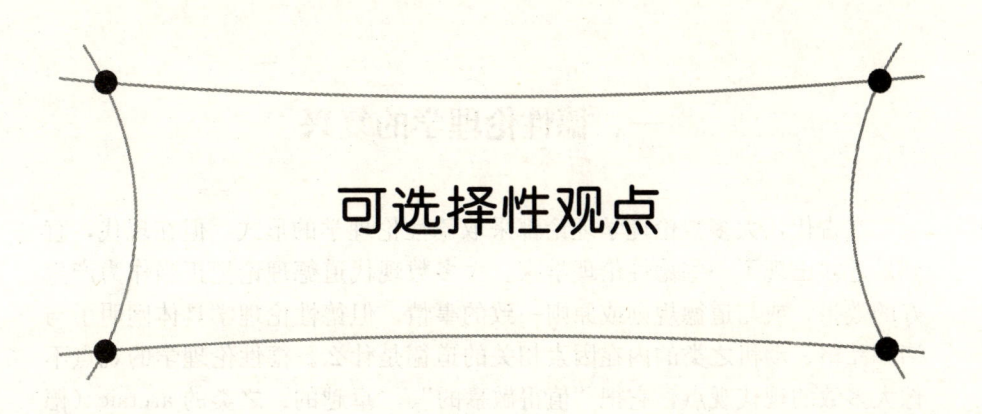

第17章 德性伦理学

迈克尔·斯洛特

一、德性伦理学的复兴

在古代，大多数伦理学理论都采取德性伦理学的形式，但在现代，直到最近才出现了一些德性伦理学家。大多数现代道德理论把正当作为产生好的效果，或与道德规则或原则一致的事情。但德性伦理学具体阐明了与诸如品格、动机之类的内在因素相关的道德是什么。德性伦理学的观点不像大多数的现代观点，它把"值得敬慕的"、"卓越的"之类的 aretaic（德性）观念[①]——而不是把像"应该"、"正当"和"义务"之类的道义概念——作为伦理学事业的基础。

近年来，主要由于不满意占统治地位的道德理论样式，德性伦理学已经正在经历着值得重视的复兴。这种复兴始于 G. E. M. 安斯康姆（G. E. M. Anscombe）的《现代道德哲学》（1958）的出版。看来，现在德性伦理学在大量的伦理学理论化的主要方法中已占据一席之地。自从安斯康姆文章的出版以来，德性伦理学如何发展，以及德性伦理学现在的方向和前景——论及这些是很重要的，而且，在讨论这些问题时，如上所示，我认为，当且仅当一种观点把 aretaic 术语作为基础（而把道义论的观点作为派生物或者作为可有可无的），并且它主要强调内在品质或动机，而不是强调规则或行为的后果，这种观点就可算是一种德性伦理学的样式。这种描述是相当简陋的，但它具有相当广泛的优点，有助于我们理解德性伦理学全然所具有的各种样式。它还使我们排除了某类刚开始被误解为德性伦理学样式的观点。

[①] 在亚里士多德思想中 aretaic 具有德性与卓越的双重含义。

许多哲学家谈论德性和德行，但在现代意义上，不能算做德性伦理学家。比如，康德（1964）有一种"德性学说"，一种来自于他所说的关于正当行为和错误行为的东西的道德德性的理论，而罗尔斯在《正义论》（1971）中，把道德价值或德性也同样地解释成他所说的正义行为和正当行为的补充物或衬托物。但是，把德性简单地作为道德理论的一部分的任何观点都不能算做德性伦理学。德性伦理学寻求的是这样一种德性理论：它是自我确立的、以自己为中心的，而并非派生物或衬托物，那么，我们可以说（略微改变罗杰·克里斯普的观点）康德和罗尔斯有**德性理论**，但并非任何形式的**德性伦理学**的拥护者。

二、德性伦理学的种类

对于德性伦理学所没有包括的内容而言，前述的德性伦理学的特征描述还是有特殊意义的。在古代，每种德性伦理学都是**幸福论**的（eudaimonistic）伦理学。从现在来看，他们把行为者的长期福利或幸福（eudaimonia）作为——用朱利亚·安纳斯（Julia Annas）的话说——伦理学理论的"切入点"。他们都认为没有什么能称得上是一种德性，除非它有助于具有德性者的福利（Annas 1993）。但是（也许受基督教的影响）一些现代观点认为：要把内在精神作为所有道德的基础——詹姆斯·马蒂诺（James Martineau 1891）的观点就是一个范例，大卫·休谟（1958/1739）的观点至少是一个接近的范例——认为（在这个世界上）德性**未必**一定要获得报酬。人们自然认为这些理论是德性伦理学的形式，而我们前面的粗略特征描述就包括了它们。

上述对德性伦理学的描述还允许多种德性伦理学存在的可能，即它不仅强调人应该**是**怎样的人，而不是他们应该**怎样做**，而且也强调它**并未论及**对行为的道德评价（如见 Stephen 1882；Pincoffs 1986）。但是，大多数德性伦理学家把人应该怎样做和应该怎样生活的实质性论述作为他们的主要任务之一。依此观点，德性伦理学的任务包括对人们行为的正当或错误、善或恶明确地作出**德性伦理上的特殊的解释**。

但是，在接受或承认这一任务的德性伦理学家中，可分为两类：一类认为德性伦理学应该是**理论化的**，另一类则认为不应如此。亚里士多德把正确或错误的知识处理成在某种情况中行为所需要的敏感和深邃的洞察力。在亚里士多德哲学中，具有德性的人明白在所给定的何种情况中，什么是高尚或不高尚，什么是正确或错误。这种观点已取代了为人们所熟悉的另一种观点，正当行为就是遵守已存在的道德**规则**。亚里士多德认为规则并不能抓住不同情况下广泛而不同的要求，它反而依赖于敏感性——一些人把它比做鉴赏力——具有德性的人辨别道德的显著区别和细微区别的能力。但是，如果规则不是道德的基础，那么道德就缺少某种**一般性**，而理论，在某种程度上，它寻求的是可一般化和一般性解释，这很可能与道德哲学格格不入。实际上，最近，几个德性伦理学家——例如约翰·麦克道尔（1979）和玛莎·努斯鲍姆（Martha Nussbaum 1986）——已经吸收了此类观点，即不值得接受一些由康德、契约主义者和后果主义者所提出的某些道德理论。因为所有这些理论都把行为的原则或规则作为道德哲学所提供道德与合理性辩护的核心。

但是，其他的德性伦理学家坚持认为德性伦理学应该有一般形式或结构，应该考虑一般性的规则和解释。这些思想家或多或少明确地**提倡**德性伦理的理论化，并强烈地反对一些最近的德性伦理学家对其理论化的嘲笑。当然，那些主张理论化的德性伦理学家们负有重任，来解释他们所提出的一个理论或另一个理论与后果主义者、康德主义者和其他人所提出的伦理学类型的不同，以及证明他们所提出的理论是有道理的。然而，最近的一些德性伦理学家们并没有回避这些任务，在后面，我会谈到最近几年中已经被提出的一些德性伦理学的不同种类。所有这些理论都扎根于德性伦理学的早期样式——一些是古代的，一些是现代的。事实上，在当代理论中，大多数最重要的区别都可追溯到它们不同的历史源头。特别是，如我前面提到的，古代的和近代的德性伦理学在幸福论（eudaimonism）的观点上一直争论不休。重要的是要看到：这种明显的区别代表了最近已成形的或正在成形的德性伦理学的基本分歧。

三、亚里士多德和罗沙琳德·赫斯特豪斯的德性理论

因此，最近几年中所出现的明确理论化的最著名德性伦理学样式之一是由罗沙琳德·赫斯特豪斯（Rosalind Hursthouse）所提出的幸福论的观点（1991a）。赫斯特豪斯认为伦理学大体上具有如下的结构：行为的正当与否取决于具有德性的个人是否选择它们；如果她或他具有并实践了所有

的德性，她或他就是有德性的。德性是行为者为了达到幸福，即全面的福利或好生活的品质特性。这个观点把我们对好生活的理解作为在伦理学的其他领域中我们所需要表达的基础（虽然这并不是一个人成为一个幸福者[eudaimonist]的唯一道路）；赫斯特豪斯还清楚地表述她认为亚里士多德自己的伦理学已有了上述**理论化的**结构。最有意义的是，她还坚持认为：亚里士多德主张，行为之所以被视为正当是**因为具有德性的人会选择它们**。

但是，这并非是人们解释亚里士多德的唯一方式。在前面，我们看到亚里士多德把具有德性的个人作为觉察到了（亚里士多德也说**看到了**），在任何特定的情况下什么是道德上值得敬慕的、必要的、高贵的。当说觉察到什么时，至少有某种东西是在觉察者之外才是有意义的。因此，亚里士多德常常被人们解释成道德直觉主义者，把行为的道德性质作为在很大程度上与行为者的道德品格无关——比如说，他怎么能说一个人通过践行正义的行为**而**成为正义的[人]。在这里，亚里士多德的有德性的人是判断什么是正确或高尚的标准的这种主张，并不意味着赫斯特豪斯的主张，即行为的正确或高尚是因为具有美德的人会履行它们。相反，它可算做是一种**认识论的**观点，具有德性的个人是对什么是正确与错误的完美裁决者。而且如果我们用直觉主义的方式解释亚里士多德，那么，我们必定说：如果个人是具有德性的，那是**因为**他们在各种情况中，依据他们关于什么是（相对独立的）高贵或正确的观点，可靠地观察和无缺陷地行动。

因此，按照赫斯特豪斯对亚里士多德的解释，个人的伦理品格解释了个人行为的性质。但是，如果说有什么不同也只是，对于我们刚才所提出的解释，正好相反的观点也是正确的。现在不要把这些解释的长处说成是亚里士多德的解释，值得注意的是他们对伦理学结构的看法不同。对于赫斯特豪斯来说，评价行为者或他们的内在精神风貌是**先于**评价他们的行为。而根据我一直论及的观点，行为的评价并**不是**来自对行为者的评价，而是与后者无关，并在某种意义上先于后者。然而，对于赫斯特豪斯和赫斯特豪斯的亚里士多德来说，对于行为者的aretaic评价并非伦理学解释的目的，而是这种解释最终**基于**这种主张：什么品质对于好生活、幸福是必需的。相比之下，根据我一直所描述的另一种解释，我们并不需要把行为评价置于另外的（further）或先前的任何一种评价基础之上。那些评价可能是基础性的，它们与愿望和情感的评价一起都以谁是一个具有德性的人为基础。关于幸福的主张，即不是作为其他评价基础的主张，它根基于关于个人的德性和德性行为的相对独立的基础性观念；但如此解释与亚里士多德的著名观点——一般说来，好生活在于过有德性的生活——非常吻合。

赫斯特豪斯的亚里士多德没有作出这样最后的主张，也没有明确地把好生活理解为与我们对什么是有德性的解释**无关**，否则，她将面对循环论证。事实上，长期存在着一种解释亚里士多德的方式，导致它本身就是这样关于好生活的观点。因为亚里士多德被典型地视为**目的论的**伦理学家——他把德性看做达到好生活的方式。如果我们谈论像好生活这样的事情，我们可能正在把好生活作为明确地确定为与德性无关的东西来谈，而不是像其他的解释那样，把它看成是在**很大程度上为德性行为所构成**。事实是，对亚里士多德的任何解释都不很适合于看起来似乎值得可信的关于亚里士多德的任何东西。不管怎样，我一直谈论的两种解释远远超过历史性的意义：它们代表今天追寻德性伦理学的可能性方式。那也许就是它们很重要的原因。然而，暂时，我们搁置作为德性伦理学中，哪一种在当代更有前景的问题，因为我们还没有详细讨论德性伦理学作为**充满活力**事业的所有可能性。我相信，在今天这种情况下比较激进形式的德性伦理学是有前景的。我们需要理解它们，并且把它们和我们目前所谈及的伦理学理论类型相比较。

四、行为者为基础的德性伦理学

赫斯特豪斯的观点是把行为者的评价置于行为评价之前，但（声称）幸福作为两者的基础；但这也是可能的：把行为者的评价作为不需要根据幸福的来辩护，而是把行为者的评价作为基础。那么，如此观点或理论将从对行为者不得不说的东西（关于动机和/或者品格特征）中引出行为的伦理判断。因此，关于幸福的判断要么与德性和正当行为的主张无关，要么由德性和正当行为的主张来推出。关于这种全面体系化的任何观点，我们都称为**以行为者为基础的理论**。以行为者为基础的理论明显地与赫斯特豪斯所捍卫的**行为者优先、以幸福为基础的**德性伦理学不同，也与**直觉主义**的德性伦理学——把行为评价视为与行为者评价无关，并且也不会从其他比较终极的判断中推出——不同。

但是，以行为者为基础的观点至少有点可信吗？的确，某些动机看起来是值得人敬慕的和高贵的，但它们与实际上引向人类的幸福无关，如目标的坚韧性甚至还有仁爱。但如果把像仁爱之类的动机作为基础性的值得敬慕的［动机］，并从那些行为的相关动机中引出我们对行为的评价，那么，我们最终会得出一个理论（为了使事情简单化），行为的正确与错误取决于是反映或表现仁爱的有无。一则，如此观点看起来与"应当"隐含"能够"的格言相违背。另外，动机并非在我们直接的控制之中，所以，如果我们使行为的正当性仅仅取决于行为所表现的动机，我们似乎把正当行为和义务的实现看成与道德行为者对处境的支配无关。

但是，事实上，这个结论并不是来自以行为者为基础的理论。一个人可能是恶毒的，但如果我们假定自由意志和决定论是可以并存的，他可以以自己的力量控制其恶意而按非恶意的行为行动。如果他有伤害他人的机会，他能抑制其恶意；如果他能抑制其恶意，根据前面所提到的以行为者为基础的观点，他就不会作出错事。即使如此，人们很想知道是否有所有一切证据支持以行为者为基础的理论，因为其中的一个原因是在哲学史中仅有一个明显的例子：詹姆斯·马蒂诺在《伦理学理论类型》（1891）中的观点。马蒂诺认为动机在直觉的基础上具有等级性——除了敬畏上帝外，怜悯排在首位，恶毒排在末位——行为的正确就取决于在行为产生的情景中是否行为表现了最高的动机。这个观点是相当清楚的以行为者为基础的理论；但是，事实上，在伦理学史中似乎没有其他的以行为者为基础的例子。康德、休谟、哈奇森、阿伯拉尔（Abelard）、莱斯利·斯蒂芬（Leslie Stephen）、奥古斯丁（Augustine）、叔本华（Schopenhauer）都提出了不被解释为行为者为基础的各种形式的例子。柏拉图在《国家篇》第四卷中认为行为的善在很大程度上是行为上维持了灵魂的德性。他甚至把欣赏以善的形式出现的内在价值放在我们理解灵魂中的德性之前。柏拉图的观点，如同赫斯特豪斯的观点，是行为者优先的理论，但它无可争议的是：不属于行为者为基础的理论。

五、作为普遍性仁爱的道德

非常有趣，亨利·西季威克认真地理解了以行为者为基础的德性伦理学，他在《伦理学方法》一书中用一章的篇幅（第十二章——译者注）来考察马蒂诺的观点。但是，西季威克断定马蒂诺的严格动机等级体系令人难以置信：如果抱负有时级别高于对闲适的爱，当一个人在长时间中野心勃勃，当对闲适的爱应该优先于（久缠不去的或连续不断的）抱负时，就确有其他的可能。马蒂诺并没有考虑到这些灵活性。利用他的这方面缺点，西季威克提出：功利原则应该是衡量是否及何时抱负比对闲适的爱更为重要的准则。实际上，功利原则就应该是所有道德动机和道德行为的评价准则。

但在如此臆断中，西季威克忽略了支持以行为者为基础的另一种可能性。我们并没有根据动机或动机表现的行为如何很好地适合于人类的幸福或感知力的幸福来评价动机的相对优点，而是根据**如何很好地接近于功利主义自身常常诉诸的普遍的仁爱动机或公正的仁爱动机来评价动机的相对优点**。这就留给了我们一种以行为者为基础的德性伦理学——一种一元论的观点，既不同于马蒂诺的等级概念，又不同于任何形式的功利主义。功利主义者根据动机和行为如何实际上或可预料地服从于人类的福利，来评判动机和行为；而以行为者为基础的作为**普遍性仁爱的道德**则把普遍的仁爱或公正的仁爱本身作为最高和最好的动机，它仅仅根据行为的动机**如何接近普遍的仁爱**来评价行为。这一观点能够回应西季威克对马蒂诺的动机等级体系所提出的反对理由，但更为重要的是，它诉诸构成功利主义本身基础的一些相同观念和直觉。

法兰西斯·哈奇森（1738）提出这样的观点：普遍仁爱就在于自身，不考虑普遍仁爱的结果就是道德上最好的动机。他还曾传播对功利主义原则的早期（虽然也许不是历史上最早的）解释。正是哈奇森"根据动机自身"评价动机，但总体来说他根据动机的结果来评价行为，作为一种成熟的功利主义最终从哈奇森、休谟和其他人的道德情感主义中发展起来。如果你以哈奇森的"杂交"理论开始，功利主义确实产生了，并且它改造了情感主义，使动机和行为最终以它们的结果来评价。但是，朝着正好与此相反的方向改造哈奇森伦理学中的杂交成分也是可能的。如果你像哈奇森一样依靠本能，不依靠动机的结果来评价动机，你也就开始根据它们的内在动因而不是根据它们的结果来评价。这正好产生以行为者为基础的德性伦理学观点——我已称之为作为普遍仁爱的道德。

作为普遍仁爱道德评价行为不同于行为功利主义。因为除了它的行为者在动机方面与人类最大幸福无关或反对这种幸福（比如说我们想象一个例子，有人追求最大幸福的行为，仅仅因为这种行为会伤害他不喜欢的人）外，它还对（可料想到的）人类幸福最大化的行为给予了比行为功利主义要低的道德评价。因此，作为普遍仁爱得到的要比功利主义更好地适应我们的直觉——我们不能因为一个人的行为实际上造成了不好的结果，就说她做了道德上的错误行为。如果行为者的动机很好，比如说，深沉而真挚的仁爱，那么，行为者将尽她的最大努力确定与行为选择相关的事实。如果并非她自己的过错，而行为有了不好的结果（也许因为某事干扰了她的认知工作，也许出现了在她那种情况下无人能认识到的相关事实），那么毫无疑问，我们没有理由指责她在道德上的行为是错的。这种直觉与功利主义相比，更有利于作为普遍仁爱的道德，但是，正是直觉很重视甚至尤为重视动机即功利主义自身也广泛使用的普遍仁爱。所以，我们这儿就至少有一种以行为者为基础的德性伦理学，它至少让人看起来：似乎功利主义不竭尽全力就不能获胜。

关于这一特别的话题，后来有众多说法，但现在我想，如果我们思考针对作为普遍仁爱道德——**来自以行为者为基础的观点**——的批评，这就进一步有助于我们看到以行为者为基础的理论前景。因为即使我们被认为是仅仅依靠作为动机的内在品质和内在目的性来评价动机，我们还是可能探讨：是否普遍仁爱真的是最好的动机，是否反映普遍仁爱的行为总是正当的或最好的。在伦理学中的偏好主义的辩护者，我想，会完全不同地说：更多地爱和关心与我们亲近的人要比从根本意义上平等地对待每个人，道德上更可接受和更可值得敬慕。这种批评产生了一种以行为者为基础的理论形式的可能性，它作为道德上动因的最佳形式，既特别关照亲近者，又次要地普遍性地（虽然还是大量地）关照人类。

如果人们对这类观点有些熟悉，那是因为它接近于道德**关怀**（a morality of caring）的倡导者们最近所提出的理论。科拉尔·吉利根（Carol Gilligan 1982）和内尔·诺丁斯（Nel Noddings 1984）把道德关怀或伦理关怀（an ethic of caring）说成完美典范的女性气质的理论，因此，与之相对的是传统的（男性气质的）道德理论，强调整体、正义或量化的功利。尽管道德关怀的辩护者们并没有明确地谈及以行为者为基础的观点，有时候谈到似乎有点与行为者为基础的理论不相一致的事情，但道德关怀是否很一致地、很有力地被视为以行为者为基础的德性伦理学，这是很值得考虑的。毕竟，关怀（caring）是一种实践动机。在称某事为道德关怀时，你实际上引进了结论：动机是整个道德的基础，尤其是作为人们行为评价的基础。用这种方法，我认为道德关怀是看起来最好理解的。

如果你持如此观点，就有必要要比（例如）诺丁斯所讲的更多地说关怀（caring）或关心（concern）那些素不相识者。但是，事实上我相信，以行为者为基础的伦理关怀是当代德性伦理学最有前景的形式。但是，在我说出我持如此观点的众多原因之前，我想要提到对功利主义、康德主义和契约主义的一些批评。读者刚才已看到当代德性伦理学的丰富性和多样性，但这些德性伦理学的优点正是其他道德理论的缺陷，而这些将是在下面所需要讨论的主题。

六、德性伦理学与康德伦理学

如我前面所提到的，我们所注意到的或归属于最近一直占统治地位的伦理学的缺陷已经促进了德性伦理学的复兴。现在，我想这是相当清楚的：康德伦理学理论在伦理学界成为大家注意的中心。因此，我想以谈论我所提到的康德主义的一些问题开始这一部分的论述。此后，我们将依次考虑对后果主义的批判和对最近的契约主义的批评。

人们常常认为，康德提供给我们一种道德生活的立法模式或合法模式，这正好完全与德性伦理学相对立。但是，事实上，隐含在绝对命令之中的普遍法则或可普遍化法则的观念，最终取决于康德所坚决奉行的观点——什么使行为具有道德价值。而道德价值是一个 aretaic 的概念，而非义务的概念。我认为，康德主张最终区别正当与错误的标准必须允许道德价值与道德优点、道德上所要求的行为，即出于责任（义务）感（或出自"善良意志"）的行为相关联；他还认为，当我们的道德（"他律地"）为某些"物质上的"目的如我们自己的幸福或其他人的幸福所支配，那么所做的尽心尽责行为就会**缺乏**道德价值。只要我们信赖和得到道德**形式**的指导，即得到隐含在任何真正的道德原则或合理原则中的普遍性或可普遍化的指导，他认为，［这样］出于责任（义务）的行为就会有道德价值。所熟悉的绝对命令的"普遍法则"公式：只有当一个人的行动所遵循的准则，其意愿是他的准则与对所有人来说的法则一致，那么，他的行为才是可允许的。这一公式代表了试图用如此精确的正式术语来处理行为正当与错误的区别。

因此，康德对绝对命令的捍卫，可辩驳地诉诸基本的 aretaic 判断。但是，那些判断自然受到以行为者为基础的德性伦理学家们或其他的德性伦理学家们的异议。如果康德认为，对其他人的关心的行为具有道德价值就仅在于这种行为是出自绝对命令所规定的责任感，那么德性伦理学家会完全相反地坚持认为，出自对其他人的善的内在关心的行为就其自身正当性来说具有道德优点或道德价值。实际上，典型的德性伦理学家会进一步地认为，与康德正好相反：不自然地运用关心他人的道德命令，在一些情况中，**并不比**由于怜悯和友谊而产生的自发行为更值得道德上的称赞（see Stocker 1976，and further discussion below）。

在某种程度上，康德伦理学依赖于基本的、虽然是有争议的关于何时行为具有或缺乏道德价值的判断，但它接近于——也许甚至是——一种（非行为者为基础的）德性伦理学形式。但是，在德性伦理学名义下所进行的特别判断，还是相当明显地与之不同，这些判断看起来更支持德性伦理学，而不是康德主义。也许，最有意义的是不仅德性伦理学家，而且还有其他伦理信念的哲学家都质疑（一种或另外一种解释的）绝对命令作为普遍性的正当与错误标准的能力（除了关于道德价值或道德优点的质疑之外）。

比如说，普遍法则的公式在说明一定种类的在道德上可接受的活动的**可允许性**方面，就存在困境，因为某人的标准——仅仅想**简单地**成为一个邮差或赢得一块奥运会奖牌或与某人结婚——以康德所说的可允许的标准而规定的方式都可论证它们为不可普遍化的。甚至最近的康德理论辩护者们也认识到这层含义：这是作为可允许的行为或正当行为标准的普遍法则公式的缺点。

但是，如果我们转向对绝对命令的其他版本，其他问题也出来了。绝对命令的人性版本公式大致上认为：我们必须把人（包括自己）当做目的，而从不把人仅仅当做手段。（因为不像世界上的其他事物，人类能**为自己设定目的**，因此，就有了无价的尊严——"价格"是依附于事物，而事物能成为行为的目的，但不能**设定**目的。）但是从我们能独一无二地设定目的这样的事实，到人们是而且应该是以本身为目的的结论，这里的论证力量并不明显。同时，结论自身在它的意义和含义上也不清楚。

比如说，我们怎能从"我们应该把其他人本身作为目的"这样的事实出发而得出这个结论：如康德主义所认为，在人类生活中作出权衡，比如说，杀害（或残害）一个无辜者以防止对整个国家的灾难或整个人类的灾难，这常常是错误的？康德主义者和某些其他的义务论者一直认为连一个无辜者也不杀就表达了我们对人类尊严的尊重，它是一种承认和展现我们置于人类和人类生活之上的最高价值的方式。但是，批评家们认为，愿意**牺牲个人来保护更大数量人的生命**就正好是承认了人类的尊严和重要性，甚至是更好地承认了人类的尊严和重要性。

而且，你为了其他人牺牲个人这一事实根本就没有明显地表明，你对待那个人仅仅作为手段。因为即使一个人的福利本身对你来说是重要的，但拯救整个人群可能更重要，所以，你会感到道义驱使你牺牲你视为目的的个人——这个人**可能**是你自己**或**某个其他人——来保护某个**更大**人群。康德主义者想要证明后果主义的观点是错误的，这种观点赞成在某些情况下，比如说，一个人为了防止涉及他人（也许还有自己被杀）的灾难而杀人。但是要看到运用带有人性公式意思的论证如何能成功实现，这是不容易的。康德主义想要用自己的术语清楚地证明它希望捍卫的直觉道德判断有正当理由，遭到了失败。这种失败是我们现在应该考虑德性伦理学的长处和前景的原因之一。

七、德性伦理学与后果主义和契约主义

后果主义难以证明我们日常的义务直觉（一些功利主义者，如边沁实际上认为这就是这种道德理论的优点）。正如我们已经注意到的，后果主义完全根据结果进行道德评价会带来更多问题。关于人们的道德行为，后果主义的道德评价让人难以置信；同时，关于人们动机的道德评价，后果主义更让人难以置信，或者说，至少与人们的常识相悖。边沁（1892）和其他的（主要是功利主义的）后果主义者一直认为：如果动机（如普遍仁爱）的后果是弊大于利，那么，这种动机在道德上就是坏的（滴入经济学①的倡导者实际上就想要说明这种动机事实上**就是**弊大于利）。另一方面，如果每个人包括经济学家都不知道，冷酷无情的资本主义竞争要比人们相互之间更多地给予仁爱，尤其是同情穷人所带来的结果，创造更高水平的福利，而如此认为资本主义的冷酷无情在道德上是比善良和怜悯更好

---

① 一种经济学理论，认为政府与其将财政津贴直接用于福利事业或公共事业建设，不如将财政津贴交由大企业陆续流入小企业和消费者的手段更能促进经济增长。

的动机,这看起来就不是直觉。的确,如果我们了解了在某个社会中的如此事实,我们会(虽然我们**不会**)认为它是善的,因为也许人们如此冷酷无情并不是件坏事。但是,某种动机产生了,即使该动机在道德上可耻,它的结果能够是好的,换而言之,在特定的一组情况中,好的结果需要道德动机肮脏的某人或道德动机肮脏的某些人,这是很容易想到的。但是,正是这种情况被准确地描述,而功利主义者所说的动机是反直觉的,那么,由于好的效果,谈论中的这种动机就被证明在道德上是好的,并且在道德上要比具有较多仁慈态度或较多负责态度更好。德性伦理学和以行为者为基础的德性伦理学要比后果主义更特别、更有吸引力正是由于这类原因。(我将不考虑功利主义和后果主义常常"太过于苛求的"批评,因为我相信那些批评能够得到解答。)

  契约主义因有些不同的一套缺点而情况糟糕。因为除了罗尔斯(1971)、高契尔(Gauthier 1986)或斯坎伦(Scanlon 1982, 1995)通过描述讨价还价和/或者契约的某种理想化状态,是否实际上成功地得出某种道德或政治的原则或主张的问题外,还有关于这种理论范围的重要问题。上述人物都没有否认:存在(他的)证明为正当的契约模式之外或不能由契约主义模式解释的某些道德或伦理。实际上,契约主义处理责任问题要比处理超责任的问题或好行为的问题处理得好。另外,相对于描述普遍性的伦理或道德价值,契约主义更能对政治价值进行充分的描述。也许人们会以不完整来批评德性伦理学(虽然这并不容易来批评后果主义和康德伦理学);但我们在后面会看到:德性伦理学是可以回答来自不完整的反对理由,而契约主义的辩护者在原则上都不能回应不完整的指责。我们又有了密切注意德性伦理学的理由。

  但是,提出所有的问题和不足都在除了德性伦理学之外的别的理论,这会是不公平的。当然,有许多有名的批评是针对德性伦理学和它作为我们还没有(仔细)考虑的伦理学普遍理论的可能性。但我认为我们是在对一种特殊形式的德性伦理学进行辩护的情况下这样做的。因此,我很愿意关于如下的考虑多说一些,即为什么我把以行为者为基础的伦理关怀作为德性伦理学中当代最有前途之形式的原因。

八、亚里士多德和反理论的问题

  大多数最近的德性伦理学的倡导者们一直关注亚里士多德,把他作为复兴德性伦理学的典范。但这种做法所带来的一个问题是：亚里士多德伦理学似乎不能探讨，或很少解决当代道德哲学中的某些重大问题。这里，我并不主要指亚里士多德的中道观的困境，因为所有的德性行为在于两种极端恶之间的中道，尽管这种观点在处理讲实话、守信、忠诚的道德基础方面有众所周知的问题。我主要是指亚里士多德思想中没有任何对可普遍化人道主义的承诺。近期的伦理学一直很关注是否以个人的牺牲获取所需要的较大的善，但较远些时期的那些伦理学是道德义务论的或纯粹是超义务论的。但是，由于亚里士多德从未明确地对其他人福利**普遍**关心（concern）的观点进行辩护，另外，他也没有给超义务程度的道德卓越留下任何容纳空间，他的哲学很大程度上显得与这种重要的问题无关。因此，出于当代对此的关注，我想，我们需要一种基于此观点基础之上的德性伦理学样式。我相信伦理关怀在此对我们有帮助。

但是，在我详述伦理关怀之前，我想探讨德性伦理学自身内部对它的批评。前面已提到，最近的德性伦理学的一个主要问题是在理论与反理论之间选择合适态度问题。那些提倡不要理论的德性伦理学，其典型的观点认为，我们对伦理现象的感觉和理解是非常丰富和复杂的，不能为任何普遍化的理论所掌握；他们也会问，为什么一定要把德性伦理学变得如同科学？为什么我们就不应该想到伦理学更像历史写作或艺术家鉴赏——在这些方面感觉、经验和评价已使普遍化的理论显得多余？

这些问题和批评与伦理关怀相关，因为这儿所概述的这种样式是一种在哲学上得到发展了的样式，它看起来似乎就是道德理论的例子，而不是反理论的例子。但是，那些用上述反道德理论方式进行论述的人，认为为那些体验所产生的我们的伦理直觉、判断和决定是如同他们所坚持的那样正确。如果它们并非如此，又怎么样呢？

比如说，道德幸运问题表明，我们伦理思想中直觉**存在内在地相互冲突的方面**。如果有人随意地在荒芜的道路上开车，事实上也没有车从对面开来，我们不会专门对她进行责备，这是众所周知的。但是，如果我们从行为者的立场来想同样的情况，就改变了对面没有车、也没有撞车结果的观点。我们会有非常不同的看法，倾向于给予相当大的谴责。而且我们的道德感还告诉我们：不能有这类道德幸运的事，某人（一定程度的）值得受谴责并不取决于她的知识范围或控制之外的幸运因素。

因此，我们的道德在这一领域是不一致的。道德直觉并没有因为它的丰富性和多样性而被我们完全接受。如果我们要达到伦理或道德思想的一致，我们就需要放弃某些直觉。我们需要理论告诉我们哪些直觉是最好的、哪些直觉是似乎最有理的、哪些直觉是要抛弃的。这种情况与在预先设定的理论和在断言的理论中的情况相类似，由于发现在这些领域中的直觉是相互不一致，以一种完全的直觉方式来开始建造的伦理学就处于进退两难的困境。因为非常相同的原因，我们在伦理学中需要理论。

但是，我另外还有使我们选择理论化的德性伦理学而不是反理论的德性伦理学的原因。康德主义、契约主义和后果主义都是理论化的最佳例子。鉴于这些理论在当代伦理学中的重要性，任何反理论的伦理学能够或将被视为对于这些伦理学很好的替代物或竞争物，这是极不可能的。现在，德性伦理学日益受到认真对待，我想，部分原因在于德性伦理学开始显示或正在显示能够形成结构宏大、内容丰富而明晰的理论，容许与其他流行的伦理学样式进行评判性比较。而且，如果德性伦理学（某种形式或解释）能够完成伦理学的系统理论化所必须完成和做到的，就比康德主义者、后果主义者或契约主义者所能证明的，更看上去可信或更有条理，那么这比较有利于德性伦理学。这正是我希望和相信伦理关怀所能为我们所做的。

九、详述伦理关怀

前面我已提到，任何哲学上可接受的关怀伦理（a caring ethic）的版本，都不仅需要讨论我们应该怎样对待那些我们认识的人或与我们关系密切的人，而且还需要考虑（用诺丁斯所没有的方式）我们对远方的或不相识的那些人的责任，也就是说，我们必须区别对亲近者的关怀与对普通人的人道主义关怀。真正摆在伦理关怀面前的是如何把这两种道德上有价值的关心（concern）（用对个人进行规定或个人自身规定的理论）结合起来。（为了简洁，我将不考虑两类关怀（concern）**之间**的层次。）

为了解决这一问题，我认为，我们需要很好地理解人类之爱（的承诺）。一种（以行为者为基础的）伦理关怀似乎对我来说要优于我们早些时候所讨论的普遍仁爱道德，因为后者容忍并且实际上规定了对亲人之关心要多于普通人。对于我们大多数人来说，这具有直觉的力量，但是，随后的真正挑战就是要找到对素不相识者的仁慈或人道主义的合宜水平或底线。原因很明显，对于公正者来说，普遍仁爱的道德所要完成的结合是（相对）容易的——因此，如果以行为者为基础的德性伦理学要在伦理关怀的方向上前进，后者就需要增加看似可信的人道主义内容。非常有趣，如果一个人了解清楚什么涉及爱两个人或更多的人，我认为他很易于规定道德上普遍的人道主义的合理水平。如果某父（母）有两个孩子并（平等地爱他们），他感到的对一个孩子的关心与他感到的对另一个孩子的关心对于他们的总体福利来说并不自然地合并成全面的某种较大的关心。相反，那些关心在某种意义上彼此相互之间维持分离。由此，我认为一个具有爱的父（母）并不是寻求整体上做对他或她的两个（或更多）孩子来说什么是最好的或做什么是好的。让我来解释这点。

我们想象：一位父母，比如说，一位父亲有两个20多岁的孩子，其中一个聪明而有远大抱负，另一个则有残疾。我们再进一步想象：他对处境好的孩子做得少，但他对处境差的孩子做得多，因此，事实上，他常常要帮助处境差的孩子，远远超过他对处境好的孩子的帮助。在这种情况中，无论罗尔斯主义者，还是功利—后果主义者对正义的思考都常常支持帮助处境差的孩子。这个例子还明确地说明，从非个人或客观的立场来看，如果有残疾的孩子常常得到父亲的关注（attention）或帮助，这就是（一件）更好的（事情）。而我们仍要假定，要做到（平等地）爱（孩子），具有爱心的父母事实上（常常）**并不想**增进对他（或她）两个（更多）孩子来说的，更大的全面或集合性的善。相反，父母自然地（想要）"旗帜鲜明地显示"对每个孩子的关心。

实际上，一位有两个孩子的具有爱心的父亲，他常常会在他对一个孩子的关心和爱与他对另一个孩子的关心和爱之间"打破某种平衡"。这意味着，他常常帮助或注意处境比较好的孩子，即使他花了时间对另一个孩子提供更多的帮助，也产生了（对两个孩子来说）较大的整体性的善或集合性的善。尽管我这样说，但我并不认为这样的父母是由支配如此行为的道德规则或原则来引导的。依靠这些道德规则或原则以一种"平衡的"方式对待他的孩子，如此做的任何人都能被怀疑为没有爱的态度或至少缺乏同等的爱的态度对待孩子们——我正想说，（平等的）爱自然地（并且无自我意识地）达到某种形式的平衡，每个孩子或所有的孩子都不会得到过分地来自父母大部分的注意和帮助。

那么，爱似乎排除了对人们的单纯的集合性关心（aggregative concern），但是，后一种态度在道德上很适合于其他的背景。比如说，一个人希望孟加拉国人过得好，他甚至对他们的福利进行仁慈的捐赠，但他并不认识任何某个特殊的孟加拉国人；也没有太多的爱给予任何某个特殊的孟加拉国人。这种人道主义关怀（caring）动机具体化了爱所排除的集合性的想法。对于某个不相识的孟加拉国人——也许碰巧你听说过她的名字——你所感到的道德关心（moral concern）是可替换的，换而言之，在你所感到的较大的仁慈关心中，是把孟加拉国人作为一个整体。实际上，较大的关心可以依次合宜地归纳到甚至更大的对于（不相识的）普通人的道德上的人道主义关心之中。因此，当各种关心可以在某种更大的关心中替换时，对整体功利或全面善的思考就支配了各种关心。这意味着：当一个人没有共同的仁慈感时，就如同对待爱一样，以牺牲对全面的善的思考或关心为**代价**，没有感到帮助任何个人或团体的必要性。

我想要捍卫的观点顾及并且规定了两个方面，既包括对某些个人的非替代性的亲密关心，也包括了对普通人的一般可替代性人道关心。但问题是：这两种形式的关心如何整合在单一的道德谋划或心理学中。我想要提出的答案是：非替代性的平衡性关怀是有着如此特征的对不止一个人的爱的关心，它也应当对于我们称之为亲密关怀和人道关怀这样两类大的范畴关系起着支配性作用。道德上的善者会长期地显示出，既关心与她亲近的人（或团体），又关心普通人。每种关心都不比另一个要差。但是，面对世界性的饥饿、疾病和贫困，人们应该怎样最好地行动，这种观点就有某些重大的也可能是有争议的意义。

对于一个褊狭者来说，认为我们应较少地关心那些从社会学或心理学术语上看与我们比较疏远的人，这是有诱惑性的。这种"相反关怀（care）"的法则甚至考虑了对于所有人类（不管多么遥远）进行实质上关心的底线，它似乎提出了对于所有人类，在决定做什么时，比如说关于世界饥饿问题，我们应该把每个人的利益加起来，而对我们亲人的利益和福利使用一个（可能可变的）乘数来更多地考虑。如此虽然褊狭但具有集合性的理论也可能很好地告诉我们，我们应该用所有或大部分时间、金钱来帮助我们（还）不认识的人——而不是我们的亲人。这就完全取决于在其他地方人口是否数量庞大、情况是否紧急。

然而，道德关怀（a caring morality）没有这种含义，它提倡在对于其他人的亲密性关心和人道主义关心之间的平衡，正如某人爱他的两个孩子，不会简单地把他们的爱计算总数一样，一个爱**某个集团中每个人**的人不会用人们所应用的集合性的相反关怀原则极可能推荐的方式，完全根据所需利益者的数量来考虑他们的利益。与相反关怀原则不同，道德关怀在道德上适合于（针对）这样的人，想使对人性的关心和对那些他所深爱或非常关怀的人（或团体）的关怀之间达到**平衡**。这就意味着要花费大量的时间、精神和金钱在这两个方向，而不是"专门"在某一个方向。因此，就我认为最看上去可信的道德关怀的观点而言，一个适当的关怀者为了她的那些亲人（的社会阶层）的利益将要花费大量的时间、精神和金钱，即使她能够或已经做了许多善事来帮助她所素不相识的人。这正如我们应该而且事实上一定要对较少需要帮助的孩子花费大量的时间，即使我们的另一个孩子（常常）从我们的关注中受益较多。

但是，如果亲密关怀要与人道主义关怀**达到平衡**，那么，我们还不能忽略我们素不相识者的利益。因此，这儿我们正在概述和捍卫的道德不是私人性的或狭隘的——它需要相当大的个人牺牲，因为它告诉我们：我们自己不能花费大量的时间帮助那些我们最自然而然想要帮助的人，我们的亲人。如此道德实际上要求我们对（素不相识或遥远的）其他人做的要比我们大多数人事实上做的要多。但是，当然，因为它涉及平衡的原则而不是不公平的或公平的计算和计数的原则，所以它还比功利主义一般所提出的要求要少。

然而，对自我关心在哪些地方或如何适应前面的局面该到了发表一点看法的时候了。假如我们能够把自我关心作为除了亲密关怀和人道主义关怀之外的第三个道德类别，就有关于自我关心至少有两种可能性的观点，似乎是与我前面所讲的其他观点看上去一致。要么我们把自我关心看做是**可以**与关心或关怀的其他形式相平衡，但我们把较小程度的自我关心看做是产生超责任的机会，要么我们认为自我关心不仅应该只是理想地与其他两种形式**相平衡**，缺少自我关心的人不仅道德上被视为不值得赞扬，而且还应该被视为道德缺失（也许因为他被认为缺乏自尊）。如我所说，两种观点中的任何一种都与前面所讲的相一致。现在我不能确定要支持哪一种观点。因此，我们应该进一步讨论其他的观点。

十、澄清和批评

根据我们前面的讨论，也许这些问题中最紧迫的问题涉及伦理关怀是否真正是最好地用以行为者为基础的术语来构造。伦理关怀的许多倡导者（如，Noddings 1984）一直认为关怀在道德上是善的或必要的，因为在合乎需要的个人关系，如母子关系中，它是必要成分或必要要素。虽然这种观点的确使我们摆脱了以行为者为基础的理论，但我认为它没有说服力。如果在合乎需要的关系中发挥作用使关怀值得敬慕，那么我们为什么不同样地敬慕被关怀（cared）？因为在母子关系中它也是一个必要因素。我们的确认为关怀要比被关怀（或让自己成为被关怀）在道德上更值得赞扬。正如以行为者为基础的关怀伦理（caring ethic）的解释告诉我们的，关怀与被关怀的区别似乎最后涉及那些两种态度或活动之间的基本道德分歧。

然而，以德性为基础的德性伦理还需要对义务论表明立场。乍一看，我们扩展的伦理关怀和作为普遍仁爱的道德都似乎难以证明杀死一个无辜者来挽救众人是错误的常识性义务直觉。作为普遍仁爱的道德看起来像由外到内的功利主义，并且如果普遍仁慈对于全体人类的幸福似乎是好的或最好的结果，它可能像功利主义一样以这样全体幸福的名义允许牺牲某些个人。甚至以行为者为基础的道德关怀似乎需要如此结果。比如说，关怀一个人家庭的福利怎么能**排除**杀死一个家庭成员（或一个陌生人）挽救其余的人（在某种古希腊悲剧题材中的恶劣情况中）的容忍性和可取性？但是，接下来，我想概括一些道德关怀（和也许甚至是作为普遍仁爱的道德）的确考虑了一种实质性义务论的理由。

我相信，一个人爱或真正关心另一个人不会、也常常不愿意为了拯救其所爱或关心的在数量上更大些的他人，而杀害或伤害他们，但义务论信奉者大概会回答，这种不情愿或不愿意来自对某些道德规则或道德原则的自主承诺，而不是产生于或出于某种动机或情感。如果是这样，那么如此的义务论就不能应用于任何想坚持以行为者为基础的观点，虽然他们**仍然**以行为者为基础，但我认为，情况要比前面所回答的观点更不清晰。如果我们能看到一些不同的甚至对立的动机或情感，比如说仇恨，这就比较清楚了。

我们设想一位叔叔，由于某种原因，他厌恶他的三位侄子。三人都想上医学院，而且（考虑到他们父母双亡，又无其他亲戚帮助）虽然三人正在与一位友好的邻居生活在一起，但他们都希望叔叔能资助他们上医学院。叔叔有理由相信邻居愿意帮助男孩们上医学院，但如果邻居相信叔叔愿意出钱，他就不会一直为男孩们上医学院攒钱。因此，叔叔认为，如果他帮助了大侄子，邻居就会把钱花到其他地方，而在不同时间段中，两个侄子准备上医学院时他就不会有钱帮助他们。那么，如果他不帮助第一个侄子，其他两个侄子就会得到帮助；如果他帮助了第一个侄子，他就阻碍了其他两个侄子被帮助。然而，对于这最后的选择还有使他恼怒的事，一想到做使他的第一个侄子对他感激的事就使他难以接受。因此，正是这种仇恨使他不帮助第一个侄子，而这样做，从整体上来说，对于他所厌恶的那些人并非是坏事。

但是，如果否定性的情感能够可理解性地导致某人产生了全面的并非坏的结果，那么，肯定性情感如关怀或爱难道不会导致某人作出产生全面的并非善的结果吗？引进如仇恨这样的否定性情感的理由是：与某人根据爱来行动相比，毋庸置疑，根据仇恨来行动的人，并没有把道德思考作为他们行为的基础。当爱一个人的某人为了拯救他所爱的其他人而不愿意杀死这人，这种不愿意很少是爱的问题本身，更多的是这样的事实——具有爱心的某人还想实现她自己自主地对所爱的那些人的既定道德责任——的问题，这种观点是能被质疑的（如此的观点能在 Rawls 1971：485-490 中发现）。但是，大概没有诸如仇恨的道德或仇恨的义务这样的事情，所以，当那位叔叔如同我所设想的行为而行动，他的所作所为来自他的动机和情感，根据他的动机和情感也是可以理解的。

就对团体的（而不是某个所认识的个人）（不强烈的）否定性态度来说，某种相似性质的事情也自然出现了。我们考虑一位英国人，他真的不喜欢法国人，他发现自己处于这样的境地中，他自己帮助一个法国人，但他不许别人帮助众多的法国人。这样的人自然不会说或想："不管别人会愚蠢地想做什么，我不会帮助任何法国佬"。但是，如果对于某些特别的个人和对于某些团体来说，否定性情感并不产生全面的最坏结果，我们有什么好理由否认对于伦理关怀所赞扬的那种对个体和对团体的肯定性态度来说的相反可能性呢？

如果我们缺乏如此的理由，那么，我们能把义务论理解为从像关怀或爱的之类情感或动机中生长出来，或者伴随着关怀或爱之类情感或动机的成长，而不是把它作为预定的独立道德标准或道德规则。对于道德关怀来说，那就是善，因为如果不是如此，很难理解这样一种道德关怀，强调关怀某些人比关怀其他人要多，为何能不允许为了一个你所爱的人而杀死一个（或两个）陌生人。然而，这与常识的义务论**并且**与后果主义相对立。但是，我认为，事实上，我们能用前面概述的以行为者为基础的术语来理解义务论，并且避免这些观点的不合理的含义，即强调允许道义论不允许的偏袒（see Scheffler 1994；Kagan 1984）。

另外一个对德性伦理学和伦理关怀的可能性批评，特别涉及对待人类之善和好生活。功利主义者对善有非常明确的观念：他们是或倾向于是享乐主义者。尽管享乐主义者对于许多伦理学家来说是有点狭隘的观点，但是在这个观点中的"没有什么事情能真正使我们受益，除非能增加我们的幸福或增加我们生活中的快乐总量"还是有些吸引力的。康德的有些观点也倾向于人类好生活的享乐主义观念，但某些德性伦理学似乎完全与快乐主义相反，它们完全对快乐使我们受益提出异议。斯多亚主义者和亚里士多德都把幸福或好生活主要作为是德性的问题或实践德性的问题，他们为了人类生活得更好，都依靠专门的方法来寻找快乐而无痛苦的去处。

当然，伊壁鸠鲁主义者是德性伦理学家，又是享乐主义者。实际上，德性伦理学本身并不要求人们在寻找人类繁荣昌盛时否认快乐或痛苦的重要性。事实上，以行为者为基础的德性伦理学家詹姆斯·马蒂诺还似乎有快乐主义的倾向。现在的德性伦理学在试图寻找什么有利于人类福利或好生活时，看起来有大量的选择。事实上，我自己的倾向是：以行为者为基础的关怀德性伦理学（an agent-based virtue ethics of caring）应该拒绝人类善中所有快乐主义概念，支持某些修改了的亚里士多德似的或斯多亚似的倾向——在有德性的生活中找到我们的善。即使好生活并不单**在于**德性之中，但人们认为每个基本的人类善涉及或包含了各种各样的重要德性（Slote 1997）。在这样的基础之上以希望人们用明确的德性伦理方式最终能够理解好生活的观念，这是可能的。但是，在这里康德伦理学和功利主义都有比较明确的或设计比较好的人类善或人类福利的观点；而且这都对他们有利。

人们还常常批评德性伦理学，因为德性伦理学不能指导行为，不能告诉我们应该做什么。这种指责部分来源于错误而糊涂的观点——德性伦理学不能告诉我们做什么，但仅能告诉我们成为什么样的人。但是，如果德性伦理学能够被运用于实践的道德问题，认为怎样做应该可能，而这是大多数德性伦理学一直逃避的任务。罗沙琳德·赫斯特豪斯（1991a）一直探索这一任务，她的探索是有用的并且具有洞察力，但是，她对道德判断的行为者优先的解释本身招致了一些困难的问题，这些问题就是关于把德性伦理学应用于实际道德问题的可能性。根据行为者优先的理论和以行为者为基础的理论，行为的正当或错误取决于它反映了行为者的品质和（或）动机的内容，但是，为了解决令人迷惑的道德问题，指出或检查某人自己的动机**而不是关于人与世界的事实**，这似乎不适当。然而这正是赫斯特豪斯告诉我们的，并且，任何以行为者为基础的理论似乎告诉我们的，就这么做。

因此，我们思考一个例子，在这个例子中，唯一相关的德性是仁爱，一个女儿必须决定是否允许或反对冒险一试的措施来拯救她在痛苦中即将死去的老母亲。如果那个女儿**不知**是支持还是反对这种措施，的确向内看或寻找动机都并不有助于解决她的道德问题。因此，在我们最需要道德指导的地方，似乎以行为者为基础的德性伦理学和行为者优先的德性伦理学都不仅与之无关，而且还不可能找到解决一个人道德困境的方法。但事实上，这些批评能够被回应。

我们思考这个例子，并对前面的例子增加细节，某人听到她的老母亲突然被送进了医院，从一个遥远的城市乘飞机来陪伴老母亲。我们想象：当她到医院，她——作为她母亲唯一在世的亲属——立即面对着实际的问题，这个实际问题，从道德上看，是她支持或允许使用冒险一试的手段来保存她母亲的生命，这是正确还是错误。以行为者为基础的德性伦理学和以行为者优先的德性伦理学都没有提供给她对这个问题的现成答案，但是，如果我们假定那个女儿那时不知道她母亲的特殊情况和前景，对于**大多数道德理论**来说，都没有理由对那个问题提供现成答案，这是值得注意的。

然而，一个合理的行为者优先的理论或以行为者为基础的德性伦理学都能提供给她对（不同的）问题——当她到达医院，（道德上）她应该做什么的问题——的解答。德性伦理学会告诉她：她应该（可能并不能正确地）**弄明白**关于她母亲的情况和前景，关于她母亲的生命质量和生命维持时间，还有确实关于她母亲的未来痛苦和残疾等问题。而且德性伦理学通过参考她的实际目的告诉她这一点，因为如果她并没有弄明白许多情况而在对她母亲仅仅目前相对无知的基础上就决定做什么或支持什么，她将显示对她母亲的无情或冷漠，而不是显示对她母亲的仁爱和关照态度。

那么，一旦事实和可能性已经出现，假定它们相当清楚地表明她母亲的前景是可怕的痛苦和可怕的虚弱，那么，她就会再次从看起来可信的行为者优先的德性伦理学和以行为者为基础的伦理学得出她的决定。那时，如果她坚持采取冒险一试的措施，这很可能会是无情的、冷漠的或者残酷的；如果她坚持不应该采取冒险一试的措施，这会是仁爱的、善良的、关照的或富有爱心的。因此，看来，通过以行为者为基础的理论思考或以行为者优先的理论思考，在如此不断演变的道德情况中，人们能作出正确的决定。

当然，一个富有爱心、关怀之心的女儿能从她母亲前景暗淡的事实，证明其决定的正当性，比如说，不去支持冒险一试的措施。但是，因为非常关怀他人的人必然会弄明白她所关心者的前景的相关事实，她还能正确地证明其决定，说：如果我想让她活着，这就是无情的（或不关照他人或没有爱心的）。因此，以行为者为基础和以行为者优先的理论，特别是伦理关怀的理论实际上都能被用来决定你应该怎样在某种情况下行动，怎样解决（所应用的）道德问题。在这方面，这些方法同其他的伦理学理论方法相比，并不处于任何不利境地。

然而，前面已谈过，值得注意的是，理想的仁爱者或理想的关怀者都不会用任何道德理论来决定如何行动。一个真正的关怀者或仁爱者专注于寻求其他人的善，没有理由认为，这样的人应该（必须）全神贯注于她自己行为的正确或错误的问题，或专注于一种道德理论或另一种道德力量的真实与谬误的问题。实际上，对你自己行为的道德品质的担心似乎抽离了对其他人（福利）关心的力量或损害了关心的真实性——这是哈奇森（1738）和诺丁斯（1984）所提出的观点；以行为者为基础的观念到了正好与康德的观点相反的程度，因为康德的观点认为尽心尽责地对你行为正当的关注常常是需要的并且是值得称赞的。因此，以行为者为基础的德性伦理学是真正的理论；但它们还是不张扬自我的理论：它们认为对（解决道德问题的）道德原则或道德理论的关注和运用有着阻碍达到道德上最高最好的状态的趋向——即不利于对人们好生活的某种专注和献身。所以，以行为者为基础的理论能被运用，但它们**不会**理想性地被运用。

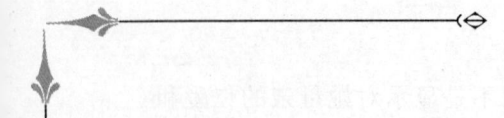

十一、德性政治

然而，我们一直所谈论的一切都只是仅仅在个人决定的层次上，它（还）没有告诉我们：任何德性伦理学如何能看起来合理地处理社会正义问题。对于德性伦理学来说，这并不是小问题，因为没有一种在古代世界兴盛的德性伦理学倡导了平等的社会正义或民主的社会正义。所以，从当代政治价值来看，任何当代德性伦理学，以来自亚里士多德的灵感来处理政治问题，可能冒着无可奈何地显示倒退和过时的危险。另一方面，如果德性伦理学决定不去提供对社会正义的任何解释，相对于像康德主义和功利主义或后果主义的理论，对个人道德问题和社会道德问题都是现成的理论而言，德性伦理学就会显得是删节了的或是不充分的理论。

近年来，德性伦理学家们一直寻找摆脱这种困境的方法。斯多亚主义比亚里士多德或柏拉图更适用于民主理想，后来就有了许多建议——比如说努斯鲍姆1992年说——把斯多亚伦理学转向于现代民主理论。然而，一些德性伦理学家（还是）想主张：对于亚里士多德（关于种族平等和性别平等以当代经验主义或伦理的观点来理解）的真正理解有助于我们捍卫民主。

因此，虽然阿拉斯代尔·麦金太尔（Alasdair MacIntyre 1981）利用亚里士多德学说，提出了反自由主义的政治道德观念，但是，玛莎·努斯鲍姆（1990）最近提出，亚里士多德政治学**除了它附加公民权的限制条件外**，提出了相当民主和平等的社会合作理想。如果亚里士多德关于妇女、手工业者和其他被排除了公民权的人的道德能力是错误的，那么，在那种情况中，她认为，亚里士多德自己的（其他）观点实际上有助于我们证明现代的理想和制度。

尽管罗沙琳德·赫斯特豪斯（1991b）的论证方式非常不同于努斯鲍姆，但还是捍卫了亚里士多德政治哲学的当代关联性。亚里士多德认为有德性的生活是幸福的主要组成部分，并把城邦或社会作为达到了这种程度的正义，它们能使它们的公民达到幸福。而且，赫斯特豪斯认为，我们能够而且应该从亚里士多德的正义观念来得出大多数或全部政治权利和公民的权利，而不是把这些权利作为理解正义的**基础**。这种进行方式很容易使人想起功利主义的企图，这种企图把权利建立在社会功利的考虑之上（赫斯特豪斯援引休谟几乎就像她援引亚里士多德一样），但是，事实上几乎不利于她对亚里士多德的民主权利的捍卫。我们常常承认，（功利主义）后果主义能用系统的方式处理政治问题，它有用自己的术语来证明平等主义的理想和民主政治理想的合理可能性。如果赫斯特豪斯的亚里士多德同样具有良好的前景，那么，德性伦理学，特别是作为亚里士多德给了灵感的德性伦理学就没有理由或最后变得没有理由为所谈到的政治问题表示歉意了。

但是，与功利主义和休谟相比还可以使我们想到：德性伦理学并不需要从亚里士多德获取灵感，但它更愿意向仁爱和关怀的理想——它在亚里士多德伦理学中几乎没有什么作用——发出最大的呼吁。我们前面讨论过的以行为者为基础的德性伦理学样式没有理由回避社会道德问题。根据它们与亚里士多德的相对**无关联性**，它们比任何新亚里士多德的伦理观念，如努斯鲍姆的或赫斯特豪斯的，更容易解释现代政治价值。

因此，假定道德是作为普遍仁爱"内化"行为功利主义所达到的程度，以行为者为基础的样式就有能力证明与功利主义理想相媲美的平等的理想和民主的理想，这是没有什么令人惊奇的。当然，在两种理论中，道德解释的程序是非常不同的。事实上，在它们给我们解释的正义和非正义的内容中，也有一些不同。但是，就我所述，这些不同相对于功利主义来说更有利于以行为者为基础的观点。

比如说，功利主义，广泛而冷酷无情的竞争性资本主义动因可以想象到地（通过滴入经济学）产生比较大的社会福利超过它会产生的共同的利他主义和善良意志，它在这种情况中对于**社会正义**是必要的。相比之下，很自然地与作为普遍仁爱道德相关的政治哲学，会把这样的社会——当（足够的）社会居民具有对于相互之间道德上（足够）善的动因时（正如她的全面的动因是足够善时，这个行为才算是道德的）——称为正义的社会。由于冷酷无情完全不同于普遍性仁爱，根据在普遍仁爱中基于以行为者为基础的社会道德，刚才所描述的社会，尽管"有效率"，但看起来合理地被算做缺乏正义。

然而，我前面也看到，这类以行为者为基础的理论易受批评，它把不适当的道德价值置于某类以爱和友谊为特色的有差异的个人关心之上。以行为者为基础的道德关怀——不论我们是否想要把它特别地作为女性的道德——都对如此有差异的态度享有较高的道德优越性。但是，当以行为者为基础的道德关怀还规定了对于所有同类的人道关心基础，它也产生了明显的社会正义的概念，而且这概念，如同与作为普遍仁爱道德相关的概念，能使我们捍卫民主理想。如果说关于我们的亲人，爱和亲密的关怀是理想的动机；关于我们的素不相识者，大量的人道关心是理想的动机；那么，关于专门影响或主要影响你的国家的**政治**选择，为了你自己国家（人民）的善也许是你所存的最好态度（不论你作为被选的官员，还是作为投票的公民）。（在其他情况中对其他国家的关照和对自己国内较小单位的关心都容易成为其中一部分，但我将在这里简化。）

那么，正义的社会是这样的社会，在这样的社会中，公共制度和法律反映或表现一种合宜的关心，就社会的公民或居民来说，是为了国家的善，为了公共的善。正义的社会也是这样的社会，在这样的社会中，社会公民在他们的非政治性选择和制度中展现由作为关怀的以行为者为基础的道德所倡导的道德理想动因形式（如此的观点在我的论文"The Justice of Caring"（1998）中得以辩护）。

那么，似乎德性伦理学并没有必要被视为删了节或不完全的伦理学理论。不论我们赞成关怀伦理学或更喜欢某种其他的理论，德性伦理学都有自身的独特方式来处理整个范围的道德问题和政治问题，这些道德问题和政治问题是任何系统的或自成体系的思考方式必须最终探讨的。因此，在这方面，考虑到其他理论所清楚地面对的问题，德性伦理学能就此声称已占有一席之地，与契约主义、康德主义和后果主义并列，成为当代伦理学理论的主要选择之一。

参考文献

Anscombe, G. E. M.: "Modern Moral Philosophy," *Philosophy*, 33（1958）: 1-19.

Annas, Julia: *The Morality of Happiness*（Oxford: Oxford University Press, 1993）.

Baier, Annette: "What do Women Want in a Moral Theory?," *Nous*, XIX（1985）: 53-63.

Bentham, Jeremy: *An Introduction to the Principles of Morals and Legislation*（London: Methuen, 1982）.

Gauthier, David: *Morals by Agreement*（Oxford: Oxford University Press, 1986）.

Gilligan, Carol: *In a Different Voice: Psychological Theory and Women's Development (Cambridge, MA: Harvard University Press, 1982).

Hume, David: *A Treatise of Human Nature*, 1739.

Hursthouse, Rosalind: "Virtue Theory and Abortion," *Philosophy and Public Affairs*, 20 (1991a): 223-246.

——: "After Hume's Justice," *The Aristotelian Society*, XCI (1991b): 229-245.

Hutcheson, Francis: *An Inquiry Concerning the Original of Our Ideas of Beauty and Virtue*, fourth edn., 1738.

Kagan, Shelly: "Does Consequentialism Demand too much?," *Philosophy and Public Affairs*, 13 (1984): 239-254.

Kant, Immanuel: *Doctrine of Virtue* (New York: Harper, 1964).

MacIntyre, Alasdair: *After Virtue* (Notre Dame: University of Notre Dame Press, 1981).

Martineau, James: *Types of Ethical Theory*, 1891.

McDowell, John: "Virtue and Reason," *The Monist*, 62 (1979): 331-350.

Noddings, Nel: *Caring: a Feminine Approach to Ethics and Moral Education* (University of California Press, 1984).

Nussbaum, Martha: *The Fragility of Goodness* (Cambridge: Cambridge University Press, 1986).

——: "Aristotelian Social Democracy," *Liberalism and Good*, ed. R. B. Douglass, G. Mara, and H. Richardson (London: Routledge, 1990).

——: "Human Functioning and Social Justice," *Political Theory*, 20 (1992): 202-246.

Pincoffs, Edmund: *Quandaries and Virtues* (University Press of Kansas, 1986).

Rawls, John: *A Theory of Justice* (Cambridge, MA: Harvard University Press, 1971).

Scanlon, Thomas: "Contractually and Utilitarianism," *Utilitarianism and Beyond*, ed. A. Sen and B. Williams (Cambridge: Cambridge University Press, 1982).

Scanlon, Thomas: "Moral Theory: Understanding and Disagreement," *Philosophy and Phenomenological Research*, LV (1995): 343-356.

Scheffler, Samuel: *The Rejection of Consequentialism* (revised edn., New York: Oxford, 1994).

Sidgwick, H.: *Methods of Ethics*, 7th edn. (London: Macmillan, 1907), 1st edn., 1874.

Slote, Michael: *From Morality to Virtue* (New York: Oxford University Press, 1992).

——: "The Virtue in Self-interest," *Social Philosophy and Policy*, 14 (1997).

——: "The Justice of Caring," *Social Philosophy and Policy*, 15 (1998).

Stephen, Leslie: *The Science of Ethics* (New York: G. P. Putnam's Sons, 1882).

Stocker, Michael: "The Schizophrenia of Modern Ethical Theories," *Journal of Philosophy*, 73 (1976): 453-466.

第18章 女性主义伦理学

A. M. 贾格尔

整个西方伦理学历史，可以看到妇女的道德地位问题的持续性，虽然极难作为论争的中心题目。有少数孤立的声音争论道，女人与男人在道德上是平等的，但在这个传统中的大多数重要人物，对于证明妇女的从属性地位，提供了充满智巧的论证。尽管这种争论有一个很长的历史，"女性主义伦理学"这个述词只是在20世纪80年代才铸造出来，即在女性主义的"第二波"席卷北美学术界，并且，在一种较少的程度上，也冲击着西欧的学术界之后出现的；这时一个批判性的哲学家群体把妇女的道德地位作为重要的伦理问题来关注。这个述词的出现，不仅标志着这样一种感觉：关注妇女和性别问题对适当理解实践伦理学中的许多问题是必不可少的；也反映了一种新的信念：妇女的从属性，虽然迄今为止没有注意到，但它对于伦理学理论来说却是相当深远的。

女性主义伦理学以如下探讨方式的不同而相区分：女性的文化贬值、以道德哲学的方法和中心概念对女性进行反思和论证。不是所有的女性主义哲学家都确信，西方伦理理论由于这样的贬值而深有缺陷；相反，某些人认为，某种现存的理论（可能多少有些调整）整个地适合于女性主义伦理学问题。不过，许多女性主义哲学家主张，西方伦理学理论有着深度的男性偏见。虽然有时在考虑到这种所谓的偏见时，以及他们在开出一种可替代它的药方时，他们之间会有分歧，他们的工作是以对一定的重复出现的论题的关注为特征的。现在这篇论文追述这些论题的进化，在这样做时，对于西方女性主义伦理学的发展，提供一种批判性的重构。

一、在伦理学理论中包括妇女

349　　男人的利益与妇女的利益相比,大多数伟大的西方哲学家对于男人的利益设置了一个较高的伦理优越性地位,他们主张,妇女的适当角色是在男子所从事的工作中支持男人。从古代到现代持续着这样一个主题:当妇女为她们的丈夫提供身体的和情感的关怀时,妇女的基本责任在于为她的丈夫和她的国家生产孩子。例如,亚里士多德断言,一个妻子必须服从和服务于她的丈夫,因为他为她花了很大的代价。阿奎那写道,一个妇女被造出来是要成为男人的助手的,"不确定的是作为在其他工作中的男人的助手,正如某人所说的,因为男人在其他方面的工作中能得到别的男人更为有效的帮助,因此,[女人]只是在生育的工作中作为一个助手"。卢梭主张:"妇女有意愉悦男人"。在柏拉图、亚里士多德、阿奎那、霍布斯、洛克、卢梭、康德、黑格尔、尼采和罗尔斯等人那里,女性主义哲学家们揭示了苏珊·奥肯(Susan Okin)所称做的对妇女的"功能主义"的处理(Okin 1979,1989;Clarke and Lange 1979)。

　　虽然西方的哲学家们一般把妇女看做是男人的工具,他们把这种处理看做是需要证明的立场;他们的证明典型的是持有这样一种形式的论点:在某种重要意义上,妇女较之男人不是那么充分而完善的人。有人认为,妇女不能如同男人那样有着道德上的完善。例如,亚里士多德说,妇女的脾气、勇敢和正义是与男人不同的,而且要少些;卢梭断定,妇女的优点在于诸如服从、贤淑和忠诚这样"女性化"的德性。康德写道:"一个女子的德性是一种**美的德性**。男子的德性是**高贵的德性**。"许多哲学家认为,妇女的理性能力不同于男人,也低于男人。大多数人发展了这样一种论证,这些人包括亚里士多德、阿奎那、卢梭、康德、黑格尔、尼采和萨特。既然西方传统典型地把理性看做是实质性的人的特征,并常常以理性(推理)能力来界定道德当事人,认为妇女的理性低于男人的论证深深地伤害了妇女要求平等的渴望。

(一)把妇女平等地作为伦理关注的客体

　　在21世纪的转折点上,在对妇女的平等的承诺庄严地写进许多国家的宪法和联合国的《人权宣言》后,对于宣称妇女的利益与男人的利益同等重要几乎没有异议了。而尽管人们嘴上普遍地说，人们应当受到普遍的道德尊重而不考虑他们的性别，女性主义者注意到，在实践中，公共政策常常对于妇女的利益较之男人的利益给予更少的重视。有时这种考虑的不平等还可看做是对伦理学理论的有缺陷的应用，而有时女性主义者在伦理学理论本身追溯到这种狭隘的偏见。

1. 在伦理分析中用到"性别"

公共政策常有对妇女的偏见的一个原因在于，常常假定平等考虑要求对男人和女人不加区别。审慎地忽视性的区别常常有这样的后果：伦理分析不能说明男女两性在道德上的突出差别。

女性主义的研究揭示，许多表面的中性化的问题，事实上对男人和女人的影响是不同的；女性主义认为，这些不同必须在任何公共政策中得到说明，而这在伦理上是适当的。这些不同的例子相当多，例如，妇女遭受的战争之苦比男人更多，虽然男人是战士的大多数。在20世纪，平民意外伤害的比例成倍增加。妇女受害者的比重已经增加，因为那些没有直接受到伤害或杀害的妇女则受到不当的处置，被当成了难民；即使是在所谓的和平时期，不是社会服务和从军事以及相关工业提供的至少可受益的工作机会，而是从税收分配到军事开支，妇女遭受到不成比例的对待。许多全球正义的问题对男人和女人有着有意义的差别。它们包括：人口政策的目标在于女子的而不是男子的生殖力上；经济发展政策投资男人的企业而没有认识到女子在农业和家务工作上的价值；在工业上的外国投资剥削着妇女的劳动；全球旅游业的经济增长显著，而它相伴随的是性交易。

上述例子说明，男人与女人在所有已知社会的处境都是不同的；他们隶属于实际上支配着他们生活的各个方面的、系统性不同的规范和期望。所有已知社会相对于男女生理的差别而分派了不同的工作、不同的家庭责任、不同的适当性行为、服饰、饮食，甚至身体姿态以及说话方式的标准。对从男女的生理差别区分这些社会规范和期望，20世纪60年代后期的女性主义者给予了迄今为止的一个适当的语法术语："性别"（gender）。他们强调，性的差别在社会中是不变的，而性别的差别在不同的社会里，以及在某个社会里都是变化的；他们观察到，男性和女性，在社会的意义上成了男人和女人，并且在不同的社会是不同的，同时在任何既定的社会里的不同的阶层、不同出身的个人那里都是不同的。女性主义理论的更近期的著作对性和性别的明显区分进行挑战，尤其是对性的自然性和不变性进行挑战，但我在这里不追随这个讨论。

对于许多伦理实践来说，性别显著变化的实现已经使得某些女性主义者确信，这也是伦理学理论的一个必不可少的范畴。那些持有这个观点的人认为，伦理学理论不能停留在高度抽象的概念化的人上，人们必然是不同的，包括他们的性别差别，而这些在抽象化的人那里都消失了。他们强调，一个适当的伦理学理论不能把人作为无差别的概念化的人类存在者，而无视性别和相关的特征，诸如年龄、能力、阶层、种族等，相反，它要求一个更复杂的设置，这个设置能够反映人们之间的必不可少的差别。

相对于这个论点，其他的女性主义者的目标是，对于实践伦理学的更适当分析所要求的不是修订伦理学理论，而只是利用这种理论对于人们之间道德上突出的特征进行更多说明。特别是自由主义的女性主义者，常常害怕把性别抬高到伦理学理论的概念的地位，认为这种抬高将放弃女性主义所坚持的观点：男人与女人的差别没有道德意义，由此将很危险地有利于反女性主义者。这些自由主义者所赞成的是旧有的女性主义观点：性的差别应被简单地看做是"偶然的"或者强调性中立，而把这看做不是人类本性的实质性质；他们认为，伦理学应该在第一层次的实践而不是第二层次的理论上强调性别问题。在这篇论文的后些地方，我们将看这个争论如何发展。

2. 伦理学领域的扩展

在现代（虽然不是在古代），道德哲学对于涉及妇女的许多问题几乎没有给予关注，如最著名的性和家庭生活的问题。这种忽视常常为一种理论上的将社会生活分成公共领域和私人领域的分类而合理化；前者被看做是为普遍的权利原则调节的领域，后者则可能是多样化的善得到适当的追求的领域。类似于亚里士多德、黑格尔和马克思这样的哲学家，他们都认为家具有某种伦理意义，但把家描绘成这样的领域：在这里，不可能实现最充分的人类卓越（德性）。

为20世纪60年代的这种口号："个人是政治人"（并且扩展一些，即伦理的人）所鼓舞，许多女性主义者挑战了不仅是哲学家对最有伦理问题的性别方面的忽视，而且是他们把其他问题也一起排除的理论合理性。女性主义者指出，公共/私人两分隐蔽地性别化了，因为妇女传统上从概念化了的公共领域排除出去了，而被限制到被界定为私人领域的地方去了；例如，家之屋变成了与女性相联系的象征；尽管家里的头头事实上典型地是男人。女性主义者强调，把家务领域从道德领域排除出去不仅是武断的，而且暗地里促进了男人的利益。例如，因否认了提出关于家务劳动分工的正义问题的概念资源，它模糊了妇女在家中工作的社会必要性和辛苦性；而且，放弃了与个人的或主体的领域的内在关系，它把对妇女或女孩的虐待掩盖起来了，并且可能是为这个家里的虐待发放执照。

当代女性主义者寻求扩展伦理学的领域，使之不仅能够包容家庭领域，而且还有社会生活的许多方面。他们提出的伦理问题有：堕胎、性问题，包括强迫性异性关系、性侵袭、强暴；自我呈现，包括在大众传媒上的和色情文学上的妇女的形象。虽然主流伦理学直到最近也几乎没有对这些问题给予关注，对于妇女的生活，它们也有伦理上的有意义的后果，有时是生与死的问题。

虽然他们有时谈到伦理学领域包括"妇女问题"，女性主义者用这种语言并不意味着他们承认有一个妇女伦理问题的范畴，并认为这个范畴是与男人的范畴（而几乎不是与人的问题）分开的。通常范畴化了的妇女问题也是实践中的男人的问题，因为男人和女人的生活总是相互伴绕在一起的。例如，是否照料小孩或堕胎都对女人和男人有影响意义。男人卷入到家庭、两性关系和个人关系之中，正如妇女卷入到经济、社会和军事之中，尽管前者的象征性形象是妇女，后者是男人。大多数当代女性主义者主张，如果妇女为某些事情比男人更多地预先占有了，这不是自然的，或必不可避免的，相反，这反映了某些生活领域以及相关领域对妇女的文化规定性的界定以及相应责任，从而排除了［妇女在］其他领域［的责任］。

为了给予妇女的利益应有的重视，许多女性主义断定，伦理学理论必须以更复杂的范畴装备，并且几乎是所有人都同意，伦理学必须扩展它的领域。

（二）把平等的妇女作为道德主体包括进来

道德合理性和主体性问题在逻辑上独立于道德考虑的问题，对于儿童、精神无能的人、动物或生态系统不应该看做是在道德上与那些理性的道德当事人平等的。不过，西方人不考虑妇女的利益通常只有否定如下观点才可得到辩护：妇女完全是道德当事人，所以常常被认为，为了证明妇女对与男人一样平等的道德关注的主张的合理性，使得妇女的道德主体性具有效力是必要的。证明妇女应当具有平等的政治权利，肯定要求确立她们有平等的道德权威。

努力确立妇女的完全的道德主体（地位），在当代的女性主义伦理学出现之前有一段相当长的历史。在《国家篇》（写于公元前5世纪）中，柏拉图宣称，某些妇女有能力成为保卫者或统治者；在《女士之城书》（1405）庇萨的克里斯丁认为，妇女是平等的，在智慧、勇敢、谨慎、坚贞和忠贞等德性上，甚至比男人更优秀。在《为妇女权利辩护》（1792）一书中，玛丽·沃尔斯通克拉夫（Mary Wollstonecraft）否认只属于某一性别的德性的存在，坚持认为，妇女是潜在的如同男人一样的有理性的和完全的人；在《妇女的主体性》（1869）中，密尔认为，妇女显得在推理上和原则性道德上的低下，很有可能是由于她们不同的社会化所致，在20世纪早期，罗素强调，妇女的智力和德性的不同，恰如在男人那里一样。

在20世纪末期，有人认为，主张妇女是与男人平等的道德主体与妇女有资格给予同样的道德尊重一样，都是表面性的。虽然现在妇女在所有西方民主国家都有选举权，在这些国家中的许多国家，妇女获得她们的选票只是在今天活着的这代人才有的事。不列颠妇女是在第一次世界大战之后才有选举权，而如同男人同样项目的选举权则是在第二次世界大战以后；法国和意大利的妇女只是在第二次世界大战之后才有选举权，在1973年前，瑞士妇女没有全国性的选举权，而直到90年代前，她们还没有地方县镇的选举权。妇女政治领导的缺乏表明，西方公众对妇女的道德权威仍然缺乏信心。虽然妇女作为道德主体的潜在力极难直接为今天受尊敬的权威怀疑，近期的道德心理学已经宣称，妇女在实现潜在的或达到道德发展的最高层次方面不如男子（Kohlberg 1981）。不过，在80年代，某些理论改变了女性主义对这样的主张的传统回应：不是继续坚持认为，妇女能够达到男人的道德发展水平，而是开始挑战判断道德合理性和道德主体性的标准。如下部分探讨了他们的挑战。

二、现代伦理学理论是以男性为基础？

当西方的女性主义者批判当代伦理学理论，他们的一般目标是那些根植于欧洲启蒙运动的自由理论，这些理论仍然支配着当代西方哲学。这些理论包括康德主义和它的后继者，诸如某些版本的契约主义者和话语（商谈）伦理学、多样性形式的功利主义，有时，还有存在主义。某些女性主义者全身心地致力于新亚里士多德主义的理论研究，诸如共同体主义和德性伦理学，但他们对这些理论的保留，比他们对自由理论的保留得到更少的发展。这里的部分原因在于，他们对现代自由理论的批判与对新亚里士多德主义的批判分享着共同的东西。

把对伦理学领域的传统限制放在一边，注意到性别的差别，某些女性主义者在利用自由理论去阐明特别涉及妇女的实践伦理问题时已经获得了成功。例如，苏珊·奥肯利用罗尔斯的契约主义理论来阐明，当代的婚姻实践如何歧视妇女（Okin 1989）。尽管有这些成就，许多女性主义者认为，现代伦理学理论是如此受到男性偏见的影响，因此对于女性主义来说，只是有限的有用。这个论文的这部分阐明了女性主义对现代伦理学理论的批判，下一部分我勾勒一种有影响的女性主义的替代物；在随后的部分，我提供对这种替代物的判断性讨论。

（一）作为伦理不适当性的现代理论价值观

启蒙运动的伦理理论尽管有许多不同，但它们有很多共同点；最基本的是，它们分享着对每个人都有平等的道德价值的承诺。在康德的传统里，这个价值为对每个人的自主性价值的承认所表达，在功利主义的传统里，为对每个人的幸福的平等尊重所表达。在这两种传统中，实现这个价值要求为对其他生命不干涉所表达的非家长主义（Baier 1987）。

几乎没有女性主义者整个地拒绝现代伦理价值，而有些人则运用它们而有了很好的结果，他们强调，妇女有资格得到与男人同等的尊重和自主权。不过，即使是当女性主义者赞同现代价值，他们常常提出，对这些价值的得到广泛接受的解释应当修正；例如，在对康德的理论解释中，有某种共同的缺陷，即康德理论假设自主性是一种自然性质，它为所有正常的成年人所有，而没有认识到，这只有在共同体才是可潜在地实现的。

对现代伦理学理论的一个更基本的挑战是这样一种指责：它的批评者认为，它常常开出的药方在道德上是排斥妇女的。这些批评不是把伦理学理论与妇女的道德敏感性（至今妇女仍不缺乏这种敏感性）之间的不相容性归之于对这些理论的不适当应用。相反，他们断定，自由价值观提供了一种贫乏的伦理视野，提供了一种人类交互活动的模式，这种模式充其量对于一种有限的生活领域是适当的，而最糟的可能是对于其他领域的生活则从人性上合理贬低了。例如，贝尔指出，"特别是对那些相对无权力者，如非常年幼者来说，不干涉可能被忽略了，并且甚至是在平等者当中，也有人正在日渐孤立和疏远"（Baier 1987：48-49）。

在现代伦理学中，公正性是一种核心价值，但自从20世纪80年代以来，它受到了共同体主义者和某些女性主义者的挑战。他们的批评可重叠但并不相同。公正性的理想要求每个人受到平等的尊重，而不考虑当事人对特殊个人的主观连接或忠诚。某些女性主义者强调，这个理想不能现实化，因为认为可以把人们从他的原始背景中分离出来，或与他的动机性情感和承诺分开，这在心理学上是不可能的（Noddings 1984；Young 1990：103-105）。还有共同体主义者如同女性主义者一样强调，公正的理想有道德的缺陷，因为它要把我们所爱的人为抽象原则和不在场的陌生人而牺牲。还有人说，在伦理上平等待人否定了个人的道德意义，因为个体所欣赏的恰恰是每个人的独特性（Sherwin 1987）。据女性主义的批评，对公正强调太多，将贬低对于好生活来说是更为基本的那些个人价值观。

（二）不现实的和不讨人喜欢的现代道德主体概念

现代伦理学理论典型地使用了一种新笛卡儿主义的道德主体概念，即把当事人看做在本质上是理性的。虽然权威理论家肯定认为，道德当事人具体地说是共同体的成员，但他们把他们的身体和共同体的成员身份看做是偶然的，或者具有任意的偶然性质，并且对他们所主张的道德主体来说是不相干的。

某些女性主义者发现，现代主体概念对于把妇女看做充分的道德主体是有价值的资源的，既不为她们的女性身体，也不为她们通常的依赖性社会地位而剥夺了这种主体性。通过接受现代概念，他们坚持认为，妇女恰有如同男子一样的、超越她们的身体限制的能力，他们认为，西方哲学把男人与精神相关联而把女人与身体相关联是不可辩护的偏见。在他们的观点里，这种相关联性只是合理化了男人的政治支配［地位］，以及这样一种社会安排：指派妇女的基本责任在于关怀身体的需要。

其他的女性主义者的批评，所针对的是现代伦理学理论的抽象的、理性主义的和个人主义的道德主体概念。这些批评常常聚焦于对身体的现代贬抑。他们声称，他们把他们所观察到的东西看做是启蒙的伦理学理论的缺陷，而这是一个重要的贡献。他们强调，在与精神相比较时贬抑身体鼓励了伦理学理论忽视人类生活的许多基本方面，把理想安置在现实的人不可触及的位置上。他们认为，对人的身体的轻视，把在个人之间的与身体相关的差别视而不见，诸如年龄、性别、能力等，而鼓励了人们把人看做是没有区别的和可互换的个人。对人这种具体性的伦理反思将揭示，不平等性、依赖性和相互依赖性、可说明性、社会身份和历史共同体必须作为人类社会生活的永恒特征而被认识到，寻求超越这些是浪费时间。相反则是把如此多的伦理关注放在抽象事物上，诸如平等、自主性、一般性、孤立的个人、理想化的共同体以及普遍性的人类状况。许多女性主义者强调，伦理学理论应该对个人的身体给予更多的关注。这能够使人们认识到，脆弱性、发展和死亡而不是无变化性，暂在性和处境性而不是无时间性和虚无之地性，或是特殊性而不是普遍性，相互依赖性和合作性而不是独立性和自足性。

（三）作为不可实现的或病理学的现代道德合理性概念

启蒙的伦理学理论把理性既看做是一种属于所有正常的人类成年人的自然性质，同时看做是区分正当与错误行为的可靠的指导。由于把情感看做是纯粹理性的污染物，他们这样来界定人类的理性：个人不动感情地考虑在任何处境中的所有相关人利益的能力，认为有这样的能力就克服了被认为是正常的人类对于自我利益偏见的倾向。[换言之，理性能使人做到这点。]某些女性主义者在这种理论的描述性和规定性要素这样两个方面与之相左。在描述性层次上，他们挑战了这样的假设：个人基本上具有一种自我扩张性，这个假设为自由主义不考虑人的具体性而显得有力了。相反，他们认为，附加在身体性特征上的社会意义，诸如出身、年龄或性别，具体体现在个人发展的道德认同（同一性、身份）上，这些因素不是纯粹抽象或普遍性的，但是为涉及规定具体的身体意义的社会关系所限定。有着相关道德同一性的个人不可能把他们自己的利益与其他人的利益完全分开；相比较抽象的义务（责任），他们更可能为具体的相关物的考虑所打动；更多地为关怀而不是为尊重，更多地为责任而不是为权利所打动。

女性主义对现代伦理学理论的批评说，人们关心其他人的倾向和把他们自己的利益看做是与其他人的利益相关联的倾向，不是要由道德理性来克服的弱点。贝尔挑战的是她称之为现代道德理论的理性主义或理智主义，一种理性主义认为，我们不需要为我们所有的情感所担忧，只要我们的理性意志能够克服它们：

> 当我们被引导到考虑哪一种人需要完成做父母的角色，或[人们]确实想要处在任何一种密切的关系中时，康德对控制可能是不规则的情感的控制性理性的描述，也似乎没有多少用处。也许对父亲的

角色这是重要的：他要合理地控制他对那些尖叫着而激怒他的孩子，不要在一怒之下把他们打死，但从大多数心理学理论看，比控制这样不爽快的感情更为重要的，似乎是母亲或主要是父母亲或替代父母亲的那种需要。他们需要爱他们的孩子，而不只是控制他们的怒气。(Baier 1987：55)

在下一部分，我们将看到，不仅某些女性主义者否认情感必然颠覆道德理性，而且他们认为情感对于道德理性是必不可少的。

在现代伦理学理论中，公正不仅是一种实质性的理想，而且也是道德理性的一种限定性特性。因为公正是正当行为的必要条件，而且有时也是充分条件。我们已经看到，某些女性主义者挑战了这个理想的实质，其他人接受它的核心部分的伦理直觉，但注意到，这个概念太不确定了而不能指导正当的行动。现代道德哲学家对于获得公正性，提供了一个多样性的建议，诸如不考虑一个人的自我利益动机或采取他者的观点，但一些女性主义批评家认为，这些建议是相当没有帮助的，因为它们不能运用在实践中。例如，玛林·弗里德曼（Marilyn Friedman）指出，个人经验的有限性质和他们对其他人的思想熟悉的有限性，使得任何真正的人（不是天使）都不可能可想象地规划她自己进入到他人的立场上，更不用说其他许多人的立场上；也不可能是这样一个人：她尝试着这种想象的功绩，并知道她离成功有多远。弗里德曼得出结论说，可到手的公正哲学概念对于道德辩护提供可行的指导。她建议，希望做正当事情的人不应把注意力集中于公正，而是集中于从他们的思想中消除那些特殊的、具体的偏见(Friedman 1993：31)。

（四）现代伦理学理论中的所谓男性

为什么某些女性主义者认为，现代伦理学理论中的区分性价值观，它的道德主体的概念和它的道德理性概念在特征上是男性的？价值平等、自主性和尊重，依据他们的精神而不是他们的身体来理解人的主体，依据不动感情的公正性来建构道德理性，这些是具体指明了男性概念吗？马克思主义者长久以来批评，现代伦理学理论建基于一种"占有性的个人主义"人性概念之上，这种人性概念把人描画成本质上是与他人分离开的，有着不可满足的欲望，和相互间典型地冲突的利益，他们指责说，这个概念反映了资产阶级的对手市场关系。女性主义接受了很多的马克思主义的这种描述。但他们增加了这样的主张：男人比女人更可能以这种对手关系术语来理解人性（Gilligan 1982）。几乎没有女性主义者会把这个视野中的这种臆断差别归之于两性间内在的心理学差别；相反，他们参照男人与女人的任意而有差别的社会环境来解释。某些人得出一种新弗洛伊德客体关系理论，它诉诸做父母的性别模式来指出，[性]分离的先入为主的偏见是排他性男性。其他人则指出，不考虑身体是一种奢侈，而只有这些人能够做到：他们的身体是正常的，或出于身体维持基本责任而被喂好的人。

把伦理学理论放在反映着男人的区分性经验和价值观的人性的这个模式上是有问题的，最明显的是，因为它仅从人口中一个部分的伦理视野来定型。女性主义者进一步指出，支配性模式不仅没有准确地描述大多数妇女的道德心理学，也没有准确描述许多男子的道德心理学。置于虚假的经验假说基础上的伦理学理论，很可能导致不可实现的理想和认识。而且，一种以人性中的男性形象为基础的伦理学理论，贬低了象征性的人类生活的女性领域；它也忽视了更"女性化"的伦理学视野，促进了这样一种把许多人尤其是许多妇女驱逐出去的伦理生活的形象，加上提倡一种排他性的、有限的，和（对于许多人来说）的一种使人厌恶的伦理视野，现代伦理学理论把那些不赞同它的人以道德上不合调、不成熟的或非理性这样一些理由否定了他们的道德权威（Gilligan 1982）。它的女性主义批评则认为，现代伦理学理论提出了一种男性的视野，它通过一种平等的男性偏见道德认识论证明了它的合理性。

某些女性主义指责说，现代伦理学理论的男性化，最终成了一种很大程度上的普遍的对妇女和女性经验的贬值。这意味着，较大的西方哲学传统通过文化与自然、超越与内在、永久与不变①、普遍与特殊、心灵与身体、理性与情感、公共与私人这样一些两分式概念来解释实在。通过把更高的价值术语与男性相关联，而把较低的价值术语与女性相关联，西方伦理学理论把对妇女的文化敌视铭刻在终极实在的肖像画上。

三、作为伦理学典范的妇女的经验

为了响应对把男性经验作为规范的现代伦理学理论的指控，某些女性

---

① 这里原文可能有误，应为"永久与变化"。

主义伦理学寻求把女性经验作为伦理学理论的典范或至少作为它的出发点。这种方法的最著名的例子是关怀伦理学,它阐明了一种据说是来自于妇女的特征性经验的道德视野,即抚育具体的他人,特别是她们抚育孩子的经验(Gilligan 1982;Noddings 1984;Ruddick 1989;Held 1993)。虽然从妇女的经验中得出伦理学的计划一般是与伦理学关怀相关联的,一些女性主义者拒绝把抚育性关怀或母亲经验[作为伦理学的基础],而寻求从其女性经验的其他方面得出一种伦理学,如 S. L. 霍格兰(Sarah Lucia Hoagland)的目标在于从女性同性恋的生活中得出新价值(Hoagland 1989)。

既然女性主义伦理学常常等同于关怀伦理学,值得强调的是,既不是关怀伦理学也不是把妇女的经验看做是唯一的和主要的那种基本伦理学理论计划应当作为女性主义的正宗。我不过选择了给予关怀伦理学值得考虑的篇幅,因为它提供了女性主义对现代伦理学的最著名的、(并且许多人相信)最激进的挑战。关怀伦理学提出,对妇女的道德经验的关注,推进了在伦理学上优越于那些现代性特征的东西,并且将培育更适当的道德主体和道德理性概念。

(一)欣赏在妇女的伦理实践中蕴涵的价值观

在特征上,关怀伦理学的提倡者主张,伦理优先性应当给予他们看做是中心性的妇女的抚育实践,特别是做母亲的实践所体现的价值观;这些价值观包括在情感上的敏感性、对特殊他者的需要的响应感、亲密性、关联性、责任感和信任感。现代伦理学理论总是害怕,如果太看重了这些价值,正义感有被颠覆的危险,因此,应当在他们看做是适当的位置上接受它们,即,在亲密性私人关系的有限领域里接受它们;在认识论层次上,就正当行为的可能动机而言,给予这些价值观一种相似次要的位置。大多数关怀理论家拒绝这种贬值(正如本哈比[Benhabib]所称之的"伦理学理论的边缘"),相反,他们常常提出,迄今为止与私人领域相关联的价值,在伦理学理论中或一般地在社会中应当是更主要的。例如,弗吉尼亚·赫尔德(Virginia Held)在考虑如何把适合于母亲与孩子的关系置入于更广泛的社会关系中(Held 1993)。莎拉·鲁迪克(Sara Ruddick)考虑"似母亲的想法"怎样可能促进和平政治(Ruddick 1989)。琼·特罗多(Joan Tronto)认为,关怀不仅是一种伦理的理想,而且可能是一种政治的理想,她认为,"这对于在一种多元性社会中,对于公民们在一起能够生活得很好有着质的必要性"（Tronto 1993：161-162）。

（二）"女性化"的伦理主题

我们已经看到，现代伦理学理论为新笛卡儿式的主体模式所支配，这种主体是非具象化的、反社会的，以及就所有他者自我来看，是统一的、理性的和本质上相似的；我们也看到，某些女性主义者从几种传统，如马克思主义、心理分析、共同体主义和后现代主义中获得他们的视野，但是，他们也特别受到心理学的影响，诸如贝克·米勒（Jean Baker Miller）和 C. 吉利根。吉利根断言，妇女和女孩倾向于把她们自己看做是与他人相关联的，害怕孤立和被抛弃，不像男人，据说他们把自己看做是与他人分离开的，并害怕与他人关联和亲密。她报告说，妇女的关系性自我概念给予了她们一种不同的道德见解，鼓励她们把道德困境解释为责任的冲突而不是权利的冲突，以修补和加强关系的方式来解决这些困境，实践积极的关怀而不是值得尊重的非干涉，把关怀、真诚、关注和对具体个人的爱的个人价值置于非个人的平等、尊重、权利和正义之上。许多女性主义伦理学家提倡一种所谓自我的关系模式。他们指出，这样一种模式优越于笛卡儿式的对男人和女人的理解概念。与现代伦理学理论以人性的观点为前提正相反的是，所有人类存在者事实上是相互依赖的、受到限制和不平等的。这样，某些女性主义强调，一种关系概念的道德主体在经验上比一种原子模式更适合，同时也产生了一种更可接受的伦理学（Whitbeck 1984）。对于这些理论家来说，"男性"意识是假意识。

（三）重新思考道德理性

与关怀伦理相关联的道德推理"样式"常常与正义伦理学的特征相对照。在正义的思考主要集中于一种伦理处境的结构的地方，把相关个人的具体认同审慎地放在一边，而关怀性思考的特征是，朝向具体个人的区分性的伦理倾向。这个倾向具有爱的情感和认知性这样两种维度：关怀个人即是对他人福利的关心，也是感知如何与他人相处。相反，正义的思考，所描绘的是诉诸普遍化的道德原则，它指导对有资格给予关怀的人的公正的计算，关怀的理论强调的是它对特殊处境的响应，这种处境的道德上的突出特征可为一种敏感的关注［意向］觉察到，而这种意向是为同情、开放和包容的关怀者的情感姿态所造就的（Blum 1992）。

归之于关怀思考的最明显和最有争议的特征是它的特殊性，这意味着它不仅强调在他们的具体确定性中的他者的需要,而且意味着不以一般原则为中介。关怀所应对的是唯一的、不可取代的个人而不是作为"一般化"的他者,那种作为一种共同人性代表的他者(Benhabib 1992)。这种响应要求对这些方面有更多关注:人们的相互不同如同人们的相同一样多。对特殊的关注的另一个方面是,它的结论是不可普遍化的;即关怀性思考的根本性特殊主义挑战着现代伦理学理论的一种基本假设,即诉诸一般原则来赞扬具体行为或特殊要求。

关怀伦理学的支持者反对把关怀还原到简单的情感响应;他们把它不是看做一种正当行为的动机(通过合理计算过程而得到),而是一种有着对于决定什么行动在道德上是适当的认知尺度的、有特色的道德能力(Blum 1992)。关怀不是自我主义意义上的合理性,不动感情或演绎性,但是诺丁斯断言的"理性与推理涉及比对原则的识别和原则的演绎性运用更多的东西"(Noddings 1990:27)。关怀思考的提倡者把关怀看做是一种宽广意义上的合理性,即在一种与他人相处而有特色的人类方式意义上的合理性;这本身具有伦理上的价值,同时也倾向于产生道德上适当的行为。

四、伦理学理论:女性或女性主义?

伦理关怀揭示了在现代伦理学理论中的某些严重的空白和偏见,其中许多要归之于对妇女的经验和事务的理论上的排除。一个更适当的伦理学理论必须是,就我的观点看,能够发展出某些可容纳妇女的道德视野的工具,以及其他的受到贬抑或边缘化群体的道德视野。不过,我发现到目前为止从妇女视野而来的伦理关怀发展伦理学的方法,在方法论原则和伦理实践上是有问题的。

(一)伦理学理论能够依据妇女的经验来建构吗?

试图从试验性经验中得出伦理学理论反映了自然主义的这种确信:哲学理想必须是与人们的实际道德感相容;就这个观点而论,明显的伦理学理论与伦理学实践的分歧不能立刻消除是实践中的问题。而且,为了承认妇女作为道德当事人而有的迄今为止被贬低了的能力,一种回应女性主义问题的伦理理论要求特别关注妇女的伦理经验。

就我的观点而论，虽然这些论点是正确的，但必须记住，自然主义的伦理学方法在实质上涉及道德的危险。一个是习俗主义者的人，将持有已接受的价值观和自我辩护的思考方式：把习俗主义看成是相对主义，断言对于不同的道德共同体来说，道德上的变化是许可的。习俗主义和相对主义是女性主义的问题，因为它们是与坚定的反对所有形式的男性支配观点相冲突的。

对于它的道德危险性还要加上一个，即伦理自然主义面对着值得考虑的方法论问题。这些方法论问题之一是，"伦理经验"这一术语如此宽泛因而并不清楚如何研究它。另一个问题是，人们把伦理学说看成是十分不可靠的行动指导者。而且，对于较大的和多样性群体来说，诸如妇女团体或女性同性恋群体，人们难以发现对它们的道德经验的普遍概括的经验性确信，即使是这些普遍概括为那些身为女性或女性同恋者的哲学家们所作出也一样。

方法论问题为许多女性主义者关于妇女的伦理经验应当如何进行特征描述的争论所强调，而这些问题在关怀伦理学那里呈现得特别清楚。我们已经看到了关怀理论家断言，文化性的女性经验诸如抚育提供了相当不同于为现代伦理学理论所提倡的视野的基础，不过，在复杂的现代社会，所有关于男人和妇女的经验的绝对普遍概括明显地值得怀疑；在当代西方社会的妇女和男人的生活处境因阶层、种族甚至时代的不同而广泛地不同，因而这似乎相当不可能的是，所有的或大多数妇女分享着一种不同于所有或大多数男人的道德视野。事实上，对于关怀伦理学家所主张的经验有效性的研究，常常不可能表明性别与关怀的一致；当行为主体是受过教育或占有职位者，妇女在有关道德发展的正义倾向考试中的得分几乎常常与男人一样，而把在家里工作的妇女作为关怀视野的主要女性代表。而且，发现许多女人还有男人运用关怀思考，特别是那些低阶层的男人和有色男人。对于这些理由，玛林·弗里德曼指出，关怀伦理学在某种意义上是女性的：它是一种象征性或规范性而不是经验性意义上的；不是反映了妇女的同情、敏感和利他主义和经验性气质，她认为，关怀表达了这样的文化期望：妇女比男人更同情些、敏感些和利他些（Friedman 1993：123-124）。

关怀伦理学最近的提倡者承认，某些妇女以正义的术语来思考，某些男人以关怀的术语来思考，但他们不过是把关怀与妇女联系起来，因为他们把关怀的视野看做是，当代西方社会里主要为妇女的社会化形式和实践的呈现，这些形式和实践是：带孩子、关怀长者、维持一种支持家庭的环境和护理。琼·特罗多争论道，关怀伦理与之相关联的不仅是性别，而且还有种族和阶层。她把关怀伦理视野与维持和清洁身体的事务联系起来，认为在西方历史上，这些任务被主要贬值到妇女那里，但不是所有的妇女，或不是唯一的为妇女所做；这样的关怀工作也为妇女而且也为工人阶级所做，在西方，特别是为有色工人所做（Tronto 1993）。特罗多对关怀的社会发展学很适应劳伦斯·布卢姆的论证：正义伦理学表达的是一种司法行政视野，这种视野确实是男性的，但它反映的不是所有男人而特别是那些在职业和行政阶层的男人的视野（Blum 1982）。特罗多和布卢姆的论证表明，正义伦理学和关怀伦理不仅是性别的，而且同时也是种族和阶层的。

（二）妇女的道德经验是女性主义伦理学的可依赖性基础吗？

在这一部分里，我们注意到在确定什么是妇女的道德经验上的某些困难。但即使我们同意，关怀伦理学在某种意义上是女性的，这可能对于确立一种女性主义的伦理学来说是不充分的，因为女性主义常常批评女性。一种伦理学理论成为女性主义的一个必要条件是，它应当对于批判所有形式的男性主导的伦理学理论和某种形式的女性主义理论，包括自己的理论，提供概念性资源。很怀疑是否关怀伦理学提供了这样一种资源。

一些女性主义伦理学家提出了这样一个问题，关怀伦理学不可能充分怀疑具有女性特征的自我牺牲的道德失败。有人指出，例如，对虐待者的关怀，可能是道德病理学的，而不是德性的，并且我们注意到，诺丁斯证明，对自己的关怀仅仅是使得自己有能力去关怀别人，因而这种自我关怀是工具性的，还有某些女性主义者把关怀描述为一种奴隶道德（Card 1990）。

另一个问题出在关怀的特征集中在对特殊个人的需要上。为关怀理论家们描述的道德的问题性处境典型地涉及的只是少数个人，典型地要求当事人响应在他们的具体特殊处境中的可觉察到的他人。一些批评者问道，道德合理性的这种模式怎样能够避免偏爱为当事人所已知的特殊他者？他们还提出这样的问题，关怀思考怎样能够面对涉及大数量的人口的、大规模的社会或全球性问题，这里涉及的大量的人群是任何一个单一的行为者个人从不认识的。

我担心的是，关怀思考可能扭曲了对某些道德问题处境的理解。关怀狭隘的关注性对于鼓励在小规模的处境里的对道德复杂性的意识和个人的责任是有价值的，但它可能模糊了对大尺度的处境的感觉，而正是这种处境为个人的遭遇提供背景。例如，当我们把道德注意力从那些对社会某部分具体个人麻木或欺凌的特权合法化的社会结构转移开来，我们就能够觉察到这种麻木感或欺凌。相似的是，对个人的直接需要的关注，如食物、住所、舒适或友谊可能使得我们分散了对创造这些需要或使得这些需要缺乏的结构的关注。这样的关怀思考可能鼓励的是对于道德问题进行处理的、（有时）称之为束缚性帮助或社会工作的行动，而不是鼓励针对它们的制度性努力或通过改革来阻止它们发生（Jaggar 1995a）。

我发现，关怀伦理学的最后一个问题是，在决定哪一种关怀响应在伦理上是适当的问题上，缺乏指导性。大多数关怀理论家承认需要在适当关怀与不适当关怀之间进行区分。但他们似乎假定，这个区分是自明的，或至少是关怀与被关怀能够是成对地依靠的。不过，这样一种假定很明显是不可靠的；道德上不适当行为常常为当事人和接受者作为关怀而合理化，这些例子有：过度纵容或姑息，甚至家庭暴力和乱伦。关怀传统包含着把适当关怀与不适当关怀区分开来的概念资源，但迄今为止我没有发现一种令人信服的理论（Jaggar 1995a）。

关怀伦理学常被讽刺为一种"喂养"处境主义者的伦理学，它拒绝正义而唯一关注的是个人关系；但实际上，大多数关怀伦理学家把正义看做是对于女性主义伦理学来说是必要的，虽然不是充分的；他们也承认，改造个人关系要求改造更大范围的社会。结果是，女性主义伦理学理论常常等同于关怀伦理学，但实际上，女性主义伦理学理论的唯一正统的倾向是对于消除男性偏见的宽广承诺。在下一部分里，我将指出，这个承诺如何鼓励激发了在几个伦理学领域里的理论发展。

五、女性主义伦理学的最新方向

那些觉察到现代伦理学理论持有着陈旧的西方性别二分性［偏见］的女性主义者，对于这种偏见已经有了几种回应。（1）他们主张，妇女有能力像男人一样实现作为男性的文化法典的价值；（2）他们也可能还抱着二分偏见中的"女性"那一端不放；（3）他们可能以某种方式把"男性"与"女性"价值观结合起来；（4）他们可能否定，在性别化的术语中有把这些对立符号化的任何基础；（5）或者他们寻求着重新思考概念性的［性别］二分法。许多自由主义的女性主义者采用这些策略的第一或第四种，而关怀伦理学家倾向于第二和第三种；我自己偏爱第四和第五种。所有这些策略都已经被女性主义在讨论宽广多样的伦理问题时用到了。

（一）从实践到理论：健康关怀、环境和发展伦理学

健康关怀（保健）、环境与发展伦理学常被解释为实践而不是理论伦理学的领域；不过，女性主义著作直接挑战在这些领域里形成讨论的理论化概念。从过去的25年以来，女性主义的健康关怀、环境和发展伦理学呈现一种弧形发展状，不奇怪的是，这与这篇论文前些地方所描述的那些发展是平行的：先是包括妇女问题的那些企图经常受到如下的指责，理论框架具有男性偏见；然后是女性主义常常试图以更女性的框架替换它，在发展这些也成问题时，转向重新概念化每个领域的多样化提议。

女性主义的健康关怀、环境和发展伦理学，这三者中的每一个为这样的关注而开始：这些盛行的社会实践对于妇女有着比男子更为严重的不利后果。女性主义者指责说，许多健康关怀实践对于妇女来说是不公正的，当男人和女人患上同样的病时，妇女常常比男人得到更少的治疗，更少没有自主权，并且更受到家长作风的对待；例如，妇女的"建议指导"可能比男人的更少得到考虑。女性主义者批评主流的健康关怀伦理学由于没有在他们的分析中用性别概念而忽视了这种不公正，同时他们忽略了许多涉及妇女的问题，或者仅仅从再生产上来看待妇女的健康问题。他们主张，健康关怀必须扩展这个题目的范围，并利用性别的范畴作为工具，正如我们总是用阶级、种族、残疾等概念一样（Sherwin 1992；Dula and Goering 1994；Wendell 1996）。女性主义在环境伦理学领域里的工作已经揭示，环境恶化对于妇女较之男人常常有更严重的后果，特别是对贫穷妇女和母亲是如此。他们指出，环境伦理学也需要用上与那些社会等级、阶级和种族范畴相关的性别范畴（Warren 1990）。同样，女性主义在发展伦理学中的工作观察到，"发展"政策通过否定妇女的土地所有权和信用而表现出常常歧视妇女；某些女性主义者也注意到，妇女也常受到因国际贷款机构的命令而造成的"结构性调整"的不成比例的影响。在发展中国家里，这导致了国家的福利功能的急剧下降。可以预见的是，他们的结论是，发展伦理学也必须把性别因素考虑进去（Moser 1993）。

正像在许多这样的学科里一样，女性主义者试图把女性主义的内容包括进去，导致发现不可能简单地把"妇女和感情"加进这些实践伦理学的领域，这些领域里可用的范畴常常是反对妇女的经验的。在健康关怀伦理学中，女性主义指责说，对"规范"的病人——男人和白人——的有效的

概念化，导致不适当地对待妇女，特别是有色妇女，并且不适当地解释妇女的身体经验，诸如把月经、怀孕、生产、哺乳、绝经作为病看待。在环境伦理学中，女性主义断言，环境伦理学中的许多因素都是男性的：它或是提倡对自然的"主宰"（主人），或是在深层生态学的外貌下，表达的是一种对现实的人的可怕的轻视。

女性主义诊断的男性偏见不仅是在发展实践中，而且也在发展理论的那些支配形式中——自由主义的现代化理论和新马克思主义的依赖理论中。两者在方法上把发展看做是两性的战争，在这场战争中，象征性的是并且经验性的是，男性必须战胜象征性的女性，但常常是现实中的女人。在这场战争中的一次战役是公共领域对私人领域的战役；"男性"的公共领域被描画成一种为普遍的、形式上的平等主义原则所调节的革新领域，在这里，妇女和家庭主妇的私人领域被描画得接近于自然的、传统束缚的、特殊性的和停滞的画面。第二场两性的战役是摆脱陷入"原始"的共同体、传统的民族战役，在这场战役中获得独立、自足和自信；第三场战役必定是支配的自然和自然之间进行。在这些理论中，民族总是男性的，而共同体、传统和自然都被解释成女性的。女性主义批评家否定说，这样一种性别隐喻只是简单的文体性的繁荣，从发展话语的文字意义分离出来的"包裹"形式。相反，他们指责说，这些隐喻储存着作为发展规范的现代（男性的）西方，和作为偏离者的传统（女性的）第三世界。白人、资产阶级、西方男人成了成熟和进步的范式，而非西方女人作为向后的、幼稚的、无理性的、单纯的和保守的形象来描画，她们不能作为历史变化的当事人那样来行动。男人不只是优越于女人，而且确定就处在与女人的冲突中（Scott 1996）。

作为体现男性偏见的健康关怀、环境和发展伦理学的替代者，某些女性主义者提出更多的女性色彩来替代。例如，某些女性主义者建议，适当的健康关怀概念应当适当地强调"关怀"而不是"治疗"；并且，关怀伦理学特别影响到了护理伦理学。某些生态女性主义者断言，妇女与自然有着特殊的联结；他们强调人们的环境之家的伦理意义，并且，在他们的批评言辞里，把妇女描绘成"生态系统的关怀天使"。某些女性主义发展伦理学的工作似乎把妇女的无报酬的农业与实质性的发展等同起来（Mies and Shiva 1993）。在这些领域里，其他的女性主义者在提出严厉批评时提出了这样的建议。

最后，健康关怀、环境和发展伦理学发展了新的理论方向，而这是太多了太复杂了以至于难以在这里总结。这些方向包括：在医疗决定中，重新思考自主性和家长作风的困境；依据明确的社会和政治的条件，以及生物学的和医疗的条件，重新界定健康、常态、生病和再生产；女性主义也挑战着围绕两极化的性别建构的伦理架构（Plumwood 1993）。在发展伦理学方面，他们提议以对妇女的热心关注来替代想当然的效率甚至福利概念（Sen and Grown 1987；Kabeer 1995）。

（二）普遍性或地方性伦理学

迅速全球化已经对于是否伦理标准是普遍的这个老问题带来了一种新的急迫性。这个问题对于女性主义来说是特别深刻的，因为西方女性主义近来为"差别"问题所全身心地占有，第一个差别是在女人与男人之间，其次是在女人之间的差别；对于早期的西方女性主义与帝国主义的计划共谋的揭示也使人震动。因此，一方面，当维持着与男性统治的不动摇的对立时，西方女性主义为着对文化差别的尊重的困境而烦恼；另一方面，在对这种困境的课堂讨论时，女性生殖外科的实践成了一种支持性的例子。

一种女性主义回应依靠的是"能力"（capabilities）概念。最先是阿马蒂亚·森（Amartya Sen）提出来替代功利主义的一个概念，已经为玛莎·努斯鲍姆所发展，对于努斯鲍姆版本的能力概念我这里就要谈到。把能力作为测量人们的生活质量的标准是，在一个既定的社会里，评估人们的生活质量，所依据的是这个社会如何能够使得人们发展和实现他们的有区别性的人类能力。努斯鲍姆列出了十项能起作用的人的能力，放在一起组成了她的"厚重而模糊的人性概念"，她把这样一个人性概念提出来作为对发展政策的指导。她认为，这个概念表明了对于主要的和基本的人的功能的一种跨文化的和超历史的共识，反映了"在历史中的人类存在者的实际的自我解释和自我评价"（Nussbaum 1995：72-75）。不过，努斯鲍姆说她的能力表确实反映了一种沉默的普遍共识，但几乎没有提供证明，而且她的著作很快就把那种不同意的意见放在一边；对于这些假定的能力如何能够得到具体说明，她提倡"参与性对话"，但不是讨论哪一种能力可列入她的表格中，或讨论是否项目表的制作是最好的方法。我自己的观点是，任何伦理观点指导的全球性发展必须从广泛的和明确的民主讨论中呈现，这种讨论应把手段与目的放在一起。就这个理由而言，我相信适当解释的人权，比能力概念作为一个普遍的发展标准更为可靠。

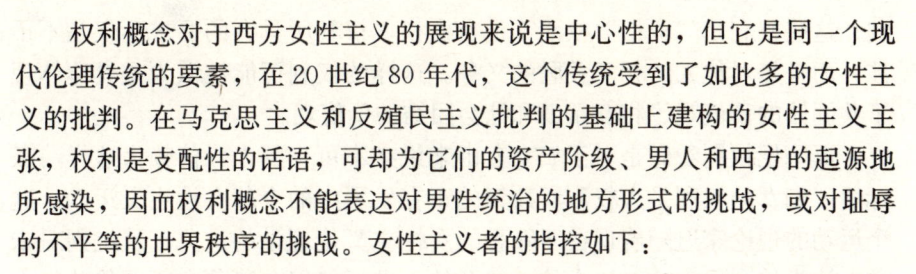

权利概念对于西方女性主义的展现来说是中心性的，但它是同一个现代伦理传统的要素，在 20 世纪 80 年代，这个传统受到了如此多的女性主义的批判。在马克思主义和反殖民主义批判的基础上建构的女性主义主张，权利是支配性的话语，可却为它们的资产阶级、男人和西方的起源地所感染，因而权利概念不能表达对男性统治的地方形式的挑战，或对耻辱的不平等的世界秩序的挑战。女性主义者的指控如下：

一、诉诸权利常常被用来合理化男性支配女性的权力，例如，私人权利模糊了家庭暴力，表达自由的权利则为厌恶女性者的色情文学证明为合理。

二、因为妇女没有与男人相似的处境，获得形式上的平等权利常常产生不平等的结果，例如，无过错离婚的实施把许多前妻而不是前夫抛入到了贫穷之中。

三、试图通过获得妇女的"特别"权利来避免这样的后果，诸如产妇休假权，不可避免地在概念化作为相同的平等的文化背景上放了一把火。特别权利把妇女作为内在的性脆弱来羞辱，或作为不太可靠的工人来对待。

四、合法的平等权利模糊了实施它们的不平等的权力。与要求权和补偿权的相关联的程序，常常对于妇女来说，使得她们［处境］更为恶化、受到恐吓和羞辱；这里的明显证据是在强暴案件和性骚扰案件的审讯中。

五、妇女可能在实践权利之中伤害她们自己；例如，美国的千百万妇女在实践她们的拥有整容外科手术的权利或做妓女的权利中受到伤害。对妇女权利的关注常常忽视了这些方面：妇女的社会处境常常迫使她们"选择"实践那些权利。

六、最后，关怀伦理学的提倡者主张，权利讨论是内在敌意道德的要素，这种道德贬低了更基本和更重要的相互依赖、合作和信任的人类价值。

出于所有这些理由，女性主义者批评说，权利讨论不仅对妇女是无帮助的，而且甚至可能把不平等合理化了。

其他女性主义者包括我自己，相信权利传统有对应这些指控的概念资源。例如，权利可被解释为对在权利持有者之间的突出道德差别的说明，权利可分派给个人也可给群体。权利也包括"积极"的和"消极"的权利；这些权利是"资格"权而不是自由权，权利所具有的要求不仅是不干涉，而且是对他人的相互关联的义务。这样的权利可能被认为是具体体现了共同体的价值观、相互帮助和社会团结的价值观。

那些把权利看做是对于妇女自由来说必不可少的人，信赖为这样一条标语"妇女的权利是人权"所鼓舞的正在发展中的全球女性主义运动。这个运动的理论家追随着现在所熟悉的女性主义伦理学的进化；从批判对未被承认为权利侵犯的对妇女的虐待开始，进而他们向暗藏在所谓传统的人权概念中的男性规范挑战，并提出了激进的解释。这里的篇幅不允许对于他们的意见给予充分说明，但他们论点的中心是，承认对妇女人权的侵犯典型地既为非国家的行为者也为国家层次的行为者所为——并且常常是男性的家庭成员，它们既发生在私人领域，也发生在公共领域。这个承认要求扩展国家法令性压制的范围到包括家庭形式，在家庭形式里，新娘被出卖、父亲和丈夫实施对女子的性、衣着、言谈和活动的严格控制。奴隶制必须包括强迫性家庭劳动和妓女在内。因为某些对人权的侵犯专门是性别上的，对战争罪犯和种族灭绝（大屠杀）的界定必须包括系统性的强暴、性折磨、杀害女婴、饥饿、残害甚至屠杀妇女。女性主义者也把对妇女的公民和政治权利的侵犯和对她们的经济和社会权利的侵犯联系起来：经济和法律表明对男孩而不是女孩的世界性偏爱，妇女经济上的脆弱性把她们暴露在最显著的虐待中（Peters and Wolper 1995）。

男性偏见以及所导致的较陈旧的人权概念的虚假仁道应该被纠正，可能是为作为女人而不是男人的规范性人的形象来纠正。妇女尤其是这个世界上的穷人和不识字者中的非常突出的代表，她们肯定是权力压迫系统之下的那些最脆弱的人。

"妇女的权利就是人权"这条标语从草根行动者的运动中呈现。它避免了考虑权利基础的元伦理学问题，权利——边沁臭名昭著地把它的特征描述为在高跷上的胡说的一个概念。相反，这条标语指明了一种伦理的而不是形而上学的视域，一种有着表达女性主义的世界一样宽广的好主张。当它在下一部分变得明显后，我相信这是它所需要的唯一的证明。

六、重新思考伦理学理论

"伦理学理论"这一术语覆盖了多种知识探求的宽广范围，所有这些探求都分享着对于一般性道德问题的一种兴趣，而不是对于直接的伦理实践关注的兴趣。伦理学理论所讨论的那些问题范围从形而上学（诸如是否存在客观的道德领域），到认识论（这里最著名的是，如何为道德主张辩护、证明），再到更直接的规范，仍然是进入到诸如善、权利、公正这样一些核心的伦理学概念的一般性探讨。因为20世纪很多时候，西方伦理学已经为对伦理学理论的一种特别理解所支配，但是，当着这个世纪已要画上句号，这种理解模式已经越来越受到挑战。某些女性主义者是在那些叫得最响的挑战者之中。

伦理学理论的观念现在被带回到了这样一个问题：玛格丽特·沃克（Margaret Walker）所贴的理论—司法模式的标签。沃克追溯伦理学的这个概念回到了西季威克那里，注意到他在剑桥作为道德哲学的赖斯布莱德教授（Knightsbridge Professor）的职业（1883—1900），标志着一种决定性的朝着学术专门化、哲学职业化方向的转变，这也是大学里的其他"学科"出现的时候。根据西季威克，伦理学或道德的哲学研究的工作并不确定在特殊的处境中正当地或合理地要做的事情上，而是"寻求对于什么是正当的和什么使得判断有效的系统的、精确的一般性知识"。西季威克把这个规划看做是不像这样的科学：它的任务在于公式化的表述规则而不解释法则，而是作为形式的科学，因为它通过一种对精确性、清晰性和一致性的不偏不倚的要求所指导的方法，来寻求系统的、精确的和一般的知识。这样，西季威克就界定了沃克所称为的"在道德的心脏里的知识的纯粹核心观念"，这个核心把从社会科学而来的经验性贡献排除掉了，也把"我们的"道德观念中的文化位置和历史的贡献排除掉了（Walker 1997：35）。西季威克是这样一种伦理学理论观念之父：

> 一套（一般来说是非常简洁的）一致性、类似于法律的道德原则，或旨在通过演绎或有着适当附带信息的、当下某些确定性的判断产生的决定程序，这种判断对于在一种特定的环境下的当事人来说，是一种关于做什么是正当的或至少在道德上是合理的判断。（Walker 1997：36）

在发源于西季威克的哲学传统中，伦理学的目标在于发现、建构、检验、比较和纯化伦理学理论，个人的道德能力被描绘成一种在他的范围内的一种理论。伦理学在建构可对具体实践问题从理论自身引出结论的理论方面，和裁决理论的适应性（在逻辑和认识论方面）方面，都是法则性的

(Walker 1997：37)。

西季威克对伦理学的界定使得这一点很清楚：他把证明（辩护）看做是伦理学理论的中心，虽然在他的职业生涯的后期改变了这种看法。西季威克的后继者维持了他的认识论的关注点，但还发展了一种有区别的讨论他的问题的方法。G. E. 摩尔在 1903 年出版了他的《伦理学原理》，被誉为是伦理学理论上的语言学转向，把哲学关注的方向从明确的规范问题的考虑掉转开来，重新把它集中于伦理学的语言和逻辑。摩尔和他的后继者们依据对西季威克的回忆来解释他们的分析伦理的语言和逻辑；他们通过一种仔细地、清楚地和无偏私地对道德语言使用的探求，来追求道德概念的系统的和一般性知识。无视不相干的大多数社会事实，包括那些使用他们分析语言的人的社会处境这样的社会事实，他们寻求发现普遍的道德真理，明显地假定，隐含在"我们"道德语言中的概念是超历史的和超文化的。虽然"元伦理学"分析被期望是公正的和不动感情的，许多哲学家希望，他们能够得出实质性的理论结论。摩尔相信，确定"善"的意义将揭示什么是内在善；R. M. 黑尔宣称，他的《道德语言》（1952）的分析挖空了正当的诸多基本原则。

虽然"应用伦理学"这一术语仍然常被用来指涉对实践道德问题的思考，我们已经看到，20 世纪后半叶对于把伦理学理论作为纯粹理性应用到实践问题的产物的伦理学理论的观念持续地腐烂。这种演绎模式甚至在罗尔斯的早期著作中都是很弱的。而罗尔斯被许多人认为是 20 世纪伦理学理论家中**最卓越的**。罗尔斯的反思平衡概念所表明的是，在一般原则与值得考虑的道德判断之间，两者随时都可以通过反思权衡而得到修正，从而达到一种反思的平衡，反思平衡的概念例示了一种道德推理的模式，这种推理模式没有给直觉以特权位置。在罗尔斯最近的著作中，他通过放弃"阿基米得点"的理想而进一步降低了伦理学理论的地位，所取代的是一种特殊共同体的关于正义的"重叠共识"概念。其他哲学家对于西季威克的伦理学理论概念发展了另一种挑战。沃克注意到，

> 在最近几十年中，类似于法则的理论激起了来自亚里士多德主义者、休谟信徒、共同体主义者、当代决疑论者、实用主义者、历史主义者、维特根斯坦主义者以及其他人的批判。所以，很清楚，正是 20 世纪后期的道德哲学的这个分裂，谈论伦理学中的"反理论"现在是很熟悉的了。(Walker 1997：53—54)

某些女性主义者对这个西季威克模式进行挑战的一个方式，就是提出（正如某些关怀理论家所做的那样），伦理学理论完全没有必要指导正当行动。

　　对于日益增长的共同主张——类似法则的伦理学理论概念对于道德辩护（证明）提供了一种误导模式——一些女性主义者增加了一种道德的和政治的维度。玛格丽特·沃克指出，"在关于人的'兴趣'、我们的'直觉'、'理性'行为，或道德当事人的真理的绝对性中，隐藏着的是观点和立场的具体的、部分的和处境性特征"。西季威克所编织的科学客观性的外衣，"意味着随科学成就而起的承诺和威信"，而从这个观点所掩蔽的是，"道德哲学家和道德本身的历史的、文化的和社会地方性，以及作为特殊制度和安排所维持的权威的一种实践"（Walker 1997：56）。

　　道德证明（辩护）理论在现代伦理学理论中占有的支配性地位，求助于这样一些完美事物：理性、普遍性、非个人性、超然性、非情感性、中立性和超越性。它们所激发起的评价行为与活动，来自于一种"道德观点"的假定，它常常以那些比喻的术语来表达，诸如在上帝眼里，理想的观察者的视野，或天使的视野，或阿基米得点，从无有之处或任何之处的观点看。而这些比喻是矛盾的，因为他们的目的在于设置一种可想象的视野，而这种视野恰恰不是一种具体的观点。

　　一些女性主义者指出，哲学家的主张在于表述道德观点，而事实上常常描述的是从绅士俱乐部的椅子上发出的观点。他们观点的特殊性被虚假的普遍要求掩盖了，这种要求隐含在他们对为自己辩护的方法的说明里。伊丽莎白·安德森认为，G. E. 摩尔对"我们的"道德直觉的说明，事实上反映了那些在摩尔的狭小圈子里的精英（绝大多数是男性），即最有社会权力的那些人的信念，他指出，这个偏见的结果不是偶然的，它反映了一种个人主义的直觉主义的地方性倾向（Anderson 1993）。在其他地方我追述了对20世纪的其他突出的哲学家们提出的证明的理论，女性主义者提出的相似挑战（Jaggar, forthcoming）。与这些挑战相联系的一个共同主题是女性主义者主张，人们的感觉、价值观和推理模式，他们对他们自己和其他人的需要和利益的理解，以及他们的道德处境的结构，会随着他们的社会经验和处境而发生不仅是个人性的而且是系统性的变化。就这个理由而言，女性主义的批评指出，道德证明（辩护）的许多现代理论所推荐的那些特征，所推荐的是，道德当事人应该把他们自己放在他者的位置上，从他者的视野来思考，与他们一道把视野反转过来，等等，这些在认识论上是不连贯的。虽然这些经验有足够可用的利他主义价值，但没有理由认为，哲学家们的想象比任何其他人的想象更有洞察力或更为可靠。认为他们的想象能够使他们飞上"道德的观点"（the moral point of view），是一种不坦诚的修辞性构想，靠着这个构想，某些哲学家以一种行政长官的腔调来说他们自己的话。

通过拒绝承认在人们的道德理解上的人的社会同一性结果，无观点的理想把它自己与任何对它自己的社会起源和功能的批判性考察隔离开来。尤其是，它否定了附在这个事实上的任何哲学意义；只有少数人有权威界定道德知识。正如沃克所指出的："有社会的、理智的和道德的权威来从事这个伟大事业，人们肯定已经是在有利的实践这边：在那种人们所在的共同体中分配权力、特权和责任。"（Walker 1997：271）从"这个"道德观点看，"西方英国—欧洲的哲学伦理学作为一种文化传统和产物，直到最近几乎都是某些男人思想的产物，并且几乎没有女人的思想产物"——这个事实只有历史的而没有哲学的兴趣。某些女性主义批评家指出，传统的道德观点概念只是比对一种司法—行政眼界（视域）的表达更多一点东西而已，这种视域人们已经把它描述为男性的特征；传统的道德观点不仅是作为压迫妇女和其他从属性团体成员的合理化实践的工具，而且它们还起着使得对这些实践的批判无效的功能。最后，通过把它们作为工具，哲学家在需要这些标准的地方，已经合理化了界定判断伦理证明的标准的主张。

一些女性主义的哲学家，包括我自己，在重新思考道德证明（辩护）如何能够是更透明些和少些掩蔽的精英和权威。像哈贝马斯，我们的经验话语对于为特殊背景下的特殊主张进行辩护是必不可少的；不过，我们发现哈贝马斯的理论只是有限的有用的，在某种程度上，由于他的"无主宰的"话语理想施加了这样严格的和反事实的条件限制，从而使得它在实际生活中几乎成为不可能之事。相对于大多数哲学理论的理想化特征，我们直接强调的是在经验话语中的参与者的文化差异和等级制的不可避免性。这些新女性主义者对道德辩护的理解比传统的说明是更少理想化的，和更多自然主义的，他们的说明是在一种较低的抽象层次上进行的，这种说明没有自然化经典的奎因意义上的"科学"主张或价值中性化地位。相反，它们仍然是明确地规范性的，把增长性的道德客体和发展中的可得到辩护的实践（不断增加的平等主义、民主和包容）联系起来（Benhabib 1992；Jaggar 1995b；Walker 1997）。

女性主义对主流伦理学理论的挑战追求透明性，通过使得沃克称之为的"产生和环绕道德理解物的权威的性别结构"（Walker 1997：73）而成为可能。不过，这种挑战远没有构成对伦理学理论的大规模的拒绝，甚至没有对现代伦理学理论这样的拒绝。正如沃克注意到的，要求透明性的女性主义者也陷入困境，恰恰是因为他们诉诸熟悉的现代价值观：代表、同意、自我决定和尊重。他们诉诸的那些价值观，"特别是民主、参与和平等，是以现代西方社会思想的道德和政治理想为基础的"（Walker 1997：73）。

当代女性主义哲学家继续在关于什么是道德的一般思考意义上从事伦理学理论研究，并且像其他伦理学理论家一样，我们相当倚重语言分析。不过，我们的分析在几个方面不同于主流的伦理学理论的分析。一个事情是，我们的考察比严格的语言逻辑还要多：我们注意比喻、象征和"非逻辑的"隐含物（Calhoun 1988），包括强调、省略和沉默，我们注意到了这些方面的道德与政治意义。我们常常说，我们是分析的"话语"而不是"语言"，因此建议，我们正在考察的概念架构，它们是多样的、任意的和揭露性的，如同话语的作者所用的那样丰富，它们揭示着丰富的道德实在，而这种实在正是伦理话语旨在涉及的。我们提出如"我们"、"我们的"和"普遍语言"这些术语蕴涵的规范性。我们作为考察对象的是哲学话语；这些不仅包括我们同事的话语（这些话语是伦理学理论中的作为权威的东西和教导的东西），而且有我们自己的话语，我们的话语常常构成了女性主义伦理学中作为权威的东西和被教导的东西。

因此，一种女性主义伦理学版本有几个明显的特征。第一，不仅在实践层面而且在理论层面，它利用了性别范畴和其他社会差别、等级制度的必不可少的范畴。第二，它扩大了伦理学领域而包括了伦理学本身：我们承担着对伦理分析的伦理分析，伦理学理论的伦理学理论。我们把当代伦理学理论看做是处于一个较大社会之中的一种话语，我们要求界定它和如何维持它或它们的权威；我们也把伦理学理论看做是一种职业实践，以及导致我们考察这种实践的这些方面：规范（规则）形式、奖品、有威望的办公室和讲席。第三，我们的工作是或希望是因它的自我反思性而区分开来的：我们试图意识到我们自己的伦理理论的假设和含义物，包括它们的实践后果；我们寻求产生伦理学理论，我们承认这种来自于我们自己的明确处境的视野的理论是部分的和暂时性的。

参考文献

Anderson, Elizabeth: *Value in Ethics and Economic* (Cambridge, MA and London: Harvard University Press, 1993).

Baier, Annette C.: "The Need for More than Justice," *Science, Morality and Feminist Theory*, eds. Marsha Hanen and Kai Nielsen (Calgary, Canada: University of Calgary Press, 1987).

Benhabib, Seyla: *Situating the Self: Gender, Community and Postmodernism in Contemporary Ethics* (New York: Routledge, 1992).

Blum, Lawrence A.: "Kant's and Hegel's Moral Rationalism: A Feminist Perspective," *Canadian Journal of Philosophy*, XII (1982): 2, 287-302.

——: "Care," *Encyclopaedia of Ethics*, ed. Lawrence C. Becker (New York: Garland, 1992).

Calhoun, Cheshire: "Justice, Care, Gender Bias," *Journal of Philosophy*, 85 (1988): 9.

Card, Claudia: "Gender and Moral Luck," in *Identity, Character and Morality*, eds. Dwen Flanagan and Amelie Rorty (Cambridge, MA: MIT Press, 1990).

Clark, Lorenne M. G. and Lynda Lange, eds.: *The Sexism of Social and Political Theory* (Toronto, Buffalo, London: University of Toronto Press, 1979).

Dula, Annette and Sarah Goering: *It Just Ain't Fair: The Ethics of Health Care for African Americans* (Westport and London: Praeger, 1994).

Friedman, Marilyn: *What Are Friends For? Feminist Perspectives on Personal Relationship and Moral Theory* (Ithaca: Cornell University Press, 1993).

Gilligan, Carol: *In a Different Voice: Psychological Theory and Women's Development* (Cambridge, MA: Harvard University Press, 1982).

Held, Virginia: *Feminist Morality: Transforming Culture, Society, and Politics* (Chicago: University of Chicago Press, 1993).

Hoagland, Sarah Lucia: *Lesbian Ethics, Toward New Value* (Palo Alto, CA: Institute of Lesbian Studies).

Jaggar, Alison M.: " Caring as a Feminist Practice of Moral Reason," in Virginia Held, ed., *Justice and Care: Essential Readings in Feminist Ethics* (Boulder: Westview, 1995a).

——et al.: *Morality and Social Justice: Point Counterpoint* (Lanham, MD and London, UK: Rowman and Littlefield, 1995b).

——: "Feminism and Moral Justification," in *Feminism in Philosophy*, eds. Miranda Fricker and Jennifer Hornsby (Cambridge University Press Companion Series, forthcoming).

Kabeer, Naia: *Reversed Realities: Gender Hierarchies in Development Thought* (New York: Verso, 1995).

Kohlberg, Lawrence: *The Philosophy of Moral Development: Moral Stages and the Idea of Justice* (San Francisco: Harper and Row, 1981).

Mies, Maria and Vandana Shiva: *Ecofeminism* (London: Zed Press, 1993).

Moser Carolyn: *Gender, Planning and Development* (London: Routledge, 1993).

Noddings, Nel: *Caring: A Feminine Approach to Ethics and Moral Education* (Berkeley: University of California Press, 1984).

——: "Feminist Fear in Ethics," *Journal of Social Philosophy*, 21 (1990): 2-3.

Nussbaum, Martha: "Human Capabilities, Female Human Beings," in *Women, Culture and Development*, eds. Martha Nussbaum and Jonathan Glover (Oxford: Clarendon Press, 1995).

Okin, Suan Moller: *Women in Western Political Thought* (Princeton: Princeton University Press, 1979).

——: *Justice, Gender and the Family* (New York: Basic Books, 1989).

Peters, Julie and Andrea Wolper, eds. : *Women's Rights Human Rights: International Feminist Perspectives* (New York: Routledge, 1995).

Plumwood, Val: *Feminism and the Mastery of Nature* (London: Routledge, 1993).

Ruddick, Sara: *Maternal Thinking: Towards a Politics of Peace* (New York: Beacon Press, 1989).

Scott, Catherine V. : *Gender and Development: Rethinking Modernization and Dependency Theory* (Boulder: Lynne Rienner, 1996).

Sen, Gita and Caren Grown: *Development, Crises and Alternative Visions: Third World Women's Perspectives* (New York: Monthly Review Press, 1987).

Sherwin, Suan: "A Feminist Approach to Ethics," *Resources for Feminist Research*, 16 (1987): 3.

——: No *Longer Patient: Feminist Ethics and Health Care* (Philadelphia: Temple University Press, 1992).

Tronto, Joan C. :*Moral Boundaries: A Political Argument for an Ethic of Care* (New York: Routledge, 1993).

Walker, Margaret: *Moral Understandings: A Feminist Study in Ethics* (New York: Routledge, 1997).

Warren, K. J. : "The Power and Promise of Ecological Feminism," *Environmental*

Ethics, 12 (1990): 2.

Wendell, Suan: *The Rejected Body: Feminist Philosophical Reflections on Disability* (New York: Routledge, 1996).

Whitbeck, Caroline: "A Different Reality: Feminist Ontology," in *Beyond Domination*, ed., Carol Gould (Totowa, NJ: Rowman and Allanheld, 1984).

Young, Iris Marion: *Justice and the Politics of Difference* (Princeton: Princeton University Press, 1990).

第19章 大陆伦理学

威廉斯·R·施罗德

一、导　言

本文将通过研究大陆传统中几位富有创新精神的伦理思想家，来探讨大陆伦理学的一些关键特征，这些思想家是：黑格尔、尼采、舍勒、萨特和列维纳斯。在简单讨论大陆伦理学与分析伦理学进路的关系之后，我将概略介绍这些哲学家中每一位的主要创新思想。之后，我将检讨他们之间的主要分歧，并以他们各自对主流伦理学理论的挑战作结。如此探讨的进路，是旨在对大陆思想家在伦理立场上的创新与多样性提供一种理解。

大陆伦理学的三个特征能为进入这种讨论框架奠定基准。第一个特征是，大陆伦理学已经激发了可产生分析哲学传统的现有伦理学理论中的真正革命性的因素。第二个特征是，大陆思想家共有的怀疑精神几乎是分析伦理学理论中完全缺乏的；至少一直到最近，分析伦理学理论中都缺少这种怀疑精神。也就是说，大陆思想家们认为，道德自身就有深值怀疑的东西——甚至是不道德的东西。第三个特征是，大陆伦理学家的共同的规划奠定了他们完全不同于分析伦理理论中的典型态度。这种规划就是要寻求那些在个人那里真正能够促使人繁荣，或者说［使人具有］伦理光辉的条件。相对而言，大陆伦理学极少强调义务（duty）和责任（obligation），而是更多关注那些使人的严肃道德实现成为可能的人之转变所需的条件，文化、心理、人际和情感条件。

第一个特征与大陆思想家以及最近分析伦理学家们诸多的共同兴趣相关。在最近30年期间，分析伦理学已发生了一次两极革命。其中的一极就是寻求某种可替代康德义务论和功利主义后果论的长期主宰的理论。在此探索过程中，长期主导伦理思考的各种不同类型的主要假设正在受到挑战。或许德性伦理学的复兴就是正出现的最引人注目的伦理理论，它以形成品格气质、澄清德性的主要构成内涵以及明确培养德性的方法的德性实践为中心（可见斯洛特、麦金太尔、福特和华莱士的观点）。尼采（以其当代形式）开始了这种规划，而尼克莱·哈特曼（Nicolai Hartmann）为此作出了至关重要的贡献，如果几乎不为人知的话，我仍然这样认为。另一个重要的发展是重新对道德实在论的兴趣，并使之成为促使伦理抱负和伦理判断恢复某种客观性的方法（可见默多克［Murdoch］、麦克道尔和博伊德［Boyd］的观点）。马克斯·舍勒提出一种令人费解的价值实在论，这或许为攀登这种伦理峰峦助了一臂之力。与此相关，也有思想家努力通过澄清以往时代中占主要地位的善来恢复伦理学历史，借此促使我们这个时代继续更加深入地对它产生共鸣的积极回应（可见泰勒观点）。哲学全部领域的这种进路——不仅仅是伦理学——是由为此作出卓越贡献的黑格尔所开创的。女性主义者正在向以义务论为基础和以理性主义为导向的一些伦理学理论发出挑战。她们提出，那些理论忽视了伦理行动的主要根基，即敏感性与后天培养，而且忽视了对生存条件更具体的把握，这种具体把握无须抽象概念或原则，即可洞察伦理的复杂性（见努斯鲍姆、诺丁斯的观点）。舍勒和尼采也对此伦理思路作出了贡献。另一个伦理进路是质疑：怀疑是否所有正面价值观都具有可比性和可通约性，而且怀疑是否能将它们整合进入一个连贯性系统（见内格尔和斯托克的观点）。

分析伦理学中各种新的尝试性思路，又被另一同样重要的思路所补充——应用伦理学的蓬勃发展。应用伦理学试图提升普遍接受的道德直觉，以使这些道德直觉更具有连贯性，而且还要利用具体机构在社会中建立的目标，为机构中的人员能制订规范性的行动指南提供一个合理基础。应用伦理学无疑肯定制度的基本功能，并且通过调整这些功能的秩序来解决内在冲突和处理有难度的案例。这样的社会制度就构成了黑格尔所谓的社会伦理实体——为获取共同珍视的结果确立传统和程序。每一个制度（如医学、法律、商业、工程和学术）都是在一个有限的框架内真正解决主要的争端。黑格尔的《法哲学》（1821）或许可以被看做是应用伦理学的首作——首次专门讨论家庭领域，然后讨论公民社会领域，最后讨论国家领域。他没有过于为这些范围内的价值进行论证，而是做到了使其前后连贯。他寻求那些制度中的合理性成分，并努力使那些合理性成分得以最有效地实现。我的看法是,分析伦理学中这两个极端的发展方向,或许都是得益于对大陆伦理学贡献的一定理解。下面的简单介绍将提供一些证据支持这个观点。而到现在为止,我仅仅是说明了它们的共同指向。

大陆伦理学的第二个特征与当前大多分析伦理学颇为迥异。即,大陆伦理学的伦理动机性的怀疑、对于诸多共同接受的道德价值观的价值的怀疑。大陆伦理学者发现传统道德不完善,甚至认为可从伦理意义上被驳倒。他们也认为,多数传统伦理学理论是被误导的、是枯竭的。而且,他们对为日常道德和伦理理论提供诸多信息的心理学和生理学也表示怀疑,并且要努力探求替代性方法。尼采对基督教道德及其启示追随者的猛烈抨击,就是此类思想中最有力的例子。其他的例子包括:黑格尔对康德伦理学空泛性的批判,舍勒对哲学伦理学中普遍错误(及其摧毁性的伦理结果)的攻击,萨特对善(the Good)① 的世界(及其对恶②的相应需要)的保留性批评,还有列维纳斯对政治学追求利益之特征的怀疑。分析伦理思想家们愿意相信,伦理学之家园基本上是像只船,它只需外表喷漆和一次彻底的卫生清洁,而大陆思想家却认为,传统的伦理学之家园已经成为一座监狱,因而必须就此重建新的居所。

第三个特征源自于第二个特征。这个特征就是大陆思想家们采取完全不同的路向(orientation)。他们的主要目标是为各类不同个体的伦理繁荣奠定条件,而不是确立他们绝对不许跨越的行为界限。既然他们对传统理论框架和指南毫无信心,他们就要努力探索有助于积极伦理要发展的新路径了。或许尼采又一次是最好的例证,他花费了比他对现代价值的谱系学批判更多的时间,来探索成为一个"更伟大"之人所需的心理、生理和文化条件。但是,这种情况在黑格尔亦是如此,他努力思索最能支持实现个体和谐与个体承认的社会制度。舍勒深刻探讨了价值的各个层面、情感功能以及伦理回应中的基本道德旨趣,以强化人的最大伦理能力。萨特则探究了他所称之为的"转化"经验,他认为这种经验是人之本真性(authenticity)的前提条件。列维纳斯则相信,对待他者的特定取向是伦理生活的必要前提。对大陆思想家来说,伦理学理论的一个功能就是,伦理学要阐明更有可能促使伦理实践的人之存在的转化。

---

① 这里指对上帝作为本体善或终极善的批判。
② Evil,与 the Good 对应,指本体意义上存在的善就需要在本体意义上有恶,否则无法解释世上的恶的来源。

二、一些重要人物

(一) 黑格尔 (1770—1831)

黑格尔反对形式论（缺乏实质性准则），反对康德伦理学的抽象性。他不承认人可以利用一个单一公式（如：绝对道德命令）来检验伦理准则，他不承认仅凭义务就能激发行动，他也不承认个体可以在完全孤立于理性的社会环境和制度准则的状态中过道德生活。黑格尔表明，绝对道德命令（要求准则没有任何冲突的可普遍化）空洞无物——几乎对任何行为都有约束力，这要取决于行为"准则"如何被阐释，以及在实际处境中哪些特征是相关的（Hegel 1977 [1807]：256-262）。他主张，采用道德观点可能在伦理上是相反的，因为它迫使人们把他自己从所有具体的社会联系中抽象出来（如一个与他的家庭和职业的联系），而正是这种具体的社会联系给予了伦理学以意义和结构（Hegel 1977 [1807]：365-383）。黑格尔深深地怀疑仅仅以纯粹理性为基础产生先验性的道德律令的整个规划。相反，黑格尔坚持认为，个体的兴盛要受到社会制度的推动，个人自我实现的方向与它们身边的那些社会制度的目标相关，这些社会制度的结构为伦理学提供基本的规范性内容。

在其最早的作品中，黑格尔批评了现代社会生活中典型的［人之］分裂与冲突的经验。不同的个体经历理性与情感之间的激烈冲突（一种仅被康德对道德动机那种不妥协的倔强劲儿所恶化的分裂）；这些个体也经常经历到自己与其他个体的对立、与更大范围政治秩序的对立。黑格尔的一个主要目的，就是要建立一种或许可以克服这些分裂的理论。要实现真正自由，就要求克服这个分裂和异化的状况。因此，黑格尔将自由作为人之生活的决定性目标。如此和谐的自由是以人性化方式获得的一种实现（与一种容易失去的、天真的一体性相对立）。而要使这种和谐成为可能，就需要正当的制度作保障。理性是一个重要手段，依靠理性就可以产生这些调整了的总体。黑格尔意识到，对自由的这种理解不同于现代世界中寻求的消极自由——排除自己想要行动的障碍，这种消极自由主宰着现代的经济生活。黑格尔并没有完全排斥这种典型的现代欲望。但是，他确定，需要合理的社会制度来满足他人的欲望。他也坚持认为，社会制度不仅限制人的选择，而且也促进人的选择。黑格尔式的个体没有将自我看做与理想社会制度孤立的人，或者看做是被理想社会制度限制其自由的人，而是将自我看做是理想社会制度中实现自我表达和获得自我实现的人（Hegel 1967［1821］：105-110）。

相互承认是黑格尔的自由在人际生活中得以实现的方法。其中包括，要相互承认自己遇到的他者如同自己一样是一个具有充分自我意识的人。实现这种相互承认的过程，也丰富了每个个体的自我意识。社会承认之先的自我意识仅仅开始形成；而在承认过程之后，在此过程中作为有生命的和有自我意识的参与者的每一个个体的身份才得到了承认。在获得社会承认的过程中，相对于自我而言的人就变得更加真实——更具有充分的自我意识（Hegel 1977［1807］：111-113）。相互承认要超越一个相遇的阶段，在这个阶段中，个体疯狂地努力要证明其优越性。这些斗争的结果至少使得其中一方不被另一方认可，并被另一方所主宰。尽管这样的主宰情形在一开始看来能实现自我意识的欲望，但事实上并非果真如此（奴隶对主人的承认就遭到他是奴隶这一事实所破坏，而奴隶的劳动就导致主人的才能无法得到发展）（Hegel 1977［1807］：115-119）。当两人都获得相互承认时，他们经历一种更深层的和谐，他们不再将彼此看做陌生者。两人一起同时产生这种和谐，两人同时被这种和谐所丰富。这种和谐就产生一个真正的共同体。人要在所扮演的一个社会角色中得到承认，就要实现其社会真实性。

黑格尔提出，有这样三个方面，人们自己能体验到实现或者说表达（或者换句话说，是外在的或异化的）了他们自己，这三个方面是：在与事物的关系中、与他们自己意愿行为的关系中、与一般群体生活的关系中。通过恰当的财产关系，人可以产生与物质性东西的关系感。当一个物质的东西成为一个人的财产时，那东西就成了属于某人自己的财物。因此，对黑格尔来说，财产是获得个人自由的关键（Hegel 1967［1821］：40-44）。但是，财产关系却不能在孤立中建立起来，要维持财产关系，就要有复杂的法律解释并建立司法执行机制。即使最低层次的自由实现，也需要先行前提条件，即假定整个制度性系统的存在。财产至关重要，因此黑格尔指出，理性的国家要给每一个人提供一定适量的财产，以保证适当程度的自我实现（Hegel 1967［1821］：45，57-64）。

第二方面就是个体自我的实际活动。在此，一个行为只有出于属我的自由的决定，才能成为属我的行为。黑格尔接受康德的主张，他同样认为，如果一个人是服从他人命令，或不加思考就顺从传统，那种行为就不是真正属我的行为。但黑格尔却没有继续赞同康德，他没有像康德那样宣称说自由要求仅出自义务而采取行动。任何一个实际行为都表达一个人发挥自己才能的愉悦，如果说只有在彻底摧毁行为的情况下才能使行为成为不自由的，那么，也就决不可能完全消除人在行动之中的这种愉悦。不仅如此，仅有理性不会提供任何实质性的善或义务。善或义务要从一个人生活于其中的具体群体中获得——作为一个家庭成员、职业从业人员和国家成员，义务、善和准则都产生于这些具体的关系之中（Hegel 1967 [1821]：105-110）。义务、善和准则是伦理学的实质，但是，只有当它们展示出一种连贯一致的秩序时，它们才能成为一个理性存在者的自我表达方式。

因此，无论是第一方面还是第二方面，各自都不能单独成立；要在这两个方面真正获得自由，就要求有具体的社会和制度关系。在黑格尔的理论中，国家和其他社会制度起着至关重要的作用，因为正是这些制度才使个体自由成为可能。如果制度被非理性地组织起来，或者制度本身缺乏一致性，那么，这些制度就会影响自由的实现。如果要有任何自由——任何意义上的社会和谐，就必须有理性制度。这就是在个体自我实现之中社会制度（包括国家在内）发挥积极作用的根源。通过将生命力注入他们的社会角色之中，个体就使社会秩序得以自我表达；通过为保持这些角色与自我实现之间的统一提供保障并有助于自我的实现，社会制度就促进了个体的认同（Hegel 1977 [1807]：266-278）。

然而，并非任何社会秩序和政治秩序都是合理的。一个合理的社会秩序必须符合多种标准（Hegel 1967 [1821]：155-160，174-176）：该制度必须保证财产关系、保证每个人都至少拥有一定数量的财产。这个制度也必须有助于人际间的认同、有助于培养道德反思和道德努力的能力。这个制度必须提供掌握一种职业技能（允许个体创造他们自我形象）和作为公民而参与其中的制度性手段。这个制度必须调节个体追求他们自己欲望的经济生活领域，该制度也必须尊重个体的完整性（integrity）。这个制度必须协调职业之间的冲突，并且调节财产和权利之间的争议。这个制度也绝不能允许市民陷入孤立个体的幻想之中，要防止市民将他们的责任推诿给国家和其他社会制度。因此，在黑格尔这里，国家（以及一切社会调节制度，包括家庭和协会）都要发挥积极与重要的作用，以使个体自由的实现成为可能。而且，现存国家在很多方面都无法达到这些评价标准。对黑格尔而言，制度和政治机构是伦理生活的关键，因为它们要为实现表达性

(expressive) 和总体性 (integrated) 的生活提供合宜的环境。

(二) 尼采 (1844—1900)

尼采很可能是传统道德理想和道德哲学最彻底的批判者——他的批判如此彻底，足可以将自己称做一个"非道德家"。幸运的是，他不仅摧毁，而且也为伦理学创造一个替代性的方向和不同的基础。尼采的主要批判对象是基督教及其现代衍生思想。在基督教的这些衍生思想中，包括诸多关于启示的假设和理想（自由、平等和兄弟之情）。尼采觉得，宗教作为一种严肃的智力选择必将失败，并且他正确地预见了随之而来的虚无主义。他尤其努力地去避免这种反应的最坏结果（Nietzsche 1974 [1882]，§125）。要克服虚无主义，人性就必须超越宗教的虚幻而开始一条新的生命之路。尼采的全部思考就是要促成这条新的生命之路的转折过渡。他提供了一些替代性理想，以引导如此的过渡过程，他也为实现真正的进步而提供了更深入生命之中的人的心理学。他也描述了一些促进这种过渡的文化转变。

尼采既批判了道德观点，又攻击传统道德价值观，他尤其批判基督教价值观。在尼采那里，"道德"意味着责任和义务（"你应"）系统，这些责任和义务把它们自己展现为得到普遍辩护的命令。总而言之，尼采对道德提出两点挑战：第一，对道德方向的挑战；第二，展示道德的不道德根源。这些批判性意见综合起来，就为促成一个必需的新的替代者奠定了基础。

尼采提供了几个论点来表明道德的普遍误导性。首先，他澄清了道德对那些尽量恪守道德者所产生的基本影响。他认为，道德凭借内疚而极其典型地使人们与自己对立，压抑他们的激情、自尊和创造性；道德经常使人们在外在原则或力量面前表现得非常懦弱。道德使人们变得懦弱、充满恐惧、自惭形秽、谦卑和具有依赖性（Nietzsche 1982 [1881]，§18；1968 [1887]，Ⅲ§11）。道德在一定程度上就是如此，不仅因为道德利用恐惧作为其核心动力，而且因为道德在一定程度上消灭和根除了有机体和生命自身的根基：性、自我表达、权力的发挥（Nietzsche 1954 [1888]：486-492）。尼采努力创造一种不同的氛围：对生命的一种无辜感、新生感和通向生命的经验性的轻松之路，以及继续超越当前成就的刺激（Nietzsche 1954 [1883-1885]，Ⅰ§1，Ⅰ§22）。尽管需要付出艰辛的努力才能达到这个程度，但这却表达了尼采主张的"超越善恶"而生活的目标。

尼采认为，绝大多数道德准则都是压制人的，都是清教徒式的道德；这些道德准则对人提出不可能实现的要求，因此无法实现这些道德要求的失败，就会促成憎恨生命和痛恨自我的人（Nietzsche 1954 [1883-1885]，Ⅰ§3）。即使一个人成功地做了道德人，那么他也很少是一个充满生命激情与开心快乐之人。相反，他总是挣扎于被压抑的激情爆发与憎恨之中。同样相反，尼采的方法是要培养生命和人性的基本本能，是要提高人自我转化的能力，是要使得对生命的充分肯定成为可能（尽管生活中有困难，突发事故和"非道德"）。他尽量教育人们要为自己创造目标，他教育人们要快乐、优雅和自信地生活，要在他们实际的成就之中寻求快乐（Nietzsche 1954 [1883-1885]，Ⅳ§13）。他解释说，在他的这些要求当中，没有一点与道德的观点或做道德人的主张有密切关联。

除此之外，[传统]道德典型地要求自动地、习惯性地作出回应——为了传统（或者为了义务之故）而遵循传统（或义务）（Nietzsche 1982 [1881]，§19）。尼采认为，这样就使人不可能对复杂的实际处境作出认真而灵活的回应。尼采对这种效果的解释是，这种道德使人变成了群体动物，因此，道德就限制了人们能对复杂处境作出巧妙变通的回应。而且，多数道德都是强调对他人的义务（而不是自我完善），强调对他人的判断（或判断自己）而不是实现自我转化。最后，道德经常毛遂自荐地充当了评价人的独一霸权式标准，因此贬低了其他诸多对道德自身进行评价的标准：物理的、智力的、情感的、生命力的、艺术的、人际间的和政治的标准等。道德卓越仅仅是人之成就的一个方面，但道德自己却假装是唯一重要的——或者甚至是最重要的——检验后果的尺度。尼采干脆拒斥这一切，因为他觉得对人的严肃评价应包括所有这些向度。尼采本人增加了如下的检验向度：健康和活力、维护生命的能力、力气和刚毅（hardness），以及一个人能接受真理的多少（Nietzsche 1968 [1886]，§227）。由此而来道德顶多是一个最小标准，尼采期待人获得更多，而且他倡导人要在多个向度实现自我完善。

尼采对道德的第二系列的抨击，是这样一系列的观点：他表明道德根植于或依赖于不道德的根源，或者至少完全非道德的基点。该些论点的第一点就是，要做道德人的决定本身不是一个道德的决定，不能依据无穷循环的道德理由来进行辩护（Nietzsche 1982 [1881]，§97）。再说，道德行为背后的众多动机本身就不值得非常钦佩，例如：恐惧、失望、自私、习惯和虚幻。类似的，人必须将道德作为文化—社会制度来对之进行评

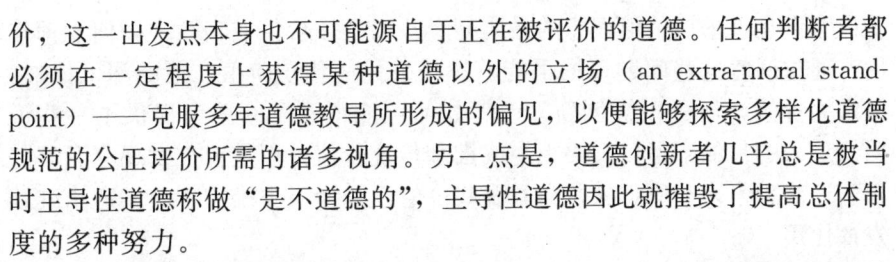

价，这一出发点本身也不可能源自于正在被评价的道德。任何判断者都必须在一定程度上获得某种道德以外的立场（an extra-moral standpoint）——克服多年道德教导所形成的偏见，以便能够探索多样化道德规范的公正评价所需的诸多视角。另一点是，道德创新者几乎总是被当时主导性道德称做"是不道德的"，主导性道德因此就摧毁了提高总体制度的多种努力。

在对基督教道德的检讨之中，尼采提出一个完全不同的挑战，也就是将迄今为止很多历史性道德称做"奴隶的道德"。奴隶的道德是靠压制和重新评价"主人"道德而获得发展的（Nietzsche 1968 [1886]，§268）。尼采指出："主人道德"就是获得繁荣的人将价值赋予那些令他们繁荣成为可能的品质。一切产生喜悦、欢乐、权力——一切维护着这种生命的——东西都要与"善"一起被称颂。因为"坏"的道德几乎是事后之物——仅仅说明是缺乏好的品质；坏人倒是没有不幸之人受到的谴责那样强烈。然而，那些更贫穷、更不具有优势以及智力低下之人，就要憎恨和怀恨那些繁荣之人的成功。他们在无边的仇恨中挣扎，为了使自己寻求报复，他们就创造了"恶"的范畴。他们用更具有德性命令的"善/恶"（good/evil）对立来替代"好/坏"（good/bad）对立，如此他们就颠倒了所谓的善（Nietzsche 1968 [1887]，Ⅰ§5-10）。温柔、自谦（self-effacement）和贫穷（poverty）怎能成为德性呢？因此，在奴隶的道德中，"恶"就变成为主人道德所称之为的善——任何使人繁荣成为可能的东西。"善"就变成了之前仅仅为称做"恶"的东西——表明不幸、虚弱、无能、自我放弃和放弃生命的特点。所以，尼采谴责道德颠倒了真正有价值的东西，并将人性引入歧途。道德已经将真正的善转变成了恶，道德已经将平庸转变成了美德。因此，道德就禁止和摧毁了人类最美好和最有希望的品德。

尼采宣称要重估一切价值，要重新检验从过去沿袭而来的具体价值，要对它们进行评估以确定其总体前景。尼采检讨了据具体不同类型之人的理想而生活所产生的实际效果。他不仅深入研究了重要的现代价值，如：平等、幸福、民主、真理以及诸多基督教价值，如：爱、热情（compassion）和谦卑（humility），而且他也深入研究了若干类型的价值（如：认知的、审美的、道德的、宗教的）。他采取的研究方法是从诸多不同角度来探究一个价值（Nietzsche 1954 [1888]，序言）：将该价值具体化要产生的典型结果是什么？追求如此价值的典型动机何在？有何种价值能替代该价值？谁是追求该价值理想的最典型者？以及该价值在实践中如何发挥作用？通过回答这些问题，尼采能够挑战大量的传统价值。他的深入探讨，经常为价值如何可以被创新，或者如何可能得到重新思考提供了一些说明。尼采的目的不是仅仅要拒绝或推翻传统价值，而是旨在发现究竟哪些价值还能为未来有所贡献，究竟哪些价值还能为人类维护生命之进步继续发挥作用。

例如，尼采对爱和怜悯（同情）这样的基督教理想表示怀疑。他认为，某种类型的爱表现为对所爱之人更高品质的嫉妒和（或）憎恨，以及使这些品质巧妙表现得恰到好处。尼采认为，这两种表达方式都是激发爱的卑劣动机。他相信，如此令人之优秀性表现得恰到好处的象征性努力，是一种替代真正自我完善的贫乏形式。因此，爱能表达某种黑暗和可疑的东西，其效果可能是禁止了真正的爱的自我发展。如果一个人轻易相信自己对爱人那种理想化的设想，那么，爱也可能引致不诚实和不现实的要求。不仅如此，爱也可能导致不敏感，因为情感的力量可能妨碍人要深入洞察所爱之人更深层的心理动力，或者是因为爱人可能不愿意看得很深。尼采概述了友谊作为一种更强硬的理想，以及作为替代个人爱情的方法（Nietzsche 1954［1881-1885］，Ⅰ§14）。他认为，朋友可以给我们鼓舞，但朋友的鼓舞不能将我们真正的自我发展作为代价。而且，当一个人真正的自我发展面临危机时，真正的朋友就要敢于对自我满足和自我欺骗进行挑战。当爱人沉默之时，那位朋友就是真诚的；当爱人在庆贺以往的荣耀时，朋友就要激励伙伴去获取新的成就。

尼采建构性的伦理包括若干构成要素：（1）一种一般性立场；（2）若干支持性策略使该立场成为可能；（3）一些新价值使该立场具体化。

尼采辩护的一般立场是提高人的能力——将人发展的各种可能性提高到新的高度，以至于相比较之下，人在当前的人性似乎显得粗鲁、野蛮。这种"新"人性要依靠那种超越当前的激情而得以发展；事实上，尼采的整个构思就是要管理和组织人的真正权利，而不是要试图定义一个新的"理想"人性（Nietzsche 1954［1883-1885］，Ⅰ§5）。因此，对不同类型的人与个体的最难的任务就是，发现最适合他们发展的条件。这或许要求人要在一段时间内将自己限制于一种单一能力的发展，直到这种能力成为第二种能力的本质，然后再逐渐引入其他目标。如此的个人发展既要求约束，又要求自我了解；这种个人发展要求要对自我将来的可能性产生极大的爱，要求充分发挥这些将来的可能性。有时候，人必须创造出使完全不同或冲突的激情能得以加强的方法，而不是令这些激情相互消磨而逐渐削弱。这种个人发展经常要求为自己的各种能力提供一种模式和风格，这就是尼采所理解的给自己立法（Nietzsche 1974 [1882]，§290）。然而，这不同于寻找一个基本原则，而是更像寻找能综合人的很多能力与渴望的一个总体目标。通过确定形式、发展和改善的过程，人就成为一个独特之人，而不是匿名和无外在形象之人。

有三个策略支持这个一般性立场：自然主义的出发点、本能性地喜欢健康胜过衰残、对创造性的呼唤。尼采的立场是自然主义的，因为，与其说他是在定义和提倡一种超越性的理想，倒不如说他是在发展和提高人性已经拥有的能力与激情。他称这"对于地球而言仍是真的"（Nietzsche 1954 [1883-1885]，Ⅰ§22）。尼采认为，能够认识到生命本真的能力以及为生命的真正可能性欢呼的能力，为道德评价提供了评估性标准。宗教错误（以及大部分古典哲学）一直在创造着压制此在世界人性发展的各种非真实幻象世界。由于传统道德的过错，这种哲学和宗教的过错就愈发地复杂，传统道德背叛生命，也违背人类繁荣的条件。尼采自然主义的努力，就是要颠倒这些灾难性后果，并要建立对伦理的自我发展更有希望的方法。

第二种策略是胜过衰残而对健康的本能偏好。健康是一切人之才能得以繁荣的基本条件（Nietzsche 1974 [1882]，§382）。尼采检验了这种条件在个体和文化中的生理、情感以及心理维度。第三种策略就是要支持创造性。人们要用他们的生命来进行实验，使未来之人或许能够从中学习。他们应当创造性地组织本能、动机和能力，并且还要检验如此组织的具体模式。对尼采而言，创造的过程本身就有其价值。此外，发展到最高层次的人就承担更多的责任，他们有责任创造引导未来人的发展的新价值，有责任界定"人的发展"的真正含义的价值（Nietzsche 1968 [1886]，§211）。

尼采也盛赞开始形成一个新人可能性的多种具体德性，想想如下一系列德性：崇高品质（magnanimity）、善的本质（good-naturedness）、施舍的德性（gift-giving virtue）、正义（justice）；接下来是要对自己诚实（honesty with oneself）、有勇气（courage）、有洞察力（insight）、喜乐（joy）、骄傲（pride）、感恩（gratitude）、崇敬（reverence）、冷静（composure）、智慧（wisdom）；最后还有，刚毅（hardness）、愿意为重要的事情争战、与他人保持距离及喜爱将来的巨大可能性。第一组德性，表达了一种与全然脱离所有负面品质和不良情感的他人相处的方式。拥有这些德性,就会令人在不必为他人放弃自我生命的情况下而为他人奉献。第二组德性揭示了尼采关于自我的"纯洁"(cleanliness)的主张,是对负面激情的回避。这种主张能激发人自我完善的最佳努力,同时又能避免使人灰心失望(gloominess)和自我膨胀(self-inflation)。最后一组德性肯定了在自我完善之中冲突的重要性,也高度赞扬了对未来的执著努力。这些具体价值就使尼采的核心伦理立场具体化了。

(三)马克斯·舍勒(1874—1928)

舍勒的伦理学植根于他对情感的现象学研究,也植根于他对尼采批判基督教的回应和对以前伦理学理论的回应。他努力澄清诸如爱与恨、同情与憎恶、痛苦与耻辱等伦理情感的意义。他认为,这些情感是人把握价值的途径,就如同感觉是人们把握物体的途径、思想是我们把握概念和逻辑真理的途径一样。情感有自身的独特秩序、独特关系和对象;情感的逻辑不能被还原为理解的逻辑或者思想的逻辑(Scheler 1973b:117-118)。情感的目标是一特定类型的对象,即价值;爱和偏好表达了对价值的喜好。价值激发一切奋斗或欲望。除此之外,舍勒也认为,价值可以按照等级排序:感觉的、生命的、文化的和精神的(Scheler 1973a[1913-1916]:104-110)。人性要参与所有这四个等次的维度,而且不同的人在每一个层次的价值内要经验到不同程度的紧迫性。最强有力地吸引人的独特性的次一级价值,定义了他或她基本的道德倾向(Scheler 1973b:99-111)。舍勒的伦理学核心是人,而且,他认为,一个人实现其基本道德倾向是隶属于最高善的。

如果详细研究价值与人之情感的关系,就能指出古典伦理学理论中的缺陷。幸福论是这样一种观点:幸福既代表自然动机,又代表最高程度的人之繁荣。对舍勒而言,有四种不同性质的幸福(相应的是,价值的四种维度),然而,幸福既不定义价值,也不成为激发行动的典型动机(Scheler 1973a[1913-1916]:328-344)。很多幸福论理论将幸福等同于快乐——最低级的幸福——因为这是能直接追求的唯一一种形式的幸福。其他幸福是通过实现某些价值而间接地表现的。追求感官快乐典型地补偿深层的不幸福(Scheler 1973a[1913-1916]:345-348)。此外,如此的快乐也并不总有价值;令人沉溺的快乐就如同以他人的痛苦为代价的快乐一样,其表现的是负价值。舍勒肯定说,极度的快乐,即最高幸福,是把握各种情况中最佳价值可能性的前提条件。但是他坚持说,这种最高幸福不可能成为一种意图的直接目标。行动的目标是价值本身，一个人越是更好地实现其基本道德倾向，他就越能更充分地利用处境中具有更高价值的可能性。

舍勒也不承认后果论，他不承认善的伦理学和义务伦理学。就如同善一样，后果仅仅因为包含价值，它才是善的。价值为怎样的存在物和未来事件是善的提供解释。善要经常发展，但是这样的发展不能确定价值，而是反过来，价值确定哪些发展才是善的。就如同后果一样，善和目的是价值的载体，而不是价值的定义项（Scheler 1973a [1913-1916]: 12-23）。一般说来，舍勒认为，一个行为者的道德素质不能依赖于其成功实现后果，因为如此成功不完全在行为者自己的掌控之中。舍勒赞同康德的观点，他也认为道德倾向定义人的道德价值，但是他与康德的分歧则在于，他认为道德倾向是相当多样化的，因此道德倾向不能被还原为一个履行义务的纯粹欲望。真正的义务在逻辑上也取决于价值，而且典型的义务是消极性的——要求不要追逐恶，而不是要去获得善（Scheler 1973a [1913-1916]: 232-238）。康德的理论表明，道德立场是非个人性的；舍勒不同意此观点，他坚持认为，实现一个人独特的个人道德倾向就决定了道德成就。最后，舍勒认为，只有当一个人对价值毫无知觉的情况下，才有必要依赖于道德命令。如果人有充分的价值洞见，就不需要义务的威慑来激发其行动，而且在价值洞见可能充分之时，却仍在利用义务来激发行为，那就是对人的冒犯。

价值与善截然不同，价值具体体现在善之中；价值被有差异地表达出来。一个价值（正义）可能被清楚地表达出来，而体现这一价值的事态（一个正义的社会）却不能清楚地看出。一类好的东西可以被清楚地看出（一个艺术作品），而表达这种好的价值或许就不能清楚地解释。当价值的载体被摧毁之后，价值却没有被摧毁。因此，价值是善的组成部分，但是价值却不能还原为善（Scheler 1973a [1913-1916]: 12-23）。给出正面的价值是为了要实现这些价值，但是这种"牵动"却不总能足以激发行为。人是善的，这是相对于人在某些处境之中回应和实现最高善的可能性程度而言（Scheler 1973a [1913-1916]: 38-44）。价值等级不仅正持续被新人的道德倾向所澄清，而且也持续因多样文化和不同时代的道德倾向而变得越来越清楚。所有意愿和偏好的目的都在于实现价值，而不是实现与之相关的快乐。

舍勒认为，他对价值多维度（感知的、生命的、文化的、精神的）的排序是直觉而自明的。但是，他提出了支持这种排序的本质特性。高级价值更具有可持久性，并且几乎没有可分割性，以及提供更深层的可实现性，因而是低级价值的基础；而且，由于破坏这些高级价值就会导致更严重的罪过，因此高级价值就更具有绝对性（Scheler 1973a［1913－1916］：90-100）。与此四层等级价值相对应的每一个层面，都有一个模范人（a model person）（品质优越的人、英雄、天才、圣人）和社会组织形式（群体、生活群体、文化群体和精神群体）（Scheler 1973a［1913－1916］：109，585）。一个人所逐渐适应的价值等级范围就是其基本的道德倾向。这种倾向要组织他的道德生活并决定道德目标。要脱离人的道德倾向对其进行评价是有困难的，因为，这种道德倾向决定他的领悟（一个人看到什么客体，所看到的那些客体中那些向度凸显出来）及思想（Scheler 1973a［1913-1916］：126-124）。然而，这种道德倾向却可能被转化而改变，或者通过个人典范的影响而得到扩展。

舍勒的一个主要贡献就是他突出强调了伦理发展中个人典范的重要性（Scheler 1973a［1913-1916］：572-583）。个人典范不仅激发其他人扩展其价值敏感性，而且还要激发他们去实现自己独特的道德倾向。通常，典范的影响是间接而非意图性的；这一点就将典范与普通领导者区分开来。人与文化都能彼此学习对方的道德倾向，而且舍勒认为，个人典范不仅使人逐渐地阐明［价值］整体上清晰的等级性，而且激发人们实现其最佳的伦理潜能。

舍勒通过澄清具体情感的逻辑而支持他的价值理论（如：爱、憎恨和羞耻）。比如说，爱是所爱对象之价值的最高可能性出现于其中的一种状态；爱能指向他人或者自己，自爱是实现更高价值的关键（Scheler 1970［1913］：152-161）。个人对他人的爱就把握了他人的基本道德倾向并使其得以显见，但却没有干预性地监控它的实现。憎恨源自于缺乏权力和移动性的社会群体所具有的典型的无能感。这种憎恨妨碍人们把握更高价值，也破坏了一个人的自我价值感。舍勒拒绝接受尼采关于基督教是以恨为基础的宗教观，他辩论说，基督教的爱是从自我价值的丰富感觉中的自然流露，并且这种爱源源不断地溢出而将自己表现出来，这种爱是尼采的更高人的典型特点（Scheler 1961［1912］：43-47）。舍勒不同意尼采的观点，认为很多具有现代性的价值立场——如：人道主义的爱、功用主义和相对主义——都植根于憎恨。羞耻（shame）是人们突然遭遇生存状态中更低维度时出现的一种自然的情感功能（Scheler 1987：10-18）。这种情感是保护性的，而且这种情感要拖延人们对情形作出反应的需要。例如，当一个人的精神或智力原本是众人注意的中心，而他却突然清楚意识到自己的肉体时，他就产生羞耻感；或者说，当一个人特定的本性要求他人给予注意，却仅仅是他具有偏见的本质得到了他人的理解，此时他就产生了羞耻感。尽管这种羞耻感觉并没有肯定自我价值，但羞耻感却保护了正在被否认或者正在被忽视的自我价值。羞耻感激励有这种感觉的人要克制自己不要去作出回应，一直要持续克制，直到他能够理解他人否认其自我价值的目的究竟何在（Scheler 1987：27-36）。对价值的体验是这些情感中每种情感的核心，这些概述就说明了为什么舍勒认为情感为价值提供通路。

舍勒在晚年时期也提出，引导一个人在可预见未来中发展的最有希望的理想是全人（the complete person）或整全人（the whole person）的发展，在此发展过程中，人的各个向度都得到很好的平衡。要实现这一要求，当前时代就需要去弥补现代性经常对理性、意志和禁欲主义（asceticism）的过分强调。阿波罗①秩序井然的冲动必须以狄俄尼索斯②的狂喜冲动来弥补；男性价值必须以女性价值来弥补，文明价值的视野必须由原始的价值视野来弥补（Scheler 1958：101-115）。对舍勒来说，这种观点代表了真正的改变；他不再强调最高价值，或者甚至每个人独特的道德倾向。相反，他寻求每个人广阔的价值融合，而一种多样性的价值视野的融合将使得人们对价值最充分域限具有敏感性。

（四）让·保罗·萨特（1905—1980）

在萨特一生的事业中，他的写作都在表达伦理的蕴涵意义。然而，他却从未出版过一部单独的伦理学著作。确实如此，他认为，传统小资产阶级的道德是腐朽的。然而，他却努力尝试在他事业诸多的不同阶段推出一种伦理学，首先是在《存在与虚无》一书出版后不久所写的一些札记和小品文之中，然后是在他的《热内传记》之中，最后是在完成《辩证理性的批判》第二卷手稿之后所写的几篇未出版的手稿。贯穿所有这些作品中的主导价值就是自由。随着其立场的转变，自由的含义和前提条件也有所改变，但是贯穿他一生的事业，萨特都始终在坚持自由是一切人生目标的基

---

① 希腊神话中的太阳神，常用来比喻井然有序，或追求安然和谐的次序。
② 希腊神话中的酒神，具有狂喜的、狂欢或失去理智的本性，比喻失去理性和接近本能。

础,坚持人要为他们的行为和生活承担责任。他将自由的价值建立在自由的本体事实之中。

在《存在与虚无》的前期阶段,自由的源头就是意识本身,意识永远超越它的处境,即使把它界定在这样的处境中时。每一个处境都允许有不同的行为过程发生,而且,作出选择承担了选择所蕴涵的价值的责任。既然没有任何东西能够决定一个人对处境如何回应,那么,人就总是注定要选择那种回应,并要为那些选择承担责任(Sartre 1956 [1943]:553-556)。对萨特而言,一个人通过作出这些选择而追求的价值,是没有任何外在或合理性的支持的。因此,自由和责任就是负担;而且,人们经常通过自欺欺人的巧计来逃避这些负担,例如,假设社会角色决定了职责,假装认为特定价值有客观的保证,或者相信说以前的行为预先决定了目前的选择(Sartre 1956 [1943]:55-67)。要拒绝这些自欺性巧计、承担自我责任,并且要真正地主宰自己长远人生筹划,人就要本真地生活(to live authentically)。在此阶段,萨特的自由观是形式上的,因为,自由似乎既不包括也不排除任何特定内容。

早期阶段,萨特的自由也是反社会性的(asocial),因为他者的最主要影响是产生人所无法控制的意识的一个维度,即社会的自我。他者的注视(the Other's look)固定了一个人的形象并为其做了总结——描绘一种基本特质、从一个单一且独立片段就塑造一个永久的雕像(Sartre 1956 [1943]:259-272)。在《存在与虚无》中,除了一个简短脚注之外,萨特就没有提供任何出口,供人走出在客体化凝视中的挣扎;人既不能依靠使他者客体化而控制他们,也不能通过被他者客体化而被他者所控制(Sartre 1956 [1943]:268-270,276-278)。即使一个人不断地尝试要控制对方,他仍旧不能逃离社会自我的事实;这个事实总是萦绕在时刻准备好要作出反应的视域之中。社会自我的不可逃离的真实性就产生了永远不能完全愈合的一种深深的自我分裂。

根据这一早期观点,意识的总体目标就是要实现两种生存的合一,已给予的被动性(物质)和自我创造性的主动性(意识)——这些本是不能合而为一的,因此,事实上就是要成为上帝(Sartre 1956 [1943]:85-95)。但是,既然这样的合一是不可能的,萨特就宣称说,人即是无用的激情。萨特所谓的转化,就是要求人们要放弃这种自欺欺人和无效果的筹划。

在中期,当《存在主义是一种人道主义》、《何为文学》以及《伦理学笔记》完成时，萨特扩展了其基本的自由观——表达了如何能够通过相互性而克服人与人之间导致怨恨的冲突，以及本真性如何能替代成为上帝的谋划而发挥作用。

萨特用三种方式扩展了自由的本体论。首先，他通过提议说一个人要为一切人选择，而特别突出了人之选择的重要性；事实上，人的行为要作为所有人效仿的范例而发挥作用（Sartre 1956 [1946]：291-292）。因此，他突出了人之行为具有被他人看到并被他人判断的目的性这一方面的伦理意义（Sartre 1956 [1946]：293）。其次，萨特提出，作为总体的人性，在本质上并不先于人的活动；人性是在个体性和集体性行为活动的过程中形成的。历史性的行为为当代和未来之人创造生活条件，而每个个体的行为再次决定并表达影响其未来行为的根本性筹划。事实上，每个行为都对界定和创造人的实存性作出了贡献（Sartre 1956 [1946]：295-298）。最后，既然自由是一切行为的基础，萨特就宣称，自由就必须作为引导人之筹划的一个基本价值，而且人的自我自由就要求每个人的自由。任何试图否认自由价值的举动，实际上都是在否认自身的条件，因此就是自我否定性的（Sartre 1956 [1946]：307-309）。

在此阶段，萨特也肯定真实相互性的可能性，其中人们承认并尊重彼此的自由。之后，他要力图表明，在所有人都获得自由之前，没有任何人能够获得自由。能够产生相互性的一个方式就是通过共同行为，在共同行为之中，每个人都自由接受他人的目标（Sartre 1976 [1960]：351-363）。另一方式是，人要意识到其价值和行动的最终成功对他人的依赖性，因为当有人死去或不坚定时，他们必须选择对他的价值观的维护（Sartre 1949 [1948]：23-42）。除此而外，萨特还提议说，唯有通过他人，人的纯粹事实性（pure facticity）——肉体和脆弱性——才能得到保护（Sartre 1992 [1983]：272-294）。这是萨特对黑格尔的纯粹承认的解释。每个人都要保护基本上由他人掌控的东西。通过选择彼此保护，自我之中那异化了的社会维度就得以恢复，并被有机织入自由的组织结构之中，即使那个相互作用的他者就是那个编织者。萨特在对热内的研究之中还描述了另外一种相互性。一个群体经常是通过将另一个群体（如犹太人、黑人、男同性恋者）排除在人性之外，从而将之定义为异类（或邪恶者），因此来稳固他们作为全善者[①]（或真正人）的自我体验。如此的努力凭借着对不可废止

[①] 原文为 all Good。

之善的宣称而正式放弃了自由。然而开放的未来对如此宣称又提出威胁。人在何等程度上遵循自己的自由,那种程度就要求人必须相应地承认令自己和他者均获得能力的模糊性(ambiguity)。如此就会使得人去接受与他人最根本性的认同,减少排除他者和蔑视他者的急切欲望。萨特进一步通过澄清获得本真性的过程而探讨了本真性之本质,他将此称做"转化"。转化包括要学会完全接受人的自由与责任,而不是通过自欺欺人的努力来逃避自由与责任。转化就是积极地净化自己的反思。通过净化反思,人就发现了萨特的主要真理:人的存在是偶然的、没有支持的,价值没有外在或客观的保障,生活就是一系列自由选择的筹划,每一个情形都开放新的可能性。这都产生于一闪念的认可之中。转化仅仅是与此经历一致,是持续不断地按照此经历生存。一个人努力想象自己生活在历史之外,但却是历史性地生存的;一个人总想忘却自己的肉体来生存,但却总是接受自己的形象(Sartre 1992 [1983]:471-514)。但是,人又同时拒绝封闭于既定的生命方面;人要拒绝被还原为自己的肉体,人要对历史的挑战作出回应。事实上,如果一个人允许自己不断还原回事实性条件或努力完全逃避事实性条件,人就是在非本真地生存。因此,人要将自己委身于具体的目标和价值,但是又要经常回顾那些人生承诺。通过假定自己的自由,人既存于历史之中,又超越历史之前而生存,既生存于肉体之中,又超越肉体而生存,超越自己的过去、自己所在的处境、社会定义和自己的死亡而生存。

在《辩证理性的批判》的后期阶段,萨特自由的核心由意识转移至实践。实践仍然超越既定处境,但是现在实践被那些处境而内在地决定,而且由多种社会和物质条件所调节。因此,萨特更好地融合了处境的历史重要性——处境提出自身要求的方式和保留自身内在凝滞性(inertia)的方式。这种内在凝滞性源自现有社会群体相互冲突的筹划、源自前代传承下来的资源与技术以及匮乏(scarcity)。在此阶段,萨特承认历史造就个体,正如同个体造就了历史。而且,他进一步意识到,为了多数人真正意义上成为自由者而不被需要所控制,就要求深刻的社会变革。除此之外,萨特定义了通过群体行为实现相互认可的社会进程——经常是革命行动。当一个"街头行动"的成员发现他们在为共同目标而奋斗(经常是为了抵抗攻击而自卫),并因此寻求有效的方式时,就会形成聚合群体(group-in-fusion)。在此,群体行为与个体行为相互渗透:对他人来说,每个成员都既是目的又是手段;每个人都将他人的行动视为自己的行动;每个人仅仅在他人也给予指令时而发出指令(Sartre 1976 [1960]:374-383)。萨特也宣称，群体行为经常产生社会结构，并破坏侵蚀一个群体在追求集体行动时首先发现的即时自由。因此，此时问题就成了是否能长期维持这种群体相互性。即使可以的话，那么群体也绝不能脱离开单一性的背景，例如，一种莫名其妙的恐惧促使每个成员发誓要忠于他们的兄弟情谊、维持他们的兄弟情谊（Sartre 1976 [1960]: 428-444）。

在这个时期，萨特也发现异化的一些其他维度。匮乏产生异化，因为这促使人相互竞争。此外，当前的技术代表着技术创造者的目的，因此，当前的技术使用者必须在使用技术时使自己服从这些目的。例如，开轿车就是生活在轿车所创造的总体现实世界之中，这就决定了驾驶轿车者自己的目标和愿望（Sartre 1976 [1960]: 161-196）。最后，聚合群体利用一些过程而形成一种制度，因此，共同行为就回归成为社会系列性行为的一个条件——其中每个人对所有他者而言都是他者，人之间仅仅存在着数字关系（每个人都是系列之中众多之一）（Sartre 1976 [1960]: 664-670）。要完全克服人的异化，就要超越这些条件。萨特断言说，这些条件使人成为次人（subhuman）。萨特的辩证伦理学清晰地阐述了人如何能克服自己和他者之中的那种次人性（subhumanity）。

萨特最终的社会目标相当清楚：要创造一个世界，其中每个人通过共同的群体实践对创造历史作出贡献，在历史被创造的过程中，每个人都承认一切他人。在这里，每个人都在他人的自由之中、并通过他人的自由而成为自由者（Sartre 1992 [1983]: 468-471）。要实现这样一个目标，人们就必须将如此历史性目标赋予他们自己的实践活动，并发现转变自己和他人之中的次人性的方式。实践的根本条件预定了这一目标，正如本真性是在意识的动力之中被预定一样。然而，实践可以通过维持当前非人性的条件而逃离这个隐含的目标；这需要通过采用和维持主导性秩序的价值才能做到这一点。要将我们从次人的阶段转化到真正人的阶段，我们必须改变创造了那种次人性的历史条件，包括匮乏和僵化的制度。萨特认为，这种转化的动力必须来自被剥削和被压迫的群体与阶级，实现这种转化的潜在性随时存在，但是实现这种潜能却绝不能得到保障。现在"伦理学"成了努力，通过这种努力来历史性地追求所有人的潜在自由。无论这样的努力是成功、或被击败、或是偏离了可信的目标，抑或是一种自我破坏，这都要取决于人的选择和历史条件。萨特在《辩证理性的批判》一书中探讨了历史行动可能失败的多种方式。这本未出版的辩证伦理学著作表明，失败在所难免。

(五) 埃曼努尔·列维纳斯 (1906—1995)

列维纳斯提供了一种新型的伦理学理论，这种理论将伦理植根于与他人的根本关系之中。对列维纳斯来说，这种关系确立了根本的伦理倾向，但是他人却是超越性的（transcendent）、异己性的（alien）和不可同化的（inassimilable）。布伯的我—你关系提供了类似的理论，但是其伦理构成性的人际关系却截然不同。列维纳斯坚持说我—他之间的一种不对称性关系，而布伯的我—你关系却产生对称（双方都成了彼此的"你"[Thous]）。列维纳斯坚持他者的绝对超越性，这就阻挡了对称性和相互性（Levinas 1969 [1961]：39-40，51-52）。列维纳斯的他者通过既命令（不是伤害）人又恳求人之帮助的人之照面（the human face）而表现得清清楚楚；要对人之照面作出回应，就要对他者负责，并向他者负责（Levinas 1969 [1961]：197-200）。

列维纳斯挑战西方思想中众多的希腊假设，包括挑战存在与认知前定性的假设。西方思想中的"存在"（being）被典型地理解为是"当前所是"——即所与（the given）。认知就是同化、或者融合、或者把握存在（Being）。海德格尔就此挑战对 Being 的分析，他注意到我们与工具的现实关系，因此表现了一种不同的认知（knowing 即 knowing how）与存在（being）的关系，即工具与客体的关系。但是列维纳斯却提出，工具就是以不同方法所既定，他断言说海德格尔的存在（Being）这一概念绝没有真正离开在场观念的路子。对列维纳斯来说，他者的**邻人**先于在场，并使"在场"成为可能。提出伦理要求的照面既不是来到场的一个客体，也不是一个工具。照面是驳倒同化的一个谜团，因此也就不是普通意义上所能理解的存在与认知。而且在获得的知识之中，一个有权威的主体要综合已知，但他者的命令和无助却动摇权威者的权威，并挑战其要占有知识的努力（Levinas 1987 [1947]：87-90）。鉴于这些原因，他者就处于认知之外。列维纳斯的伦理学探讨了这种神秘他者蕴涵的意义，因此向本体论和认识论的优先性同时发出了挑战。列维纳斯坚持说，伦理学是第一哲学；伦理学表明占有、纯粹在场和同化是不可能的。

接下来的任务就是要澄清与他者的这种根本关系。因为根本没有可能与他者形成任何一种合一（synthesis）；因此不可能产生将我与他者统一起来的总体（将其组成部分整合起来的一个全部）。而人际间大多数理想要产生于这种总体性观念。例如说，黑格尔的相互承认产生一种将参与者整合为一个新总体的对称性和谐体。黑格尔这种一体性的模式遭到列维纳斯的全然拒绝。他者（the Other）不是邀请如此和谐进入其中，而是相反，他者是要彻底动摇一个人的自我占有性（possession）和自我封闭，使其变得脆弱并使自我的脆弱性绽露于外。要面对这样的他者（the other），就要对一个已经存在的呼召、要求和职责作出回应。他者（others）向人发问，他者是一个人产生义务感的源泉（Levinas 1969［1961］：82-84）。对海德格尔来说，人的根本特性就是处于延绵的期待之中（be at issue）；而对列维纳斯来说，他者（不是 Being 或在 Dasein 的本质）才是这种去中心经验（decentering experience）的根源。回应这种挑战是人采取的第一伦理行动。一个人对他者的关系就如同对无限性的关系一样，这种关系要永远超越人的经验（Levinas 1969［1961］：48-52）。如同时间一样，他者是浸入其中而不能被人所切割、取消其限制或定义的一个维度。如同真正意义上的未来一样，未来是永远令人惊讶的，他者的照面总是突破人自己的计划和目的（Levinas 1987［1947］：79-81）。

列维纳斯为了澄清这种与他者的伦理关系和说明它的重要意义而创造恰当的隐喻，他在不同的书里常常使用不同的隐喻。在《时间与他者》一书中，他用身体痛苦、死亡、父权和对异性的欲望与这种关系进行有效类比。令人备受折磨的身体痛苦使人变得无能为力并摧毁人的企盼——强调人的无助——但是人的反应却立即将这种痛苦表现出来并有所指向（Levinas 1987［1947］：68-71）。这种经验捕获到了他者呼唤的紧迫性（urgency）和介入（intrusiveness）。死亡是不能够被同化或认识的永久存在可能性。除此而外，死亡永久存在的可能性却不能受到类似的威胁；因为一个人不可能向死亡进行反抗，并控制死亡。要面对伦理意义上根本的他者就是去面对死亡——同样不可测度、不可同化，而且永不止歇（Levinas 1987［1947］：71-77）。在对异性的深爱之中，他者是一个谜，他者与自己完全不同而又显得熟悉；对所爱之人的爱抚就是在尽量不将之同化的情况下形成这种谜。去爱抚并不是要去认识或成为另一人的主人，而是要以完全不同于知识的方式来与他或她会面。在爱抚之中，人失去自我并拿自己冒险，这种冒险是伦理回应中的基本要素（Levinas 1987［1947］：87-90）。最后，在父权之中，人与一个全然不同却拥有其遗传特性的他者进入关系之中。儿子为父亲提供了一种超越死亡而生存的方式。父亲在儿子身上反映出来，但是儿子却与其父亲全然不同，并超越他们的父亲（Levinas 1987［1947］：87-90）。这些隐喻帮助列维纳斯清楚表达了奠定伦理回应之基础的与他者的关系。

在《总体与无限》一书中，列维纳斯挑战总体性的概念，并将之替换为与无限性的一种关系。正如我与他者不能完全整合一样，政治学和伦理学不能达到完全和谐。伦理学仅仅关注与他者的基本关系；当与超过一人相关时，每个人都成了其要求和利益被重视的第三者。如此对竞争利益的权衡就产生了政治学和历史学不同性质的领域。在政治学中，每个人都被当做客体——每个人与其他所有人等同［或"平等的"］，但是在伦理学中，我与他者从来就不是等同［或"平等的"］。在政治学中，一个人对他人的义务可以是有限的，而在他人命令是绝对无限的伦理学中则不然。一个人与他人的伦理关系不能被历史改变或转化；伦理关系不是相对于历史的；事实上，伦理关系可以用来判断历史的行为主体和历史时代（Levinas 1969 [1961]：21-26）。在此著作中，列维纳斯发展了他的他者照面的核心概念。照面是绽露的、赤裸的、无防御性的，但是照面又是正直的和命令性的。因为他者既高于自己又低于自己、既是自己的主人又是自己的隶属，这样他者的优先介入就不是要带来伤害。

在《超越存在或超越本质》一书中，列维纳斯又一次使用这些比喻，并在其中也出现一些新的比喻。其中最核心的要点就是包含着将自己替换为他者的责任观；现在列维纳斯提议说，人不仅要承担对他者作出回应的负担，而且也承担他者自己行为的负担。因此，列维纳斯就超越了作为回应的责任，而转向了为他者承担的责任。人要对一切他者负责（Levinas 1981 [1974]：113-118）。如此的责任就定义了伦理主体性的结构。列维纳斯意识到，这样的断言似乎过高，它超过了理性所能期待的。但是伦理学不是合理期待的事，伦理学是要发展人与无限性之根本关系的蕴涵意义。认定这种过高责任，就是过一种超越生死、超越仅仅寻求自我生命延续的生活。

对列维纳斯而言，没有根基性的价值，也没有基本原则；与他者的核心关系就是一切伦理责任（义务）的基础和源泉。之外，很少还有什么论争。列维纳斯众多的观点阐述都是一些回应宗教的比喻，但是他却重新塑造了这些比喻，并重新给这些比喻赋予了鲜活的生命力。列维纳斯描绘了概念性的图景，尽量展示了他那些显然是相当抽象的观念如何与广泛的经验多样性做到相互交叉渗透。对这些经验的其他解释也是可能的。但是，正像众多现象学家一样，列维纳斯的主张代表了经验性洞见，他是针对黑格尔和海德格尔的一个聪明的批评者，而且他的批判使他明确成了离散哲学（philosophies of dispersion）的精神之父，这不仅表现在法国的女性主义之中，而且也表现在后结构主义之中。列维纳斯就是要努力表述清楚那不可表述的东西。

（六）一些蕴涵的意义

在导言部分，我阐述了与当代分析伦理学理论相对立而产生的大陆伦理学的一些特点，我将要再转回到这个主题。但是，这里我首先要通过探讨以往已经扼要解释的大陆伦理学理论中的一些明显对立，然后要阐述这些对立之间的深层相似性，以继续展开我前面所做的论述，或许也要挑战本书其他地方描述的一些伦理理论方法。

大陆思想家之间似乎有三个明显分歧：（1）一些思想家坚信，价值在一定意义上是给定的（given）（黑格尔、舍勒和列维纳斯），而另一些思想家则坚信价值必须是被创造的（created）（尼采和萨特）。（2）一些思想家将相互性和相互认可作为他们首要的社会理想（黑格尔、舍勒和萨特），而另一些思想家则为与他者形成的更痛苦、更不对称的关系之价值进行辩护（尼采和列维纳斯）。（3）一些思想家将自由作为最根本、最应辩护的价值（黑格尔、萨特），而另一些思想家则对自由的价值产生怀疑，相反地却要努力为更丰富的实质性理想进行辩护（尼采、舍勒和列维纳斯）。这些明显的对立都值得进一步检讨。

第一种对立不像最初看来那样表现出对立上的持久稳定性。这些思想家阐述的给予性（givenness）相当多样化。黑格尔相信，伦理学开始于存在着的文化中的价值；文化中的价值为伦理生活提供其基本实质。舍勒认为，情感为独立的价值领域打开一扇窗。列维纳斯认为，伦理意义上根本的他者是在超越、挑战并呼唤每个人去给出交代。但是，这些思想家中每个人都相信，伦理的行为主体必须向这些给定的因素进行转变或作出回应。黑格尔认为，文化中存在的价值和制度必须被理性地检查和协调，并得到修整和改进，尤其是要就其促进相互认可的作用进行检验。舍勒认为，对价值等级的洞见总是能够通过道德洞见者而得到扩展，而且他认为，每个人的创造性工作就是发现他们的道德倾向（这经常是被他人的期待或自己的预先认定所隐藏），并要丰富地表现他们独特的价值。最后，列维纳斯认为，伦理学的任务就是针对他者的主张来发现创造性的回应。他者的呼唤仅仅是严肃伦理生活的起点，人的回应才是根本核心。因此，每位认为根本价值即是所与价值的理论家都同样相信，道德地生活要求对所与之价值给出创造性的回应，而不仅仅是将之同化。

相反，那些为价值被创造的重要性辩护的理论家们也相信，这种价值被创造的过程必须由人之生存的给予之物和历史可能性来引导。萨特的转化观念就包含着学会承认人类境况中的模糊实在性。那么，人就必须委身于体现在人类全体的有希望方面的价值。要实现萨特的理想，就要寻找到在历史处境之流和惯性中实现每个人自由的具体方法。此外，尼采要创造完美人类的希望要依赖于人类心理学和文化动力的有效知识，寻求发现那些得到他的严格检验的已有德性的作用。因此，两位思想家都为元价值（meta-values）或新价值产生于其中的界定性条件辩护；因此他们都指示了极有希望的总体方向。

事实上，所有理论家都承认价值给予性的某个方面，也肯定价值修正的某种要求；他们肯定转变或者创造。因此，事实上，一开始的截然对立就变成了程度与侧重点的不同。这表明，实在论与建构主义的争论不像一开始表现的那样清晰和具有连贯性。很多人已经感到，如果能给价值以客观性的保证，伦理理论就会完整了。这里的教训是，各种不同的客观性在伦理理论中作用不同；而且，严肃的伦理思想也要求对个体接受的客观性因素进行深入反思。绝大多数大陆伦理学家都既接受真正伦理生活中有一种客观性成分，也接受个体对真正伦理生活的基本促进作用。

第二种对立与体现在社会生活中的理想相关：纯粹承认与不对称挑战的对立。尽管黑格尔和萨特两人都把相互承认作为一种理想，但两人又都同时断言，冲突和斗争是实现这种社会理想之路所必需的阶段，认为这样的斗争能积极促进社会理想的实现。主人和奴隶都能从黑格尔的现象学中汲取基本教训，而且，历史性斗争也为形成萨特《辩证理性的批判》中逐渐获得相互承认的群体提供了动力工具。另一方面，像尼采和列维纳斯这样的理论家——他们高度赞扬人际生活中冲突或挑战的价值——并不赞赏主宰或压迫。冲突会产生其中并不包含平等的相互提高或警醒，或者会产生同化（对列维纳斯而言）。这两位思想家都极为重视人们解决彼此冲突和彼此挑战的方式，因此他们克服了伦理迟钝和倦怠。因此说，这里第二种对立实质上也是程度和些微的差异。两组思想家都发现了伦理意义上产生后果的冲突所起的作用（消极性），他们也都肯定某种双方性或相互性的德性。甚至表面看来极端对立的思想家，如黑格尔和列维纳斯，或许也是被误置了。黑格尔所谓的承认并不包括同化他者，不包括超越自己的独特性或超越自己的挑战实力。而且，尽管列维纳斯坚持他者具有命令性本质，但是他却拥抱着和平的理想。所有这些就反映了大陆伦理学中交互主体性的重要性——尤其是到此为止，当个人关系可作为伦理转化的源泉时——而且也反映了一个人与他者建立伦理关系截然不同的方法（自利主义/利他主义之间的对立，就被冲突—和谐的综合体所取代；见下文）。

第三个方面就是珍视自由的思想家与寻求实现更实质性理想思想家之间的对立。但是，一旦完全明确展开他们各自的立场，萨特和黑格尔伦理学中主导性的自由概念就表现出多面性，而且——更重要的是——这些自由概念很少能独立成立。黑格尔期望，自由人将生命吸入到他们的文化角色和价值之中；萨特期望，只要人们能与社会自由的发展保持一致，他们就应当委身于他们选择的理想。而且，两位思想家都主张，实现自由仍然需要多种其他条件。因此，一旦对他们进行深入分析，我们则可以发现，他们都致力于实现自由所需的广义条件和自由的多向度。另一方面，尽管尼采尖锐批判自由的诸多概念性解释，但是他却非常重视人的意志〔一贯性〕和强力，并且经常将之称做"自由"。此外，舍勒一方面认为人们首先有他们基本的道德倾向，但他同时又认为，这些道德倾向却能通过被置于多种独特的个人模式而得以扩展，而且他也肯定，根据自己基本的道德倾向而生活就是众多人所欲求的"自由"。甚至就连列维纳斯——他通常强调他者的要求——也接受个人自由范围的价值，接受允许人们对他者呼求作出有效回应的顺从性。在此，真正的问题并非是密切关注与自由的积极价值或者所拥有的实质性理想的幅度，而是更加关注主导每位思想家理论的元价值或界定性价值。（黑格尔的承认、尼采的生命力、舍勒的精神、萨特的目的群体以及列维纳斯对他者负责和向他者负责。）每一个理论中都有一种自由，正如多种实质性理想在每个理论中都有一席之地。但是，元价值却决定了每一个理论独特的渴望目标与方向；这些元价值也表达了理论家们之间真正实质性的分歧。

对这些明显对立所做的检讨，已经一定程度上澄清了大陆伦理学中的真正重要问题。我将讨论为大陆伦理学的独特概念空间奠定基础的五个特点，并以此为本文作结。在做结论的过程中，我要略述分析伦理学可能被误导的一些方法。尽管要确立伦理思想中大陆空间的优越性，还需要撰写一篇单独的文章，但至少在此我可以概略性地做一探讨。

第一，分析传统中激发伦理理论的一个核心假设是，伦理学的功能是要抵制与生俱来的自利主义或者个体自私。确实如此，众多思想家都将道德的基本目标定义为"无私"或"利他主义"。几乎这种设定立即就赋予伦理理论以一种警察的功能，这也恰是众多大陆思想家对日常"道德"采取怀疑态度的原因之一。对于多种原因来说———一部分是因为他们尊重社会化的力量，一部分是因为他们坚信更复杂的人类心理学，一部分是因为他们不承认自私总是引发仇恨的主张——这些思想家们绕开了这种纠缠于自私的方法。这并非意味着他们不重视关系和主体间性的伦理意义；他们只是认为，自利主义/利他主义的对立模糊了伦理学的功能。对他们来说，伦理学理论的目标是唤醒人们对更高自我的意识，是帮助个体发现促使伦理繁荣的内在与外在资源。事实上，这种目标不是要监控或限制人们的伦理创造性，而是要唤醒或者激活——赋予人们以伦理创造性的活力。

第二，而且与此相关的一点是，大陆伦理学家回避责任和义务的理论。舍勒表达了造成这种情况的根本原因。义务首先是消极的，而且往往要依赖于价值。大陆思想家探索基本的价值，并且他们表述追求这些价值的积极动机。他们的任务不是要辩护人人都"必须"遵守一套规定——好像人们都是小孩子，伦理理论家则都是学校的阿姨。相反，他们是要努力唤醒人们——好像人们都在生活中经常过于沉溺于梦游。而义务、命令、规则和规定仅仅加深了这种昏聩（人们或许将此称做伦理死亡），鉴于此，它们就成为怀疑对象。这就是为什么在开始时我说大陆思想家认为狭义构思的"道德"自身就是不道德的另一原因。即使这样的道德学家可能会成功，那么，充其量他们也只能培养出混沌的人群（befogged herd people）（就如尼采所言）。人不可能因禁令而得到启示，但是人却可以被更高的价值所激发。大陆伦理学理论的核心要务就是要找到点燃这个火花的方法。

第三，理性在大陆伦理学理论中与在分析理论中的作用不同。一开始，"理性"或许被更广地定义（例如包括了黑格尔的辩证理性），或者理性也许被理解为：在把握具体不同类型的人和个体（例如尼采追求的"心灵的天才"）中，理性要求更具心理学的沉思和精妙，或者理性被完全重新解释为是一种"心灵的逻辑"（例如舍勒宣称要发现的）。但是，实践理性很少是具有大前提和小前提的演绎性论证，实践理性也不是根据某种可通约的维度来衡量竞争性的一种思考，也不是为某个第一正义原则或仁慈原则提供不可代替的理性论证。大陆理论家确实为自己的理论进行辩护，但是他们多数的理论却暗示，认知仅仅是道德地生活所需的一个因素，其中包含了认知要求的那种精妙分析。一些人或许极易宣称，这些理论家是非认知主义者，但事实上，他们都在努力清楚地解释一种不同的认知，即一种更适合于严肃伦理生活真正要求的认知。

第四，大陆伦理学家很少寻求独一无二的、人人都应当渴求的普遍性价值。他们也不推崇相对主义。他们认为，每个人关于"价值"好的程度不能等同。然而他们却承认，他们是不同类型的人，而且不同的习惯（ethos）会更好地实现每类人最高层次的可能性。甚至舍勒——一个价值实在论者——也坚持说不同的个性有各自不同的道德倾向，因此也必须得到尊重和得到推进。黑格尔或许会向那些追求截然不同角色的人（如政治领袖、家长、艺术家、农民）推荐不同的教育制度和共同的结构。尼采最坚定地为不同类型的人提供了不同的指导和目标。他们都承认，发现和辩护元价值，或发现为人类渴求的一般方向是极有价值的，但是充其量那也仅仅是第一步。当对追求这些方向进行检验或使元价值具体化时，就开始有了严肃的伦理思考。大陆理论家尤其是要努力寻求真正的伦理实现。这就是他们为什么要检讨人们出轨的众多方式，以及能够改进人们行为的条件。与分析伦理学的核心规划——要为很少的普遍性原则提供理性基础——形成的对照，以及与传统之间的差异，在此就显而易见了。

第五，大陆伦理学理论几乎总是要弄清他们历史时代更大范围的文化命运，并对此作出回应。黑格尔除了回应康德之外，他也回应了法国大革命。尼采除回应了叔本华之外，也对大众文化和瓦格纳风格艺术的兴起作出回应。除了对胡塞尔和布伦塔诺作出回应之外，舍勒也对第一次世界大战的无常变化作出回应。萨特和列维纳斯不仅回应海德格尔，而且他们也以不同方式对第二次世界大战的恐怖作出回应。他们的伦理学理论不是因为这些历史条件才获得成功或遭到失败，而是这些更广义的文化发展从来就没有离开过他们的头脑思考。分析伦理学对更广义文化中的重大问题似乎有太多的不自觉，分析伦理学甚至几乎因自己在这些文化发展方面缺乏自信而沾沾自喜。上面阐述的其中仅包含某些革命性的方法，实质上已经真正具有了对当前文化相对性的某些意识。大陆理论中没有一个理论因为这些文化背景已经褪去而变得落伍。他们对文化中核心问题的分析不仅完全深入，而且至今仍具有生命力。人并非是脱离一切时空、空洞抽象的空间占据者；人存在于特定的历史情境之中。要想在探讨人的自我进步方面取得成效，就必须将这种历史处境性考虑在内。

最后，大陆伦理学理论中最独特的特点就是，它并非与形而上学、哲学人类学、哲学社会学和心理学或认识论分裂。当然可以单独讨论大陆理论中的伦理学成分，但是这些成分却不是真正意义上独立产生的。这些要素都被编织进入对一定范围问题的系统思考之中，人从具体伦理视角形成的自信，总是要与总体系统的信心相联系。分析哲学则采取了另一路径，分析哲学将分割的哲学领域作为独特的专业，而且每一个具体专业领域中的问题又经常与更大系统的视域完全割裂开来。大陆伦理学之所以极少引起分析传统中伦理学家的兴趣，或许原因就是他们发现如此更加庞大的系统视域相当陌生。而更深层的原因却是，大陆伦理学中的规划、视野和假设与分析伦理学传统真正不同。或许通过澄清这些差异，我已经提供了欣赏大陆伦理学之实力及其挑战性的一个方法。或许是因为分析伦理学被过多追求，我也因此已经同时对分析伦理学提出了一些质疑。

参考文献

Boyd, R.: "How to be a Moral Realist," Sayre-McCord, G., ed. *Essays on Moral Realism* (Ithaca, NY: Cornell University Press, 1988).

Foot, P.: *Virtues and Vices* (Los Angeles: University of California Press, 1978).

Hegel, G. W. F.: *Phenomenology of Spirit*, trans. A. V. Miller (Oxford: Clarendon Press, 1977) [1807].

——: *The Philosophy of Right*, trans. T. M. Knox (Oxford: Oxford University Press, 1967) [1821].

Levinas, E.: *Otherwise Than Being or Beyond Essence*, trans. Alphonso Lingis (The Hague: Martinus Nijhoff, 1981) [1974].

——: *Time and the Other*, trans. Richard Cohen (Pittsburg: Duquesne University Press, 1987) [1947].

——: *Totality and Infinity*, trans. Alphonso Lingis (Pittsburg: Duquesne University Press, 1969) [1961].

MacIntyre, A.: *After Virtue* (Notre Dame, IN.: University of Notre Dame Press, 1981).

McDowell, J.: "Values and Secondary Qualities," in Honderich, T., ed.: *Morality and Objectivity* (London: Routledge & Kegan Paul, 1985).

Murdoch, I.: *The Soverignty of the Good* (London: Cambridge University Press, 1970).

Nagel, T.: *Mortal Questions* (New York: Cambridge University Press, 1979).

Nietzsche, F.: *Beyond Good and Evil*, trans. Walter Kaufmann in *Basic Writings of Nietzsche* (New York: Random House, 1968) [1886, 1887].

——: *Daybreak*, trans. R. J. Hollingdale (Cambridge University Press, 1982) [1881].

——: *The Gay Science*, trans. Walter Kaufmann (New York: Random House,

1974) [1882, 1887].

———: *The Genealogy of Morals*, trans. Walter Kaufmann and R. J. Hollingdale in *Basic Writings of Nietzsche* (New York: Random House, 1967) [1887].

———: *Thus Spoke Zarathustra*, trans. Walter Kaufmann (New York: Viking, 1954) [1883—1885].

———: *Twilight of Idols*, trans. Walter Kaufmann in *The Portable Nietzsche* (New York: Viking, 1954) [1888].

Noddings, N.: *Caring: A Feminist Approach to Ethics and Moral Education* (Berkeley: University of California Press, 1986).

Nussbaum, M.: *Love's Knowledge* (New York: Oxford University Press, 1990).

Sartre, J. P.: *Being and Nothingness*, trans. Hazel Barnes (New York: Philosophical Library, 1956) [1943].

———: *Critique of Dialectical Reason*, Volume 1, trans. Alan Sheridan-Smith (London: New Left Books, 1976) [1960].

———: "Existentialism is a Humanism," trans. Philip Mairet in *Existentialism from Dostoevsky to Sartre*, ed. Walter Kaufmann (Cleveland, OH: World Publishing, 1956) [1946].

———: *Notebooks for an Ethics*, trans. David Pellauer (Chicago, IL: University of Chicago Press, 1992) [1983].

———: *Saint Genet, Actor and Martyr*, trans. Bernard Frechman (New York: George Braziller, 1963) [1952].

———: *What is Literature?*, trans. Bernard Frechman (New York: Philosophical Library, 1949) [1948].

Scheler, M.: *Formalism in Ethics and a Non-Formal Ethic of Values: A New Attempt Toward the Foundation of an Ethical Personalism*, trans. Manfred S. Frings and Roger L. Fund, 5th rev. edn. (Evanston, IL: Northwestern University Press, 1973a) [1913—1916].

———: *The Nature of Sympathy*, trans. Peter Heath (Hamden, Connecticut: Archon Books, 1970) [1913].

———: *Person and Self Value: Three Essays*, trans. Manfred Frings (Dordrecht: Martinus Nijhoff, 1987).

———: *Philosophical Perspectives*, trans. Oscar Haac (Boston: Beacon Press, 1958).

———: *Ressentiment*, trans. William Holdheim, ed. Lewis Coser (New York: Free Press, 1961) [1912].

———: *Selected Philosophical Papers*, trans. David Lachterman (Evanston, IL: Northwestern University Press, 1973b).

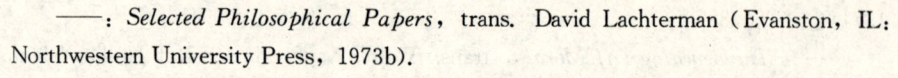

Slote, M.: *From Morality to Virtue* (New York: Oxford University Press, 1992).

Stocker, M.: *Plural and Conflicting Values* (New York: Oxford University Press, 1990).

Taylor, C.: *Sources of the Self* (Cambridge, MA: Harvard University Press, 1989).

Wallace, J.: *Virtues and Vices* (Ithaca, NY: Cornell University Press, 1978).

第 20 章　实用主义伦理学

休·拉福莱特

　　实用主义是一种哲学运动，它几乎是在 20 世纪的转折点为几个杰出的美国哲学家的工作所发展，其中最著名的是，查里斯·桑德尔·皮尔士（Charles Sanders Peirce）、威廉·詹姆士和约翰·杜威。虽然许多当代分析哲学家在研究生院从未学过美国哲学，而分析哲学则为那些受到这个传统强有力影响的哲学家所形成，这是很有意义的。在这里，尤其是 W. V. 奎因（W. V. Quine）、唐纳德·戴维森（Donald Davidson）、希拉里·普特南（Hilary Putnam）和理查德·罗蒂。像其他的哲学运动，它的发展回应了那个时期的主导性的哲学智慧。把实用主义统一在一起的是它对一定的认识论假设的拒绝，这种假设是关于真理的性质、客观性和理性的假设。对这些假设的拒绝来自于实用主义的信念：在哲学中实践是首要的。有意义的探求起源于实践。理论是有价值的，但它的价值来自于实践，为实践所提供，理论的适当目标在于理清、协调和激活实践。理论与实践分离是无用的。

　　实用主义既是熟悉的也是激进的。熟悉是因为它常常以相当普通的观点开始，激进是因为它常常以那种哲学家和外行人可能未抓住或错误理解的观点来看问题。一种实用主义的伦理学运用标准而不唯标准。它是客观性的而不是绝对主义的。它承认，伦理判断是相对的，但不是相对主义的。它容忍而且确实，它欢迎某种道德差别，而不是无决断的。确切地说，这些差别的每一个的意思、为什么实用主义持有它们，整个地都将在这篇论文中呈现。不过，我开始先介绍其他的实用主义的主要观点。

　　当我们思考我们应当如何生活时，伦理理论就开始了。许多人假定，这意味着我们必须寻找道德标准：有某些规则或原则，我们可借此把好与坏区分开来，把对与错区分开来；或有一系列我们可反复灌输的德性。功利主义者告诉我们，我们应该促进最大多数人的最大幸福。契约主义者告诉我们去寻找从真实的或假设的同意中呈现出来的标准。康德主义告诉我们对待其他人要作为目的而不仅仅是手段。神圣命令理论家告诉我们遵循上帝的命令。所以许多人将问：那什么是实用主义的标准？它们如何将对与错区分开来？虽然实用主义者运用道德标准，但实用主义不是唯标准的。

一、习惯的首要性

当我说，最大多数理论是有标准的，我的意思是，至少以某种稀薄的形式来看，理论所持有的标准，（1）逻辑地优先的，（2）确定性的，（3）完整的，（4）可直接应用的。虽然许多哲学家可能否定，他们的观点对这个理论是重要的，在伦理学中大多数讨论的特征表明，这个观点仍然是有影响的，如果不是支配性的话。这样，虽然功利原则可能通过经验来揭示，它的真理被认为是在（1）逻辑上优先于经验，和（2）提供对于所有时间、所有人来说决定道德的东西。而且，这个原则（3）并不需要补充，（4）可直接应用到具体情形。对于道义论的理论也同样如此。使用法律的模式，它们呈现的是一套外在的规则或原则，它们告诉我们应当如何行动。在这种意义上，最大多数道义论者与神圣命令理论家一道共有着某些前提，即如果道德是束缚性的，它的来源必须是独立于那些束缚人的东西。

实用主义者不同意这些观点。如果他们谈及标准，他们认为它们是分析手段，正如启发式教学法在道德上把相关的行为特征孤立起来——这些特征人们应该在作出道德决定时考虑到。标准既不是逻辑上优先的，也不是固定的——既然它们能够是也常常是不适当的。标准是不完全的，因为道德判断的中心要素不能包括在这些标准名下。它们不能直接应用，因为对于在每一种环境下人们应当怎样行动，原则不能给我们只是唯一的指导。

实用主义对道德重要观点的拒绝，产生于对这个观点之下的理性概念的拒绝。在道德上对优先的和固定的标准信奉的主要意识，是把人类存在者过分理性化了。许多哲学家相信，或谈到好像他们相信，任何对我们有意义的事情涉及有意识的审慎。但不是如此。我们不得不有意识地决定怎样走每一步、说了这个词或写了这个词下一个词说什么或写什么，或再增加两个词；如果不这样，那我们就不能以我们的方式来说、来思考和写作。审慎是至关重要的。不过，正如我稍后解释的，它的中心作用是规范性的而不是直接指导行动。这是一种有意义的角色，因为大多数人类的活动是习惯。因此，在我们能够理解审慎的适当角色前，我们必须首先探讨实用主义的习惯概念。这个概念表明一种实用主义的伦理学能够与普通的和理论的道德观念合并，而使用这些观念是以标准的用法不同的方式进行的。我的理论很强烈地受到杜威观念的影响，特别是他在《人性与行为》（1988［1922］）一书中发展的习惯的丰富概念的影响。不过，我将不与文本解释发生争吵，宁可说，我将大致地运用杜威的著作来解释习惯和它在伦理学中所起的作用。

（一）习惯的性质

即使是那些承认有意识的审慎没有起某些哲学家所认为的那种直接作用的人，可能也把"首要性"这恭维之词归之于习惯。尤其是，我们中的许多人认为习惯就是行为的重复性，在很大程度上超出了我们的控制，并且常常是消极的。我们倾向于把习惯解释为外在的力量，它迫得我们咬我们的指甲、强迫我们喝酒、导致我们懒散，等等。不过，习惯不仅仅是重复，它们不必然是恶，它们并没有迫使我们反对我们的意志。至少适当的理解是如此。

习惯把过去带到现在。在宇宙这个舞台上，我们所学到的和经历过的并不仅仅是飞驰而过的东西；它们在现在继续着，融进了和体现在我们的习惯里。习惯，在这个丰富的意义上，有四种原则性的因素：（1）它们受到我们先前与社会环境的交互活动的影响。（2）它们不是单个的行动而是一系列有机的行为。（3）它们典型地在多样性的环境条件下的公开行为中展现出来。（4）即使它们没有以标准的方式表现出来，它们仍然还起作用。

看看一种实际的行动：走路。（1）学习走路是在我们环境中先前的活动中学到的，即练习走路、再更多地练习走好。（2）走路不是一个单一的行动，是把"小的"行动系统化：移动步子和手臂，向前看，变化我们的步伐以避免障碍物，等等。（3）习惯现在已经进入到公开的行为中：在适当的环境中，我们将以我们所学到的那些方式走路。最后，（4）习惯起作用了，即使当不直接指导行动时也存在。使我们成为会走路的，不仅仅是当我们在走路时所做的事，而是当我们不走路时我们所有的东西。会走路的人可以想、回忆和想象不会走路的人有什么不同。［我们可想象］很明显的是那种轮椅的颠簸状。同样真实（但不同）的是，那些能走但几乎不走路的人。一个步行者想到的是从他家到办公室有"20分钟的路要走"，而一个不走路的人描述的是开五分钟的车。步行者也可想象那些正常开车旅行的与他们有什么不同：他们到阿尔卑斯山去旅行的梦想和计划实质上不同于那些主要是开车旅行的人。

思考也是习惯。（1）由于先前的活动而学会思考。人们先是学着思考，然后是更多地练习思考得更好。如果我们努力少些，我们将不需要受教育。而我们需要受教育，并且有足够的证据表明，某种类型的教育比其他教育鼓励更多更好的思考。（2）思考要求各种智力活动的系统性。要很好地思考，我们必须考察相关点，记住关键性细节，追溯我们观点的含义，评价那些含义。（3）思考在公开的行为中展现它自身。当我们受过适当训练，我们会提出，将教给我们些什么的问题，在讨论中我们要做些什么的问题，等等。最后，（4）即使没有直接的指导，思考也将进行。思考将考虑选择、心存某种观念、想象可能性，即使是没有可与之谈论的人或该思想没有可直接导致公开的行动，也是如此。我能够对于情感等给予一种相似分析，但我相信没有必要。

（二）习惯拥有的力量和限制

习惯是双刃剑：这个特征给了我们行动和思考的力量，也为我们的行动划界。没有习惯，我们不能从经验中学习，我们的行动将是随便的和无效的。而习惯也限制了我们，因为当习惯起作用时，我们是缺乏远见的。你不能是一个科学家，如果你研究每一个问题，甚至不能研究你的科学领域里的每个问题。你必须注意每种特殊的现象，而这可能导致你忽视其他有意义的现象。相似的是，语言使我们有力量，因为如果没有语言，我们什么也不能说。而语言也限制我们，因为我们只能够说在那种语言中我们能说的话。正如那些有习惯的人能够在一条细丝上行走，把他们的眼睛蒙上会习惯性地两边摇摆，以及继续摆平过来。没有选择是最好的，我们能够孜孜不倦地过我们的生活，没有顾虑地专注于我们的文化习惯，而决不会动改变它们的念头。或者，我们可能变得如此有兴趣于"沉醉于反思的愉悦之中，我们变得害怕承担决定性选择和行动的责任……"（Dewey 1988 [1922]：137)，或如伽达默尔所指出的，我们必须承认我们的历史和向我们的历史作斗争（1975）。知道怎样做是为多次实践所发展的、第二层次的习惯。

(三) 习惯的社会性质

谈论个人的走路、谈吐和思考的习惯可能表明，习惯纯粹是个人的。但不是。既然习惯为先前的经验所形成，我们的文化在形成我们的习惯上起了一种关键性作用。我们怎样吃、怎样谈话、读什么、相信什么和怎样思考，都开始于我们在成长过程中所接受的教育（正式的或榜样的）。文化最好被理解为习惯的社会传递。我们继承的（并加工了的）习惯来自于我们的祖先，他们继承（并加工了）从他们的祖先那里来的习惯，等等。我们生活在城市而不是洞穴里不是因为我们比那些洞穴居民更聪明，而是因为我们比他们有"更好"的祖先。我们有我们的大学和网络，他们则有他们的洞穴壁画。承认这些归之于他人的基本债务，杜威主张，这是所有德性之根。"这是恩典，而不是我们使得我们过上文明生活。"（p.20）一旦我们承认我们是我们自己，我们过我们的生活是由于我们的祖先，那么，我们必须承认，我们把我们的习惯给后代和同辈人将同样形成他们的世界、他们的生活和他们的习惯。

(四) 习惯与意志

社会力量形成习惯的事实可能意味着，个人不能选择，这样，对他们所做的事不能负责。远非如此。习惯（包括我们的特质、能力和品格）带着我们环境的印记。在这个意义上，我们的习惯具有不可消除的社会性。习惯也体现在我们先前的社会选择上，包括我们增强和改变我们的习惯。在这个意义上，习惯是我们自己的。习惯是把我们过去的选择转变成现在的行为的主要的运载手段。这样，习惯"构成了自我；它们是意志"（Dewey 1988［1922］：21）。

只要我们赞成，社会影响和个人选择将在习惯中消除掉，那么，人的行为和意志将似乎是神秘的、是看不到的决定的结果和不可解释的侏儒。有人成了会计，其他人当了办事员，而为什么有人则成为作家？为什么某些人努力工作，而其他人则虚度他们的生命？没有那携带着过去经验和决定进入现在和将来的习惯，行动必定是为鲁莽的意志创造和持续的再创造。不过，"如果没有理智控制的手段，我们只好相信魔术……［因此我们希望］带来的结果"（Dewey 1988［1922］：22）。

(五) 改变习惯

我们能够改变我们"与生俱来"的习惯。但我们不能直接和立刻改变它们。相信我们也就是相信精神魔术。我们太经常地想，我们能够闭上我们的眼睛，告诉我们自己要成为更诚实、更多关怀、更努力工作的人，并且，我们也希望有足够的努力，使我们的梦想能够实现。不过，相信这将起作用，正如许多自助书建议的那样，要使个人发生变化如果不是不可能的话，也是困难的。真正的改变要求辛勤努力，注意细节和坚持。改变习惯不是靠个人意志，而是靠（1）认识澄清，(2）改变那使得有和维持有这种习惯的条件，最后，（3）用一种更富积极意义（生产性）的习惯来取代旧的、有害的习惯。

不幸的是，我们中许多人继续认为（或希望），在我们心灵的幽深处，形成我们的欲望、形成我们的意图。不过，我们甚至没有形成我们私人的意图。真正的意图是习惯所要求的、发展的和历时所增强的。像一个小孩，我梦想着成为超人、成为宇航员或成为一个战士。我能想象自己飕飕作响地穿过天空，"比飞速的子弹还快"，像火箭一样飞上月球，一人单挑敌人一个班。不过，我可能仍然发傻地说，我打算成为一个宇航员或战士，或者我想成为一个超人。白日梦既不是意图也不是欲望。它们是精神魔术。人们不能没有手段而飞行。而且，虽然某些人是宇航员而有的人是战士，但我能仅仅靠梦想而相信，就像相信我有魔术能是超人一样。

我们还可继续把白日梦与意图相混淆。我们假定，如果我们愉快地沉思某些目标，那么我们将想要实现这些目标。如果我们常常沉思它，那我们将打算实现它。这样，我可能假定，我想要戒烟，如果我打算这么做的话。我可能假定，我想要安静、有耐心和少做一些判断，如果我想象我自己正在那样做的话。不过，一闪而过的想法既不是欲望也不是意图。它们是成年人的白日梦。白日梦并不必然是坏事，它们对意图有用。不过，除非我们用白日梦去促进我们的计划，否则我们将在奇思怪想中狂笑，而不是形成欲望和意图。

有人可能认为，我正在改变一般术语的意思。我不认为是这样。如果我是这样，这是可欲求的改变。决定用哪个词（术语）的决定具有实践意义的蕴涵。如果我们把白日梦与意图和欲望相混淆，那么，我们只是通过说我们**真正**想的那种东西，而自我安慰我们自己，像努力工作、有智慧、诚实和自我指导——无论我们的行动是什么。不过，只要我们作出了具体的计划，并采取了迈向目标的步骤，我们坚持说，我们有意图和欲望，我们就可依据我们的行动判断我们自己和其他人，而不是通过考察那种在我们的心灵面前飞舞的个人描绘的美景来判断。我们能够合法化地宣称和善，只要我们和善地行动，我们能够合法化地诚实，只有我们是有规则的诚实才有可能。

那么，我们怎么将白日梦转变为实在呢？我们怎样能够重新改变我们的习惯呢？任何人也不能设计我们最初身处的环境，也没有人能够完全设计我们现在的环境。这就是我们不能完全控制我们的习惯和我们的生活的原因（Nussbaum 1986）。但我们能有某些控制，这种控制取决于我们的理解，然后是审慎地改变那形成和维持我们习惯的环境条件。"社会改革者"和"社会工程师"改变环境以促使社会的变化。我们每个人能够是改变自己习惯的自己的工程师。有时呈现这样的机制：为帮助我们改变我们个人的习惯，我们改变社会环境，例如，对于烟草征以重税或支持严格的反对嗜酒的法律。每一种机制依赖于对审慎的干涉之手：目的在于调整环境而减少、消除或增强我们的（或他人的）习惯。不过，审慎没有神秘奇怪的性质。它是一种理智的习惯，它为先前的经验、刺激和审慎所发展和再造。正如密尔所说的："审慎和道德，像肌肉的力量，只有通过使用才能改进。"（Mill 1985 [1885]）

（六）多重习惯

不过，如果我们只有一种或几种狭隘的习惯，改变有缺陷的习惯的机会和发现替代性满足的机会同样是少的。我们可能是一个棋手，只知道一种开局走法，我们可能是一个音乐家，只知道演奏一个调子。如果我们对于开局走了不同的一步，或如果我们只知道这个曲子（如《让世界欢乐》）不适合于那个环境（葬礼），那么我们并不知道怎样继续。另一方面，好的棋手知道不同的开局走法，知道运用不同的战略。他们的知识和战略是这样的习惯：能够为他们的审慎下手开辟理智的道路。这对成为一个好棋手是必需的：这些习惯使得棋手具有适当回应他们的对手走第一步的能力，即使是那些他们从未见过的走法。更一般的是，多重习惯使得我们能够对于宽广多样的处境富有敏感性。这就是为什么多重习惯有助于解释创造性，不论是下棋还是生活。创造性不是不可解释的、神秘的内在力量。它产生于广泛多样的习惯，在个人那里统一起来。

多重性习惯的现实不仅使我们有力量去改变我们的习惯，也解释了似乎是没有特征的行为现象。假设罗是一个和善的同事，一般来说，他总是同情地回应那些处于病中的他人。一天，他对贝林达的帮助显得不耐烦。他说："为什么你总是烦我？去烦别人吧。"每个人，包括贝林达都会认为罗"出格"了。但这是什么意思？这是说是别人而不是罗对她不耐烦？不。这正意味着不耐烦是罗的一个习惯。一般来说，这为更有力的习惯所支配。当罗发展了一个更为统一的性格，他的不耐烦的倾向就会变得越来越少而成为潜在的，不耐烦的习惯成为了更不具有性格的特征。但不是消失了。它只是有时会犯。

二、道德作为一种习惯

我现在能够更确切地解释，对习惯性质的理解如何说明道德。我将首先表明道德的习惯像其他习惯，然后表明，习惯的概念如何有助于解释实用主义伦理学的主要成分。

（一）像其他习惯的结构

许多人主张，虽然其他行为可能是习惯，但道德行为不是。总之，他们认为，在标准的案例中，通过应用适当的标准，道德行为者必须把正当与错误区分开来。当然，那些抱有这种观点的人常常在这些标准的来源与性质问题上发生分歧，因此提出相竞争的规范理论。不过，实用主义主张，道德像其他有意义的生活方面一样，不是立刻和直接意识到的审慎的产物。如果我们总是（或常常是）不得不完全依赖对什么是道德的有意识的选择，我们将比我们所是的更少些道德。约翰摔倒在路旁，苏珊走过去把他扶起来，这时正好罗宾走过来。后来苏珊不得不决定怎样处理两个同事之间的争吵；在调解室里，罗宾面对着一个相似的决定。苏珊对于她的决定将影响到所有相关人员的利益的方式非常敏感，罗宾则很淡漠。那怎么把苏珊与罗宾区别开来？在第一个案例里，苏珊看到约翰就立刻走过去帮助他。罗宾决没有严重地意识到提供帮助的［重要］，可能他确实没有"看"到他。在第二个案例里，苏珊认识到和考虑到所有相关者的利益，罗宾则同样没有认识到和肯定没有严重考虑到他的同事的利益。在苏珊与罗宾之间主要的区别不是他们的有意识的决定的不同，虽然这些决定也是不同的。主要的不同在于他们习惯性地（1）看，（2）考虑相关者，（3）关照和（4）指导他们的行动所用的气质。

像苏珊一样有着道德标准不用**决定**来考虑他人利益的人，是那种人：他们有适当的习惯，能够恰恰考虑到他人的利益。当然，当我们是能体谅

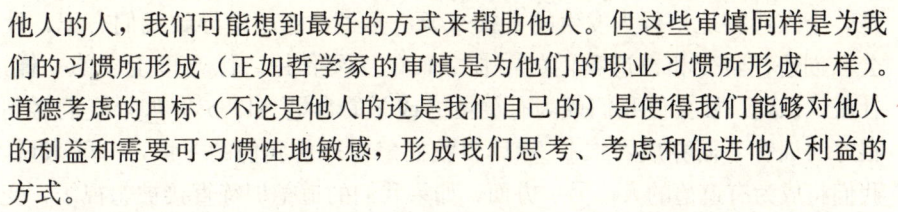

他人的人，我们可能想到最好的方式来帮助他人。但这些审慎同样是为我们的习惯所形成（正如哲学家的审慎是为他们的职业习惯所形成一样）。道德考虑的目标（不论是他人的还是我们自己的）是使得我们能够对他人的利益和需要可习惯性地敏感，形成我们思考、考虑和促进他人利益的方式。

哪些习惯形成是道德的？在具体的环境下，几乎任何行为都可影响到他人的利益，那么，没有一种行为或一种习惯完全是在道德领域之外的。不过，正如杜威对过分理性化危险的警告，他也发出了过分道德化的警告。所以，实用主义者除了在非常的环境条件下，仅考虑那种有规则和有意义的影响他人的习惯。这些"道德习惯"与其他习惯有同样的结构。

这些道德习惯（1）为先前的活动所影响，尤其是与我们的社会环境的交互活动的影响。我们可能在后来改变或拒绝我们的受到如此灌输培育的习惯，但我们所改变或拒绝的是先前的活动所给予的东西。（2）道德习惯不是单一的行动，但是一种行为的有机序列。要做到仁慈，我们必须解释我们的处境，在这个处境中，有某人需要帮助，我们必须觉察到他需要帮助，我们必须提供帮助。（3）道德行为者在道德上以公开的行动展示他们自己。某人是友善的将以在不同的环境中的友善行为表现出来。因某人有友善的想法而宣称他是友善的人，并非是一个说谎者或有意地做了错误的白日梦。最后，（4）即使当道德习惯是不明显的，它们也是起作用的，即使是潜意识的。人们并不总是把仁慈给别人。有时他要求其他人帮助他们自己。不过，即使是在这些情形中，仁慈的人可能担心她的行为是否得当，如果她认为不得当，她会感到很懊悔，并以深思熟虑地帮助他人的方式来帮助自己。

像其他习惯，道德习惯可赋予权力也具有限制性。它们赋予权力是因为，在对先前所学东西的具体体现中，它们允许我们迅速而适当地回应道德上的严重处境。而它们也是限制性的，因为当它们起作用时，我们对我们的行动可能与道德相关的方面不会去细察。因此，我们不仅需要第一系列的习惯使得我们能够对他人的利益有敏感性，而且需要第二系列的习惯去评价那些第一系列的习惯以确保它们的适当性，特别是在变化的环境中。由于其不可靠性，实用主义者知道没有习惯是没有缺陷的。

（二）道德是社会的

实用主义者理解到，为什么我们倾向于认为，道德是个人的，尤其是，个人典型地是行为发生的直接来源。不过，这不应导致我们忘记，社会在创造、转变和再造我们的习惯方面的主要作用。像亚里士多德一样，杜威认识到，社会使我们成为有德性的或恶的力量（1985）。如果我们得到很好的训练［而养成习惯］，然后教我们怎样评价我们的习惯，一般来说，我们将成为有道德的人。另一方面，如果我们的道德训练直接被忽视了，变成了心胸狭隘的人或自私的人，我们很有可能在道德人格上有缺陷。

这就是为什么我们相信，我们是我们的道德习惯的唯一作者；这个信念不会不同于如下信念：呼吸与消化整个的是个人的行动。我们知道，只要空气中有氧，我们就能够呼吸，我们也知道我们能够吃，只要有食物摄入。有时我们倾向于认为，"诚实、仁爱、恶毒、易发怒、勇敢、唠叨、勤奋、不负责等是……私人的品质"（1988［1922］：16）。不是这么回事。我们的习惯在本质上是社会的，即使它们是"我们的"，我们也必须对它们负责。一旦我们意识到，社会影响的特征，我们能够避免两种不可容忍的极端：（1）把个人看做仅仅是社会力量的产物，而个人缺乏任何社会责任，或者（2）把个人看做是完全自主性的，摆脱了所有社会影响。

有两种社会改革学派。第一种是把它自己放在一种道德概念上，这种道德产生于内在自由，那种神秘的居于个人内部的东西。它断言，对于人来说，改变制度的唯一方式在于净化他们的内心，一旦这个工作完成了，制度的改变也就随之而来了。第二种学派否认任何这样内在力量的存在，而它则否认了所有的道德自由。它认为，人们是为他们环境的力量把他们造成的那样而成为那样的人，人性是纯粹地可塑造的，而在制度的改变面前，则无事可做。很清楚，这使得诉诸内在的诚实正直和仁慈成为没有意义的了……有一种替代性选择……我们能够认识到，所有行为是人性要素与环境、自然和社会的一种交互作用。(Dewey 1988 [1922]: 9-10)

（三）改变道德理性的习惯

习惯是继续进行的"自然选择"的产物；许多习惯淘汰了，但少数习惯被选上了。这些"选择物"被"选择"，是因为它们在我们生活的环境里于我们有利。不过，不像大多数生物，我们能够审慎地行动和改变我们自己的环境。因此我们影响我们所维持的习惯和改变这些习惯。在其他事情中，我们能够发展第二系列的习惯，即对维持和改变习惯的责任习惯，

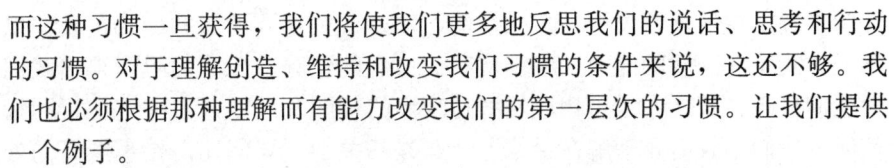

而这种习惯一旦获得，我们将使我们更多地反思我们的说话、思考和行动的习惯。对于理解创造、维持和改变我们习惯的条件来说，这还不够。我们也必须根据那种理解而有能力改变我们的第一层次的习惯。让我们提供一个例子。

我长大而成为一个有着偏执信念的人，生活在一个偏执信念的土地上。我走路、谈吐、行动、思想和形象都像一个偏执狂。我与黑人不熟，或没有促使我改变我的偏执习惯的习惯。我为我的这种偏执信念地位而感到很自得，虽然我不把这种地位看成是特权性的，我把这看做仅仅反映了某种事物自然的秩序。我的成长和社会规范把我变成了一个偏执狂。在这个意义上，我不可能改变我的种族主义的方式，因为同样的条件形成了这些习惯，也形成了我的审慎的习惯。我怎么会把这看做是缺陷呢？

我的社会环境的变化刺激着变化。当黑人向他们的底层的法律和道德地位挑战时，我注意到了和倾听着［发生的事］。他们优雅的言辞和勇敢的行为与我的偏执习惯发生了冲突。首先，我"寻找"那些贬低这些冲突的方式，然后去找那些维持我现在的习惯的方法。不过，那偏执狂的恰当感觉曾经是如此让我感到舒服的习惯，在20世纪60年代初期变得不那么有影响了。这逼迫我改变，虽然起初不是很多。我先想黑人应该能够与白人喝同一来源的水。这只是一种伦理的象征。不过，变化已经发生了。

促使我重新评价我的习惯的条件不是促使每个人在我的环境中发生相似改变的条件。这并不奇怪。因为我是年轻人，我的习惯没有那些比我年长者的习惯那样稳固，我的习惯更易受不同经验的影响。我相对少的习惯使我对于那些表现黑人能力和兴趣的证明感到不那么有力。同样，我也有着自我反思的好习惯。仍然，至关重要的是，要认识到，我的第一改变为所处环境的改变而促成。这些打开了我对我的种族偏见的审慎和反思。没有这些外部的变化，我很可能不放弃我的偏执方式。

这是我的道德进化故事：当环境的改变迫使我们进入道德上新的位置，我们的道德习惯改变了。这些初步的变化并不是粗野的意志强制而来的。相信它们也就是相信魔术，杜威反复警告我们对魔术着迷的代价：我们失去了造成真正变化的能力。当然，无疑这些环境的改变为审慎和其他人的行动所促成。而这也就是杜威所主张的。在他人那里和我们自己这里真正变化的路线在于审慎地改变我们自己的环境。并且我们能够做到：我们不是在道德之海中没有舵手的船。

在审慎中的道德问题，我们不是，也不应该仅仅向我们小片段的道德经验求教。在道德审慎中，多样性的习惯是至关重要的：它增加了我们以不同方式思考问题的能力。我们从我们所有的经验、所有的习惯得出我们对我们自己、其他人、生物、经济和政治的理解。例如，在决定是否同情简时，我们不仅需要理解在道德上什么是相关的，我们还需要理解简的处境，看看什么对他来说最为重要。不这样的话，我们的努力可能更是伤害而不是好事。

所以审慎是至关重要的。但是，我们如何能够学会审慎和很好地做到审慎？实践。我们必定是一开始不怎么会审慎，然后才很会审慎。不会审慎的习惯常常导致不好的结果，并且为自然选择过程所修理。生产性审慎习惯易于导致成功，特别是在受到良好教育的环境里是如此。我们学着如何较好地思考、想象和理解。我们能够通过持续进行这些活动、认真参与对实践中的伦理困境的讨论，对那些面临着有意义的道德选择的人进行交谈（或了解他们）、读著名的文学著作、写伦理学方面的哲学论文，来发展我们的道德想象、理解和思想。虽然这些审慎的手段可能没有直接性、文本性和实践决定的深度，但它们能够把那些我们在紧迫的时间里可能忽略的我们的行动的特征和后果告诉我们，使我们易于处理实际的决定。审慎放大了相对小的环境变化，所以，我们能够相对地与戏剧性的外部力量无关的情况下，评价或可能改变我们的习惯。我们能够不遭受环境有害变化的坏后果，正如波普所说："让假说代替我们去死。"

（四）目的与手段

要改变他们的习惯，人们假设他们必须形成一个目的（改变习惯），然后，寻求达到目的的手段。不过，这个对目的与手段的一般理解易于误导我们。大多数人认为，目的是动机活动所确定的目标，手段是达到这些目的的途径。如果苏珊说，她想要成为一个律师，然后她的目标在于她所欲求的目的地——成为律师。假定她有这个目标，她必须决定如果要获得这个目标，她必须发现可运用的手段。这些手段将没有它本身的价值，它们仅仅是达到被欲求的目标的手段。

这是对目的与手段关系的扭曲说明，这个说明一旦与民众的心理相结合，则扭曲了我们对审慎、人类行为和道德的理解。手段与目的不是基本不同的。宁可说，它们是"同一实在的两个名称。这两个术语表明在实在中没有区分，但在判断中有一区分……'目的'仅仅被看做是一种移动状态的行动的系列；但手段仅仅是被看做是早些时候的系列……"（Dewey

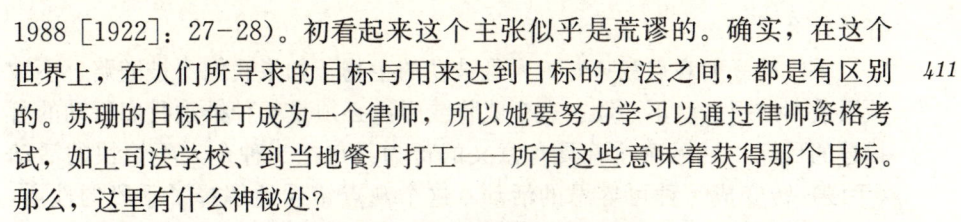

1988［1922］：27-28）。初看起来这个主张似乎是荒谬的。确实，在这个世界上，在人们所寻求的目标与用来达到目标的方法之间，都是有区别的。苏珊的目标在于成为一个律师，所以她要努力学习以通过律师资格考试，如上司法学校、到当地餐厅打工——所有这些意味着获得那个目标。那么，这里有什么神秘处？

把它作为判断的划分来理解，就没有什么神秘可言了。但因为这个划分被认为是基本的，它的标准的特征导致人们误解了目的和手段。人们总把目的看成是固定的，确定目的在于某种外在的活动。目的为人类的活动提供了价值和意义，唯一的价值在于获得遥远的目的。不过，目的不是价值的来源，实现目的也不是完成了行动。目的确实不是行动的目的，充其量是对行动的再指导。当苏珊成为了一个律师，她也没有停止活动，而是作为一个律师而活动。

> 目的产生于行动之内，也在行动中起作用。它们不是像流行的理论通常所隐含地认为那样，是那种超出活动之外的东西，而是对活动进行指导。严格地说，它们根本不是结束或终止行动。它们终止了审慎，所以是活动的转折点。(Dewey 1988［1922］：154)

不同的是，目的的价值不在于人类的行动之外，但它帮助组织和集中行动。苏珊从事律师的活动，做一个律师是允许她继续做这些活动的最好方式。目的成为集合性地理解我们的努力和行动的方式。它们像是个目的的故事。它提供了一个视野，从这个视野，我们能够理解故事的要素。目的不是外在于这个故事的成分。

假设弗兰西斯想成为一个有教养的人。标准的观点是，"成为有教养者"是确定的、遥远的目标，她能够通过上大学来达到。不过，学习、思考、阅读和反思不仅仅是成为一个有教养者的手段。宁可说，它们**构成了**成为有教养者［的条件］。目标（成为有教养者）恰恰不同于可描述的某人在大学里的集体行动。这个目标不是确定的和最终的。我们总是能够比我们现在更为有教养。而且，总是能够较好地理解受教育的意义是什么。或者，假设鲍尔想要成为一个好人，就标准观点看，"成为一个好人"是遥远的目标，鲍尔能够通过一定的方式去行动来达到。有好行为比成为好人差不多，有好行为一般来说**构成了**一个好人。"成为一个好人"没有终点，它与那些构成一个好的活动是不可分开的。终点不是固定的或最后的，我们能够永远比现在［做得］好。而且，我们能更好地理解能够做得好是什么意思。

手段的一般观点意味着，人是被动的生物，如果我们不被贿赂、不被威胁或不被引诱就不活动。这个威胁或引诱必须是某种推动我们行动的可描述的目标，目标灌注着具有意义的行为：它把一种令人不愉快的活动（手段）转变成一种可容忍的活动。这个观点错误地解释了手段的性质：它把它们仅仅看成是手段，行为活动的唯一价值是作为一定距离的确定目标的途径才有的。这鼓励我们仅仅应用所要求的最小努力去实现目标。为什么我们应该做比获得目标更多的？只把行为想着是手段（不论什么手段）的一个后果是，我们因此减少了获得目标的能力。如果我们理解手段是构成而不仅仅是作为达到那些目标的途径，我们更有可能达到我们的目标。

（五）行为与后果/行为与动机

我们也可能有时审慎地应用目的与手段的区分，只要我们理解到区分并不标志着这两者在道德世界的一个基本分离。行为与后果和行动与动机的区分也一样如此。它们可能是审慎中的有用的区分，只要我们不把它们看得过于严重。第一个区分被认为是在道义论与后果论之间维持理论的区分；第二个区分则是德性论与道义论的区分。但这些区分被认为是足以维持假设的把这些理论分开的墙了。

道义论主张，正当与错误是为行为的特征所决定的，而后果则仅仅是行动的后果，因此，对于决定什么是道德的来说不是主要的，并且可能是不相关的。后果主义者同意上述的区分，但达到一个不同的结论。他们仅认为后果是道德相关的。行动仅仅是因果性地与后果相关联，因此，对于决定什么是道德的来说不是主要的，并且可能是不相关的。双方观点所隐含的是，行为和后果是时间片段中的事件而已。他们恰恰在是否行为或后果是道德上相关的方面存在着分歧。双方观点错误地解释这个区分，标志着某种深度的道德上的或本体论的划分。

对行为的描述深藏着对后果的参照，而对后果的道德意义描述则结合进了没有陈述的行为描述。即使是严格的道义论者，必须拒绝对行为和它们的后果的严格区分。假设我把装了子弹的枪对着杰尔的头，把手指放在扳机上。我做了什么？我急拉了我的手指？我开枪了？那么，我杀了杰尔？我把他的孩子变成了孤儿？道义论者将假定宣称，第三个问题是选择性的道德描述，前两个问题是对我的行动的不充分的描述，而第四个问题则是描述了一个"纯粹的后果"。但是为什么前两个问题是不充分的？假定它们没有包括"我所做"的所有相关的特征。不过，这是一个似乎合理的回应，仅仅因为把枪指在某人的头上，标准地扣动扳机而把人打死。一个如此的后果很可能就是，它决定了对行为的描述。

相反，后果主义者如同道义论一样，能够把谋杀与杀人区分开来。任何适当的后果主义者对谋杀的描述将包括：直接的或间接的，不仅描述什么将发生（某人将死），而且也包括背景，即"杀人者"的状态（假设她疯了？等等）和受害者的行为（她是一个入侵者？）。后果主义者不能因如下主张而阻止提出这个问题：后果是适当的、可原谅的或自我防卫的例子，因为这个后果结合了没有陈述的行动描述。在某种情况下，对于我们想要区分行为与后果有着实践上的理由；但是，我们不应该认为它们标志着任何基本的本体论的区分。

任何在行为与动机之间鲜明画线的企图都面临着同样的问题。虽然我们可能有时发现，出于审慎目的的需要而有区分的必要，但并不要在它的道德连接物上描画这个世界。使某种东西成为动机（而不是一个被动的想法）的是，它是以一定的方式行动的气质，这些方式标准地有一定的后果。仁慈的动机标准地导致仁慈的行动（标准地导致好的后果）。当然，我们的最好的动机有时也会失败，最仔细而深思熟虑的行为有时导致错误的结果。但恰恰是在这一点上它们**失败**了。这是关于那种不导致它的规范性行为或行为没有它的规范结果的叙述。相反，（1）使得某种行为成为仁慈的行为而不是卑鄙的行为的东西，（2）导致好的结果而不是导致坏的结果的东西，典型地是行为者的动机。

当我们考虑他人的品质时，这是最不神秘的。那些一般在多样性的环境里说理智之事情的人是理智的，并且我们希望理智的人规范地说理智的事。但事情偶然会失败。聪明人说愚话和蠢人说理智的话。为什么当谈到道德时，就变得神秘了呢？在后果上，决定是否称某种事是行为或后果，称某种行为是一种动机，最好不是从寻求道德人的自然参与上作出，而是依靠实践理性上的决定，在说和理解我们自己（和他人）行为的最好方式上作出。

在行为、动机和后果的关系上，有较好的概念化方式。适当理解的行为、动机、后果，是有着时间的深度和空间上的广度的相互关联的概念。典型地看，（1）由于行为者的动机和他们所希望的后果，行为就是它们所是的那样。（2）动机就是它们所是的那样，由于它们标准地导致一定的行为和后果。（3）后果就是它们所是的那样，由于它们正常地产生于一定的动机和行动。没有任何东西在某地和时间的一个片段里发生。如果我现在对你撒谎，不是恰恰正好嘴上有那几个词，（1）我的行为产生于我的习惯（因此，内含有我的动机），（2）我欺骗了你（或至少想这样），（3）我正在寻求以某种方式改变你的行为，（4）我正在形成我们关系的特征，（5）我增强了我在未来撒谎的气质。如果我缺乏远见，我可能片面地考虑我的行为，但没有改变它的深度和广度。一个不产生于那犯错误的人（我没有认识到我正在告诉你的信息是假的）的"谎言"，不是谎言。一个不是欺骗（或至少想欺骗）的谎言，不是一个谎言。一个谎言若不改变你的行为（或试图改变），不是谎言。总之，撒谎的目的在于使你有那种我告诉你真话有不同的行动或不行动，即使谎言是关于某种琐碎的事（你的毛衣）。一个谎言不在某种程度上改变我们的关系（如果你发现这是谎言，使你不信任我），说是谎言是有争议的。一个不使得我在未来有更多谎言倾向的谎言，人们可争辩地说，这将是一种偶然事故而不是一个行为。理解这三个因素的每一个（动机、行为和后果）是暂时性的和其空间厚度有助于我们做到审慎。我们将主要思考我们现在做什么，因为它是最好地控制于我们手中的。但想我们现在做什么，我们将认识到，我们现在的行动产生于我们是谁和它将产生一定的后果。

三、实用主义伦理学的性质

（一）运用标准，但不是唯标准论

先前的讨论使我们能够更确切地知道，为什么实用主义拒绝一种关于道德的标准观点。实用主义的核心论点是，实践在哲学上是首要的，排除了逻辑上先行的标准的希望。任何有意义的标准来自于我们对要生活得有道德的企图，即决定在那种具体环境中什么是最好的行为的［追求］。标准不能被纯粹理性来发现，它们不是固定的。作为行为的目标，它们是可修改的。当我们获得了有关我们自己和我们的世界的新证据时，当我们的世界发生变化时，我们发现那种适合于原有环境的东西不再有益于我们在新环境的生存。一种教学风格对于在某个时期（如 20 世纪 60 年代）的某种制度（进步的自由艺术学院）来说是典范性的，而对于另一个时期（如 20 世纪 80 年代）的另一种制度来说，则完全没有效力。而这恰恰说明我们需要一种进化的伦理学。

没有一个标准是完备的。道德世界是复杂的和可变化的。没有一套标准能够给我们关于在所有的环境中我们应该如何行动的单有一种解释的回答。在那只有十八个第一步走法的棋局中，如果我们不能为了赢棋而扩大阿拉伯数字，在那有决定性的更大数目的"第一步"的地方，那就不可能扩大一种活棋的阿拉伯数字。而且，棋的环境（规则）是持续不变的地方，但我们的自然和道德环境不是如此。我们必须适应否则会失败。在那总有一种结局的棋的地方（结局即某人赢），当我们长大了生活的结局改变了，因为我们的环境改变了。最后，我们不能仅仅应用标准来解决道德问题，我们不能通过固定的、完备性的标准来作出个人的或职业的决定。为什么我们应该假定我们应该以那种方式来作出道德决定？

（二）来自于其他道德理论的适当视野

不过，在一种相当完善的意义上，实用主义的伦理学应用了我们称之为标准的东西，但它们的性质和作用相当不同于一种标准的道德（Dewey 1985［1932］）。实用主义的标准不是我们所应用的外在规则，但是我们用来作出知情判断的工具。它们具体体现了从先前的行为中所学到的，它们表达了我们对于从道德上把相关的那些行为的特征分离出来的暂时性努力。这些所呈现的标准能够整合进我们的习惯，并渗入到我们响应、思考和想象我们的世界和我们与其他人的关系的方式中。

这解释了为什么实用主义者认为，其他理论能够提供对于如何有道德地生活的指导。标准的道德理论的错误，不是因为它们提供了傻的道德忠告，而是因为它们误解了那种忠告。其他的道德理论能够帮助我们从道德上把行为的相关特征分离出来，实用主义者能够在那些可得到帮助的地方得到帮助。功利主义没有提供一种如何行动的算法，但它可帮助人们形成习惯，使人们"自然"地参与到那些我们影响其他人的方式中。道义论没有提供一系列的可遵循的一般原则，但它培育了这种意识，即对我们可能促进或削弱对他人尊重的行为方式的意识。契约论并没有解决所有道德问题，但它使人们意识到宽广共识的需要。这就是为什么如下看法是错误的，即认为实用主义明显地对于规则、原则、德性和人类实践的集体性智慧作出了专门的道德判断。实用主义者把所有的注意力集中于习惯，人们怎样形成他们的习惯，当需要审慎时，怎样习惯性地审慎。

这解释了为什么一定的道德倾向于最小化。它们具体说明了作为道德的［人］应遵循的最低限度的规则；另一方面，像德性理论，更关注于强调范例行为，用行为的相关道德特征来确定行动的最好的方式，而不是最低的可容忍的方式。

（三）是相对的不是相对主义的

有人可能说："啊，习惯对于道德来说是重要的。但除非我们决定什么是好习惯，什么是坏习惯，那么，道德怎样能够是客观的?"实用主义宣称，对于决定什么习惯是好习惯没有秘方，也没有数量概念。但为什么假定有这个必要？没有秘方成为一个好教师、一个好哲学家、一个好朋友或决定干什么工作。但是，我们认为有较好或较坏的教师、哲学家、朋友或决定。我们能够对于我们的评价给出理由，这些理由是对他者的审慎，友谊的理由，哲学、教育学和作决定的理由。说如下意见似乎是充分的：

1. 某些道德习惯比其他习惯好些，某些比其他习惯要坏些。我们能够对于这些各自的判断给出理由。

2. 因为我们是易犯错误的，我们不总是知道哪一种道德习惯是最好的。它允许个人选择，社会有机会证明道德生活的经验。但这并不意味着所有习惯是［有］一样的［价值］。

3. 因为我们的环境变化，一种道德习惯现在是适合的，而后来可能是不适合的。但是，它并没有改变这个事实：它曾经是有用的，但现在不再有用了。

所有这些观点都似乎是老生常谈，但并不意味着道德绝对主义和道德相对主义是我们的唯一选择。绝对主义者假定相对主义是待在伦理学之门前的一只狼：除非我们有一套唯一可决定的道德原则，否则这只狼将进来并将吞掉不幸的道德起源。相对主义与绝对主义一样认为，如果没有绝对原则，就没有道德的地位；他们恰恰认为，没有这样的原则。

实用主义帮助我们理解，为什么这些不是我们的唯一选择。为什么上述三种考虑反映了我们对道德生活的最好理解，并且解释了为什么这提供了我们所需要的所有客观性，即使它没有提供我们所需要的确定性（Bernstein 1983；Dewey 1988 ［1922］；Dewey 1970 ［1920］；Elgin 1997；Margolis 1996；Margolis 1986；Putnam 1994；Rorty 1989；Rorty 1982；Rorty 1979）。希望伦理学（或科学）能够提供确定性是实用主义力图医治的疾病的征兆。正如杜威所指出的：

在伦理学领域里渴望确定性，产生于不确定和对权威特权的爱而导致的是这种观念：缺乏不变的、确定性的、普遍可应用的现成原则同样是道德灾难。(Dewey 1988 [1922]：164)

(四) 有决断的宽容

虽然我们承认，有某些习惯是较好的（或更坏的），而在某些环境下，一些习惯显得是同样的好。在这种情形下，现象可能不是欺骗性的。为什么我们假定，只有一类习惯、原则或观念是最好的？为什么我们不说这些中的几种在客观上好于其他的，即使我们不能说，只有一种是唯一最好的？实用主义允许和解释为什么我们应该希望和欲求某种道德分歧。一种进化论的伦理学寻求在一种处境内的最好的行为。因为在那种处境内，人们的生活变化着，我们不应希望恰恰是同样的行为对于每个人来说是最好的。既然社会规范起着构成我们的环境的作用，那么，这些规范本身将确定，在某种程度上，什么真正是道德的。例如，在大多数社会里，都有关于丧葬的适当服饰的规范。但这些规范是变化的。某人侵犯了这些规范（如在休斯敦，给一死者穿一折叠短裙），就将不仅是与这些规范相冲突，而且是将很深地冒犯死者的家庭。

当然，这个观点不是说，社会规范**决定**什么是正当的什么是错的。实用主义不仅主张，对于我们应该如何行动来说，社会规范常常是相对的。对于说明规范什么时候、如何才是相对的，没有任何计算方法，但正如我早些所陈述的，实用主义者并不认为有道德算术。这些是我们能够争论的问题，是那些有道德成见的人可能不同意的问题。实用主义者仅仅主张，在这样一些分歧中，相反的观点最好在那环境中得到检验：在这里，公开的讨论得到鼓励（这本身是一种社会习惯）。这可能增加了这种可能性：在观念领域里误导性解决方案可能被认为是最好的方案。而且，当某些竞争中的规范或答案留存下来，社会将允许或鼓励它们得到生活的检验（生活中的经验检验）。生活试验室将揭示它们中的某些可能是不适合的。在其他情形里，这个结果也许将不是结论性的。因为实用主义者认为，只有某些观点比其他观点更好。她不认为，总有一种或只有一种唯一好的观点。为什么她应这样想？

我们可看看如下情形。某些作品是凝重、不确切、使人厌烦的，而其他的作品则是清新、明白晓畅而有活力的。这些差别是如此清楚，以至于几乎任何人都可即刻指出它们来 (LaFollette 1991)。在这个意义上，我们是语言客观主义者。当然，也有那种模棱两可的情形，在这里，我们可能真正有分歧。而且也有那种在风格和口味上的不同。一个关于语言和散文的客观主义者要力图消除这些差别？我看没有理由应当这样做，有大量的理由说不应当这样做。几乎看不到这些差别有什么不好，而且很容易看到它们是有益的。存在着多样性语言选择的社会是一个更使人感到有意思的社会。如果每个人都以同一种风格和方式来说话和写作，那将是有更少的人来读［这些作品］，而那些散文和所说出的话都是令人厌烦的。而且，多样性写作和说话的风格将允许我们以不同的方式来说不同的事情、听对一个事件的不同描述，而这使我们可能增强我们对所描述现象的理解。

同样，我们都承认，没有那种独一无二的有营养的或味道好的正餐、有意义的电影、令人陶醉的音乐、轻松的假期、好的演讲，等等。对于实用主义对道德的考虑来说，揭示一个或仅仅是一个适当行为的可能的理由是什么？另一方面，我们都承认，有多脂肪的和使人厌烦的正餐、平淡无味的电影、烦人的音乐、紧张的假期和令人想睡的演讲。实用主义有什么可能的理由认为所有的道德判断和行为同样好？某些行为是好的，某些是不好的，还有很一般的。任何反思性的实用主义者认识到，草率的和无顾忌的实用主义者（像草率和无顾忌的道义论者或后果论者一样）可能作出不道德的事来。而且，认真的的和有良心的实用主义者（像认真的和有良心的道义论者或后果论者一样）也将有时在道德上做得很拙劣，由于他们的粗心或没有留意。这就是为什么认真的实用主义者强调我们失误的可能性。在那些我们似乎是最有把握的地方，我们的道德判断也可能会犯错误。我们的失误并不减少我们行动的需要。不过，这使得我们有着强有力的理由让我们的观点服从于那些观察。正如密尔所表达的：

> 我们有最为正当的理由、却没有基础保障的信念，但却有一种以整个世界来证明这种没有基础的信念的持续［努力］。如果这个挑战得不到接受，或得到接受但这种企图失败了，我们仍然离确定性很远；但是我们已经做了就人类理性现存状态所承认的最好的努力；我们没有否认那能使我们达到真理的机会……这是为一种易错的存在者所达到的一定程度的确定性，这是能达到它的唯一方式。（Mill 1978）

并且实用主义者说："阿门"。

（五）重新描述理论与实践的关系

那么，什么是一种实用主义的伦理学理论？实用主义没有分离性的伦理学理论：有意义的理论不能与实践相区分而存在。没有实践的理论（有目的没有手段），成了一种只是与被认为是应当理解和解释的现象有着模糊连接的理智游戏。没有理论（像手段没有目的）的实践缺乏指导，它成了对具体环境回应的一种不牢固的混合物。实用主义者把理论与实践看做是两个内在关联的、得到适当理解的伦理要素。

理论化是探求的一种本质要素，理解、评价、改变和有希望改进我们的道德思想的工具。但理论化不是先于或独立于经验的，而是从经验中产生并且是经验的一个部分。任何理论化开始于具体体现了我们的习惯的世俗的智慧。我们中的大多数人开始理论思维，或由于理论与实践的冲突，或对于我们所面对的问题我们的习惯性回应（或直觉回应）的不确定性。假设我们的父母告诉我们不要撒谎**和**不要伤害他人——无疑这是好的忠告。一天我们发现告诉了乔真话但伤害了她。那我们怎么能够遵循这个忠告？我们的习惯无能完善地应付这个问题，因而需要我们理论思考，从问题中撤出并反思它。我们可能偶然性地理论思考或不是有成效地那样做，或也许做得很好。什么决定我们能够理论思考得很好？这没有任何算法。不过，如果我们有多重的道德习惯，我们有较好的机会发现一种满意的答案。例如，如果我们熟悉一定范围内的实践道德问题，如果我们真正擅长写作，并且如果我们有关于实践问题推理的具有充分意义的多种方式（如在多样性的伦理理论中所获得的那样），那么，我们将有多种资源去发现一种合理解决的方式。但决不是可确保成功。

（六）拥抱一种实用主义的伦理学

一种实用主义的伦理学不是基于原则的，但不是无原则的。审慎起了一种有意义的作用，虽然它与在大多数理论中所起的作用不同。道德并不是寻求最后的绝对的回答，而实用主义伦理学不是有害的相对主义。它意识到，环境是不同的，在不同的环境中，不同的行为可能是适当的。所以，它不要求在人们和跨文化之间的道德一致性。而且，它把道德进步理解为从经验的关键因素中呈现出来的东西，而不是通过外在于我们的某种东西或某人的宣称得到的。正如在对话中、在与其他观念的冲突中证明了某观念的优越性一样，道德见解同样是在对话中、在与其他观念的冲突中和实践中证明了它的优越性。因此，某种范围的道德分歧和行为不是值得遗憾的事，它整合进了道德进步的整体之中，这应该是被允许的和值得赞扬的，而不是惋惜的事。一旦某人认为理论提供了最终的回答，并且这种回答没有观念和生活的市场战斗中的杂乱任务，他将发现这是令人遗憾的。

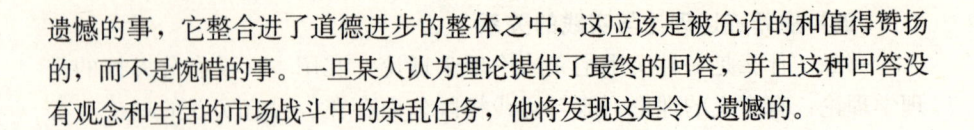

致谢

感谢罗伯特·奥迪、琼·卡拉汉（Joan Callahan）、史蒂文·费什米尔（Steven Fesmire）、约翰·海德维克（John Hardwig）、希瑟·基思（Heather Keith）、拉里·梅（Larry May）、诺尔·香克（Niall Shanks）、约翰·J·斯图尔（John J. Stuhr），特别是克里斯托弗·胡克威（Christopher Hookway）、伊娃·拉福莱特（Eva LaFollette）、托德·雷肯（Todd Lekan）和迈克尔·普里查德（Michael Pritchard）为这一篇文章的草稿提供的敏锐的和有帮助的评论。

参考文献

Aristotle, *Nicomachean Ethics*, trans. T. Irwin (Indianapolis: Hackett Pub. Co., 1985).

Bernstein, R.: *Beyond Objectivism and Relativism* (Philadelphia: University of Pennsylvania Press, 1983).

Dewey, J.: *Human Nature and Conduct* (Carbondale, IL: Southern Illinois University Press, 1988/1922).

——: *The Later Works*, 1925—1953 (vol. 7, 1932) (Carbondale and Edwardsville, IL: Southern Illinois University Press, 1985/1932).

——: *Reconstruction in Philosophy* (New York: Henry Holt, 1970/1920).

Elgin, C. Z.: *Between the Absolute and the Arbitrary* (Ithaca, NY: Cornell University Press, 1997).

Gadamer, H. G.: *Truth and Method* (New York: Seabury Press, 1975).

LaFollette, H.: "The Truth in Ethical Relativism," *Journal of Social Philosophy*, 20 (1991): 146-154.

Margolis, J.: *Life Without Principle* (Oxford: Blackwell, 1996).

——: *Pragmatism Without Foundations: Reconciling Realism and Relativism* (Oxford, UK; New York, USA: Blackwell, 1986).

Mill, J. S.: *On Liberty* (Indianapolis: Hackett Publishing Company, 1985/1885).

——: *On Liberty* (Indianapolis: Hackett Pub. Co. , 1978).

Nussbaum, M. C. : *The Fragility of Goodness: Luck and Ethics in Greek Tragedy and Philosophy* (Cambridge; New York: Cambridge University Press, 1986).

Putnam, H. : *Words and Life* (Cambridge, MA: Harvard University Press, 1994).

Rorty, R. : *Contingency, Irony, and Solidarity* (Cambridge: Cambridge University Press, 1989).

——: *Consequences of Pragmatism* (Minneapolis: University of Minnesota Press, 1982).

——: *Philosophy and the Mirror of Nature* (Princeton: Princeton University Press, 1979).

第 21 章　伦理学中的调和趋向

詹姆斯·P·斯特巴

正如这卷中的诸多论文所表明的，在当代伦理学理论中，有许多的冲突性视野。在那种认为我们所有的唯一义务是不干涉他人的消极义务的自由至上主义者，和那些认为我们也至少在某种程度上有帮助处于困境中他人的积极义务的反对者之间存在着冲突。在功利主义者和他们的反对者之间存在着冲突，即与那些赞同有帮助处于困境中的他人义务的人，对于这种义务的性质、程度以及支持的理由存在着分歧。与这些冲突交织在一起的，还有女性主义者与他们的反对者之间的冲突，这些反对者关注的是，对于怎样适当阐述妇女的视野和利益，在伦理学理论中应做一些怎样的调整。当然还有更多的冲突。在这篇论文中，我将只集中于我所提到的三种冲突，自由至上主义者和他们的反对者的冲突，功利主义者和他们的反对者的冲突，以及女性主义者和他们的反对者的冲突，并且表明这些冲突能够调和；如果冲突是如此，并且是像他们所认为的那样严重，但有希望能够得以调和；而且，在伦理学中进一步的调和前景应当是可期盼的。

一、自由至上主义者和他们的反对者

这一书中的自由至上主义观点是为简·纳维森（Jan Narveson）在他的题为《自由主义》的论文中所确立的。自由至上主义者在伤害他人与不帮助他人之间作出了一种相当明确的区分。他们认为，我们所有的唯一基本义务在于不伤害他人。我们伤害他人就是以不适当的方式干涉他人。这意味着，人们所有唯一的基本权利是不干涉的权利或自由权。正如纳维森所说：

自由至上主义是这样一种观点：我们都有一种单一的、普遍的基本权利——自由权……禁止侵犯的原则……认为，对无辜者使用强力是错的……我们可能如我们所喜欢的那样行事……而到这一点为止：在那我们与他人的同一权利发生冲突的地方……自由至上主义者想要允许每个人与所有其他人同样的基本自由相容的最完全的可能的行动自由。（Narveson，pp. 306，307，308）

在美国哲学东部地区会议上，纳维森为自己这篇论文的早些版本进行辩护，反对者有力地迫使他超出消极权利，来赞同一种帮助处于困境中的他人的积极义务，但纳维森同样进行了有力的抵抗。我相信，纳维森和他的反对者之间形成了一种困境，因为他们没有集中在自由主义观点本身的资源上。不是从一种消极权利理论本身得出积极帮助处于困境中他人的义务，纳维森的反对者强调的是一种不相干的帮助处于困境中他人的有理由的积极义务，而纳维森则否定这一点。为了论证的缘故，我提议一个可选择的方法是同意自由至上主义者，我们所有的唯一基本义务是不干涉［他人的义务］，那么，支持者要表明，帮助处于困境中的他人的积极义务能够从不干涉的基本消极义务中派生出来。

从不干涉的基本权利，自由至上主义者主张派生出一系列的具体要求，具体地说是生命权、言论自由权、出版与集会的权利，以及财产权。在这里重要的是要注意到，自由至上主义的生命权不是一种接受对于保持生命来说是必要的他人财物和资源的权利，而只是不被不公正地杀害的权利。同样，自由至上主义的财产权不是一种对于个人的财富而言是必要的接受他们的财物和资源的权利，而只是一种因最初获得或因自愿同意而获得财物和资源的权利。

当然，自由至上主义者乐意允许富人把他们的剩余资源与穷人一道分享。不过，根据自由至上主义者，这样一种仁慈的行动不应通过强制来获得，因为没有帮助那种处于穷困中的人的基本义务。出于这个理由，自由至上主义者反对任何强制性的福利项目。

现在，为了认识到为什么自由至上主义者关于不干涉的基本权利要求在什么问题上犯了错误，考虑一下一种典型的富人和穷人相冲突的情形。在这种冲突的处境里，当然富人有比满足他们的基本需要更多的资源。相反，穷人缺乏解决他们的基本需求的资源，虽然他们尽力使用自由至上主义者认为是可获取这种资源的所有可利用的合法工具也是如此。在这样的环境下，自由至上主义者一般强调，只要富人愿意，富人有如其所愿地满足他们的奢侈需要而使用他们的资源的权利。自由至上主义者认识到，这种自由可能是以穷人的最基本需要的满足为代价得到的；他们恰恰认为，自由总是优先于基本政治理想的，既然他们认为，穷人的自由不是这种冲突处境中的要害问题，因而他们易于得出结论说，不要求富人牺牲他们的自由来使得穷人的基本需要得到满足。

不过，事实上穷人的自由是这种冲突处境中的要害问题。至关重要的是，穷人的自由不能因从富人的满足必要基本需求之外的剩余占有中拿了什么而受到干涉。当自由主义者被带到这种情形中时，他们真的感到奇怪，甚至可以说他们突然醒悟到了，因为他们先前没有把穷人与富人的冲突看做是自由的冲突。[1]

现在，当富人和穷人的冲突被看做是自由的冲突，我们或者能够说，富人应该有为了他们的奢侈目的而用他们的剩余资源而不被干涉的自由，或者说，穷人应该有为了满足他们的基本需求，而从富人那里拿他们所需要的东西的不被干涉的自由。如果我们选择一种自由，那将拒绝另一种自由。因此，所需要确定的是，哪一种自由在道德上是可取的：富人的自由还是穷人的自由。

我认为穷人的自由，即不因拿他人的剩余资源来满足基本需要而受到干涉的自由，在道德上比富人的自由更为可取，即富人为他的奢侈目的而有用他的剩余资源的不受干涉的自由更为可取。要认识到这一点，我们只需要诉诸最基本的一种道德原则，这对于所有的政治视野来说都是共同的，即"应该"蕴涵着"能够"的原则。根据这个原则，在道德上不要求人们做他们缺乏能力做的事，或涉及如此巨大的牺牲，以至于［向他们］提出要求就是不合理的（unreasonable），或在那种严重的利益冲突的情形中，不合理地要求他们服从［要求］。

例如，假设我承诺参加周五的一个系里的会议，但在周四我遭受了一场严重的车祸，这使我进入昏迷状态之中。现在确实不再是那种我应当参加会议的状况了，因为我缺乏能力做到这点。或假设在周四我得了严重的肺炎，现在正在住院。确实我现在能合法地宣称，我出于我的健康考虑，不能参加会议，如果要我参加会议，这是一种不合理地要我承受的要求。或假设我患肺炎不是那么严重，以至于要求我参加会议不是那么严重地拿我的健康冒险，但这仍然是一种不合理的要求（一种过分的要求），因而要求我参加会议（这种要求靠责备或强制来支持），仍然是相当严重的不合理的事情。

这个"应该"隐含着"能够"的原则主张，合理性（reason）与道德必须要一种适当的方式相联结，特别是假如我们正在打算为使用责备或强制使人们遵从道德的要求进行辩护时。不过，应该注意到，哲学史上的大多数人以及今天的大多数哲学家，包括几乎所有的自由主义的哲学家，接受这个道德与合理性的联结。然而，我认为，有充分的理由把合理性和道德的这个联结与"应该"隐含着"能够"的原则联系起来，即，在这个例子中对"能够"这词的我们的用法，以及从传统的"应该"蕴涵着"能够"原则中所有的包括逻辑的、身体的和心理的可能性到这种形式的"应该"蕴涵着"能够"中的道德可能性的概念的自然进步。在任何情况下，对这种形式的"应该"蕴涵着"能够"原则的接受，是为对它的组成成分的事实上的普遍接受所确定的，而不是为我已经提出的一起加进的那些成分所确定的。[2]

现在应用"应该"蕴涵着"能够"的原则到早些的那个案例，似乎很清楚，穷人在他们的能力范围内的是，当他们从富人那里拿要满足他们需要的东西而有着不被干涉的自由时，他们可以愿意放弃这样一种重要的自由。不过，要求他们作出如此巨大的牺牲是不合理的。在极端的情形下，它可能涉及要求穷人不行动甚至饥饿至死。当然，穷人可能并没有真正的选择机会来放弃这种自由。做别的事情也可能涉及对他们以及他们所爱的人的更坏的后果，也许导致一种痛苦的死亡。因此，我们可能希望，穷人将会勉强同意，虽然是不情愿地同意，一种否定他们的为这样一种自由所支持的福利权的政治制度，同时，我们承认这样一种制度施加了一种不合理的牺牲在穷人头上——一种我们不能在道德上责备穷人力图逃避的牺牲（see Sterba 1984）。相类似的是，我们可能希望一个生命受到威胁的妇女会去满足强暴者的要求，同时，我们承认这些要求的完全不合理性。

相反，对于要求富人牺牲满足他们的奢侈需要的自由，从而使得穷人有着能够满足他们的基本需要的自由，这种对富人的要求不是不合理的。很自然，我们可能希望富人，出于自我利益和过去的贡献的理由，可能不倾向于作出这样一种牺牲。我们可能认为，富人过去的贡献对于不牺牲他们为了奢侈的目的而使用他们的剩余品的自由提供了充分的理由。而且，不像穷人，富人不能声称取消这样一种涉及如此巨大牺牲的自由，要求他们这样做将是不合理的要求。不像穷人，富人能够在道德上受到责备，如果不作出这样一种牺牲。

结果是，如果我们假设我们也具体说明了道德的要求，他们不能违犯"应该"蕴涵了"能够"，这意味着，不管自由至上主义者主张了什么，为他们所赞同的自由权实际上把穷人的自由置于富人的自由之上。

自由至上主义者能不能反对这个结论，宣称这是不合理的主张：要求富人牺牲他们的奢侈需要而去满足穷人的满足基本需要的自由权？正如我已经指出的，自由至上主义者实际上没有认识到这样一种自由的冲突，但却假设他们自己认识到了。自由至上主义者反对这个结论怎么可能是合理的呢？我认为一点也没有合理性。

请考虑一下：自由至上主义者对于穷人打算说什么？要求穷人牺牲满足基本需要的自由而使得富人有满足他们的奢侈需要的自由，这里的不合理性难道还不清楚吗？要求穷人不行动甚至饥饿至死，其不合理性难道还不清楚吗？如果是这样，那么，对于这个冲突要求有富人和穷人都接受的解决方案是合理的，但没有这样的解决方案。但这意味着自由至上主义者不能提出一种道德理想，因为一种道德理想解决严重的冲突是以如下方式，即它是以合理地要求受影响的所有人都接受的方式进行的。因此，只要自由至上主义者认为他们自己提出了一种道德理想，他们不能承认，在严重的利益冲突中双方提出如下要求是不合理的：要求富人牺牲他们的奢侈需要的自由以有利于穷人，和要求穷人牺牲他们的满足基本需要的自由而有利于富人。但我认为，如果这些要求中的某一个被判断为是合理的，那么，任何中性的评判必须是这样的要求，即富人牺牲某些他们的奢侈需要的自由而使得穷人有解决他们的基本需要的自由；没有别的合理的解决方案，如果自由至上主义者打算提出一种道德理想的话。

也应当注意到，对富人自由限制的情形，取决于穷人在那些对于他们来说可得到从事相互有利的工作机会时，他们想得到好处的意愿。所以，如果说穷人在这样的机会中得不到好处，正常情况来说是不可能的，或至少，有意义地减少富人为了有利穷人而限制他们的自由的义务［因为这是相互有利］。另外，也将要求穷人平等地回报对剩余物的占有，他们从富人那里拿去，一旦他们这样做了，他们的基本需要就可得到满足。不要求穷人保有他们有资格得到的自由，他们可以放弃部分自由或全部自由，或为了获得更大份额的自由，或其他社会的善而冒丧失它的危险。结果是，为了有利穷人而对富人的自由进行限制既不是无条件的，也不是不可剥夺的。

当然，也有这种情形。在这里，穷人不能满足他们的基本需要，不是因为对自由的任何直接限制，而是因为处于这样可怕的需要中的穷人，他们甚至不能有从富人那里拿解决他们的基本需要的东西的企图。在这样的情形里，富人并没有得到授权要阻止穷人拿他们所需要的东西。而即使在这样的情形里，富人阻止其他人拿富人的剩余物和用它来帮助穷人这也是很正常的。而当从道德的观点看，限制这些联盟者的自由或穷人代理者的自由在道德上不能得到辩护，为着同样的理由，限制穷人解决他们的基本需要的自由在道德上也是得不到辩护的：要求所有那些相关者接受这样一种对自由的限制是不合理的。

现在可能要遭到反对的是，从自由至上主义者的前提所确立的这个福利权与为福利自由主义者和社会主义者所赞同的福利权是不同的。这是正确的：我们能够通过指涉为这个论证所确立的"一种消极福利权利"的权利指出这个不同，以及通过指涉为福利自由主义者和社会主义者所赞同的作为"积极福利权利"的权利来指出这个不同。这个不同的意义是，一个人的消极福利权利只有当其他人履行所授的权利进行干涉时才能侵犯，而一个人的积极福利权利不仅能被这样的授权行动所侵犯，而且也会为取消活动所侵犯。不过，这个不同也可能几乎没有实践意义，因为在对消极福利权利的合法性的承认中，自由至上主义者意识到，几乎对他们的剩余占有物的任何使用都可能是违反了穷人的消极福利权利，因为阻止了穷人适当地占用他们的剩余物（的某部分）或资源。所以，为了确保他们不做这种错事，那将是有责任建立制度来保障穷人适当的积极福利权利。但愿他们能够合法地使用任何剩余物去解决他们自己的非基本需要。进一步说，适当的积极福利权利的缺乏，穷人通过他们自己的行动或通过他们的联盟者或代理者的行动，在确定何时以及怎么履行他们的消极福利权利问题上，将有某种明辨性。为了不使得自己从属于这种明辨性，自由至上主义者倾向于赞同阻止这种权利的实践，把这看做是唯一在道德上合法的：他们将建立确保适当的积极福利权利的制度，把程序置于消极福利权利的实践之上。出于这些理由，承认穷人的消极福利权利将最终导致自由至上主义者赞同为福利自由主义者和社会主义者赞同的那种福利制度。

简要地说，我提出，一个自由至上主义者不干涉的消极权利，能够被看做是通过把"应该"蕴涵了"能够"的原则应用到穷人与富人之间的冲突上而支持了一种福利权利。在我已经作出的解释中，借着赞同把穷人的自由置于富人的权利之上，这个原则支持这样一种权利（see Sterba 1998, ch. 3)。在另一种解释（在别的地方）中，至关重要的是，这些权利的派生在于这个主张：要求穷人否定他们的基本需要是不合理的，接受任何比这些权利更少的东西作为他们愿意合作的条件也是不合理的。[3]

二、功利主义者和他们的反对者

在这一本书中呈现出来的功利主义者和他们的反对者的冲突得益于 R. G. 弗雷和布拉德·胡克。弗雷从 R. M. 黑尔的著作得到启发，为了证明人们道德思考的直觉和实践层次上使用的和接受的规则和实践，在道德思考的批判的和理论的层次上，他几乎唯一地使用最大化总功利的标准来为行动功利主义辩护。相反，胡克则为一种规则后果主义进行辩护，通过在许多基本方面不与功利主义理论为伍，避免了对功利主义的许多标准批评。例如，胡克回应对功利主义的这种批评：通过指出公正是他的理论给予了说明的后果之一，而回应了功利主义与公正相冲突的批评。相似的是，他避免了这种批评：如果规则功利主义能够得到它的后果的辩护，那么它终究将成为行动功利主义。对于他的规则后果论，胡克拒绝了一种后果论的证明，相反，他主张"从某些有吸引力的关于道德的一般观念"来发展他的观点，并且，最为重要的是，这是在我们所考虑的道德判断中的一种反思平衡。因此，我提出，通过探求把功利主义者和他们的反对者带到一起的方法，来进一步支持胡克的论点。

把功利主义者和他们的反对者带到一起的一种有吸引力的方法是，通过诉诸某种他们所共同享有的基础来解决他们之间的差别。这个共同基础是为当代社会契约理论所提供的，因为社会契约理论，尤其是不以实际的契约为前提的假说式形式的契约论，得到了功利主义者和他们的反对者的广泛接受，正如我所表明的，它能够被用来合理地解决这两者之间的分歧（see Hare 1999；Harsanyi 1977）。依据弗雷对批判和理论与直觉和实践的区分，这完全是在批判与理论层面上确定哪一种规则和实践应当应用到直觉和实践层面上去的一个讨论。

根据社会契约论的一种标准形式，如果人们减少了对他们自己的特殊利益的知识，那么，道德原则就是那些人们同意的原则（see Sterba 1980，1988；这些来自于 Rawls 1971）。既然人们显然知道他们自己的特殊利益是什么，那么，当正式表达他们的道德要求时，运用这个版本的社会契约

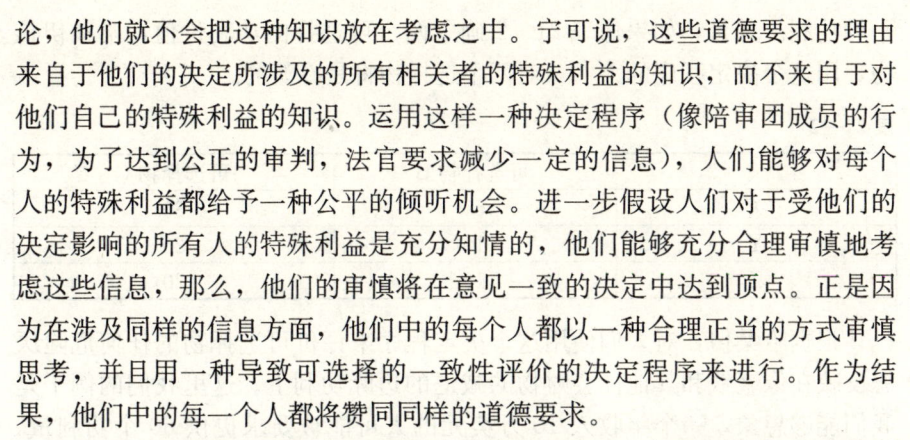

论，他们就不会把这种知识放在考虑之中。宁可说，这些道德要求的理由来自于他们的决定所涉及的所有相关者的特殊利益的知识，而不来自于对他们自己的特殊利益的知识。运用这样一种决定程序（像陪审团成员的行为，为了达到公正的审判，法官要求减少一定的信息），人们能够对每个人的特殊利益都给予一种公平的倾听机会。进一步假设人们对于受他们的决定影响的所有人的特殊利益是充分知情的，他们能够充分合理审慎地考虑这些信息，那么，他们的审慎将在意见一致的决定中达到顶点。正是因为在涉及同样的信息方面，他们中的每个人都以一种合理正当的方式审慎思考，并且用一种导致可选择的一致性评价的决定程序来进行。作为结果，他们中的每一个人都将赞同同样的道德要求。

但是，人们用这个程序将选择什么样的要求？人们选择的要求将赞同功利主义，或他们将基于对一般得到承认的正义标准而选择冲突的要求？

约翰·哈桑伊（John Harsanyi）和其他人认为，有利于功利主义的唯一要求是人们用这样一个决定程序选择的要求（Harsanyi 1977）。哈桑伊主张，人们用这样一个决定程序首先分派的是他们在社会中所占据的特殊地位的一种平等的可能性，然后以一种最高的可期望的平均功利选择可选择物。当人们占有着社会中他们所有的份额（这种份额带有个人的主观判断性），为了决定功利性分派物，人们用这样一个决定程序比较社会中可能有的特殊分配份额。相似的是，我们可比较黑尔的可普遍化标准、休谟的公正的观察者，还有金规。哈桑伊也假设，运用具有适当的心理学规则的知识和事实性信息，人们用这样一个决定程序将达到同样可比较的功利判断，其次，从这样一种判断，将可能决定哪一个可选择物将最大化他们可期望的平均功利。

例如，考虑一下一个只有 X、Y、Z 三个成员的社会，他们面对着表 21—1 中的可选择物。

表 21—1

	可选择物 A	可选择物 C
X	60	30
Y	10	20
Z	10	20

假定这些选择物，哈桑伊认为，人们用社会契约决定程序将假定，他们有成为 X、Y 或 Z 的同样可能性，因此，他们将选择 A 作为他们较高的

平均功利。并且，如果像表 21—2 确立两个可选择的功利价值，哈桑伊认为，用这个决定程序的人们，对两个选择物将是冷淡的。

表 21—2

	可选择物 B	可选择物 C
X	50	30
Y	10	20
Z	10	20

根据哈桑伊，对人们使用这个决定程序来评价可选择物的任何危险厌恶反映在像金钱和其他社会财物的减退的边际功利上。这里我们的例子是我们能够想象，一个年收入 10 万美元的人可能被要求提供 60 个功利量，而一个年收入只有 5 000 美元的人要求提供 10 个功利量，一个年收入 4 万美元的人要求提供 30 个功利量，但只有 15 000 年收入的人则要求提供 20 个功利量。

但即使是我们假设社会财物边际减退功利已经考虑进去了，使用这个社会契约程序的人们将仍然有理由偏爱可选择物 C 而不是 A 和 B。这是因为当运用这个决定程序时，有两个因素，人们在作出决定时要考虑进去。一个因素是平均功利收益，这个因素将有利于可选择物 A。不过，另一个因素是功利收益的分配，并且这个因素将清楚地有利于可选择物 C。而且，对于这类可选择物而言，正是这第二个因素对于那些减少对他们自己而言的特殊利益知识的人来说，是决定性的。

当然，如果可选择物是不同的，使用这个决定程序的人的选择也是不同的。例如，如果可选择物是如表 21—3 所确定的，使用这个决定程序的人将肯定偏爱可选择物 D，因为它相对于有着较好分配的可选择物 E 来说有着较高的平均功利收益。不过，至少在某种情形下，对于那些使用这个决定程序的人们来说，分配因素可能超过了平等功利因素，这对于评价功利主义者和他们的反对者之间的冲突来说是至关重要的。

表 21—3

	可选择物 D	可选择物 E
X	50	40
Y	30	25
Z	20	21

因此，接受这样一个社会契约决定程序的功利主义者面对着一种困难

的选择：或者放弃他们对社会契约理论的承诺，或者改变他们对社会契约理论的承诺，或者改变他们对功利主义目标的承诺。功利主义并不能够轻易地放弃他们对社会契约理论的承诺。因为社会契约理论只是对于共同接受的公平标准的解释，这个标准现在显得与个人的收益功利处于冲突之中，或假定至少在道德上超过了个人的收益功利。既然在传统上对功利主义的接受看做是依赖于表明，这样的公平标准几乎不会与个人的收益功利相冲突，然而现在它们发生了冲突，个人收益的功利在道德上具有至上性的观点又被认为是合理的，这意味着，除非人们使用这样一个决定程序的偏好能够受到挑战，那么，功利主义者几乎没有选择而只有改变他们对功利目标的承诺。

不需要说，这样一个社会契约程序能够得到改变，使得使用这个程序的人们的偏好与功利主义一致。一个方法就是重新界定使用这个决定程序的人们，以使得他们不再把分配因素在他们的审慎中看得太重。这样，人们可能把使用这个决定程序的人看做是活动的个体，或从好的方面看，社会中的许多任意流动的、部分性个人的整合部分。在这个方面，每个使用这个决定程序的人能够在社会中至少实现大致平均的个人功利收益。相应的是，在使用这种决定程序时，他们不再有任何理由严肃地考虑分配因素。

而改变社会契约决定程序的这个提议只是暴露了隐含在功利主义里的关于人的本性的不适当的概念。因为为了选择最大化平均个人功利收益，使用这个决定程序的人们将不得不把他们自己看做是许多任意被选中的个人中的活的任意整合部分。因此，作出决定将要求，至少对于道德目的来说，人们开始以一种根本不同的方式来考虑他们自己。把这联系起来，罗尔斯指出，对个人功利收益总量最大化的选择也隐含着一种不适当的个人概念，因为这样一种选择也为同情的观察者所作出，这个观察者考虑了每个人的欲求和满足，好像它们是一个人的欲求和满足（Rawls 1971）。因此，两种选择都没有充分注意到人与人之间的区别：通过要求把他们自己看做是"总合个人"的部分而选择最高的个人功利收益，和通过要求人们把他们自己看做是被称为"平均个人"的部分而选择最高的平均个人功利收益。

但为这个社会契约决定程序所吸引的功利主义者肯定想抵制这些结论，因为这意味着，就一致性而言，他们不得不放弃，或者是放弃他们对社会契约理论的承诺，或者是放弃他们对功利主义的承诺。如希望避免这个结果，功利主义者可能承认，使用这个社会契约决定程序的人将偏爱可选择物 C 而不是 A 和 B，但功利主义者否定，这表明功利主义在这个基础上的不适当性，这些可能性并不构成可选择物的一种现实类别。这样，功利主义可能主张，为了证明功利主义的不适当性，必须表明的是一种有着充分高的最小个人功利收益的可接受的分配不是一种最大化个人功利收益选择的现实结果。

例如，考虑一下可选择物 A 和 C（表 21—4）。考虑到这类选择物，功利主义者可能主张，在现实性的条件下，有第三种可选择物即可选择物 F，像可选择物 C 一样，这两者提供了至少是较高的最低个人功利收益，和比可选择物 A 较高的平均个人功利收益。这第三个可选择物 F，据说来自于为了确保最小个人功利收益而从 X 到 Y 和 Z 的大量善目转换的结果。这样一种转换——假定与衰退的边际功利一致——据说提供了比 X 更多的总的个人功利收益给 Y 和 Z，这样使得在功利主义的基础上，可选择物 F 比可选择物 A 更为可取。

表 21—4

	可选择物 A	可选择物 C
X	60	30
Y	10	20
Z	10	20

但这是合理的吗？这样一种善目的转换恰恰产生这些结果具有现实可能吗？有许多理由认为不是这种情形。

第一，在现实条件下，是不是 X 并不享有不直接来自于 X 所占有的较大份额，但来自于 X 有可观的比 Y 或 Z 更大的善目这个事实？但如果在现实条件下是这种情形，那么提高可选择物 A 那里的最低个人功利收益以至于能够与可选择物 C 相比，就可能使得可选择物 A 并入到可选择物 C 里去，产生一种空的功利集。既然这意味着可选择物 A 将仍然是偏爱功利主义者的可选择物，那些使用我们的社会契约决定程序的人们将仍然有理由选择可选择物 C。

第二，即使是在现实条件下，有一种可提供至少是如同可选择物 C 一样高的最低个人功利收益的可选择物 F，可选择物 F 也有比可选择物 A 更高的平均个人功利收益。对于将可选择物 A 转换成可选择物 F，唯一可接受的方法是逐渐转换使得不至于为那个正在积累他/她的偏好性地位的 X

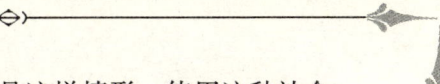

体验到突然性的功利减少。是这样吗？但如果是这样情形，使用这种社会契约决定程序的人就有理由拒绝产生这样一种可选择物 F 可接受的功利主义的方法，而不是可选择物 F 本身。因为用我们的社会契约决定程序的人们将想要一种得到直接或间接确保的充分高的最低功利收益，而不考虑是否一种快速的转换将引起一个功利集的消失。

第三，善目的一致性边际功利减退的假设是现实的吗？当似乎合理地同意，每个人体验到某种善目的边际功利减少，接近正义理想的功利主义者必须走得更远，并假定减退对于每个人来说都发生了，或是在他的基本需要满足前直接发生了，或是在他的基本需要后间接发生了（例如，不是只在一个 35 000 美元到 50 000 美元之间的年收入之后才发生这种减退）。为了对这个假设进行辩护，功利主义者一般不宣称，他们知道不一致地在获得者善目的每个早期阶段发生减少的边际功利。一般他们宣称，假设对于特殊个人来说减少边际功利率是不确定的，那么最好假定对于每个人来说，在获得善目的早期阶段是一致性减少的。当然，在这点上，人们可能会问，是否基于这个理由而接受这个假设的人，确实是基于他们对于功利评估的规范判断。而即使是不考虑这点，仍然不清楚的是，在善目的边际功利减少方面的有意义差别的许多案例中，我们有没有充分证据。评估这些差别增长的技巧也许通过把善目的稀缺剩余分配给一个社会（即，X 的社会）中的某些亚群体而有可能最大化了功利，而不是确信，有一种可接受的分配对社会中的每个人提供了一种充分高的最低个人功利收益。

最后和最重要的是，即使合理地假设，在获得善目的早期阶段一致性的边际功利减少，即使是最大化平均个人功利收益的一种选择也总是提供了一种相对高的最低个人功利收益，即使是直接或间接的功利主义的转换并转换到这样一种选择，也并不是这样一种情况：使用我们社会契约决定程序的人们将把它充分看做是如此确保了最低的个人功利收益。如果假定这个选择（以这样一种方式来选择）对于人们的生活视野的选择是重要的，并因此而减少考虑恰好是他们自己的利益，对于他们来说，采用有点保守主义的立场将是合理的，他们要作出的选择是，为了较好的功利分配而牺牲较高的平均个人功利收益。这个保守主义的立场不导致对最高的可能最低个人功利收益的选择，但所提到的这个冒险仍将导致，为了较好的功利分配而牺牲较高的平均个人功利收益。

因此，在上述考虑的基础上，使用我们的社会契约程序的人们将有理由怀疑，是否相对高的最低功利将是有着最高平均个人功利收益的可选择物的现实结果，并且，即使他们不考虑这些怀疑，他们仍然有理由确保比这样一种可选择所提供的更好的分配。这就是为什么使用这个决定程序的人将至少体验到某种对冒险的厌恶：对占有着一种最高平均个人功利收益的可选择物之下的不可欲求的分配处境的冒险的厌恶。因此，使用这个决定程序的人们将赞同一种反映了他们一定的对冒险厌恶的可选择物，即他们愿选择可提供一种较好的分配而不是只能最大化平均个人功利收益的选择物，这对于他们来说是合理的。

当然，我们的决定程序能够重新建构以至于径直地导向功利主义。但能够做到这点的唯一方法，不是重构使用这个决定程序的人们，而是确定，当人们考虑他们可能占有什么位置时，使用这个决定程序而不再厌恶冒险。不像减少对他们自己的特殊利益的知识的要求，这个要求不需要确保公平；这只是确保一种功利主义结果的工具。至于了解这个要求令人想到公平与功利冲突的性质问题。当公平被解释为为了达到道德决定而要求我们减少一定的知识的要求时，这种要求，除非以限制排除冒险厌恶为条件，将不导致对功利主义结果的选择。

而且，如果我们采用在我们的决定程序中的人们正在选择他们的现实条件这个假设，那么，把公平的理想与功利主义对照起来就更为突出了。因为对于使用我们的决定程序的每个人来说，即使他们假定（例如）在获得年收入超过10万美元前，并不减少社会善目的边际功利，但都想要确保一种充分高的最低功利。而当这样一种假设戏剧性地改变了功利主义的规范蕴涵，使得它们更具有客观可能性时，却没有使得我们的公平的社会契约理想相对地受到影响。

在这里，没有可能使用弗雷的两个层次的道德思考方法来为功利主义进行辩护。这是因为，我们能够想象，上述论证整个地发生在道德思考的批判/理论的层面，这个层面的[活动]决定了哪一个规则和实践可用于直觉的/实践的层面的道德思考，以及可为这一层面的道德思考所接受。在批判/理论层面，我们正在一套确实可最大化功利的规则和实践，以及另一套具有公平标准的限制对功利最大化追求的规则和实践之间进行选择，这种公平的标准可在当代社会契约理论中发现。但愿胡克的公平合作[论]能够有他的理论效果，并以某种方式解决对功利主义的这种异议。[4]

因此，我们已经看到如何可能用当代的社会契约理论来合理地解决功利主义者和他们的反对者之间的分歧。既然当代社会契约理论得到功利主义者和他们的反对者的广泛赞同，它对功利主义目标追求的限制也应得到功利主义者和他们的反对者的广泛赞同。

三、女性主义者和他们的反对者

在这一书中，艾莉森·贾格尔研究了女性主义对传统伦理学的多样性的批评。艾莉森·贾格尔的研究是相当广泛的。所以我在这里不希望讨论她所提出的所有批评，尽管事实上我相信传统伦理学和女性主义伦理学的调和是很有可能的。一般来说，我主张，当女性主义不与对传统伦理学的某种解释相冲突，那就有对传统伦理学的更有利解释从而不与女性主义发生冲突。为了表明这一点，我将具体考察某种对传统伦理学的女性主义的批评，而在这一书中，艾莉森·贾格尔对于这种批评只是提到了它的结论。

这样一种批评是赛拉·本哈比在反对罗尔斯的假设性契约主义时提出的。本哈比对罗尔斯的假设性契约主义的批判的中心点是，她区分了一般的他者与具体的他者（Benhabib 1992）。从一般他者的立场出发，要求我们把每个人看做是一个理性存在者，都有着如我们归之于自己的同样的权利与义务。假设这个立场是我们从个体和他者的具体同一性那里抽象而来的。我们假定他者像我们一样，是有着具体需要、欲求和情感的存在者，但构成他或她的道德尊严的不是我们与他人的差别，而是我们所有人共同具有的作为言说和行动的理性存在者。根据本哈比，我们对他者的关系是为形式平等和相互性规范所支配的，也就是说，每个人都有资格希望我们和设想我们，如同我们希望和设想他或她一样。我们与他者的交互活动规范主要是公共的和制度化的规范（Benhabib 1992：158-159）。

相反，具体他者的立场则要求我们把每个有理性的存在者看做是一个有着具体历史、同一性和情感—情绪结构的个人。我们从构成我们的共同性的东西抽象出来的这个立场集中在个体性上。我们寻求对他人的需要、动机、他们所寻求的和他们所欲的东西的理解。我们对他者的关系为平等和补充性的相互性规范所支配，也就是说，每个人都有资格希望采用行为的其他形式，通过这种行为，其他人感到被承认并确定为一个有着具体需要、才能和能力的具体的个体存在者。这种我们与他者的交互关系规范，虽然不是唯一的，但通常是私人性的、非制度化的规范（Benhabib 1992：159）。

本哈比对罗尔斯的假设性契约主义的批评的主要论点是，他的理论对于作出伦理决定来说是不适当的，因为施加在他的原初状态上的无知之幕条件只允许作为一般他者，而不是具体他者的他者知识。根据本哈比，把他者只是作为一般的他者来考虑，根本就不是把他者作为他者来考虑，因为作为一般的他者，我们不是真正的他者，而且是把所有人都同一化了（Benhabib 1992：161ff）。

相反，本哈比自己的女性主义伦理学允许有关于他者作为一般的他者和具体他者的知识（Benhabib 1992：164，169）。这样，不像罗尔斯的理论，本哈比主张，她的女性主义伦理学确实要求我们把我们自己放在他者的位置上，即既作为一般化同时也作为具体化的他者的位置上。而根据罗尔斯，在原初状态中的个人不知道他在社会中的地位、他的阶级地位，不知道他在自然资质的分配中的他的运气和能力、他的智力和力量，等等。并且，任何人都不知道他的善观念、他的生活合理计划的特殊处，或者甚至他的心理的具体特征，诸如他对冒险的厌恶，或易于乐观或悲观（Rawls 1971：137）。从在原初状态中的人的特征，本哈比得出结论说，在罗尔斯的原初状态中的人所知道的他者只是一般的他者而不是具体的他者，这个有限知识并不足以在伦理上作出决定。

但就我能说的而言，对于罗尔斯的无知之幕条件的解释至少有三种，其中一种导致本哈比对罗尔斯的理论进行了消极评价。第一，我们能够解释无知之幕的条件，正如本哈比所做的那样，排除掉他者的任何特殊信息，而不论它们是什么，因此，排除掉关于具体他者的任何知识。第二，我们能够把无知之幕的条件解释为简单地排除了这种知识：偶然成为特殊具体自我的知识，但允许关于具体自我的所有其他特征知识。依据这第二种解释，在罗尔斯的无知之幕之后的人们能够知道个人的充分具体性，他们只是不知道，或至少减少了他们对他们偶然成为哪一种具体自我的知识。依据这第二种解释，无知之幕之后的人们有关于具体他者的知识，即本哈比认为对于作出伦理决定至关重要的知识。

但为什么这种知识对于作出伦理决定是至关重要的？为了确定人们应该有什么基本权利，我们确实需要有这种关于他者的知识吗？这并不很清楚。为了确定其他人对于平等的政治自由、平等的机会和如同我们一样的最低的平等福利，知道他们只是像我们一样的人，不就是很充分了吗？当然，人们的具体特征将决定这些基本权利如何得到解释。例如，平等机会权对于一个残疾者来说，比对于一个正常能力的人来说有点不同。一个侵犯了他人的基本权利的人的基本权利将受到可证明为合理的制约。我们也有一些权利和义务来自于我们所达成的具体协议，或我们所承担的角色。但决定所有人类存在者有什么基本权利，似乎反映共同有什么（即，我们的一般自我）就是充分的了。在道德反思的这个阶段不需要关于我们的具体知识，虽然如我所表明的在其他阶段需要。

现在这是可能的，对罗尔斯的理论解释为这个事实所误导了：关于具体自我的知识在决定人们有什么基本权利方面没有被用上，由此得出结论，在罗尔斯的理论中关于具体自我的知识根本就没有用，因此，当真正需要时，即在不同的具体条件下需要运用这些基本权利时，则就派不上用场了。但是，正如我指出的，这将是对罗尔斯理论的一种错误解释。

我们也需要承认，有时我们的具体自我的知识能够从人们所有的基本权利所确立的方式中得到。25 年前，R. M. 黑尔提出，在罗尔斯的原初状态中所需要确保的公正是"经济上的无知之幕"（Hare 1973）。黑尔的经济无知之幕只剥除原初状态中的个人的关于每个人的具体性质和环境的知识（即他们是谁和他们在哪里），而给予他们关于历史过程和社会现在条件的完全知识，以及无限制的一般信息。实际上，黑尔的经济无知之幕对罗尔斯的无知之幕的解释是与上述所提供的第二种解释同一的，它允许具体自我的知识，而这是本哈比认为对于作出伦理决定来说至关重要的。

但对罗尔斯的无知之幕的这种解释也有一个问题。在黑尔的经济无知之幕之后的人们有着历史过程和社会的现在状态的知识，他们能够决定何时通过奴役或否定一定少数群体的基本权利来确保一个社会中的压倒性多数的值得考虑的功利。他们能够由于他们属于多数的高度可能性，而决定把他们自己翻转为一定的不利少数群体成员作为可接受的冒险。作为结果，正是在黑尔的经济无知之幕之后的人们的利益，选择了否定一定少数的基本需要和欲望的原则，只要这种选择是有利于社会中压倒性多数。

我认为，黑尔对罗尔斯的无知之幕解释的这个问题将导致我们赞同第三种解释。根据这种解释，在原初状态中的人们除了那将导致偏见性选择或以妨碍全体一致同意的知识之外，将有所有的一般性知识和具体他人的知识。[5]对罗尔斯的无知之幕的这个第三种解释没有黑尔的经济无知之幕所面对的问题，因为如果我们的有利或不利社会地位的知识可能导致偏见性选择，那它就要求减少我们这种翻转其有利的或不利的社会地位可能性的知识。对无知之幕的这种解释也是罗尔斯自己自从1975年以来所认同的一种解释，是他在题为《善的公平》一文中提出来替代早期解释的(Rawls 1975)。而且，假定罗尔斯的无知之幕的这个解释允许所有具体他者的知识（这种知识不导致偏见性选择或妨碍达成全体一致的同意），因而它似乎并不处在本哈比的批评之下。[6]

本哈比对罗尔斯假设性契约主义的批评的另一方面，是指责它代表了一种作出道德决定的独白模式，她认为，这与在现实生活中的多样性参与者的对话模式（为交往伦理学所赞同）比较来说，是较低层次的。这个意见根源于哈贝马斯，得到艾丽丝·杨（Iris Young）和玛林·弗里德曼的赞同（Benhabib 1992：163；Friedman 1993，ch.1；Young 1990）。[7]现在没有疑问的是，作出伦理决定要求在所有相关参与者之间的现实生活的论证，这使我们意识到了那支持多种可能性处境的理由和问题。但在相关参与者并没有结论的任何论争中，常常有足够的实际论证。在某些情形里，在从所有的相关参与者那里有达到一个同意（协议）的任何希望之前，讨论将进行得非常长。在其他情形里，某些参与者的非道德的顽抗或内心的不情愿将有效地排除掉任何同意。在所有的情形里，仍然还有这个问题：我应该做什么？个人不得不通过他们自己的道德反思来回答这个问题。很明显，相关参与者的知情争论将对这种反思有巨大帮助，但除了所有相关参与者达到一种全体一致的同意的这种可能性之外，这种争论极难得到解决。在所有情形里，当论争在进行时，我们需要反思这个争论，然后确定我们所想的什么是对的。所以在正常情况下，作出伦理决定既是对话的也是独白的。这涉及一种与其他的相关参与者一起正在进行的现实生活的争论，同时涉及，在到目前为止的争论进展过程中的个人的反思，从而确定个人所想的什么东西在道德上是正确的。

但如果人们认为在道德上是正确的东西在某种程度上是为对话性思考，在某种程度上又为独白性思考所确定，那假设性同意起了什么作用？很明显，假设性同意在独白性思考中起着重要作用。当实际同意是不完全或有缺陷的时候，确定在更有利的条件下人们将同意的东西对于作出伦理决定来说是一种重要的资源。进一步说，对道德上相关假设性同意的结果的知识，对于人们愿意作出哪一种实际同意来说有一种重要的作用。在达到道德上的知情同意之前和之后，道德上相关的假设性同意对于确定什么是道德上正当的起了重要的作用。

而且，正像达到道德上知情的实际同意会有障碍一样，在达到道德上相关的假设性同意上也会有障碍。在贾格尔的《正义、性别和家庭》一书中，贾格尔列举了对她这本书的贡献者，苏珊·奥肯考察了罗尔斯的假设性契约主义支持一种中性社会（a gender-free society）的女性主义的能力。她注意到罗尔斯没有把原初状态类型的思考运用到家庭结构，奥肯怀疑用罗尔斯的理论来支持女性主义理想的可能性。她主张，在一种像我们这样的性别结构的社会里，男性哲学家不能达到同情的想象，这种同情想象要求从妇女的立场来看事物。奥肯认为，在一种性别结构的社会里，男性哲学家不能进行罗尔斯的理论所要求的原初状态思考，因为他们缺乏把他们自己放在妇女位置的能力。所以，根据奥肯，原初状态思考只能在一种中性社会里实现。

可在奥肯对在像我们这样的性别结构的社会里进行原初状态思考感到绝望的同时，她自己值得怀疑地正在进行相当大量的这种类型的思考。例如，她认为，罗尔斯的正义原则"似乎要求不仅对家庭内的劳动分工进行一种根本性的再思，而且要求对采用它的所有非家庭制度进行再思"（Okin 1989：104）。她也认为："对性别的废除似乎对于实现罗尔斯的正义的标准来说是实质性的"（Okin 1989：104）。

但这意味着什么？我们能够或不能够进行罗尔斯的假设性契约主义所要求的原初状态类型的思考？我认为如同其他人的工作一样，奥肯自己的工作证明了我们能够进行这种思考，对于我们不能进行这种思考的她的理由是没有说服力的。因为进行原初状态的思考，没有必要每个人都把他们自己想象为处于别的其他人的位置。所需要的是，某些人能够这样做就行了。因为某些人也许不能进行原初状态类型的思考，因为他们被剥夺掉了一种适当的道德教育。其他人也只有在被迫修正了他们道德生活方式的一段时期之后才有可能进行原初状态的思考。

而且，把自己想象为处于他人的位置上，并不需要完全重复他人的经验，例如，人们实际上不需要感到一个杀人犯是什么样子，而能够适当地对杀人犯的视野进行说明。涉及具体问题的原初状态思考只需要一种对该问题所涉及的相关人的利益和负担的一般性理解。所以，在女性主义理想方面，当我们从一个性别化社会进到一个中性社会，需要能够对妇女和男人的所得和所失有一般性的理解。

当然，即使在我们性别化社会的男女之中，也有在宽广意义上的正义感能力的人，在涉及男女适当关系的问题上，某些人可能不能进行这种原初状态的思考；这些男人和女人只有在我们社会中的社会实践和法律朝着一个更中性化的社会转换才能这样思考。但这种无能对于其他人来说并不意味着同样如此,那些有效地获得了道德发展机会的人,因而能够获得在男人与女人的适当关系方面的原初状态思考的必要同情的想象。因此,奥肯没有提供任何有说服力的理由去说明,罗尔斯的假设性契约主义不能提供支持一种中性社会的女性主义的理想。

对于罗尔斯的假设性契约主义还有另一种反对意见,它是为哈贝马斯和本哈比的著作所形成,而为艾莉森·贾格尔本人所提出。贾格尔同意,"假设性同意的理论设置最初可能对女性主义在实践伦理学领域里的工作富有吸引力"(Jaggar 1993)。但她进一步提出,"假设性同意对于这种女性主义的伦理工作实际上是不适当的概念性工具"(Jaggar 1993:69-70)。她的主要异议是假设性同意"来自于这个事实:这种推理是关于理想性的而不是实际社会的"(Jaggar 1993:79)。就这个观点而言,贾格尔推荐实践伦理学领域里的女性主义者"抵制对假设性同意的沉思,而致力于反思和确实地追求现实生活中的道德共识"(Jaggar 1993:81-82)。

不幸的是,假设性同意的推理是关于理想的而不是非理想的或实际社会的,这种理想来自于罗尔斯对他自己选择发展的假设性同意理论自我所施加的限制。既然罗尔斯仅仅追求理想条件的正义结构性原则,对于这个理想来说,假设是为每个人都严格地遵从所选择的正义原则,许多人认为,假设同意的设置只能运用到理想条件中去。而没有理由说明为什么假设性同意的公平理论不能扩展到非理想的条件中去。事实上,在我早些的著作中,我恰恰这样做了。我通过采取无知之幕来形成了一种关于惩罚的假设性理论,即某人可能是一个罪犯或一个受害者或一般公众的成员,并因此得出惩罚原则(Sterba 1977,1979,1984,1990)。因此,一般来说,应用关于公平的假设性同意理论于非理想的条件似乎是没有问题的。可能真正使贾格尔有麻烦的是,不是发展一种可应用到非理想条件下的假设性同意理论,而是在非理想条件下所实现的,贾格尔说:

> 我们必须通过主导性的制度处理有关人们的性别、种族和阶层[问题]。这些人,包括我们自己在内,不仅在知识和权力方面是不平等的,而且常常也有偏见和混乱,甚至是野蛮的或虐待狂的。(Jaggar 1993:79)

在这里,这样一种个人的问题是不可能有一种道德上可辩护的假设性同意理论所要求的同情想象。对一种女性主义理想相关的是,这样一种个人也许不能想象性地把他们自己放在妇女的位置上。但这是同样为我们早些所讨论的奥肯所提出的问题。答案仍然是相同的：我们必须认识到，在一个不公正的社会里，只有某些人有能力进行原初状态类型的思考。其他人，或是由于他们的不适当的道德教育，或是由于他们自己的缺陷，因而不具有这种能力。也要注意到，在非理想的条件下，获得一种实际共识的可能性在道德上是可接受的，并且个人有进行原初状态思考的能力；只有当一个社会中的相当数量的人有了把他们自己放在他人位置上必要的同情想象，在现实生活条件下的实际共识的出现在道德上就是可接受的。所以，女性主义者不能真正遵从贾格尔的忠告，去"抵制对假设性同意的沉思，而致力于反思和确实地追求现实生活中的道德共识"，因为对假设性共识的沉思和现实生活的道德共识是密切相关的。

提出这个问题的另一种方式就是宣称，独白性思考是道德上相关的假设性同意的特征，而导致道德上知情的实际同意的对话性思考是相互依赖性的，以至于除非在前一种情形中的人们（道德上相关的假设性同意）很有技巧，否则不可能达到后者（道德上知情的实际同意）。而且，既然相当数量的人的道德上知情的实际同意难以实现，那么，道德上相关的假设性同意的独白性思考，对于确定我们做什么在道德上是正当的来说，常常是我们最好的指导。由于实现道德上知情的实际同意的必要条件并不存在，通常是这种情况：并不是所有的参与到达成协议〔同意〕中去的人力图做那在道德上是正当的事。在这种情形里，为了确定我们在道德上应当做什么，我们需要依靠独白性思考来确定人们在公平的条件下将同意什么，在这里，罗尔斯的假设性契约主义能够证明是很有帮助的。

不过，贾格尔对于运用假设性同意还有其他的反对意见值得我们来思考。在一篇稍近的文章里，贾格尔反对前面提到的这种说法：在一个不公平的社会里，某些人或是由于他们的不适当的道德教育，或是由于他们的缺陷而不能进行原初状态类型的思考。她提出，这样一种观点是精英主义的（Jaggar 1995）。但为什么说，某些人没有把他们自己放在妇女位置上的同情的想象是精英主义的？确实这个观点对于大多数意识到今天的女性所面对的许多问题的女性主义者来说听起来并不陌生，但为什么贾格尔反对它？

贾格尔认为，她对假设性同意理论的主要反对〔意见〕是，它错误地假定了个人能够权威性地对别的每个人说话。但在确定什么是正当的时候，我们需要想象性地把我们自己放在他的位置上的这个主张，是完全与允许人们谈及他们自己或通过他们的代表来谈及他们自己一致的。而在允许人们应该谈及他们自己或通过他们的代表谈及他们时，我们必须也要承认，我们反对人们所说和所做的，有时在道德上是可证明为合理的，例如，当我们否定他人的基本权利时。为了知道何时我们这样做是正当合理的，我们需要能够把我们自己想象性地放在他人的位置上，放在所有相关他者的位置上，来确定什么是所有各方都可接受的，在这样的环境里，没有一个道德上知情的实际同意是可能的。在这样的环境里，从一种女性主义的视野出发，这样做在现在的社会里是很通行的，对罗尔斯的假设性契约主义证明是很有帮助的。当然，不可否认的是，我们应该推进道德上知情的实际同意，但像贾格尔这样的女性主义者应该承认，当我们不能得到这种实际同意时，我们除了依靠道德上相对假设同意来确定我们做什么是正当的，没有别的道德上的替代物。

当你回忆，在这一部分中的我的主要异议在于在细节上考察对传统伦理学的至少是某种女性主义的批评——贾格尔提到的她对本书的贡献。在结尾处，我集中于本哈比、奥肯、费里德曼、杨和贾格尔本人提出的关于罗尔斯的假设性契约主义的不适当性问题。我已经提出，一旦给予罗尔斯的理论最有利的解释，能够表明，它与在那些女性主义的异议中可得到辩护的东西是相容的。

四、结　论

我以一种调和者或一种平息纷争者的习惯探讨了对本书的那些贡献，寻找把这些明显冲突的观点放在一起的方法。把自由至上主义者和他们的反对者放在一起，我指出了自由至上主义者自己的理想支持了某种为福利自由主义者和社会主义者所赞同的福利制度。把功利主义者和他们的反对者放在一起，我诉诸当代社会契约理论的共同基础来强调，需要对功利主义目标追求的一定限制。最后，把女性主义者和他们的反对者放在一起，我提出一旦给予了罗尔斯的假设性契约理论最有利的解释，它是与一定数量的女性主义者对传统伦理学的异议中在道德上可辩护东西相容的。当然，我没有说调和较之哲学上具有支配性的制造争论来说更为优越，制造的争论寻求的是通过不论什么样的可利用的手段来击败和扳倒对方观点，虽然我也在别的地方这样做过（Sterba 1998, ch. 1）。不过，在伦理学中，至少达到某种类型的实践调和的可欲求性应该是更为明显。如果伦理学理论家不能对确立我们应该做什么和我们是什么样的人的合理过程有所帮助，他们好在哪里呢？

【注释】

[1] 一般而言，纳维森承认自由冲突的可能性。他写道："一般而言，任何人对某物的欲求是潜在地与别人所欲求的行动过程相冲突的。你梳理你的头发与我把它拔掉是不相容的；我打算去看歌剧与你要烧掉歌剧院的房子的行动是不相容的；等等；是否这个观念……能产生任何……连贯的规则？"所以，原则上看，他应当承认在富人与穷人的自由之间的这些冲突。

[2] 不清楚是否纳维森接受我所表述的"应该"隐含着"能够"的原则。他说，假定我们的利益是多样性的，那么，适当的原则必须是"最可期望的"那种原则，是那种"能使得比我们所能想象的生活更好的生活"的原则（323），而这类生活将使得人们认为，他确实接受这个原则。但实际情况是，他主张，一个没有福利权的社会是所有人，包括穷人都可接受的社会，因而这导致他认为，他实际上并不接受这个原则。

[3] 如果这个和解论是正确的，它就戏剧性缩小了自由至上主义者的观点和这章中所讨论的观点的距离。

[4] 我说只有以某种方式解决对功利主义的这种异议，是因为在胡克的理论中，公平只是许多后果中的一个后果，不清楚的是，如何看重这一后果而不是其他后果。相反，在当代契约理论中的公平的标准更有对其他后果追求的限制。

[5] 这个解释，或至少这个解释的第一部分，是与玛林·弗里德曼所提出的理解公正的方式一致的。不过，她把她自己看成是罗尔斯观点的对立面而不是对它的解释（见 Friedman 1993, ch. 1）。

[6] 不过，这有一个确定这些条件何时获得的问题。在 1971 年，罗尔斯并不认为，那是对现存的家庭结构抱有偏见，因此，并没有对家庭结构运用他的原初状态的决定程序。但问题就是如此。相似的是，今天罗尔斯也不认为，他的原初状态可对所有现存事物都不抱成见。但我在别的地方已经论证过了，它正是如此（见 Sterba 1994）。

[7] 如果我所赞同的调和表明要求所有各方的让步，我对调和的论证将更为有力。但可能这是一种异议。事实上，对我的调和论证来说的要求所有各方的让步都在发生，虽然我倾向于集中于所要求的主要让步上确立我的论证。这样，在我的自由主义和他们的反对者之间的论证，当我集中于自由主义者必须作出的让步时，涉及对他们的观点的实际要求，自由主义的反对者也必须退一步同意，只有那应得的穷人有福利权。相似的是，在功利主义和他们的反对者之间的争论中，当我集中于那种有着当代社会契约理论承诺的功利主义者在他们的批判/理论层面限制功利追求时，功利主义的反对者也不得不退一步承认，这个限制不是绝对的。最后，在女性主义者和他们的反对者之间，当我提出女性主义者如本哈比应该对社会契约理论家作出一定让步时，女性主义的反对者必须退一步承认，对社会契约理论的最好解释也有利于女性主义。感谢

休·拉福莱特的这个意见和对我这篇论文的其他有价值的评论。

参考文献

Benhabib, Seyla: *Situating the Self* (New York: Routledge, 1992).

Friedman, Marilyn: *What Are Friends For?* (Ithaca: Cornell University Press, 1993).

Hare, R. M.: "Justice and Equality," in James P. Sterba (ed.), *Justice: Alternative Political Perspectives*, 3rd edn. (Belmont, CA: Wadsworth, 1999).

——: "Rawls' Theory of Justice," *Philosophy Quarterly* (1973).

Harsanyi, John: *Rational Behavior and Bargaining Equilibrium in Games and Social Situations* (Cambridge: Cambridge University Press, 1977).

Jaggar, Alison: *Moral and Social Justice* (Lanham: Rowman and Littlefield, 1995).

——: "Taking Consent Seriously: Feminist Practical Ethics and Actual Moral Dialogue," in Earl Winkler and Jerrold Coombs (eds.), *Applied Ethics: A Reader* (Oxford: Blackwell, 1933).

Okin, Susan: *Justice, Gender and the Family* (New York: Basic Books, 1989).

Rawls, John: "Fairness as Goodness," *Philosophical Review* (1975).

——: *A Theory of Justice* (Combridge, MA: Harvard University Press, 1971, 1975).

Sterba, James P.: *Justice for Here and Now* (Cambridge: Cambridge University Press, 1998).

——: "Rawls's Hypothetical Contractualism," *New German Critique* (1994).

——: "A Rational Choice Theory of Punishment," *Philosophical Topics* (1990).

——: *How to Make People Just* (Totowa: Rowman and Littlefield, 1988).

——: "Is There a Rational for Punishment?," *The American Journal of Jurisprudence* (1984).

——: *The Demands of Justice* (Notre Dame, IN: Notre Dame University Press, 1980).

——: "Contractual Retributivism Defended," *Political Theory* (1979).

——: "Retributive Justice," *Political Theory* (1977).

Young, Iris: *Justice and the Politics of Difference* (Princeton: Princeton University Press, 1990).

索 引

（索引中的数字为原书页码，即本书边码）

abortion，堕胎，92-95，98，102，167，226，352

Adams, R.，亚当斯，54-56，65，69，72，91，189，191，202

algorithm，规则（规范）系统，标准，41，50，51，414-416，418

altruism，利他主义，6，8，81，82，85，130-133，136，140，146，148，191，263，345，362，395，396

analysis，分析，30，31，33-35，227-230，233，234，239，241，242，272，276，308，323，362，369，372，391，401，403

analytic philosophy，分析哲学，5，6，11，25，30，31，53，229，282，301，375-377，393，396-398，400

Anscombe, E.，安斯康姆，325，346

applied ethics (see practical ethics)，应用伦理学

Aquinas, T.，阿奎那，61-63，71，72，313，349

aretaic，德性，10，325，328，332

Aristotle，亚里士多德，2，80，91，119-121，127，159，162，234，245，271，284，326-328，335，342，344，345，349，351，408，419

Audi, R.，奥迪，110，162，281-283，286，419

autonomy，自主（性），48，99，185，205，227，228，231-233，237，238，240-244，246，294-296，302，304，354，355，357，364，366

Baier, A.，贝尔，162，346，354，356，373

benevolence，仁慈，10，59，204，329-331，334，337，340，345，397，408

Benhabib, S.，本哈比，162，359，373，433-435，439，441

Bentham, J.，边沁，67，68，72，183，202，269，295，305，334，346，368

Blackburn, S.，布莱克本，2，3，5，16，21，25，36，38-52，189，202

Brandt, R.，布兰特，96，98，110，183，189，199，201-203

Brink, D.，布林克，28，31，36，110，163，175，182，184，201，203

Broad, C. D.，布罗德，75，270

Caputo, J.，卡普托，2，5，6，11，

111-128
care ethics, 关怀伦理学, 10
character, 特性, 品格, 7, 10, 39, 58, 81, 86, 105, 109, 117, 171, 173-182, 298, 325, 327-329, 331, 342, 343, 376, 406
charity, 慈善事业（机构）, 133, 134, 198, 234, 316, 323, 421
cognitivism, 认知主义, 16, 52
coherentism, 融贯论, 100-104, 106
community, 共同体, 115, 254, 313, 317, 354, 355, 365, 367, 371, 379, 386
consequentialism, 后果主义（效果论）, 6-8, 10, 11, 165, 166, 168, 169, 172-176, 178-181, 274-280, 304, 332, 334-336, 341, 344-347, 375, 385, 426
  act, 行为, 165-183, 187-188, 269
  indirect, 间接, 168-169
  rule, 规则, 183-203, 205, 425
  satisficing, 满足的, 181, 268
constraints, 约束（限制）, 5, 8, 9, 11, 30, 31, 33, 44, 70, 71, 170, 173, 206-208, 213-219, 224, 239, 240, 245, 254, 260, 261, 289, 292, 295, 297, 303, 304, 353, 432, 440
constructivism, 建构主义, 44, 45, 394
continental philosophy, 大陆哲学, 111-128, 375-399
contractarianism, 契约主义（契约论）, 11, 194-196, 221, 226, 247-267, 336, 354, 433, 435-437, 439, 441
Crisp, R., 克里斯普, 184, 191, 202, 203, 417

Dancy, J., 丹西, 194, 195, 202, 203, 286
Darwall, S., 达沃尔, 3, 12, 28, 36, 110, 215, 226, 286
Darwin, C., 达尔文, 81-83, 91
decision procedure, 决定（决断）程序, 7, 68, 176-178, 187, 190, 193, 194, 220, 426-432, 440
deontology, 义务论（道义论）, 3, 6, 7, 10, 11, 69, 174, 205, 215, 269, 272, 340, 341, 375, 412, 415
Derrida, J., 德里达, 116, 117, 124, 126, 127
Dewey, J., 杜威, 11, 74, 87, 88, 91, 400, 403, 404, 407-411, 415, 416, 419
distribution, 分配, 185, 187, 192, 221, 223, 224, 269, 275, 277, 428, 429, 431, 433
divine command, 神圣命令, 4, 53-73, 401
double effect, 双重后果, 211, 226
duty, 义务（责任）, 8, 10, 58, 59, 69, 122-125, 127, 219, 222, 228, 229, 233, 238-241, 243, 245, 269, 290-302, 317, 319, 323, 324, 332, 333, 356, 375-377, 381, 385, 386, 392, 396
Dworkin, R., 德沃金, 191, 203, 289, 305

ecology, 生态学, 365
epistemology, 认识论, 67, 85, 99, 100, 105, 108, 110, 279, 286, 287, 321, 358, 391, 398
equality, 平等, 10, 50, 183, 204,

288, 303, 312, 344, 349, 350, 355, 357, 359, 367, 380, 382, 395, 433, 441
ethnicity, 种族不同, 361, 364
eudaimonia, 幸福, 326-329, 344
evolution, 进化, 4, 83, 85, 91, 134, 141, 142, 147, 148, 264, 267, 348, 364, 367, 409
exploitation, 剥削, 297
expressivism, 表述主义, 3-5, 15, 16, 18, 21-23, 26-28, 39, 40, 42-43, 46-48

fairness, 公平, 185, 187, 194, 220, 221, 223, 225, 252, 262, 264, 269, 312, 426, 428, 432, 435, 438, 440, 441
feminism, 女权运动, 92, 287, 295, 297, 298, 305, 348-374, 393, 399, 432-433, 436-441
flourishing, 兴盛, 45, 47, 48, 246, 375, 377, 378, 382, 384, 385, 396
foundationalism, 基础主义, 100-102, 104-106, 109, 301
free speech, 言论自由（自由言论）, 38, 217, 218, 224
freedom, 自由, 56, 63, 163, 244, 290, 292, 294, 295, 297, 309, 367, 378-380, 387-391, 394-396, 408, 421, 434
Frey, R. G., 弗雷, 3, 6, 7, 10, 165-182, 295, 305, 425
Friedman, M., 弗里德曼, 357, 362, 373, 435, 439-441

Gibbard, A., 吉伯德, 16, 28, 36, 136, 148
Gilligan, C., 吉利根, 163, 331, 346, 359, 373
Golden Rule, 黄金律, 金规（则）, 98, 153, 154, 156, 427
Griffin, J., 格里芬, 110, 182, 184, 191, 201, 203

Hampton, J., 汉普顿, 49
Hare, R. M., 黑尔, 7, 16, 21, 26, 36, 96, 98, 110, 168-172, 176, 182, 201, 203, 369, 426, 434, 441
Harman, G., 哈曼, 32, 34, 36, 260, 266
Hart, H. L. A., 哈特, 291, 294, 305
Hegel, G., 黑格尔, 11, 115, 349, 351, 375-380, 393-395, 397, 398
Hill, T., 希尔, 3, 8, 91, 148, 227-246, 308, 324
Hobbes, T., 霍布斯, 75, 91, 96, 247, 248, 250, 251, 254, 349
Hooker, B., 胡克, 3, 7, 183-204, 425, 426
human nature, 人性, 人类（人的）本性, 1, 52, 74, 81, 86, 90, 91, 132, 148, 191, 237, 262, 265, 266, 270, 346, 357, 359, 366, 401, 408, 419
Hume, D., 休谟, 47, 51, 52, 76-81, 88, 91, 141, 148, 230, 231, 233, 234, 243, 247, 250, 263, 266, 321, 326, 329, 330, 345, 346
Hutcheson, F., 哈奇森, 230, 329-331, 343, 346

impartiality, 公正（平）, 191, 198, 199,

255-257, 259, 354-357, 434, 440
imperative, 命令, 39, 48, 50, 236, 239, 396
    categorical imperative, 绝对命令, 8, 48, 205-206, 227-230, 234-241, 245, 332, 377, 378
    Hypothetical imperative, 假言命令, 230, 234, 236-237, 241
individualism, 个人主义, 296
indubitable, 不容置疑的, 94, 397
intention, 意图（目的）, 15, 57, 58, 99, 166, 208, 212, 249, 308, 385, 405
intuitionism, 直觉主义, 5, 92-109, 231, 242, 268-286, 299-301, 305, 321, 327-329, 371

Jackson, F., 杰克逊, 19, 22, 24, 29, 30, 36
Jaggar, A., 贾格尔, 4, 10, 348-374, 432, 436-439, 441

Kagan, S., 卡根, 3, 12, 182, 199, 202, 203, 206, 226, 341, 346
Kamm, F. M., 卡姆, 3, 7-9, 205-226
Kant, I., 康德, 8, 50, 96, 122, 127, 159, 205, 226-248, 250, 254, 266, 267, 308, 325-327, 329, 332, 333, 346, 349, 385, 397
Kantian, 康德（式）的, 8, 44, 45, 47, 48, 68, 69, 117, 152, 206, 227-246, 254, 255, 257, 259, 262, 263, 265, 293, 332, 333, 335, 336, 342, 344, 354, 356, 375, 377
Korsgaard, C., 科斯加德, 44, 52

LaFollette, H., 拉福莱特, 11, 71, 109, 131, 148, 202, 286, 400-419, 441
Levinas, E., 列维纳斯, 11, 113, 126, 128, 375, 377, 391-395, 397, 398
libertarianism, 自由至上主义（自由主义）, 9, 270, 306-324, 420
Locke, J., 洛克, 86, 247, 251, 310, 311, 324, 349
lying, 撒谎, 47, 57, 192, 197, 228, 233, 234, 236-238, 269, 275, 276, 280, 308, 327, 411
Lyotard, J., 利奥塔, 114, 117, 118, 126, 128

MacIntyre, A., 麦金太尔, 344, 346, 398
Mackie, J. L., 麦凯, 15, 36, 39, 40, 52, 110, 182, 201-203, 254, 267, 286, 287
maxim, 准则, 78, 243, 270, 329, 332, 333, 378
maximization, 最大化, 24, 28, 29, 59, 177, 190, 224, 432
McDowell, J., 麦克道尔, 44, 86, 91, 109, 110, 286, 287, 327, 346, 376, 398
McGinn, C., 麦金, 108, 110
McMahan, J., 麦克马汉, 2, 5, 9, 92-109
McNaughton, D., 麦克诺顿, 3-5, 9, 268-287
Mill, J. S., 密尔, 87, 91, 183, 201, 203, 269, 295, 306, 313, 318, 324, 353, 405, 417-419
Moore, G. E., 摩尔, 4, 24-26, 30, 36, 74, 75, 91, 201, 204, 282, 369

moral disagreements,道德分歧,道德的不一致性（不同一性）,4,88,107,416

Mother Tereas,特蕾莎嬷嬷（修女）,69,162

Nagel, T.,内格尔,48,49,89,91,134,136,148,202,204,216,226,286,287,376,398

Narveson, J.,纳维森,3,9,306-324,420,421,440

natural selection,自然选择,81-83,85,88,90,108,134,142-144,147,410

naturalism,自然主义,4,23,25,36,44,74-91,361,384

Nietzsche, F.,尼采,11,15,36,127,349,375-377,380-384,387,393-399

nihilism,虚无主义,3,15,16,18,26,28,36,380

Noddings, N.,诺丁斯,331,332,337,339,343,347,358,360,362,373,374,376,399

non-naturalism,非自然主义,4

noumenal,本体的,94,228,233,244

Nozick, R.,诺齐克,137,148,299-301,305

Nussbaum, M.,努斯鲍姆,163,204,327,344,347,366,374,376,399,405,419

objective,客观（性）的,1-4,11,46-47,51,63,68,86-88,94,185,221,231,234,236-239,248,270,368,388,394-395,400,415-416,439

Okin, S.,奥肯,349,354,374,436-439,441

omissions,省除（略）,疏忽,211,315,372

Open Question Argument,未决问题论证,4,24-31

oppression,压迫,47,115,288,297,314,316,317,395

Parfit, D.,帕菲特,182,184,191,201,202,204

particularism,特殊主义,194,195,203,284-286,300,305,360

Plato,柏拉图,2,121,153,267,330,344,349,352

positivism,实证主义,247,254

postmodern,后现代,120

practical ethics,实践伦理（学）,1-3,5,93,96,110,204,348,351,365,372,437,441

pragmatism,实用主义,116,400-419

prerogative,特许权,8,206-208,218,219,292,298

prescriptivism,普遍规范主义,98

prima facie,自明的（初步的）,9,93,101,206,213,272-275,279,281-284,286,287,313,316,361

principles,原则,1,7,9,68-69,98,100-106,109,112,131,173-177,207,219-221,230-244,255-258,261-262,264,269-270,274-275,281-286,300-303,313,318,320,324-340,344,351,360,365,369-370,393,397,400,401,415-419,426,435-438

psychological egoism,心理自我主义,6,

515

129-148，152

Quine, W. V.，奎因，400
Quinn, P.，奎恩，2，4，6，53-73，202，204，212，226

race，种族，41，297，298，309，318，351，361，362，364，438
Rachels, J.，雷切尔，2，4，12，74-91，97，110，209，226，315，324
Rawls, J.，罗尔斯，100，110，167，182-184，204，255，256，259，267，325，326，335，341，347，349，370，426，429，433，435，437，440，441
Raz, J.，拉兹，294，305
relativism，相对主义，3，11，22，34-36，38-45，48-49，52，81，216，264，361，387，397，416，419
rights，权利，9，11，120，124，169，170，173，182，215-218，224，226，248，251，253，288-311，314，315，318-320，323，324，331，344，345，349，366-368，421，425，433-435，439
Rorty, R.，罗蒂，38，52，163，373，400，416，419
Ross, W. D.，罗斯，9，91，105，110，196，197，204-206，213，226，270，272-287
Rousseau, J. J.，卢梭，149，151，159，162，247，248，250，267，349

Sartre, J. P.，萨特，11，349，375-377，387-391，393-395，397，399
Sayre-MaCord, G.，塞尔-麦科德，3，8，15，32，36，37，105，110，247-267，398
Scanlon, T.，斯坎伦，184，194，201，204，222，226，256，267，335，347
Scheffler, S.，谢弗尔，175，182，201，202，204，206，208，226，341，347
Scheler, M.，舍勒，11，375-377，384-387，393-397，399
Schneewind, J.，施内温德，229，246
Schroeder, W.，施罗德，4，5，10，11，133，148，375-399
secondary qualities，第二性质，44，86，91，109
self-esteem，自尊，124，269，339，380
self-evident，自明的，9，101，105，106，269，270，280-282，363
self-knowledge，自我了解，383
self-ownership，自治权（自我所有制），9，308，309
Sen, A.，森，203，204，215，226，267，347，366，374
sentiments，情感，78，88，149，158，160-162，228，243
Sherwin, N.，舍恩，295，305，374
Sidgwick, H.，西季威克，105，110，136，148，167，168，183，191，201，204，269，330，369，370
Singer, P.，辛格，85，91，95，97，110，163，199，202，204，286
Slote, M.，斯洛特，4，5，10，182，202，204，325-347，376，399
Smith, M.，斯密，2，3，12，15-37，149，162，209，266，309，399
Sober, E.，索伯，2，5，6，83，91，129-148，158
Socrates，苏格拉底，5，96，161，162

Sterba, J., 斯特巴, 4, 11, 420-441
Strawson, P., 斯特劳森, 52, 163
Sumner, L. W., 萨姆纳, 3, 9, 182, 288-307
sympathy, 同情（心）, 41, 51, 53, 154, 256, 384, 399

Thomas, L., 托马斯, 3, 6, 149
toleration, 宽容, 38, 43
trolley problem, 有轨电车问题, 179, 206, 207, 226

Unger, P., 昂格尔, 105, 110, 198, 202, 204
universalizability, 可普遍化, 332-333, 360, 378, 427
utilitarianism, 功利主义, 6, 7, 10, 131, 247-248, 253, 269, 330-334, 339-345, 353, 366, 387, 425-426, 432
   act utilitarianism, 行为功利主义, 68, 165-182, 187, 193-194, 330, 344

rule utilitarianism, 规则功利主义, 183-202

virtues, 德性, 1, 2, 10, 99, 114, 195, 301, 302, 316, 318, 325-347, 353, 376, 394, 398-400, 412

Walker, M., 沃克, 368-372, 374, 402
well-being, 好生活（幸福，福利）, 25, 108, 150, 154, 185, 187, 194, 203, 215, 326, 327, 330, 333-335, 337, 338, 340-342, 344
Wiggins, D., 威金斯, 52, 109, 110, 286, 287
Williams, D., 威廉斯, 39, 45, 52, 168, 171, 182, 189, 191, 201-204, 216, 226, 267, 347
Wittgenstein, L., 维特根斯坦, 39
Wright, C., 赖特, 18, 19, 36, 37, 109, 110

Young, I., 杨, 354, 374, 435, 439, 441

译 后 记

接到本书原著，已是几年前的事了。出于对当代西方伦理学有一个比较全面清晰的了解的冲动，我从冯俊教授那里接过了此书的翻译任务。由于烦事缠身，一直没有腾出时间来进行此书的翻译。我于 2005 年下半年，下定决心把一些杂事放在一边，来进行此书的翻译。同时，由于帮带学生的需要，本书的不少章是先交给我的博士生翻译，其中也有一章给了我的一个现在境外的硕士生翻译，最后由我来定稿。这些篇章是：第 3 章：王常柱，第 4 章：杨豹，第 5 章：廖凡微，第 6 章：江庆心，第 7 章：罗俊丽，第 8 章：吴秀莲，第 9 章：任继琼，第 10 章：杨豹，第 17 章：杨豹，第 19 章：江庆心。其余各章为我所译出。这里需要指出的是，改动最少的是第 19 章。杨豹还译了全书的索引。

自从从事西方伦理学的学习与研究以来，几本英文书的翻译已经使我有点疲惫不堪了。十多年来，虽然英文理解有了一点长进，但接到英文书籍的翻译任务，仍有一种诚惶诚恐之感。对于英文自然有准确理解的问题，还有不少地方是仁者见仁、智者见智的地方；并且，无论是我所译的，还是我的博士生们所译的，无疑都可能存在这样那样的问题，因而诚恳希望能够得到诸多学界同人的高明指点。

龚群
于中国人民大学哲学院
2008 年 3 月 5 日

本书译自 The Blackwell Guide to Ethical Theory, First Edition, edited by Hugh LaFollette.

© 2000 by Blackwell Publishing Ltd

First published 2000 by Blackwell Publishing Ltd

Reprinted 2001, 2002

All rights reserved. No part of this publication may be reproduced, stored in a retrieval system, or transmitted, in any form or by any means, electronic, mechanical, photocopying, recording of otherwise, except as permitted by the UK Copyright, Designs, and Patents Act 1988, without the prior permission of the publisher.

中文简体字版由布莱克韦尔出版有限公司（牛津）安排出版。中国人民大学出版社在中国境内独家出版发行。未经许可，不得翻印。

图书在版编目（CIP）数据

伦理学理论／［美］拉福莱特（LaFollette, H.）主编；龚群主译.
北京：中国人民大学出版社，2008
（布莱克韦尔哲学指导丛书）
ISBN 978-7-300-09811-1

Ⅰ. 伦…
Ⅱ. ①拉…②龚……
Ⅲ. 伦理学-研究
Ⅳ. B82

中国版本图书馆 CIP 数据核字（2008）第 155860 号

布莱克韦尔哲学指导丛书
丛书总主编：［美］斯蒂文·M·卡恩（Steven M. Cahn）
中文翻译总主编：冯俊
教育部人文社会科学重点研究基地重大研究项目
《西方当代伦理思想研究》中期成果

伦理学理论
［美］休·拉福莱特（Hugh LaFollette） 主编
龚 群 主译

出版发行	中国人民大学出版社	
社 址	北京中关村大街 31 号	邮政编码 100080
电 话	010-62511242（总编室）	010-62511398（质管部）
	010-82501766（邮购部）	010-62514148（门市部）
	010-62515195（发行公司）	010-62515275（盗版举报）
网 址	http://www.crup.com.cn	
	http://www.ttrnet.com（人大教研网）	
经 销	新华书店	
印 刷	河北涿州星河印刷有限公司	
规 格	165 mm×235 mm 16 开本	版 次 2008 年 11 月第 1 版
印 张	33.25 插页 3	印 次 2008 年 11 月第 1 次印刷
字 数	559 000	定 价 68.00 元

版权所有　　侵权必究　　印装差错　　负责调换